센터처치

팀 켈러의 센터처치

지은이 | 팀 켈러
옮긴이 | 오종향
초판 발행 | 2016. 3. 21.
23쇄 발행 | 2024. 11. 13.
등록번호 | 제1988-000080호
등록된 곳 | 서울특별시 용산구 서빙고로65길 38
발행처 | 사단법인 두란노서원
영업부 | 02) 2078-3333 FAX | 080-749-3705
출판부 | 02) 2078-3330

책값은 뒤표지에 있습니다.
ISBN 978-89-531-2439-4 03230

독자의 의견을 기다립니다.
tpress@duranno.com www.duranno.com

두란노서원은 바울 사도가 3차 전도 여행 때 에베소에서 성령 받은 제자들을 따로 세워 하나님의
말씀으로 양육하던 장소입니다. 사도행전 19장 8-20절의 정신에 따라 첫째 목회자를 돕는 사역과
평신도를 훈련시키는 사역, 둘째 세계선교™와 문서선교단행본·잡지 사역, 셋째 예수문화 및 경배와
찬양 사역, 그리고 가정·상담 사역 등을 감당하고 있습니다. 1980년 12월 22일에 창립된 두란노서
원은 주님 오실 때까지 이 사역들을 계속할 것입니다.

팀 켈러의
센터처치

팀 켈러 지음 | 오종향 옮김

두란노

리디머교회개척센터의 설립자이며,

선교 개척자이며, 동료이며, 친구인

테리 가이거(Terry Gyger)에게,

그리고 세계의 국제 도시들 가운데서 이 비전을 실현하고 있는

리디머 시티투시티(Redeemer City to City)의 스태프들,

교회 개척자들, 그리고 네트워크 지도자들에게 바친다.

이 책을 향한 찬사들

이 세상 문화를 향유하는 대다수 사람들에게는 그리스도인들이 낯설겠지만, 많은 그리스도인들은 급변하는 낯선 문화 속에서 절망감을 느끼거나 두 손을 들어 방어적인 태세를 취하기 쉽다. 이에 대해 팀 켈러는 부드럽지만 확고하게 복음을 풀어 내면서 복음이 무엇과도 타협할 수 없는 것임을 상기시킨다. 동시에 그리스도인이 어떻게 책임감을 가지고 세상 문화와 상호작용할 것인지 생각하게 한다. 세상 문화 안에 있는 선한 것들을 긍정하고, 복음을 탄탄하고 충실하게 문화에 적용할 수 있는 방법도 알려 준다. 그러나 기계적인 방법론을 알려 주는 것은 아니다. 이 책은 지난 이십 년 동안 대도시에서 목양 사역을 충성스럽게 감당해 온 사람이 성경의 중요한 주제들에 대해 기록한 성찰과 묵상이다.

D. A. 카슨(D. A. Carson) _ 트리니티 복음주의 신학교 석좌교수

도시, 문화, 교회, 그리고 성경이 이루는 하모니에 팀 켈러보다 더 자세히 귀 기울인 사람을 여태껏 보지 못했다. 《센터처치》에서 그는 다양한 종류의 음악을 묘사할 뿐만 아니라 그 결과들을 사역의 전개와 부흥을 위한 교향곡으로 어떻게 지휘했는지 이야기한다. 이제 우리가 귀 기울일 차례이다. 저자는 우리가 복음의 위대한 교향곡을 경험할 수 있도록 실제적이고 유용한 것들을 제시한다.

브라이언 채플(Bryan Chapell) _ 커버넌트신학교 총장

《센터처치》는 다음 세대 교회 지도자들에게 지극히 유용한 자원이다. 신학적으로 깊이가 있을 뿐 아니라 우리 생각을 자극하는, 활력이 넘치는 책이다. 이 책은 어떤 점에서는 당신을 불편하게 만들 수도 있다. 팀 켈러가 또 한 번 정곡을 찔렀다.

알리스터 벡(Alistair Begg) _ 클리블랜드 파크사이드교회 담임목사

"우리 교회가 한 것처럼 이렇게 사역하라"고 말하는 부류의 책은 우리에게 더 이상 필요하지 않다. 다른 교회의 모델을 비판하는 책도 더 이상 필요하지 않다. 이제 우리에게는 교회 사역을 체계적으로 행하되 분별력 있고, 성경적으로 생각할 수 있도록 돕는 책이 필요하다. 《센터처치》에는 저자의 경험과 지혜, 그리고 겸손이 가득 담겨 있다. 우리가 살고 있는 도시가 은혜의 복음으로 변혁되는 것을 진지하게 원한다면 이 책이 무척 유용하게 사용될 수 있을 것이다.

대린 패트릭(Darrin Patrick) _저니교회 담임목사

후기 기독교주의와 세속주의에 문화가 점점 빠져들면서, 그리스도인들이 복음을 잘 이해하고 효과적으로 소통하는 법을 아는 것이 더 중요해지고 있다. 《센터처치》에서 팀 켈러는 복음이 무엇이며, 우리가 섬기는 곳에서 어떻게 성공적으로 복음을 전달할 수 있는지를 탁월하게 설명한다. 이 책은 학문적 분석 이상의 작품이다. 삼십 년 동안의 성공적 사역에 기반을 둔 탁월한 목회 코칭이기도 하다. 팀 켈러에게 감사를 표한다.

샌디 윌슨(Sandy Willson) _멤피스 제2장로교회 담임목사

우리들 대부분은 눈에 보이는 대로 본다. 반면 팀 켈러는 다른 사람들이 못 보는 것을 관찰한다. 하나님 말씀의 진리와 당대 문화에 관하여 특별히 더 그렇다. 다시 한 번 그는 깊은 통찰력을 우리에게 제공했다. 바로 교회에 대해서다. 교회가 어떻게 건강한 잠재력을 경험할 수 있는지에 대해서다. 이 책에 관해 듣기만 하고 읽지 않는 것은 정말 어리석은 일이다!

랜디 포프(Randy Pope) _ 애틀랜타 페리미터교회 담임목사

이 탁월한 책은, 그가 기반으로 둔 맨해튼 사역처럼, 개혁주의 신학의 경륜과 지혜로운 목회자의 지성이 어떻게 결합하여 도시 목회에서 영적 결실을 맺을 수 있는지 보여 준다. 모든 페이지마다 광채가 난다. 팀 켈러 목사는 하나님이 지금 우리 시대에 주신 큰 선물이다.

J. I. 패커(J. I. Packer) _리젠트대학 원로교수

《센터처치》는 맨해튼에서 일어난 하나님의 지속적이고 뛰어난 사역에 대한 신학적으로 정확하고, 사회적으로 통찰력 있는 설명서이다. 그뿐만 아니라 현대 도시 문화에 적절하게 녹아든 사역에 대한 매우 중요하고 독창적이며 시기적절한 요청이다. 우리의 도시를 그리스도께 인도하려면 이 책의 원리들을 주의 깊게 배워야 한다.

리처드 코어킨(Richard Coekin) _런던 코미션 교회개척 네트워크 지도자

도시는 도전으로 가득 찬, 복잡하면서도 중요한, 전략이 필요한 사역지이다. 도시에서 사역하는 이들에게는 희망과 효과성을 불붙일 수 있는 격려와 자원들이 요구된다. 그래서 나는 팀 켈러가 이 책을 쓴 것이 참 감사하다. 복음에 대한 그의 열정, 도시에 대한 사랑, 성령의 역사하심에 대한 비전은 사람들의 삶을 변혁시킬 것이다. 또한 도시에 희망과 평화를 불러일으킬 것이다. 팀 켈러는 그의 통찰과 생각을 우리와 나누기 위해 이 책을 썼다. 더욱이 그가 섬기는 교회는 그의 중심과 이 비전의 실재 및 가능성을 보증한다. 준비하라. 당신의 생각은 명료해질 것이며, 당신의 가슴은 감동할 것이다.

크로포드 로리츠(Crawford W. Loritts) _ **펠로우십 성경교회**

팀 켈러는 복음 중심적 사역에 꼭 필요한 책을 우리에게 선물했다. 신학적으로 탄탄하고, 실천적으로 심오한 이 책은 우리 삶과 교회 사역에 대한 복음의 의미를 총체적으로 꿰뚫고 있다. 그리고 성경신학과 실천신학을 탁월하게 연결했다. 나는 팀 켈러 및 리디머 시티투시티(Redeemer City to City)와 함께 사역하면서 많은 도움을 받았다. 전 세계에서 이 책을 통해 교회와 사역에 심원한 영향을 받는 것도 목도했다. 이 책은 강의 이상이다. 교회들이 꼭 필요로 하는, 생명력과 재생산력이 있는 복음의 신학이다. 생각하는 그리스도인의 서재라면 꼭 있어야 할 책이다.

스티븐 엄(Stephen T. Um) _**시티라이프 장로교회 담임목사**

교회 지도자들이 만일 신학적으로 생각만 하고 세상을 복음의 관점에서 바라보거나 교회들이 복음의 지혜로 살아가도록 돕지 않는다면 그것은 목회자의 부르심을 저버리는 것이다. 오늘날 팀 켈러보다 이 작업을 더 분명히 잘할 수 있는 사람은 없다. 그는 복음을 모든 환경에 다 맞도록 간단하고 쉬운 모델로 만들어 세일즈하기를 거절한다. 대신 교회들이 다양한 부름에 따라 독특한 문화적 맥락 속에서 충성되고 열매 맺을 수 있는 여러 가지 길들을 부각시킨다. 정말로 당신이 복음으로 교회 정체성을 세우고, 중요한(그리고 어려운) 질문들을 어떻게 물어야 할지 배우고 싶다면 이 책을 읽으라.

리처드 린츠(Richard Lints) _고든콘웰신학대학원 석좌교수

이제까지 팀 켈러가 쓴 책들 중에서 《센터처치》야말로 내가 가장 좋아하는 책이라고 자신 있게 말할 수 있다. 이 책은 진정 팀 켈러가 지닌 지혜의 총화를 보여 주는 것 같다. 복음 가운데 오랫동안 숙성되고, 성경 본문 주해에 근거하며 우리 문화의 정신을 통찰한 종합체이다. 독설하지 않으면서 대화하는 그의 적극성, 하나님 은혜의 심원한 결과들에 대해 끝까지 사유하는 그의 헌신성, 예수님의 신부와 하나님의 나라와 구속사에 대한 그의 큰 사랑이 여기에 결집되어 있다. 모든 것이 신선하게 펼쳐진다. 얼마나 탁월하고 실천적인 책인가! 떠오르는 지도자들, 그리고 꿈꾸고 싶은 교회들과 함께 이 책을 사용하기를 손꼽아 기다린다.

스코티 스미스(Scotty Smith) _그리스도공동체교회 설립목사

많은 사람들은 팀 켈러가 목회자이며 변증가이고 신학자인 줄 안다. 그러나 그는 동시에 도시 전도자이다. 《센터처치》에서는 그의 비전과 소명의 다양한 측면들이 한 자리에서 펼쳐진다. 이 책은 필독서 이상의 것이다. 도시 속에서 하나님 나라의 사역을 위해 팀 켈러가 그의 심장과 그의 인생을 헌신하여 바친 선물이다.

마크 고닉(Mark R. Gornik) _시티신학교 학장

《센터처치》는 우리 시대의 가장 위대한 선교 서적 중 하나이다. 이 책은 복음의 수단을 통해 도시 전체를 변혁시킬 만큼 강력한 교회의 비전을 제시한다. 팀 켈러는 뛰어난 교사이며, 탁월한 지도자이고, 예수님의 모범적인 제자이다. 이것은 가치 있는 책이다!

알랜 허쉬(Alan Hirsch) _포지선교훈련네트워크 설립자

우리는 뛰어난 교회 지도자들과 놀라운 기독교 사상가들이 많은 시대에 살고 있다. 그러나 내가 보기에는 팀 켈러보다 더 사려 깊은 교회 지도자는 없는 것 같다. 《센터처치》는 깊이 있는 신학적 성찰과 분별 있는 문화적 주해의 결과로 형성되는 교회 사역에 대한 요청서이다. 용기 있는 지도자들이 그런 사역을 수행할 때 도시는 다시금 복음 아래 번성하게 될 것이다.

존 오트버그(John Ortberg) _멘로파크장로교회 담임목사

뉴욕에 있는 팀 켈러의 교회는 지역 사회를 지혜롭게, 성경적으로, 효과적으로 연결하는 복음 중심적 사역의 모델들 중에서 가장 뛰어난 교회로 꼽힌다. 이것은 주로 팀 켈러 박사의 복음에 대한 깊은 이해와 문화를 해석하는 탁월한 은사 덕분이다. 그의 최신 책은 어디서 사역을 하든 상관없이 누구에게나 탁월하고 유용한 도구가 될 것이다. 《센터처치》는 팀 켈러의 사역을 복제하기 위한 매뉴얼이 아니다. 이 책은 그보다 훨씬 중요하며, 예수 그리스도의 복음이 어떻게 문화, 사역, 그리고 그리스도인의 삶에 관련되는지 보여 주는 신학적 비전이다.

필립 라이켄(Philip Ryken) _휘튼대학 총장

contents

Part 1
{복음 신학}
복음이 본질이다

Part 2
{복음 부흥}
복음 중심적 부흥을 준비하라

도시를
품는
교회

역동적
사역이 있는
교회

Part 8

{사역의 역동화}
더욱 역동적으로 사역하라

센터처치
신학적 비전을 나누며

성공, 충성, 또는 열매?

일단 사역을 시작하면 자연스럽게 "내가 잘하고 있는 것인가? 그것을 어떻게 알 수 있을까?"라고 묻게 된다. 이에 대한 첫 번째 대답은 성공(success)이다. 많은 사람들은 교회 내의 회심자, 등록자, 헌금 액수가 늘면 "사역이 효과적이다"라고 평가한다. 자기표현을 강조하는 개인주의적 현대 문화가 제도와 공동체에 대한 충성을 매우 약화시켰기 때문에 사역에 관한 이런 관점은 더욱 부상하고 있다. 각 개인들은 '영적 소비자'가 되어 예배와 공적 설교가 즉각적으로 마음에 끌리고 매력적일 때만 교회에 가려고 한다. 그래서 사역자들이 회중들에게 강력한 종교 경험을 만들어 주고 자신의 매력을 통해 많은 사람들을 이끄는 교회들이 성장도 더 많이 하게 되는 것이다. 이것은 사역을 평가하는 하나의 방법이다.

이러한 계량적인 성공을 강조하는 흐름에 반발하는 사람들은 사역의 유일하고 참된 범주가 충성(faithfulness)이라고 주장했다. 이 관점에서는 사역자가 교리에 있어 건전하고, 성품에 있어 경건하고, 설교와 목양에 있어 신실한 것이 중요하다. 그러나 충성되지만 성공적이지 않은 모델에 대한 주장은 지나친 단순화이며 위험한 점도 있다. 물론 사역자들이 진정성 있고 충성되며 유능해야(competent) 한다는 주장은 현대에 생긴 현상만은 아니다. 19세기 영국 침례교의 유명한 설교자 찰스 스펄전은 사역자가 되려면 충성됨, 그 이상의 것이 필요하다고 지적했다.

> 좋은 사람들이 지원서를 냈다. 대단히 뜨거운 열심을 갖고 있다는 점에선 특별하지만, 그들은 분명 머리가 비어 있는 것이 틀림없다. 그들은 끝없이 말을 쏟아놓지만 그 말 속에는 아무런 내용이 없다. 또한 성경을 들추고 강대상을 내려치지만 성경에서 아무것도 길어 올리지 못하는 사람들이다. 그들은 정말 진지하고 가장 고된 일이라도 수고를 마다하지 않는 사람들이지만, 정작 아무것도 만들어내지는 못한다. 그래서 나는 그 지원서들을 대부분 불합격 처리했다.[1]

스펄전은 이들에 대해 분명 애정을 가지고 있었다. 그들을 낮추어 보지도 않았다. 그는 그들이 충성되고 사역에 깊이 헌신되어 있다고 말한다. 그러나 동시에 그들을 통해서는 "아무 일도 성취되지 않는다"라고 말한다. 그들이 가르칠 때 학습이 거의 일어나지 않는다. 그들이 전도할 때, 회심이 거의 생기지 않는다. 그래서 스펄전은 그들의 대학 지원서를 탈락시킨 것이다. 요컨대 충성이 전부라고 말하는 것은 지나친 단순화이다. 충성 이상의 다른 무엇이 필요하다. 마땅한 사역자의 모습을 알기 위해서는 말이다.

독서하고 묵상하고 강의하면서, 나는 사역자를 평가함에 있어서 성공이나 충성보다 더 성경적인 기준이 '열매 맺음'(fruitfulness)에 있다는 결론에 도달했다. 예수님도 제자들에게 "너희가 열매를 많이 맺으면"(요 15:8)이라고 가르치셨다. 바울은 더 구체적으로 말했다. 그는 로마에 가서 복음을 전하려 했을 때 회심이 곧 '열매'라고까지 말했다. "너희 중에서도 다른 이 방인 중에서와 같이 열매를 맺게 하려 함이로되"(롬 1:13).

바울은 또한 '경건한 성품의 열매'에 대해서도 말한다. 사역자가 돌보는 성도들 가운데서도 '경건한 성품의 열매'가 자라는 것을 볼 수 있다. 여기에는 '성령의 열매'(갈 5:22)도 포함된다. 예를 들어 가난한 자에 대한 '자비' 같은 선한 행동도 열매이다(롬 15:28).

바울은 목양을 원예에 빗대어 표현한다. 그는 고린도의 그리스도인들에게 너희는 '하나님의 밭'이라고 말했다. 어떤 사역자는 씨를 뿌리고, 어떤 이는 물을 주고, 어떤 이는 열매를 거두기(고전 3:9) 때문이다. 원예의 비유는 성공과 충성이 사역을 평가하는 최선의 기준이 아님을 잘 보여 준다. 원예사는 반드시 충성되게 일을 감당해야 한다. 동시에 최고의 실력으로 일해야 한다. 그렇지 않으면 실패하기 때문이다. 결국 원예(또는 사역)가 얼마만큼 성공하느냐는 원예사의 손을 뛰어넘는 요인들에 의해서 결정된다. 열매를 얼마나 맺느냐 하는 것은 '흙의 상태'에 따라서 달라진다(어떤 집단의 사람들은 다른 사람들보다 더 딱딱한 마음밭을 갖고 있다). 또한 '기후 상태'도 주요한 영향을 미치는 요소이다(이것은 주권적인 성령 하나님의 사역이다).

교회 성장 운동은 사역 현장에 지속적인 공헌을 해왔다. 하지만 기법과 결과에 대한 지나친 강조로 사역자들에게 많은 부담을 안긴 것도 사실이다. 무리한 교회 성장 운동이 경건한 성품과 하나님의 주권의 중요성을 무시했기 때문이다. 이에 반하여 '충성'이 필요하다고 주장하는 것은 전체적으로는 맞지만, 교회 지도자들의 책임과 부담을 지나치게 경감시킨다. 충성스러운 사역의 결과로 열매가 많이 맺히지 않았을 때, 반드시 던져야 하는 어려운 질문을 스스로에게 던지지 않은 것이다. 하지만 열매 맺음이 우리의 평가 기준이 된다면, 우리는 분명한 책임을 느끼면서도 사역 안에 있는 사람들의 삶이 급격히 변해야 한다는 부담 때문에 마음이 눌리지는 않을 것이다.

리디머교회가 열매 맺은 비결

나는 버지니아의 한 작은 마을에서 약 십년 동안 목회 사역을 했다. 그리고 1980년대 중반에는 필라델피아로 옮겨 웨스트민스터신학교에서 교수로 있으면서 설교와 목회 리더십, 복음 전도, 그리고 교회론을 가르쳤다. 목사로서 분주했던 첫 십 년간의 사역을 통해 배운 것을 되돌아볼 수 있는 기회를 교직에 있는 동안 가진 것이다. 이전에는 불가능했던 목회에 대한 깊이 있는 연구도 할 수 있었다. 그리고 1989년에는 뉴욕으로 옮겨 리디머장로교회를 개척했다. 몇 년 후, 우리는 국내외 목회자들로부터 질문을 받기 시작했다. 방문을 원하는 문의도 늘었다. "목사님이 맨해튼에서 하고 있는 교회 사역이 정말 잘되고 있다고 들었습니다. 참관하고 싶습니다." 그 수가 점점 늘어나 모든 사람들을 개별적으로 만나는 것이 불가능해지는 지경에 이르렀다. 그래서 우리는 교회를 탐방하려는 이들을 위해서 정기적인 주말 모임을 만들었다.

그 모임을 준비하기 위해서 우리가 도시에서 열매 맺는 비결이 무엇인지를 요약해야 했다. 내가 강의한 것은 웨스트민스터신학교에서 만들었던 강의안에 기초했다. 주로 "복음 사역이 충성되면서도 열매 맺으려면 무엇이 필요한가?"라는 질문에 대한 답변들이었다. 그러나 신학교에서 했던 강의들은 훨씬 이론적인 것이었다. 그래서 이제는 맨해튼에서 우리가 날마다 하는 복음 사역에 근거한 목회의 실제에 대한 질문을 받고 답해야 했다.

사역 원리들을 규명하는 작업은 쉬운 일이 아니었다. 왜냐하면 내가 참관자들에게 말하고 싶었던 것이 기존의 범주들에 딱 들어맞지는 않았기 때문이다.

목회자들과 교회 지도자들을 위한 책에는 대개 두 종류가 있다. 첫 번째는 모든 교회에 적용되는 성경적 원리들을 제시하는 것들이다. 이 책들은 본문 주해와 성경 신학에서 출발해서 성경적이면서도 진정한 교회의 특징들과 역할들을 열거한다. 주로 얼마나 말씀에 충실하고 건전한 교리에 기반하고 있는가 하는 것으로 특징지어진다. 그리고 책을 통한 복음 전도, 교회 리더십, 공동체, 제자도, 예배, 봉사에 관한 성경적 표준을 직접적으로 제시한다. 이것들은 모두 대단히 중요하지만 이런 건강한 원리를 따라 사역을 해서 다른 지역에서 상당한 열매를 거두었던 목회자들이 뉴욕으로 옮겨와서 그때보다 효과 면에서 훨씬 못 미치는 경우들도 많이 있다. 건강한 교회의 성경적 표지들을 이해하는 것은 절대적 기초이며 필수이다. 그러나 복음 사역이 생산적이려면 그 이상의 것들을 다루어야 한다는 것이 나의 생각이다.

두 번째 범주의 책들은 이 스펙트럼의 정반대에서 움직인다. 이 책들도 성경 구절들을 많이 인용하기는 하지만, 성경적이고 신학적인 기초를 놓는 데는 많은 시간을 할애하지 않는다. 대신 "어떻게 할 것인가?"에 대한 실용적인 면을 강조하여 특정 사고방식, 프로그램, 목회 방법들을 제시한다. 이 계통의 첫 번째 책들은 1970년대와 1980년대 교회 성장 운동이 한창이던 시기에 피터 와그너, 로버트 슐러와 같은 저자들을 통해 폭발적으로 등장했다. 이 계열의 두 번째 세대는 성공적인 교회에 대한 개인적인 간증을 적은 책으로서 교회를 개척해서 일궈낸 목사들이 쓴 것들이다. 다른 사람들이 사용할 수 있도록 실천적인 원리들을 뽑아 정리했다. 실제적인 교회를 담은 세 번째 세대의 책이 나온 지는 십 년이 좀 넘었는데, 교회 성장을 위해 "이렇게 하라" 등을 정면으로 비판한다. 이 책들은 좋은 교회가 현장에서 어떤 모습이어야 하는지에 대한 그림들과 사례 제시로 구성되어 있다. 주로 사역을 어떻게 조직화하고 실행할지에 대한 실천적인 조언들이 들어 있다.

나는 그 책들을 통해 거의 매번 적용 가능한 한 가지 이상의 좋은 아이디어들을 찾을 수 있었다. 그러나 전체적으로는 그 책들이 의도했던 것에 비해 그다지 도움이 안 되었다. 그 책들은 특정 환경에서 특정 시기에 사용된 기법과 모델을, 명시적이거나 암시적으로 거의 절대화해서 가르친다. 분명한 것은, 그 기법들 중에 많은 것들이 뉴욕과는 잘 맞지 않는다. 다시 말해 저자들이 주장하는 것처럼 보편적으로 적용되는 방법들이 아니다. 특히 미국 이외의 나라에 있는 교회 지도자들은 미국의 도시 외곽 지역(suburb)에 있는 교회에서 유효했던 목회 모델이 세계 어디에서나 적용될 것이라는 관점이 불편할 것이다.

우리가 리디머교회에서 경험한 것들을 가르치거나 저술하라고 사람들이 내게 요청할 때 깨달은 것은 대부분 두 번째 종류의 책을 바란다는 것이다. 목회자들은 그들이 신학교에서 이미 배웠던 교회의 삶에 대한 성경적 교리와 원리들을 다시 요약하기를 바라지 않았다. 대신 그들은 '성공 비결'에 대한 책을 찾고 있다. 그들은 도시인들에게 효과적인 특정 프로그램과 방법론을 배우고 싶어 한다. 어떤 목회자는 이렇게 말했다. "이전에는 윌로우크릭 모델을 따랐습니다. 이제는 리디머 모델을 시도해 보려고 합니다."

사람들이 우리를 찾아오는 것은 미국에서 가장 세속적이며 교회를 찾는 이가 가장 적은 도시에서 우리가 번성하고 있기 때문이다. 그러나 1990년대 초반과 중반에 리디머교회를 방문했던 이들은 새로운 모델을 발견하지 못한 채 실망하고 돌아갔다. 우리에게 독특하거나 새로운 형태의 프로그램이 없었기 때문이다. 심지어 리디머교회의 첫 인상은 매우 전통적으로 보인다.

교회에 안 다니는 사람들과 포스트모던한 젊은이들을 전도하기 위해서 많은 사역자들은 창고에서 예배를 드리고, 격식 없는 옷을 입고, 의자에 앉아 설교하고, 비디오 영상을 보여 주고, 인디 음악을 사용한다. 그러나 리디머교회에는 이런 것들 가운데 어느 하나도 없다. 대신 그 교회들에는 없는 세속적이고 교육 받은 젊은이들이 수천 명 모여 있다.

예를 들어 리디머교회는 아침 예배에는 클래식 음악을, 저녁 예배에는 재즈를 사용했다. 이것은 흔하지 않은 일이다. 어떤 이들은 묻는다. "도시인을 전도하려면 이렇게 해야 하는 건가요? 음악이 열쇠입니까?" 나는 즉각적으로 답한다. "아닙니다. 그렇지 않아요. 음악에 대해서는 세계의 도시들이 각기 다른 결론에 도달할 겁니다. 뿐만 아니라 뉴욕에는 음악을 효과적으로 사용하는 다른 방법들도 존재해 왔습니다."

어떤 이들은 리디머교회의 설교 스타일에 해답의 열쇠가 있다고 결론을 내리기도 한다. 그들은 내가 문학작품과 세상의 미디어를 자유롭게 인용하는 스타일인 것에 주목한다. 그리고 이것이 많은 수의 도시인들을 전도하기 위한 방법이라고 결론 내린다. 그러나 이 스타일로 설교하면서도 거의 효과가 없는 경우도 있다.

설교가 세상의 젊은이들에게 강하게 끌리는 것은, 그들이 좋아하는 영화 영상을 보여 주거나, 옷을 편하게 입거나, 세련되게 설교하기 때문이 아니다. 대신 설교자들이 그들의 마음과 문화를 잘 이해한다면 청중은 비록 설교의 결론에는 동의하지 않는다 할지라도 설교의 논리 전개에는 강하게 공감할 것이다. 이것은 스타일이나 프로그램의 문제가 아니다.

몇 년간 컨퍼런스를 하며, 리디머교회가 열매 맺는 비결이 '어떤 목회 프로그램을 사용했느냐' 하는 것보다 더 깊은 수준에 있다는 것이 분명해졌다. 참관자들이 붙잡아야 할 중요한 것은, 우리가 리디머교회에서 어떤 방법의 사역들을

■ **성경적 교회에 관한 책들**

마크 데버(Mark Dever)의 책 《건강한 교회의 9가지 특징》(부흥과개혁사)은 교회의 성경적 원리들에 대하여 실제적이고 유용한 지침을 제공한다. 또 다른 인기 있는 책은 장로교적 관점을 가진 에드먼드 클라우니의 *Living in Christ's Church*(그리스도의 교회에서 살아가기)와 필립 그래함 라이켄의 *City on a Hill: Reclaiming the Biblical Pattern for the Church in the 21st Century*(언덕 위의 도시: 21세기 교회를 위한 성경적 모범 제시)이다. 비슷한 종류의 책으로는 크리스천 슈바르츠의 《자연적 교회 성장: 건강한 교회에 꼭 필요한 여덟 가지 질적 특성을 위한 지침서》(도서출판 NCD)가 있다. 영국 성공회의 관점을 가진 존 스토트의 《살아 있는 교회》(IVP)도 있다. 교회에 대한 학문적이지만 어렵지 않은 최고의 책은 에드먼드 클라우니의 《교회》(IVP)이다.

사용했느냐가 아니라, 그 방법들에 도달하기 위해서 어떻게 했는가 하는 것이다.

우리는 복음의 본질과 적용에 대해서 오랫동안 숙고했다. 그리고 뉴욕의 문화에 대해서도 오랜 기간 열심히 공부했다. 우리들 가운데 있는 그리스도인과 비그리스도인의 감수성에 대해서, 도시 중심부의 정서적, 지성적 지형에 대해서도 숙고했다. 국제적 중심 도시에서 우리가 하는 이 사역의 효과성에 있어서, 이 숙고와 의사 결정의 특성과 과정이 그 결과보다 훨씬 중요한 역할을 했다.

우리는 조나단 에드워즈가 '복음의 규칙'[2]이라고 부른 것을 따르기 원했다. 그리스도께서 자신을 기쁘게 하기 위해 살지 않으신 것처럼, 우리는 단지 개인의 취향을 만족시키고 행복하게 하기 위해서 음악을 선택하거나 설교 예화를 택하지 않았다.

하드웨어, 미들웨어, 소프트웨어

그렇다면 도대체 더 깊은 수준의 것은 무엇인가? 시간이 흐르면서, 그것은 사역의 분명한 두 차원 사이에 있는 중간 영역이라는 것을 깨닫게 되었다. 우리 모두는 교리적 기초(doctrinal foundation)라는 것을 갖고 있다. 이는 신학적 신념의 집합이다. 그리고 우리 모두는 특정한 사역 형태(forms of ministry)를 갖고 있다. 그러나 많은 사역자들은 교리적 확신이나 문화적 맥락에 맞지 않는 프로그램과 사역 방법을 채택한다. 바깥에서 사실상 '굳어진' – 때로는 교회의 신학 및 맥락 모두에 이질적인 – 유명한 방법론을 도입하는 식이다. 이렇게 되면 그 효과성이 결여된다. 그런 사역으로는 교회 안에 있는 사람들의 삶을 변화시키지 못하며 지역 도시에 사는 사람들 속으로 뚫고 들어가지도 못한다. 왜 안 되는 것일까? 프로그램들이 복음 이해 및 지역 문화 특성에 대한 성찰로부터 우러나오지 않았기 때문이다.

예를 들어, 도심 바깥에서 번성하는 사역을 하던 사역자가 도심 환경으

■ "어떻게 교회를 할 것인가"에 대한 책들

실용적인 교회 성장론의 원조는 피터 와그너의 *Your Church Can Grow*(당신의 교회도 성장할 수 있다)와 *Your Church Can Be Healthy*(당신의 교회도 건강할 수 있다)이다. 보다 최근에는 매우 성공적인 대형 교회 목회자들이 영향력 있는 교회 성장 저서들을 썼다. 예를 들면 빌 하이벨스의 《윌로우크릭 커뮤니티 교회》(두란노), 릭 워렌의 《목적이 이끄는 교회》(디모데), 앤디 스탠리의 《성공하는 사역자의 7가지 습관》(디모데) 등이다. 2세대 교회 성장 저서들은 하나의 특정 사역 프로그램이나 방법론의 효과성을 앞세우고 있다. 예를 들면 래리 오스본의 *Sticky Church*(끈끈한 교회)인데, 여기에는 설교에 기반을 둔 소그룹의 유용성을 권장하고 있다. 넬슨 서시의 *Fusion: Turning First-Time Guests into Fully Engaged Members of Your Church*(융합: 첫 방문자들을 동화시켜 교회 멤버로 바꾸라)는 새 방문자를 관리하고 적응시키는 데 강조점을 두고 있다.

실용 서적의 3세대는 교회 성장 및 대형 교회 운동에 대해 직접적으로 반응한다. 대개 핵심 개념을 제시하여 교회 사역에 새로운 방법론을 제시한다. 톰 라이너의 《단순한 교회》(생명의말씀사)는 제자도를 핵심으로 본다. 팀 체스터와 스티브 티미스의 《교회다움: 교회를 아름답게 하는 두 가지 중심》(IVP)은 공동체의 관점에서 교회를 살펴본다. 콜린 마샬과 토니 페인의 *The Trellis and the Vine*(시렁과 포도나무)는 평신도 말씀 사역자를 훈련하는 것을 사역의 중심으로 이해한다. 로버트 루이스의 *The Church of Irresistible Influence*(불가항력적으로 영향력 있는 교회)와 릭 러소와 에릭 스완슨 공저의 《교회 밖으로 나온 교회》(국제제자훈련원)는 지역 사회 참여와 봉사를 돌파구로 보고 있다.

전혀 다른 종류의 교회 성장 서적들은 '선교적 교회'(missional church) 제하로 나왔다. 초기 예들은 에디 깁스의 《넥스트 처치》(교회성장연구소), 레지 맥닐의 *The Present Future*(현재의 미래), 라이언 볼저의 《이머징 교회》(쿰란출판사) 등이 있다. 더 근래에 나온 책들은 레지 맥닐의 *Missional Renaissance*(선교적 부흥), *Missional Communities*(선교적 공동체), 스코트 보렌의 *Missional Small Groups*(선교적 소그룹) 등이 있다. 선교적 교회 운동에 대해서는 6부 선교적 공동체를 참조하라.

로 들어가는 경우를 생각해 보자. 그는 설교나 목회에서 이전과 동일한 방식을 고수할 것이다. 그런데 출석이 줄어들고, 변화하는 성도도 적어진다. 이런 경우 그는 세 가지 방향 중에서 하나를 택할 것이다.

첫 번째, 열매의 결핍을 사람들의 완고한 마음 탓으로 돌리면서, 하던 일을 우직하게 계속할 것이다. 두 번째, 책을 찾아 읽거나 다른 환경에서 성공했던 새로운 프로그램을 탐색한다. 그리고는 자신이 섬기는 교회 환경에는 그 방법이 비효과적이라는 것을 확인하게 된다. 세 번째, 현대인들은 심판과 속죄와 같은 전통적인 가르침들을 받아들일 수 없을 것이라고 추정하면서, 자신의 교리적 토대를 수정하고 바꾸는 것이 필요하다고 믿게 될 수도 있다. 그런데 이 각각의 경우 모두, 교리와 실천의 중간 영역을 간과하고 있다. 이 중간의 공간은 우리의 신학과 우리의 문화를 깊이 성찰하는 공간으로, 이를 통해 우리의 사역 모습이 결정된다. 기존의 사역 형태들 중에서 무엇을 선택할지 결정되기도 하며, 새롭고 유망한 사역 형태가 개발되기도 한다.

그러므로 교리적 기초를 '하드웨어'라고 부르고, 사역 프로그램들을 '소프트웨어'라고 부른다면, '미들웨어'라고 부르는 부분을 이해하는 것이 중요하다. 나는 컴퓨터 전문가는 아니지만, 컴퓨터를 잘 아는 친구들에 의하면, 미들웨어라는 것은 하드웨어 및 운영시스템과 다양한 유저 소프트웨어 사이에서 기능을 맡는 층이라고 한다. 마찬가지로 한 사람의 교리적 믿음과 사역 방법들 사이에는, 어떻게 복음을 특정 문화적 상황과 역사적 순간 안으로 가져갈 것인가에 대해 잘 고안된 비전이 있어야 한다.

이것은 단순한 교리적 신념보다 훨씬 더 실천적인 것이며, '이렇게 하라'는 방법론들보다 훨씬 더 신학적인 것이다. 일단 이 비전이 서 있고, 바르게 강조되며, 가치가 부여된다면, 교회 지도자들이 -도심에 있든, 주택가에 있든, 시골에 있든 간에 - 예배, 훈련, 전도, 봉사, 사회 참여 등에 있어서 좋은 의사결정을 내리는 데 중추적 역할을 감당할 수 있을 것이다.

신학적 비전

이 '미들웨어'는 고든콘웰신학교 교수인 리처드 린츠(Richard Lints)가 "신학적 비전"(theological vision)이라고 부른 것과 비슷하다.[3] 린츠에 의하면, 우리의 교리적 기초는, 성경에서 추출된 것으로서, 모든 것의 출발점이 된다.

> 신학은 먼저 하나님과의 대화에 관한 것이어야 한다. … 하나님은 말씀
> 하시고 우리는 듣는다. … 그리스도인의 신학적 틀은 주로 듣는 것에
> 대한 것이다. 즉 하나님께 귀 기울이는 것이다. 신학을 함에 있어서 우
> 리가 접하는 가장 큰 위험 가운데 하나는 모든 일을 우리가 다 하려는
> 우리의 열망이다. … 우리는 하나님이 성경에서 무엇을 말씀하실 수 있
> 고, 말씀하셨는지에 대해 외부적인 개념의 경계선을 그음으로써 매우
> 자주 이러한 유혹에 굴복한다. … 우리는 구속의 메시지를 문화의 이야
> 기에 담으려고 하는데, 문화의 이야기들은 복음의 실제 의도를 왜곡하
> 기도 한다. 또는 우리는 복음을 순전히 전통의 관점에서 보려는 시도들
> 도 하는데, 문제는 그 전통이 십자가에서 이루신 그리스도의 구속적 사
> 역과는 현실적인 관계성이 전혀 없다는 점이다. 또한 우리는 하나님이
> 이성의 개념을 정의하시게끔 하지 않고, 하나님 개념 자체에 대해 이성
> 적 제한을 둔다.[4]

그런데 교리적 기초만으로 충분한 것은 아니다. 당신은 어떤 구체적인
사역 방법들을 선택하기 전에 그 교리적 신조들이 현대 세계와 어떻게 관
련되는지를 먼저 물어야 한다. "질문하는 과정을 통해서 신학적 비전이 형
성된다."[5] 달리 말하면, 신학적 비전은 당신의 교리를 가지고 특정 시간과
장소에서 무엇을 행할 것인지에 대한 비전이다.

그렇다면 신학적 비전은 어디에서 형성되는가? 린츠는 이것이 당연히
성경 자체에 대한 깊은 성찰에서 오는 것임을 보여 준다. 하지만 또한 우
리를 둘러싼 문화에 대해 우리가 어떻게 생각하는지에 달려 있다고도 말
한다.

린츠는 왜 우리가 교리적 기초에 멈춘 채 그대로 머물 수 없는지, 또한

우리의 무대 환경까지 보아야 하는지 설명하고 있다. 그 무대는 우리의 역사적 시점과 문화적 장소이다.

> 우리는 대화의 원천인 하나님을 알고 나서, 그가 누구와 말씀하시는지를 반드시 고려해야 한다. 하나님은 진공 속에서 말씀하시는 것이 아니라, 역사 속에서 사람들을 통하여 말씀하신다. 하나님의 말씀은 … 상이한 문화와 역사를 통해서 사람들에게 다가가며, 이런 이유로(여러 가지 이유가 더 있기는 하지만), 오해되기도 하고 잘못 해석되기도 한다.
> 니고데모와 바리새인은 동일한 전통 가운데 서 있었고, 문화에 의해 동일한 영향을 받았고, 예수님과의 대화에 이성의 원리를 적용했다. 하나님의 백성이 자신들의 역사적, 문화적, 이성적 필터들을 이해하게 되는 것은 … 죽느냐 사느냐의 문제이다. 그래야만 문화의 필터들에 지배당하지 않게 된다.[6]

이것은 사역이 열매 맺지 못하는 이유들 가운데 한 가지를 잘 설명하고 있다. 우리는 반드시 문화에 대해 어디에서 어떻게 도전해야 하고 어디에서 어떻게 인정해야 하는지를 분별해야 한다. 이 질문들에 대한 답들은 우리가 어떻게 설교하고 전도하고 어떻게 사람들을 조직하고 이끌고 훈련하고 목양하는지에 엄청난 영향을 끼치게 된다. 린츠가 제시하는 매우 중요한 사항을 보자.

> 신학적 비전을 통해서 사람들은 전에는 전혀 볼 수 없었던 방식으로, 전혀 다르게 문화를 볼 수 있게 된다. … 신학적 비전을 갖추고 있는 사람들은 문화의 주류 흐름에 단순히 반대해서 거스르지 않으며, 성경의 틀로부터 그 문화를 이해하고 문화와 대화할 수 있는 주도성을 갖게 된다. … 현대의 신학적 비전은 반드시 하나님의 말씀 전체를 현 시대의

세상 속으로 가져가야 한다. 그래야만 시대가 변혁될 수 있다.[7]

나는 신학적 비전을 형성하기 위해 비슷하지만 좀 더 구체적인 질문들을 제안한다. 우리가 이 질문들에 답을 해 나가다 보면, 신학적 비전이 도출될 것이다.

- 복음은 무엇이며, 어떻게 이 복음을 현대인의 마음에 다가오도록 제시할 것인가?
- 문화는 어떤 모습이며, 우리는 문화에 어떻게 연결되고 어떻게 대항하면서 소통할 것인가?
- 우리는 어디에 있는가?(도심, 외곽, 신도시, 시골 등)을 공공 영역과 문화 생산에 어떻게 그리고 얼마나 그리스도인이 참여할 것인가?
- 교회 안의 다양한 사역들(말씀, 봉사, 공동체, 교육 등)어떻게 상호 연결할 것인가?
- 우리 교회는 얼마나 혁신적이며, 얼마나 전통적이어야 하는가?
- 우리 교회는 도시와 지역 안에서 다른 교회들과 어떻게 연결될 것인가?
- 기독교의 진리를 세상에 어떻게 제시할 것인가?

신학적 비전의 개념은, 교회들이 동일한 교리적 토대를 공유하면서도 (예: 장로교의 경우 웨스트민스터 신앙고백), 어떻게 사역의 형태나 방법들에 있어서는 전적으로 다를 수 있는지를 설명해 준다(예: 음악, 설교 스타일, 조직 리더십에 대한 접근법, 전도의 형태 등). 이는 동일한 교리적 토대를 가진 교회들이 상이한 신학적 비전을 가짐으로써 가능해진다. 교회들은 문화, 전통, 합리성에 대한 질문에 있어서 각기 다르게 답하고 있는 것이다.

어떤 교회들은 거의 모든 대중문화가 타락했다고 믿는다. 그래서 그들은 예배 중에 대중음악을 사용하지 않는다. 또 다른 교회들은 이에 대해 아무런 문제점을 느끼지 못한다. 왜인가? 이것은 단지 개인적인 선호의 문제만은 아니다.

신학적 비전이 암묵적으로 던지는 질문들이 있고, 교회들은 어떤 의사 결정을 할 때마다 그에 대한 답을 제시하고 있는 셈이다. 신학적 비전들 간에는 종종 근본적인 차이들이 존재한다. 그러나 신학적 비전은 대개 눈에 보이지 않기 때문에, 사람들은 필연적으로(그리고 불행하게도) 그 차이들이 교리적인 것이라고 결론 내린다.

신학적 비전의 범주들에 대해 잘 알고 있다면 지역 교회와 교단에서 발생하는 많은 갈등들을 더 잘 이해할 수 있을 것이다. 우리의 교리적인 신앙 선언문과 고백들에는 우리 문화의 어떤 면을 인정하고 어떤 면을 배척하는지 말하고 있지 않다. 또한 전통과 기독교의 역사에 대한 우리의 관계나 인간 이성이 어떻게 작동하는지에 대해서도 직접적으로 언급하지 않는다. 그럼에도 불구하고, 우리의 많은 사역들은 이 이슈들에 대한 가정에 근거해서 형성된다. 누군가가 우리와 동일한 교리를 믿는다고 하면서 우리가 매우 싫어하는 방식으로 사역을 진행한다면, 우리는 그들이 교리적 충성에서 벗어난 것은 아닌지 의심할 것이다. 물론 그 가정이 맞을 수도 있겠지만, 동일한 다른 가능성도 배제할 수 없다. 그들이 타락한 것이 아니라 상이한 신학적 비전을 따라서 일하고 있는 경우이다. 우리가 이 가정들을 더 구체적이고 명백하게 포착할 수 없다면, 우리는 서로 오해하게 된다. 서로를 존중하는 것이 어렵게 느껴질 것이다.

아마도 우리는 이것을 다음과 같은 다이어그램(35쪽 참조)으로 표현할 수 있을 것이다. 우리의 신학적 비전은 교리적 기초에서 자라는 것이지만, 암묵적 또는 명시적 문화 이해를 포함하는 것으로서, 사역에 관한 우리의 결정들과 선택들에 가장 밀접한 인과관계를 구성한다.

그럼 무엇이 신학적 비전인가? 그것은 복음을 충실하게 재진술한 문장

■ 신학적 비전 형성하기

리처드 린츠는 The Fabric of Theology(신학의 기본 구조)라는 책에서 네 개의 요소가 신학적 비전 형성에 영향을 미친다고 보았다. 물론 그 기초는 성경에 귀를 기울임으로써 교리적 신앙에 도달하는 것(listening to the Bible to arrive at our doctrinal beliefs)이다(55-80쪽).

두 번째는 문화에 대한 성찰(reflection on culture)이다(101-116쪽). 이 과정 속에서 우리는 무엇이 현대 문화이며 그것과 충돌하는 어떤 것들이 비판되어야 하며, 어떤 것들이 지지되어야 하는지를 질문한다.

세 번째는 우리가 가지는 이성에 대한 이해(understanding of reason)이다(117-135쪽). 어떤 사람들은 인간의 이성이야말로 비신자를 진리 쪽으로 크게 움직일 수 있다고 보며, 다른 이들은 이를 부정한다. 인간 이성의 본성에 대한 우리의 관점은 우리가 비그리스도인들과 관련하여 어떻게 설교하고, 전도하고, 논증하고, 동참해야 할지를 결정짓는다.

네 번째 요소는 신학적 전통(theological tradition)이다(83-101쪽). 어떤 그리스도인들은 반 전통주의자들이어서, 역사적인 기독교 공동체의 해석자들에게 무게를 두지 않으며, 각각의 세대가 기독교를 재창조하는 것으로 생각한다.

린츠는 문화, 이성, 전통에 대해 우리가 믿는 것이 성경 그 자체를 어떻게 이해하고 있는지에 영향을 미친다고 본다. 세 명의 목회자가 동일한 교리적 신념에 이르렀지만 문화, 이성, 전통에 대하여 상이한 관점을 갖고 있다면, 그들의 신학적 비전과 사역의 모습들은 전혀 달라질 것이다.

으로서, 역사의 현 시점에서, 그리고 한 특정 문화 속에서 삶과 사역과 선교가 어떤 모습을 띠어야 할지에 대한 풍성한 시사점을 포함하는 것이다.

신학적 비전에 왜 책 한 권이 필요인가?

우리가 교회들을 개척하면서 이러한 깨달음들을 설명하고 도표화할 필요성이 점점 더 분명해졌다. 처음에는 뉴욕 시에서, 다음에는 여러 국제 도시들에서 교회를 개척했다. 우리는 우리의 경험과 성찰로부터 교회 개척자들이 많은 것을 배울 수 있도록 돕고 싶다.

그러나 우리는 리디머교회의 복제 교회들을 만드는 데는 전혀 관심이 없었다. 왜냐하면 모든 도시들, 모든 지역 사회들이 다르다는 것을 잘 알기 때문이다. 우리는 도시마다 각기 다른 사람들에게 다가가기 위해서는 각기 다른 종류의 교회들이 필요하다고 믿었다. 교회 개척자들은 기존 사역을 복제하는 것이 아니라 새로운 사역을 창조해야 한다.

우리는 구체적인 점들에서는 리디머교회와 다르지만, 어떤 말로 표현할 수 없는 영역들에서 리디머교회와 비슷한 교회들을 세우는 일을 돕고 싶었다. 그런 일이 있으려면, 한편으로는 교리적 신념과 다른 한편으로는 구체적 사역 프로그램들 사이에 가교가 되는 신학적 비전을 명료화하는 작업을 시작해야 했다.

리디머 시티투시티(Redeemer City to City)는 모든 대륙의 국제도시들에서 다양한 신학적 전통을 가진 교회 개척에 참여하는 비영리조직이다. 당연히 우리의 거의 모든 훈련과 코칭은 이 책에서 제시하는 신학적 비전을 중심으로 하고 있다.

우리는 일단 교회 개척 후보자들의 은사와 신학적 건전성에 근거하여 그들을 평가한 다음, 교리적 기초를 다루는 데는 상대적으로 적은 시간을 보낸다(물론 우리의 훈련은 상당히 신학적이다). 또한 사역의 형태에 대해서도 적은 시간을 할애한다(물론 교회 개척자들은 각각 자신의 교회들에서 사역 프로그램이 어떤 형태로 나타나야 할지 구체적 이슈들과 씨름한다). 다음은 우리가 20년의 경험을 통해 발견한 것들이다.

1. 신학적 비전은 딱딱하지만 목회자들에 꼭 필요한 것이다.

도시 목회자들은 교리적 기초를 어떻게 의미 있는 방식으로 사역 형태에 연결할 것인가를 어려워한다. 그래서 도시 상황을 과도하게 또는 과소하게 상황화하는 경향들이 있다. 전자는 정통에 대한 교회의 헌신을 약화시키며 상대화시킨다. 후자는 특정 종류의 사람들에게만 다가가는 내부 지향적인 교회들이 되곤 한다. 곧 지역 사회 가운데 복음의 운동을 약진시키지 못한다. 그러나 우리가 발견한 것은 신학적 비전의 수준이 곧 사역의 활력을 결정짓는다는 것이다. 도시 상황에서는 더욱 그렇다.

2. 신학적 비전은 이동가능하고 변통성이 있다.

신학적 비전은 다양한 스타일의 문화와 그 상황 속에서 정통적인 신앙고백을 하는 교회들에 탁월하게 이동될 수 있다. 신학적 비전에 초점을 맞춤으로써 우리는 단순히 우리의 모습을 닮도록 교회들을 복제하거나 선동하는 것이 아니라, 진정으로 복음 운동을 섬길 수 있었다.

또한 신학적 비전은 창조적인 지도자들을 돕기에 적합하다. 그들은 교리에서 타협을 원하지 않으며, 매뉴얼을 받아서 복제하기도 원치 않는다. 그들은 새롭고 아름다운 사역 형태들을 창조하기 원한다.

3. 신학적 비전은 교회들을 뛰어넘는다.

우리가 발견한 것은 이 신학적 비전은 단순히 교회를 개척하고 이끄는 것을 가속화할 뿐만 아니라 모든 종류의 사역들에 연결되며 전임 사역자들이 아닌 성도들의 사명과 소명에도 연결된다는 점이다.

센터처치, 중심교회

이 책에서는 우리의 신학적 비전 - 사역의 강조점과 입장들의 특정 집합 - 을 '센터처치'(Center Church)라고 부를 것이다. 지난 수년간 《_____교회》라는 제목이 붙은 책들이 유행처럼 나왔다. 나도 이 대열에 참여하면서 두 가지 위험성을 염두에 둔다.

첫 번째는 이 용어가 꼬리표나 진단 도구처럼 사용되는 것에 대한 것이다. "이것은 센터처치이고, 저것은 아니다"라는 식으로 말이다. 나는 도움이 안 되는 이런 단순화를 피하려고 한다, 독자들도 동일하게 그래 주기를 바란다. 두 번째는 사람들이 정치적 또는 교리적 색채를 이 용어에 입히는 것이다. 마치 신실한 그리스도인이라면 진보와 보수의 정치적 중립지대에 있어야만 한다고 리디머교회가 옹호하기라도 하는 것처럼 말이다. 이 용어와 관련하여 우리가 의미하는 정치적인 입장 같은 것은 아무것도 없다.

이런 이슈들이 있기는 하지만, 우리는 다음과 같은 이유들로 이 용어를 선택했다.

1. 중심에 복음이 있다.

복음 중심적인 사역은 복음을 믿는 것이나 복음을 전파하는 사역과는 별개의 것일 수 있음을 1부에서 명확히 제시하려고 한다.

2. 중심은 균형의 장소이다.

이 책을 읽으면서 성경처럼 균형 잡는 것이 중요하다는 것을 많이 듣게 될 것이다. 즉 말씀의 사역과 행동의 사역, 인간 문화에 도전하는 것과 수용하는 것, 문화적 참여와 문화에 맞서는 차별성, 진리에 대한 헌신과 신앙이 다른 타인들에 대한 관용, 실천에 있어서 전통과 혁신.

3. 도시 중심의 문화적 주역들에 의해서 그리고 그들을 위해서 신학적 비전이 형성된다.

리디머교회 및 우리가 도운 다른 교회들은 도시 중심에서 사역을 한다. 도시 중심부에서의 사역이 21세기 교회의 가장 높은 우선순위라고 우리는 믿는다. 이 신학적 비전은 폭넓게 적용될 수 있지만, 특히 도심 환경에서는 더 각별하게 우리의 관심을 끈다.

4. 사역 중심에 신학적 비전이 있다. 위에서 기술했듯이, 신학적 비전은 교리와 형태 사이에 일종의 교량을 만든다. 사역들이 펼쳐지고 세워지는 것에 있어 가장 중심이 된다. 두 개의 교회가 교리적 틀과 사역 형태는 상이하지만, 신학적 비전은 동일할 수도 있다. 그런 경우 서로를 자매 사역 기관이라고 느낄 것이다. 다른 한편으로 두 개의 교회들이 교리적 틀과 사역 형태가 유사하지만 신학적 비전은 전혀 다를 수도 있다. 그러면 그들은 서로를 다르다고 인식할 것이다.

센터처치의 초점

센터처치의 신학적 비전은 세 개의 기본적인 항목에 집중한다. 그것은 복음(Gospel), 도시(City), 운동(Movement)이다.[8]

복음

성경과 교회사를 통해서 우리가 알게 되는 것은 개별적 성경 교리를 정확히 고수하면서도 실제로는 복음 자체에 대한 이해를 놓칠 수도 있다는 것이다. 마틴 로이드 존스 박사는, 사람들이 비정통에 빠져들면 명백하게 복음을 상실하지만, 그렇지 않고서도 죽은 정통주의에 빠지거나 강조점의 균형을 상실함으로써 복음을 설교하거나 적용하는 것을 사실상 중단할 수 있다고 말했다. 싱클레어 퍼거슨도 많은 형태의 율법주의(legalism)와 율법 폐기론(antinomianism)들이 있고 그중에 어떤 것들은 명확히 이단이지만, 더 많은 경우는 강조점과 기조가 다른 것들이라고 주장했다.[9]

그러므로 모든 새로운 세대와 상황마다 복음을 명확하고 효과적으로 소통하는 방법들을 찾아내는 것은 매우 중요하며, 동시에 복음의 적들 및 모조품들과도 차별화해야 한다. 이 주제는 단지 하드웨어만이 아니라 미들웨어에 해당하는 것이다. 모든 교리적 기초를 공유하는 단체들이 강조점, 어조, 기조에 있어서는 날카롭게 다를 수가 있다. 이것은 18세기 초 스코틀랜드 교회가 '매로우 논쟁'(Marrow Controversy) 때에 경험했던 것이다. 당시 모든 단체들은 웨스트민스터 신앙고백에 전적으로 동의했지만, 꽤 많은 교회들은 율법주의로 경도되고 있었다. 다른 한편으로, 복음을 시대와 장소에 맞게 소통하는 것은 단순히 프로그램을 "어떻게 할 것인가"의 문제만은 아니다.

도시

센터처치 신학적 비전의 두 번째 주요 영역은 우리가 위치한 문화의 맥

무엇을 할 것인가

어떻게 복음이 특정 지역 사회에서 특정 시대에
특정 교회 안에서 표현될 것인가

* 지역 문화에의 적응
* 예배 스타일과 전체 순서
* 제자도와 전도의 과정
* 교회의 리더십 구조와 운영 이슈

어떻게 볼 것인가

복음을 충성되면서도 새롭게 표현하되, 동시대의
문화 속에서 삶, 사역 및 사명에 대한 풍성한 적용
점을 찾는 것.

* 비전과 중요 가치들
* 사역 DNA
* 강조점들, 관점들
* 사역 철학

무엇을 믿을 것인가

성경에서 나온 시간을 초월한 진리들로서 하나님
에 대하여, 그분과의 관계에 대하여, 세상에 가지
신 하나님의 목적들에 대하여

* 신학적 전통
* 교단적 관계
* 조직 신학 및 성경 신학

락과 관련되어 있다. 모든 교회들은 지역 공동체와 사회적 환경을 이해하고 사랑하며 파악해야 한다. 이와 동시에 비판하고 도전할 수 있는 능력이 있어야 하고 이를 기꺼이 감당해야 한다. 리디머교회의 사역이 도심에서 이뤄지기 때문에, 우리는 성경이 도시에 대해서 무엇을 말하는지 공부하기 위해 많은 시간을 할애해야 했다. 그리고 이를 통해 많은 놀라운 것들을 발견할 수 있었다. 각각의 교회들은 도시에 있든지 교외나 시골에 있든지 상관없이(여기에는 다양한 경우의 수와 조합이 존재한다) 그 지역에서 살아가는 사람들의 독특한 면들에 대해 지혜로워야 하고 대화할 수 있어야 한다.

그러나 우리는 또한 기독교와 교회들이 어떻게 전반적인 문화에 참여하고 상호작용을 할 것인지도 생각해야 한다. 이것은 서구문화가 점점 후기 기독교사회로 접어들면서 매우 첨예한 이슈가 되고 있다. 비슷한 교리적 기초를 가진 교회들이 문화와 어떻게 연결될지에 대해서는 매우 다양한 결론들에 도달했다. 그들의 '그리스도와 문화' 모델은 사역 형태에 언제나 강력한 영향을 미쳐 왔다. 도시와 문화에 대한 신학의 발달은 단순히 조직신학의 문제도 아니고 구체적인 사역 관행의 문제만도 아님을 다시금 말하고 싶다. 이것은 신학적 비전의 한 측면이다.

운동

신학적 비전의 마지막 영역은 교회의 관계들 - 지역사회, 가까운 과거, 오래된 역사, 그리고 다른 교회들과 사역 단체들과 관련 있다. 리처드 린츠는 신학적 비전의 한 요소로 '전통을 어떻게 이해하느냐'의 문제가 있다고 지적한다.

어떤 교회들은 매우 제도적이며 과거의 전통을 강조하지만, 다른 교회들은 반제도적이고 유기적이며, 지속적인 혁신과 변화를 그 특징으로 가지고 있다. 어떤 교회들은 자신들이 어떤 특정 교회사적 전통에 충실하다고 본다. 그래서 역사적, 전통적 의례들과 사역의 관례들을 소중히 여긴다. 어떤 특정 교단에 속해 있거나 보다 새로운 전통에서 강력한 정체성을

떤 특정 교단에 속해 있거나 보다 새로운 전통에서 강력한 정체성을 찾는 교회들은 종종 변화를 거부하기도 한다. 스펙트럼의 다른 쪽 끝에는 신학적, 교회사적 전통과 전혀 연관성을 느끼지 못하는 교회들이 있다. 이들은 다른 다양한 교회들 및 사역단체들과 쉽게 연결되곤 한다. 이런 다양한 관점들은 우리가 실제로 사역을 어떻게 할 것인가에 크나큰 영향을 끼친다.

다시 한 번 말하지만 이것들은 조직신학에 포함되지 않는 이슈들이다. 역사적 신앙고백이나 신앙진술서로도 해결이 되지 않는 이슈들이다. 다른 한편으로 이 주제들은 우리에게 실용적인 사역 서적들이 제기하는 것보다 훨씬 깊은 주제들을 던진다.[10]

세 축의 균형

앞으로 이 책에서 다뤄질 접근법을 설명하는 가장 단순한 방법은 세 축의 관점으로서, 그 각각의 제목 아래 신학적 비전의 원리들을 생각하는 것이다.

1. 복음 축

이 축의 한 쪽 끝은 율법주의이다. 율법주의는 우리가 어떻게 사는지에 따라 우리가 스스로를 구원할 수 있다고 단언하는 가르침 또는 암시하는 마음 상태이다. 다른 끝에는 무법주의(일명 율법폐기론 - 역자 주)가 있다. 대중적인 용어로 말하자면 상대주의라 할 수 있다. 이것은 우리가 어떻게 사는지는 중요하지 않으며, 하나님이 계시다면 그분은 모든 사람을 똑같이 사랑할 것이라는 주장이다. 그러나 복음은, 이 책의 나중에 자세히 다루겠지만, 율법주의도 아니고 상대주의도 아니다. 우리는 오직 믿음과 은혜만으로 구원된다. 은혜 없이 믿음만으로 구원받는 것이 아니다.

진정한 은혜는 언제나 거룩함과 정의가 특성인 변화된 삶으로 열매를

■ 미들웨어, 신학적 비전, 그리고 DNA

전반적인 것(교회가 어떤 모습이어야 하는지에 대한 근본적인 토론)과 구체적인 것(자세한 프로그램과 스타일) 사이에서 오락가락하기가 쉽기 때문에, 우리가 무슨 이야기를 하는지 잘 표현하는 것이 중요하다. 우리는 단순히 통상적으로 '신학적 비전'이라는 용어나 '미들웨어'라는 비유를 사용하지 않는다. 리디머교회에서는 보다 빈번히 도시 복음 'DNA'라는 표현을 사용한다.

왜 이런 특정 이미지를 사용하는가? DNA는 유기체의 세포 안에 깊이 자리잡고 있는 지시 사항들의 집합체로서 유기체가 어떻게 발달하고 성장하고 자체 증식할지 지시한다. 리디머교회의 사역 핵심에는 정통적인 복음주의적 신학이 있다. 이것은 전형적인 성경 신학의 교리들이다.

우리는 교리가 사역을 인도하고 이끌어가기를 원한다. 이는 교리에서 신학적 비전을 도출할 때만 가능하다. 그래서 우리는 이런 질문을 던진다. "불변하는 복음 교리가 이 시대에 뉴욕 같은 거대한 국제도시에서 어떻게 소통되고 체화되어야 하는가?" 이 질문에 대한 우리의 답변(신학적 비전)은 우리의 교리적 헌신과 일치할 뿐만 아니라 우리의 시대, 장소, 문화에 부합하는 사역형태들을 선택하거나 개발할 수 있

맺는다. 물론 이단적 가르침 때문에 복음을 놓치는 일이 생길 수도 있다. 곧 더 이상 그리스도의 신성을 믿지 않거나 칭의의 교리를 믿지 않는다면, 상대주의로 미끄러지고 만다.

그러나 또한 건전한 교리를 고수하면서도 죽은 정통(자기 의, self-righteousness의 마음 상태), 균형을 잃은 정통(특정 교리를 과도하게 강조해서 복음 메시지를 흐리는 것), 또는 심지어 '오리무중 정통'(마치 신학교처럼 교리를 파고들지만 사람들의 마음을 꿰뚫지는 못하고, 죄의 확신과 은혜의 아름다움을 경험하지 못하는 것)의 모습들이 될 수도 있다. 우리의 복음 소통과 실천은 결코 율법주의나 방종함으로 흘러서는 안 된다. 그런 식으로 흘러가게 되면 그만큼 삶을 변화시키는 능력을 상실하게 된다.

2. 도시 축(문화 축이라고 부를 수도 있다)

사람들에게 다가서기 위해서는 그들의 문화를 이해하고 적응해야 하지만, 또한 반드시 그 문화의 도전에 직면하고 맞서야 한다는 점을 다룬다. 이것은 성경적 가르침 위에 기초하고 있는데, 모든 문화들에는 하나님의 은혜와 자연계시가 담겨 있지만, 동시에 반역적인 우상숭배도 함께 있다. 우리가 문화

에 과도하게 적응한다면 우리는 문화의 우상들을 받아들이게 된다. 그런데 반대로 문화에 과소하게 적응한다면 우리의 문화만을 절대적인 것으로 우상시하게 된다.

는 DNA에 있다. 그 결과 우리의 사역은 발달하고 성장하고 또한 효과적으로 자체 증식할 수 있다.

마지막으로, 미들웨어나 DNA와 같은 여러 비유들은 신학적 비전이 어떻게 작동하는지를 여러 각도에서 보여 주는 데 유용하다.

우리가 기존 문화에 과도하게 적응하면, 우리는 사람들에게 도전을 던지지도 그들에게 변화하라고 요청하지도 못한다. 반면 우리가 문화에 과소하게 적응하면, 우리의 이야기가 먹히지 않을 것이고 아무도 바뀌지 않을 것이다. 이런 상황은 우리를 혼란스럽게 하고, 좌절하게 하고, 또는 신뢰성 없게 만든다. 사역이 문화에 과도하게 또는 과소하게 적응하는 만큼 삶을 변화시키는 능력도 상실하게 된다.[11]

3. 운동 축

어떤 교회들은 자신들의 신학적 전통에 너무나 강한 일체감을 가진 나머지 복음주의적인 다른 교회들이나 기관들과 대의를 합하거나 공동 목적을 위해 도시나 일터에 함께 다가서지 못한다. 그들은 또한 과거로부터 전해지는 사역 형태를 강하게 추종하는 경향이 있어서 매우 구조적이고 제도적으로 움직인다. 다른 어떤 교회들은 지나치게 반제도적이다. 그들은 전통 및 교단과 전혀 일체감을 갖지 않으며, 기독교 전통 자체와도 많은 관련성이 없다고 본다. 때때로 그들은 아무런 제도적 특성 없이, 전적으로 유동적이고 비공식적이다. 양 극단에 있는 교회들은 지도력 개발을 저해 받게 되고, 몸과 공동체로서 교회의 건강을 상실하게 됨을 발견하게 될 것이다.[12] 이런 실수를 범하는 정도만큼 생명을 전달하는 교회의 능력도 상실된다. 사역이 이런 축들의 '중심'으로부터 더 많이 일어날수록 활동력도 커지고 열매도 더 많이 생기게 된다. 이 축과 스펙트럼의 어느 한 끝으로 치우친 사역은 사람들의 삶을 변화시키는 능력을 상실하게 된다.

나는 이 책이 도심 및 문화 중심지에서 사역하는 사람들에게 특별히 유용하기를 소망한다. 그러나 당신이 문자적으로 그런 중심에서 사역하지 않는다 할지라도, 당신이 이 세 가지 축들을 인식하고 표현되는 사역들을 적절하게 조정한다면, 여전히 '중심으로부터' 사역할 수 있다고 믿는다.

앞으로 전개될 내용을 통해 나는 최선을 다해서 복음과 도시, 운동의 세 헌신의 중심에서 사역하는 것이 무엇인지를 설명할 것이다. 센터처치 신학적 비전은 여덟 가지 요소로 나누어진다. 각각은 이 책의 여덟 부에서 다루어질 것이다.[13]

1영역: 복음

1부: 복음 신학(Gospel Theology). 우리는 얇은 교리, 실용주의, 성찰 없음, 도구 중심적 철학보다는 복음의 신학적 깊이를 추구하는 모습으로 특징지어지길 바란다.

2부: 복음 부흥(Gospel Renewal). 은혜의 음계는 모든 사역에 끊임없이 적용된다. 그래서 사역이 율법주의나 냉랭한 지성주의로 표현되지 않도록 한다.

2영역: 도시

3부: 복음 상황화(Gospel Contextualization). 우리는 문화적 역동성을 무시하거나 집단들 사이의 문화 차이에 무감각하지 않고, 문화에 대한 감수성을 갖기 원한다.

4부: 도시 비전(City Vision). 우리는 도시에 적대적이거나 무관심한 접근법이 아니라 도시를 사랑하는 사역 방법들을 채택한다.

5부: 문화 참여(Cultural Engagement). 우리는 우리의 태도에 있어서 너무 승리주의적이거나 또는 너무 은둔주의적이거나 독자적인 문화 그룹이 되기를 추구하는 것을 피하며, 문화에 잘 접목되기를 바란다.

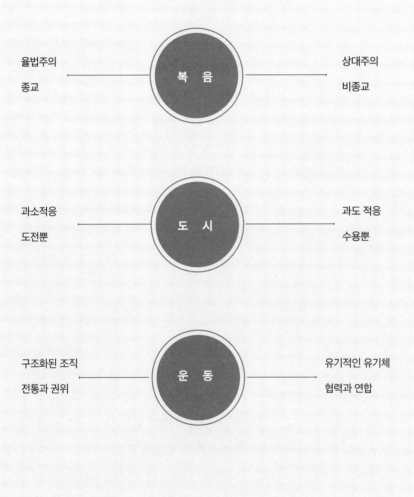

율법주의   복 음   상대주의

종교   비종교

과소적응   도 시   과도 적응

도전뿐   수용뿐

구조화된 조직   운 동   유기적인 유기체

전통과 권위   협력과 연합

3영역: 운동

6부: 선교적 공동체(Missional Community). 교회의 모든 면면이 외부와 소통해야 한다. 비신자들 및 협력적인 평신도 성도들이 세상 가운데 벌어지는 교회의 사역에 참여할 것을 기대한다.

7부: 통합적 사역(Integrative Ministry). 우리는 말씀 사역과 실천 사역을 모두 행한다. 가난한 사람들 및 문화 중심에서 일하는 사람들의 영적, 육체적 필요를 채울 수 있도록 돕는다.

8부: 운동 역동성(Movement Dynamics). 우리는 다른 성도들과 기꺼이 협력하는 마음 상태를 가진다. 우리의 자리에 연연하거나 다른 교회를 회의적으로 보는 것이 아니라, 도시 전체를 향한 비전을 적극적으로 추진한다.[14]

—

우리는 이 책 안에서 '리디머교회 모델'을 설명하는 것이 아니다. 이것은 "교회 사역, 이렇게 하라"는 책이 아니다. 대신 우리는 사역을 위한 특정한 신학적 비전을 제시한다. 그래서 포스트모던의 서구 국제화가 위세를 떨치고 있는 이 시대에 많은 교회들이 사람들을 복음으로 이끄는 데 기여할 수 있기를 바란다. 이것은 특히 세계의 대도시들에 적용된다. 그러나 이러한 문화적 변동은 곳곳에서 감지할 수 있다.

그래서 우리는 이 책이 아주 다양한 사회 환경에 있는 교회 지도자들에게 매우 유용하기를 소망한다. 우리는 독자들이 현대인의 삶에 복음을 적용하며, 문화적 참여를 하며, 사명을 위해 제자도를 일으키며, 다양한 사역들을 통합하며, 지역 교회와 세계에서 운동 역동성을 일으키는 비전을 갖기를 권한다.

이러한 강조점들과 가치들 -센터처치 신학적 비전- 은 모든 종류의 교회 모델과 방법론들을 시도하고 있는 교회들에게 힘을 실어 줄 것이다. 당신이 당신의 신학적 비전을 가시화하는 과정을 받아들인다면, 사역 모델과 방법론을 잘 선택하는 데 있어서 많은 도움을 받을 수 있을 것이다.

주

1. 찰스 스펄전(Charles H. Spurgeon), 《목회자 후보생들에게》, 2장

2. 조나단 에드워즈(Jonathan Edwards), "그리스도인의 자선: 가난한 자에 대한 자선의 의무", 《조나단 에드워즈 전집위의 책》 2권. 이 논문에서 에드워즈는 '복음의 규칙들'이라는 표현을 사용하여 그리스도의 구원 사역의 형상을 가리킨다. 이는 영적으로 가난하고 파산 상태인 사람들에게 희생적으로 자기를 주시는 것을 의미한다. 이 원리는 우리가 세상을 어떻게 살아가야 할지 제시한다. 에드워즈는 1) 우리에게 잘못한 사람을 용서해야 하고, 2) 가난한 사람들에게 베풀어야 하고 (비록 '자격이 없는' 가난한 사람이라 할지라도), 3) 우리가 사람들을 도울 힘이 없을 때에도 타인을 도와야 한다고 추론했다. 에드워즈는 그리스도의 대속적 속죄와 우리를 값없이 의롭게 하신 사역이 일상의 모든 영역에 적용되어야 한다고 보았다. 복음의 핵심 요소에 대한 성찰이 어떻게 가난한 자들에 대한 사역적 헌신으로 이어지는지를 보여 준 좋은 예이다.

3. 리처드 린츠(Richard Lints), *The Fabric of Theology, A Prolegomenon to Evangelical Theology* (Grand Rapids: Eerdmans, 1993), 9.

4. 위의 책, 82.

5. 위의 책, 315.

6. 위의 책, 83.

7. 위의 책, 316-317.

8. 이 영역들은 리처드 린츠의 신학적 비전의 네 가지 요소와 대략적으로 상응한다. 1) 복음은 당신이 어떻게 성경을 읽는가에서 흘러나온다. 2) 도시는 문화에 대한 당신의 성찰에서 흘러나온다. 3) 운동은 전통에 대한 이해로부터 흘러나온다. 네 번째 요소는 인간 이성에 대한 당신의 이해인데 이 마지막 요소는 나머지 세 가지 전체에 영향을 주었다. 이는 어떻게 비그리스도인을 복음화 할 것인지, 얼마나 많은 일반은총이 문화 속에서 작동하는지, 어떻게 제도적(또는 반제도적)으로 당신이 사역 구조에 대해 생각하는지에 영향을 끼친다.

9. 마틴 로이드 존스(D. Martyn Lloyd-Jones)의 《부흥》을 보라. 또한 싱클레어 퍼거슨(Sinclair Ferguson)의 매로우 논쟁에 관한 세 번의 강의를 보라. www.sermonaudio.com/search.asp?seriesOnly=true&currSection=sermontopic&SourceID=gpts&keyworddesc=The+Marrow+Controversy&keyword=TheMarrow+controversy (2011년 12월 30일 접속).

10. 예를 들어 대부분의 유명한 교회 성장 서적들은 '교회에 특정한 교회적 전통들이 없다'라고 간주한다. 책들은 개혁주의, 성공회, 감리교, 침례교, 루터란 교회들을 다루면서 마치 그들이 모두 동일한 것처럼 한다. 그러나 여기에는 어떤 신학적, 주해적 논증도 제시되어 있지 않다. 단지 역사적 전통이란 의미가 전무하거나 희미하다고 간주될 뿐이다.

11. 복음의 축은 다른 두 가지와 같지 않다. 다른 두 가지 축에서 선망되는 지점은 중간 지대이다. 극단 사이의 균형인 것이다. 그런데 싱클레어 퍼거슨(Sinclair Ferguson)과 다른 이들은 복음이 두 극단 사이의 균형이 아니라, 전적으로 다른 것임을 주장했다. 사실 율법주의와 무법주의(율법폐기론)는 반대가 아니라 본질상 동일한 것이다. 복음에 반대되는 자기구원이다. 그러므로 두 극단 중간에 복음을 위치시키는 것은 단지 시각적인 표현법일 뿐임을 유의하

기 바란다.

12. 기민한 독자들은 이 책 후반부에서 내가 구조화된 조직과 유동적인 유기체 사이에서 교회들이 기계적인 중간점에 있지 않도록 권하는 것을 발견할 것이다. 혁신과 창의의 정신을 유지하기 위해서는 유기체 쪽으로 두 걸음쯤 가까운 지점에 있는 것이 좋다. 이 세 축의 구조가 각각의 주제에 대한 모든 것을 정확하게 표현하는 것은 아니지만, 그래도 기본 주제들과 강조점들을 기억하기에는 좋은 방법이다.

13. 어떤 이들은 이 여덟 개의 요소들이 프란시스 쉐퍼(Francis Schaeffer)가 그의 독보적인 저작 *2 Contents, 2 Realities*(두 내용, 두 현실)에서 다룬 것과 대략 동일한 영역이라는 것을 지적했다. 그 책은 1974년 7월에 열린 세계 전도에 관한 로잔 의회에서 행한 그의 연설에 기초한 것이다. 쉐퍼는 '우리가 직면할 어마어마한 압력과 현대 문제에 대처하기 위해 그리스도인에게 절대적으로 필요한 것들 네 가지'에 대해 연설했다. 이 네 가지는 1) 건전한 교리 2) 상황과 문화에 참여하는 것 ('정직한 질문에 대한 정직한 답변') 3) 심령에 복음을 영적으로 회복하는 것 ('진정한 영성') 4) 분명하고 활력 있는 그리스도인 공동체를 세우는 것 ('인간관계의 아름다움') 이다. 내가 제시하는 목록들은 쉐퍼의 것과 비슷하지만 보다 더 구체적인 것들이다. 쉐퍼의 목록들이 우리의 목록들 가운데 균형 있게 잘 채워지기를 소망한다.

14. 리디머교회와 친숙한 사람들이라면 왜 이 책에 설교에 대하여 할애한 장이 없는지 궁금할 것이다. 그 이유는 설교는 신학적 비전의 모든 요소들을 다 포함하기 때문이다. 예를 들어, 설교에 대한 시사점은 여덟 요소들의 절반 이상에서 다 발견하게 될 것이다. 부흥을 위해서 어떻게 설교해야 할지, 설교에서 상황화를 어떻게 해야 할지, 문화에 참여하는 방식으로 어떻게 설교할 것인지 등이다.

복음이 중심이 된 교회

율법주의

종교

G

Gospel

상대주의

비종교

복음은 종교가 아니며, 비종교도 아니다.
오히려 그것과는 전혀 다른 무엇이다.
복음은 은혜를 통해서 하나님을 만나는 제3의 길이다.
이것 때문에, 우리는 극단적인 실수들을 피하고
복음을 정확하고 충성되게 전달할 수 있도록
독특하고도 균형 잡힌 방식으로 사역한다.

복음이
본질이다

복음

우리는 매우 쉽게 우리가 복음을 정확하게 이해하고 충성되게 설교하면, 우리의 사역이 자동적으로 복음에 의해 형성될 것이라고 간주한다. 그러나 사실은 그렇지 않다. 많은 교회들이 복음 교리를 받아들이지만 사역이 복음에 의해 형성되거나, 복음 중심적이거나, 또는 복음을 통해 활성화되지는 못한다. 교회의 실제 사역 구조 가운데 복음이 어떻게 실현되어야 하는지 정확히 알지 못하기 때문이다. 왜냐하면 이러한 교회들의 '신학적 비전'은 복음에 대한 지속적인 묵상이 아닌 다른 것으로부터 만들어졌기 때문이다.

복음 중심적인 사역은 프로그램보다는 신학의 영향을 받는다. 복음 중심적 사역을 추구하려면, 복음 자체의 정수, 진리, 양상에 대해 묵상하는 시간을 많이 가져야 한다. 이 두 가지는 대화적 관계로 공존한다. 여기서 신학은 해석을 추구하는 믿음(fides quaerens intellectum), 곧 기독교적 해석을 담은 사역이다(the ministry of Christian understanding). 이러한 해석은 하나님의 구속의 드라마 가운데 교회가 합당한 참여의 자리를 발견하는 것을 목표로 한다(케빈 J. 밴후저, The Drama of Doctrine(교리의 드라마: 기독교 신학에 대한 정통적-언어적 접근, 2005)을 보라).

이 책의 1부는 복음 자체의 본질에 대한 현대의 토론들과 갈등들을 다루고 있다. 복음 신학을 다룬 1부에서 우리는 무엇이 복음인지, 그리고 복음이 아닌지를 살펴볼 것이다. 복음 부흥을 다룬 2부에서는 부흥의 역사와 양상들을 살펴보고, 어떻게 개인과 공동체의 복음 부흥이 발생하며 또한 그 결과로 무엇이 형성되는지 숙고할 것이다.

01
모든 것이
복음은 아니다

"복음은 무엇인가?" 이 질문에 대한 답은 생각보다 훨씬 복잡하다. 성경이 가르치는 모든 것이 복음인 것은 아니기 때문이다(물론 모든 성경의 교리가 복음을 이해하는 데 있어 배경 지식이 된다는 점은 부인할 수 없다). 복음은 우리가 위험(죄)으로부터 어떻게 구출되었는지에 대한 메시지이다. 이 단어에는 우리 삶을 바꾸는 영향력 있는 어떤 사건의 발생에 대한 소식이라는 의미가 담겨 있다.[1]

1. 복음은 좋은 충고가 아니라, '기쁜 소식'(Good News)이다.

복음은 일차적으로 어떤 삶의 방식이 아니다. 복음은 우리가 행하는 무엇이 아니라, 우리를 위해 행해진 무엇이며 우리가 반응해야 하는 어떤 것이다.

구약성경을 헬라어로 번역한 70인역에는 복음을 의미하는 유앙겔리조(*euangelizō*)라는 단어가 23번이나 등장한다. 시편 40편 9절에 보면 - "내가 많은 회중 가운데에서 의의 기쁜 소식(the glad news of deliverance, ESV)을 전하였나이다"라고 되어 있다. 여기서 이 단어는 백성을 위험에서 구출한 사건이 발생했음을 선포할 때 사용되었던 것이다. 신약성경에서도 유앙겔리온

(*euangelion*), 유앙겔리조(*euangelizō*), 그리고 유앙겔리스테스(*euangelistēs*)라는 단어가 적어도 133번이나 등장한다. D. A. 카슨은 철저한 어휘 연구를 통해서 다음과 같은 결론을 내렸다.

> 복음은 기쁜 소식이기 때문에… 이것은 반드시 선포되어야 한다. 그런데 선포는 소식을 가진 사람이 하는 것이다. 설교에 있어서 가장 중요한 전달적 요소에 관해 말할 때 우리는 복음의 중심 메시지가 단순히 토론의 대상이 되는 윤리 규범도 아니고, 감동 받고 성찰하는 지혜의 어록도 아니며, 정리되고 도식화된 조직 신학도 아니라는 사실을 이해해야 한다. 물론 복음의 토대 위에서 윤리가 구축되고 지혜가 결집되고 신학이 조직화될 수 있지만, 이 세 가지 자체가 복음인 것은 아니다. 복음은 소식이되, 기쁜 소식이다. 그러므로 반드시 공개적으로 선포되어야 한다.[2]

2. 복음은 '우리가 구원받았다'는 것을 선포하는 기쁜 소식이다.

그렇다면 우리는 무엇으로부터 구원을 받은 것인가? 어떤 위험으로부터 구조를 받은 것인가? 신약성경에서 사용된 복음의 어휘를 살펴보면 역사의 마지막에 다가올 노하심(진노)로부터 구원받았음을 알 수 있다(살전 1:10). 이 진노는 비인격적인 힘이 아니라, 하나님의 진노이다. 하나님과 우리의 관계는 깨졌고, 우리는 그분과의 우정에서 벗어나 있다.

바울은 복음에 대해 설명하면서 하나님의 진노야말로 인간의 가장 큰 문제임을 규명한다(롬 1:18-32). 하나님의 진노에는 여러 가지 양상이 있다. 창세기 3장 17-19절을 보면 하나님의 진노가 인간의 죄 때문에 모든 피조 세계에 임하고 있다고 말한다. 우리는 죄로 인해 하나님으로부터 단절되었고 이로 인해 자기 자신에 대해서도 심리적인 단절이나 냉소를 갖게 된다. 그리고 수치심과 두려움을 경험한다(창 3:10). 또한 하나님과 단절되었기 때문에, 우리는 사회적으로도 단절되었다(창세기 3장 7절은 아담과 하와가 반드시 옷을 입어야만 했음을 보여 준다. 16절에서는 남녀 사이에 단절이 생겼음을 보여 주며, 하나님과의 대화에서 상대방에게 책임을 전가하는 양상 또한 생겼음을 보여 준다).

하나님과 단절되었기 때문에 우리는 육체적으로 자연과도 단절되었다. 우리는 슬픔, 수고, 노화, 그리고 죽음을 경험한다(16-19절). 사실 땅 자체가 "저주 받았다"(17절, 롬 8:18-25). 첫 인간이 에덴동산을 떠난 이후로 이 세상은 고통, 질병, 가난, 차별, 자연재해, 전쟁, 노화, 죽음으로 가득 차 있다. 이 모든 것은 세상에 대한 하나님의 진노와 저주에서 파생된 것들이다. 이 세상은 망가졌고 우리에게는 구원이 필요하다. 우리가 겪는 문제의 뿌리는 눈에 보이는 '수평적인' 관계들에 있지 않다. 문제의 뿌리는 하나님과 우리의 '수직적인' 관계에 있다. 궁극적으로 인간의 모든 문제는 증상일 뿐이다. 하나님과의 관계가 끊어졌다는 것이 진짜 원인이다.

인생에서 일어나는 비참한 일의 진짜 이유는 우리가 하나님과 화해하지 않았기 때문이다. 로마서 5장 8절과 고린도후서 5장 20절 같은 구절들이 이를 잘 말해 준다. 그러므로 인류의 진정한 구원에 있어서 제일 중요하고 우선시되는 것은 하나님과 우리의 관계를 바르게 다시 세우는 것이다.

3. 복음은 하나님과 우리의 관계를 바로잡기 위해 '예수 그리스도가 무엇을 이루셨는가?'에 대한 소식이다.

그리스도인이 되는 것은 신분의 변화이다. 우리가 지금 사망에서 생명으로 옮겨가고 있는 것이 아니다. 요한일서 3장 14절은 "우리가 죽음에서 생명으로 옮겨갔다"라고 선언한다.[3]

당신은 그리스도 안에 있든지 없든지 둘 중에 하나다. 당신은 용서받았든지 아니든지 둘 중에 하나다. 당신은 영생을 갖고 있든지 아니든지 둘 중에 하나다. 마틴 로이드 존스 목사는 사람들의 영적 상태를 진단하기 위해서 다음과 같은 질문을 사용했다. "당신은 그리스도인이라고 말할 준비가 되어 있습니까?"

수십 년 동안 많은 사람들이 이에 대해 "아직은 충분하다고 느껴지지 않습니다"라며 주저하는 반응을 보였다고 그는 회상했다. 이에 대한 로이드 존스 목사의 반응은 다음과 같다.

나는 단번에 알 수 있었다. … 그들은 여전히 자신의 관점에서 생각하고 있다. 그들은 아직도 그리스도인이 되려면 자신이 더 나은 사람이 되어야 한다고 생각하고 있었다. 굉장히 겸손해 보이기는 하지만 그것은 악마의 거짓말이며, 믿음을 부인하는 것이다.… 당신은 결코 충분히 선한 사람이 되지 못할 것이다. 충분히 선한 사람은 이제까지 아무도 없었다. 기독교의 구원의 핵심은 주님만이 충분히 선하시며 나는 그분 안에 있음을 고백하는 것이다.[4]

로이드 존스 목사는 그리스도인이 되는 것은 하나님과 우리의 관계에 변화가 일어나는 것이라고 말한다. 예수님을 믿고 자신을 그분께 맡겨 드릴 때 우리는 하나님 앞에서 즉각적인 신분 변화를 겪게 된다. 다시 말해 우리는 '그분 안'에 있는 것이다.

존 오웬의 저작 *Death of Death in the Death of Christ*(그리스도의 죽음 안에서 죽음의 종식)를 소개한 J. I. 패커의 그 유명한 글을 읽은 후로 나는 복음을 가장 잘 요약한 "하나님이 죄인들을 구원하신다"라는 메시지를 좋아하게 되었다.

"하나님이 죄인들을 구원하신다."
여기서 '하나님은' - 삼위일체 하나님, 곧 성부, 성자, 성령이시다. 주권적인 지혜와 권능과 사랑 가운데 함께 사역하시는 세 위격은 선택된 백성들의 구원을 성취하신다. 성부는 선택하시고, 성자는 구속함으로써 성부의 의지를 성취하시고, 성령은 새롭게 함으로써 성부와 성자의 목적을 실현하신다.

'죄인들을' - 하나님 보시기에 죄인들이다. 죄 많고, 악하고, 무력하고, 무능하고, 하나님의 뜻을 행하거나 자신들의 영적인 운명을 변화시키기에는 손가락 하나 까딱할 힘도 없는 이들이다.

'구원하신다' - 모든 것을 하신다. 시작부터 마지막까지 죄 가운데 있는 죽음에서 영광 가운데 있는 생명으로 사람들을 옮기기 위해서 모든 것을 하신다. 계획하시고, 성취하시고, 구속하시고, 부르시고, 지키시고, 의롭게 하시고, 거룩하게 하시고, 영화롭게 하신다.[5]

복음과 복음의 결과가 혼동되어서는 안 된다

복음은 우리가 행하는 무엇이 아니라, 우리를 위해서 행해진 무엇이다. 그러나 복음은 완전히 새로운 삶의 길을 만들어 낸다. 은혜와 은혜의 결과인 선행은 은혜와는 구분되면서 동시에 연결된다. 복음, 복음의 결과, 복음의 시사점은 결코 혼동되거나 분리되어서는 안 되며 반드시 상호 연결되어야 한다.

마르틴 루터는 우리가 믿음만으로(by faith alone) 구원받지만, 우리가 단지 믿음만 남는 믿음으로(by a faith that remains alone) 구원받는 것은 아니라고 말한다. 루터는 복음을 받아들이는 참된 믿음이 있다면 언제나 필연적으로 선행에 이르게 된다고 말한다. 그러나 구원은 결코 선행을 통해서나 선행 때문에 얻어지는 것은 아니다. 이처럼 믿음과 선행은 결코 혼동되어서는 안 되고, 서로 분리되어서도 안 된다(엡 2:8-10; 약 2:14, 17-18, 20, 22, 24, 26).

단언컨대 복음에 대한 신앙을 통해서 가난한 자들을 돌보게 되고 문화에 적극적으로 참여하게 된다. 루터가 참된 신앙이 선행을 낳는다고 말한 것은 이런 의미였을 것이다. 그러나 믿음과 선행이 결코 분리되거나 혼동되어서는 안 되는 것과 마찬가지로, 복음 자체와 복음의 결과들이 분리되거나 혼동되어서도 안 된다.

나는 이전에 다음과 같은 설교를 종종 들은 적 있다. "복음은 하나님이 '지금' 치료하시며 '앞으로' 세상의 모든 아픔을 치료하실 것이라는 믿음입니다. 그러므로 복음의 사역은 세상의 정의와 평화를 위해서 일하는 것입니다." 이런 생각이 위험한 것은 각론이 진실이 아니어서가 아니라, 원인과 결과를 혼동하고 있기 때문이다. 복음이 무엇인지와 복음이 무엇을 일으키는지를 혼동하고 있는 것이다. 바울은 물질세계의 회복을 말하면서 새 하늘과 새 땅이 우리에게 주어질 것이라고 말한다. 왜냐하면 십자가에서 예수님이 우리와 하나님의 관계를 회복하셔서 그분의 참된 자녀가 되게 하셨기 때문이다.

로마서 8장 1-25절은 특별히 우리가 "우리의 양자 됨"을 받을 때, 우리의 육체와 모든 물질계의 구속이 일어날 것을 가르치고 있다. 우리는 그분의 자녀로서, 미래의 유업을 약속받았다(엡 1:13-14, 18; 골 1:12; 3:24; 히 9:15; 벧전 1:4). 그 유업으로 인해 세상은 새롭게 된다. 그리스도의 사역이 과거에 이미 끝났으므로 미래는 우리 것이다.

우리는 복음이 결코 세상에 대한 단순한 종교적 재활 프로그램인 것 같은 인상을 주어서는 안 된다. 오히려 복음은 완성된 대안 사역이다. 우리는 복음을 어떤 것(예를 들면 천국 프로그램)에 참여하는 것으로 그려서는 안 된다. 오히려 복음은 무엇(그리스도의 완성된 사역)을 받아들이는 것이다. 만일 우리가 그런 실수를 한다면, 복음은 또 다른 종류의 공로 구원(salvation by works)이 되고 만다. 복음은 믿음에 의한 구원이다. 이에 대해 J. I. 패커는 다음과 같이 말했다.

> 복음은 (고통과 불의의) 문제에 대한 해법을 우리에게 제시한다. 그러나 모든 인간의 깊은 문제를 먼저 해결한 다음에 그렇게 한다. 그것은 인간과 창조주의 관계라는 문제다. 고통과 불의의 문제들에 대한 해법이

창조주와의 관계 해결에 달려 있다는 것을 분명하게 하지 않는다면 복음 메시지를 왜곡하는 것이며, 하나님의 거짓 증인이 되는 것이다.[6]

이와 관련된 또 다른 질문은 복음이 정의 사역에 의해서 확산되는가이다. 성경은 설교에 의해서 복음이 전파됨을 반복적으로 말한다. 사랑의 실천은 설교에 이어 당연히 중요하지만, 그 자체로는 예수 그리스도에 대한 구원의 지식을 얻게 하지 못한다. 프랜시스 쉐퍼가 주장했듯이 그리스도인의 상호 관계는 복음 메시지가 참인지를 세상이 판단하는 기준으로 작동한다. 그래서 그리스도인의 공동체가 '최종 변증'이 되는 것이다.[7]

다시 한 번 믿음과 선행의 관계를 살펴보자. 하나님이 예수님을 세상에 보내셨다는 것을 사람들이 알도록 하려면, 반드시 사랑의 공동체가 필요하다(요 17:23; 13:35 참조). 우리가 재물을 통용하고 궁핍한 사람들에게 나누는 것은 불신자들에게 강력한 표지가 된다(증거와 나눔 사이의 관계에 대해서는 행 4:31-37과 행 6장 참조). 이처럼 사랑의 실천 행위들이 복음 진리를 구현하는 것이며 복음 설교와 분리될 수 없는 것이기는 하지만, 복음과 일체인 것으로 보아서는 안 된다.

복음은 무엇보다도 우리를 위해 행하신 그리스도의 일하심에 대한 소식이다. 이는 왜 그리고 어떻게 복음이 은혜에 의한 구원인지를 잘 보여 준다. 복음이 소식인 것은 우리를 위해 성취된 구원에 관한 것이기 때문이다. 복음은 사랑의 삶을 창조하는 소식이다. 그러나 사랑의 삶이 그 자체로 복음인 것은 아니다.[8]

복음의 능력을 앗아가는 두 가지 적

초대 교부 터툴리안은 이렇게 말했다. "예수님께서 두 강도 사이에서 십자가에 못 박히신 것처럼, 복음은 두 오류 사이에서 십자가에 못 박힌다."[9] 터툴리안이 의미한 오류는 과연 무엇이었을까? 나는 종종 그것을 '종교'(religion)와 '비종교'(irreligion)라는 이름으로 부른다. 신학적 용어로는 '율법주의'(legalism)와 '율법폐기주의'(antinomianism)이다. 다른 표현 방식으로는 '도덕주의'(moralism)와 '상대주의'(relativism) 또는 '실용주의'(pragmatism)이다.

이러한 오류들은 언제나 복음의 메시지를 오염시키며 복음의 능력을 앗아간다. 율법주의는 우리가 구원받으려면 거룩하고 선한 삶을 살아야 한다고 말한다. 율법폐기주의는 우리가 구원받았기 때문에 이제는 거룩하고 선한 삶을 살지 않아도 된다고 말한다.

이것은 복음이라는 창의 끝(tip of the spear)이 위치한 곳이다. 능력의 성령이 우리 삶을 변화시키도록 하려면 율법주의와 율법폐기주의, 그리고 복음 사이에 명확하고 분명한 구별을 짓는 것이 매우 중요해진다. 만일 복음 메시지가 "구원받으려면 믿음을 갖고 바른 삶을 살아야 합니다", "하나님은 당신을 있는 모습 그대로 사랑하시며 용납하십니다"에 머문다면 우리의 복음 전도는 사람의 정체성을 바꾸거나 마음을 변화시키는 변혁적인 사역이 되지 못할 것이다.

이것은 우리가 다음 장에서 다룰 내용이다. 만일 일반적인 교리나 윤리를 설교할 뿐이라면, 복음을 설교하고 있는 것이 아니다. 복음은 하나님께서 그리스도를 통해 우리의 구원을 이루시고 우리와 하나님의 관계를 바르게 만드시며 궁극적으로는 세상 모든 죄의 결과들을 없애실 것임을 선포하는 기쁜 소식이다.

하나님이 누구이신지, 왜 구원이 필요한지, 우리를 구하기 위해 그분이 무엇을 하셨는지 등을 이해하려면 성경 전체에 대한 기본적 지식이 전제되어야 한다. 예를 들어 그레샴 메이첸은 하나님과 인간에 대한 성경적 교리 지식을 가리켜 '복음의 전제들'(presuppositions of the gospel)이라고 말한다.[10] 이것은 삼위일체, 그리스도의 성육신, 원죄 및 죄에 대한 이해가 모두 필요하다는 것을 의미한다. 우리가 예수님이 단지 선한 분이 아니라 삼위일체의 제2위격이라는 것을 이해하지 못한다면, 또는 '하나님의 진노'가 무엇을 의미하는지 이해하지 못한다면, 예수님이 십자가에서 무엇을 성취하셨는지 이해하는 것도 불가능해진다. 그뿐 아니라 신약성경은 끊임없이 그리스도의 사역을 구약성경의 용어(제사장직, 희생, 언약)로 설명하고 있다.

달리 말해서 성경을 막연히 설교해서는 안 된다는 것이다. 듣는 사람들이 성경을 전체적으로 이해하지 못한다면, 그들은 복음을 깨닫지 못할 것이다. 전체적인 성경적 교리를 더 많이 이해할수록 우리는 복음 자체를 더 많이 이해하게 될 것이다. 그리고 복음을 더 많이 이해할수록 성경이 궁극적으로 말하고자 하는 바를 더 많이 알게 될 것이다.

성경 지식은 복음 이해에 필수적인 동시에 복음 자체와는 구별된다. 종종 복음 자체가 사람들 가운데 없을 때는 성경 지식이 있다는 것 때문에 방해를 받기도 해서 사람들이 성경 지식의 정체성에 대해서 혼동하기도 한다.

복음에는 여러 장(chapter)들이 있다

그러므로 복음은 기쁜 소식이다. 그것은 우리가 이루는 무엇이 아니라 우리를 위해 이루어진 무엇이다. 복음은 매우 단순한 그 무엇이다. 그러나 우리가 "무엇에 대한 반가운 소식이요?" 혹은 "왜 그것이 반가운 소식입니까?"라고 질문할 때는 복음이 부요함과 복합성을 갖고 무대 위에 등장하게 된다.

"복음이란 무엇인가?"라는 질문에 대해 우리는 두 가지 방법으로 답할 수 있다. 하나는 당신이 하나님과의 관계를 어떻게 바르게 할 수 있는지 성경적인 복음을 제시하는 것이다. 이것은 "내가 무엇을 해야 구원받을 수 있나요?"라는 질문이 의미하는 것을 이해하는 것이다. 두 번째는 예수님의 구원을 통해 역사 속에서 하나님이 무엇을 완전히 성취하실 것인지 성경적인 복음을 제시하는 것이다. 이것은 "이 세상을 향한 어떤 소망이 있는가?"라는 질문을 이해하는 것이다.

첫 번째 질문을 개인주의적 방식으로 이해한다면, 우리는 어떻게 죄인인 인간이 거룩한 하나님과 화해할 수 있으며, 결과적으로 삶이 달라질 수 있는지를 설명한다. 그 답은 다음과 같은 기본적인 명제들과 개요로 이루어진다. 하나님은 어떤 분인가, 죄는 무엇인가, 그리스도는 어떤 분이며, 그분은 무엇을 행하셨으며, 믿음은 무엇인가?

우리가 두 번째 방식으로 질문을 이해한다면, 하나님이 역사 속에서 성취하실 모든 것에 대해 묻는 것이다. 우리는 세상이 어떻게 시작되었고 어떻게 잘못되었으며, 회복되기 위해서는 무슨 일이 일어나야 하는지를 설명한다. 즉 복음이 '세상'에 대한 메시지가 되는 것이다. 답은 다음과 같은 개요로 이루어진다. 창조, 타락, 구속, 그리고 회복, 이러한 주제로 구성된 이야기 구조가 된다.

앞으로 살펴보겠지만, 성경적 복음을 제시하는 방법은 한 가지가 아니다. 그렇지만 복음 제시에 있어서 할 수 있는 한 사려 깊게 하도록 노력할 것을 권

■ 가능하면 말로 표현하라

"복음을 전하되 가능하면 말로 하라"는 유명한 경구는 도움이 되기도 하지만 동시에 혼란을 유발하기도 한다. 만일 복음의 핵심이 우리가 구원받기 위해 무엇을 이루어야 한다는 것이라면, 말로만 아니라 행동으로도(모방을 위해서) 잘 소통될 수 있을 것이다.

그러나 복음의 핵심이 우리를 구원하기 위해 하나님이 무엇을 하셨는가와 믿음을 통해 우리가 어떻게 구원을 받을 수 있는가 하는 것이라면 복음은 오직 말을 통해서만 표현될 수 있다.

믿음은 들음 없이는 생길 수 없다. 이는 갈라디아서 2장 5절이 이단으로 인해 복음의 진리가 위험에 빠질 수 있음을 경고하고 빌립보서 1장 16절에서 사람의 마음이 반드시 복음의 진리로 설득되어야 함을 선언하는 이유이다. 에베소서 1장 13절은 또한 복음이 진리의 말씀이라고 단언한다. 에베소서 6장 19절과 골로새서 1장 23절은 우리가 언어 소통, 특히 설교를 통해서 복음을 진전시킨다고 가르친다.

한다. 두 번째 질문(복음이 세상에 어떤 희망을 주는가?)에는 침묵하고 첫 번째 질문(구원을 받으려면 나는 무엇을 해야 하는가?)에만 답하는 것에는 위험이 따른다.

만약 첫 번째만 있다면, 죄와 속박에서 자유를 얻고 싶은 개인의 영적 필요를 공급하는 것이 종교의 존재 이유라고 보는 서양식 사고에 빠지게 된다. 그것은 하나님이 창조하신 세계의 선함이나 하나님이 물질세계에 대해 갖고 계신 관심에 대해서 침묵하는 것이다. 그래서 사람들에게 마치 기독교는 세상으로부터의 도피하는 방법인 것처럼 들리게 한다.

그렇지만 복음을 두 번째 답변인, 이 세상을 갱신하는 이야기로만 이해하는 것에는 더 큰 위험성이 있다. 세상을 구원하시는 하나님의 계획에 대해 말하지만, 실질적으로 어떻게 하나님과 바른 관계를 맺으며 그것에 참여할 수 있는지에 대해서는 말하지 않기 때문이다. 사실 첫 번째 메시지가 빠진 두 번째 메시지는 복음이 아니다. J. I. 패커는 이것에 대해 이렇게 말했다.

> 근년에 성경신학과 현대적 성경 주해에 큰 발전이 있었다. 그래서 하나님이 이스라엘을 통해 세상을 축복하시는 성경의 큰 틀과 하나님의 계획이 그리스도 안에서, 그리스도를 통하여, 어떻게 절정에 이르는지에 관한 성경 전체의 이야기가 많은 주목을 받게 되었다.
>
> 그러나 나는 신약성경 각 권이 각기 다른 이야기를 담고 있음에도 불구하고 어딘가 반드시 루터가 던진 주요 질문, 즉 "약하고 비뚤어지고 악한 죄인이 어떻게 은혜로우신 하나님을 만날 수 있는가?"에 대한 이야기를 담고 있다는 사실을 부정할 수 없다. 뿐만 아니라 참된 기독교 신앙은 오직 이 발견을 통해서만 진정으로 시작된다는 사실 또한 외면할 수 없다. 현대사회의 발전은 우리의 시야를 거대 담론으로 채움으로써 루터가 개인적인 관점에서 던진 질문을 다루지 못하도록 우리를 산만하게 한다. 이는 복음의 이해를 돕는 것만큼이나 방해하고 있다.[11]

우주적 구속에 대한 성경의 큰 이야기는 개인이 하나님과 바른 관계를 갖도록 함에 있어서 여전히 중요한 배경 역할을 한다. "복음이 무엇인가"에 대한 두 가지 답이 서로 씨줄과 날실이 되어 한 폭의 그림을 만드는 것이 한 가지 방법이다. 이것은 복음 진리들이 단순히 명제의 집합으로가 아니라 여러 장으로 구성된 이야기 속에 표현되게 하는 것이다. 이야기식 접근 방식은 질문들을 제시하며, 명제식 접근 방식은 이에 대한 답변을 제시한다.

우리는 복음을 어떻게 이런 방식 안에서 사람들에게 제시할 것인가? 다음에 이야기할 것은 복음을 이야기의 각 장들로서 사람들에게 제시하는 '대화의 여정'이다. 성경에서 복음이라는 용어는 예수 그리스도께서 우리를 구원하시기 위해 무엇을 하셨는가에 대한 선포이다. 성경적 용법에 비추어 보면, 창세기 1장(하나님과 창조), 2장(타락과 죄), 그리고 4장(믿음)은 엄밀하게 말해서 복음이 아니다. 이것들은 서론이며 결론이다.

사이먼 개더콜(Simon Gathercole)이 주장하듯, 바울과 복음서 기자들은 복음에 세 가지 기본 요소가 있다고 보았다. 곧 하나님의 아들이며 메시아

창세기	복음 이야기	복음 진리
1장	우리는 어디에서 왔는가?	하나님으로부터: 유일하고 관계적인 분
2장	무엇이 잘못되었는가?	죄 때문에: 종속과 저주
3장	어떻게 문제를 해결하는가?	그리스도: 성육신, 대속, 회복
4장	나는 어떻게 바르게 되는가?	믿음을 통해서: 은혜와 신뢰

인 예수님의 신분, 죄와 칭의를 위한 예수님의 죽음, 하나님 통치의 확립과 새 창조[12]이다. 복음은 성육신, 대속, 회복을 주제로 한 창세기 3장에 압축되어 있다. 하나님에 관한 1장과 죄에 관한 2장은 예수님의 인성과 사역의 의미를 이해하는 데 절대적으로 필요한 배경 정보를 담고 있다. 4장은 예수님의 구원에 우리가 어떻게 반응해야 하는지를 이야기한다. 네 장이 모두 각기 다른 주제를 이야기하고 있기는 하지만 이 모두를 통틀어서 '복음'이라 말하는 것은 타당하며 자연스럽다.

우리는 어디에서 왔는가?

답: 하나님으로부터 왔다. 한 하나님이 계신다. 그분은 능력과 선함과 거룩함에 있어서 무한하시다. 동시에 그분은 인격적인 분이며 사랑이 넘치는 분이다. 하나님은 성경을 통해 우리에게 말씀하신다. 세상은 우연히 생긴 것이 아니라 유일하신 하나님의 창조물이다(창 1장). 하나님은 모든 것을 창조하셨다.

그러면 왜 창조하셨는가? 하나님은 왜 세상과 우리를 창조하셨는가? 그 답은 하나님에 대한 그리스도인들의 이해를 더욱 심오하고 특별하게 해준다. 하나님은 한 분이지만 하나님의 존재 안에는 세 위격이 계시다(성부, 성자, 성령). 세 위격들은 모두 동일하게 하나님이며 서로서로 영원 전부터 사랑하시고 경배하시고 섬기시고 기뻐하신다. 만일 하나님이 단일 위격이었다면 그분이 다른 존재를 창조하기 전까지는 사랑을 알지 못했을 것이다. 그럴 경우 사랑이나 공동체 같은 개념은 그분의 본질적인 성품이 아니라 나중에 생겨난 것이 될 것이다. 그러나 하나님은 삼위로 계시며 사랑, 우정, 공동체는 하나님께 본질적인 것이다. 이는 모든 실재의 중심이다. 삼위 하나님은 인간을 창조하셨는데(요일 1:1-4), 사랑과 봉사의 기쁨을 얻을 목적으로 창조하신 것은 아니다. 왜냐하면 하나님은 이미 그 모든 것을 갖고 계셨기 때문이다. 오히려 하나님은 당신의 사랑과 봉사에 동참시키려고 우리를 지으셨다. 요한복음 17장 20-24절에서 알 수 있듯, 삼위 하나님의 위격들은 서로 사랑하고 섬기는 '타자 지향적'인 분이다.[13]

그래서 하나님이 우리를 창조하셔서 동일한 방식으로 살아가게 하신 것이다. 하나님은 자신 안에 있는 기쁨과 사랑에 동참시키기 위해 세상을 창조하셨고, 당신의 형상을 닮은 사람들로 채우셨다. 곧 사람은 자기 자신이 아니라 하나님을 예배하고 알고 섬기도록 부름을 받았다.[14]

어디에서 잘못되었는가?

답: 죄가 문제다. 하나님은 우리가 당신을 경배하고 섬기며 서로 사랑하며 살도록 창조하셨다. 이렇게 살 때 우리는 완전한 행복을 누릴 수 있으며 완벽한 세상을 즐길 수 있었다. 그러나 인류는 하나님으로부터 돌아서서 그분의 권위에 반역했다. 우리는 하나님과 이웃을 위해 사는 대신 자기중심적인 삶을 산다. 하나님과의 관계가 깨어졌기 때문에 다른 모든 관계들 곧 다른 사람들과의 관계, 자기 자신과의 관계, 피조 세계와의 관계도 깨어졌다. 그 결과는 영적, 심리적, 사회적, 물리적 와해와 붕괴이다. "모든 것들이 와해되고 무너졌다. 그것을 지탱할 중심부도 없어졌다. 세상은 점차 무정부 상태가 되고 있다."[15] 세상은 지금 죄의 권세 아래 놓여 있다.

죄는 두 가지 무시무시한 열매를 거둔다. 첫 번째 열매는 영적 속박이다(롬 6:15-18). 우리는 하나님을 믿기도 하고 믿지 않기도 하지만, 어떤 쪽에 있든, 결코 하나님께 우리의 가장 위대한 소망이나 선행이나 사랑을 드리지 않는다. 우리는 다른 것들 곧 돈이나 승진, 가정, 인기, 연애, 섹스, 권력, 안위, 사회 정의, 정치적 야망 등을 위해 살아가며 이를 통해 자신이 삶의 지배자가 되려고 노력한다. 그러나 그 결과는 항상 조절의 부재, 즉 예속으로 나타난다. 사람들은 누구나 무엇인가를 위해서 살아야만 한다. 하나님을 위해서 살지 않는다면, 우리 삶의 목적이 되는 그 무엇에 지배당하며 예속된다.

우리는 무언가를 성취하기 위해서 늦게까지 일하고, 위협을 느낄 때 비정상적인 불안에 휩싸이며, 자신의 뜻이 방해받을 때 깊은 분노를 발하고, 상실을 겪을 때 절망의 나락에 빠진다. 그렇다. 소설가 데이비드 포스터 월러스(그는 무신론자였다-역주)는 2005년 케니언대학 졸업식 축사에서 다음과 같은 연설을 남겼다(그가 자살하기 얼마 전이었다).

> 사람들은 모두 무언가를 예배한다. 우리가 하는 유일한 선택이란 무엇을 예배할 것이냐이다. 어떤 종류의 신이나 영적 대상을 예배하기로 선택할 수밖에 없는 이유는 … 아마도 당신이 무엇을 예배하든 그것에게 산 채로 삼켜질 것이기 때문이다.
> 만일 당신이 돈이나 물질을 예배한다면, 그리고 그것에서 인생의 참 의미를 찾고 있다면, 당신은 결코 충분히 가지지 못할 것이다. 아무리 가져도 부족하다고 느낄 것이다. 자신의 몸이나 외모, 성적 환상을 예배한다면 당신은 늘 자신이 못생겼다고 느낄 것이다. 그리고 나이가 들고 세월의 흔적이 몸에 나타나기 시작하면, 아직 무덤에 묻히기 전인데도 수만 번이나 죽음을 경험하게 될 것이다. 당신이 권력을 예배한다면 결국 약함과 두려움을 느끼게 될 것이다. 그리고 그 두려움을 무마시키기 위해서 더 많은 권력을 다른 사람들 위에 부리고 싶어질 것이다. 당신이 지성을 예배한다면 똑똑한 사람처럼 보이려고 애쓰겠지만 결국은 스스로가 멍청하다고 느낄 것이다. 그리고 언젠간 자신이 가짜라는 것을 들킬지도 모른다는 두려움 속에서 살아갈 것이다. 그러나 이러한 종류들의 예배에서 가장 불길한 것은 … 이것들이 무의식적으로 일어난다는 것이다. 이것들은 인간의 근본적 상태이다.[16]

죄의 두 번째 열매는 정죄이다(롬 6:23). 우리는 단지 죄로 인해 고통당할 뿐 아니라, 죄 때문에 죄책감도 느낀다. 종종 우리는 말한다. "글쎄, 그렇게 신앙심이 있지는 않지만, 나는 착한 사람이에요. 착하게 산다는 것이 가장 중요한 것 아닌가요?" 정말 그런가?

여기 어떤 여성이 있다고 하자. 그녀는 한 명의 아들을 둔 가난한 과부다. 그녀는 아들에게 "언제나 진실을 말하고, 열심히 일하며, 가난한 사람을 도우라"고 가르쳤다. 그녀는 돈을 적게 벌지만, 근근이 저축해서 아들을 대학에 보낸다. 그런 아들이 졸업을 하고서는 다시는 엄마에게 말을 걸지 않는다고 상상해 보라. 때때로 크리스마스카드는 보내지만, 엄마를 찾아가지는 않는다. 엄마가 전화해도 받지 않고 편지를 보내도 답장도 없다. 그는 엄마와 말하지 않는다. 그러나 그는 엄마의 가르침 대로 살고 있다. 정직하게, 근면하게, 남을 도우면서 말이다. 우리는 과연 이런 상황을 받아들일 수 있을까?

물론 아니다! 모든 은혜를 주신 분을 무시하면서도 좋은 사람으로 산다는 것은 책망 받을 일이 아닌가! 마찬가지로 하나님이 우리를 창조하셨고, 우리의 모든 것이 그분께 힘입은 것이라면, 우리가 그분을 위해 살지 않으면서 착한 삶을 사는 것으로는 충분하지 않다. 아무리 선하게 살더라도 하나님 은혜에 빚진 자일 수밖에 없다.

어떻게 문제를 해결하는가?

답: 그리스도가 답이다. 첫 번째로 예수 그리스도는 '성육신을 통해' 이 문제를 해결하신다. C. S. 루이스의 말처럼 만일 하나님이 계시다면 1층에 있는 사람이 2층에 있는 사람에게 다가가듯 그분께 다가갈 수는 없을 것이다. 우리는 마치 햄릿이 셰익스피어에게 다가가듯 하나님께 다가간다. 극의 주인공은 오직 작가가 작품 속에 자신에 관한 정보를 알리기로 선택하는 만큼만 알 수 있다.[17]

그러나 기독교적 관점에서 우리는 하나님이 우리에게 단순한 정보 이상의 것을 주셨다는 사실을 믿는다. 도로시 세이어스(Dorothy Sayers)의 추리 소설과 미스터리 문학을 좋아하는 많은 팬들은 세이어스가 옥스퍼드대학을 다닌 최초의 여성 중에 한 명임을 지적한다.

그녀의 소설에 등장하는 주인공, 피터 윔지 경은 귀족 탐정이며 미혼 남성이다. 소설의 한 지점에 이르면 새로운 인물이 등장하는데 바로 해리 엇 베인이다. 그녀는 옥스퍼드대학을 졸업한 최초의 여성 가운데 한 명이며 미스터리 소설 작가로 묘사된다. 결국 그녀와 피터 윔지 경은 사랑에 빠지고 결혼한다. 이야기 속의 그녀는 누구일까?

많은 사람들은 세이어스가 자신이 창조한 세상 속에 자신을 외로운 주인공으로 써 넣어 그녀가 사랑과 구원을 경험하게 했다고 믿는다. 놀라운 이야기다! 그러나 이는 성육신의 실재만큼 감동적이거나 놀랍지는 않다(요 1:14). 말하자면 하나님은 당신이 창조하신 세상에 들어와 상실 가운데 있는 우리의 상태를 보시고 당신의 백성을 긍휼히 여기셨다. 그래서 자기 자신을 인간사의 주요 등장인물로 써 넣으셨다(요 3:16). 삼위일체의 두 번째 위격, 하나님의 아들이 인간이 되어 세상 속으로 오셨다. 바로 예수 그리스도시다.

두 번째로 예수님은 '대속을 통하여' 사태를 해결하신다. 정의로운 하나님은 우리에게 주어진 유죄 판결과 저주 때문에 단순히 우리 죄를 못 본 척할 수 없으시다. 죄송하게 생각하는 것으로는 충분하지 않다. 사람들은 법정의 판사가 죄인이 단지 뉘우친다는 이유로 무죄 방면하는 것을 결코 바라지 않는다. 하물며 하늘에 계신 재판장에게 어떻게 그런 일을 기대할 수 있겠는가?

우리에게 잘못한 사람을 용서할 때도 대가를 지불하지 않는 용서란 존재하지 않는다. 누군가 우리에게 해를 끼쳤거나 돈이나 행복, 명예 등을 빼앗았다고 한다면, 우리는 그들이 변상하도록 하든지 아니면 무조건 용서하든지 선택할 수 있을 것이다. 용서한다는 것은 배상을 받지 않으며 그 비용을 우리 자신이 감당하는 것을 의미한다. 예수 그리스도는 완벽한 삶을 사신 유일한 분이기에(히 4:15) 삶의 마지막 날에 축복과 영광을 받을 자격이 있었다. 반면 우리는 모두 죄를 지으며 살았기에 삶의 마지막에 거절과 비난을 받아도 마땅한(롬 3:9-10) 존재들이다. 때가 완전히 찼을 때, 예수님은 십자가에서 우리 대신 거절과 정죄를 당하셨다(벧전 3:18). 그래서 예수님을 믿을 때, 그분이 받기에 합당한 축복과 영광을 우리가 받게 된다(고후 5:21).

다른 사람을 구하려고 자기 생명을 던지는 마음보다 더 감동적인 것은 없다. 찰스 디킨슨의《두 도시 이야기》에는 두 남자(찰스 다네이, 시드니 카튼)가 한 여인(루시 마네트)을 사랑하는 모습이 그려진다. 루시는 찰스와 결혼하기로 마음먹는다. 후일에 프랑스 혁명 와중에 찰스는 감옥에 투옥되고 단두대 처형을 기다리게 된다. 시드니는 감옥에 있는 찰스를 찾아가서 약을 먹이고 그를 바깥으로 내보낸다. 찰스와 함께 처형을 기다리던 한 어린 여자 재봉사는 시드니가 찰스의 자리를 대신하려는 것을 깨닫고 놀라워한다. 그리고는 죽음 앞에서 힘을 낼 수 있도록 자신의 손을 잡아 달라고 부탁한다. 그녀는 그의 대속적인 희생에 깊이 감동된다. 그녀 자신을 위한 것이 아님에도 말이다! 예수님이 우리를 위해서 바로 이런 일을 하셨음을 깨닫게 되면 모든 것이 바뀐다. 하나님을 대하고, 서로를 대하고, 세상을 대하는 모든 태도가 바뀌게 된다.

세 번째로, 예수님은 '궁극적으로 세상의 어그러진 모든 것을 회복시키시고' 만사를 올바르게 만드신다. 예수님은 이 땅에 처음 오셨을 때 우리의 죄를 위해 고통당하는 약한 모습으로 오셨다. 그러나 그분이 재림하실 때는 세상을 심판하시며 모든 악과 고통, 파괴, 죽음을 종료시킬 것이다(롬 8:19-21; 벧후 3:13). 이것이 의미하는 것은 그리스도의 구원 목적이 단순히 우리 영혼을 구원하여 이 물질 세상의 저주와 고통을 피하게 하는 것만이 아니라는 것이다.

오히려 최종적인 목적은 물질 세상을 갱신하고 회복하며 우리의 영혼뿐만 아니라 우리의 몸까지 모두 구속하는 것이다. 비노스 라마찬드라 (Vinoth Ramachandra)는 세계 종교 가운데 이 관점이 얼마나 독특한가를 기록하고 있다.

> 그러므로 우리의 구원은 이 세상으로부터의 도피가 아니라 이 세상의 변혁에 있다. 그대는 이 세상의 그 어떤 종교 체계나 인본적인 철학에서도 희망을 발견하지 못한다. 성경적 관점은 독특하다. 누군가 다른 종교에도 구원이 있다고 말하는 사람들에게 나는 이렇게 묻곤 한다. "당신은 어떤 구원을 말하고 있는 것입니까?" 어떤 신앙 체계도 예수님의 십자가와 부활의 진리처럼 이 세상의 영원한 희망의 약속을 견지하는 것은 없다.[18]

나는 어떻게 바르게 되는가?

답: 믿음이 답이다. 예수님은 우리의 죄를 위해 죽으셨고 죽음에서 다시 부활하셨다. 예수님에 대한 믿음으로 말미암아 우리는 용서 받았다. 우리는 언젠가 그리스도처럼 죽음에서 일어나 하나님과 영원히 함께 살 것을 확신할 수 있다. 그렇다면 믿는다는 것, 신앙을 가진다는 것은 무엇을 의미하는가?

첫째, 그것은 '믿음으로 구원'을 얻는 것이 무엇인지 이해하는 것을 의미한다. 그리스도를 믿는다는 것은 당신이 더 많은 노력을 해서 죄를 용서받고, 새로운 인생을 시작하며 이전보다 더 나은 삶을 살 수 있다는 것을 의미하지 않는다.

이것이 당신의 마음가짐이라면 여전히 자신에 대한 믿음으로 사는 것이다. 자기 자신이 구원자인 것이다. 자신의 힘과 정신적 노력과 능력에 의존해 하나님과의 관계를 바르게 하려고 하는 것이다. 하지만 이 방식으로는 결코 그렇게 되지 않는다. 완벽한 삶을 사는 사람은 아무도 없기 때문이다. 당신의 최선의 행동들조차도 종종 이기심과 불순한 동기들로 얼룩져 있다.

복음은 이것이다. "그리스도 예수 안에 있는 자에게는 결코 정죄함이 없나니"(롬 8:1). 우리가 그리스도를 믿는 것은 더 힘써서 노력한다는 것이 아니다. 믿음은 신뢰의 대상을 나 자신으로부터 하나님께로 옮기는 일이다. 그래서 "아버지, 내가 과거에 행한 것 또는 앞으로 행할 것 때문이 아니라, 그리스도가 나를 대신하여 행하신 것을 근거로 나를 받아주십시오"라고 기도하는 것을 말한다. 이렇게 할 때, 우리는 하나님 가족의 일원이 되며 영원한 아버지의 사랑을 받을 권리를 부여받게 된다(요 1:12-13).

두 번째로 기억해야 할 것은, 우리를 구원하는 것은 우리의 믿음 수준에 달려 있는 것이 아니라, 예수님께서 우리를 위해 행하신 일에 달려 있다는 사실이다. '믿음으로 구원을 받는다'라는 말은 종종 우리의 회개와 믿음의 깊이 때문에 하나님이 우리를 사랑하신다는 오해를 불러일으킨다. 그러나 그런 생각은 예수님이 아니라 자신을 구원자로 미묘하게 내세우는 것이다. 우리를 구원하는 것은 믿음의 크기가 아니라 믿음의 대상이다.

두 사람이 비행기를 타고 있다고 상상해 보자. 한 사람은 비행기나 승무원에 대한 믿음이 전혀 없으며 두려움과 의심만이 마음에 가득하다. 다른 사람은 비행기와 조종사를 굳건하게 신뢰한다. 두 사람이 모두 비행기에 오르고, 목적지까지 날아가고, 비행기에서 안전하게 내린다. 한 사람은 다른 사람에 비해 항공기를 백배나 신뢰했다. 그렇지만 두 사람 모두 동일하게 안전했다. 그 두 사람이 목적지에 아무 탈 없이 안전하게 도착한 것은 믿음의 크기에 상관없이 믿음의 대상이 되는 비행기와 조종사에 달려 있다. 구원의 믿음은 심리적 확신의 문제가 아니다. 오히려 예수님 안에서 그분을 신뢰하겠다는 의지의 행동이다. 우리가 전적으로 하나님께 맡길 때 그분은 우리에게 자신을 전부 주신다(막 8:34; 계 3:20).

복음과 모든 사역들의 바른 관계

교회 리더십과 사역자들은 복음을 단지 기독 신앙인이 되기 위한 최소한의 교리적 내용쯤으로 여길 위험이 있다. 그 결과 많은 설교자와 지도자들은 더 심오한 교리, 더 깊은 영성, 더 깊은 공동체나 의례, 더 심오한 제자도나, 더 깊은 심리적 치유, 또는 사회 정의나 문화 사역에 열정을 쏟기가 쉽다. 이는 교회가 성장하고 역사가 깊어지면서 자연스레 사역이 전문화되기 때문이기도 하다. 사람들 역시 자연스럽게 다양한 주제나 사역에 더 깊게 파고들기 원한다. 하지만 이런 경향 속에서는 전체 그림을 놓칠 수가 있다. 비록 우리가 집중하게 되는 어떤 영역이나 사역이 있을 수는 있지만, 복음은 우리가 하는 모든 것들을 하나로 묶는다. 모든 형태의 사역은 복음에 의해 동기부여가 되고, 복음에 기초해야 하며, 또한 복음의 결과여야 한다.

이런 예가 적절할 것 같다. 당신이 오케스트라에 있다고 상상해 보라. 당신이 연주를 시작하는데, 악기들이 조율되지 않아서 소리가 엉망으로 난다. 그런 문제는 악기들끼리 서로 조율해서는 해결이 안 된다. 각각의 연주자가 옆에 있는 사람과 음을 맞추는 것으로도 해결이 안 된다. 각자가 조금씩 다르게 조율할 것이기 때문이다. 멤버들은 한 음원을 기준으로 악기를 조율해야 한다.

종종 우리는 우리 삶에서 일어나는 모든 소리들에 우리를 맞추어 조율하려고 한다. 그리고 종종 이것이 '균형을 맞추는 것'이라는 말을 듣는다. 그러나 우리가 반드시 던져야 할 질문은 "도대체 무엇을 기준으로 균형을 맞추는가?" 하는 것이다. 복음은 우리의 특정한 문제나 상황에 우리를 조율하는 것이 아니다. 복음은 먼저 우리 자신을 하나님께 맞추는 것이다.[19]

만일 사역의 어떤 요소가 복음의 결과로서 인식되지 않는다면, 가끔은 그것이 복음인 것처럼 오해될 수 있다. 그리고 종국에는 교회 설교와 가르침에서 그것이 복음을 대체할 수도 있다. 상담, 제자훈련, 사회 정의, 문화 사역, 교리 학습, 심지어 전도조차도 복음을 대체하는 것이 될 수 있다. 그럴 경우 복음은 모든 것이 뻗어 나와야 하는 중심, 원천, 또는 핵심 동력으로 이해될 수 없다. 복음은 더 이상 설교나 교회의 사상, 사역에서 중심이 되지 못한다. 다른 좋은 것들이 복음을 대체해 버리는 것이다. 이렇게 되면 회심하는 사람들이 수적으로 감소하는 현상이 발생한다. 왜냐하면 사람들 마음에 숨어 있는 것들을 드러내는 신랄한 책망이 복음과 함께 전달되지 않기 때문이다(고전 14:24-25). 사람들의 의지를 거슬러서라도 살아 계신 하나님의 실존을 느끼게 해야 하는데, 그런 신랄함이 없으면 복음을 잘 전달할 수가 없다.

복음은 무한히 풍성한 것이기 때문에 교회의 한 가지 '핵심'이 되기에 충분하다. 베드로전서 1장 12절과 그 문맥을 보면 천사들이 복음의 영광을 살펴보고 궁구하기를 결코 멈추지 않는다는 표현이 나온다. 복음은 성경 전체에 걸쳐 있는 수 없이 많은 이야기들이나 주제, 원리들로부터 설교될 수 있다. 그러나 복음을 설교하는 것이 교회의 다른 활동들과 혼동되거나 분리될 때는 설교가 단순한 권면이 되거나 정보 전달이 되고 만다. 전자는 교회의 프로그램이나 성경적 윤리 표준을 전달하는 것에 그치는 경우이고, 후자는 교회의 가치와 신념을 학습시키는 것에 지나지 않는 경우이다. 복음과 다른 사역들 사이의 적절한 관계가 단절되면, 두 가지 모두 미흡해지고 만다.

복음은 다른 무엇이기 전에 '전달적 선포'이다.[20] 복음은 사랑의 삶을 창조하는 소식이다. 그러나 사랑의 삶 자체가 복음인 것은 아니다. 우리가 믿고 행하고 말하는 모든 것이 복음인 것은 아니다. 복음은 무엇보다도 기쁜 소식으로 이해되어야 한다. 그 소식은 우리가 무엇을 성취해야 한다는 것에 대한 것이 아니라, 무엇이 성취되었는가에 대한 것이다.

복음은 다른 무엇보다도 우리를 위해 성취하신 그리스도의 사역에 대한 소식이다. 우리를 위해 성취하신 구원이다. 그래서 은혜의 복음이다.

그렇지만 우리가 다음 장에서 살펴보듯, 복음이 소식이라는 것은 그것이 단순한 메시지라는 의미가 아니다. 복음을 이해할 때 모든 병에 특효인 만병통치약 쯤으로 생각해서는 안 된다. 그런 것은 없다.

토론과 성찰을 위한 질문들

1. 이 장에서는 복음이 아닌 것들에 대해서 살펴보았다. 그것들은 어떤 점에서 복음과 다른가?
- 성경이 가르치는 모든 것들
- 삶의 방식, 우리가 성취하는 어떤 것들
- 하나님 나라의 사역에 참여하는 것, 세상을 개조하는 하나님의 프로그램
모든 것이 다 복음이 아니라면, 과연 무엇이 복음인가?

2. 팀 켈러는 이렇게 말한다. "복음은 우리가 행하는 무엇이 아니라, 우리를 위해서 행해진 무엇이다. 그러나 복음은 완전히 새로운 삶의 길을 만들어낸다. 은혜와 은혜의 결과인 선행은 은혜와는 구분되면서 동시에 연결된다." 어떻게 하면 개인이나 교회가 '복음'과 '복음의 결과'를 구분할 수 있는가?

3. "복음에는 여러 장(chapter)들이 있다"라는 부분은 복음을 사람들에게 제시할 때 이야기 구조로 나눌 필요성을 제기한다. 복음을 불신자 또는 신자에게 이야기할 때 어떤 대화의 길을 발견했는지를 이야기해 보라.

4. 복음의 결과는 빼놓고 복음만 선포할 때 어떤 일이 생기는가? 복음의 선포 없이 복음의 결과만 추구할 때 생기는 문제는 무엇인가?

주

1. 마가복음 1:1; 누가복음 2:10; 고린도전서 1:16-17; 15:1-11

2. D. A. 카슨(D. A. Carson), "What is the Gospel? - Revisited," in *For the Fame of God's Name: Essays in Honor of John Piper*, ed. Sam Storms and Justin Taylor (Wheaton, Ill.: Crossway, 2010), 158.

3. 요한일서 3:14에서 '옮겨'(passed)라고 번역한 단어는 metabainō로서 옮겨갔다(cross over)는 의미이다. 요한복음 5장 24절에서, "내가 진실로 진실로 너희에게 이르노니 내 말을 듣고 또 나 보내신 이를 믿는 자는 영생을 얻었고 심판에 이르지 아니하나니 사망에서 생명으로 옮겼느니라"(crossed over, 메타바이노). 병행 구절로는 골로새서 1장 13절이 있는데, 그리스도를 따르는 이들은 어둠의 지배왕국에서 아들의 나라로 옮겼다고 말하고 있다.

4. 마틴 로이든 존스(D. Martyn Lloyd-Jones), 《영적 침체》.

5. J. I. 패커(J. I. Packer), 《그리스도의 죽음 안에서 죽음의 종식(Introductory Essay to John Owen's *Death of Death in the Death of Christ*)》에 대한 서론 에세이.

6. J. I. 패커, 《하나님을 아는 지식》

7. 프란시스 쉐퍼(Francis Schaeffer), 《그리스도인의 표지》. 참조: 티모시 죠지, 존 우드브리지 (Timothy George and John Woodbridge), 《예수의 마가복음: 세상이 볼 수 있는 방식으로 사랑하기》.

8. 카슨, 위의 책.

9. 이것에 대한 다른 설교자들의 글에서 읽고 들었지만, 터툴리안의 저작 중에 어디 있는지를 찾을 수가 없었다. 아마도 출처가 의심스러운 문서인 것 같다. 그러나 말하는 원리는 옳다.

10. 그레샴 메이첸(J. Gresham Machen), 《그리스도교와 자유주의》, 99.

11. J. I. 패커(J. I. Packer), *My Place Condemned He Stood: Celebrating the Glory of the Atonement*, 26-27.

12. 사이먼 개더콜(Simon Gathercole), "바울의 복음과 하나님 나라의 복음", in *God's Power to Save*, 138-154.

13. D. A. 카슨(D. A. Carson), 《하나님의 사랑의 어려운 교리》. "우리는 하나님의 사랑이 영원 전에도, 창조가 일어나기 전에도, 타자 지향적이었음을 발견하게 된다. 이것은 (예를 들면) 알라신에겐 해당하지 않는다. 그러나 성경의 하나님은 한 분이시기에, 단일성 안에 있는 복수성은 하나님께 합당한 초점을 저해하지 않는다. … 언제나 하나님의 사랑에는 타자 지향성이 있어 왔다… 우리는 하나님의 진ナ늘이다. 그것은 하나님의 삼위일체 내적인 사랑의 미덕 덕분인데, 이는 영원 이전에 하나님의 마음에서 만들어진 구원의 계획이 때가 차매 정확한 순간에 우리의 시공간의 역사 속에서 폭발적으로 나타난 것이다.

14. 팀 켈러(Tim Keller)의 《팀 켈러, 하나님을 말하다》에서 "창조의 춤" 장을 보라. 또한 팀 켈러의 《왕의 십자가》에서 "춤" 장을 보라.

15. 윌리엄 버틀러 예이츠(William Butler Yeats)의 시 "재림"(The Second Coming) (1920)에서 가져온 것이다.

16. 에밀리 보브로우(Emily Bobrow), "데이비드 포스터 월리스, 그의 언어로" (2005년 케니언대학 졸업 축사에서 가져온 것이다). http://moreintelligentlife.com/story/david-foster-wallace-in-his-own-words (2012년 1월 4일 접속).

17. C. S. 루이스(C. S. Lewis), 《그리스도인의 묵상》 167-176을 보라.

18. 비노스 라마찬드라(Vinoth Ramachandra), 《예수 스캔들》, 24.

19. 이 예시에 대해 마이클 테이트(Michael Thate)에게 감사한다.

20. D. A. 카슨(D. A. Carson), 《하나님의 이름의 영광을 위하여》 "무엇이 복음인가", 158.

복음은 결코
단순하지 않다

모든 것이 다 복음은 아니다. 복음은 언제 어디서나 누구에게나 읊을 수 있는 간단한 공식이 아니다. 복음에는 더 이상 단순화 할 수 없는 (irreducible) 복잡성이 있다. 물론 그렇다고 복음이 단순하게 그리고 간단하게 제시될 수 없다고 말하는 것은 아니다. 바울도 여러 경우에 그렇게 했다 (롬 10:9). 복음은 분명하고 현재적인 말씀이다. 그러나 간단한 말씀은 아니다.[1]

앞 장에서는 현대에 유용한 복음 개요의 예시를 살펴보기는 했지만, 이번 장에서는 보수적인 복음주의자들 사이에서 복음을 단순화하고 언제 어디서나 만병통치약 식으로 복음을 똑같이 제시하려는 경향, 그리고 그것을 정통성의 시금석으로 삼는 태도에 저항해 보고자 한다.

성경은 복음을 단일 표준 형태로 제시하지 않는다
바울은 갈라디아서 1장 8절에서 "우리가 너희에게 전한 복음 외에 다른 복음을 전하면 저주를 받을지어다"라고 기록했다. 고린도전서 15장 11절에서는 자신이 전한 복음이 베드로와 요한 및 다른 사도들이 전했던 것과 동일하다는 것을 힘써 선언한다. "그러므로 나나 그들이나 이같이 전파하매 너희도 이같이 믿었느니라." 복음의 내용에 대한 교회의 일치가 전제되지 않았다면, '거짓 복음'을 책망하거나 베드로의 설교를 '복음'이라고 인정하는 것은 불가능했을 것이다. 그러나 다양한 성경 기자들이 복음을 상당히 다양한 모습들로 표현하고 있는 것도 분명하다.

예를 들어 공관복음의 저자들이 복음에 대해 말할 때, 그들은 항상 '나라'(kingdom)라는 개념을 사용한다. 그러나 이 개념은 요한복음에는 사실상 보이지 않는다. 요한복음은 대신 '영생'(eternal life)에 대하여 강조한다. 이런 차이는 모순을 만드는 것이 아니다. 마태복음 25장 31-46절과 마가복음 10장 17-31절을 요한복음 3장 3-6절, 17절과 비교해 보면 하나님 나라에 들어가는 것과 영생을 받는 것은 사실상 동일한 일이다. 마태복음 18장 3절, 마가복음 10장 15절, 요한복음 3장 3-6절을 읽어 보면 회심, 거듭남, 어린아이처럼 하나님 나라를 영접하는 것이 기본적으로 동일한 것임을 알 수 있다.[2]

그렇지만 '영생'과 '나라'는 단순히 동의어가 아니다. 공관복음에서 '나라'의 개념을 매우 자주 사용하는데, 그것은 공관복음이 미래 지향적이기 때문이다.[3] 이 용어들은 구원의 여러 가지 다른 측면을 제시한다. 많은 이들이 지적했듯이, 요한은 하나님 나라 안에서 존재의 개별적이고 내적인 측면을 강조한다. 요한은 그 나라가 지상의 사회·정치적 질서는 아니라고 본다(요 18:36 참조).

다른 한편으로 공관복음 기자들이 '나라'에 대해 말할 때는 보다 외적이고 공동체적인 성격을 강조한다.[4] 하나님 나라는 공동체적 모습을 분명히 가지고 있다. 그리고 우리가 어떻게 살아야 하는지에 대한 분명한 시사점을 준다. 하나님 나라는 만물들의 새로운 질서이다. 재물이 더 이상 우상이 아니며(막 10:17-31), 배고프고 헐벗고 집 없는 사람들이 돌봄을 받는다(마

25:31-46). 요한복음과 공관복음을 보면 복음의 보완적인 성격, 곧 구원의 개인적 차원 및 공동체적 차원들을 볼 수 있다.

다시 말해 그들은 복음을 다른 방법으로 제시한다. 바울에 이르면 또 다른 강조점들이 등장하게 된다. 바울도 '나라'와 '생명'이라는 단어를 사용하기는 했지만, 그의 강조점은 '칭의'(justification)라는 개념에 있다. 그렇다면 그것은 다른 복음인가? 그렇지 않다. 바울은 '법정'이라는 성경 주제를 부각했다. 예수님은 죄에 대한 법적 형벌인 율법의 저주를 받으셨고 우리는 그리스도의 순종으로 축복을 누리게 되었다(갈 3:13-14).

사이먼 개더콜(Simon Gathercole)은 공관복음, 요한, 바울 사이에 실제로 아무런 모순이 없음을 보여 주었다.[5] 예수님 안에서 하나님은 우리를 위하여, 우리를 대신해서, 채무를 해결하셨다(막 10:45; 요 12:20-36; 딤전 2:6). 그리고 악의 권세를 이기셨다(골 2:15; 요일 3:8). 죄의 저주와 하나님의 심판도 담당하셨다(마 27:45; 갈 3:13; 요일 2:2; 4:10). 우리를 위해, 우리의 성취나 공로에 의해서가 아니라 오직 은혜에 의해 구원을 확보하셨다(엡 2:8-9; 딤후 1:9). 그리고 우리를 위한 모본이 되셨다(딤전 1:16; 히 12:2; 벧전 2:21). 모든 성경 기자들의 신학적 핵심은 대속을 통한 구속이다.

조직신학적 방법과 구속사적 방법

지난 수십 년 동안, 인류학자들과 언어학자들은 사회 속에서 언어를 통해 이뤄지는 '의미 형성'(meaning making)을 두 가지 접근법으로 연구했다. 하나는 공시적(synchronic) 접근법으로, 주어진 한 시점의 모든 언어 구조를 이해하려는 것이다. 다른 하나는 통시적(diachronic)인 것으로, 인간 경험의 결과로서 언어와 의미가 어떻게 변천하는지를 이해하는 것이다.

신학자들도 성경을 공시적 및 통시적 방식으로 읽을 것을 강조한다. 공시적 접근법은 종종 조직신학적 방법(systematic-theological method, STM)이라고 불리는데, 성경을 주제별로 정리하여 이해하는 것이다. 성경을 생각의 범주대로 분류해서 하나님, 죄, 성령님, 교회, 결혼, 가정, 기도 등으로 접근한다. 이 접근 방법은 특정 주제를 연구하기 위해 그 주제와 관련한 모든 성경 구절들을 살펴보는 것으로, 일관성 있는 명제들과 원리들을 끌어낸다.

이 방법은 특히 하나님, 인간, 죄, 은혜, 세상 등의 주제에 대한 성경의 일관성에 특히 유의한다. 앞 장에서 지적했듯이 "내가 무엇을 해야 구원을 받을 수 있습니까?"와 같은 복음에 대한 질문에 답할 때 특별히 유용하다. 우리는 성경을 이와 같은 방식으로 읽을 수 있다고 믿는다.

왜냐하면 성경의 단일 저자이신 하나님이 계시고, 이성적 피조물로 창조된 우리는 진리의 아름다움에 반응할 수 있기 때문이다. 이 관점에서 복음은 하나님, 죄, 그리스도, 그리고 믿음으로 드러나게 된다. 구원의 수단, 즉 그리스도의 대속 사역과 이를 믿음으로 받아들여야 할 우리의 책임이 부각된다.[6]

성경을 통시적으로 읽는다는 것은 성경의 이야기 구조를 따라서 읽는 것으로, 종종 구속사적 방법(redemptive-historical method, RHM)이라고 불린다. 이 방법은 성경을 역사적 순서에 따라 대하며, 역사의 단계나 이야기 흐름에 따라 성경의 메시지를 이해한다. 통시적 방법에 따르면 성경은 하나님이 세상을 창조하시고, 인간이 타락하고, 하나님이 자기를 위하여 새로운 백성을 창조함으로 역사에 다시 들어오시고, 그리고 마침내 깨지고 손상된 세상으로부터 그리스도를 통하여 새로운 피조물을 만드시는 것에 대한 이야기다.

이 방법은 하나님의 구속 관점에서 성경의 기본적인 이야기 전개를 파악하며, 또한 성경적 주제들을 찾아내어(예를 들어 언약, 왕권, 성전) 그것들이 역사의 각 단계를 거쳐 예수 그리스도 안에서 어떻게 정점을 이루는지 주목한다.

이 접근법은 특별히 시대 배경이나 성경 저자들 사이의 차이점에 민감하다. 그리고 "세상에는 어떤 소망이 있는가?"와 같은 질문에 답하는 데 특히 유용하다. 우리는 이러한 방식으로 성경을 읽을 수 있다. 하나님은 인간을 사용하셔서 그분의 뜻을 기록하게 하셨으며, 인간은 소망을 가지고 살아가는 피조물로서 복음 이야기의 아름다움에 반응할 수 있다.

이 관점에서 복음은 창조, 타락, 약속과 계시, 이스라엘, 그리스도의 구속, 그리고 회복으로 나타난다. 이는 구원의 목적, 즉 피조물의 부흥을 잘 드러낸다.

궁극적으로 이 두 접근법은 서로 모순될 이유가 없다.[7] 사실 두 접근법을 모두 사용하는 것이 더 타당하다. 성경은 분명 하나님의 책이면서 동시에 하나님의 뜻에 의한 '인간의 책'이기 때문이다. 나는 더 나아가 두 접근법을 다 사용하지 않을 때 나타날 수 있는 위험성을 언급하고 싶다. 조직신학적 방법은 구속사적 방법과 병행되지 않는다면, 이성주의적, 율법주의적, 그리고 개인주의적 기독교를 만들 수 있다. 마찬가지로 구속사적 방법은 조직신학적 방법과 병행되지 않는다면 이야기와 공동체는 사랑하지만 은혜와 율법 사이, 진리와 이단 사이의 분명한 차이점을 외면하는 기독교를 만들 수 있다.

이야기 흐름과 성경의 주제들을 모두 활용할 수 있는 접근법은 신구약 성경을 관통하고 연결하는 주제들(intercanonical themes)을 중심으로 읽는 것이다. "성경적 복음"(The Bible Gospel)이라는 에세이에서 D. A. 카슨은 성경의 이야기 흐름에 연결되지 않는 환원주의적 버전의 복음들을 경계하고 있다.[8] 카슨은 성경 전체를 연결하는 신구약의 주제들이 적어도 20개 정도는 된다고 주장했다.[9]

복음은 구약과 신약을 관통하는 많은 흐름들을 연결하여 통일성과 의미를 부여한다. 우리는 이 주제들 중에서 어떤 것을 택해서 복음을 처음부터 끝까지 설명할 수 있다. 그러나 전체 그림을 보여 주는 단일 주제는 없다. 다음 표는 몇 가지 주제들을 부각하고 있다. 우리는 이제 복음이 각각의 주제들을 통해서 어떻게 표현될 수 있는지 살펴볼 것이다.

추방과 귀향(The Exile and our Homecoming)

성경에 따르면, 집은 우리 생명이 영적·육체적·사회적으로 충만하게 자라는 장소다. 육체의 생명과 건강이 유지되는 곳이며 우리의 가장 친밀한 사랑의 관계들이 양육되는 곳이다. 집은 또한 쉼과 평강의 장소이다.

집 - 유배	여호와 - 언약	하나님 나라
창조의 목적은 …		
쉼과 평강의 장소	하나님과의 신실한 언약적 사랑의 관계	하나님 나라와 왕권
죄의 정의와 결과는 …		
자기중심성, 평강의 파괴	배약, 하나님의 저주와 진노	우상숭배, 예속의 결과
이스라엘은 …		
이집트와 바벨론으로 추방	신실하도록 부름 받았으나 배약함	참된 사사 / 왕을 기다림
예수님은 …		
버림 받았지만 다시 사신 주님, 죽음의 권세를 깨뜨리신 주님	고난받는 종이지만 새 언약의 주님, 죄의 저주를 취하심	참된 왕으로 돌아오심, 우리를 세상, 육신, 마귀로부터 자유롭게 하심
회복은 …		
하나님의 동산 도시(garden-city)	어린양의 혼인 잔치	하나님의 통치 아래 있는 참된 자유

하지만 인류의 이야기는 추방과 귀향을 향한 열망의 이야기이다. 죽음과 질병은 하나님이 만드신 멋진 창조물들을 훼손시키고 오염시켰다. 사회는 이기심, 자기자랑, 교만으로 가득한 바벨탑으로 변했다. 착취와 폭력은 인간 공동체를 손상하며 파괴시켰다. 지금 존재하는 세상은 우리의 진정한 집이 아니다. 우리는 죽음과 이별, 부패, 질병, 노화 같은 것이 없는 세상에서 살도록 만들어졌다. 그래서 우리는 이 세상에서 나그네이며 이방인들이다. 왜 그런가?

인류가 하나님께 등지고 자기 자신을 위해 살고 있기 때문이다. 본래 인류의 첫 부모인 아담과 하와는 하나님의 동산을 나왔으며, 하나님의 임재 앞에서 쫓겨났다. 하나님의 임재가 있는 곳에 우리의 진정한 집이 있다. 그러나 우리는 하나님으로부터, 우리 자신으로부터, 그리고 피조 세계로부터 소외되어 있다.

이 주제로 성경을 살펴볼 때마다 단골로 등장하는 질문은 이것이다. "우리는 어떻게 집으로 돌아갈 수 있을까? 어떻게 하면 피조 세계가 치유되고 회복될 수 있을까? 어떻게 죽음과 부패가 극복될까?" 성경은 이 질문들에 대해, 예수께서 자신의 진정한 집을 떠나서 성육신하고(빌 2:6-7), 땅에서는 부모의 본래 집으로부터 멀리 떨어진 곳에서 출생하고, 머리를 둘 곳이나 집도 없이 떠돌아다니고(마 8:20), 마침내 도시의 성문 바깥에서 십자가에 달리신 것이 그분이 추방을 당하고 거절을 당하신 표지라고 답한다(히 13:11-12).

그분은 인간들이 받아 마땅한 추방(소외된 상태)을 우리 대신 경험하셨다. 그리스도의 내쫓기심으로 우리가 집에 돌아갈 수 있게 되었다. 이 이야기가 누가복음 9장 31절에 요약되어 있다(여기 쓰인 헬라어 단어는 출애굽(탈출, exodus)을 의미하는데 '떠남'(departure)이라고 번역되었다).

예수님의 죽으심과 부활은 궁극적인 출애굽(떠남)이며, 추방으로부터의 해방이다. 예수님이 무덤에서 일어나셨을 때, 그분은 죽음의 권세를 깨뜨리시고, 우리의 진정한 집이 될 새 하늘과 새 땅을 맛보게 하셨다. 그분은 '만물'을(골 1:16-20) 화목케 하실 것이며, 세상을 새롭게 하셔서 하나님의 동산 도시(garden-city)가 되게 하실 것이다(계 21:1-8; 22:1-2).[10]

이 '집'과 집을 그리워하는 우리의 감각은 다양한 증상으로 나타나는 향수병에서 발견된다. 수많은 가짜 귀소본능과 우상숭배들로부터 우리를 분명하게 이끌어 주는 것이 바로 이러한 집에 대한 감각이다.

언약과 성취(The Covenant and its Fulfillment)

'야훼'라는 이름은 하나님이 언약에 신실한 분임을 드러낸다. 언약 관계에서 언약의 주님은 우리의 하나님이 되신다. 우리는 그분의 백성이 된다.

언약은 절대적인 연합이며, 주님은 실제로 말씀하신 것을 언제나 지키신다. 그분은 말씀과 약속을 절대적으로 신실하게 지키신다. 대신 그만큼 우리 역시 신실하기를 요구하신다. 행함을 통해 말한 바를 지키기 원하신다. 여기서 문제는 우리가 계속해서 약속을 깨뜨린다는 것이다.

'추방-귀향'이라는 주제가 우리에게 세상을 치유할 누군가가 필요하다는 사실을 말해 주는 것처럼, '야훼-언약'이라는 주제는 우리가 법을 어긴 죄로부터 구원받아야 한다는 사실을 보여 준다. 이 주제는 이런 질문을 던진다. "어떻게 하나님은 그분의 법과 말씀에 신실하고 참되면서 동시에 우리에게 신실하고 헌

■ 집 - 추방과 관련된 주제들

안식(rest)과 안식일
죄는 안식을 앗아간다. 어떻게 우리는 하나님의 안식에 들어갈 수 있는가?

정의와 평강(shalom)
이 세상 구조는 파괴되어 있다. 어떻게 우리는 평강을 회복할 수 있는가?

삼위일체와 공동체
우리는 하나님과 당신의 백성 사이에서 개인적이며 상호의존적인 공동체로 살도록 지음 받았다. 우리가 삼위일체 하나님을 반영하기 때문이다. 어떻게 우리는 이러한 공동체의 일부가 될 수 있는가?

신적일 수 있는가? 하나님이 어떻게 거룩함을 유지하시면서도 그의 백성을 사랑하실 수 있는가? 하나님의 거룩하심과 사랑은 언약 속에서 어떻게 연결되는가?"

이사야는 해결책을 말하면서 언약의 주님과 고난당하는 언약의 종 둘 다를 강조한다. 예수님은 언약의 저주를 담당하심으로써 언약의 축복이 우리의 것이 되게 하셨다(갈 3:7-14). 그분은 창세기 3장 15절의 약속을 성취하신다. 그분은 상처를 입었지만 사탄의 일을 파괴하였다. 예수님은 또한 아브라함 언약을 성취하신다. 그분은 참으로 모든 나라에 복을 주시는 복의 근원이다. 완벽한 희생 제물로서 사신 삶은 모세의 법을 성취한다(히 8-10장).

따라서 "하나님의 언약 축복은 조건적인가 아니면 무조건적인가?"라는 중요한 질문에 대한 답은 "예"이다. 예수님은 순종적이고 신실한 언약의 종으로서 우리를 대신해 고난을 받으시고 그 고난을 통하여 언약의 요구 조건들을 완벽히 성취하셨다. 그래서 그분은 신실한 언약의 주님으로서 우리를 무조건적으로 사랑할 수 있게 되셨다.

십자가에서 하나님의 법과 사랑이 성취되고 만족되었다. 하나님의 도시에는 더 이상 저주가 없다(계 22:3). 하나님의 유월절 어린양이 그 백성의 죄를 대신 지셨기 때문이다. 우리는 그분의 백성과 신부가 될 것이며 그는 우리 하나님이 될 것이다(계 21:2-3). 역사는 어린양의 결혼 잔치에서 완성된다(계 19:6-9). 우리가 본래 지음 받은 궁극적인 사랑의 관계가 성취되는 것이다.

왕국과 도래(The Kingdom and its Coming)

'추방-귀향'이라는 주제가 세상의 치유자에 대한 우리의 필요를 가리키고, '야훼-언약'이라는 주제가 율법을 범한 죄로부터 구원받아야 할 우리의 필요를 제시하는 것처럼, 왕국에 대한 주제는 예속으로부터 해방되어야 할 우리의 필요를 일깨운다.

로마서 1장 25절이 말하듯, 우리는 예배하는 대상을 섬긴다. 인간은 반드시 무언가를 예배해야 하는 존재이기에 이 세상의 여러 가지 힘과 권력들에 예속된다. 진정한 지도자 - 재판장 - 왕에 대한 탐색의 과정이 하나님 나라 백성의 역사에서 대부분을 차지했다(신 17:14-20; 삼하 7장 참조). 어떤 지도자도 자기 백성이 우상숭배에 빠지거나 예속 또는 추방되는 것을 완전히 막지는 못한다. 여기에서 중요한 질문을 제기할 수 있는데 "엄청난 우상숭배로부터 우리를 해방할 만큼 강력한 왕은 도대체 누구인가?" 하는 것이다.

복음이 제시하는 답은 "하나님 자신이 오셔야만 한다"이다. 마가복음 1장 1-3절은 예수님께서 당신 자신의 나라를 취하기 위해 돌아오시는 신적인 왕임을 선언한다.[11] 그리스도의 왕적 통치권은 그리스도인들 사이에 나타나는 것이다(눅 17:20-21). 그것은 거짓 주인들과 얽매는 우상들로부터 사람들을 해방시킨다.

제자들 사이에서 왕국은 권력이나 돈, 인기, 성공과 같은 것들이 하나님 나라의 질서에 따라 재배치되는 새로운 인간질서의 세계였다. 이런 것들이 더 이상 중요하지 않다는 것이 아니라 그리스도의 새 창조에 의하여 새로운 가치를 부여받게 된다. 다시 말해 섬김, 나눔, 겸손 등의 가치들이다(눅 6:17-49).

예수님의 왕권은 인간의 왕권과는 다르다. 예수님의 왕권은 강압적인 권세가 아니라 고통받는 섬김을 통해서 영향력이 커지는 권세다. 우리가 새 나라에

■ 야훼-언약과 관련된 주제들

의로움과 벌거벗음
우리는 수치와 죄책감을 경험한다. 어떻게 우리의 죄를 덮을 수 있는가?

결혼과 정절
우리는 참된 사랑과 독점적인 관계를 갈망한다. 어떻게 우리는 그것을 얻을 수 있는가?

임재와 성소
우리는 하나님의 임재 안에서 자라나도록 창조되었다. 어떻게 우리는 그 안에서 설 수 있는가?

들어가는 것은 힘을 통해서가 아니라 회개와 거듭남(요 3장)을 통해서이며 어린아이와 같은 마음을 가질 때 가능하다(마 18:3-4).

자유롭게 하시는 그리스도의 통치는 이 세상에 온전히 임하지 않았다. 모든 그리스도의 제자들은 마태복음 6장 10절 말씀처럼 그분의 통치가 임하기를 기도하고 있다. 그리고 마지막 날에 그분의 통치가 온전히 이뤄지는 것을 볼 것이다(마 25:34). 그날은 하나님의 도성이 마침내 내려올 때를 말한다. 하나님의 도시는 하나님의 보좌를 포함한다. 하나님의 보좌는 왕국의 보좌이며(계 22:3), 그로부터 만물이 새롭게 된다(계 21:3-6). 이것은 시편 96-98편에 묘사된 절정의 대관식 장면이다. 하나님께서 돌아와 통치하실 때, 강들은 손뼉을 칠 것이며 산들도 기뻐 노래하며 해방자가 오셨음을 찬양할 것이다(시 98:8; 롬 8:21-22). 하늘나라의 자유와 기쁨이 땅에 임할 것이다.

물론 각 주제들은 성경 이야기의 특정한 측면들을 강조하고 있지만 거기에는 모순이 없으며, 복음이 소통되는 다양한 방법들 사이에도 오직 조화가 있을 뿐이다. 성경의 이야기 라인은 우리에게 적어도 네 가지를 알게 한다.

1. 하나님이 우리에게 원하시는 것은 무엇인가? (창조)
2. 우리에게 일어난 일은 무엇이며 세상은 어떤 문제가 있는가? (타락)
3. 하나님이 예수 그리스도 안에서 무엇을 하셔서 상황을 바로잡으셨는가? (구속)
4. 결국 역사의 결과는 어떻게 될 것인가? (회복)

네 가지 이야기는 다양한 주제를 사용해 여러 가지 방식으로 표현될 수 있다. 죄와 구원은 모두 다차원적이기 때문이다. 이것은 복음이 단순하게 제시될 수 없다는 이야기는 아니며 또한 "모든 것이 다 복음인 것은 아니다"라는 말과 모순되는 것도 아니다.

복음을 제시하는 모든 방법들은 여전히 복음이 소식이라는 것을 강조해야 한다. 하나님이 무엇을 행하셨고, 하실 것인지를 전달하는 소식이다. 그런데 복음을 구체적으로 제시할 때마다 (심지어 아주 짧게라도) 우리는 복음을 몇몇 주제들의 맥락 가운데 놓을 수 있다. 우리가 그렇게 할 때, 성경적 이야기를 향하여 한걸음 더 나아갈 것이다.

복음은 맥락 속에 위치해야 한다

복음은 결코 단순하지 않다. 우선 성경에 등장하는 많은 주제들 자체가 무궁무진하게 깊고 풍부하다. 또한 인간은 완벽하게 창조된 동시에 타락한 본성을 지녔기에 복잡성과 다양성을 지니고 있다. 복음은 모든 문화와 개인의 특정한 소망이나 두려움, 우상들을 다룰 수 있는 초자연적인 역량을 갖고 있다. 그래서 우리는 복음의 상황화(contextualization)를 할 필요가 있다.

고린도전서 1장 22-25절을 보면 바울이 헬라인들에게 말할 때 먼저 그들의 문화적 우상인 사유와 철학을 십자가의 '어리석음'에 빗대어 말했음을 알 수 있다. 그 다음에 바울은 참된 지혜인 그리스도의 구원을 제시했다. 그가 유대인들에게 말할 때는 먼저 그들의 문화적 우상인 힘과 성취를 십자가의 '약함'과 대조시켜 언급했다. 그 다음에 바울은 복음을 참된 힘으로서 제시하였다. 이 복음의 형태들 중 하나는 심판 날에 자신

■ 왕국과 관련된 주제

형상과 모양
하나님을 최고로 사랑하는 것이야말로 다른 무엇을 사랑하기 위한 유일한 길이다. 당신 자신을 되찾고 진정으로 자유를 누리라.

우상숭배와 자유
하나님을 최고로 섬기는 것은 자유의 길로 가는 유일한 길이다.

지혜와 말씀
하나님의 말씀에 순종하는 것이 지혜로 가는 첩경이다.

의 공로를 통해 의롭게 인정받으리라 생각했던 유대인에게 맞춰져 있고 다른 하나는 이방인들에게 맞춰져 있다.

이 두 가지 접근법은 바울의 사도행전 설교에서 잘 찾아볼 수 있다. 어떤 설교는 유대인에게, 어떤 설교는 이방인에게 전해졌다. 누가는 바울의 복음 설교를 세 번 요약해서 기록하고 있다.

1. 사도행전 13장에서 바울은 유대인과 하나님을 경외하는 이방인에게 전했다.
2. 사도행전 14장에서 바울은 교육을 받지 않은 이방인들에게 전했다.
3. 사도행전 17장은 바울이 이방인 철학자들과 교육받은 계층에게 전한 설교의 요약이다.

우리는 바울이 설교를 듣는 청중의 이해력과 믿음에 따라 복음을 표현하고 논증하는 방법도 달리했다는 점을 주목해야 한다. 상이한 문화를 가진 청자들은 똑같은 메시지에 대해서도 어떤 어감과 형태로 전달받느냐에 따라 상이하게 반응한다.

복음의 상황화는 고도의 주의가 요구되는 거대한 주제이다. 그래서 이 책의 세 번째 부분에서 자세히 다루려 한다. 지금까지는 복음이 똑같은 형태로 제시된 적이 없었던 이유에 대해 단지 신구약 성경을 흐르는 다양하고 풍부한 주제들과 인간의 풍부한 다양성을 근거로 언급했다. 바울은 복음 내용을 다양한 방식(다양한 순서, 논증, 강조 등등)으로 다양한 문화권의 사람들에게 전했다. 그리고 우리도 그렇게 해야 한다. 복음은 크나큰 것이어서 모든 상황에서 가장 적합한 형태로 소통될 수 있다. 복음은 단 하나(singular)의 메시지이지만, 결코 단순한(simple) 메시지가 아니다.

토론과 성찰을 위한 질문들

1. '정통의 증거로서 어디서나, 어떤 상황에서나 다 적용되는 단일한 복음 제시 모델'을 만들거나 도입해야 한다는 부담감을 느낀 적이 있는가? 이런 모델의 매력은 무엇인가? 단점은 무엇인가?

2. 이 장에 언급된 성경 전체의 주제들 중에서 어떤 것이 가장 마음에 와 닿는가? 신구약 성경의 주제들 중에 무엇이 당신이 사역하는 환경에서 불신자들에게 가장 잘 와 닿겠는가? 또한 당신이 속한 교회 사람들에게는 어떤가? 복음을 소통하는 어떤 새로운 길들을 찾을 수 있겠는가?

3. 사도행전 13, 14, 17장을 읽으라. 바울의 복음 제시에 어떤 차이점들이 있는지 기록해 보라. 회중의 '역량과 신념'은 당신이 보기에 어떤가? 당신이 복음을 제시하고 확증하는 방식에 있어서 어떤 모습이 필요한가?

주

1. 마크 톰슨(Mark D. Thompson), *A Clear and Present Word: The Clarity of Scripture* (New Studies in Biblical Theology 21; Downers Grove, Ill, Inter-Varsity, 2006).

2. 폴 우드브리지(Paul Woodbridge)를 참조하라, "'Kingdom of God' and 'Eternal Life' in the Synoptic Gospels and John," in *God's Power to Save: One Gospel for a Complex World?* ed. Chris Green (Nottingham, UK: Inter-Varsity, 2006).

3. 위의 책, 72.

4. 위의 책, 64.

5. Simon Gathercole, "The Gospel of Paul and the Gospel of the Kingdom," in *God's Power to Save*, ed. Chris Green (Leicester, UK: Inter-Varsity, 2008), 138-154쪽.

6. 인류학, 언어학, 신학의 세계를 이 분야에서 연결해 준 존 토마스 박사(Dr. John Thomas)에게 감사드린다.

7. 복음을 제시하는 데 있어 어떻게 두 접근법을 통합할 수 있는지 앞 장에서 예시를 보였다.

8. D. A. 카슨(D. A. Carson), "The Biblical Gospel," in *For Such a Time as This: Perspectives on Evangelicalism, Past, Present and Future*, ed. Steve Brady and Harold Rowdon (London: Evangelical Alliance, 1996), 80-81.

9. D. A. 카슨(D. A. Carson), "조직신학과 성경신학," 《성경신학 새사전》, 데스몬드 알렉산더(T. Desmond Alexander)와 브라이언 로스너(Brian S. Rosner) 편집 (Downers Grove, Ill.: Inter-Varsity, 2000), 89-104을 보라. 특히 97-98 참조. 또한 New Studies in Biblical Theology 시리즈의 "시리즈 서문"을 참조하라. 카슨은 성경신학의 세 번째 정의를 내리면서 "성경의 전체 또는 부분에 걸쳐서 성경적 주제들을 기술하는 것"이라고 하였다.

10. 히브리어 성경의 70인역 헬라어 번역자들이 동산, 즉 에덴을 번역한 방식에는 흥미로운 점이 있다. 창세기 2장 9절, 15-16절; 3장 1절, 8절, 10절 그리고 에스겔 31장 8절에서는 그리스어 파라데이소스(paradeisos)를 사용해서 '에덴' 또는 '동산'이라고 했다. 이 단어는 누가복음 23장 43절에 나오는데 예수께서 십자가에서 회개하는 범죄자에게 "오늘 네가 나와 함께 낙원에 있으리라"(en to paradeiso)고 하신 것이다. 또한 바울은 고린도후서 12장 4절에서 바울이 낙원으로(eis ton paradeison) 이끌려 갔다고 말했다. 그리고 요한은 계시록 2장 7절에서 '인자와 같은 이'(1:13)가 에베소교회에게 "이기는 그에게는 내가 하나님의 낙원에(en to paradeiso tou theou) 있는 생명나무의 열매를 주어 먹게 하리라"고 기록했다.

11. 이사야 40장 9-11절; 마가복음 1장 14-15절을 보라.

03
복음은 모든 것에
영향을 미친다

앞서 우리는 복음이 모든 것은 아님을 살펴보았다. 이 말이 의미하는 바는 복음이 소식의 선포라는 것과 그 결과물이나 적용과는 구별되어야 한다는 것이다. 또한 우리는 복음이 단순하지 않다는 것을 보았다. 이 의미는 복음이 결코 표준적인 단일 형태로 포장될 수 없다는 것이다. 이 두 가지 내용에 근거하여 세 번째 주장을 제시하자면 그것은 복음이 사실상 모든 것에 영향을 끼친다는 것이다.

"예수 그리스도의 복음"(고전 15:1-19)이라는 논문에서 D. A. 카슨은 고린도전서의 윤리적 명령들을 조사하고 나서 다음과 같은 결론을 내린다.

> 고린도전서는 복음이 어떻게 태도나 정신 기강, 인간관계, 그리고 문화적 상호작용들에 광범위한 변혁을 일으키는지를 반복적으로 보여 주고 있다. … 바울이 고린도 사람들을 향해 삶의 모든 영역에서 복음이 작동해야 함을 반복해서 강조한 것처럼 오늘날의 우리도 동일하게 그래야 한다. … 복음이 다음의 영역들에서 어떻게 삶을 바꿀 수 있는지 생각하는 것은 그리 힘든 일이 아니다. 복음이 어떻게 사업 관행이나 그

리스도인들의 상업상의 우선순위들을 바꿀 수 있는지, 젊은이들이 흔히 빠지게 되는 모호하면서도 강렬한 자기애와 관련된 우선순위들을 바꿀 수 있는지, 쾌락을 추구하지만 행복은 발견할 수 없는 독신 남녀들의 외로운 고독과 쾌락에의 탐닉을 변화시킬 수 있는지, 주변부에서 어렵게 살아가는 사람들의 지친 절망을 어떻게 변혁할 수 있는지 등을 생각해야 한다. 이 작업은 복음으로부터 사회적 원칙을 추출한다고 되는 것이 아니다. 또한 선지자적 목소리를 내려는 헛된 노력으로 끊임없이 부수적인 것들에 관심을 둔다고 되는 것도 아니다. 오직 우리의 복되신 구주의 영광스러운 복음을 교회들 속에서 전파하고 가르치고 살아냄으로써 되는 것이다.[1]

복음이 우리가 이해하고 믿어야 할 진리의 집합이기는 하지만 진정으로 복음이 믿어지고 이해될 때는 그것이 단지 신념의 집합에 머물지 않는다. 레슬리 뉴비긴이 말했듯이 "기독교의 이야기는 단지 옆에 두고 바라만 보는 렌즈가 아니라, 실제로 우리 눈에 쓰고 들여다보는 렌즈가 된다."[2]

바울은 로마서 1-11장에서 칭의의 교리를 풍성하게 제시한 후에 12장 1절에서 이렇게 말한다. "그러므로 형제들아 내가 하나님의 모든 자비하심으로 너희를 권하노니 너희 몸을 하나님이 기뻐하시는 거룩한 산 제물로 드리라."

성경은 복음이 삶의 모든 길을 창조하며, 말 그대로 우리의 모든 것에 영향을 끼친다고 가르친다. 복음은 우리 안에 새로운 삶을 창조하는(골 1:5-6; 벧전 1:23-25) 능력이다(롬 1:16-17).

복음의 부요함

신약학자 사이먼 개더콜(Simon Gathercole)은 바울 서신과 복음서들에서 공통적으로 가르치는 복음의 개요를 다음과 같이 제시한다.

1. 하나님의 아들은 자신을 비워 예수 그리스도로 세상에 오셨으며 친히 종이 되셨다.
2. 그분은 십자가에서 대속의 희생 제물로 죽으셨다.
3. 그분은 새로워질 만물의 첫 열매로서 무덤에서 일어나셨다.[3]

우리는 세 진리를 각각 구체적으로 살펴봄으로써 무궁무진한 복음의 영향력을 볼 수 있다.

성육신과 '위에서 아래로 임하는'(Upside-Down) 복음의 속성

왕이신 예수님이 종이 되셨기 때문에, 우리는 그분 나라의 통치에서 가치의 역전을 보게 된다(눅 6:20-26). 예수님의 나라에서 가난한 사람, 슬픈 사람, 압제 받은 사람은 부자와 유명한 사람들, 자만한 사람들보다 위에 있다. 성경의 말씀대로 먼저 된 사람들은 나중 될 것이다(마 19:30). 왜 이런 일이 생기는가?

이러한 역전 현상은 그리스도의 구원 방식을 모방한 것이다(빌 2:1-11). 예수님은 부유하셨지만 가난하게 되었다. 그분은 왕이셨으나 섬기셨다. 가장 위대한 분이셨으나 모든 사람의 종이 되셨다. 그분은 권력을 거머쥠으로써가 아니라 자신을 희생하며 섬김으로써 죄에 대해 승리하셨다. 그분은 모든 것을 잃어버림으로써 모든 것을 얻으셨다.

이것은 권력, 명성, 부, 지위에 가치를 두는 세상의 사고방식과 완전히 반대되는 것이다. 그러므로 복음은 완전히 대안적인 방식으로 살아가는 사람들과 더불어 새로운 종류의 섬김 공동체를 창조한다. 인종과 계급으로 사람들을 차별하고, 타인을 희생시켜 자신의 부와 권력을 축적하며, 인기와 명성을 갈망하는 것, 이 모두는 세상의 방식들이다. 이러한 것들은 복음의 정신적 기조와 정반대에 있는 것이다.

속죄와 '안에서 바깥으로 임하는'(Inside-Out) 복음의 속성

바리새파 사람들은 내적 측면인 거듭난 마음보다 언약의 외적 측면을 강조하는 경향이 강했다(눅 11:39-41). 안식일 준수, 할례, 모세의 법 등을 지키는 기준들에 관심을 많이 두었다. 그렇지만 하나님 나라는 "먹고 마시는 것에 관련된 것이 아니라, 성령님 안에 있는 의와 평강과 희락에 대한 것이다"(롬 14:17). 이유는 무엇인가?

예수님께서는 십자가 위에서 우리를 대신하심으로 구원을 완성하셨다. 이것은 우리가 값없이 선물로 받는 것이다. 전통적인 신앙의 관점에서는 선행을 쌓고 도덕 준칙을 잘 지켜야 하나님 마음에 오셔서 복을 주시고 구원하신다고 말한다. 다시 말해 내가 순종한다면 하나님이 나를 사랑하고 받아주신다고 가르친다.

그러나 복음은 이와 반대이다. 하나님이 나를 받아주시고 은혜로 값없이 사랑하셨음을 깨닫게 된다면, 비로소 내면의 기쁨과 감사로 그분께 순종하는 삶을 시작할 수 있다. 종교는 바깥에서 우리 내면을 강요하는 것이다. 그에 반해 복음은 우리 안에서 바깥으로 솟아나오는 것이다.

우리는 뭔가를 해서가 아니라 오직 은혜로만 의롭게 된다. 우리는 오직 그리스도가 하신 일 때문에 하나님 보시기에 아름답고 의로운 사람이 된다. 일단 우리가 이 사실을 내면 깊이 이해하게 되면 하나님과의 관계, 자기 자신과의 관계, 다른 사람들과의 관계에 있어서 혁명적인 변화가 일어나게 된다.

부활과 '미래를 앞서 경험하는' (Forward-Back) 복음의 속성

예수님은 부활하셨다. 그러나 우리는 아니다. 예수님의 부활로 하나님 나라가 출범했다. 그러나 그 나라는 아직 완전히 임하지 않았다. 메시아

왕의 도래는 두 단계로 일어난다. 그분은 세상에 처음 오셨을 때 인간을 죄의 형벌에서 구원하고 성령님의 임재를 가져다주셨다. 성령은 미래 세대를 위한 보증이다(고후 1:21-22; 엡 1:13-14). 마지막 때에 그분은 처음 왔을 때 시작한 것을 완성하기 위해서 다시 오신다. 그리고 우리를 죄와 악의 지배와 현존으로부터 건지신다. 그분은 만물을 새롭게 하시고 물질세계의 모든 망가진 것들을 깨끗하게 하실 것이다.

그리스도인들은 지금 다가올 미래를 생각하며 살고 있다. 사람들에게 복음을 전하며 심판에 대비하라고 말한다. 또한 가난한 자들을 도우며 정의를 위해 일한다. 이것이 하나님의 뜻이고, 궁극적으로는 그분이 이 모든 억압을 없앨 것을 알기 때문이다. 또한 우리는 그리스도인들에게 신앙과 일을 통합하라고 가르친다. 그래서 문화의 창조자가 되어서 인류의 번영이라는 공공선을 위해 일하라고 가르친다. 하나님 나라의 '이미 그러나 아직' 측면은 우리로 하여금 문화 정복에 대한 유토피아적, 승리주의적 비전을 가질 수 없게 하고 동시에 사회에 대해 비관적이거나 은둔할 수 없게 한다.

성경적인 복음의 의미를 진정으로 이해하는 교회는 "그리스도의 말씀이 너희 속에 풍성히 거하여"(골 3:16), 다양한 형태와 이미지를 지닌 독특한 조합처럼 보일 것이다. 안에서 바깥으로 향하는 대속의 측면을 가진 교회는 개인의 회심, 은혜에 대한 각성의 경험, 복음 전도, 선교, 교회 개척 등을 크게 강조할 것이다. 그러면 겉으로는 복음적 은사주의 교회처럼 보일 것이다.

위에서 아래로 내려오는, 하나님 나라/성육신의 측면을 가진 교회는 진실한 공동체, 셀 그룹이나 가정 교회, 헌신적인 구제와 자원 공유, 영적 훈련, 계층 간 화해, 가난한 자들과의 공존 등을 크게 강조하게 될 것이다. 이것은 마치 재침례파의 평화주의 교회와 비슷한 모습일 것이다.

미래를 앞서 경험하는, 하나님 나라/회복의 측면을 가진 교회는 도시와 이웃의 복지, 사회 참여, 문화 변혁, 그리고 기독교 세계관으로 사람들을 훈련해 세속 직업을 갖고 살아가게 하는 것 등에 큰 관심을 갖게 될 것이다. 이는 마치 주류 교회들의 모습 또는 아브라함 카이퍼를 따르는 개혁 교회의 모습들과 비슷하게 될 것이다.

사역과 강조점에 있어서 이 모두를 통합하고 있는 교회나 교단, 단체는 거의 없는 실정이다. 그렇지만 안에서 바깥으로, 위에서 아래로, 미래를 앞서 경험하는 복음의 측면들을 이해할 때, 이러한 성경적 복음의 통합적 이해는 각 측면을 모두 응원하고 발전시킬 것이다. 《센터처치》를 통해 우리가 말하고자 하는 것이 바로 이것이다.

복음은 모든 것을 변화시킨다

복음은 그리스도인의 삶의 초급 과정이 아니라 시작부터 완성까지 관통하는 것이다. 복음은 비신자에게 필요한 것이고 신자들은 복음 이상의 성경 원칙을 따라 살아가는 것이라고 보는 것은 부정확한 견해이다. 복음을 믿음으로써 구원을 얻고, 살아가는 동안 복음을 점점 더 깊이 믿음으로써 우리의 마음과 감정과 인생의 모든 국면이 변화된다는 것이 더 정확한 견해이다(롬 12:1-2; 빌 1:6; 3:13-14).

앞서 복음을 앗아가는 두 가지 종류의 오류를 소개했다. 하나는 '도덕주의 - 신앙주의 - 율법주의'로서 은혜 없는 진리를 강조한다. 이런 부류는 우리가 구원받기 위해서는 진리에 순종해야 한다고 주장한다. 다른 하나는 '상대주의 - 비종교주의 - 자유주의'로서 진리 없는 은혜를 강조한다. 만일 하나님이 계시다면 그분은 우리 모두를 받아 주실 것이기 때문에 무엇이 진리인지를 결정하면 된다는 것이다.

그러나 우리는 예수님이 은혜와 진리가 모두 충만하신 분이었음을 잊지 않아야 한다(요 1:14). 은혜 없는 진리는 진정한 진리가 아니며, 진리 없는 은혜 또한 진정한 은혜가 아니다. 어떤 인생 철학이나 신앙이든지 둘 중에 하나를 강조하지 않거나 붙들지 않으면 율법주의나 방종에 빠져들고 만다. 어느 쪽이든지 복음의 기쁨과 능력과 역사는 도둑맞게 된다.

에드워드 피셔(Edward Fisher)의 저서 《현대 신학의 정수》(*The Marrow of Modern Divinity*)는 복음의 이 두 가지 적을 기억하는 것이 얼마나 중요한지를 제대로 가르쳐 주고 있다. 피셔는 율법주의가 어떻게 두 가지 성격을 띨 수 있는지 설명한다. 하나는 신학적인 면에서 믿음과 공로가 뒤섞여 칭의가 무엇인지를 불분명하게 만드는 것이다. 다른 하나는 도덕주의 정신과 태도의 문제다. 그는 또한 반대편의 오류인 율법폐기론에 대해서도 경고한다. '~해야 한다'라고 말하기를 두려워하는 율법폐기론은 하나님의 법에 순종해야 한다는 주장을 하지 않는다.[4]

복음의 능력은 두 가지 움직임으로 다가온다. 첫째, "나는 내가 감히 생각했던 것보다 훨씬 더한 죄인이고 허물 많은 존재입니다"라고 고백하는 것이다. 둘째, "나는 내가 감히 바랐던 것보다 더 많은 사랑을 받고 용납되었습니다"라고 말하는 것이다.

첫째는 율법폐기론을 치워버린다. 둘째는 율법주의를 물리친다. 우리가 지향해야 하는 것은 이 두 가지를 동시에 깨뜨리는 것이다. 우리는 어느 한 편과 싸울 때 굉장히 쉽게 다른 한 편으로 미끄러지기 쉽다. 만일 당신이 이 오류들 중 어느 하나가 다른 것보다 훨씬 더 위험하다고 생각한다면, 아마도 당신이 덜 두려워하는 오류에 발을 담그고 있을 것이다.

율법주의 또는 율법폐기론이 아니라 그리스도의 복음을 온전하게 붙잡게 되면 타락으로 인해 망가졌던 삶의 모든 영역에 변화와 더불어 온전함이 증가된다. 우리 삶의 가장 치명적인 문제인 하나님과의 단절을 해결하면 다른 영역의 문제들도 자연스럽게 해결된다. 복음은 인간의 가장 큰 결핍을 다루며 삶의 모든 영역에서 변화와 변혁을 일으킨다. 복음이 우리를 변화시키는 몇 가지 방식들을 살펴보도록 하자.

낙망과 우울

어떤 사람이 우울함에 빠져 있을 때 도덕주의자는 이렇게 말한다. "원칙대로 살지 않았군요. 회개하세요." 반면 상대주의자는 "자기 자신을 용납하고 사랑하기만 하면 됩니다"라고 말한다.

복음이 없다면 도덕주의자는 행동을 고치려 하고 상대주의자는 감정을 고양하려 한다. 둘 다 마음의 문제 대신 피상적인 증상만을 다루는 것이다. 특별한 신체적 문제로 우울함이 발생한 것이 아니라면 복음은 우리에게 자신을 살피도록 이끌며 이런 고백을 가능하게 한다. "나의 삶에 하나님보다 더 소중한 뭔가(가짜 구원자, 공로에 근거한 의로움의 한 종류)가 생긴 것 같아." 복음은 단지 피상적인 것들에 대해 의지를 불태우게 하는 것이 아니라 우리가 회개할 수 있도록 이끈다.

사랑과 인간관계

도덕주의는 종종 인간관계를 책임 공방으로 변질시킨다. 이는 도덕주의자가 심한 비난을 받고 상처를 받거나, 다른 사람은 비난하면서 자기는 좋은 사람의 이미지를 지키려고 할 경우다. 반면 상대주의는 사람들로부터 사랑받는 것을 구원의 수단으로 격상시킨다. 사람들에게 사랑을 받음으로써 자신이 가치 있는 사람이라는 확신을 가지는 것이다. 이것은 종종 동반의존(codependency) 문제를 초래한다. 다른 사람을 구원함으로써 자기를 구원하는 방식인 것이다. 다른 한편으로 상대주의는 많은 경우 서로의 이익을 위해 적당히 타협하고 협력하는 수준으로 사랑을 축소한다. 자기에게 손해가 가지 않는 한에서만 관계를 맺는 것이다.

복음이 없다면 우리는 다른 사람들을 이기적으로 이용하고 동시에 이기적 계산 하에 자신을 내어줄 것이다. 그러나 복음은 그 어떤 이해관계에도 이끌리지 않는다. 복음이 있는 사람은 자아를 잊고 희생하고 헌신하지만, 자신의 가치를 스스로나 남들에게 확인받고 싶은 필요에 의해서 그렇게 하지는 않는다. 어려운 상황에 직면하거나 손해를 보게 되더라도 여전히 사람을 사랑하고 그와 함께한다.

성(性)

도덕주의자는 흔히 성을 불결하게 본다. 범죄로 이어질 수 있는 위험한 충동을 해소하는 최소한의 방법으로 이해한다. 상대주의자이자 실용주의자는 성을 단순히 생물학적, 물리적 욕구로 본다. 그러나 복음은 성이 그리스도의 자기희생을 반영한다고 여긴다. 그리스도는 자신을 조건 없이 완전히 우리에게 주셨다.

우리는 삶의 다른 부분은 빼놓은 채 성적 친밀감만을 추구하지 않는다. 만일 우리가 성적으로 자신을 줄 때는 법적으로, 사회적으로, 전인적으로 자신을 주는 것이다. 성은 완전히 헌신한 영구적 결혼의 관계에서만 허용할 수 있는 것이다.

가정

도덕주의자는 자녀를 부모의 기대에 부합하는 노예로 만들 수도 있다. 반면 상대주의나 실용주의는 자신에게 도움이 되지 않는 가족에 대한 헌신이나 언약에 대한 책임은 필요 없다고 생각한다. 복음은 우리에게 하나님이 어떻게 우리의 궁극적인 아버지가 되시는지를 제시함으로써 부모의 인정을 일종의 심리적 구원으로 격상하지 않도록 한다. 이것을 이해한다면 부모에 대해서 너무 의존적이거나 너무 적대적이 되는 문제를 모두 피할 수 있다.

자기 관리

도덕주의자는 욕망을 제어하지 않으면 벌을 받게 될 것이라고 말한다. 이는 '의지 기반 접근법'이다. 상대주의자는 자신을 표출해야 하며, 우리에게 무엇이 좋은지 찾아가야 한다고 말한다. 이는 '감정 기반 접근법'이다.

복음은 우리가 값없이 받은 확고한 하나님의 은혜로 말미암아 욕망에 대해서 "아니오"라고 말할 수 있게 된다고 말한다(딛 2:12). 우리가 복음에 귀를 기울인다면 이런 일이 가능해진다.[5] 또한 복음은 우리에게 새로운 욕구와 열정을 주고, 전인적 변화를 가능하게 한다. 이는 진리가 우리 마음에 들어올 때 시작된다.

인종과 문화

도덕주의자/보수주의자들의 편견은 다른 문화를 판단하면서 진리의 잣대를 오용하는 것이다. 도덕주의자들은 자신을 의롭게 여기는 충동 속에서 다른 사람들보다 자신이 우월하다고 느끼며, 자신들의 문화를 최고의 것으로 우상시한다. 상대주의자/자유주의자들의 관점은 모든 문화를 상대화하는 것이다(진리는 존재하지 않으며 서로 잘 어울려 지낼 수 있다).

이에 반해 복음은 한편으론 우리의 것을 포함해서 모든 문화에 대하여 어느 정도는 비판한다. 객관적이며 실체적인 진리가 존재하기 때문이다. 다른 한편으론, 우리가 도덕적으로 누구보다 더 우월한 것은 아니라는 점을 깨닫는다. 우리는 오직 은혜로만 구원받기 때문이다.

이 경우 복음은 위대한 해결사이다. 죄와 은혜는 우리가 자랑할 것이 아무것도 없음을 깨닫게 한다. "모든 사람이 죄를 범하였으매"(롬 3:23), "의인은 없나니 하나도 없으며"(롬 3:10; 시 143:2), 그래서 "누구든지 그(예수님)를 믿는 자는 멸망하지 않고 영생을 얻는다"(요 3:16; 막 16:16; 요 3:36; 5:24; 7:38; 11:26). 그리스도 안에는 "유대인, 헬라인, 종, 자유인, 남자, 여자가 없다"(갈 3:28). 기독교는 모든 사람을 환영한다는 점에서 보편적이다. 그러나 예수님만이 주님이라는 고백을 한다는 점에서 특별하다. 문화나 민족 또는 어떤 정체성이든 간에 그것이 주님이 될 수는 없다. 복음을 의지하는 그리스도인들은 도덕적인 확신과 포용적인 자비를 모두 나타내게 된다.

전도

도덕주의자는 개종을 믿는다. 왜냐하면 '우리는 옳고, 그들은 틀리기' 때문이다. 이런 접근법은 언제나 공격적이다. 상대주의자와 실용주의자의 접근법은 전도의 정당성 자체를 부인한다. 그러나 복음은 우리 안에 특정한 자세들을 형성한다. 우리는 죄책감에서가 아니라 관대함과 사랑에서 복음을 나누려는 강한 동기를 부여 받는다. 우리는 사람들에게 모욕당하거나 상처 받을 두려움으로부터 자유를 얻었다. 왜냐하면 우리는 이미 은혜로 하나님의 사랑을 받았기 때문이다.

우리의 우월한 통찰력이나 성품이 아니라 오직 은혜로만 구원받을 것을 알기 때문에 타인을 겸손하게 대한다. 또한 모든 사람에 대해서 희망을 갖는다. 불편한 사람들에 대해서도 마찬가지이다. 우리는 다른 사람들을 예의 바르고 사려 깊게 대한다. 그들을 억압하거나 강요할 필요가 없다. 타인의 마음을 여는 것은 우리의 웅변술, 집요함, 또는 그들의 열린 태도가 아닌 오직 하나님의 은혜이기 때문이다(출 4:10-12). 그리스도인들이 이러한 특질들을 갖춘다면, 다문화 사회에서 훌륭한 이웃이 될 뿐만 아니라 매력적인 전도자가 될 수 있다.

인간의 권위

도덕주의자는 인간의 권위(가정, 가문, 정부, 문화 관습 등)에 과도하게 순응하는 경향이 있다. 반듯한 사람으로서의 자아상을 중시하기 때문이다. 상대주의/실용주의자들은 인간의 권위에 지나치게 순응하거나(문화를 판단할 상위 권위를 가지지 않기 때문이다) 무시하는 경향이 있다(그들이 권위로부터 벗어날 수 없을 때만 순응하는 것이다). 그 결과 권위주의에 빠지거나 합당한 권위를 무시하게 된다.

복음은 이에 대해 인간의 권위를 거스를 수 있는 기준을 제시하기도 하고, 동시에 마음으로부터 공적 권위를 순종할 수 있는 동기를 제공하기도

한다. 예수님을 주님이라고 고백하는 것은 동시에 시저(Caesar)가 주님이 아니라고 고백하는 것이었다. 성경의 '반(反) 황제' 성향에 대한 최근의 연구들이 있기는 하지만, 그럼에도 성경은 정부 권력, 곧 '황제'에 대해 반대하지 않으며, 권위의 적절한 질서에 대해 말하고 있다. 예수님이 시저의 관을 강탈하는 것이 아니라, 우리가 시저에게 정도 이상의 권한을 줄 때 시저가 그리스도의 관을 강탈하고 백성을 우상숭배로 이끄는 것이다.

죄책감과 자아상

누군가 "난 나를 용서할 수 없어요"라고 말할 때, 그것은 어떤 기준이나 조건이나 사람이 하나님의 은혜보다 자기 정체성을 규정하는 데 더 중요하다는 것을 나타내는 것이다. 하나님은 용서하시는 유일한 신이다. 어떤 신들도 용서하지 않는다. 자신을 용서할 수 없다면, 그것은 당신이 참 신이라 믿는 신을 만족시키지 못했기 때문이다. 당신의 진정한 의로움으로 작동하는 것이 바로 당신의 신이다. 도덕주의자의 가짜 신은 대개 그들 상상 속의 신이다. 그 신들은 거룩하고 요구가 많지만 은혜롭지는 않다. 상대주의자/실용주의자의 거짓 신은 보통 어떤 성취나 관계이다.

이러한 예는 영화 〈미션〉의 장면에서 살펴볼 수 있다. 로버트 드 니로가 연기한 로드리고 멘도자는 예전에 노예무역을 하는 상인이었는데, 회심한 후 참회의 증거로 자신의 갑옷과 무기를 이끌고 절벽을 오른다. 마지막 장면에서 그는 갑옷과 무기를 잡고서 식민주의자들과 싸우다가 그들의 손에 죽는다. 그가 무기를 잡았다는 것은 진정으로 회심하지 않았다는 것을 의미한다. 그의 참회는 처음부터 용서의 메시지를 이해하지 못한 채 이뤄졌던 것이다.

복음은 우리의 양심에 안식과 확신을 가져온다. 왜냐하면 예수님이 우리 죄를 위한 '몸값'으로서 피를 흘리셨기 때문이다(막 10:45). 구원을 얻기 위해 율법을 지킨다고 해서 하나님과 우리가 화해할 수 있는 것이 아니다.

또한 율법을 지키지 못한 자신을 꾸짖는다고 해서 구원을 얻는 것도 아니다. 구원은 하나님의 선물이다(롬 6:23).

만약 복음이 없다면 우리의 자아상은 스스로 세운 기준이든 누군가가 우리에게 부과한 기준이든 그 기준에 얼마나 부합하여 살고 있느냐에 따라 달라질 것이다. 그 기준들에 잘 맞춰 산다면 자신감은 갖겠지만 겸손하지는 않을 것이다. 반면 그 기준들에 따라 살지 못한다면, 겸손하겠지만 확신은 없을 것이다. 우리는 오직 복음 안에서만 놀랍도록 담대하면서도 동시에 전적으로 세심하고 겸손할 수 있다. 이는 우리가 의인이면서 또한 동시에 죄인인 까닭이다. 완벽한 의인인 동시에 죄인이다!

기쁨과 유머

도덕주의는 기쁨과 유머를 파괴한다. 율법주의 시스템에서는 자신을 너무 심각하게 생각하기 때문이다(이미지, 외모, 평판 등). 이에 비해, 상대주의나 실용주의는 인생을 살아가면서 비관주의로 흐르는 경향이 있다. 희망이 결핍된 세상에서 어쩔 수 없이 생겨나는 냉소(신성한 정의와 심판은 존재하지 않기 때문에 결국 악이 승리한다) 때문이다.

구원이 오직 은혜에 의한 것이라면, 이 구원은 영원토록 놀라운 기쁨의 근원이 된다. 인생은 어떤 것도 지루하거나 똑같지 않다. 우리가 그리스도인이라는 것 자체가 기적이다. 복음은 우리를 담대하지만 겸손하게 이끌며, 우리에게 훨씬 깊은 유머 감각과 기쁨을 가져다준다. 우리는 자신에 대하여 심각하게 생각할 필요가 없다. 우리는 세상에 대한 희망을 갖고 있다.

다른 계층에 대한 태도

도덕주의자는 가난한 사람들을 볼 때, 그들의 궁핍이 개인적인 책임감의 부족에서 비롯된 것으로 이해하는 경향이 있다. 다시 말해 가난한 사람들을 실패자로서 멸시한다. 반대로 상대주의자들은 개인적 책임의 역할을 과소하게 생각하는 경향이 있다. 그리고 가난한 사람들을 구원이 필요한 존재로 보고 그들을 구원할 전문가가 필요하다고 생각한다. 가난한 사람들은 자신이 실패자라고 느끼거나, 자신들의 문제가 다른 사람들 탓이라고 분노하며 비난한다.

그러나 복음은 우리를 겸손하게 하며, 도덕적 우월감으로부터 자유롭게 한다. 왜냐하면 우리는 모두 영적으로 파산했지만 그리스도의 거저 주시는 은혜로 구원받았기 때문이다. 그 결과 우리는 은혜로워지게 되며, 자신이 마땅히 받아야 할 것에 대해 걱정을 덜하게 된다. 우리는 자신이 그리스도의 은혜를 받을 자격이 없음을 안다. 또한 가난한 그리스도인들을 그리스도 안에 있는 우리의 형제요, 자매로서 존중할 뿐만 아니라 서로가 배워야 할 존재로 받아들인다. 복음만이 가난한 이들에 대한 겸손한 존중과 그들과의 연대를 가능하게 한다(시 140:12; 146:9; 잠 14:31; 21:13; 22:22-23; 29:7 을 보라).

야고보서 1장 9-10절의 말씀처럼 가난한 그리스도인들은 "자기의 높음을 자랑해야" 한다. 그러나 부요한 그리스도인들은 "자기의 낮아짐을 자랑할지니 이는 그가 풀의 꽃처럼 지나감이라"고 했다. 여기서 야고보는 독자들의 대해 복음의 논리를 적용하고 있다. 그리스도 안에서는 누구나 죽어 마땅한 죄인인 동시에 하나님의 자녀로 입양되어 완전히 용납되고 사랑받는 존재이다. 그러나 야고보는 부유한 신자는 하나님 앞에서 자신이 죄인인 것을 생각함으로써 영적인 유익을 누려야 한다고 말한다. 그들은 이미 세상에서 많은 칭찬을 얻기 때문이다. 반면 가난한 신자는 새롭게 얻은 높은 영적 지위를 생각하고 영적 유익을 누려야 한다. 그들이 이 세상에서 무시를 당하기 때문이다.

비슷한 맥락에서 바울은 빌레몬에게 그의 노예였던 오네시모를 "그리스도 안에서 종 이상으로 사랑받는 형제로" 대할 것을 요청하였다(몬 1:16).

그리고는 빌레몬에게 오네시모 "영접하기를 내게 하듯"(17절) 하라고 권면한다. 바울은 복음을 이해하는 그리스도인들이라면 권력을 사용하는 방식이 근본적으로 달라야 함을 가르침으로 노예제도 자체를 깊이 흔들고 있다. 주인과 노예가 각각 자신이 은혜로 구원받은 죄인들임을 깨닫고 사랑받는 형제자매임을 알게 될 때, 노예제도는 외적인 껍질로는 남아 있지만 실상은 철폐된 것이다. 복음은 노예제도 안에 있는 내용들을 비워 버린다.[6]

우리 삶의 문제는 대부분 복음에 대한 바른 정립이 없기 때문에 생겨난다. 교회 안의 병리적 증상들과 개인의 삶에서 보이는 죄악의 양상들은 궁극적으로 복음의 깊은 의미들을 생각하지 못하기 때문에 생기는 것이다. 또한 복음을 철저하게 믿지 못하기 때문에 생기는 것들이다.

긍정적으로 이야기하자면, 복음은 우리의 마음과 생각을 변화시킨다. 복음은 반드시 삶의 모든 영역에 대한 우리의 접근법에 변혁을 가져온다. 복음이 교회에서 충분히 밝혀지고 적용될 때 교회는 교회다운 고유성을 나타내게 될 것이다. 그리고 사람들은 지성적 확신과 정서적 공감의 강렬한 균형을 보면서 그런 교회에 끌리게 된다.

D. A. 카슨은 다음과 같이 말하고 있다.

> 복음은 수용되고 믿어야 할 진리로서 뿐만 아니라, 변화를 가져오는 하나님의 능력으로서 꾸준히 제시되고 있다(고전 2장, 살전 2:4; 롬 1:16-17 참조). 오늘날 가장 긴급하게 요청되는 것은 복음이 성경적으로 풍부하게 이해될 때, 그 복음이 과연 지역 교회에서 우리가 하는 모든 것들과 모든 윤리들, 모든 우선순위들을 어떤 모습으로 바꾸어 놓을 것인가에 대한 진지한 이해이다.[7]

어떻게 이런 일이 일어나는가? 복음의 중심성을 믿는 교회는 실제로 어떤 모습일까? 어떻게 개별 교회나 교단들이 복음이 중심이 되는 믿음의 공동체로 변화될 수 있는가? 먼저는 삶을 바꾸는 복음의 재발견이 있어야 한다. 곧 교회의 삶과 개개인의 마음에 부흥이 일어나야 한다는 것이다. 우리는 이것을 '복음 부흥'이라고 부른다.

토론과 성찰을 위한 질문들

1. 팀 켈러는 "만일 당신이 이 오류들 중에 어느 하나가 다른 것보다 훨씬 더 위험하다고 생각한다면, 아마도 당신은 덜 두려워하는 오류에 발을 담그고 있는 것이다"라고 썼다. 당신은 어떤 오류를 덜 두려워하는가? 그 이유는 무엇인가?

2. 팀 켈러는 "우리 삶에서 일어나는 여러 단절들의 가장 중요한 원인은 하나님과의 단절"이라고 이야기했다. 복음은 어떻게 당신 안에서 일어난 가장 큰 단절, 즉 하나님과의 단절을 고쳤는가? 어떻게 복음은 하나님과의 단절에서 비롯된 많은 증상들을 해결했는가? 그 경험은 당신이 다른 소외된 사람들에게 사역하는 데 어떤 도움을 주었는가?

3. 팀 켈러는 "복음은 우리의 가장 큰 필요를 다루며 삶의 모든 영역에서 변화와 변혁을 일으킨다"라고 썼다. 복음은 하나님으로부터의 단절에서 파생되는 다른 단절 문제들을 치료한다. 당신의 표현으로 어떻게 복음이 적어도 다음 중 세 가지 영역에 변화를 가져왔는지 말해 보라.

- 낙망과 우울
- 사랑과 관계
- 성
- 가정
- 자기 관리
- 인종과 문화
- 전도의 동기
- 인간과 권위

- 죄책감과 자아상
- 기쁨과 유머
- 다른 계층에 대한 태도

4. 이 장에서 다루어진 복음의 세 가지 측면 -성육신 · 속죄 · 부활- 을 살펴보라.

- 성육신(위에서 아래로)
- 속죄(안에서 바깥으로)
- 부활(앞에서 뒤로).

1장에서 "복음에는 여러 장이 있다"의 유사한 개념과 비교해 보라. 성경의 이야기 흐름 속에서 더 분명하고 명확하게 복음을 이해할 수 있는가?

주

1. D. A. 카슨(D. A. Carson), "예수 그리스도의 복음"(고전 15:1-19), *Spurgeon Fellowship Journal* (2008 봄): 10-11. www.thespurgeonfellowship.org/Downloads/feature_Sp08.pdf (2012년 1월 5일 접속); 또한 카슨이 쓴 "What is the Gospel? - Revisited," in *For the Fame of God's Name: Essays in Honor of John Piper*, ed. Sam Storms and Justin Taylor (Wheaton, Ill.: Crossway, 2010), 164-166을 보라. 여기에서 그는 "복음은 비신자를 위한 것만이 아니라 신자들을 위한 것"임을 기록하며 성경적 근거를 제시하고 있다.

2. 레슬리 뉴비긴(Lesslie Newbigin), *The Gospel in a Pluralist Society* (Grand Rapids: Eerdmans, 1989), 38. (《다원주의 사회에서의 복음》, IVP 역간, 2007).

3. Simon Gathercole, "The Gospel of Paul and the Gospel of the Kingdom," in *God's Power to Save*, ed. Chris Green (Nottingham, UK: Inter-Varsity, 2006), 138-154.

4. Edward Fisher, *The Marrow of Modern Divinity* (1645; repr., Fearn, Scotland: Christian Focus Publication, 2009).

5. Thomas Chalmers, "The Expulsive Power of a New Affection" (설교), www.theologynetwork.org/historical-thology/getting-stuck-in/the-expulsive-power-of-a-new-affection.htm (2012년 1월 6일 접속).

6. 미로슬라브 볼프(Miroslav Volf), *A Public Faith: How Followers of Christ Should Serve the Common Good* (Grand Rapid: Baker, 2011), 92. (《광장에 선 기독교 -공적 신앙이란 무엇인가》, IVP 역간, 2014).

7. D. A. Carson, "What is the Gospel? - Revisited," in *For the Fame of God's Name*, 165.

복음 중심적
부흥을 준비하라

01
이 시대에도 정말
부흥이 필요하다

　　복음 부흥은 삶을 변화시키는 복음의 재발견을 말한다. 개인적인 복음 부흥은 죄와 은혜의 복음 교리를 단지 지적으로만이 아니라 실제적으로 경험하는 것을 의미한다. 이것은 자신의 죄로 인한 하나님과의 단절을 깨닫는 것이며, 이전보다 더 깊이 자기 합리화, 불신앙, 자기 의(self-righteousness)를 들여다 볼 때 시작된다. 심층에 있는 이러한 태도들을 버리고, 구원을 주시는 유일한 그리스도 안에서 안식하는 법을 배울 때, 우리는 용서와 은혜를 더 선명하게, 더 새롭게, 더 크게 경험할 수 있다. 앞서 얘기했듯이 우리는 구원을 얻기 위해서 "우리의 공로가 아니라, 그리스도의 공로를 의지"한다. 복음의 회복을 경험하게 되면 이 말이 무슨 의미인지 또렷하게 깨닫게 되며, 이것을 실제로 행함으로써 마음이 새롭게 되는 것을 알게 된다.

　　공동체적 복음 회복은 종종 '부흥'이라고도 불린다. 이것은 신자들 전체가 개인적인 복음 회복을 함께 경험하는 것을 말한다.[1] 시간이 흐르면 모든 교회들은 아무리 그들의 신학이 건전하다 하더라도 복음의 고유성을 간과하기 시작하고 다른 종교들에 빠지거나 불신앙에 편승하는 모습을 보이게 된다. 교리 교육은 각각의 교리들이 복음의 메시지 속에서 어떤 역할을 하는지 놓치게 되고 윤리 교육은 더 이상 예수 그리스도의 은혜와 완성된 사역에 근거하지 않게 된다. 교회 지도자들은 늘 복음을 사람들의 마음과 중심으로 이끌어야 한다. 그래야만 복음이 단순한 신앙 문답이 아니라, 깊고 지속적인 변화의 능력이라는 것을 사람들이 알게 된다. 이러한 종류의 복음 적용 없이 단지 교육이나 설교, 세례, 훈련만으로는 충분하지 않다.

리처드 러브레이스(Richard Lovelace)는 부흥의 역사를 연구한 학자였다. 그는 각기 다른 시기와 기간에 일어난 부흥들 속에 어떤 공통점이 있었는지 발견하려고 애썼다. 그가 내린 결론은 그리스도인들이 지적으로는 칭의(하나님께서 받아 주심)가 성화(실제의 도덕적 삶)의 기반이라는 것을 알면서도, 실제의 삶에서는 성화에 근거해서 칭의를 생각한다는 것이었다. "의롭게 되기 위한 성결의 삶, 과거의 회심 경험, 최근의 신앙생활, 또는 고의적인 죄를 짓는 빈도에 근거해서 하나님이 받아주시는지에 대한 확신이 달라진다."[2]

다른 말로 표현하자면 인간 마음의 기본 틀이 공로-의(works-righteousness)이기 때문에 갱신과 부흥은 필수적이다. 우리는 일상의 삶에서 복음이 진리인 것처럼 살지 않는다. 그리스도인들은 종종 머리로는 "예수님이 나를 받아주셨어. 그러므로 나도 바른 삶을 살아야지"라고 믿는다. 그러나 그들의 마음과 행동은 "나는 바른 삶을 살고 있어. 그러므로 예수님이 나를 받아주시는 거야"라는 신념 위에서 이루어진다. 그 결과 자기만족에

■ **부흥의 정의**

복음에 대한 이러한 이해는 부흥에 대한 두 가지 보편적 관점들과 다르다. 첫 번째 관점은 주로 부흥을 성령님의 특별한 일하심의 결과로 보는 것이다(예를 들어 기적, 치유, 계시 등). 두 번째 관점은 부흥을 설교, 집회, 전도 활동이 활발하게 일어나는 기간으로 본다. 두 가지 관점과 달리 나는 복음 부흥을 일반적인 은혜의 수단을 통하여(말씀 설교, 기도, 성례) 성령님의 정상적인 일하심이 강렬하게 나타나는 것으로 이해한다(죄의 깨달음, 중생, 성화, 은혜의 확신).

빠져 으스대거나, 불안이나 짜증, 자기혐오에 빠지는 것이다. 어떤 결과가 빚어지든 그것은 방어적 태도, 부정적 마음, 인종 및 민족중심성에서 비롯된 우월감, 변화에 대한 거부 등 여러 형태의 우월감(개인적, 공동체적)이나 영적 죽음의 상태로 이어진다. 이와는 상반되게 순전한 은혜의 복음은 소망 없는 죄인들을 겸손하게 하며 동시에 그들에게 위로를 준다. 그 결과 사람들에게 기쁨을 가져다주고, 잘못을 인정하는 자세와 차별 없는 은혜의 태도, 자신에게 매몰되지 않는 관점을 제공한다.[3]

사실은 우리가 복음을 마음 깊이 믿지 않기 때문에 -마치 스스로가 구원자인 것처럼 살기 때문에 -우리는 (자유주의 신학처럼) 복음의 교리를 거부하거나 왜곡하며, 혹은 (생명력 없는 정통주의처럼) 머리로는 교리를 믿지만 실제로는 자신의 윤리적, 교리적 선(善)을 믿는다. 그 결과로 어떤 특별한 갱신이나 부흥의 역사가 일어나지 않는 한, 개인과 교회들은 오랜 시간에 걸쳐 천천히 영적으로 죽어가는 경험을 하게 된다.

부흥은 어떤 지역이나 국가 전체처럼 넓은 영역에 영향을 줄 수도 있고, 한 교회나 부서처럼 좁은 영역에서 영향을 줄 수도 있다. 부흥은 매우 부드럽고 조용하게 일어날 수도 있고, 요란스럽게 일어날 수도 있다. 그러나 모든 부흥은 성령님의 일반적 사역이 몇 배나 강하게 나타나는 때다. 부흥이 일어날 때는 일상적인 은혜의 수단들을 통해서도 새롭게 각성하는 신자들과 깊이 회심하는 죄인들, 영적으로 거듭나는 성도들이 급격하게 늘어난다. 그리고 뒤이어 필연적인 교회 성장이 따라온다. 이러한 부흥은 단지 인구학적, 사회학적 분석이나 전도 프로그램의 결과만으로는 설명할 수 없다.

그러므로 부흥은 단지 호기심을 불러일으키는 역사적인 소재 정도가 아니다. 부흥은 성령께서 공동체 가운데 일하셔서 인간의 그릇된 사고 체계인 자기 의라든지 부채 의식 등을 몰아내고 깨뜨리시는 지속적인 활동이다. 부흥은 역사상 모든 문화권에서 그랬던 것처럼 21세기 전 세계 모든 문화권의 사역에 아주 밀접한 관련성을 갖는다.

부흥에 대한 비판과 부흥주의의 위험성

부흥의 모든 역사를 여기에서 충분히 다룰 수는 없다. 우리가 알기에 부흥은 사회 변화에 강력한 영향을 끼쳤다.[4] 미국 역사에서 가장 유명한 부흥인 18세기 초중반의 대각성 운동은 영국과 미국의 문화와 역사에 지대한 영향을 끼쳤다. 물론 전 세계에 걸쳐 다른 유명한 부흥들도 있었다.[5]

역사적으로 부흥은 날카로운 비판과 의심을 받기도 했다. 뉴욕 주 알바니에서 목회하던 장로교 목사 윌리엄 B. 스프레이그(William B. Sprague)는 1832년, 부흥에 대한 강의를 출판하며 가장 긴 지면을 '부흥의 변호'에 할애했다. 그는 부흥에 대해 가장 흔히 제기되던 여러 비판들과 반대 이슈들을 다루었다. 주로 부흥이 비성경적이고 현대적이며 감정적인 분출과 열광주의, 가족 분열, 기존 교회들의 약화를 초래한다는 주장이었다.[6]

특히 기존 교회를 약화시킨다는 비난, 곧 부흥이 교회의 역할과 중요성을 저해한다는 비난은 오늘날 가장 많이 지적되는 부분이기도 하다. 나는 애초에 부흥이 일어나도록 한 조건들을 돌아봄으로써 이 비난의 타당성을 살펴보려고 한다. 18세기 이전에는 개인이 그리스도인이 되려면 공동체적이고 점진적이며 공식적, 전적인 교회 중심적 과정을 거쳤다. 먼저 온 가족이 참여하는 가운데 유아세례의 집전을 받는다. 그리고 오랜 기간의 교리문답 교육을 통해 교회사의 신앙고백과 전통을 배운다. 마지막으로 아이는 완전한 참여자로서 성찬을 받을 수 있게 된다. 교회에서 거행되는 결혼식과 장례식도 중요한 이정표들이다. 이 모두는 회중의 면전에서 가족들과 함께 진행된다. 가정, 교회, 종교적 권위자들의 지지와 인정을 수반하는 매우 공동체적인 과정을 통해서 한 사람의 믿음이 상속되고 확증되었던 것이다.

프린스턴의 사상가들은 교리문답 교육의 중요성을 강조했다. 개리 패렛(Gary Parrett)과 J. I. 패커는 *Grounded in the Gospel: Building Believers in the Old-Fashioned Way*(복음에 뿌리를 내려라)에서 현대 그리스도인들이 교회의 삶에 교리 교육을 회복해야 한다고 촉구한다.[7] 영적 훈련에 대한 이 접근법은 현대 교회들에서 급격히 사라져서, 복음주의자들을 포함한 대부분의 개신교인들은 이것을 '가톨릭적인 것'이라고 생각한다.

패렛과 패커는 교리문답 교육의 재건을 강력한 논리로 제시한다. 교리 교육은 단순히 암기하는 것 이상이다. 그것은 삶 전체에 걸쳐서 배우고 학습하고 헌신하는 것이다. 암기와 암송은 교회의 신학과 삶을 깊어지고, 넓어지고, 강해지게 한다. 이러한 이해의 깊이는 그 어떤 현대적인 세미나와 프로그램들보다 지속적인 삶의 변화를 가능하게 하는 토대가 되며 사람들의 삶을 교회의 삶과 일치시킨다.

그런데 산업혁명을 지나면서 우리 사회는 심원한 변화를 겪게 된다. 많은 사람들은 공장에서 일하기 위해 도시로 이주했다. 서로가 모두 가까운 이웃사촌으로 지내고 암묵적인 행동규범이 사회적 압력으로 작동하던 지역 교회와 마을을 떠나 도시로 이주하게 된 것이다. 두 번째 변화는 시장 자본주의의 발전이다. 이제 더 독자적으로 행동하게 된 개인들에게 선택 가능한 상품과 서비스를 더 많이 안겨 준 것이다.

영국에서 부흥 사역을 담당한 웨슬리와 미국에서의 부흥을 이끈 조지 휫필드는 모두 이러한 문화적 현실에 대한 대응들이었다. 그들은 야외 집회에 모인 회중들을 찾아가서 설교했다. 그들은 사람들이 단지 지역 교회의 전통적인 방식과 과정에 몸을 맡기는 것이 아니라 그들에게 직접 다가가 회심을 결단할 것을 요청했다. 왜냐하면 부흥주의자들이 느끼기에 그런 일은 지역 교회에서 잘 일어나지 않았기 때문이다. 부흥주의자들은 가족을 통해서 지역 교회로 참여하는 과정보다는 개인의 결단을 더 강조했다. 그들은 신앙 형성에 있어서 의식 절차(rituals)와 교리문답보다는 급격한 회심

의 경험을 요구했다.[8]

이제 우리는 왜 스프레이그가 1830년대에 부흥주의자들이 지역 교회와 성직의 권위에 도전한다는 공격에 대응해서 책을 썼는지 알 수 있을 것이다. 부흥을 폄하하는 사람들은 회심과 부흥을 강조하면 성도들을 교육하고 훈련하는 지역 교회의 기능이 결국 저해될 것이라고 주장했다. 교회에 참여하는 것은 필수가 아닌 선택이 되어 버린 것처럼 보였다. 구원은 오직 개인적인 믿음과 경험을 통해서 오기 때문이다. 그리고 교리적 건전함과 삶의 거룩함보다는 감정적 체험이 훨씬 더 중시되었다. 기독교는 사람을 새롭게 하여 그리스도의 모습을 닮는 것보다는 마음의 필요를 채우는 수단으로 여겨졌다. 공동체는 뒷전으로 가고 개인이 강조되었다. 그래서 각각의 그리스도인이 자신의 영적 권위를 주장하게 되었다. 여기에는 진정한 상호 책임이 없다.[9]

부흥에 대한 이러한 비판들은 부분적으로 맞는 것들이며 18세기뿐 아니라 오늘날에도 동일하게 정곡을 찌르는 시사점을 제공한다. 스프레이그의 두 번째로 긴 강연은 "부흥과 관련하여 피해야 할 악들"이었다. 여기에서 그는 부흥의 과도한 감정주의에 대한 자신의 비판 수위를 조절한다. 감정주의는 찰스 피니(Charles Finney)의 사역에서 꽃을 피웠다.[10] 스프레이그는 이 논쟁에서 중간 입장을 취했던, 19세기 개혁주의 신학의 주요 흐름 가운데 한 사람이었다.

반면 프린스턴신학교의 첫 학장이었던 아치볼드 알렉산더(Archibald Alexander) 교수는 부흥의 강력한 지지자로 남았다. 그는 부흥의 부정적 영향을 잘 알고 있었음에도 불구하고 나쁜 영향들이 부흥 자체의 문제가 아니며, 이것들을 피할 수 있거나 최소화할 수 있다고 믿었다. 알렉산더와 프린스턴신학교의 계승자들은 부흥에 대한 기본적인 통찰들을 계속해서 지지했다. 또한 전도와 신앙 교육의 중요성도 모두 강조했다. 유아세례를 지지하는 그들은 세례받은 아이들이 교회의 일부이며, 이들이 가족의 삶 안에서 성례를 통해 하나님의 은혜를 받은 것이라고 이해했다. 또한 그들은 아이들이 그리스도에 대한 믿음을 갖도록 계속해서 권면했으며 회심이 어떤 것인지를 자녀들에게 가르쳤다.[11] 아이들이 성찬을 받을 때가 되면, 그들은 '신뢰할 만한 신앙고백'의 증거를 찾았다. 단순히 교회 교육을 마쳤다고 해서 받아들이지는 않았다. 그들은 신앙 형성의 과정에서 교회의 중요성을 확신했고, 복음 메시지를 지속적으로 설교하고 가르칠 것을 강조했다.

오늘날의 부흥주의

교회 안에 여전히 부흥주의의 위험성이 존재하고 있기에 오늘날에도 여전히 동일한 논쟁이 지속되고 있다. 극단적인 부흥주의자들은 너무나 개인주의적이다. 진리에는 거부 반응을 보이고 체험에만 중독된 사람들은 변화를 간절히 원하면서도, 공동체에 헌신하며 권위에 순복하는 것은 자유와 주관의 상실이라며 싫어한다.

많은 회심자들은 그리스도를 믿기로 선택하는 것 같지만 이내 그들의 열정을 상실하고 만다. 왜냐하면 생애에 걸쳐 체화된 공동체의 경험이 아니라 양육과 소그룹 교제와 같은 짧은 프로그램들만 제공받기 때문이다. 많은 교회들은 등록 교인이 되는 절차 자체를 가지고 있지 않다. 그 결과 회심자들의 삶은 세상에 있는 다른 사람들의 삶과 다를 바가 없어 보인다. 보다 깊은 삶의 변화를 가져오는 데는 전통적인 교회들이 가진, 보

■ **마음의 고유한 역할**

남아공 스텔렌보쉬 대학의 신학 교수인 J. I. 마래이스는 다음과 같이 썼다. "하나님의 성령은 '마음' 가운데 권능으로 거주하시며(엡 3:16) 하나님의 사랑은 '마음' 가운데 부어진다(롬 5:5). 아들의 영을 '마음 가운데 보내시며'(갈 4:6) 성령을 '우리 마음에 주셨다'(고후 1:22). 그러므로 은혜의 사역 가운데 마음은 아주 고유한 위치를 차지한다."[12]

다 오래되고 보다 공동체적인 과정들이 더욱 더 효과적이다.

하지만 오늘날의 많은 비평가들은 이런 영향력에 대해서 한숨짓는 데 그치지 않는다. 그들은 부흥의 기본 전제 자체를 부정한다. 그들은 교회에 이미 다니고 있는 사람에게 회심하도록 요구해서는 안 된다고 주장한다. 18세기 이전 유럽의 전통 교회들과 비슷한 것을 다시 주장하는 것이다. 그때는 지역 교회에 등록하기만 하면 그리스도인이 되었다. 일단 세례를 받고 멤버가 되면 그는 개인적 경험과 관련 없이 정의상 그리스도인으로 여겨졌다.

나는 이것이 두 가지 본질적인 이유에서 착오라고 믿는다. 성경적 용어를 빌리자면, 이 주장은 시와 때를 분별하지 못하는 것이다. 그리고 마음에 대해서 충분히 고려하지 못했다. 좀 더 긍정적으로 표현한다면, 복음 부흥 사역에 대한 기본적 통찰과 실행은 두 가지 이유에서 옳다. 첫째, 우리의 시대에 적합하며, 둘째, 성경의 방법대로 마음을 강조한다.

먼저 복음 부흥은 우리 시대에 적합하다. 그렇다면 회복이 '우리 시대에 적합하다'는 것은 무슨 의미인가?

하나의 주류 교회와 종교 전통이 문화 가운데 존재하고 민간 영역과 공공 영역이 교회에 많은 힘을 행사할 때, 전통적이고 교회 중심적인 접근법은 효과가 있었다. 사회 제도, 공유된 상징, 일상의 관습들이 종교적 신념을 표현하고, 확증하며 강화했다.

그런 환경에서 문화적으로 하나님은 필연적으로 받아들여지고, 사회의 종교 세계관은 모든 이에게 타당하게 보였다. 전통적인 방식은 사람들에게 교회를 선택할 여지 자체를 제공하지 않았다. 대안적인 교단이나 종교는 존재하지 않았고 있다손 치더라도 그들에게는 심각한 오명이 씌어졌다. 시민들은 사회가 상속받은 신앙에 적극적일지 소극적일지 하나만 선택할 뿐이었다. 이것이 그들 앞에 놓인 현실적인 선택이었다. 사회적 현실상 아무도 자기의 믿음을 선택할 수 없었다. 자신의 교회는 말할 것도 없었다.

■ 부흥에 대한 성경신학

부흥과 영적 망각

이스라엘은 그들이 하나님으로부터 받은 위대한 구원을 계속해서 '망각했다'(신 4:9; 8:11, 14, 19; 수 4:20-24 참조). 베드로는 그리스도인들이 자신의 과거 죄가 깨끗이 용서되었음을 망각한다면 영적 실재에 대한 감각을 상실할 수 있다고 경고한다(벧후 1:9). 우리는 지속적으로 자신의 구원에 대한 영적 기억을 새롭게 할 필요가 있다.

부흥과 침체의 순환주기

사사기, 열왕기상·하, 역대상·하는 계속되는 침체와 부흥의 순환을 묘사하고 있다. 이 순환은 이스라엘이 주변의 이방 문화에 동화될 때 시작된다. 그 결과는 고통이며, 이를 통해 그들은 하나님께 회개하며 돌아온다. 하나님은 부흥의 불꽃을 일으키는 지도자를 보내심으로 그들의 기도에 응답하신다(삿 2:11-20; 10:6-16).

신약의 교회들도 이 순환 주기를 경험한다. 주님은 에베소교회에게 "네 처음 사랑으로 돌아오라"고 부르셨다(계 2:1-7).

부흥과 성령님

제자들은 오순절에 "성령이 충만하여" 하나님의 말씀을 담대히 전했고, 그 결과 많은 회심자들이 생겼다(행 2:4, 14-41). 이 사건이 유일무이한 것이기는 하지만 그리스도인들은 다시 성령으로 충만해졌고, 그래서 그들의 공동체 생활과 전도에 능력이 부여되었다(행 4:7-31; 13:9, 49-52).

데이비드 피터슨(David Peterson)은 이 문맥에 사용된 표현들이 "성령님의 신선한 채우심을 의미하는데, 성도들이 위대한 능력으로 부활을 증언하는 일을 지속할 수 있게 하셨다"라고 기록한다.[15] 구약성경에서처럼 기도와 핍박에 대한 하나님의 응답은 성령을 보내서서 개인과 교회를 부흥하게 하는 것이다.

부흥과 내적 실재

에베소서 3장 14-21절에서, 바울은 성령이 독자들의 마음을 능력으로 강하게 하시기를 기도한다. 무엇을 위해서인가? "믿음으로 말미암아 그리스도께서 마음에 계시도록" 하기 위함이다. 그리하여 우리가 "지식에 넘치는 그리스도의 사랑을 알아서 하나님의 충만하신 것으로 충만하게 되기를" 구하는 것이다.

그러나 다른 곳에서 바울은 그리스도인들 안에 이미 그리스도께서 거주하신다고 말한다(엡 2:22). 그리고 그리스도 안에서 성도들도 충만해져 있다고 말한다(골 2:9-10). 전체적으로 보면 이 구절들이 의미하는 것은 그리스도인들에게 객관적인 진리인 것은 맞지만, 성령은 하나님의 사랑을 영적이고 실체적으로 다가오게 하신다. 그래서 우리가 살아가는 삶이 달라지도록 하신다.

성령은 우리가 그리스도의 사랑을 알고 그 사랑의 무한함과 경이로움을 깨닫는 능력을 갖기 원하신다(엡 3:18-19). 이것은 성령으로 충만해질 때 일어나는 것이다. 진리가 우리에게 환히 비취기 시작한다. 우리는 마음에 "너는 내 자녀다"라는 음성을 듣는다(롬 8:16; 눅 3:22를 보라). 이를 통해 우리는 하나님 나라의 효과적인 대사로서 살아간다.

부흥과 회심

부흥은 진정한 신자들의 부흥뿐만 아니라 언약 공동체 내에 단지 명목상으로만 신자였던 이들의 회심을 불러일으킨다. 선지자들은(외면적으로는 언약 공동체의 완전한 멤버들인) 할례자들에게 설교하며, 그들에게 내적 회심을 촉구한다. "스스로 할례를 행하여 너희 마음 가죽을 베고 여호와께 속하라"(렘 4:4; 신 10:16; 30:6; 욜 2:13 참조).

신약성경에서도 그리스도인 공동체의 멤버이면서도 여전히 마음은 "하나님 앞에 바르지 않고" 회심이 필요한 이들이 있다(행 8:9-23). 부흥을 통해 정체되어 있던 그리스도인들이 살아나며, 이름만 그리스도인이었던 이들이 회심하게 된다.

이러한 교회 중심적 모델은 사람들이 매우 유동적인 삶을 살고, 사회가 천천히 그러나 분명히 더욱 다원화되면서 붕괴되었다. 북미는 교회들이 성도들과 새 신자들에게 선택을 요청하는 첫 번째 지역이 되었다. 미국인들이 교회에 오는 것은 그들이 그렇게 하기로 선택했기 때문이었다.[13]

이제 시계를 두 세기 정도 앞으로 돌려서 현대의 다원주의적 사회를 살펴보자. 여기서는 공공 생활의 중요한 제도들이 인생과 실재에 대한 단일한 신앙 체계를 전혀 말하지 않는다. 예전처럼 자신의 신념 체계를 상속받는 사람은 없다. 많은 신념 체계와 세계관들이 경쟁하는 가운데, 사람들은 적극적으로 이것들 가운데 하나를 선택해야 한다. 우리는 개인적인 호소를 통해 믿음의 선택을 하도록 설득해야 한다.[14] 또한 부흥주의자들 역시 설득, 회심, 그리고 개인적 자기점검을 강조하게 된다.

둘째, 복음 부흥은 마음에 초점을 맞춘다. 내 생각엔 복음 부흥에 대한 기본적인 통찰과 실제를 뒷받침하는 데는 이 두 번째 이유가 더욱 중요한 것 같다.

부흥주의의 핵심적인 주장, 곧 '구원은 마음의 문제이다'라는 주장은 풍성한 성경적 근거를 갖고 있다. 로마서 10장 9절에서 바울은 "네가 만일 네 입으로 예수를 주로 시인하며 또 하나님께서 그를 죽은 자 가운데서 살리신 것을 네 마음에 믿으면 구원을 받으리라"고 기록했다. 이 구절에 대해 거의 모든 주석은 기독교 진리에 지적으로 동의하는 것만으로는 충분하지 않다는 것을 의미한다고 말한다. 지식적인 동의뿐 아니라 개인적인 맡김, 마음의 정함이 있어야 한다는 것이다.

성경이 마음에 대해 말할 때는 감정 이상의 것을 말하고 있다. 우리의 마음으로 감정을 느끼는 것은 맞다(레 19:17; 시 4:7; 13:2). 그러나 우리는 마음으로 생각하고 추론한다(잠 23:7; 막 2:8). 그리고 마음으로부터 행동한다(전 10:2). 우리의 마음은 인품의 핵심이며, 근본적인 헌신의 장소, 전인의 통제 센터이다. 마음에 있는 것이 우리의 생각, 행동, 감정을 지배한다. 지, 정, 의가 모두 마음에 뿌리를 내리고 있기 때문이다.

바울은 로마서 10장 9-10절에서 기독교의 진리에 단지 이성적으로 이해하고 동의하는 것만으로는 충분하지 않다고 진술한다. 물론 이성적인 이해도 꼭 필요하다. 구원받는 믿음은 지적 동의 없이는 있을 수 없다. 하지만 항상 그 이상이다. 이성적 지식과 더불어 마음의 정함과 맡김이 합쳐져야 한다.

구약에서 부흥 설교의 예를 들어 보자. 예레미야는 이스라엘 백성에게 "마음의 할례를 받으라"고 요청한다(렘 4:4; 9:26; 행 7:51 참조). 예레미야의 청자들은 언약의 외적 증거를 가지고 있었다. 그러나 예레미야는 그들이 내적 실재인 새 마음은 가지고 있지 않다고 고지했다(렘 31:33). 할례 의식은 언약 공동체에 소속되었다는 표지였다. 그것은 일종의 그리스도인 교회의 세례처럼 작동했다(골 2:11-12). 할례를 받은 사람이라면 누구나 하나님 나라 백성의 공동체에 가시적으로 편입되었다. 그러나 예레미야에 따르면, 외적인 표지보다 더 많은 것들이 그들에게 요구되었다. 구원은 돌 같은 마음을 제거할 것을 요구한다(겔 11:19). 마음은 정결해지고(시 51:10) 굳건해져야 한다(시 112:7).

신약성경은 계속해서 외부와 내부의 차이를 구별한다. 로마서에서 바울은 '외적으로' 하나님의 언약 백성이었던 사람들이 실은 '내적으로'는 아니었음을 밝힌다. 왜냐하면 "할례는 마음에 할지니 영에 있고…"(롬 2:28-29).

빌립보서에서 바울은 그리스도 안에서 "하나님의 성령으로 봉사하며
… 우리가 곧 할례파라"고 선언한다(빌 3:3). 그는 여기에서 그리스도인의
회심을 구약성경의 '마음의 할례'와 연결하고 있다.[16] 바울은 그가 율법 준
수와 도덕적 성취에 의존했음을 묘사하면서(육체를 신뢰하지 아니한다) 그 당
시 사람들 안에 영적인 내적 실재가 결핍되어 있었음을 이야기한다. 바울
의 삶에서 회복과 마음의 변화는 하나님 앞에 나아가기 위한 근거로서 율
법 준수가 아닌 그리스도가 전가하신 의를 붙들었을 때 가능해졌다(4절b,
7-9절). 예수님께서 종교 지도자에게 성령으로 "거듭나야 한다"라고 말씀하
신 것은(요 3:7), 본질적으로 예레미야가 백성들에게 마음의 할례를 받으라
고 선포한 것과 동일한 요구를 하신 것이다.

마음을 강조하는 또 다른 예는 회개와 믿음의 관계를 다루는 성경의 가
르침이다. "하나님의 나라가 가까이 왔으니 회개하고 복음을 믿으라"(막
1:15)는 말씀은 이 관계에 주목하고 있다. 예수님은 누가복음 24장 46-47절
에서 "죄 사함을 받게 하는 회개가 예루살렘에서 시작하여 모든 족속에게
전파될 것이다"라고 하셨다. 그리고 사람들이 베드로에게 어떻게 하면 구
원을 얻느냐고 물었을 때 그는 '회개하라'고 말했다(행 2:38, 3:19, 5:31을 보라).

신약성경은 반복해서 구원얻는 믿음과 회개는 불가분의 것이며 진정
한 회개는 죄에 대한 슬픔과 근심을 포함한다고 가르친다(고후 7:10). 고린
도후서 7장 11절은 회개가 열심, 분노, 사모함을 포함한다고 말한다. 성경
은 다양한 용어를 사용하여 회개가 우리의 지성, 의지, 감정에 영향을 미치
는 깊은 경험임을 말한다. 회개는 마음을 변화시킨다. 어떤 사람이 신앙을
배웠는지, 세례를 받았는지, 아니면 교회에 다니는지 묻는 것으로는 충분
하지 않다. 만일 그가 회개하지 않았다면, 그 모든 것이 아무 소용이 없기
때문이다.

복음 부흥은 단지 이름뿐인 교인들을 회심으로 이끌 뿐 아니라, 모든
그리스도인에게 -헌신된 신자들조차도- 그리스도의 사랑과 능력을 더 깊

이 경험하게 하는 마음 깊은 곳에 복음을 전해 주는 성령이 필요하다는 사실을 깨닫게 해준다. 에베소서 3장에 나오는 위대한 기도에서 바울은 독자들을 위해서 그리스도가 그들의 마음에 계시도록 기도하며, 그들이 하나님의 모든 충만하심으로 채워지기를 기도한다. 이것은 주목해야 할 내용이다. 왜냐하면 그는 불신자들이 아니라 그리스도인들을 향해 이야기하고 있기 때문이다.

정의상 모든 그리스도인들에게는 그들 안에 내주하시는 성령님이 계시다(고전 6:19; 골 1:27). 그리고 믿음을 통해 그리스도와 연합한 덕분에 하나님의 충만하심(골 2:9-10)이 그들에게 있다(이에 대해서는 *A Bibical Theology of Revival*(부흥에 대한 성경 신학, 58-59)을 보라). 그렇다면 바울의 기도가 의미하는 것이 무엇인가? 바울은 모든 에베소교인들이 이미 믿고 있고 소유하고 있는 것을 경험하기를 기도하고 있다. 그것은 곧 그리스도의 임재와 사랑이다(엡 3:16-19). 그러나 어떻게 이러한 경험이 일어날 수 있는가? 이는 성령님의 일하심으로만 가능하다. 성도인 우리는 '내적 존재'와 '마음'을 강건하게 함으로써 그리스도의 사랑을 알 수 있다(16절 참조). 달리 표현하면 복음 회복을 통해서다.

이것은 예수께서 성령의 사역에 대해 선언하신 것과 완벽하게 일치한다. "그가 내 영광을 나타내리니 내 것을 갖고 너희에게 알리시겠음이라"(요 16:14). "알리시겠다"라는 것은 중요한 안내이다. 우리가 주목해야 하는 선언이다. 성령의 일은 예수님의 인성과 사역의 의미를 밝혀내는 것이다. 그 무한한 중요성과 아름다움이 각 사람의 마음에 감동으로 다가가도록 하는 것이다.

이것은 바울이 에베소서에서 소망했던 것, 곧 이미 그리스도의 사랑을 알고 있는 그리스도인들이 "마음의 눈을 밝히셔서"(1:18) 그리스도의 사랑의 넓이와 길이와 높이와 깊이가 어떠함(3:17-18)을 깨달기를 간구했던 이유다. 에베소서에서 바울은 성령께서 우리의 담대함, 사랑, 기쁨, 능력을 지속적으로 새롭게 하시기를 그리스도인들이 기대할 것을 기도했다. 이는 단순히 예수께서 행하신 일들을 믿는 믿음의 차원을 넘어 성령님의 사역에 의하여 그것을 경험함을 의미한다.

—

균형 없는 부흥주의는 사실상 기성 교회의 사역을 저해한다. 그러나 은혜의 일반적 수단을 통한 공동체적, 개인적 복음 회복을 의미하는 균형 잡힌 부흥주의는 그 자체가 교회의 사역이다. 사람들이 세례를 받고, 적극적인 교인이 되고, 성경적 교리 모두를 받아들이고, 성경적 윤리를 따라 살면서도 전혀 회심하지 않는 것이 가능하며 흔하기조차 하기 때문이다.

부흥주의자의 사역은 회심과 영적 회복을 강조한다. 이는 교회 바깥의 사람들만을 위한 것이 아니라 교회 안에 있는 사람들도 해당된다. 어떤 이들은 분명한 불신으로부터 회심해야 한다. 어떤 이들은 회심한 적이 전혀 없었다는 것을 각성하고 깨달아야 한다. 또 다른 이들은 그들의 영적 침체 상태를 알아야 한다.

마르틴 루터는 "복음의 진리"(갈 2:5)에 대해 주석을 쓰면서 이렇게 말했다. "복음은 모든 기독교 교리 가운데서 우리에게 가장 중요한 조항이다.… 그러므로 가장 필요한 것은 우리가 이 내용을 숙지하며, 다른 이들에게 가르치고, 머리에 지속적으로 주입하는 것이다."[17]

만일 우리 마음이 항상 진리에 따라 작동하며, 생명을 주는 복음의 능력 안에서 살아가는 것이 자연스럽거나 가능하기라도 한다면, 복음을 계속 머리에 주입할 필요가 없을 것이다. 또한 끈질기고 균형 잡힌 복음 부흥을 주장하는 부흥주의 사역도 할 필요가 없을 것이다. 물론 그것은 불가능한 일이다. 그러므로 부흥 회복 사역을 한다.

토론과 성찰을 위한 질문들

1. 이 장에서 소개된 공동체적인 영적 부흥을 경험한 적이 있는가? 그렇다면 그것을 어떻게 묘사하겠는가? 그것은 개인적인 영적 회복과 어떤 점에서 다른가?

2. 오늘날 교회가 교리문답 교육을 재구성해야 할 필요가 있다고 주장했다. 당신의 교회에서는 아이들과 새 신자들을 가르치기 위해 어떤 훈련을 하고 있는가? 배운 내용을 토대로 볼 때 당신이 다르게 할 수 있는 세 가지를 꼽는다면 무엇인가?

3. "복음 부흥 사역에 대한 기본적 통찰과 실행은 두 가지 이유에서 옳다. 첫째, 우리의 시대에 적합하며, 둘째, 성경의 방법대로 마음을 강조한다"라는 말의 의미는 무엇인가? 복음 부흥 사역은 어떤 점에서 우리 시대에 적합하며, 어떻게 마음에 초점을 맞추는가?

4. 복음 부흥 사역에 초점을 맞춰 기존에 당신이 해오던 사역을 할 수 있는 방법은 무엇인가?

주

1. 이 책에서 *renewal*과 *revival*은 같은 의미로 사용한다(회복 또는 부흥으로 번역했다-역주).

2. Richard F. Lovelace, *Dynamics of Spiritual Life: An Evangelical Theology of Renewal* (Downers Grove, Ill: Inter-Varsity, 1979), 101.

3. 위의 책, 212.

4. 부흥에 대한 다양한 독서를 위해서는 다음을 보라. Thomas S. Kidd, *The Great Awakening: The Roots of Evangelical Christianity in America* (New Haven, Conn.: Yale University Press, 2007); Mark Noll, "The New Piety: The Conversion of the Wesleys," in *Turning Points: Decisive Moments in the History of Christianity* (Grand Rapids: Baker, 2001), 221-244 (《터닝포인트》, CUP 역간, 2007); D. Martin Lloyd-Jones, *Revival* (Wheaton, Ill.: Crossway, 1987), (《부흥》복 있는 사람 역간, 2006); Iain H. Murray, *Revival and Revivalism: The Making and Marring of American Evangelism* 1750-1858 (Carlisle, Pa.: Banner of Truth, 1994) (《부흥과 부흥주의》, 부흥과개혁사 역간, 2005); C. Goen, ed., *The Works of Jonathan Edwards: The Great Awakening* (New Haven, Conn.: Yale University Press, 1972); Richard F. Lovelace, *Dynamics of Spiritual Life* (Downers Grove, Ill.: Inter-Varsity, 1979).

5. 최근의 조사로는, Collin Hansen and John Woodbridge, *A God-Sized Vision: Revival Stories That Stretch and Stir* (Grand Rapids: Zondervan, 2010)를 보라.

6. William B. Sprague, *Lectures on Revivals of Religion* (1832; Edinburgh: Banner of Truth, 1958), 25-60. (《참된 영적 부흥》, 이레서원 역간, 2007).

7. Gary A. Parrett and J. I. Packer, *Grounded in the Gospel: Building Believers the Old-Fashioned Way* (Grand Rapid: Baker, 2010); see discussion in "Churchly Piety and 'Ecclesia! Revivalism' in chapter 25 (개리 패럿(Gary A. Parrett), J. I. 패커(J. I. Packer), 《복음에 뿌리를 내려라》, 생명의말씀사 역간, 2010).

8. 마크 놀(Mark Noll)이 *Turning Points*에 쓴 "The New Piety" (221-244)를 보라.

9. 지난 수년 동안, 많은 젊은 복음주의 지도자들이 동일한 비판을 가했다. 그들은 신-재침례주의 사상가들인 스탠리 하우어와스(Stanley Hauerwas), 윌리엄 윌리몬(William Willimon); 좀 더 연로한 재침례주의자인 존 하워드 요더(John Howard Yoder); '신수도원주의'인 셰인 클레어본(Shane Claiborne); 고교회(high church) 칼빈주의자인 마이클 호튼(Michael Horton), 대럴 하트(Darryl Hart); 연방 비전 지도자인 더글라스 윌슨(Douglas Wilson); 그리고 레슬리 뉴비긴(Lesslie Newbigin)과 N. T. 라이트(N. T. Wright)를 따르는 사람들에게 영향을 받았다. 이 사상가들과 그룹들은 다르기도 하지만 이들은 동일하게 성례, 요리 문답, 두텁고 깊은 공동체 그리고 성찬의 매주 준수를 강조한다. 부흥주의 종교는 '영지주의적'이며 (몸에 참여하지 않고, 육체적인 것을 돌보지 않는다는 것), 개인주의적이며, 확신의 근거를 주관적인 경험에 둔다는 비판을 받는다. 보다 탄탄한 공동체 참여와 전통에 의거하지 않는다는 것이다. 개인적 체험을 위해서는 성례와 교회 참여가 아니라 확신 추구가 필요하다.

10. 스프레이그(Sprague)는 이러한 부흥의 '악들'에 대해 경고한다: "신적인 제도들과 신적 진리들을 평가절하한다"(p.242), "신성을 저해하고 목회적의 영향력을 감소시키는 데 적합한 것

들"(p.247), 그리고 "사람들을 제대로 된 준비나 경고 없이 성찬에 참여시키는 것"(p.254). 이러한 비판들의 상당수가 현대의 역사자들, 신학자들, 젊은 복음주의 지도자들이 하는 것과 유사하다는 것을 특기할 필요가 있다.

11. Archibald Alexander, *Thoughts on Religious Experience* (Edinburgh: Banner of Truth, 1978), 13-35.

12. J. I. Marais, "Heart," in *The International Standard Bible Encyclopedia*, gen. ed. James Orr (Grand Rapids: Eerdmans, 1960), 2:1351.

13. Mark Noll을 보라. The Old Religionin a New World: The History of North American Christianity (Grand Rapids: Eerdmans, 2001), 51.

14. 다원주의적 문화 세력이 어떻게 개인의 신앙 선택에 영향을 미치는지에 대한 두 가지 고전적인 설명이 있다. Peter L. Berger를 보라. The Homeless Mind: Modernization and Consciousness (New York: Vintage, 1974) (《고향을 잃은 사람들》, 한벗 역간, 1981), The Heretical Imperative: Contemporary Possibilities of Religious Affirmation (New York: Doubleday, 1980), (《이단의 시대》, 문학과지성사 역간, 1981).

15. David G. Peterson, The Acts of the Apostles (Pillar New Testament Commentary; Grand Rapids: Eerdmans, 2009), 203.

16. 빌립보서 3장 3절에서 "우리가 곧 할례파라"고 할 때, 여기에서 '할례'란 특히 구별성을 소통하는 것과 관련된다. '그리스도를 믿는 것'이 객관적인 것을 의미하는지(그리스도 안에 있는 믿음), 아니면 주관적인 것을 의미하는지(그리스도의 믿음/ 신실하심)을 의미하는지에 대해 논쟁이 있다. 그러나 이 논쟁이 우리의 의견에 영향을 미치지는 않는다. 이 구절은 무엇이 우리의 정체성인가에 대한 것이다. 우리가 하는 것(육신의 일)이냐, 아니면 그리스도께서 우리를 위해서 이루신 것이냐 하는 점이다.

17. Martin Luther, Commentary on Galatians (Lafayette, Ind.: Sovereign Grace, 2002), 103.

02
이것이 바로
복음적 부흥이다

부흥은 반드시 필요하다. 왜냐하면 종교(순종한다 -그러므로 받아들여진다)는 복음(그리스도를 통해 하나님께 받아들여졌다 -그러므로 순종한다)이 아니며, 다만 복음의 그럴듯한 모조품이기 때문이다. 동기와 목적에 있어서 이 두 가지 체계는 전혀 다른 것이지만, 표면적으로는 쌍둥이처럼 보일 수도 있다.

이 두 가지 체계를 따라 살아가는 두 사람이 교회에서 서로 나란히 앉아 있을 수도 있다. 모두 다 하나님의 법에 순종하고, 기도하고, 헌금하고, 좋은 가정을 만들려고 노력하는 사람일 것이다. 그러나 둘은 근본적으로 전혀 다른 동기를 가지고 있고, 철저하게 다른 정신에 따라 살며, 완전히 다른 종류의 내적 인격을 가지게 된다. 그들 중 한 사람(종교)은 심지어 완전히 길을 잃을 수도 있다. 복음에 이끌려 살아가는 사람도 계속해서 자극받고 갱신되지 않으면 자연스레 종교로 다시 미끄러지게 된다.

앞 장에서 살펴본 것이 복음 부흥의 필요성이라면 이번 장의 질문은 "복음 부흥은 무엇인가?" 하는 것이다. 복음의 무엇이 교회 안에 있는 사람들을 변화시키는가? 복음의 차별성 있고 독특한 신학적 진리들이 어떻게 언어적 표현으로 담겨서 사람들로 하여금 새로워지고 성령에 인도되어 그리스도 중심적인 동기를 갖게 할 것인가? 그들의 출발점이 종교였든, 비종교였든 상관없이 무엇이 이러한 결과를 가져올 것인가? 먼저 우리는 종교, 비종교, 그리고 복음 사이의 차이점을 자세히 살펴볼 것이다. 그리고 그 깨달음들을 마음에 적용해 보려 한다.

하나님께 반응하는 세 가지 길

전형적으로 그리스도인들이 하나님께 반응하는 법은 다음 두 가지 가운데 하나이다. 하나님을 따르며 그분의 뜻에 순종하거나, 하나님을 거부하며 자기 마음대로 사는 것이다. 본질적으로는 맞는 말이다. 그러나 실제로는 하나님을 '거부하는' 두 가지 방식이 존재하는데 이 둘은 구분되어야 한다. 하나는 하나님의 법을 거부하고 마음 내키는 대로 살며 하나님을 거부하는 것이고 또 하나는 나의 구원을 얻기 위한 목적으로 하나님의 법을 받아들이고 순종함으로써 하나님을 거부하는 것이다.

문제는 이 후자 그룹에 있는 사람들이-도덕주의자의 모습으로 복음을 거절하는- 마치 하나님의 뜻을 행하려 애쓰는 것처럼 보인다는 점이다. 결과적으로 하나님께 반응하는 방식에는 두 가지가 아닌 세 가지(비종교, 종교, 복음)가 있다고 할 수 있겠다.

비종교(irreligion)는 하나님을 완전히 무시함으로써 그분을 주님과 구원자로 받아들이기를 회피한다. 종교(religion) 또는 도덕주의는 도덕적 의를 쌓아서 그것을 하나님께 드리고, 하나님이 나에게 '빚지셨다'라는 것을 증명하려는 시도들로 하나님의 주님 되심과 구원자 되심을 거부하는 것이다.[1] 반면 복음(gospel)은 우리가 의를 쌓아서 하나님께 드려 하나님이 우리에게 빚지시게 하는 것과는 전혀 상관이 없다. 복음은 예수 그리스도를 통해서 하나님이 우리에게 의를 만들어 주시는 것이다(고전 1:30; 고후 5:21). 복음은 종교와 다르며, 비종교와도 다르다. 도덕주의 및 상대주의와도 다르다.

이 주제는 성경 전체에 걸쳐 펼쳐진다. 하나님이 이스라엘을 이집트의 노예살이에서 구원하실 때, 그들을 먼저 구출하시고 순종할 율법을 나중에 주신다. 율법에 순종하는 것은 그들이 구원받고 선택받은 결과일 뿐 구원의 원인은 아니다(출 19:4-5; 신 7:6-9).

하나님은 이스라엘 백성과 언약을 맺으실 때, 그들이 몸에는 할례를 받았지만 마음에는 받지 못했을 수도 있음을 경고하신다(레 26:41; 신 10:16; 30:6; 렘 4:4). 그들이 온전히 순종하여 모든 법과 규례와 예배 의식을 준수하면서도 그런 일이 가능하다는 것이다.

앞 장에서 살펴본 것처럼 신약은 참된 할례가 무엇인지를 제시한다(빌 3:3). 바울은 마음에 할례 받은 사람들은 하나님 앞에서 확신을 얻기 위한 목적으로 율법 준수를 의지하지 않는다고 말한다. 바울은 구약성경을 따라 세 가지 삶의 길을 설명한다.

1. 문자적으로 할례 받지 않은 사람들(하나님의 법을 따르지 않는 이방인들과 비신자들).
2. 육체에만 할례를 받은 사람들(하나님의 법에 순복하지만, 그 순복 행위 자체를 의지하고 자랑하는 사람들).
3. 마음에 할례 받은 사람들(하나님의 구원의 은혜에 반응하여 하나님의 법에 순복하는 사람들).

신약성경에서 이 세 가지 방식은 로마서 1-4장에서 가장 두드러지게 나타난다. 로마서 초반부인 1장 18-32절에서 바울은 이교적이고 부도덕한 이방인들이 어떻게 길을 잃고 하나님과 단절된 상태가 되었는지를 보여준다. 그리고 로마서 2장부터 3장 20절에서는 도덕적이고 성경을 믿는 유대인들이 어떻게 길을 잃고 하나님으로부터 단절되었는지를 반직관적으로 제시한다. "그러면 어떠하냐 우리는 나으냐 결코 아니라 유대인이나 헬라인이나 다 죄 아래에 있다고 우리가 이미 선언하였느니라 기록된 바 의인은 없나니 하나도 없으며 깨닫는 자도 없고 하나님을 찾는 자도 없고"(롬 3:9-11).

이 진술의 마지막 부분은 특히 충격적이다. 성경을 믿고 하나님께 열심히 순종하는 수많은 사람들이 실상은 하나님을 찾지 않고 있다고 결론을 내리기 때문이다. 그 이유는 다음과 같다. 만일 자신의 도덕과 종교를 통해서 하나님과 바른 관계를 이루려고 추구한다면 그것은 구원을 위해서 하나님을 추구하는 것이 아니라, 자기의 구원을 이루는 수단으로서 하나님을 이용하는 것이다.

바울은 로마서 전체를 통해서 복음이란 오직 은혜, 오직 믿음을 통해 구원을 주시는 하나님을 그리스도 안에서 추구하는 것이라고 설명한다.

복음서를 통틀어 이 세 가지 방식들(종교, 비종교, 복음)은 예수님이 사람들과 만나는 가운데 반복적으로 묘사된다. 바리새인과 세리(눅 18장), 바리새인과 죄 많은 여인(눅 7장), 존경할 만한 사람들과 귀신 들린 남자가(막 5장) 같이 등장한다. 이 모든 장면에서 덜 도덕적이며 덜 종교적인 사람이 예수님께 더 쉽게 연결된다.

요한복음 3-4장에서도 신심 깊은 바리새인 및 부도덕한 사마리아 여인 간의 대조가 나타난다. 여인은 기쁨으로 복음을 받아들이지만, 바리새인이었던 니고데모는 집으로 돌아가 생각을 더 해야만 했다. 우리가 성경의 앞부분에서 보았던 것을 신약성경에서 다시 보는 것이다. 하나님은 어리석은 자들을 택하셔서 지혜로운 자들을 부끄럽게 하시며, 약한 자들을 택하셔서 강한 자들을 부끄럽게 하신다. 그분의 구원은 은혜로 말미암는 것이다(고전 1:26-31 참조).

복음에서 종교로 옮겨가는 것이 종교에서 복음으로 움직이는 것보다 훨씬 더 쉽다. 마르틴 루터의 중요한 깨달음 중 하나는 종교야말로 인간 마음의 기본이라는 것이다. 심지어 비종교적인 사람들조차도 그들의 가치

기준에 얼마나 부합해서 사느냐에 따라 자기수용과 자존감이 달라진다.[2] 이처럼 '공로 종교'의 영향력은 우리 마음속에 견고하게 작용한다. 복음을 믿는 그리스도인들조차 한편에선 계속해서 종교 모드로 돌아가곤 한다. 마음속 깊은 곳에서는 자신의 공로로 구원받은 것처럼 생각하고 있기 문이다. 리처드 러브레이스가 다음과 같이 표현한 대로다.

> 현재 신앙을 고백하는 그리스도인들 가운데 오직 일부만이 삶 가운데 그리스도의 칭의 사역을 견고하게 적용하고 있다. 많은 이들은 이 교리를 이론적으로는 받아들이지만, 매일의 삶과 실존 가운데서는 칭의에 이르기 위해 성화에 의존한다. 그들의 열심, 과거의 회심 체험, 최근의 신앙적 활동, 또는 의도적 불순종이 상대적으로 줄어드는 것 등을 근거로 하나님께서 자신을 받아주시는지에 대한 확신을 얻으려고 하는 것이다.
> 하나님이 나를 용납하셨다는 루터의 출발점 위에 견고하게 서서 매일을 시작하는 사람은 극히 소수다. '전적으로 바깥에서 주어진 그리스도의 의로우심이야말로 하나님께 용납되는 유일한 근거임을 믿고 주장하면서 외부를 바라보며, 이러한 신뢰 속에서 힘을 빼고 맡겨드리면 사랑과 감사 가운데 믿음이 작동하여 점진적인 성화가 일어날 것이다…'
> … 교인들 중에 성화가 부족하다고 해석되는 상당수들이 실제로는 칭의에 대해 바른 관점을 갖지 못한 외적 결과들이다. 그리스도인이지만 하나님이 자기를 예수님 안에서 사랑하시며 용납하신다는 것을 더 이상 확신하지 못하는 사람들은 그들이 현재 어떤 영적인 성취를 이뤘느냐와 무관하게 무의식적으로 불안정하다. … 그들의 불안은 교만으로 나타나며, 자신의 옳음에 대한 격렬한 방어적 주장 및 타인에 대한 방어적 비판으로 표출된다. 이들은 자연히 자신과 다른 문화 스타일이나 집단을 싫어한다. 이를 통해 자기들만의 안전감을 강조하고 억눌린 분노를 분출하는 것이다.[3]

모든 사람에게 제3의 길로 설교하기

누군가에게 복음을 전하고자 한다면, 당신은 반드시 하나님께 순종하는 것과 불순종하는 것의 차이를 구분할 뿐 아니라, 듣는 사람들이 자기 구원의 수단으로써 하나님께 순종하는 것과 이미 이루어진 구원에 대한 감사로써 하나님께 순종하는 것의 차이를 구분하게 해야 한다. 막연하고 도덕적인 신앙심과 복음적인 기독교는 반드시 구분되어야 한다. 당신은 항상 듣는 사람들을 향해 세 가지 삶의 길을 제시해 주어야 한다.

포스트모던한 사람들의 귀를 열고, 명목상 신자들을 도전하고, 잠자는 그리스도인들을 깨우고, 심지어 헌신된 성도들을 뜨겁게 하는 가장 중요한 방법은 복음을 비종교나 종교와는 다른 제3의 길로서 설교하는 것이다. 왜 그런가?

첫째, 신앙이 있다고 하는 많은 그리스도인들이 사실은 이름뿐인 신자들이기 때문이다. 그들은 신약성경 속 큰아들과 딱 들어맞는다(눅 15:11-32를 보라). 이 구분이 그들의 회심에 종종 도움이 된다. 둘째, 진정한 그리스도인들 중 상당수가 큰아들과 비슷한 모습을 하고 있다. 분노하고, 형식적이고, 자랑하고, 불안에 빠진다. 이 차이를 분명하게 보여 주는 것이 그들 마음에 들어가는 유일한 길이기도 하다. 셋째, 많은 포스트모던한 사람들은 매우 종교적인 교회 경험을 했거나 관찰하면서 자랐다. 그들은 종교를 가진 사람들이 우월감과 자만심에 빠져 사는 것을 보며 자랐다. 그리고 다른 이들을 배제하고 정죄하는 것을 목격했다.

동시대의 많은 불신자들은 종교의 이러한 독이 든 열매를 거부한다. 실상 그들이 거부한 것은 그런 류의 종교지만, 그들은 자신이 기독교를 거부했다고 생각한다. 당신이 그들에게 그리스도를 따르라고 말하거나 "그리스도를 영접하고 하나님의 자녀가 되십시오"(요 1:12-13)와 같은 성경적 언어를 사용한다면, 그들은 자동적으로 그것을 큰아들 같고, 도덕주의적이고, 종교적인 사람이 되라는 요청으로 받아들인다. 당신이 끊임없이 명확하게 그들이 복음을 오해했음을 보여 주지 않는다면, 또한 종교가 아닌 다른 것에 대해 이야기하고 있다는 것을 보여 주지 않는다면, 그들은 진짜 복음에 대해 귀 기울이지 않을 것이다.

어떤 독자들은 설교에서 '은혜, 은혜, 은혜'를 외치는 것이 그다지 유익하지 않다고 주장한다. 그런 반론은 대개 이런 식이다. "분명히 바리새주의와 교훈주의는 우리 시대의 당면 문제는 아니다. 오히려 우리 시대의 문제는 방탕과 무규범주의이다. 사람들은 옳고 그름에 대한 감각이 없다. 포스트모던한 사람들에게 은혜에 대해서 늘 이야기하는 것은 동어의 반복일 뿐이다."

나는 이것이 사실이라고 믿지 않는다. 왜냐하면 첫째, 당신이 은혜라는 좋은 소식을 들려주지 않는다면, 하나님의 심판이라는 나쁜 소식을 사람들이 감당할 수 없을 것이다. 둘째, 당신이 교훈주의를 비판하지 않는다면, 많은 비종교적인 사람들은 교훈주의와 당신이 제시하는 복음 사이의 차이점을 제대로 파악하지 못할 것이다. 복음에 대한 깊은 이해는 방탕과 무규범주의에 대한 해독제가 된다.

마지막으로 교회 안의 율법주의와 상대주의는 단지 동등하게 틀린 정도가 아니다. 그것들은 근본에 있어서 동일한 것들이다. 그것들은 인간의 노력에 근거한 자기 구원 전략의 서로 다른 표현일 뿐이다. 지역 교회가 교리에 대해 느슨하고 죄에 눈을 감아 주든지, 아니면 책망하고 엄격하게 다루든지 간에 복음의 능력은 나타나지 않은 것이다. 사람들이 삶의 변화를 경험하고 권위주의에서 벗어나 기쁨과 능력과 열정 가운데 살아가도록 도울 수 있는 유일한 길은 율법주의와 상대주의를 모두 해체하고 복음을 선포하는 것이다.

도덕주의적 행동 변화

사람들이 다른 이들에게 정직을 심어 주는 전형적인 방식은 이렇다.

종교와 복음의 간단 비교표[4]

종교	복음
나는 순종한다. 그러므로 용납 받는다.	나는 용납 받았다. 그러므로 나는 순종한다
순종하는 동기는 두려움과 불안이다.	순종하는 동기는 감사와 기쁨이다.
순종하는 이유는 하나님께 무엇을 받기 위해서이다.	순종하는 이유는 하나님을 더 알기 위함이다. 하나님을 기뻐하고 닮아가는 것이다.
상황이 잘못될 때, 하나님이나 자신에게 분노한다. 왜냐하면 나는 욥의 친구들처럼 누구든지 좋은 사람이 편안한 삶을 살아야 한다고 믿기 때문이다.	상황이 잘못될 때 씨름을 한다. 그러나 훈련을 허락하신 하나님께서 나의 시련 속에서 아버지의 사랑을 베푸실 것을 안다.
비난을 당할 때 격노하거나 무너진다. 왜냐하면 '좋은 사람'으로서의 자아상은 나에게 굉장히 중요한 것이기 때문이다. 이런 자기 이미지에 위협이 되는 것들은 어떤 비용이 들더라도 없애야 한다.	비난을 당할 때 씨름을 한다. 그러나 내가 '좋은 사람'으로 보이는 것이 필수적이라고는 생각하지 않는다. 나의 정체성은 나의 공로에 있는 것이 아니라 그리스도 안에서 나에게 주신 하나님의 사랑에 있기 때문이다.
기도 생활은 주로 간구기도로 구성되며, 필요가 생길 때만 열심히 한다. 기도하는 주된 목적은 상황을 통제하는 것이다.	기도 생활은 찬양과 경배로 주로 구성된다. 기도하는 주된 목적은 하나님과 교제하는 것이다.
나의 자아상은 양극단 사이에서 오간다. 만일 내 기준에 맞춰 잘 살고 있다면, 자신감을 갖게 된다. 그렇지 못하게 사는 사람들에게는 교만하고 무심해지는 경향이 있다. 만일 내가 기준 이상으로 살지 못할 때에는, 겸손해지기도 하지만 자신감도 같이 상실한다. 패배자처럼 느끼기도 한다.	나의 자아상은 나의 도덕적 성취에 근거하지 않는다. 그리스도 안에서 나는 죄인이며 상실된 존재이지만, 동시에 용납된 존재이다. 그리스도가 나를 위해 죽으셔야만 했을 정도로 나는 나쁜 존재이지만, 그분은 나를 너무나 사랑하셔서 나를 위해 기쁨으로 돌아가셨다. 그러므로 앓는 소리 대신 더 깊은 겸손을, 내세우는 태도 대신 더 깊은 자신감을 갖게 된다.

정체성과 자존감은 내가 얼마나 열심히 사느냐, 또는 얼마나 규범적이냐에 달려 있다. 그러므로 게으르거나 규범적이지 않은 사람들을 무시하는 것이 필연적이다. 다른 사람들에게 우월감을 느끼며 그들을 무시한다.

정체성과 자존감은 나를 포함한 원수들을 위해 죽으신 한 분 위에 근거한다. 나의 나된 것은 오직 은혜뿐이다. 그러므로 나는 나와 다른 견해를 가진 사람을 무시할 수가 없다. 말싸움에서 이겨야 되는 내적 필요가 없다.

나의 조건이나 성취에 의지하여 영적인 용납을 생각하기 때문에, 마음은 우상들을 생산한다(재능, 윤리 수준, 개인 훈련, 사회 지위 등). 내게는 이것들을 가지는 것이 절대적으로 필요하다. 그래서 이것들이 나의 주된 희망이 되고, 의미, 행복, 안전, 중요성이 된다. 하나님이 주신다고 내가 믿는 무엇이 된다.

내 삶의 많은 좋은 것들이 있다(가족, 일 등등). 그러나 이 좋은 것들의 어떤 것도 나에게 궁극적인 것들이 되지는 않는다. 내가 이것들을 반드시 가져야만 하는 것은 아니다. 그래서 좋은 것들이 위협받거나 상실될 때, 그로 말미암아 겪는 불안, 분노, 절망에 제한이 있다.

"당신이 거짓말을 하면, 하나님과의 관계나 사람들과의 관계에서 어려움을 겪게 될 겁니다." 또는 "당신이 거짓말을 하면, 습관적인 거짓말쟁이처럼 끔찍한 사람이 될 것입니다. 당신은 그런 사람들보다 낫잖아요!"

어떤 동기로 격려하고 있는 것인가? 청중은 처벌의 공포(어려움을 겪게 될 거예요)와 교만한 마음(더러운 거짓말쟁이가 될 거예요. 그런 사람들처럼 되고 싶나요?)에 근거해서 행동을 바꾸라는 메시지를 들을 것이다. 처벌에 대한 두려움이나 교만함은 본질적으로 자기중심적인 동기들이다. 근원적인 동기부여가 "나중에 도움이 되니까 정직하게 사세요"이다. 이러한 접근법은 잘못을 행하려는 경향을 제어하기 위해서 의지를 강조하고 자아를 자극하여 사람을 더욱 이기적이 되게 한다. 우리는 이런 것을 '도덕주의적 행동 변화'라고 부른다. 왜냐하면 기본 논리가 이렇기 때문이다. "자신의 행동을 바꾼다면, 스스로를 구원할 수 있습니다."

도덕적으로 살아야 하는 주된 이유가 벌을 피하는 것이거나 자존감과 자기 구원을 위한 것이라면, 자기의 이익을 위해서 도덕적이 되도록 배우는 것이다. 물론 행동적 수준에서 그들은 대단한 자기희생을 하고 있을 수도 있다. 가난한 사람을 돕고, 가족을 사랑하고, 하나님의 법을 지키기 위해서 시간과 돈과 다른 많은 것을 희생할 수도 있다. 그러나 더 깊은 수준에서 살펴본다면 그들은 하나님이 자신을 축복하게 하려고 그렇게 하는 것이다. 또한 덕 있고 자비로운 사람으로 평가 받기 위해서 그러는 것이다.

그들은 하나님 자체를 사랑하고 있는 것이 아니다. 그들이 순종하는 것은 하나님이 위대하기 때문도, 그리스도 안에서 그들을 위해 큰일을 행하셨기 때문도 아니다. 오히려 하나님을 이용해 자신이 원하는 것을 얻으려고 하는 것이다. 그들은 기도 응답을 바란다. 건강과 번영도 원한다. 그리고 내세의 구원도 원한다. 그래서 선행을 한다. 하나님을 위해서가 아니라, 자신을 위해서 하는 것이다. 그들의 행동은 자기 이익에 따라 달라진다.

바른 일을 하도록 하기 위해 자기중심성을 자극하는 것은 마음의 주요 문제인 자기의식과 자기 몰입을 해결하지 못한다. 결과적으로는 변화시키고 싶은 어떤 행동(예를 들어 거짓말)의 주된 원인을 제대로 다룰 수 없다. 도덕주의적인 행동 변화는 단순히 조종하는 것에 불과하며, 근본적 이기심을 극복하지도 못한다. 그것은 다만 두려움과 자만심에 호소함으로써 이기심과 이기심을 싸우게 할 뿐이다. 이 방법이 마음의 자기중심성을 제어하는 데 성공적일 수는 있지만, 변화시키는 데는 아무런 역할도 하지 못한다. 사실상 자기중심성의 힘을 확인해 줄 뿐이다.

도덕주의적 행동 변화는 사람으로 하여금 결과에 대한 두려움을 통해 다른 양상을 띠도록 구부릴 뿐이지, 결코 다른 모습이 되도록 사람을 녹여 내지는 못한다. 하지만 힘을 가해 구부리는 것으로는 변화가 되지 않는다. 만일 당신이 철 조각에 열을 가해 부드럽게 하기보다 힘만 가해 구부리려 한다면, 그것은 본래 위치로 되돌아오려 할 것이다.

바로 이것이 도덕주의적 행동주의(moralistic behaviorism)를 통해 변화를 꾀하는 사람들이 생각하지 못했던 종류의 죄에 반복적으로 빠져드는 이유다. 그들은 자신이 횡령이나, 거짓말, 간음을 범하거나, 극심한 미움을 품었는 등의 죄를 지었다는 사실을 믿지 못한다. 자신의 모습에 놀라서 "나는 이렇게 교육 받지 않았어!"라고 말한다.

그러나 사실은 그렇게 교육을 받은 것이다. 도덕주의적 행동주의는 - 종교적 환경 속에서 더 깊게 나타나는데- 끊임없이 "무자비하고 냉정한" 시선으로 자아를 바라보게 한다.[5] 사람들이 횡령하고, 거짓말하고, 부정을 저지르는 첫 번째 이유이다. 왜 교회 안에 뒷담화와 싸움이 만연한지에 대한 이유이기도 하다. 겉보기에는 이기적이지 않은 것들의 수면 아래를 살펴보면 엄청난 자기중심성이 있다. 이것은 도덕주의적 풍토에서 사역할 때 더욱 강화된다. 그 표지는 현저한 허례허식, 판단하는 태도, 그리고 복수심 등으로 나타난다.

앞에서 든 비유를 계속하자면, 만일 당신이 열을 가해 부드럽게 하지 않고 구부리려고 한다면, 철은 부러질 수도 있다. 이는 도덕주의적 성과주의 아래에서 오랫동안 억눌린 많은 사람들이 믿음을 통째로 버리는 현상과도 잘 맞아떨어진다. 그들은 너무 지쳐서 "더 이상 버틸 수 없어"라고 말한다. 그러나 하나님 은혜의 복음은 사람의 마음을 억지로 휘게 해서 어떤 정해진 틀에 강제로 넣는 것이 아니다. 복음은 우리의 마음을 녹인다. 그리고 새로운 모양이 되게 한다.

복음은 새로운 기쁨, 사랑, 감사를 만들어 낸다. 치명적인 자기 관심과 자기 집중으로부터 벗어나서 새로운 마음의 경향을 갖게 된다. '복음의 열정'(은혜의 경험에서 나오는 기쁨, 사랑, 감사)이 없다면, 사람의 마음은 깨어지기 쉽다. 의지에 압력을 가한다면, 사람들은 일시적인 행동 변화만 하려고 할 것이다. 그러나 마음 한가운데에는 자기 집중성과 불안정이 여전히 남아 있다.

복음적 행동 변화
이 모든 것을 염두에 두고, 이제부터 성경이 어떻게 우리를 변화로 이

■ 보편적 도덕과 참된 미덕

조나단 에드워즈는 복음에 의해 촉발되는 참된 마음의 변화와 하나님의 법에 대한 도덕적 순응 사이의 차이를 연구했다. 그의 책 《참된 미덕에 대하여》에서, 에드워즈는 이 두 가지의 도덕적 행위를 '보편적 도덕'과 '참된 미덕'이라고 불렀다. 에드워즈는 만일 우리가 최고로 사랑하는 것이 우리 가족이라면, 우리는 궁극적으로 가족의 이익을 다른 가족들의 이익보다 앞에 놓는 선택을 하기 마련이라고 주장했다. 만일 우리가 최고로 사랑하는 것이 국가라면, 우리는 다른 나라들의 이익을 무시하고 자국의 이익을 선택하기 마련이다. 만일 우리가 최고로 사랑하는 것이 개인의 이익이라면 다른 사람들의 필요가 채워지는지 살피는 대신 자신의 이익을 선택하기 마련이다.

오직 우리가 최고로 사랑하는 것이 하나님 자신일 때만 우리는 모든 민족과 가정과 계층과 인종을 사랑하고 섬길 수 있다. 오직 하나님의 구원하시는 은혜만이 우리로 하여금 하나님을 사랑하고 섬기며, 다른 대가를 바라지 않게 한다. 우리가 복음을 이해하지 못한다면, 우리는 언제나 나의 이익을 위해서 하나님을 사랑할 뿐이지, 하나님 자체를 사랑할 수 없다.[6]

끄는지를 살펴보자. 고린도후서 8, 9장에서 바울은 신자들에게 가난한 이들에게 헌금할 것을 격려하고 있다. 그러나 그는 교인들에게 부담을 주거나 사도로서 권위를 주장하지 않았다. 다시 말해 사람들의 의지에 압력을 가하지 않았다. "나는 사도이고, 이것은 여러분이 나에게 해야 할 의무입니다"라고 요구하지 않았다. 또는 "여러분이 이와 같이 하지 않는다면, 하나님의 벌을 받을 것입니다"라고 협박하지 않았다.

바울은 사람들의 감정을 자극하지도 않았다. 가난한 사람들이 얼마나 비참한 고통을 받고 있는지 예를 들어 설명하지도 않았다. 그는 고린도 교인들이 가난한 지역의 교인들에 비해 얼마나 많은 부를 갖고 있는지 비교하지도 않았다. 대신 그는 분명하고 잊을 수 없는 말을 적고 있다. "우리 주 예수 그리스도의 은혜를 너희가 알거니와 부요하신 이로서 너희를 위하여 가난하게 되심은 그의 가난함으로 말미암아 너희를 부요하게 하려 하심이라"(고후 8:9).

바울은 "여러분이 은혜를 안다"라고 말함으로써 예수님의 구원을 부와 가난의 현실 세계 속으로 옮기는 강력한 이미지를 통해 독자들에게 하나님의 은혜를 기억하게 한다. 복음에 대한 영적인 상기를 통해서 성도들의 마음을 움직였던 것이다. 바울은 본질적으로, "그의 값 비싼 은혜를 생각하라. 복음이 여러분의 마음을 변화시켜 관대한 사람이 되기까지 그렇게 하라"고 권면한다.

우리는 에베소서에서 또 다른 예를 발견한다. 바울은 배우자에 대해 말하면서, 특별히 남자들을 향해 말한다(엡 5:25-33). 당시 에베소의 남자들은 그들의 이교적 배경을 따라 결혼에 대해 이해하고 아내에 대한 태도를 견지했을 것이다. 다시 말해 결혼을 무엇보다도 사업적 관계로 보고, 결혼을 통해 최대한 한 이익을 얻으려고 했을 것이다. 이에 바울은 남편들이 성적으로 정절을 지킬 뿐 아니라 아내를 귀하게 여기고 존중할 것을 권면한다(고후 8-9장). 바울은 사랑이 없는 남편들에게, 복음 안에서 우리의 궁극적인 배우자가 되신 예수님의 구원을 보여 줌으로써 그들의 삶을 고치라고 교훈한다. 예수님은 '신부'인 우리에게 희생적인 사랑을 보여 주셨다. 그는 우리가 사랑스러워서 사랑하신 것이 아니라(5:25-27), 사랑스럽게 만드시려고 사랑하셨다.

디도서에서는 독자들에게 불경건한 것과 세상적인 욕심에 대해서 '아니다'를 말하라고 가르친다. 또한 절제되고 단정하고 경건한 삶을 살라고 말한다(딛 2:12).[7] 당신은 어떤 이유로 불경건한 행동에 대해서 아니라고 말하는지 생각해 보라.

> 아니다 -그러면 사람들이 좋지 않게 볼 것이기 때문이다.
> 아니다 -그러면 내가 속하고 싶은 그룹에서 배제될 것이기 때문이다.
> 아니다 -그러면 하나님이 나에게 건강과 부요, 행복을 안 주실 테니까.
> 아니다 -그러면 하나님이 나를 지옥에 보낼 거니까.
> 아니다 -그러면 나중에 나 자신이 미워지고 자존감이 상할 것이기 때문이다.

사실상 이 모든 동기부여 방식들은 마음의 자기중심적인 욕구들을 사용해서 외부의 규칙에 순응하도록 강제하는 것이다. 그러나 마음 자체는 거의 변화가 없다. 이 동기들 뒤에 있는 동인(動因)은 하나님에 대한 사랑이 아니다. 이것은 하나님을 사용해서 나에게 이익이 되는 것들인 자존감, 경제적 번영, 사회적 인정 등을 얻으려는 시도들이다.

바울은 독자들에게 이 중에 어떤 것을 사용해서라도 자신을 변화시키라고 말하지 않는다. 디도서에서 그는 어떻게 그리스도인들에게 자기 관리를 하라고 말하는가? 바울은 "모든 사람에게 구원을 주시는 하나님의 은혜가 … 우리를 양육하시되 경건하지 않은 것과 이 세상 정욕을 다 버리고…"라고 썼다(딛 2:11-12). 또 바울은 디도서 3장 5절에서 은혜가 무엇인지를 설명한다. "우리를 구원하시되 우리가 행한 바 의로운 것들 때문이 아니라 그의 자비로써 하셨다." 바울이 말하는 것은 만일 당신이 진정으로 변화되기를 원한다면, 먼저 복음이 당신을 가르치게 해야 한다는 말이다. '가르친다'에 해당하는 그리스어는 '훈련하다', '단련하다', '일정 기간 코치하다'라는 의미를 가지고 있다. 다시 말해서 복음이 먼저 당신과 씨름하게 해야한다. 복음이 깊이 자리 잡게 해야 한다. 그래서 복음이 당신의 관점과 동기의 구조를 바꾸도록 해야 한다. 당신은 복음에 의해서 훈련 받아야 하고, 복음의 제자가 되어야 한다.

진정으로 복음을 믿을 때 우리는 자연스레 심성에 배어 있던 극도의 결핍에서 벗어날 수 있게 된다. 우리에게는 언제나 존경받고 싶고, 인정받고 싶고, 후한 대접을 받고 싶어 하는 결핍된 마음이 있다. 그리고 하나님을 신뢰하기보다 스스로가 인생을 통제하고 싶어 한다. 우리 자신의 자존감을 높이기 위해 타인에게 권력을 행사하고 싶기도 하다. 전심으로 우리를 기뻐하시는 영광의 하나님이 단지 개념일 뿐이라면, 우리는 결핍에 압도당할 것이고, 이 결핍이 우리의 모든 행동 동기가 될 것이다. 성령의 능력이 아니라면 우리는 하나님의 기쁨이나 은혜를 조금도 믿지 못할 것이며 마음은 부채 의식 모드인 율법주의로 작동할 것이다.

그러나 성령에 의해 복음의 진리가 가슴에 깨달아질 때, 우리는 신중하고도 확실한 성령의 도우심으로 자신을 새로운 방식으로 바라보게 된다. 우리가 얼마나 안전하고 확실한 구원을 받았는지, 얼마나 큰 사랑과 용납을 받으며 그리스도 안에 있는지 알게 된다. 복음을 통해 더 이상 우리 정체성의 기반을 성취한 공로들에 두지 않게 되며, 오히려 그리스도 안에서 성취된 일들을 토대로 정체성을 갖게 된다.

그리고 복음이 우리 마음에 부딪쳐서 깨달아질 때(엡 3:16-19), 죄에서 태생한 결핍이 제거된다. 복음은 죄의 행동으로 우리를 몰아가는 내면의 엔진을 파괴한다. 이제는 거짓말을 해야 할 필요가 없어진다. 왜냐하면 우리의 명성이 더 이상 그렇게 중요하지 않기 때문이다. 폭력적인 분노로 적을 대할 필요도 없다. 왜냐하면 아무도 우리의 진정한 보석을 건드리지 못하기 때문이다.

복음은 도덕적 행동 변화의 연료가 되는 교만과 두려움을 모두 제거한다. 우선 교만을 부순다. 예수님이 자신을 바쳐야 할 정도로 우리가 길 잃은 존재였음을 복음 안에서 보기 때문이다. 복음은 또한 두려움을 해체한다. 복음을 통해 그 어떤 것도 우리를 향한 하나님의 사랑을 막을 수 없음을 깨닫기 때문이다. 우리가 이러한 진리를 깊이 받아들일 때, 우리의 마음은 단지 조심하는 정도가 아닌, 진정한 변화를 겪게 된다. 마음의 근본적인 방향이 변혁되는 것이다.

윤리적으로 살아가는 이유가 더 이상 이익이 되거나 또는 우리 자신의 기분을 고양해 주기 때문이 아니다. 대신 우리를 위해 죽으신 예수 그리스도의 사랑 때문에 진리를 분별하고 약속을 지키게 된다. 그분은 말할 수 없는 고통을 받음에도 불구하고 약속을 지키신 분이다. 복음은 하나님을 위해서 바른 일을 행하도록 우리를 이끈다. 그리스도를 위해서, 우리를 구원하신 그분을 더 알고, 닮아 가고, 기쁘시게 하고, 사랑하기 위해서 옳은 일을 행한다.

이러한 종류의 동기부여는 은혜를 경험한 마음에서 계속해서 자라난다.

인색함에 대한 성경의 해법은 복음으로 우리의 방향을 전환하는 것이다. 그것은 우리를 위해 자신의 부요를 쏟아 부어 주신 그리스도의 관대함으로 시선을 돌리는 것이다(고후 8:9). 우리는 돈에 대해 염려할 필요가 없다. 왜냐하면 십자가가 우리를 향한 하나님의 돌보심을 증명하고 있기 때문에 우리는 이미 안전을 보장 받았다.

마찬가지로 나쁜 결혼에 대한 성경의 해법은 복음에 나타난 그리스도의 급진적인 사랑을 향해 나아가는 것이다. "간음하지 말라"(출 20:14)는 말씀은 배우자와의 사랑의 맥락 안에서 이해된다. 특별히 예수님은 십자가에서 우리에게 완전한 충절을 다하셨다. 우리를 향하신 그리스도의 희생적인 사랑을 알 때 우리는 정욕과 싸울 진정한 힘을 갖게 된다. 우리는 그분의 사랑으로 충만하게 채워질 수 있기에 오직 그리스도만이 주실 수 있는 만족을 성적인 충족에서 찾지 않는다. 우리가 성적으로 충절을 지키는 배우자가 되든지, 관대한 사람이 되든지, 좋은 부모나 믿음직스러운 자녀가 되는 것은 그리스도의 본을 따르려는 갑절의 노력에 달려 있지 않다. 그것은 그리스도가 우리를 구원하신 의미를 깊이 이해하고 이로 말미암아 마음에 일어나는 변화들을 삶으로 살아낼 때 자연스레 이뤄지는 것이다.

마음은 지정의가 머무는 장소이다. 복음에 대한 믿음은 우리의 동기와 자기이해와 정체성과 세계관을 새롭게 구축한다. 복음은 우리의 마음을 변화시킨다.[8] 마음의 변화가 없이 그저 규칙에 순응하기 위한 행동이라면 피상적이고 일시적인 수준에 머물게 될 것이다. 그러므로 설교, 목양, 상담, 교훈, 제자훈련의 목적은 사람들에게 복음 신앙의 실제적인 의미를 보여 주는 것이다.

■ 성화는 '오직 믿음'으로 되는가?

사람들은 구원이 오직 은혜에 의하여 믿음으로 말미암아 온다는 것과, 거저 주신 구원의 결과는 감사하는 마음으로 하나님의 법에 순종하는 것이라는 점에 동의한다. 그렇지만 그리스도인의 성장에서 성도의 노력이 갖는 구체적 역할이나 성질에 대해서는 의견이 다르다.

마르틴 루터가 말하듯, 모든 죄의 뿌리는 우상숭배이다. 우상숭배는 그리스도가 우리의 구원이며 의(righteousness)라는 것을 믿지 않는 것이다. 그리스도인이 해야 할 유일한 노력이 있다면 그것은 복음을 믿는 것이다. 복음을 믿는 노력이란 그리스도인의 성화가 칭의와 마찬가지로, 오직 믿음으로 된다는 사실을 믿는 것이다.

성화는 복음을 충분히 열정적으로 믿느냐의 문제인 것이다. 이러한 주장으로 인해 루터와 그의 추종자들은 거룩한 삶을 살려는 그리스도인들의 노력을 단지 칭의를 믿는 것으로 축소했다는 비판을 받았다. 비판자들은 성화가 훨씬 고된 노력을 필요로 한다고 주장한다.

여기서 자세한 논쟁에 들어가지는 않겠다. 그러나 양쪽 모두 요점에서는 옳으며, 또한 쉽게 오해 받을 수 있다. 먼저 그리스도인들은 하나님의 뜻을 행하기 위해서 가능한 모든 수단을 사용해야 한다. 만일 당신이 돌을 집어서 사람에게 던지고 싶은 충동이 든다면, 그런 행동을 하지 않도록 모든 필요한 노력을 해야 한다! 스스로에게 "그러면 감옥에 갈 거야. 가족들에게 수치를 끼칠 거야!"라고 말해야 한다. 자기를 절제할 충분한 믿음이 없다는 이유로 죄의 충동에 굴복하는 것은 잘못된 것이다. 단기적으로 그리스도인이 순수한 의

지력을 사용하지 않을 어떤 이유도 없다. 하나님은 우리의 순종을 받으신다. 비록 우리의 동기가 뒤섞여 있고 순전하지 않을 때라도 말이다.

"복음에 대한 우리의 믿음이 부족할 때도 우리는 순종하기 위해 많은 노력을 기울여야 한다"라고 말하는 사람들도 옳다. 다만 단기적으로 그렇다. 순종은 변화와 동일한 것이 아니다. 결국 모든 노력은 어떤 동기부여에 의해서 생긴다.

만일 우리의 동기가 복음이 아니라면, 우리의 순종은 하나님을 위한 것이 아니다(앞의 글 '보편적 도덕과 참된 미덕'을 보라). 그래서는 우리의 성품에 영속적인 변화가 불가능하다.

어린 새가 둥지에서 떨어지는 것이 여우의 시야에 들어왔다고 상상해 보자. 새는 아직 날지 못해서 떨어졌다. 그런데 나무 아래 둥치 쪽에 작은 구멍이 나 있어서 황급히 거기에 들어갈 수 있었다. 여우는 새를 잡으려고 뛰어오른다. 작은 새는 어떻게 해야 할까?

물론 당장의 위험을 피하기 위해서는 구멍으로 쪼르르 달려가서 피해야 할 것이다. 그러나 시간이 지나도 여전히 새가 달려가기만 한다면 새는 자기에게 원래 있어야 할 것을 배우지 못할 것이다. 결국 피할 수 있는 적에게 잡아먹히고 말 것이다.[9]

단기적으로는, 우리가 하나님께 순종하는 것이 옳고 마땅하기 때문에 순종해야 한다. 그러나 장기적으로는 우리 삶을 형성할 뿐만 아니라 계속 공격하는 죄의 치명적 영향력을 피하는 궁극적인 방법은 우리의 마음을 복음으로 움직이는 것이다.

우상숭배의 중요성

사람들이 복음을 믿지 않고 있다는 것을 깨닫도록 도와줄 가장 성경적이고 실제적인 방법 가운데 하나는 그들에게 우상숭배의 본성을 가르치는 것이다.[10] 선한 공로에 대한 논문에서 마르틴 루터는 십계명을 강해하면서, "내 앞에 다른 신을 두지 말라"(출 20:3)는 명령과 우리의 의를 위해 오직 예수님만 믿으라(롬 3-4장)는 요청이 본질적으로 동일한 것이라고 역설했다. 하나님 외에 다른 신을 믿지 않는 것과 그리스도 외에는 우리의 구원을 시도하지 않는다는 것은 동일한 것이다.

그리스도를 믿는 것이 첫 번째 계명의 행위이다. "다른 신을 두지 말라"는 계명은 "나만 참 하나님이므로, 너는 어떤 것에도 너의 신뢰를 두지 말며, 다른 누가 아닌, 오직 나만을 신뢰하고 믿어라"[11]는 것을 뜻한다.

루터의 가르침은 이것이다. 우리가 인정, 기쁨, 가치, 소망, 안전 등을 위해서 그리스도를 바라보는 것 이상으로 더 바라보는 것이 있다면 그것이 무엇이건 우리의 신이 된다. 우리 마음과 삶을 다해 경배하고, 섬기고, 의지하는 것이 곧 우상이다. 일반적으로 우상은 좋은 것들일 수 있다(예를 들어 가정, 성공, 일, 경력, 연애, 재능, 심지어 복음 사역도). 이것들이 궁극적으로 우리에게 절실한 의미와 기쁨이 된다면 우상인 것이다. 우상이 되면 그것들이 우리를 몰아가서 집착하게 한다. 우상이 존재하는 분명한 표지 중 하나는 우상들이 위협 받을 때 지나친 걱정이나 분노, 낙담 등을 하는 것이다. 좋은 것들을 잃게 되면 슬픈 정도지만, 우상을 잃게 되면 붕괴되고 만다.

루터는 십계명의 연구에서 우리가 다른 계명들을 깨뜨릴 때는 반드시 첫 번째 계명을 깨뜨린다는 것을 결론적으로 보여 주었다.[12] 우리가 거짓말하거나 간음하거나 도적질한다는 것은 소망, 기쁨, 의미 등에 있어서 하나님보다 더 중요한 것이 마음에 있다는 것이다.

예를 들어 거짓말할 때 우리는 자신의 평판(또는 돈이나 다른 무엇)을 그리스도에 대한 사랑보다 더 소중하게 여기는 것이다. 또는 그 순간의 자존감이나 행복을 더욱 중요하게 여기는 것이다. 만일 우리가 소득세를 속인다면, 그것은 돈이나 소유가 -그리고 재물을 가짐으로써 얻는 지위나 편안함이- 그리스도 안에서 갖는 정체성보다 더 중요하기 때문이다. 그러므로 우상숭배는 다른 모든 죄의 뿌리가 된다.[13] 죄의 뿌리가 우상숭배라면, 또한 우상숭배가 우리의 구원과 의가 되시는 예수님을 의지하지 않는 것이라면 모든 죄의 뿌리는 예수님만이 우리의 칭의와 의와 구원이 되신다는 복음의 메시지를 믿지 않는 것이다.

그렇다면 무엇이 행동 변화의 핵심인가? 우리가 경건한 삶을 살도록 도울 수 있는 것은 무엇인가? 해답은 옳은 행위를 하도록 단지 강압하거나 위협하는 것이 아니라, 복음을 마음의 우상에 적용하는 것이다. 예수님 대신 자기 구원을 의지하는 대체물이 우상이기 때문이다.

의로움이라는 이슈에 있어서 우리가 겪는 실패들은 그리스도 안에서 인정된 우리의 법적 의로움을 즐기지 못하는 데서 비롯된다. 우리가 성화(그리스도처럼 사는 것, 경건하게 사는 것)에서 실패하는 것은 칭의에 대한 방향 감각을 곧잘 상실하기 때문이다. 마음에서 복음을 거부하며 계속 우상숭배를 통해 자기 구원을 시도하는 특유한 방식들을 깨닫기 전에는 결코 변화되지 않는다.

복음 부흥을 위해서 설교하고 상담하는 사람들은 내재하는 우상들에 대해 항상 말하고 가르쳐야 한다. 그러면 이를 통해 복음을 믿지 못하는 우리 마음의 독특하고 고유한 방법들이 밝히 드러나게 될 것이다. 우상에 대해 계속 가르친다면 도덕주의적 행동 변화를 통해 모든 문제를 해결하고 변화를 이루려는 시도들을 미리 예방할 수 있을 것이다. 도덕주의적 행동 변화는 결국 불안정, 억눌린 분노와 죄책감, 영적 무감각 등의 결과로 이어진다.[14] 우리는 복음과 그리스도의 사역에 초점을 맞춰야 한다. 다음 장에서는 어떻게 교회가 성령과 동역하여 복음 부흥을 가져올 수 있는지 살펴볼 것이다.

토론과 성찰을 위한 질문들

1. 하나님께 반응하는 세 가지 방식에 대해 당신의 표현으로 정리해 보라. 하나님을 거부하는 두 가지 방식 간의 차이점과 공통점은 무엇인가? 이 두 가지 방식은 복음에 대한 반응과 어떻게 다른가?

2. "종교와 복음의 간단 비교표"에서 당신은 어디에 있는가? 표를 살펴보고 솔직하게 점검해 보자. 당신은 주로 표의 왼쪽에 있는가, 오른쪽에 있는가? 당신은 어떤 상황에서 복음보다 종교로 기우는가? 지난 5년을 돌아본다면, 당신의 양상은 어떻게 변했으며 그 이유는 무엇인가?

3. 사람들이 삶의 변화를 경험하고 권위주의에서 벗어나 기쁨, 능력, 전율을 경험하게 되는 유일한 열쇠는 율법주의와 상대주의를 해체하는 복음을 제시하는 것이다. 왜 이 두 가지 오류를 동시에 도전하고 해체하는 것이 필요한가? 당신에게는 어떤 것이 더 우세한가? 사역의 균형을 회복하기 위해서 당신은 무엇을 할 수 있는가?

4. 사도 바울은 사람들이 변화하도록 강요하기보다 복음의 언어들을 사용했다. 이 장에서는 세 가지 예를 들었다(재정 사용의 관대함, 아내를 사랑하는 남편, 자기 절제). 삶의 또 다른 영역을 선택해서 어떻게 회중의 동기를 바꾸도록 사역할 것인지 적어보고 나누라.

주

1. 이 장에서 그리고 책의 대부분에서 나는 '종교'(religion)를 도덕주의(moralism)와 율법주의 (legalism)의 동의어로 사용한다. 물론 우리가 하는 '그리스도교(종교)'라는 말은 중립적인 의미 다. 그러나 내가 '종교'라고 표현할 때는 효과적인 전달을 위해서 부정적으로 사용하는 것이 다. 내가 이렇게 하는 데는 두 가지 타당한 이유가 있다. (1) 신약성경은 '종교' 또는 '종교성' 이라는 두 가지 단어, 즉 threskeia, deisidaimonia를 사용하는데 모두 부정적으로 사용했다 (행 25:19; 26:5; 골 2:18 [NIV 성경은 '예배하다']). 야고보 역시 threskeia를 긍정적으로 한 번 사용했 고(약 1:27) 1:26에서는 부정적으로 사용했다. 히브리어에는 공로 종교에 대한 유사한 용어들 이 많이 있다. (2) 때때로 '종교'와 '관계성'을 대비하기도 한다. "기독교는 종교와 다릅니다. 기독교는 관계입니다"라고 말하는 것처럼. 이것은 내가 의미하는 것이 아니다. 어떤 이들은 기독교가 하나님의 내적인 사랑의 관계를 요구하며 순종이나 거룩한 삶이나 공동체적 삶이 나 훈련은 요구하지 않는다고 가르치는데 디트리히 본회퍼(Dietrich Bonhoeffer)는 《나를 따르 라》에서 이것에 대해 '값싼 은혜'라고 불렀다. 그것은 우리를 회복시키기 위해 값비싼 대속 을 요구하지 않는, 거룩하지 않은 하나님의 사랑에 대한 것이기에 삶의 변화도 요구하지 않 는다는 것이다. 복음은 값싼 은혜와 다르며 종교와도 다른 것이다.

2. 사실은 겉보기에 비종교적인 사람들조차도 실상은 종교를 갖고 있다. 1장에서 언급한 데이 비드 포스터 윌리스(David Foster Wallace)의 말을 들어보라(http://moreintelligentlife.com/story/david-foster-wallace-in-his-own-words).

3. Richard F. Lovelace, *Dynamics of Spiritual Life: An Evangelical Theology of Renewal* (Downers Grove, Ill.: Inter-Varsity, 1979), 101, 211-212.

4. 이 표는 팀 켈러(Timothy Keller)가 쓴 성경공부 교재 *Gospel in Life Study Guide: Grace Changes Everything* (Grand Rapids: Zondervan, 2010), 16에 나와 있다.

5. C. S. Lewis, *The Screwtape Letters* (New York: Macmillan, 1961).

6. 에드워즈(Edwards)는 보편적 미덕을 무시하지 않았다. 그는 하나님께서 이 세상에 악을 제어 하는 주된 방법으로 보편적 미덕을 주셨음을 인정한다. 대다수의 사람들은 진실을 말하며, 도둑질을 삼가고, 약속을 지킨다. 그럼에도 불구하고, 에드워즈는 그리스도인들이 진정한 미덕보다 낮은 차원에서 머물지 않기를 바랐다(참조하라. Paul Ramsey, *Ethical Writings: The Works of Jonathan Edwards*, vol. 8 (New Haven, Conn.: Yale University Press, 1989).

7. 바울은 스토아 철학의 미덕을 활용하고 있다. 스토아주의를 통해 그러한 미덕을 실현하는 것으로는 충분하지 않은데, 스토아주의는 감정을 억누르고 열정을 부인하는 사실상의 도덕 주의인 것이다. 이러한 미덕을 진정으로 얻으려면 복음에 의하여 '가르침을 받는 것'이 필요 하다. 마크 레이놀즈 박사(Dr. Mark Reynolds)가 이에 대한 통찰을 제공했다.

8. 이러한 '직설문-명령문'의 순서와 균형은 바울 서신 어디에서나 찾아볼 수 있다. 예를 들어 바울은 고린도전서의 첫 세 장에서 반복적으로 고린도의 그리스도인들에게 그들이 '거룩'하 다고 상기시킨다. 거룩하다는 것은 구별되어 용납되었다는 의미이다. 고린도전서 4-6장에 서, 바울은 그들에게 "너희의 부르심을 따라 살라, 너희의 정체성을 실행하라"고 요구한다.

9. 이 예시에 대해 마이클 테이트(Michael Thate)에게 감사드린다.

10. 더 자세한 것은 다음을 참조하라: 팀 켈러(Timothy Keller) 저 《거짓 신들의 세상(*Counterfeit Gods*)》(베가북스).

11. Martin Luther, *A Treatise on Good Works* (Rockville, Md.: Serenity, 2009), 28. 마르틴 루터, 선한 공로에 대한 논문.

12. 루터는 (선한 공로에 대한 논문에서) 이렇게 썼다, "하나님을 전혀 신뢰하지 않으며, 오직 다른 무엇을 바라기 때문에 그의 은총만 구하는 이들은 이 계명을 지키지 않으며, 진정으로 우상숭배를 할 뿐이다. 그들이 십계명의 다른 계명들을 지킨다고 할지라도 그렇다."

13. 신학자 폴 틸리히(Paul Tillich)는 우상을 이해하는 유용한 범주를 제공한다. Tillich (*Dynamics of Faith* [New York: HarperCollins, 2001]). 그는 믿음을 '궁극적인 관심'이라고 정의한다. 당신이 무엇을 위해 살든지 - 신앙이 있든 없든 간에 - 궁극적인 최상으로 높이는 것이 우상이다.

14. Timothy Keller, *Gospel in Life Study Guide* (Grand Rapids: Zondervan, 2010)에 본 장에서 다룬 것에 대한 자세한 내용이 나와 있다.

03
부흥이
사역을 만든다

우리는 지금까지 복음 부흥의 필요성과 부흥에 있어서 복음의 핵심을 이야기했다. 이제는 복음 부흥 사역에 대해 살펴볼 것이다. 성령께서 개인들과 회중의 삶에 영속적인 변화를 가져오게 하는 실질적인 방법과 수단들은 무엇인지 살펴보도록 하자. 이 수단들 중에서 특히 설교 사역에 초점을 맞춰서 자세히 살펴볼 것이며 복음 부흥의 증거가 되는 몇 가지 표지들에 대해서도 알아볼 것이다.

복음 부흥의 수단들

부흥의 궁극적인 원천이 되는 성령께서는 대개 몇 가지 '도구들'을 사용하시는데, 이는 부흥을 일으키는 부수적인 수단들이다.

각별한 기도(Extraordinary Prayer)

모든 부흥이 처음 점화될 때, 성령께서는 조나단 에드워즈가 '각별한 기도'라고 불렀던 것을 사용하신다. 이 기도는 연합해서, 지속적으로, 하나님 나라를 중심으로 드리는 기도이다. 때때로 이것은 한 사람이나 작은 그룹이 모여서 공동체 가운데 하나님의 영광을 구할 때 시작된다. 중요한 것은 기도하는 사람들의 숫자가 아니라 기도의 성격이다. 존 밀러(C. John Miller)는 기도회의 성격을 '유지'(maintenance)와 '선봉'(frontline)이라는 개념으로 구분했는데 이는 매우 유용하면서도 통찰력 있는 분류이다.[1] 유지 기도회는 짧고, 형식적이고, 교회 내의 육적 필요에 초점을 맞춘 기도회이다. 반면 선봉 기도회의 기본적인 특징은 다음과 같다.

- 죄를 고백하고 우리를 낮출 수 있는 은혜의 간구
- 교회가 살아날 것에 대한 열정과 잃은 자를 찾고자 하는 연민
- 하나님을 알려는 열심과 그분의 얼굴을 보고 그 영광을 맛보려는 갈망

이러한 차이점들은 피할 수 없이 강력한 것이다. 당신이 조금만 주의를 기울여 본다면, 속한 기도회에 어떤 특질들이 존재하는지 분명히 구분할 수 있을 것이다.

부흥을 구하는 성경의 기도를 찾아보면 출애굽기 33장, 느헤미야 1장, 사도행전 1장에서 선봉 기도의 이 세 가지 요소를 뚜렷하게 발견할 수 있다. 사도행전 4장을 예로 들어 보자. 제자들은 공회의 위협을 받은 후, 자신들의 안전이나 가족의 보호를 간구하지 않았다. 다만 계속 복음을 전할 담대함을 구했다! 이처럼 복음의 부흥에는 예배나 기도의 일상적인 양상을 뛰어넘는 어떤 특별한 기도들이 항상 수반되었다.

복음의 재발견(Gospel Rediscovery)

각별하고 지속적인 기도와 더불어 부흥의 가장 필수적인 요소는 복음 자체의 회복이다. 여기에는 거듭남과 은혜를 통한 구원에 대한 특별한 강조점이 있어야 한다. 마틴 로이드 존스 박사는 은혜에 대한 복음의 강조점

이 몇 가지 방식으로 상실될 수 있음을 가르쳤다.

교회는 그냥 단순히 잘못된 교리로 갈 수도 있다(복음을 지지하는 신학의 정통적인 요점들을 명확히 붙잡지 않을 때). 예를 들어 하나님의 삼위일체, 그리스도의 신성, 하나님의 진노 등과 같은 부분에서다. 교회는 또한 이신칭의와 회심의 필요성에 대한 믿음에 등을 돌리고 단지 그리스도인이 되는 것을 교회에 등록하는 것이라고 본다든지, 그리스도의 본을 따라 살아가는 삶이라든지 하는 관점으로 흐를 수도 있다. 이것은 복음 부흥의 핵심을 내버리는 것이다.[2]

그러나 모든 바른 교리를 고수하면서도 사람들의 마음에 회개, 기쁨, 영적 성장을 가져오지 못하는 방식으로 복음이 소통될 수도 있다. 이것이 일어나는 한 가지 방식은 죽은 정통을 통해서다. 교리적 정통성에 대한 우리의 교만이 자라나서 바른 교리와 바른 교회 관습들이 일종의 공로 의(works-righteousness)가 되는 것이다.

물론 교리와 실천에 주의를 기울이는 것은 중대한 것이다. 그러나 이것이 교회 안에서 자기 의(self-righteousness)나 타자에 대한 조롱과 멸시, 논쟁적이고 전투적인 태도로 이루어진다면 그것은 칭의 교리를 고백하면서도 강한 율법주의가 여전히 존재한다는 표지이다. 교리가 마음을 만지지 못한 것이다.[3]

로이드 존스는 또한 '결함 있는 정통'과 '영적 무력증'에 대해서도 이야기한다.[4] 어떤 교회들은 정통적인 교리를 고수하지만 균형이 없고, 바른 강조점들을 놓치고 있다. 많은 사역들이 믿음을 전파하기보다는 방어하는 데 더 많은 시간을 할애한다. 또는 엄청난 양의 에너지와 관심을 예언이나 영적 은사, 창조와 진화 같은 이슈에 쏟기도 한다. 아니면 사역의 방법론이나 교회 조직론에 큰 애정을 쏟을 수도 있다. 이 모든 것이 은혜와 칭의, 회심의 중대한 교리들을 믿는다고 하면서도 그저 선반 위에 모셔두는 이유들인 것이다. 그들은 이런 교리들을 사람들의 삶과 연결 짓는 방식으로 설교하거나 소통하려 하지 않는다.

사람들은 이 교리들을 보긴 하지만 이해할 수 없다. 교리 시험에서 A학점을 받을 수도 있고, 구원의 교리를 정확하게 설명할 수도 있지만, 그것이 진정으로 우리 삶에 가져오는 의미와 능력에 대해서는 전혀 보지 못한다. 이런 의미에서 복음은 반드시 수많은 정통 교회들 안에서 재발견되어야 한다. 그리고 사람들의 마음에 깨달아지고 적용되어야 한다. 이런 일이 진정으로 일어날 때, 명목상의 그리스도인들이 회심하고, 무기력하고 약한 그리스도인들이 강건해지며, 비신자들이 아름답게 변화된 그리스도인 회중들을 보고 마음 깊이 매력을 느낄 것이다.

매사추세츠 주 노스앰튼에서 제1차 대각성운동이 있었을 때, 이를 점화시켰던 중요한 원인 가운데 하나는 1734년 11월, 조나단 에드워즈가 했던 로마서 4장 5절에 대한 설교 두 편이었다("오직 믿음에 의한 칭의"). 또한 영국의 대각성운동의 두 주역인 존 웨슬리와 조지 휫필드에게도 그것은 도덕적 노력이 아니라 은혜에 의한 구원에 대한 이해였다. 이것이 개인적 부흥을 일으켰고, 그들로 부흥의 일꾼들로 섬기게 했다.

복음의 적용(Gospel Application)

어떻게 사람들이 복음의 능력과 적용점을 알도록 복음을 전할 수 있을까? 이것은 교회에서 여러 가지 방식으로 일어난다. 첫째, 교회는 설교를 통해 복음을 회복한다. 설교는 교회의 가장 많은 이들에게 열려 있는 정보와 교육의 유일한 통로이다. 성경의 어떤 부분은 다른 부분보다 복음 설교에 있어 더 나은가? 전혀 그렇지 않다. 단순히 인생에 관한 성경적 원리를 강해하기보다는 본문의 의미로서 그리스도의 구원에 대해 설교할 때 당신은 부흥을 향해 한 발짝 다가서는 설교를 하는 것이다. 물론 이런 식으로 설교하는 것이 결코 쉽지는 않다. 그리스도 중심적 설교를 하기로 헌신한 사람들조차도 예수님에 대한 동기를 부여하는 식으로 하기 쉽다. 적용할 것도 그다지 많지 않다. 이것이 간단히 다루기에는 너무나 큰 주제임을 알기에 브라이언 채플의《그리스도 중심의 설교》(2판, Grand Rapids: Baker, 2005)를 추천한다.[5]

둘째로 목사나 지도자가 교회에서 복음을 재발견할 수 있는 방법은 복음을 다른 이들에게 가르칠 수 있는 평신도 지도자들을 훈련하는 것이다. 교회의 평신도 지도자들과 함께 이 복음 부흥의 동력을 정기적으로, 집중력 있게 다루는 것이 필요하다. 이 훈련의 구성 요소들은 내용과 더불어 생활과 접촉할 수 있는 지점 모두 필요하다.

'내용'에 대해서는 마틴 로이드 존스의《영적 침체》제2장의 '참된 기초' 또는 나의 책《팀 켈러의 탕부 하나님》(The Prodigal God)과 같은 기초적인 책들을 참조할 것을 제안한다. 나의 책은 토론 가이드를 포함하고 있다.[6] 보다 상위 자료들로는 리처드 러브레이스와 조나단 에드워즈의 책들이 포함된다. 그리고 '생활 접촉점'(life contact)이 의미하는 것은 개인적 만남이나 상담을 통해서 당신의 지도자들이 우상과 자기 의를 회개하도록 돕는 것이다. 일단 복음이 사람들의 마음에 제대로 던져지고 그 효과가 일파만파로 나타나면, 이런 종류의 목회 사역을 많이 해야 한다. 그렇게 되면 평신도 지도자들이 소모임을 직접 이끌 수도 있다. 그들은 자신이 도움을 받았고 자신들의 삶을 변화시킨 성경의 진리로 사람들을 인도할 것이다.[7]

셋째, 교회가 복음 부흥의 역동성을 불러일으킬 수 있는 방법은 소그룹 사역 또는 헌신된 몇 가지 그룹을 통해서 실험적 요소를 불러일으키는 것이다. 많은 소그룹 모임들은 성경을 공부하는 모임이거나 자신들의 어려움과 필요를 이야기하면서 서로 돕고 기도하는 교제 모임과 같은 것이다. 이러한 기능들이 매우 중요하기는 하지만 우리는 역사 부흥의 주역이었던 조지 휫필드와 존 웨슬리를 통해서 몇 가지 교훈들을 배울 수 있다. 이들은 4명에서 8명으로 구성된 그룹으로, 매주 모여 하나님께서 그들의 마음에 얼마나 실제적이셨는지, 그들을 괴롭히는 죄가 무엇인지, 하나님께서 그것들을 말씀을 통해 어떻게 다루셨는지, 그들의 기도 생활이 어떻게 수행되었는지 나누었다. 윌리엄 윌리엄스(William Williams)의 《체험 모임》(*The Experience Meeting*)은 웨일즈의 '체험 모임'이 어떻게 운영되었는지에 대해 그 전형을 잘 보여 주고 있다.[8]

넷째, 교회에서 복음이 사람들의 마음에 적용되는 또 다른 방법은 가장 기본적이며 비공식적인 수단을 통해서인데, 이것은 옛 작가들이 단순히 '대화'라고 부른 방법이다. 교회의 복음 부흥은 새로워진 개인들이 다른 사람들과 비공식적으로 나누는 대화를 통해서 번져간다. 개인 간의 대화에서 복음은 가장 구체적이며 명확하게 적용된다. 한 사람의 그리스도인이 어떻게 복음이 마음에 와 닿았는지, 그리고 그것이 어떻게 삶의 굵직한 변화를 가져왔는지 공유할 때, 듣는 사람들은 구체적인 질문을 던지기도 하고 큰 격려를 받거나 영적으로 전진하기도 한다.

윌리엄 스프레이그(William Sprague)는 이렇게 말했다. "많은 그리스도인들은 다른 분별력 있는 그리스도인 친구들과 간단한 대화를 하며 … 자신들의 유용성을 돌아보거나 하나님의 돌봄 아래 있다는 언급을 통해 많은 행복감을 느끼기도 한다."[9] 스프레이그는 복음으로 새로워진 사람의 영혼과 인품이 대화의 내용 자체보다 종종 더 많은 영향을 끼친다고 말했다. 그리스도인들은 영적 부흥의 전염성 있는 표지를 가져야 한다. 이는 곧 기쁘고 애정 어린 진지함과 '기름부음', 곧 하나님의 임재를 자각하는 감각이다.[10]

가시적이고 극적인 삶의 변화와 뜻밖의 회심을 통해서 사람들은 깊이 있게 자신을 살피게 된다. 또한 공동체 가운데 영적인 갈망과 기대가 형성될 수 있다. 개인들 사이의 비공식적인 대화 및 관계의 형성을 통해서 개인의 부흥이 지속되고, 점점 더 많은 사람들이 자신을 살피며 하나님을 찾게 된다.

다섯째, 복음 적용의 또 다른 길은 목사들, 장로들, 다른 교회 지도자들

■ 신앙 좌담회를 이끌기 위한 질문들

신앙 좌담회에 입회하기 위해서 후보자는 다음의 질문들에 긍정으로 답할 수 있어야 한다.

1. 당신은 전심으로 하나님을 찾고 있습니까?

2. 당신은 다른 사람들로부터의 책망과 견책과 교훈을 받아들이겠습니까?

3. 우리가 대화하는 개인적 이야기들을 다른 사람에게 옮기지 않겠습니까?

4. 그룹 가운데 다른 사람들을 세우는 목적에 당신의 영적 은사들을 사용하겠습니까?

5. 당신은 자신의 우상들과 과욕들을 버리기로 결심합니까?

그룹에서는 대개 대화를 위한 다음의 질문들이 던져진다.

1. 당신은 그리스도 안에 서 있는 것에 대해 영적인 확신이 있습니까? 그 확신은 얼마나 선명하고 확실합니까?

2. 당신이 하나님의 자녀임을 성령께서 당신의 영과 더불어 어떻게 증언하십니까? 당신은 내면에 영적인 빛이 커지고 있음을 의식하고 있습니까? 하나님의 법의 순결함, 하나님의 거룩함, 죄의 악함, 그리스도가 전가하신 의의 고귀함 등을 더 많이 발견하고 있습니까?

3. 그리스도인들을 향한 당신의 사랑이 커지고 있습니까? 당신은 남에 대해 덜 비판적이 되고 있습니까? 약하고, 넘어지며, 자기기만에 빠진 그리스도인들을 정죄하는 마음이 줄어들고 있습니까? 누구에게 냉혹한 마음을 갖지는 않았습니까?

4. 당신의 양심은 점점 더 부드러워지고 있습니까? 그래서 마음속에 죄의 첫 번째 움직임이 있을 때 깨닫고 있습니까? 예를 들면 분노의 시작(걱정, 교만, 또는 시기) 권력, 인정, 물질적 편안함에 대한 과도한 갈망, 평판에 대한 과도한 관심 등이 이에 해당합니다. 당신은 점점 더 예민하게 혀의 죄에 대해 인식하며 깨닫고 있습니까? 예를 들면 깎아내리는 말, 듣지 않고 장황하게 쏟아놓는 말, 거짓말과 절반의 거짓말(semi-lying), 험담과 비방, 부적절한 유머, 생각 없는 이야기 등이 이에 해당합니다.

5. 당신에게 성령의 열매가 성장하는 표지들이 나타나고 있습니까? 새로운 방식으로 반응한 예들을 들 수 있습니까? 사랑, 기쁨, 인내, 정직, 겸손, 자기 절제로 새로운 상황 가운데, 1-2년 전과 다르게 처신하는 것들이 해당됩니다.

6. 당신의 선행과 봉사 중에서 거짓되고 우상숭배적인 동기들을 스스로 분별할 수 있습니까? 당신이 하나님을 위해 한다고 생각했던 많은 것들이 실제로는 다른 이유들로 이루어지고 있음을 보고 있습니까? 당신의 삶 가운데 하나님의 뜻을 거부했던 영역들을 깨닫게 되었습니까?

7. 당신은 하나님이 주신 새로운 달란트, 선물, 관계, 부, 다른 재능들에 대해 더 나은 청지기가 되는 새로운 방법들을 발견하고 있습니까?

8. 당신은 성령께서 주시는 행복한 기쁨을 맛보는 새로운 계절을 경험하고 있습니까? 어떤 약속들이 더 특별히 소중하게 다가오고 있습니까? 기도에 대한 응답을 얻고 있습니까? 성경 말씀을 읽거나 들음에서 오는 회복의 시간들을 갖고 있습니까?

이 목양적 상담을 하는 가운데 사람들의 마음에 복음을 어떻게 사용해야 하는지 분명히 알게 하는 것이다. 특히 죄를 깊이 깨닫는 사람들과 어떻게 죄를 이겨야 할지 고민하는 사람들에게 그렇다.

스프레이그는 복음이 어떻게 구도자, 새 신자, 정체된 그리스도인 모두에게 사용되어야 하는지 제시한다.[11] 예를 들어, 스프레이그는 목양 상담자들에게 "그의 지식의 양과 감정의 양을 측정하라"고 권한다.[12] 교리적 지식은 거의 없지만 느낌이 많이 있는 사람들과 느낌은 거의 없지만 교리적인 확고함이 있는 사람들 모두가 균형을 잡도록 도우라고 이야기한다.

또한 그는 자기 의(self-righteousness)와 공로 의(works-righteousness)의 형태들을 살펴보며, 사람들에게 어떻게 그것으로부터 벗어날 수 있는지 이야기하라고 조언한다. 또한 영적인 구도자들이 갖고 있는 보편적인 의문들과 문제들에 대한, 놀라울 정도로 현대적인 목록을 제시하며 각각에 대해 어떻게 대처할지 조언한다. 참된 영적 삶과 능력을 파괴하는 도덕주의와 방임주의를 모두 끊어 버리려면 반드시 복음이 사용되어야 한다.[13]

복음 혁신(Gospel Innovation)

우리는 복음 부흥 운동에서 나타나는 또 다른 중요한 요소를 확인할 수 있다. 곧 창조성과 혁신이다. 스프레이그는 부흥이 항상 '은혜의 제도화된 수단들'을 통해 주로 나타났다고 지적한다. 그것은 설교, 목양, 예배, 그리고 기도이다. 이것을 재확인하는 것은 매우 중요하다.

하나님의 영은 이러한 일상적인 은혜의 수단을 사용하여 드라마틱하고 각별한 회심들을 만들어 내시며, 상당한 교회 성장도 이루신다. 그럼에도 불구하고 우리가 부흥사를 연구할 때, 복음을 소통하는 어떤 혁신적인 방법들이 나타났음을 보게 된다. 18세기 대각성운동에서는 이전까지는 흔하지 않던 두 가지 형태의 사역들이 사용되었다. 바로 공적인 야외 설교와 광범위한 소그룹 '사회'(society) 모임들이었다. 1857-1859년에 일어난 뉴욕

시 부흥에서는 막대한 수의 사람들이 회심을 했고 그들 모두 맨해튼의 교회로 들어왔다. 그런데 이 부흥의 가장 핵심적인 사역 형태는 월스트리트 지역에 퍼져 있던 평신도 주중 기도 모임이었다. 많은 역사가들은 유럽에서 발생한 종교개혁이 당시 중요한 혁신 기술이었던 인쇄술에 크게 힘입었다고 지적한다.

어떤 부흥도 과거의 경험을 완벽하게 반복하지 않으며, 부흥과 관련된 어떤 방법론을 너무 구체적으로 짚어내려는 것은 잘못된 시도일 것이다. 마틴 로이드 존스는 사람들이 1904-1905년의 웨일즈 부흥을 모방하여, 당시 사람들이 취했던 특정 형태의 모임 방식과 찬양 방식을 부흥의 유일한 방법인양 집착했던 안타까운 사례들을 이야기한 바 있다. 우리는 부흥의 핵심 수단이 신학적(복음의 재발견)이며, 일상적인 것(설교, 기도, 교제, 예배)임을 기억하고, 성령께서 특정한 순간에 사용하시는 복음 선포의 새로운 방식들을 계속해서 찾아야 할 것이다. C. S. 루이스가 《나니아 연대기》에서 말했듯이, 역사는 결코 동일한 방식으로 두 번 되풀이되지 않는다. 그러므로 눈을 크게 뜨고 넓게 보는 것이 최고의 방법이다.

복음 부흥을 위한 설교

이제 복음 부흥에 있어서, 아무리 강조해도 지나치지 않는 설교의 역할에 대해 토론을 이어 가도록 하자. 복음 부흥을 위한 설교를 구성하는 다섯 가지 특성들을 먼저 살펴보자.

첫째, 종교(religion)와 복음을 구분하는 설교를 하라. 이에 대해선 지난 장에서 그 중요성을 이미 충분히 살펴보았다. 복음 부흥을 위한 효과적인 설교는 종교(religion)와 비종교(irreligion)를 모두 비판하는 것이다. 그리고 우상숭배의 핵심 문제를 다루어야 하는데, 듣는 이들이 그들의 행위 아래 숨어 있는 마음의 동기들을 살필 수 있도록 도와야 한다. 그래서 사람의 마음에 복음이 일하는지 아닌지를 볼 수 있게 해야 한다.

둘째, 은혜의 풍성함을 전하기 위해 거룩함과 하나님의 사랑을 모두 설교하라. 설교는 단지 하나님의 심판, 거룩함, 의만을 강조해서는 안 되며(도덕주의 설교자들이 그렇게 한다), 또한 하나님의 사랑과 자비만 강조해서도 안 된다(자유주의 설교자들이 그렇게 한다). 하나님이 절대적으로 거룩하며 동시에 절대적으로 사랑이심을 깨달을 때, 사람들은 예수님의 십자가에 진정으로 전율하며 변화되기 시작한다.

예수님은 우리를 위해 죽어야 하실 만큼 거룩한 분이다. 다른 어떤 것도 그분의 거룩하고 의로우신 본성을 만족시킬 수 없다. 그러나 또한 그분은 우리를 너무나 사랑하셔서 기꺼이 자신을 바치기로 하셨다. 그 어떤 것도 우리를 백성으로 삼으려는 그분의 열망을 꺾을 수 없었다. 그래서 우리는 교만과 자기중심성에서 벗어나 겸손할 수 있으며, 또한 동시에 절망에서 빠져나올 수 있다. 거룩함과 은혜로 말미암아 우리는 죄를 미워할 뿐 아니라 동시에 자신을 병적으로 미워하는 것에서 벗어날 수 있게 된다.

셋째, 진리에 대해 명확하면서도 실제적으로 설교하라. 우리는 바울이 어떻게 그리스도의 은혜와 자비에 호소함으로써 고린도 교인들이 보다 넉넉한 마음을 가지도록 호소했는지 보았다(고후 8장). 곧 그리스도인이 물질주의적이라면, 그것은 단순히 실천의 문제가 아니다. 나눔의 결핍이 생기는 이유는 어떻게 예수님이 우리를 위해서 가난하게 되셨는지 모르거나, 예수님 안에서 우리가 모든 부요와 참된 보화를 가졌다는 것을 진정으로 이해하지 못했기 때문이다. 그들은 예수님의 영적 부요에 대해 피상적인 지식을 가졌을지 몰라도 진정으로 깊게 파악하지는 못했다.

설교는 단순히 사람들에게 무엇을 하라고 말하는 것이 아니다. 설교는 그리스도께서 우리의 마음과 상상력을 사로잡되 물질적인 것보다 더 강하게 사로잡도록 그분을 다시 제시하는 것이다. 이것은 단지 지적인 논증만

이 아니라 그리스도의 아름다움을 나타내는 것이기도 하다.

조나단 에드워즈는 대다수 그리스도인들의 주요한 영적 문제가 그들이 교리에 대한 지적인 이해는 있지만 그것이 마음의 실재가 되지 못하여, 결과적으로 행동의 변화가 따르지 않는다는 데 있다고 보았다.[14] 물질주의의 경우, 안정감을 주는 돈의 힘은 대부분의 사람들에게 하나님의 사랑과 지혜의 경륜보다 훨씬 더 큰 '영적 실재'로 인식된다. 따라서 명확한 설교를 한다는 것은 이전에 그랬던 것보다 듣는 사람들의 마음에 진리를 더욱 실제적으로 생생하게 전달하는 것을 의미한다. 마틴 로이드 존스는 다음과 같이 이것을 정리하였다.

> 설교의 첫째 되고 가장 중요한 목적은 … 감동을 주는 것이다. 그것은 중요한 순간에 감명을 주는 것이며, 순서정연하게 기억할 수 있는 것 이상으로 마음에 감동을 주는 것이다. … 내 생각에 에드워즈는 설교의 진정한 개념을 이해하고 있는 것 같다. 애초부터 설교는 정보를 전달하는 것이 아니다. 청중들이 적고 있는 동안에 성령께서 주시는 충격을 놓칠 수도 있다. 설교자로서 이것을 잊어서는 안 된다. 우리는 정보의 전달자가 아니다. 사람들에게 책을 찾아서 읽고 정보를 얻으라고 말할 수 있어야 한다. 설교의 핵심은 그런 지식이 살아 있게 하는 것이다.[15]

넷째, 모든 본문에서 그리스도를 설교하라. 교훈적 설교를 피하는 주요 방법은 언제나 모든 본문의 궁극적 지향과 메시지로서 예수님을 분명히 설교하는 것이다. 설교의 끝이 오기 전에 회중에게 예수님을 제시하지 않는다면, 설교란 기본적으로 청중에 관한 것(그들이 무엇을 해야 할지에 대한)이라는 인상을 주게 된다.

하지만 누가복음 24장 13-49절을 통해서 알 수 있듯이, 예수님은 성경의 모든 본문을 자신과 구원 사역을 가리키는 것으로 이해하셨다. 모든 성경 본문의 저자들이 의도적으로 예수님을 가리키고 있다는 말이 아니라, 우리가 성경을 완전한 정경적 맥락에서 이해한다면, 그리스도를 가리키는 흐름들을 짚어낼 수 있다는 의미이다.

예를 들어 사사기를 살펴보자. 이방 도시에서 폭력적인 사람들에게 에워싸인 레위인의 충격적인 이야기를 접한다(삿 19장). 자신의 생명을 지키기 위해서 그는 첩을 내어 주고, 그들은 집단 성폭행을 했다. 이 본문을 설교한다면, 이것은 성경이 가르치는 남편상과는 정반대인 참혹한 이야기라는 것을 분명히 밝혀야 한다. 남편이라면 자기 부인을 보호해야 하고, 더 나아가 아내를 위해 자신을 희생해야 한다(엡 5). 참된 남편이 마땅히 그래야 한다는 것을 어떻게 알 수 있는가?

물론 사사기 저자는 우리가 아는 것처럼 남편과 아내에 대해 분명한 이해를 갖고 있지는 않았다. 그러나 우리는 예수님을 보면서 참된 남편이 어떤 모습이어야 하는지 이해한다. 바울은 이것을 에베소서 5장에 기록했다. 그러므로 우리는 설교가 그리스도를 가리키게 해야 한다. 오직 그리스도만이 남편이 어떠해야 할지를 보여 주신다. 그리고 우리가 그분의 구원 사역을 이해할 때, 우리를 나쁜 배우자로 만드는 두려움과 교만으로부터 자유로워질 수 있다. 이 본문은 우리를 책망하지만, 동시에 깊게 격려한다. 우리는 좋은 배우자가 됨으로써 구원을 획득하려고 절실히 애쓰지 않아도 된다. 성취된 온전한 구원을 결혼에 적용하면 되는 것이다.

우리는 설교에서 언제나 예수님을 향해야 한다. 성경이 특정 본문에서 선포하는 것들을 성경 전체가 말하고 있는 메시지의 문맥 속으로 위치시켜야 한다. 이 여정은 언제나 예수님의 복음으로 우리를 이끌 것이다.

결국 성경을 읽을 때 던져야 할 궁극적인 질문은 두 가지이다. '나에 대한 것인가? 예수님에 대한 것인가?' 다시 말해서 '성경은 기본적으로 내가 해야 하는 일에 대한 것인가? 아니면 예수 그리스도가 하신 일에 대한 것인가?'이다.

그 예로 다윗과 골리앗의 이야기를 생각해 보라. 내가 따라야 할 모범으로서 다윗과 골리앗 이야기를 읽는다면, 그것은 나에 대한 이야기가 된다. 내 인생의 거인들과 싸우기 위한 믿음과 용기를 만들어 내라는 교훈인 것이다. 그러나 성경의 이야기가 궁극적으로 구원과 주님에 관한 것임을 받아들인다면, 그리고 다윗과 골리앗 이야기를 이런 관점에서 읽는다면, 전혀 다른 그림을 발견하게 될 것이다.

이 본문에서 가장 중요한 점은 이스라엘 백성들이 그들 자신의 힘으로는 거인을 상대할 수 없었다는 것이다. 그들은 자신들을 대신해서 싸울 투사가 필요했다. 치명적인 위험을 대신해서 싸워줄 대표자가 필요했던 것이다. 아이러니하게도 하나님이 보내신 대표자는 강한 사람이 아니라 약한 사람이었다. 그는 어린 소년이었고, 갑옷과 투구를 입기에도 너무 작은 체구였다. 그러나 하나님은 거만하고 조롱하는 골리앗을 물리치는 결정적인 수단으로 구원자의 약함을 사용하셨다. 다윗은 약함을 통해 승리를 거두었고, 그 승리는 이스라엘 백성에게 전가되었다.

■ 부흥에 관한 추가적인 독서 목록

기초
팀 켈러, 《팀 켈러의 탕부 하나님》, 두란노 역간
마틴 로이드 존스, 《영적 침체》중 2장 '참된 기초.'

중급
마틴 로이드 존스, 《부흥》
리처드 러브레이스, *Dynamics of Spiritual Life*(영적 생활의 다이내믹)

심화
조나단 에드워즈, 《참된 미덕의 본질》
조나단 에드워즈, 《뉴잉글랜드 부흥에 대하여》
조나단 에드워즈, 《종교적 감정》
에드워즈는 부흥에 대하여 가치 있는 여러 책들을 냈다. 그의 설교 중 "신적이고 초자연적인 빛"과 "이신칭의"를 참조하라.
윌리엄 스프레이그, 《참된 영적 부흥》

그리고 예수님도 그렇게 하셨다. 예수님은 고통과 약함, 그리고 죽음을 통해서 죄를 이기셨다. 이 생생한 이야기는 우리가 그리스도와 함께 죽었고(롬 6:1-4), 그분과 함께 일으켜져 보좌에 앉게 된다는 것이(엡 2:5-6) 어떤 의미인지를 잘 보여 준다. 예수님은 최후의 챔피언이시다. 우리를 위해 대신 싸워 이기신 진정한 챔피언이시다. 그분은 우리를 위해서 생명을 거셨을 뿐 아니라, 생명을 주셨다. 그분의 승리는 곧 우리의 승리이며, 그분이 성취하신 모든 것은 우리에게 전가되었다.

다섯째, 그리스도인과 비그리스도인 모두에게 동시에 설교하라. 1980년대 후반, 내가 처음 뉴욕 시에 갔을 때, 그곳은 전형적인 미국의 도시가 아니었다. 맨해튼 주민의 30퍼센트는 "종교적 선호도가 없다"라고 말했는데, 이는 당시 미국 평균인 6퍼센트와는 크게 비교되는 수치였다. 개신교회에 출석하는 비율도 5퍼센트로 미국 전체 평균인 25퍼센트에 크게 못 미쳤다.[16]

뉴욕 시는 종교적으로나 문화적으로 세속적이고, 탈기독교적인 유럽의 모습과 더 흡사했다. 그래서 나는 런던에서 20세기 중반에 힘써 일한 위대한 설교자인 로이드 존스의 저작들을 살펴보았다. 그의 책《설교와 설교자》를 다시 읽었다. 추가적으로 그의 설교가 담긴 녹음 테이프들도 수십 개나 들었다(나중에는 수백 개가 되었다).

나는 그가 했던 설교의 구조에 특히 매료되었다. 아침 설교들은 기존 그리스도인들을 가르치고 세우는 데 초점을 맞춘 데 비해, 저녁 설교들은 전도를 위한 것이었다. 저녁 설교들은 신학적으로나 강해 설교적으로 굉장히 풍성하면서도, 사람들이 그리스도께 나아와 복음을 믿도록 직접 요청하는 부분들이 포함되어 있었다. 한편 아침 설교들은 기독교에 대한 지식을 어느 정도 감안하면서도 항상 죄나 은혜, 그리스도라는 선명한 주제들로 돌아왔다.

로이드 존스 목사는 교인들에게 아침과 저녁 예배에 모두 참석할 것을 권면했다. 교인들이 믿음 없는 친구들을 데려오기에는 저녁 예배가 이상적이었다. 신앙고백이 있는 성도들도 스스로의 유익을 위해서 정기적으로 저녁 예배에 참석하라고 권했다. 그는 아침 예배에 비신자들이 정기적으로 오는 것도 개의치 않았다. 이에 대해 다음과 같이 기록하고 있다. "우리는 사람들을 너무 단정적으로 구분하는 죄를 짓지 않도록 주의해야 한다. '이들은 그리스도이다.' [또는] '그렇다. 어느 전도 집회에서 내린 결신으로 이제 그리스도인이 되었으니, 우리가 필요한 모든 것은 가르침과 교훈이다'라는 식의 구분법을 피해야 한다. 나는 이것을 아주 강하게 주장한다."[17]

그에게서 얻은 깨달음은 이렇다. 참석한 모든 사람들이 그리스도인이라고 가정한 채 회중의 영적 성장을 위해서만 설교하지 말라. 모든 그리스도인이 복음으로부터 성장할 수 없다고 생각하고 체념한 채 복음을 단지 전도용으로만 가르치지 말라. 양육하면서 전도하고, 전도하면서 양육하라.

부흥의 표지들

전반적으로 부흥이 일어나는 때는 한 집단의 사람들이 이미 복음을 알고 있다고 생각했다가 실은 복음을 온전히 알지 못했음을 발견하면서, 복음을 자기의 것으로 수용하고 살아 있는 믿음으로 넘어갈 때다. 이런 일이 포괄적으로 일어날 때는 엄청난 에너지가 발생한다. 교회는 칭의의 기초를 성화에 두는 일을 멈춘다. 비교인들은 이것을 보고 그리스도인 공동체의 변화된 삶에 매력을 느낀다. 공동체는 하나님 나라의 표지를 나타내는 소명을 감당하기 시작하며, 그리스도 없는 인간 사회에 아름다운 대안이 된다.

부흥의 첫 번째 가시적 표지는 명목상 그리스도인들이 회심하는 것이

■ 마틴 로이드 존스는 어떻게 복음을 사용했나

마틴 로이드 존스는 어떻게 복음을 사용했나?

그리스도인들을 교화할 때 왜 복음을 사용하는가? 로이드 존스 는 두 가지 이유를 제시했다.[18]

첫째, 우리는 "교회의 멤버인 모든 사람들이 그리스도인이라고 가정해서는 안 된다. 이것은 가장 치명적인 오류이다."

둘째, 많은 사람들은 지성적으로 기독교를 받아들였지만, 말씀과 복음의 능력 아래 들어온 적이 없어서 진정으로 회개하지 않았다.

달리 말하자면, 교인들의 얼마는 진정으로 회심하지 않았다는 것을 언제나 기억하는 것이 중요하다. "설교자의 인생에서 가장 신나는 경험 중 하나는 그리스도인이라고 누구나 생각했던 사람이 갑자기 회심을 경험하고 진정한 그리스도인이 되는 것을 볼 때다. 이런 일이 일어나는 것만큼 교회 활력에 강력한 영향을 끼치는 것은 없다.[19]

신앙을 고백하는 수많은 그리스도인들은 사실 진정으로 회개하지 않았고 은혜 안에 안식하지 못했다. 뿐만 아니라 거듭난 그리스도인들도 성장하려면 복음의 능력을 지속적으로 느끼고 회심의 경험을 반복적으로 경험해야 한다.

로이드 존스는 말하기를, "만일 우리의 설교가 늘 강해식이고 교육과 교훈을 목표로 한다면, 설교를 통해서 마음이 단단하고 냉랭하고 엄격하고 자기만족에 젖은 교인들이 만들어질 것이다. 회중을 이것보다 더 바리새인으로 만드는 방법을 나는 알지 못한다"[20]라고 했다. 또한 그는 "복음을 기초로 하지 않은 채 도덕과 윤리를 설교하는 것"에 대해 경고했다.[21]

그러면 왜 로이드 존스는 저녁 예배 설교에서 신학적으로 꽤나 '꽉 찬' 강해 설교를 비신자들에게 했는가? 그는 이렇게 기록했다.

"나는 전에는 회심하지 않은 채 계속해서 교회를 다니며 교회에서 자라난 사람들이 나에게 나중에 찾아와서 그들에게 어떤 일이 일어났는지를 이야기하는 경험을 종종했다. 그들이 나에게 자주 말했던 것은 이랬다. "처음 이 교회에 왔을 때, 우리는 당신이 말하는 것을 많이 이해하지 못했습니다." 그래서 나는 무엇 때문에 계속해서 교회에 참석했는지 물었다. "우리는 어떤 전반적인 분위기에 끌렸습니다. … 우리는 점차 진리를 빨아들이는 우리 모습을 보게 되었습니다. … 그것들이 점점 더 의미 있는 것이 되었습니다.…" 그들은 이해에 있어서 성장을 하다가 마침내 예배 전체와 메시지 전체를 즐길 수 있을 때까지 계속해서 성장했던 것이다.[22]

왜 그의 복음 전도 설교는 더 단순하지 않았던가? 어떻게 교육이 근간인 설교를 통해서 사람들이 천천히, 그러나 확실히 그리스도를 발견하게 되었는가?

그것은 그가 신자들의 질문들과 문제들을 다룰 때 어떤 식으로든 복음 진리를 가리키도록 했기 때문이다. 그렇게 신자들이 교육을 받을 때, 비신자들은 복음 제시를 함께 들을 수 있었던 것이다. 이것이 아주 탁월한 비법이 된 것은, 비신자들이 믿음으로 새로 들어올 때, 신자들을 위한 예배로 옮겨갈 필요가 없다는 점이다.

그들은 복음을 다 떼고 졸업한 것처럼 생각할 수 없었다. 그들은 물론 주중 저녁에 신학 강좌나 로마서 강의를 들을 수도 있었다. 그러나 주일 예배를 통하여 믿음에 이르렀을 뿐 아니라 동시에 성경의 풍성한 강해를 통해서 은혜 안에 성장하였다.

다. 명목상 그리스도인들은 자신들이 지금까지 복음을 이해한 적도, 거듭남을 경험한 적도 없었음을 알게 된다. 또한 그리스도와의 살아 있는 관계 속에 들어가지 못했다는 것을 알게 된다.

회중들은 오래된 교인들이 눈부신 언어로 그리스도에 대해 이야기하고 새로운 방식으로 회개를 표현하는 것을 보고 전율을 느끼게 된다. 교회의 다른 멤버들도 먼저 부흥을 경험한 이들에 자극되어 부흥을 경험하게 된다. 곧 이어 '잠자던' 그리스도인들이 은혜의 새로운 확신과 이해를 갖게 된다. 그들은 자신들이 왜 긴장감과 시기, 분노, 지루함 등에 얽매어 살았는지 그 이유를 새롭게 발견하게 된다.

그들은 마음으로 하나님의 실재를 감각하기 시작하며 하나님의 사랑을 더 강하고 가깝게 확신한다. 죄에 대한 새롭고 깊은 깨달음이 오면서 행동의 죄뿐만 아니라 마음의 태도까지도 회개가 일어난다. 하나님의 친밀하심과 사랑하심에 대한 훨씬 강력한 확신을 갖게 된다. 죄에 대한 부채 감각이 클수록 그리스도의 지불하심에 대한 경외감도 더 커진다. 결과적으로 그들은 겸손한 동시에 담대해진다.

물론 비그리스도인들이 회심하는 일도 일어난다. 이는 새롭고 아름답게 변한 교회의 모습과 진정한 예배 및 지역 사회에서의 섬김, 그리고 배타적이고 정죄하는 태도가 완전히 사라진 교회 분위기로 인해 믿지 않던 사람들의 마음이 끌렸기 때문이다. 그리스도인들은 빛을 발산하는 매력적인 증인들이 된다. 그들은 자신의 믿음에 대해 보다 적극적이고 자신 있게 이야기하며, 더욱 신선하고 덜 정죄하는 태도로 대화한다. 그리고 자신의 교회에 대한 확신이 커져 사람들을 초대하게 된다. 그 결과로 건강하고, 지속적이며, 때로 드라마틱하기까지 한 회심자들이 많이 생기게 된다. 그리고 분명히 괄목할 만한 교회 성장이 이뤄진다.

리처드 러브레이스는 각성과 부흥 전후의 보편적인 현상들을 설명한다. 대개 여러 기독교 전통들과 교단들은 한두 가지 사역 기능들을 강조하면서 다른 것들에서는 상대적으로 약한 면모가 있다. 예를 들어, 장로교들은 역사적으로 설교와 교리에 강했고, 오순절과 성공회는 그들만의 방식으로 예배에 강점이 있었고, 침례교도들은 전도에, 재침례교도들은 공동체와 구제에 강점이 있었다. 그런데 복음 부흥의 시기에는 강점이 하나였던 교회들에서 여러 가지 강점들이 결합되어 나타난다. 복음 부흥을 경험하는 교회들은 그들의 주안점이 아니라고 여겼던 '이차적 요소들'이 부상하는 것을 발견하게 된다.[23]

이 변화는 종종 예배 가운데 느껴지는 활기에서 가장 처음 드러나게 된다. 복음이 가슴에 와 닿을 때, 곧 하나님의 거룩함과 그 사랑이 우리 마음에 훨씬 더 아름답고, 실제적이고, 감동적으로 될 때, 사람들은 자연스럽게 예배 가운데서 '하나님의 현존'을 새롭게 경험하게 된다. 새로워진 교회들은 예배 스타일이나 전통과 상관없이, 더 이상 일차원적 예배를 드리지 않게 된다. 그리고 단순히 감정적이거나 형식적인 예배에서 벗어난다. 예배 안에서 하나님의 초월성을 분명하고도 폭넓게 느끼는 것이다. 이는 기존 신자들을 세우는 동시에 비신자들을 이끄는 강력한 힘이 된다.

뿐만 아니라 회복된 복음에의 관심은 항상 실생활에 깊이 연결되는 성경적 신학에 대한 흥미를 자극하게 된다. 부흥의 시기에는, 자유주의 쪽으로 기울었던 교회가 훨씬 성경적인 방향으로 성장할 수 있다. 그리고 근본주의적으로 기울던 교회는 덜 분파적으로 되고, 교단 특성보다는 복음 자체에 더 초점을 맞추게 된다.

복음이 가슴에 깊이 들어올 때 -신자들이 더 이상 유능하고 의로운 자기 이미지를 고수하려고 애쓰지 않을 때- 사람들과의 관계들을 방해하는 장벽들이 무너지며, 진정한 공동체에 대한 경험을 더 깊이 할 수 있다. 더 이상 핑계나 회피를 할 필요도 없다. 복음으로 인해 신자들은 다른 사람들에게 더욱 공감하고 인내할 수 있는 겸손을 가지게 된다. 이 모든 것으로 인해서 교회 안의 모든 관계들은 더 깊어지고 두터워진다. 기존의 문화와 뚜렷이 차별되는 이러한 교회의 특성들은 바깥사람들에게 매력적으로 다가온다.

마지막으로 복음 부흥을 통해 사람들은 더욱 겸손하고 온유하며 사랑받는 존재로 변화된다. 자신과 의견이 다른 사람들을 무시하거나 깔보거나 경멸하지 않는 겸손이 생긴다. 자기를 향한 다른 사람들의 의견에 그다지 신경 쓰지 않는 내적 확신도 생긴다. 그래서 모든 신자들이 자연스럽게 전도자가 된다.

부흥의 시기는 항상 교회가 놀랍게 성장하는 시기이다. 그것은 수평 이동이나 '교회 쇼핑'에 의해서가 아니라, 회심으로 인한 성장이다. 이때는 빈곤 사역이나 정의 사역에도 새로운 주안점을 두게 된다.

그리스도인들이 영적 빈곤으로부터 구원받은 것이 스스로의 힘으로가 아니었음을 깨닫게 되면, 경제적, 물질적 빈곤에 빠진 사람들을 향한 태도에도 자연스럽게 변화가 생긴다. 이런 겸손한 관심이 야고보서 1-2장과 그 밖의 많은 성경 본문들의 메시지이다. 복음으로 새로워진 그리스도인들은 이웃, 빈곤층, 지역과 도시에 대한 희생적인 봉사를 이어간다.

교회 내부와 주변 지역에서 벌어지는 모든 변화들은 문화에도 폭넓은 영향을 미치게 된다. 복음 부흥을 경험하는 교회 안에서 복음에 의해 형성된 그리스도인들은 예술이나 경영, 정부, 미디어, 학문 등의 전 영역에서 깊고, 활력 있고, 건강한 영향을 미치게 된다. 미국과 영국에서 일어났던 노예제 철폐 및 아동 노동법 강화와 같은 중요한 사회 정의/사회 변혁 운동은 교회 대부흥에 그 강력한 뿌리가 있었다는 사실이 지난 20년 동안 폭넓게 인식되어 왔다.

참된 경건은 단지 내적 평안과 성취를 주는 내면적 신앙이 아니다. 거룩함은 그리스도인의 사적 영역과 공적 생활 모두에 영향을 미치는 것이다. 거룩함은 행동과 관계성을 변화시킨다. 이 땅에 거룩으로 옷 입은 참된 그리스도인이 더 많이 존재할수록 사회 여러 영역의 변화도 가속화될 것이다.

복음으로 회복된 마음에서 자연스럽게 흘러나오는 이런 '이차적 요소들'의 상호의존성에 대해서 주목해 보자. 첫째, 대다수 개인들은 이런 특정들을 가진 교회에 끌리기 때문에 복음으로 새로워진다. 둘째, 각 요소가 지닌 활력은 복음으로 새로워진 마음뿐 아니라 다른 요소들에 의해서도 좌우된다. 각 요소들이 서로 자극이 되는 것이다. 예를 들어, 그리스도인들이 가난한 자들을 위해 희생적인 삶을 나눌 때, 그들의 이웃은 복음 전도자에 더 열리게 된다. 깊이 있고 풍성한 공동체는 복음 전도의 결과로 만들어지지만, 동시에 전도의 수단이 되기도 한다. 설교를 들어서가 아니라 친구에게 귀 기울임으로써 영적으로 돌아오는 경우들이다.

이런 요소들이 상호간에 힘을 실어 줌에도 불구하고, 이 분야의 전문가들이나 지지자들은 거의 항상 서로를 향해 힘을 겨루곤 한다. 그래서 전도자들은 사회 정의를 너무 강조하다가 전도의 에너지나 관심, 자원 등이 거기로만 빠져나갈까봐 걱정한다.

한편 사회정의의 지지자들은 문화 부흥을 너무 강조하는 것에 반기를 들기도 한다. 왜냐하면 그들이 원하는 것은 거리에 나가서 가난한 사람들과 함께하는 것이지, 예술이나 미디어, 경영 등의 전문가 세계에 영향을 끼치는 것이 아니기 때문이다. 지역 사회에 초점을 둔 지도자들은 종종 프로그램들을 그다지 좋아하지 않아서 빠른 교회 성장과 전도 프로그램들을 부정적으로 본다. 그들은 모든 것이 자연적이며 독창적으로 일어나기를 원한다.

복음이 어떻게 이 모든 차원들에 영감을 불어넣는지를 깨달은 지도자들은 이러한 긴장들을 반드시 극복해야 한다. 우리는 추후에 이것들의 역동성을 깊이 있게 다룰 것이다.

복음 부흥의 역동성이 제자리를 잡지 못하면, 교인의 숫자는 증가할 수 있지만, 활력 면에서는 장담할 수 없다. 성장은 하겠지만 지속적인 결과를 가져오는 진정한 열매는 맺지 못할 것이다. 또한 무기력한 증상들이 나타나고, 성장의 대부분 또는 전부가 회심이 아닌 수평이동을 통해 일어날 것이다. 죄에 대한 깊은 각성이나 회심이 없기 때문에 극소수만이 극적으로 변화된 삶에 대해 증언할 것이다. 그리고 실제로 교회가 성장하는 일이 생기더라도, 지역 사회 질서에 영향을 미치지 못할 것이다.

왜냐하면 구성원들이 기독교 신앙을 일터나 재정 사용이나 공공 영역 안으로 가지고 들어가지 않기 때문이다. 그러나 복음 부흥의 역동성이 우리의 마음과 교회에 강력하게 있다면 교회와 사람들의 삶은 하나님의 성령에 의해 권능을 받으며 아름답게 변화될 것이다.

—

센터처치 신학적 비전의 모든 요소들 중에서 복음 부흥은 실행에 옮기기에 가장 어려운 부분일 것이다. 왜냐하면 궁극적으로 우리는 부흥에 대해 단지 준비만 할 수 있기 때문이다. 우리가 부흥을 만들어 낼 수는 없다. 부흥은 하나님만이 하실 수 있는 일이다. 이것은 모든 것을 능력과 의지로 컨트롤하는 테크놀로지 사회를 사는 우리에게는 실망스러운 것이다. 부흥이 일어나는 것을 볼 수 없을 때, 우리는 깊이 실망할 수 있다. 그러나 실망해서는 안 된다.

이 지점에서 데릭 키드너(Derek Kidner)의 시편 126편 주석은 우리에게 많은 도움이 된다. 시편 126편의 첫 세 절은 위대한 영적 번성의 시기를 돌아본다. 그때는 이스라엘의 "입에는 웃음이 가득하고"(2절) 열방은 말하기를 "여호와께서 우리를 위하여 큰일을 행하셨으니"라고 했다. 그러나 4절은 때가 바뀌었음을 말해 준다. 사람들은 부르짖는다. "우리의 포로를 남방 시내들 같이 돌려보내소서." 키드너는 시편의 마지막 부분을 자세히 살펴본다.

4절 여호와여 우리의 포로를 남방 시내들 같이 돌려보내소서

5절 눈물을 흘리며 씨를 뿌리는 자는 기쁨으로 거두리로다

6절 울며 씨를 뿌리러 나가는 자는 반드시 기쁨으로 그 곡식 단을 가지고 돌아오리로다

키드너는 어떻게 부흥이 올 수 있는지를 두 개의 아주 다른 그림을 통해 본다. 첫째는 4절 하반절이다. "갑작스런 모든 것이며, 하늘에서 오는 순전한 선물이다." 네게브(남방)보다 더 건조한 지역은 없다. 거기에서 드문 강우가 내린 후, 척박한 계곡들이 넘쳐나는 물줄기로 메워진다. 풀이 자라고 꽃이 피는 장소로 사막이 문자적으로 옥토로 변모되는 것이다.[24] 이는 갑작스럽고 거대하게 임하는 부흥의 시기이며, 역사가들이 기록한 시기이다.

둘째 그림은 5-6절에서 그려진다. 이것은 "가장 힘든 시기에 경작하는 것"으로 길고 고된 과정이 수반된다. 기후는 나쁘고 땅도 단단하다. 이 그림의 이미지는 비가 오지 않을 때도 끈질기고 성실하게 밭을 일구고 추수를 거두는 사람들의 모습이다. 그들은 다른 물 근원이 없어서 자신들의 눈물로 땅을 적신다. 이는 수년 동안 고된 일을 감당하고 있는 복음 사역자의 모습을 묘사하고 있다. 사람들의 척박한 마음을 보며 눈물로 씨를 뿌리지만 결실은 거의 없는 경우이다.

시편 기자는 궁극적인 추수에 대해서 절대적인 긍정을 한다. "하나님이 뿌려진 씨앗을 축복하시며, 당신의 백성들을 친히 방문하신다." 이것이 그의 최후 진술이다.

키드너는 현대의 번역들이 마지막 동사에 대한 강조점을 생략함으로써 이 시편의 확고함을 간과했다고 말한다. 우리가 아무리 오래 기다릴지라도 "울며 씨를 뿌리러 나가는 자는 반드시 기쁨의 함성으로 돌아올 것이다."[25]

키드너는 결론적으로 "시편은 시인의 시대뿐 아니라 지금의 우리를 향해서도 외치고 있다. 과거의 기적들은 우리에게 미래의 척도가 되어야 한다. 메마른 장소들, 강줄기로 바뀔 될 땅, 딱딱한 토양과 좋은 씨앗은 모두 추수에 대한 확실한 전주곡인 것이다."[26]

토론과 성찰을 위한 질문

1. 팀 켈러는 이렇게 썼다. "유지 기도회는 짧고, 형식적이고, 교회 내의 육적 필요에 초점을 맞춘 기도회이다. 반면 선봉 기도회의 기본적인 특징은 다음과 같다. 죄를 고백하고 우리를 낮출 수 있는 은혜에의 간구, 교회가 살아날 것에 대한 열정과 잃은 자를 찾고자 하는 연민, 하나님을 알려는 열심과 그분의 얼굴을 보고 그 영광을 맛보려는 갈망." 당신은 하나님께서 "선봉 기도"를 통해 일하시는 것을 어떻게 경험했는가? 지금 당신의 교회에서 이런 기도 시간들이 없다면, 어떻게 시작할 수 있겠는가?

2. 복음의 실천에 참여하는 한 가지 방법은 성도들을 지도자로 훈련하여 다른 사람들을 복음으로 섬기도록 하는 것이다. 이는 개인적인 만남과 상담을 통하여 사람들이 자신들의 우상과 자기 의를 회개하도록 돕는 것을 수반한다. 이러한 종류의 복음 실천이 당신의 교회에 현재 일어나고 있는가? 만일 아니라면, 어떻게 사람들이 복음을 적용할 수 있도록 훈련할 것인가? 복음으로 섬기는 것은 다른 형태의 상담과 어떻게 다른가?

3. '체험 모임을 위한 질문들과 가이드'를 보라. 이 중에 어떤 질문들이 당신을 불편하게 하는가? 어떤 것들이 당신이 참여하기에 가장 쉬운가? 개인적으로 마음의 찔림이 있는 모임은 무엇인가?

4. 복음 혁신은 새로운 방식으로 복음을 창의적으로 의사소통하는 것을 포함한다. 어떤 특정한 소통 스타일이나 방법론에 대한 과도한 의존이 사역을 방해하는 경우를 본 적이 있는가? 왜 혁신적이어야 하는가? 이와 관련되어 어떤 것들이 위험한 요소인가?

5. "복음 부흥을 위한 설교"에서 부흥으로 연결되는 설교를 정의하는 다섯 가지 특질들을 살펴보았다. 당신은 이 다섯 가지 중에서 어떤 것을 강화할 필요가 있는가? 당신의 설교에 빠져 있는 요소들이 있다면 어떻게 그것들을 포함시킬 것인가?

1. C. John Miller, *Outgrowing the Ingrown Church* (Grand Rapids: Zondervan, 1986, 1999), 98-101.

2. Martin Lloyd-Jones, Revival (Wheaton, Ill.: Crossway, 1987), 33-54, (《부흥》, 생명의말씀사 역간, 2014, 3장 불신과 4장 오염된 교리를 보라).

3. 마틴 로이드 존스(Martin Lloyd-Jones), 《부흥》, 6장 죽은 정통을 보라.

4. 위의 책, 5장과 7장.

5. "복음 부흥을 위한 설교" 부분을 보라. 나는 이 책에서 이 주제를 깊이 다루지 않는다. 가까운 미래에 이 주제에 대한 책을 준비하고 있기 때문이다 (2016년에 Preaching이 출간될 예정이다-역주).

6. 마틴 로이드 존스(Martyn Lloyd-Jones), 《영적 침체》(새순출판사), 팀 켈러(Timothy Keller), 《팀 켈러의 탕부 하나님》(두란노), 팀 켈러, *The Prodigal God Discussion Guide* (Grand Rapids: Zondervan, 2009).

7. 유용한 자료로는 리디머교회의 성경공부 교재인 *Paul's Letter to the Galatians: Living in Line with the Truth of the Gospel* (참여자 및 인도자 가이드)을 보라 (http://redeemercitytocity.com/resources/library.jsp?Library_item_param=376)). 또한 팀 켈러(Timothy Keller)의 *Gospel in Life Study Guide*를 보라 (Grand Rapids: Zondervan, 2010).

8. William Williams, *The Experience Meeting: An Introduction to the Welsh Societies of the Great Awakening*, trans. D. Martyn Lloyd-Jones (Vancouver, B.C.: Regent College Publishing, 2003).

9. 윌리엄 스프레이그(William B. Sprague), *Lectures on Revivals of Religion* (1832; Carlisle, Pa.: Banner of Truth, 2007), 139. (《참된 영적 부흥》, 이레서원 역간, 2007).

10. 위의 책, 118-129.

11. 위의 책, 153-214. ("Lectures VI: Treatment Due to Awakened Sinners"; "Lectures VII: Treatment Due to Young Converts").

12. 위의 책, 155.

13. 유명한 찬송 작사가이기도 한 뉴턴(John Newton)은 복음 상담에 대한 위대한 유산을 남겼다. 시작하기 좋은 책은 *The Letters of John Newton* (Carlisle, Pa.: Banner of Truth, 1960), (《영적 도움을 위하여 존 뉴턴 서한집》, 크리스천다이제스트 역간, 2011).

14. 다음을 보라. Wilson H. Kimnach, "Jonathan Edwards's Pursuit of Reality," in *Jonathan Edwards and the American Experience*, ed. Nathan O. Hatch and Harry S. Stout (New York: Oxford University Press, 1988). 105.

15. D. Martyn Lloyd-Jones, "Jonathan Edwards and the Crucial Importance of Revival," in *The Puritans: Their Origins and Successors* (Edinburgh: Banner of Truth, 1976), 360. (《청교도 신앙 그 기원과 계승자들》, 생명의말씀사 역간, 2013).

16. 이 숫자는 1990년대 초반 〈뉴욕〉 잡지에서 얻은 것이며, 모든 개신교 회중의 멤버들을 포함한 것이다. 또 다른 통계에 따르면 1980년대 후반 복음주의적 개신교 교회에 출석하는 사람들의 수는 맨해튼의 1퍼센트 미만이었다.

17. D. Martyn Lloyd-Jones, Preaching and Preachers (Grand Rapids: Zondervan, 1972), 151. (《설교와 설교자》, 복 있는 사람 역간, 2012).

18. 위의 책, 96.

19. 위의 책, 152.

20. 위의 책, 152-153.

21. 위의 책, 35.

22. 위의 책, 127-128.

23. Richard F. Lovelace, Dynamics of Spiritual Life: An Evangelical Theology of Renewal (Donwers Grove, Ill.: Inter-Varsity, 1979), 145-200.

24. Derek Kidner, Psalms 73-150: A Commentary (Downers Grove,Ill.: Inter-Varsity, 1973), 440.

25. 위의 책.

26. 위의 책.

센터처치는
복음 균형을 이룬다

복음은 종교도 비종교도 아닌 완전히 다른 무엇이다. 은혜를 통해 하나님과 연결되는 제3의 길이다. 때문에 우리는 어느 쪽의 극단과 오류를 피하면서 복음에 대해 분명하고도 충성 되게 소통하고 독특하고 균형 있는 방식으로 사역해야 한다.

- 모든 것이 복음은 아니며, 그렇다고 단순한 것도 아님을 기억하라.
- 성경에 대한 공시적(조직신학적) 접근과 통시적(구속사적) 접근법을 모두 사용하라.
- 설교와 목양에 있어서 몇 가지가 아니라 다양한 신구약 주제들을 사용하라.
- 하나님 나라의 세 가지 측면들을 -위에서 아래로, 안에서 바깥으로, 앞에서 뒤로- 사용하라.

- 구원에는 개인적 측면과 공동체적 측면이 있음을 확증하라.

- 하나님 나라는 이미 임했으나 아직 완성되지 않았음을 알게 하라.

- 은혜와 진리 사이의 조화를 제시하라.

- 교회의 교육적 역할을 인정하며 동시에 개인의 마음을 다루는 부흥 주의를 일으키라.

- 신자들이 모두 교리/지식과 경험/느낌을 가질 수 있도록 지도하라.

도시를 품는
교회

과소적응

도전뿐

C

City

과도 적응

수용뿐

센터처치 사역은 도시와 문화에 대하여
정도가 지나치거나, 부족하지 않을 만큼 상황화 되었다.
도시는 인간의 번영과 우상숭배 모두에 대한 잠재력을
갖고 있기 때문에 우리는 하나님의 진리를 따라 복음을
사용해서 문화를 인정하기도 하고 도전하기도 하면서
도시에서 균형 있게 사역하고 있다.

복음이
현실에 다가서게 하라

도시

금세기에 열매 맺는 사역은 도시의 피할 수 없는 현실을 반드시 수용해야 한다. 센터처치의 신학적 비전에서 우리는 중심 도시들이 중요하고, 전략적이며, 그리고 복음사역이 덜 일어난 곳임을 알 수 있었다. 또한 대부분의 모든 사역들이 점점 도시와 국제적 세력들의 영향을 받고 있다. 당신이 어떤 문화권이나 지역적 환경에 처해 있든지 간에, 전도하려고 하는 사람들에게 다가서는 신학적 비전을 형성하려고 할 때 도시를 반드시 고려해야 한다. 다시 말해서, 세계는 70퍼센트의 도시화에 근접하고 있으며, 우리에겐 도시를 염두에 둔 신학 비전이 필요하다(역주 - 한국은 90퍼센트 이상이 도시화 되었다). 당신이 도시에서 사역하지 않더라도, 실수하지 말라. 도시가 당신을 향해 오고 있다.

3부 복음의 상황화에서, 우리는 균형 있는 성경적 기초를 살펴본다. 우리가 문화를 존중하면서 동시에 도전적으로 소통하며 어떻게 복음 사역을 상황화 할 수 있는지 조사한다.

교회와 사역들은 도시 중심과 문화 중심들에서 더 번성한다. 이를 4부 도시 비전에서 고찰하며, 그 핵심 특성들을 살핀다. 어떻게 도시가 발달하는지에 대한 성경 전체에 대한 이해에 기초한다. 하나님께 반기를 들었던 시초에서부터, 선교를 위한 전략적 중요성, 영광스러운 완성과 구속에 이르기까지 성경신학적으로 조망한다. 가장 중요한 것은, 도시 비전을 통해서 우리가 복음사역자로 부르심을 받은 지역을 향해, 도시에 대한 적대감이나 무관심이 아닌, 진정한 사랑을 갖게 된다.

5부 문화 참여에서 우리는 사려 깊은 문화 참여의 필요성을 살핀다. 문화 참여의 네 가지 모델을 토의하며, 각각의 모델이 가진 장점과 단점을 살펴본다. 특정한 성경적 강조점들을 정확히 살펴보고, 또한 비성경적인 치우침이나 우상들을 고찰한다. 문화 참여에 대한 센터처치 비전은 각각의 모델로부터 핵심적인 영감을 길어 올린다. 그래서 더 성경적이고 더 유효한 도시 문화 사역의 모델을 찾아볼 수 있다.

01
도시에서는
복음화가 어렵다?

리디머 시티투시티(Redeemer City to City)는 전 세계 대도시에서 일어나는 복음 운동과 교회 개척을 지원하는 기관이다.[1] 국제 사역을 하는 중에 우리는 중국의 가정교회 지도자들과 대화할 기회를 가졌다. 하나님은 중국 교회들을 축복하셔서 비약적인 성장을 이루게 하셨다. 하지만 농촌 지역에서 하나님의 축복을 경험했던 중국 교회들과 사역자들이 급격한 성장을 이루고 있는 도시로 들어가 동일한 방법으로 복음을 전하고 사역했을 때 열매가 훨씬 적어지는 것을 발견했다.

십여 년 전에는 몇몇의 네덜란드의 교단이 우리를 찾아왔다. 그들은 도시 외곽에서는 번창하고 있었지만, 암스테르담에서는 수년 간 활력 있는 새로운 교회를 시작조차 할 수 없었다고 했다. 암스테르담은 기존 교회들이 대부분 사라지고 없는 상태였다. 그들은 복음이 무엇인지 알고 있었고, 재정적 자원도 가졌으며, 그리스도인의 사명을 잘 감당하기를 열망하고 있었다. 그러나 네덜란드의 최대 도시에서 어느 것 하나도 궤도에 올리지 못하고 있었다.[2]

두 경우 모두 시골의 중심부에서 번성하던 사역들이 도시에서는 힘을 발휘하지 못하는 것을 보여 준다. 물론 "도시 사람들은 영적으로 너무 거만하고 딱딱하다"라고 말할 수도 있을 것이다. 그러나 우리가 만났던 교회 지도자들은 이 문제에 대해 겸손하게 반응했고 책임의식도 느끼고 있었다. 그들이 내린 결론은 비도심 지역에 맞춰진 복음 사역이 도시 생활과 문화에 적응될 필요가 있다는 것이었다. 이들의 생각은 옳았다. 문화에 대해 필요한 적응은 우리가 '상황화'(contextualization)라고 부르는 것의 한 가지 예라고 할 수 있다.[3]

건전한 상황화

상황화는 "사람들에게 그들이 원하는 것을 주는 것"이 아니다.[4] 오히려 특정 시기와 특정 지역에서 사람들이 삶에 대해 갖는 질문에 대해 그들이 이해할 수 있는 언어와 형태로, 그리고 그들이 힘 있게 느낄 수 있는 호소와 논증을 통해서, 비록 그들이 듣고 싶어 하지 않고 심지어 반대할지라도 성경의 답을 주는 것이다.

건전한 상황화는 특정 문화에 대한 복음의 소통과 사역이 복음 자체의 본질과 독특성을 타협하지 않으면서 번역되고 적응되는 것이다. 위대한 선교는 복음을 새로운 문화에서, 그 메시지가 해당 문화에 불필요하게 외래적인 것이 되지 않도록 하고, 동시에 성경적 진리의 도전성이나 공격성이 없어지거나 흐려지지 않도록 하는 것이다.

상황화된 복음은 명료하면서도 매력적인 모습을 지닌다. 동시에 죄인들의 자기의존에 대항하여 회개하도록 요청한다. 문화에 적응하고 연결되어 있지만, 그 문화와 맞서 도전하는 것이다. 만일 우리가 문화에 적응하는 데 실패하거나 문화에 맞서지 못한다면 -과소하게 또는 과도하게 상황화된다면- 우리의 사역은 상황화에 성공하지 못했기 때문에 열매 맺지 못할 것이다.

어쩌면 이 개념을 빨리 이해할 수 있는 가장 쉬운 방법은 어떤 공통적인 현상들을 생각해 보는 것이다. 당신은 성경적으로 건전하고, 교리적으로 정확하지만 너무 졸려서 하품과 눈물만 나던 설교를 들었던 적은 없는가? 그 설교가 무엇 때문에 지겨웠는가? 때로는 설교의 구성적인 요소(예를 들어 단조로운 전달 방식) 때문일 수도 있다. 이처럼 지루한 설교는 교리적으로 정확하지만 우리 삶과는 전혀 연결되지 않는 경우가 많다. 그래서 듣는 사람은 이렇게 생각한다. "맞는 말씀인 것 같은데 나와는 아무 상관이 없네요. 그런다고 내가 어떻게 생각하고, 느끼고, 행동하는지가 실제로 달라질지 모르겠습니다."

듣는 이의 일상적 삶과 세계에 진리가 들어가지 못하면 설교가 지루해진다. 성경적 진리가 특정 시간과 장소에서 사람들의 소망이나 이야기, 두려움, 실수 등에 연결되지 않는 것이다. 듣는 사람에게 기독교가 진리이기를 바라는 마음조차도 주지 못한다. 달리 말해서, 설교가 듣는 이에게 성경적 진리를 상황화하지 못하는 것이다.

우리가 충성되고 공교하게 복음을 상황화할 때, 우리는 사람들에게 그들이 속한 사회의 근간과 희망이 되는 '문화적 서사'(cultural narratives)가 어떻게 예수님 안에서 해결되고 성취되는지를 보여 주는 것이다. 이 말이 의미하는 것이 무엇일까? 어떤 문화는 매우 현실주의적이어서 구성원들로 하여금 소유와 권력을 많이 획득하라고 자극한다. 반면 어떤 문화는 개인적이고 주관적이어서 무엇보다도 개인의 자유를 추구하도록 권한다. 다른 문화들은 '명예와 수치'의 문화여서 존경이나 평판, 의무, 가정의 명예 등을 중시한다. 또 어떤 문화들은 자유분방해서 예술이나 철학, 학습에 최고의 가치를 둔다.[5]

사람들은 이런 것을 '문화적 서사'(cultural narratives)라고 부른다. 왜냐하면 개인들이 사람들과 공유하고 있는 현존의 경험에서 벗어나 자신들에 대해 말하는 이야기들이기 때문이다. 개인적, 문화적 서사가 무엇이든 간에, 건전한 상황화가 잘 이루어지면, 사람들은 자신들의 인생 이야기가 그리스도 안에서만 해피엔딩이 됨을 발견하게 된다.[6]

이처럼 상황화가 문화와 관련이 있다면, 도대체 문화라는 것은 정확히 무엇일까? 효과적인 상황화는 문화를 가장 넓은 의미와 범위에서 다룬다. 보통 문화는 좁은 의미로 이해된다(언어, 음악, 미술, 음식, 패션 등). 그러나 문화를 제대로 이해한다면, 그것이 우리가 살아가는 세상의 모든 측면을 포괄함을 알 수 있다.

문화는 자연의 원재료를 취해서 환경을 창조하는 것이다. 우리가 이 땅의 원재료를 취해서 건축물을 짓거나, 소리나 리듬을 이용해서 노래를 작곡하거나, 혹은 개인적인 경험들을 토대로 이야기를 만들 때, 우리는 문화라고 하는 환경을 창조하는 것이다. 우리는 이 모든 것들에 대한 목표를 가지고 한다. 어떤 '지배적 진리들'과 핵심 신념, 우리가 살고 있는 세상과 실재에 대한 가정 등에 자연적 질서를 부여하기 위해서다.

선교사 린우드 바니(G. Linwood Barney)는 문화가 양파를 닮았다고 표현한다. 문화의 가장 안쪽에는 세계관이 들어 있다. 그것은 세상과 우주, 인간 본성에 대한 표준적인 신념들의 집합이다. 여기에서 직접적으로 성장해 나오는 것이 가치들의 집합이다. 무엇이 선하고 참되며 아름다운가에 대한 평가 기준이다. 세 번째 층은 이러한 가치관과 세계관에 근거한 사법적 판단 및 교육 제도, 가족생활, 지배 구조 등과 같은 인간 제도의 집합이다. 끝으로 가장 관찰하기 쉬운 문화적 요소가 있다. 곧 사람들의 관습과 행동, 구체화된 제품, 건축된 환경 등과 같은 것이다.[7]

어떤 이들은 당연히 이 모델에 대해 비판을 한다. 양파나 사다리 모양의 그림으로는 각각의 '층'들이 어떻게 상호작용하며, 또는 서로를 어떻게 만들어 가는지 충분히 보여 줄 수 없다는 것이다.[8] 예를 들어 제도라는 것은 무언가 새로운 것을 만들 수 있다. 마치 미국을 관통하는 고속도로 시스템이 미국의 '자동차 문화' 행위를 만들어 내는 것처럼 말이다. 자동차 문화는 공동체의 오래된 형태들을 약화시켰고, 다시금 많은 제도들을 만들어 냈다. 이처럼 상호작용은 결코 직선적이거나, 일방적이지도 않다.

그러나 여기에서 요점은 복음을 문화 가운데 상황화할 때 이 모든 요소들을 고려해야 한다는 것이다. 그것은 단순히 사람의 행위를 변화시키는 것만 의미해선 안 되며 세계관도 포함해야 한다. 다시 말해 음악이나 의상 같은 피상적인 적응만을 의미하지 않는다. 문화는 인간 삶의 모든 측면에 영향을 미친다. 의사결정의 방법과 감정의 표현법, 무엇이 공과 사를 구분하는지, 어떻게 개인이 집단과 관계하는지, 사회 권력은 어떻게 사용되는지, 성별이나 세대, 계층, 인종 간에 어떤 식으로 관계가 맺어지는지 등이 문화에 의해 결정되는 것이다.

우리 문화는 시간에 대한 이해, 갈등 해결, 문제 해결, 그리고 심지어 사고하는 방법에까지 영향을 미친다. 따라서 복음 사역을 하려면 이 모든 요인들을 반드시 고려해야 한다. 데이비드 웰스(David Wells)는 말한다. "상황화는 단순히 성경 교리의 실천적인 적용에 대한 것이 아니라, 우리가 살아가고 있는 삶에서 지배적 힘을 발휘하는 사회적 구조와 삶의 방식, 현실과 연결되는 개념들로 교리를 번역하는 것이다."[9]

상황화를 공교하게 하는 것은 오늘날 효과적인 사역의 열쇠 가운데 하나이다. 특히 교회는 도심과 문화적 중심 지역에서 상황화와 관련한 이슈들에 아주 예민해야 한다. 왜냐하면 거기에서 한 사회의 문화가 형성되고, 새로운 방향으로의 전환이 일어나기 때문이다. 또한 도시는 다양한 인간 문화가 불편한 긴장 속에서 공존하는 곳이며, 문화적 구성 요소들이 보다 복잡하고 혼합되어 있는 곳이기도 하다.

상황화의 역사

상황화(contextualization)라는 용어는 1972년 쇼키 코(Shoki Coe)에 의해

처음 사용되었다. 그는 세계교회협의회(WCC) 창설에 중요한 역할을 한 대만 출신 신학자이다.[10] 코는 헨리 벤(Henry Venn)과 루푸스 앤더슨(Rufus Anderson)의 '토착 교회 운동'의 유효성에 대해 의문을 제기했다. 벤과 앤더슨은 서구 선교사들이 새로운 문화권에 자립(self-supporting), 자치(self-governing), 자전(self-propagating)하는 교회들을 세우도록 지휘했던 사람들이다. 더 이전의 선교사들은 외국 문화권에 교회들을 세울 때 그들에 대한 통제권을 지속적으로 주장했다. 현지 그리스도인들은 단지 보조로서의 역할만 했다. 그들은 또한 현지의 그리스도인들이 전체적으로 서양식을 따르게끔 명시적으로 지도했다. 하지만 '토착 교회 운동'은 선교사들이 일시적으로만 사역하게 하여, 초기 전도 활동을 한 후에 가능한 빨리 현지 지도자들에게 교회의 리더십을 넘기도록 했다. 그래서 현지 교회들이 본래의 언어와 음악 및 문화 속에서 예배하고 사역하게 하는 것을 목적으로 삼았다.

이것은 기독교 선교가 어떻게 이루어져야 하는지 이해함에 있어서 매우 유익하고도 중요했다. 그러나 타이난(Tainan)신학대학의 교장으로 일한 바 있는 코는 단순히 현지 지도자들에게 권한을 위양하는 것 이상이 필요하다고 주장했다. 그는 선교사들이 여전히 현지 지도자들에게 교회 사역의 형태를 제공한다고 보았다. 복음을 표현하고 형태화하는 것과 교회의 구조를 정하는 방식들은 대부분 서구적인 것이었다. 현지 그리스도인들은 복음 메시지를 자신들의 문화권 안에서 어떻게 효과적으로 소통할지 창의적으로 생각하지 못했다.[11]

세계교회협의회의 신학 교육기금은 이 새로운 용어를 처음으로 사용했고,

■ 문화는 중립적인가?

문화를 중립적인 것으로 보는 견해는 문화의 권력을 제대로 설명하지 못한다. 제임스 헌터는 말했다. "이 관점의 문제는 문화로부터 자유롭고 독립적인 자아를 가정한다는 것이다. 자신이 멤버로 소속된 공동체의 가치에 의해 정의되어 있는 도덕적 우선순위에 구애받지 않는 자아를 가정하는 것이다. 그러나 문화는 자아에 대한 자유주의적인 이해보다 훨씬 깊고, 강하고, 지배적인 힘이 있다.[13]

그 업무 범위 안에서 그것을 추구했다. 하지만 이 이름으로 이루어진 최초의 작업은 깊은 우려를 불러일으켰다. 루돌프 불트만과 -1970년대에도 여전히 큰 영향력을 끼쳤다- 에른스트 케제만의 실존주의 신학 사상에 영향을 받은 WCC 관련 신학자들은 신약성경 자체가 지금은 유효하지 않은 헬레니즘 세계관에 맞춰져 있다고 주장했다. 따라서 그리스도인들은 "기독교의 (성경적) 계시가 지닌 내면적 핵심"과 특정한 문화가 맞는지 아닌지를 자유롭게 결정하고 나머지는 버리거나 조정해야 한다고 논쟁을 이어갔다.[12]

상황화에 대한 이러한 접근법은 본문(성경)과 상황(문화)이 모두 상대적이며 동등하게 권위적이라는 것을 가정하고 있다. 두 가지가 변증법적 과정을 통해서 상호관계를 이루며 특정 시대와 특정 문화에 맞는 기독교 진리의 특정 형태를 추구하게 된다는 것이다. 이렇게 되면 사실상 기독교 신앙의 어떤 부분이든 -그리스도의 신성, 하나님의 삼위일체, 복음의 은혜 기초- 특정 문화적 환경에 따라서 버려지거나 전혀 새로운 내용으로 채워질 수 있다. 교회는 문화에 대한 상황화란 이름으로, 역사적인 기독교 교리에 근본적인 변화를 가할 수 있는 가능성을 부여하는 것이다.

이는 엄청난 아이러니가 아닐 수 없다. 상황화에 대한 본래의 요청은 자국 교회가 성경 외적인 부분, 곧 서구의 사고방식을 강요받지 않고 스스로 신학적 자성을 하도록 허락하자는 것이었다. 그런데 에큐메니컬의 WCC 신학 교육기금에서 주장한 상당 부분은 서구 사상에 의해서 깊이 형성된 것이다. 반권위주의적인 성경의 개념에 근거한 상황화는 현대 서구 신학자들의 관점에서 파생된 것이다. 이것은 기적적이며 초자연적인 것에 대해 회의하는 유럽 계몽주의를 수용한 관점이다. 다시금 그 결과는 기독교 신앙이 문화에 과도하게 적응되는 것이다. 이번에는 오래되고 더 보수적인 19세기 선교사들의 서구 문화가 아니라, 20세기 서구 학계의 자유주의적인 문화일 뿐이다.

상황화의 위험성

이런 역사 때문에 상황화라는 말은 보수적인 신학 진영의 사람들에게 매우 신경 쓰이는 것이 되었다. 사실 그들의 반응은 타당하다. 상황화에 대한 논문에서 크레이그 블룸버그(Craig Blomberg)가 지적했듯이, "보편주의를 포용한 많은 사람들이 처음에는 복음주의자로 출발했었다. 사실 스페인어권의 많은 자유주의 신학자들도 이전엔 복음주의자들이었다."[14] 이 모든 경우들은 문화의 가치가 성경의 권위보다 더 높은 우선순위를 차지하며 벌어진 일이었다.

상황화라는 단어가 그레샴 메이첸(J. Gresham Machen) 당시에 사용된 것이 아님에도 불구하고, 메이첸은 20세기 초반에 미국 장로교에서 동일한 문제를 대하고 있었다. 《기독교와 자유주의》에서 그는 자유주의 기독교가 문화를 풀려고 시도하고 있다고 기록했다.

> 기독교와 문화는 어떤 관련성을 가지고 있는가? 기독교는 과학의 시대에도 유지될 것인가?
>
> 이것은 현대 자유주의자들이 풀려고 애쓰는 문제들이다. 자유주의 신학자들은 기독교의 특정 사항에 대해서는 과학적인 반대를 하면서도 -그리스도의 인성과 그분의 죽으심, 부활을 통한 구속의 교리들을 거부하면서도- 종교의 일반적 원리들의 어떤 것들은 구제하려고 한다. 이런 것들을 단지 시대적인 상징으로 주장하면서 일반적인 종교 원리들이 '기독교의 핵심'을 구성한다고 주장하는 것이다.
>
> 사실상 자유주의 신학자들이 기독교의 교리를 하나씩 하나씩 원수에게 포기한 다음에 남은 것은 결코 기독교가 아니다. 다만 기독교와는 전적으로 다르고, 전혀 다른 범주에 속하는 하나의 종교일 뿐이다.[15]

메이첸은 20세기 초반에 들어 문화가 '자연주의적'(naturalistic)으로 되었다고 진단했다. 곧 하나님에 의한 초자연적 개입의 이야기를 전적으로 거부하게 되었다. 자연주의적 관점에서는 모든 것이 반드시 자연적, 과학적으로 설명되어야 한다. 메이첸 시대의 자유주의적 기독교의 문제점은 이러한 문화적 신봉을 당연한 것으로 여긴다는 것이다. 그것이 성경과 모순되는데도 말이다.

자유주의 기독교는 문화와 충돌해야 할 때 문화에 적응했다.[16] (그들의 생각에) 기독교를 현대인의 구미에 맞추기 위해, 자유주의 기독교 지도자들은 모든 교리를 자연주의적 관점에서 재정의했다. 그 이후 재형성된 기독교 버전은 다음과 같다.

1. 성경은 신적인 지혜로 가득하지만 이것이 무오류임을 의미하지 않는다. 성경은 오류와 모순을 갖고 있는 인간의 문서이다.
2. 예수는 하나님의 아들이지만 이는 그가 창세 전에 선재하신(preexisting), 하나님의 신적 아들이라는 의미는 아니다. 그는 하나님의 영으로 충만한 위대한 사람이었다.
3. 예수의 죽음은 하나님의 진노를 해결한 우주적 사건이 아니다. 그것은 그의 모범을 보고 감동함으로써 우리를 변화시키는 희생적인 사랑이다.
4. 그러므로 그리스도인이 된다는 것은 거듭남의 초자연적인 행동을 수반하지 않는다. 그것은 예수의 모범을 따르는 것을 의미한다. 산상수훈의 가르침을 따르며 이 세상에서 사랑과 정의의 삶을 사는 것이다.

메이첸은 기독교를 자연주의적 철학과 화해시키려는 노력들이 성경적 믿음의 조정 판(version)이 아니라 전적으로 새로운 종교를 만들어 내는 것이며, 정통 기독교와 거의 모든 면에서 직접적으로 모순된다고 강하고 설득력 있게 논증한다. 어쩌면 그가 가장 말하고 싶었고 엄청난 일격을 가한 부분이 있다면 '구원'이라고 이름 붙인 장이다. 그는 만일 예수님의 속죄가 단지 우리가 따라 살아야 할 모범에 불과하고 그리스도인이 되는 것이 거듭나는 것이 아니라 예수님처럼 살아가는 것이라면, 그것은 은혜를 통한 구원의 복음을 공로를 통한 구원의 종교로 대체하는 것이라고 말한다. 그는 "그런 가르침은 율법주의를 세련되게 변형시킨 형태에 불과하다"[17]라고 결론짓는다.

복음을 상황화하라는 부르심은 지금까지 종교적 혼합주의의 구실로 이용되어 왔고, 지금도 그러하다. 혼합주의는 복음이 특정 문화에 적응하는 것이 아니라 완전히 항복하는 것이며, 기독교를 이질적인 세계관에 과도하게 적응시킴으로써 전혀 다른 종교로 만드는 것이다. 하지만 정당한 상황화에서 위험한 혼합주의로 옮겨갔는지 않았는지 여부를 우리가 어떻게 판단할 수 있을까? 나띠 딴잔퐁스(Natee Tanchanpongs)는 한 유용한 에세이에서 복음주의자들에게 상황화는 기독교의 덜 중요한 부분을 적용시키는 것인데 반해, 혼합주의는 복음의 '결정적이고 기본적인 요소들'을 잃어버릴 때 일어난다고 주장한다.[18] 이 관점에서 상황화는 필수 요소에 대해선 고수하면서, 비필수적인 요소에 대해선 유연한 태도를 가진다.

딴잔퐁스는 성경을 보면서 어떤 핵심적, 필수적 가르침들이 다른 것들보다 더 중요하거나 다른 것들은 더 주변적이라고 보는 것은 잘못되었다고 주장한다. 사실 하비 콘(Harvie Conn)은 우리가 (문화의 이름으로) 성경 전부에 귀 기울이지 않을 때 혼합주의가 발생한다고 논증했다. 모든 문화마다 보다 매력적으로 다가오는 성경 본문이 있고, 보다 거슬리는 부분이 있기 때문이다. 그래서 덜 거슬리는 부분들을 더 '중요하며 필수적인' 것으로 보는 개연성이 존재한다. 이것은 메이첸의 시대에 자유주의가 성경의 초자연적인 요소들에 반발하여 거부했던 바로 그것이다. 사실 혼합주의는 성경 전체의 권위를 거부하는 것이다. 성경의 여러 가르침들 중에서 이것저것을 택해서 사람들이 반발하거나 화내지 않는 부류의 기독교를 만들어

내는 것이다.[19] 그러므로 충성스러운 상황화는 모든 성경의 가르침을 문화와 소통하고 실천하는 것을 적응해야 한다(아래에서 상황화할 때에 '정경 안의 정경'을 갖는 것의 위험성에 대해서 읽어 보라).

상황화 작업의 불가피성

간과하기 쉬운 역설이 있다. 우리가 보편적인 진리를 특정한 문화의 맥락에서 표현해야 한다는 사실은 진리 자체가 상실된다거나 덜 보편적이라는 의미는 아니다. D. A. 카슨은 말한다. "인간이 설명하려는 어떤 진리도 문화를 뛰어넘어 분명히 표현되는 것은 전혀 없다. … 그렇게 표현되는 진리가 문화를 초월하지 못한다는 뜻은 아니다."[20]

이 세심하고 중요한 문장의 균형을 유지하려고 하는 것은 매우 중요하다. 이 말의 의미는 첫째 모든 문화, 모든 사람들에게 기독교 믿음을 보편적으로 표현할 수 있는 단 하나의 유일한 방법 같은 것은 존재하지 않는다는 것이다. 당신이 복음을 표현하는 순간, 그것은 피할 수 없이 어떤 문화의 사람들에게는 더 많이 이해되거나 보다 접근하기 쉬울 것이며, 다른 문화의 사람에게는 그렇지 못할 것이다. 둘째 문화를 뛰어넘어 복음의 진리를 설명하는 방법은 없지만, 어쨌든 오직 하나의 참된 복음이 존재하는 것이다. 복음의 진리는 어떤 문화의 산물이 아니다. 이 진리는 모든 인간 문화의 심판을 견뎌온 것이다.

만약 당신이 첫 번째 진리를 -문화를 뺀 복음 제시는 존재하지 않는다- 망각한다면, 복음을 전달하는 오직 유일한 참된 방법이 있다고 생각하게 될 것이다. 그래서 융통성 없고 문화적으로 묶인 대화를 하게 될 것이다. 만일 당신이 두 번째 진실을 -오직 하나의 참된 복음이 있다- 망각한다면, 상대주의에 빠지게 될 것이다. 어느 쪽이 되었든 충성되지 못하며, 사역에서 많은 효과를 얻지 못하게 될 것이다.

우리는 이것으로부터 어떤 결론을 내릴 수 있는가? 만일 초문화적이고 단일한 복음을 제시하는 방법이 없다면, 상황화는 불가피한 것이다. 당신이 어떤 언어를 사용하고 어떤 표현을 사용할지를 선택하는 순간, 언어와 표현에 담긴 문화적 요소들이 결부될 것이다. 우리는 종종 한 언어를 다른 언어로 통역하는 것이 단순하다고 생각한다. 다른 언어에서 동의어만 찾으면 된다는 식으로 이해한다. 하지만 진짜 동의어는 거의 없다.

영어의 God은 독일어로 Gott로 번역된다. 매우 단순하다. 그러나 독일어를 사용하는 문화권에서 Gott는 영어 문화권에서의 God와는 전혀 다른 느낌으로 다가온다. 무언가 다른 느낌이 된다. 영어권에서 이해하는 God 개념을 독일어권 사람에게 설명하려면 무엇인가를 더 설명해야 한다. 어쩌면 다른 단어를 사용하는 것이 더 적합할 수도 있다. 당신이 단어를 선택하는 순간 상황화는 이미 진행되고 있는 것이며, 누군가에게는 다가서기 쉽고 누군가에게는 다가서기 어려운 어떤 선택이 수반되는 것이다. 모든 사람에게 보편적으로 적용되는 복음 제시는 존재하지 않는다.[21]

■ 자유주의와 자연주의

자유주의가 자연주의를 채택했을 때, 자유주의는 그것이 인간 사상에 있어서 수용해야 할 영속적인 변화라고 가정했다. 초자연적인 기독교를 고수하는 사람들은 '역사의 잘못된 쪽'에 있다고 말했다.

그러나 이것은 범주의 오류이다. 초기 근대성은 자연주의적이며("모든 것엔 자연적, 과학적 설명이 따라야 한다"), 개인주의적이었다("추론하고 선택하는 자아보다 더 높은 권위는 있을 수 없다").

그런데 후기 근대성 또는 포스트모더니즘은 자율적 자아에 대한 믿음은 고수했지만, 과학이 마침내 모든 중요한 질문들에 답을 줄 것이고 기술은 모든 중요한 문제를 해결할 것이라는 자연주의의 확신은 저버렸다.

자유주의와 기독교의 결혼은 지금은 쇠퇴하고 낡은 문화적 관점이 되고 말았다. 오순절교파(가장 초자연적인 믿음의 형태) 및 다른 형태의 정통 기독교는 지난 백 년 동안 비약적으로 증가했으며, 자유주의는 훨씬 뒤에 놓이게 됐다.

심지어 같은 언어 안에서도 다양한 요인들이 불가피하게 상황화 작업에 개입된다. 지루한 설교를 다시 생각해 보자. 때때로 어떤 설교들은 너무 길기 때문에 (또는 너무 짧기 때문에) 회중의 반응을 이끌어내지 못한다. 인간의 삶에서 가장 예민한 영역 중 하나가 시간 개념이다. '늦었다'와 '너무 길다'고 생각하는 기준이 사람과 문화마다 크게 다르다. 미국의 흑인 교회들이나 중남미계 교회들 안에서 이뤄지는 찬양, 기도, 설교는 보통의 백인들이 편안하게 느끼는 예배 집중 시간보다 적어도 50퍼센트는 길다. 그러니까 예배를 인도하는 사람은 불가피하게 어떤 사람은 끌어들이고 다른 사람은 밀어내는 상황화를 하고 있는 것이다.

또한 설교는 사용되는 예시나 비유 때문에 청중을 잃기도 한다. 복음에 적대적인 사람에게 복음을 전하는 것과 관련하여 예수님은 돼지에게 진주를 던지지 말라고 하셨다(마 7:6). 이것은 예수님께서 두 개의 분야, 곧 복음 전하는 것을 돼지를 기르는 실세계와 연결해 훨씬 구체적이고 설명력 있는 의미를 전달하신 것이다.

이 말씀의 의미는 단지 "적대적인 사람들에게 복음을 전하지 말라"고 하시는 것과 다르다. 예수님은 예시를 사용하셨다. 모든 예시는 구체적인 삶의 경험을 반영하는 것이다. 우리가 어떤 예시를 선택할 때, 그 삶의 경험을 공유하는 사람들에게는 가까이 다가가지만 그렇지 않은 사람에게는 멀어지며 동떨어진다.

나는 한 성숙한 영국인 성도와 이야기한 적이 있다. 그는 근로자 계층으로 한때 아주 복음주의적인 교회에 출석했다. 그가 다닌 교회는 지도자들과 목사들이 모두 상류층이었고 명문 대학 출신이었다. 따라서 설교에는 설교자들이 잘 아는 상황이나 개념이 등장했는데, 주로 크리켓이나 럭비와 관련된 예시가 많았다. 그 남자는 이렇게 말했다. "우리 세계의 사람들은 그 스포츠들에 대해서 잘 모릅니다. 그 예시들을 듣다보니, 내가 그들이 다닌 학교에 다니지 않았고, 그런 특권층이 아니라는 것을 상기하게 됐습니다. 그런 이야기들이 종종 주의를 산만하게 하긴 했지만, 극복하지 못할 정도는 아니었습니다. 왜냐하면 우리는 모두 그리스도 안에 있으니까요.

하지만 내가 돌보는 근로자 동료들을 그 교회에 데려갈 수는 없겠다는 것을 깨달았습니다. 내 친구들이 상류층에 관한 이야기들을 계속 듣는다면 말씀에 집중하지 못할 것이기 때문이죠. 당신은 그들에게 '왜 이리 까다로워?'라고 반응할 수도 있습니다. 하지만 아직 칭의도 알지 못하는데 성화까지 기대할 수는 없지 않습니까? 아직 신자가 아닌 사람들이 문화적으로 예민한 부분들을 극복하리라고 기대할 수는 없습니다." 결국 그는 그 교회를 떠났다.

이 상황을 통해 그 교회는 어떤 면에서 실패했는지 알겠는가? 교회가 근로 계층의 사람들에게 문화적으로 덜 낯설고 거리감을 줄이는 방법을 알기 위해서 이 남자나 다른 사람들과 상의를 했더라면 좋았을 것이다. 그렇지만 이러한 유연성에도 항상 한계는 있다.

설교자들은 '어떤' 특정한 예시나 개념을 선택해야 한다. 그러면 그것은 필연적으로 어떤 문화 그룹의 사람들에게는 다른 그룹의 사람들보다 더 의미 있게 다가오게 된다. 우리는 할 수 있는 한 많은 사람들이 포함될 수 있도록 넓힐 필요가 있다. 하지만 우리의 한계도 인식해야 한다. 우리는 모든 사람에게 모든 것을 단번에 전달하는 복음 사역을 할 수 있다는 환상 속에 살아서는 안 된다.

분명한 설교가 효과가 별로 없는 또 다른 이유는 감정의 표출 정도가 청자의 문화에 정확하게 맞춰지지 않을 때다. 언젠가 한번은 우리 교회에 다니는 히스패닉 교인이 머뭇거리면서 이런 말을 한 적이 있다. 그는 자신의 동료들을 리디머교회에 데려왔을 때, 다음과 같은 설명을 해야만 했다고 한다. "목사님의 표정에도 불구하고, 우리 목사님은 그가 말하는 것을 정말로 '믿고' 있어." 그가 이런 설명을 한 것은, 그의 문화권 사람들이 볼 때 나의 감정적인 표현 정도는 설교 주제에 대해 내가 무관심하다는 인상을 주었던 것이다. "우리 문화에서는 '정말로' 무엇을 믿고 거기에 헌신되어 있으면, 더 많은 '감정'을 표현합니다." 어떤 문화에서는 감정을 격렬하게 표현하면 그것이 광란처럼 받아들여지고 설득력을 가지지 못하게 된다. 보편적인 전달이란 없다. 우리는 상황화를 피할 수 없다.

우리는 지금까지 설교의 방법과 분위기에 대해서 이야기했다. 그러나 상황화는 내용과 많은 관련이 있다. 문화 안에서 살아가는 사람들이 신앙에 대해 가진 주요 반대 의견들과 질문들을 다루지 않는다면, 설교가 비록 정확한 성경적 진리를 전달한다 하더라도, 흡입력을 잃게 된다.

몇 년 전 나는 런던에서 열린 전도에 대한 자문 모임에 참석한 적이 있다. 우리가 토의했던 난제 중 하나는 특정 지역 안에 있는 두 개의 비그리스도인 그룹에 대한 것이었다. 한 쪽에는 수백만 명의 힌두교도와 무슬림들이 사는데, 그들은 기독교가 너무나도 도덕적이지 않다고 믿고 있었다. 다른 한 쪽에는 세속적인 영국인들이 살고 있는데, 이들은 기독교가 너무 딱딱하고 도덕적이라고 생각했다. 물론 복음은 율법주의도 아니고 율법폐기론도 아니다. 그래서 하나의 설교로 두 그룹의 청자들을 끌어들이는 것이 가능하다. 그러나 만일 우리가 이

■ 정원인가, 밭인가?

크레이그 블룸버그는 마태복음의 겨자씨 비유는 씨 뿌리는 자가 '밭'(agros, 마 13:31)에 씨를 뿌렸고, 누가복음의 겨자씨 비유는 '정원'(kepos, 눅 13:19)에 뿌린 것을 지적했다(개역개정은 모두 밭으로 번역하고 있다-역주). 유대인들은 겨자 나무를 언제나 밭에 심지만, 지중해 지역의 헬라인들은 반대로 항상 정원에 심었다.

이는 예수님께서 마가복음에서 사용한 단어 '땅'(ge, 마 4:31)을 각각의 복음서 기자들이 독자들을 위해서 바꾸어 사용한 것으로 보인다. 마태의 용어와 누가의 용어 사이에 기술적으로 모순이 있지만, "실질적인 것은 아니다. 누가는 그의 독자들이 낯선 관행에 의해 당황함으로써 산만해지지 않도록 단어를 보다 정확하게 사용하고 있는 것이다." 그 결과 누가의 독자들은 원 독자들이 받았던 것과 같은 힘으로 메시지를 받게 되었다.[22]

런 그룹들이 다수인 지역에서 목회를 한다면, 우리는 이 그룹의 사람들이 마음에 품고 있는 특정 반대 의견들을 염두하고 성경을 가르쳐야 한다. 양쪽의 사람들에게 동일하게 다가오거나 끌리는, 보편적인 설교는 없다.

마지막으로 아래에서 볼 수 있듯 상황화는 단순히 언어, 어휘, 감정적 표현, 예시만을 포함하는 것은 아니다. 오히려 이보다 훨씬 깊이 들어가 우리가 생각하는 것에 영향을 미친다. 문화마다 더 설득력 있게 다가오는 것이 다를 수 있다. 어떤 사람들은 더 논리적이고, 어떤 사람들은 더 직관적이다. 설득하는 특정한 방법을 택할 때, 불가피하게 우리는 어떤 종류의 사람들에게 더 많이 적응하고 있는 것이다.

다시 말해 우리가 소통을 시작하는 순간 자동적으로 어떤 종류의 문화적 선택을 하고 있는 것이다.

상황화를 고려하지 하지 않을 때의 위험성

모든 복음 사역과 설교는 이미 특정 문화에 깊이 적응되어 있다. 그러므로

■ 리더십의 상황화

상황화에 대한 사례 연구로 지루한 설교들을 예로 들었다. 모든 예들은 복음의 언어적 소통에 대한 것이었다. 그러나 문화는 그리스도인 공동체가 어떻게 형성되어야 하는지 모든 측면에서 영향을 미친다. 사람들이 서로 어떻게 대하는지, 리더십이 어떻게 행사되는지, 목양적 감독과 교육이 어떻게 이루어지는지.

예를 들어 몇 년 전 교역자 중 한국인이 우리의 의사결정 과정을 지켜보았다. 담임목사인 나는 처음에 내 의견을 말하지 않고, 가장 젊은 교역자와 부교역자까지 모든 사람들이 자신의 의견을 제시하게 했다.

그 다음에 그들의 의견을 긍정해서 최종 결정에 반영하곤 했다. 그가 이야기한 것은, 한국 교회의 1세대 담임목사들은 먼저 자신의 의견을 제시하며, 다른 교역자들은 연령과 연차 순서로 의견을 제시한다는 것이었다. 직급이 낮은 부교역자들은 단지 모든 결정이 이미 내려진 다음에만 말할 수 있다고 했다.

그의 이야기를 들으면서, 우리 교회의 목회자들이 의사결정을 할 때 문화의 진공에서 하는 것이 아니라는 것을 알 수 있었다. 우리 모두 피할 수 없이 한 가지 문화에 상황화되어 있다.

상황화를 '계획적'으로 하는 것이 무엇보다 중요하다. 우리가 복음 사역을 문화 속에서 타당하게 상황화하는 방법들에 대해서 계획적으로 깊이 생각하지 않는다면, 우리는 무의식적으로 어떤 특정한 문화에 깊이 상황화될 것이다. 그렇게 되면 복음 사역은 우리 문화에 너무 많이 적응되거나 너무 적게 적응될 수 있다. 양자는 결국 복음 메시지의 왜곡으로 나타나게 된다.[23]

상황화의 주제는 사회의 지배 그룹 및 특정 분야에서의 주류층에게는 이해하기 어려운 점이 있다. 소수 민족들은 두 문화 속에서 -주류 문화와 그들만의 문화- 살아간다. 따라서 그들은 문화가 얼마나 깊이 우리가 사회를 인식하는 틀에 영향을 주는지 잘 알고 있다.

영화 〈그랜 토리노〉(Gran Torino)에서 나이 많은 미국인 노동자 월트 코왈스키(클린트 이스트우드)는 쇠퇴한 도시 디트로이트에서 아시아인 가족과 나란히 살고 있다. 그는 몽 족의 특유한 문화적 관습을 이해하기 어려워하고, 마찬가지로 몽 족 노인들도 미국인 월트가 이상하기만 했다(그들은 영어를 못하며 그들만의 세계에서 살고 있다). 그렇지만 몽 족의 십대 소녀인 수(Sue)는 이 두 문화 사이에서 살아간다. 수는 월트와 자기 부모님, 조부모님을 이해했고, 결과적으로 서로에게 서로를 완벽하게 소통시킬 수 있었다. 이것은 우리가 복음에 완전히 낯선 사람들에게 복음을 소통할 때마다 하는 일이기도 하다.

미국 백인들의 공적인 삶과 사적인 삶은 동일한 문화에서 이루어진다. 그 결과로 백인들은 종종 문화적으로 감각이 없다. 그들은 마치 물고기가 "무엇이 물이지?"라고 묻는 것과 비슷한 방식으로 자신의 문화를 대한다. 물 바깥에 나가본 적이 없는 사람은 자신이 그 안에 있다는 것조차 알지 못한다. 백인 그리스도인들은 종종 상황화에 대해 이야기하는 것을 당혹스러워한다. 그들은 복음을 표현하거나 복음대로 살아가는 모습들 가운데 어떤 것이 '영미 문화'인지도 알지 못한다. 원래 그런 것이라고 생각한다. 그리고 설교나 예배, 목회의 방식을 조금이라도 바꾸는 것에 대해 복음을 타협하는 것이라고 느낀다. 이는 예수님이 경계하신 일이기도 하다. '사람의 유전'을 성경의 진리만큼 중요하게 생각하는 것이다(막 7:8). 시간이나 감정적 표현, 말하는 방식 등에 대한 자문화의 접근법을 '유일한 기독교적 방식'이라고 신성시하면 이런 일이 발생하는 것이다. 브루스 니콜스는 다음과 같이 적고 있다.

> 문화적 혼합주의의 현대적 예로는 '미국식 삶의 방식'을 성경적 기독교와 무의식적으로 동일시하는 것이다. 이런 종류의 혼합주의는 서구세계와 제3세계에서 모두 발생한다. 중산층이고, 안정적 주거지에서 살며, 보수적이며, 복음주의적인 교회들은 그들의 삶의 방식이 신약성경의 실제와 닮았다기보다는 자본주의 사회의 소비주의에 더 가깝다는 것을 알지 못한다. 그리고 전도와 해외 선교에 대한 열정이 물질주의와 자기만족을 정당화하기 위한 수단으로 사용된다는 것도 깨닫지 못한다.[24]

문화적 인식이 결핍되면 그리스도인의 삶과 사역에 왜곡이 생긴다. 개인주의 문화 속에서 사는 그리스도인들은 친밀한 공동체나 영적 상호연대, 훈련의 중요성 같은 것에 대해 무지하거나 무관심하다. 이리저리 교회를 옮겨 다니며 다양한 모습의 교회에 다니지만 어떤 교회에도 제대로 정착하거나 들어가지는 못한다. 교회 멤버십을 선택 사항으로 보는 것이다. 미국 교인들은 성경적이지 않은 미국적 삶의 방식을 그들의 신앙생활에 들여온다.

반면 좀 더 권위주의적이고 가부장적인 문화에 사는 사람들은 종종 성경이 양심의 자유 및 은혜에 입각한 삶에 대해 가르친다는 것에 대해 무지하다. 교회 지도자들은 의무를 강조하고, 스스로 "누구든지 첫째가 되고자 하면 뭇사람의 끝이 되며 뭇사람을 섬기는 자가 되어야 하리라"(막 9:35)는 말씀을 기꺼이 따르기보다는 강압적인 리더십을 행사한다.

우리가 문화에 포위되어 있음을 알지 못하면 그로 인한 다른 결과들에도 봉착하게 된다. 목회자들이 가장 많이 저지르는 실수 가운데 하나는 개인적으로 영향을 끼친 방법이나 프로그램을 무조건 반복하는 것이다. 어떤 곳에서 영향력 있는 사역을 경험하고서는, 그 방법론이나 프로그램을 그대로 다른 세계에 가져다가 전혀 변화 없이 반복하는 것이다. 만일 그들이 45분 동안 한 절 한 절 강해하는 설교에 의해서 영향을 받았다면, 또는 특정한 형태의 찬양 사역에 은혜를 받았다면, 또는 특별한 예배 순서나 시간에서 도움을 받았다면, 그들은 그것을 아주 자세한 세부 사항까지 그대로 복제한다. 그들은 이미 부지불식간에 방법론 중심, 프로그램 중심이 되어 사역 방식을 자기 자신에게 맞추고 있는 것이다. 곧 복음을 전하기 원하는 사람들에게 전혀 상황화하지 않은 것이다.

—

나는 전 세계의 교회들과 사역 단체들이 리디머 장로교회에서 우리가 하는 것을 관찰하고 배우기를 원한다는 사실에 감동했었다. 그러나 우리 프로그램들을 모방한 몇몇 교회들을 직접 방문하고 나서는 실망을 감출 수 없었다. 그들은 심지어 우리 교회의 주보까지도 모방했지만, 우리를 활기 있게 하는 기저의 신학적 원리들은 포착하지 못했다. 달리 말해 그들은 상황화의 고된 작업을 수행하지 않았다. 자신들의 문화적 상황과 관점을 반추하면서 그 상황에서 복음을 더 잘 전하기 위한 노력을 기울이지 않은 것이다. 리디머교회에서 관찰한 것들을 보다 깊이 생각하는 시간을 가지지 않았고, 우리가 어떻게 미국의 도시 문화에 적응했는지 살피지 않았던 것이다.

누구나 상황화를 한다. 그러나 자신들이 어떻게 그것을 하고 있는지 생각하는 사람은 별로 없다. 우리는 상황화를 할 뿐만 아니라 '어떻게' 그것을 하는지에 대해서 생각해야 한다. 우리의 상황화 과정을 우리 자신과 다른 사람들에게 계획적이고, 가시적인 것으로 만들어야 한다.

토론과 성찰을 위한 질문들

1. 상황화란 '특정 시기와 특정 지역에서 사람들이 삶에 대해 갖는 질문에 대해 그들이 이해할 수 있는 언어와 형태로, 그리고 그들이 힘 있게 느낄 수 있는 호소와 논증을 통해서, 비록 그들이 듣고 싶어 하지 않고 심지어 반대할지라도 성경의 답을 주는 것'이다. 이 정의의 네 가지 요소를 구분해서 살펴보라. 상황화의 요소들 중에 당신은 어떤 것을 가장 잘하는가? 어떤 것을 놓치고 있는가?

2. 가끔 복음주의자들은 상황화를 기독교의 덜 핵심적인 부분을 적용하는 것이라고 변명한다. 만일 복음의 '결정적이고 기본적인 요소들'이 상실되면 혼합주의와 타협이 일어난다고 우려한다. 이 관점에 따르면, 상황화는 비본질적인 것에는 유연하면서 본질적인 것은 지키는 것이 된다. 본 장에 따르면, 이 관점의 위험성은 무엇인가?

3. "모든 사람에게 보편적으로 적용되는 복음 제시는 존재하지 않는다"라는 말의 의미는 무엇인가? 당신은 동의하는가, 동의하지 않는가?

4. D. A. 카슨은 말한다. "인간이 설명하려는 어떤 진리도 문화를 뛰어넘어 분명히 표현되는 것은 전혀 없다." 당신의 복음 소통에 영향을 끼치는 특정 가치관이나 편견이, 당신이 받은 문화 교육을 통해서(가정, 지역, 국가, 인종, 교회 등) 형성된 것은 무엇인가? 성경의 어떤 주제들이 가장 쉽게 배제되는가? 당신은 어떻게 편견을 깨닫게 되었는가?

5. "목회자들이 가장 많이 저지르는 실수 중 하나는 개인적으로 영향을 끼친 방법이나 프로그램을 무조건 반복하는 것이다. 어떤 곳에서 영향력 있는 사역을 경험하고서는, 그 방법론이나 프로그램을 그대로 다른 세계에 가져다가 전혀 변화 없이 반복하는 것이다. 그들은 사역 방식을 자기 자신에게 맞추고 있는 것이다. 곧 복음을 전하기 원하는 사람들에게 전혀 상황화하지 않은 것이다." 당신은 이런 실수가 사역에서 벌어지는 것을 본 적이 있는가? 계획적인 상황화를 위해서는 무엇이 필요한가?

주

1. www.redeemercitytocity.com을 보라.

2. 오늘날 하나님의 은혜로 이 이야기는 달라지고 있으며, 그 도시에서 새로운 교회들의 활기찬 운동이 펼쳐지고 있다.

3. 상황화에 초점을 맞춘 이 부분은 복음의 영역과 도시의 영역 사이를 잇는 진정한 가교 역할을 한다. 복음의 특성에 대한 중요한 내용들을 담고 있으며, 또한 우리가 복음으로 다가서려고 하는 문화의 특성도 다루고 있다. 왜 이 부분을 복음에 대한 섹션에 넣지 않고 도시 섹션에 넣었을까? 그것은 결국 이 장에서 다룰 내용이 복음의 본질이 무엇인가 하는 것에 대한 것보다는 복음으로 우리가 무엇을 하느냐에 대한 것에 가깝기 때문이다.

4. 상황화에 대한 학문적 논의에서, 다양한 작가들은 여러 단어에 세부적인 의미들을 부여했다. 예를 들어 적응(adaptation), 토착화(indigenization), 번역(translation), 상황화(contextualization), 실천(praxis) 등이다(A. Scott Moreau, "Evangelical Models of Contextualization," in *Local Theology for the Global Church: Principles for and Evangelical Approach to Contextualization*, Matthew Cook 외 편집 [Pasadena, Calif.: William Carey Library, 2010], 165-193). '적응'은 종종 '상황화'처럼 깊거나 철저하지는 않은 선교 참여의 방법을 의미한다. 그런데 이 장은 목회자와 실무자를 위해서 기록된 것이다. 나는 학문적 논쟁에 대해 어느 정도 알고 있지만, 어떤 선교학자들이 방법들 사이에 내리는 미세한 구분을 따르지는 않을 것이다. 뿐만 아니라 모로(Moreau)가 172쪽에서 기록하듯, 각각의 단어가 어떻게 정의되어야 하는지에 대한 학자들 사이의 합의는 존재하지 않는다. 그러므로 나는 토착화, 혼합주의, 상황화 사이에 널리 받아들여지고 있는 차이점들을 아래에서 언급할 것이다.

5. 문화의 이야기 구조들은 시간의 흐름에 따라 사회에서 달라질 수 있다. 앤드레 델반코 (Andre Delbanco)는 미국 사회의 세 가지 근간이 되는 문화적 내러티브가 '하나님' (17-18세기 중반), '국가'(18세기 중반에서 20세기), 그리고 지금은 '자아(Self)'라고 설명한다(*The Real American Dream: A Meditation on Hope* [New Haven, Conn.: Harvard University Press, 1999]). 첫 번째 내러티브는 종교적인 것이다 - 종교적 자유와 하나님께 대한 충성. 이것은 '지상에서 가장 위대한 국가'라는 사상에 자리를 양보했다. 오늘날의 주된 내러티브는 자아실현이다. 문화의 내러티브를 분석하는 또 다른 흥미로운 방식에 대해서는 레슬리 스티븐슨(Leslie Stevenson)의 《인간 본성의 열 가지 이론》(*Seven Theories of Human Nature*, 갈라파고스 역간)을 보라.

6. 문화적 서사의 개념은 앤드레 델반코(Andre Delbanco)가 잘 표현한 바 있다: "인간 존재는 우리가 매일 만나는 일상의 작은 단초들, 가령 고통, 갈망, 즐거움, 두려움 등을 하나의 이야기로 직조할 필요를 느낀다. 그 이야기가 어딘가를 향하여 가서 우리의 인생 항해를 도울 때, 그것은 우리에게 희망을 준다. 삶을 뒷받침하는 서사가 오랜 시간에 걸쳐서 상당수 사람들의 마음에 형성될 때 우리는 이것을 문화라고 부른다." 문화 내러티브는 인생에서 의미를 창조하는 데 필수적이다. "우리는 반드시 우리의 작은 날들과 시간들의 몫을 초월하는 인생의 목적이 있음을 상상해야 한다. 우리가 '부조리한 세상에서 떠나고 있을지도 모른다'는 희미하고 점점한' 생각들과 계속해서 싸우려면 말이다. 우리의 모든 축적과 소비가 죽음을 기다리면서 꿈틀거리는 것 이상의 아무 의미가 없다는 잠재된 회의를 [극복해야만 한다]."

7. 바니(Barney)의 사상은 데이비드 헤셀그래브(David J. Hesselgrave)에 의해서 논의된다. *Planting*

Churches Culturally: North America and Beyond, 2nd ed. (Grand Rapids: Baker, 2000), 1456. 또한 브루스 니콜스(Bruce Nicholls)를 보라. *Contextualization: A Theology of Gospel and Culture* (Downers Grove, Ill.: Inter-Varsity, 1979), 11-12.

8. 니콜스(Nicholls)는 기록한다(Contextualization, 11-12). "아마도 더 나은 모델은 각각의 요소가 서로 근접하여 있는 구형체일 것이다. 또는 피라미드 모형으로서, 세계관의 보이지 않는 토대 역할을 하고, 가치관, 제도, 관찰 가능한 행위들이 세 측면을 이루면서 상호작용하는 모델일 것이다." 그러나 피라미드 모델도 충분히 역동적이지는 못하다. 행위, 가치, 제도에 있어서 변화들은 상호작용하지만 기저의 세계관은 형성하지 못한다는 의미를 담기 때문이다.

9. 데이비드 웰스(David Wells), "이론에서 실천으로의 고통스러운 전이(The Painful Transition from Theoria to Praxis), *Evangelism and Modern America*, ed. George Marsden (Grand Rapids: Eerdmans, 1984), 90. 이것을 리처드 린츠(Richard Lints)의 정의와 비교해 보라. "'복음의 상황화'는 성경의 메시지가 특정 문화의 정신 개념 속에서, 그것에 의해서, 어떤 형태를 띨 것이냐에 대한 것이다." *The Fabric of Theology: Prolegomena to Evangelical Theology* [Grand Rapids: Eerdmans, 1991], 101).

10. Ray Wheeler, "The Legacy of Shoki Coe," *International Bulletin of Missionary Research* 26.2 (April 2002): 78.

11. 위의 책.

12. 니콜스(Nichols, *Contextualization*, 26-28)는 1970년대에 에큐메니컬 운동에서 신학자들이 했던 두 가지 상황화의 예를 제시한다.

13. 제임스 헌터(James Hunter), *Before the Shooting Begins* (New York: Free Press, 2007), 202.

14. 크레이그 블룸버그(Craig Blomberg), "우리는 생각보다 상황화를 훨씬 많이 합니다"(We Contextualize More Than We Realize). in *Local Theology for the Global Church*, ed. Matthew Cook et al. (Pasadena, Calif.: William Carey Library, 2010), 37. n.2.

15. 그레샴 메이첸(J. Gresham Machen), *Christianity and Liberalism*, new ed. (1923; Grand Rapids: Eerdmans, 2009) 5-6. (《기독교와 자유주의》, 복 있는 사람 역간, 2013).

16. 위의 책, 2.

17. 위의 책, 121.

18. Natee Tanchanpongs, "Developing a Palate for Authentic Theology," in *Local Theology for the Global Church*, ed. Matthew Cook et al. (Pasadena, Calif.: William Carey Library, 2010), 110. 딴잔퐁스는 우리가 상황화에서 혼합주의로 넘어갔는지를 알 수 있는 시금석으로 개인 성화의 예를 탁월하게 들고 있다. 혼합주의는 기독교를 특정 문화의 이미지로 주조하기 위해서 성경적 가르침의 어떤 부분을 무효화한다. 종교적 혼합주의의 결과는 그것을 믿는 사람들의 삶 가운데 보여지게 된다. 혼합주의는 성경에서 묘사하는 그리스도인의 성품, 즉 '성령의 열매' 또는 '그리스도인의 행동'을 살아내는 사람들을 만들지 못한다.

19. Harvie Conn (*Eternal Word and Changing worlds: Theology, Anthropology, and Mission in Trialogue*[Grand

Rapids: Zondervan, 1984], 176-178, 184-190, 194-195)를 보라.

20. D. A. 카슨(D. A. Carson), "Maintaining Scientific and Christian Truths in a Postmodern World," *Science & Christian Belief* 14.2 (October 2002): 107-122, www.scienceandchristianbelief.org/articles/carson.pdf (2013년 1월 13일 접속).

21. 보수적, 복음주의적 관점에서 이에 대한 주장은 다음을 보라. Craig Blomberg, "We Contextualize More Than We Realize," in *Local Theology for the Global Church*.

22. 위의 책., 42.

23. 예를 들어 웨스트민스터신학교를 설립한 J. 그레샴 메이첸(J. Gresham Machen)은 벤자민 워필드(B. B. Warfield) 및 프린스턴신학교의 다른 교수들과 함께 신앙을 변호하는 접근법에 있어서 합리적 이성과 역사적 증거를 모두 사용한다. 코넬리우스 밴 틸(Cornelius Van Til)과 더 젊은 웨스트민스터 교수들은 후에 변증에 있어서 이성의 사용을 날카롭게 비판했다. 즉, 워필드/메이첸(Warfield/Machen)의 접근법은 보조되지 않은 인간 이성에 너무 많은 권위를 부여했으며 결과적으로 계몽주의로부터 부지불식간 너무 많은 영향을 받았다는 것이다. 최근의 학자인 마크 놀(Mark Noll)과 다른 이들은 구 프린스턴 학자들이 스코틀랜드 계몽사상과 '상식 철학적 현실주의'에 영향을 받았는지를 조명했다. 요컨대 메이첸은 그의 계승자들에 의해서 계몽주의 이성주의에 너무 적응했다는 비판을 받았다. 또한 그 비판이 어느 정도 일리가 있다. 자신의 문화에 대한 시각적 사각지대가 있었던 것이다. 그러나 또한 당신이 많은 시간을 들여 연구를 해본다면, 메이첸이 부적절한 상황화와 싸웠던 것처럼, 당신이 하는 것을 당신이 지각하지 못할 수 있다.

24. Nicholls, *Contextualization*, 31.

02
균형 잡힌
상황화가 중요하다

존 스토트는 설교에 대한 자신의 저서 《현대 교회와 설교: 성경적 강해설교》(*Between Two Worlds*)에서 기독교의 소통을 성경과 현대 세계 사이에 다리를 놓는 것으로 비유했다.[1] 그는 어떤 설교들은 '도착지가 없는 다리'와 같아서 성경 본문에 대한 건실한 주석은 있지만 전혀 현실로 내려오지 않는다고 했다. 다시 말해 성경의 진리를 사람들의 마음과 삶의 주제들에 연결시키지 못하는 것이다.

다른 설교들은 그 어디서도 '출발지를 찾아볼 없는 다리'와 같아서 현대의 관심사들을 잘 반추하지만 현대 사회의 문제와 필요에 대한 그 영감들이 성경 본문에서 흘러나온 것이 아니라고 했다. 적절한 상황화는 건실한 성경 교리가 다리를 건너 올 수 있도록 특정 문화 안에서 일관된 언어로 그것을 다시 표현하는 것이다.

어떻게 그것이 가능한가? 학자들은 성경을 이해하기 원하는 독자라면 누구나 두 개의 지평 사이를 오고가야 한다고 지적한다. 존 스토트의 비유에 따르면 두 개의 강둑 사이에 다리를 놓는 것이다. 성경 본문과 독자의 문화적 상황 사이에 말이다. 성경은 최고의 권위를 갖고 있기에 틀릴 수 없으며 수정될 수 있는 것이 아니다. 하지만 그리스도인 설교자의 성경 이해는 분명히 틀릴 수 있다. 사실 언제나 부분적으로 틀리기도 하다. 그러므로 수정의 여지가 있다. 복음 설교자가 청자의 상황을 이해하는 것도 동일하다. 더 많은 통찰과 수정을 통해 유익을 얻을 수 있다.

새로운 문화에 복음을 전하기 원하는 많은 그리스도인들이 단순히 이 주제를 다루려 하지 않거나 다룰 능력이 없다. 그들은 자신들의 임무가 성경 교리를 새로운 문화에 놓을 다리로 단지 가져가기만 하면 된다고 믿는다. 다시 말해서, 그들은 복음 설교를 '일방통행의 다리'라고 여긴다. 그들은 다리 위로 또 다른 정보가 유입되어야 한다는 생각을 싫어한다. 이것이 중요하다고 여기지 않기 때문이다. 그들은 이것을 성경의 권위에 대한 위협이라고 생각한다.

선교에 대한 이 견해의 문제점은 다리 한 쪽에 있는 우리가 복음에 대해 왜곡되지 않은 이해를 갖고 있다고 가정하는 것이다. 그리고 다른 쪽에 있는 문화에 대한 지식이 중요하지 않다고 가정하는 것이다. 이런 관점은 우리는 단지 죄인일 뿐만 아니라 유한한 존재이며 그래서 무엇에 관한 분명하고도 포괄적인 지식을 가지기 어렵다는 점을 인식하지 못하는 것이다. 우리는 대체로 일들에 대한 이해를 규정하는 문화의 권력들에 대해서 무지하다.[2]

그러면 우리는 어떻게 성경의 권리와 무오를 수호하면서도 우리의 이해가 수정되도록 열어놓을 수 있는가? 새로운 문화에 던지는 우리의 메시지가 어떻게 신실하면서도 동시에 열매 맺을 수 있겠는가? 그 답은 다리 위에 이중 방향의 교통 상황을 허락하는 것이다.

우리가 성경 본문을 접근할 때, 우리는 '기존의 이해'(pre-understanding)를 가지고 접근한다. 이는 성경에서 다루는 주제에 대해 이미 수립된 신념이 있는 것이다. 이 신념들은 강하고 깊으며, 많은 경우 암묵적이다. 언어화하거나 공식화하기도 힘들며, 심지어는 스스로 인식하기도 어렵다.[3] 이 기존 이해들은 우리가 문화 속에서 들어 왔던 다양한 음성들을 통해서 온다.

그렇다고 해서 우리가 성경의 가르침에 대해 충분하고 참된 이해를 할 수 없다는 것은 아니다. 다만 그 과정이 단순하지 않다는 것이다. 왜냐하면 우리가 가진 기존 신념 때문에 (그중 대부분은 사실상 무의식적으로 존재하는데) 성경을 바르게 읽는 것 자체가 방해받는 것이다. 이것은 또한 우리가 바르게 생각하는 것과 성경을 필요로 하는 사람에게 충실하게 전달하는 것을 방해받는 까닭이기도 하다.

우리의 문화적 맹점들 때문에 우리는 다리 위에 있는 사람들에게 말해야 할 뿐만 아니라, 그들의 이야기에 귀 기울여야 한다. 그들의 말을 들을 뿐 아니라 그들의 질문이나 우리가 말하는 것에 대한 반대 의견들, 그리고 그들의 소망과 열망들을 진지하게 받아들여야 한다. 종종 새로운 문화와의 교류를 통해서나 혹은 우리가 전적으로 간과하거나 중요하지 않다고 생각했던 것들에 대해, 우리 문화가 가진 기존 전제들이라는 렌즈를 통해 성경을 잘못 읽고 있었다는 것을 알게 될 때가 있다.

내가 필라델피아의 웨스트민스터신대원의 교수로 재직하고 있었을 때 학생들 중에 많은 수가 한국에서 유학을 왔다. 우리는 한국 학생들과 영미 백인들이 모두 참여하는 실제 목회 상황의 케이스들을 연구하는 세미나를 열곤 했었다. 모든 학생들이 보수적 개혁주의 신학을 똑같이 공유하고 있음에도 불구하고, 그들은 사역을 매우 다르게 접근했다. 그 차이점 중에 핵심적인 것이 하나 있었는데 아시아에서 온 학생들이 인간의 권위를 사용하고 이해하는 방식이었다.

한국인들은 목회자와 아버지에게 더 많은 권한을 부여하는 반면, 미국인들은 보다 더 평등적이고 민주주의적이었다. 한국 학생들은 미국 학생들에게 성경에 나오는 정부, 부모, 연장자, 사역자의 권위에 대한 성경 구절들을 가르쳐 주었다. 미국 학생들은 그런 구절들을 무시하거나 배제하는 경향이 있다. 이는 미국 문화가 제도와 권위에 대해 깊이 의심하기 때문이다.

그러나 한국 학생들이 로마서 13장이나 히브리서 13장 17절과 같은 구절들을 제시할 수 있는 반면에, 미국 학생들은 아시아 학생들에게 마태복음 20장 24-28절, 베드로전서 5장 1-4절(지도자들에게 "군림하는" 것을 경고하는 구절), 또는 사도행전 4장 19절과 5장 29절(인간의 권위가 하나님의 권위를 가로채서는 안 된다는 말씀), 또는 요한계시록(여기서 인간의 권위는 너무 지나친 나머지 마귀적이 된다)의 말씀을 제시하였다.[4]

무슨 일이 일어났을까? 바로 다리 위에서 정보가 오고갔다. 다른 문화와의 교류를 통해서, 이전에는 전혀 던지지 않았을 질문을 던지게 되었고, 전에는 명료하게 볼 수 없었던 많은 것들을 볼 수 있게 된 것이다. 다른 관점에서 본문에 들어간다는 것은 복음에 대해 가졌던 우리 문화만의 제약과 전제들을 분별하도록 도움을 받는 것이다. 결과적으로 우리는 언제나 존재했던 성경의 진리와 깨달음을 가질 수 있다. 우리는 단지 그것을 못 보고 있었을 뿐이었다. 새로운 문화와의 교류를 통해서 의사소통자로서 우리가 가진 문화적 맹점들이 있다는 것을 알게 된 것이다.

다른 예를 들자면, 서구 문화에서 세속적인 사람들은 매우 개인주의적이며, 인종을 근거로 개인의 자유를 침해하는 것에 대해 매우 민감하게 반응한다. 개인의 자유에 대한 이들의 헌신은 어디나 존재하는 인종적 편견에 대한 민감함으로 연결된다. 세속주의자들과 교류하는 많은 그리스도인들은 성경을 볼 때, 인종차별의 악에 대해 그들이 생각해야 하는 것보다 훨씬 많이 언급하고 있음을 발견한다.

그리스도인들은 성경을 수정하지 않는다. 그러나 성경 바깥의 철학들과 겸손하게 상호작용하면서 성경에 대한 우리의 이해를 수정하게 된다. 우리는 말씀을 통해 하나님의 자비 가운데 이방인들도 도덕적으로 깨우쳐진 양심을 가질 수 있음을 알고 있다(롬 2). 그들의 전반적인 세계관이 충분한 근거가 되어 주지는 못할지라도 진짜 악과 진리를 알아차리는 것이다.

성경에 대한 우리의 이해가 왜곡되는 또 다른 주요 경로는 소위 '정경 안의 정경'이라고 불리는 생각들이다. 그것은 성경의 어떤 부분을 더 중요하게 여기고 나머지 부분은 사소하게 여기거나 무시하는 태도이다. 모든 그리스도인들은 성향이나 경험, 문화에 따라 어느 정도 이러한 실수를 범하는 경향이 있다.

D. A. 카슨은 이런 사례들을 여러 번 언급한 바 있다. 성경은 하나님이 세상 모든 사람들을 당신의 신적 사랑으로 사랑하신다고 가르치며, 그럼에도 불구하고 구원받은 이들에겐 자비로운 사랑을, 악한 자들에게는 분노를 나타내신다고 가르친다.[5] 각기 다른 문화들은 하나님 사랑의 이러한 성경적 측면들에 대해서도 상이하게 반응한다. 서구 문명의 일원이라면 모든 사람을 사랑하신다는 관점은 좋아하지만, 악에 대한 하나님의 심판 교리로부터는 뒷걸음치려고 한다. 보다 보수적이고 집단적인 문화에서는 심판의 하나님이 별 문제가 되지 않으며, 도리어 어떻게 그분이 모든 사람들이 속한 그룹을 평등하게 사랑하실 수 있는지에 대해서 문제를 삼는다. 각각의 문화마다 성경의 어떤 가르침들은 강조하고, 다른 것들은 무시하는 경향이 있다. 그리하여 정경으로부터 작은 정경들이 모인다.

그러나 우리가 만일 첫 번째 성경의 가르침을 강조하면서(하나님의 보편적, 신적 사랑) 두 번째를 경시한다면(하나님의 심판) -또는 반대로 한다면- 우리는 믿음을 왜곡하는 것이다. 우리는 다른 문화와 접촉하면서 우리 시야를 가리는 것들을 제거하는 데 도움을 받게 된다. 천천히 그러나 착실하게 더 온전한 성경적 기독교 신앙으로 나아가게 된다.

다른 예들도 많다. 성경은 부와 가난에 대해서도 많은 것을 이야기하는데 거기에는 매우 다양하고 섬세한 부분들이 있다. 어떤 곳에서는 사유재산과 부에 대해서 매우 긍정적이다. 예를 들어 하나님은 아브라함과 욥, 그리고 다른 사람들에게 큰 부의 복을 주셨다.

다른 본문들에선 돈의 위험성에 대해 엄하게 경계한다. 그리고 하나님의 백성이 가난한 사람들을 돌보며 정의를 추구해야 할 것에 대해서 강하게 선포한다. 사람들은 대개 어느 한쪽의 가르침은 무시하고 다른 한쪽으로 기우는 경향이 있다. 주로 자신들이 부유한 조건에서 살고 있는지 가난하게 살고 있는지에 따라 달라진다.

카슨은 "이 게임의 이름은 환원주의이다"라고 요약한다. 이것은 성경을 우리 식으로 길들여서 우리에게 모든 것을 말하지는 못하게 하는 것이다.[6] 곧 우리의 사회문화적 지점에 따라서 성경의 가르침을 축소시키거나, 어떤 부분은 무시하고, 다른 부분은 과장하는 것이다. 다른 문화나 사회 환경에서 온 사람들과 교류할 때 우리가 가진 어떤 특정한 왜곡들이 도전을 받을 수 있다. 이때 복음 소통자(gospel communicator)는 반드시 듣는 사람들의 문화적 신념을 복음으로 수정하려는 시도를 할 뿐 아니라, 새로운 문화와의 접촉을 통해서 복음에 대한 자신의 이해를 수정해야 한다.

그러므로 다리는 양방향으로 왕래되어야 한다. 성경이 비그리스도인 문화에 의해 수정될 수는 없지만, 개별적인 그리스도인들과 그들의 성경에 대한 문화적 이해들은 수정될 수 있고 수정되어야만 한다. 다리 위에는 양쪽을 향하는 많은 교류와 교통이 있어야 한다. 우리는 말하고 듣고 말하고 듣고 다시 말해야 한다. 이것을 매번 계속 하다보면 더 성경적으로, 더 강력하게 문화 속에서 말할 수 있게 될 것이다.

다리(bridge)와 나선형(spiral)

양방향 다리의 이미지는 아주 중요하다. 사실상 1970년대의 '상황화'에 대한 본래 요구는 오래되고 일방통행이던 '토착 교회'(Indigenous Church) 모델에 대한 양방향 소통에 대한 요청이었음을 발견하게 된다.

오래된 모델은 현지의 그리스도인 지도자들로 하여금 어떻게 복음이 기존 문화에 신선한 반향을 일으킬 수 있는지에 대해 깊은 신학적 성찰을 하도록 격려하지 않았다. 옛 모델은 서구 기독교가 유일하고 참되고 왜곡

■ 상황화 신학과 하비 콘(Harvie Conn)

이 장에서 많은 부분은 하비 콘(Harvie Conn)의 '상황화 신학' 과목에서 배운 것이다. 웨스트민스터신학교 서점[7]에서 교재와 20강의 녹음 자료를 구할 수 있다.

칸 교수는 19세기 후반과 20세기 초반의 문화 인류학자들이 어떻게 각각의 문화를 사람들로 환경에 적응하도록 돕는 습관, 관습, 신념의 복합적인 체계로 보기 시작했는지를 이야기한다.

이러한 관점은 '기능주의'라고도 불렸는데, '다원주의적인 접근 방식'이다. 문화는 사람들이 특정 환경에서 생존하도록 돕는다. 이 관점은 문화가 어떻게 사람들의 심리적, 사회적 필요를 채우도록 발전되었는지를 연구한다. 이러한 기능주의 접근법은 문화를 매우 기계적인 개체로서 이해한다. 마치 고리에 달려 있는 열쇠들처럼 보는 것이다. 그들은 한두 개를 제거하고 그 자리에 다른 것들로 채워도 전체는 안 바뀐다고 본다.

문화에 대한 기능주의 접근법은 유럽 그리스도인들의 경건주의적 성향과 잘 맞았다. 경건주의는 개인의 내면 경험에 초점을 맞춘다. 그들은 구원의 경험이 우리가 돈을 사용하는 방식, 일하는 방식, 예술을 하는 방식, 교육을 추구하는 방식 등을 어떻게 바꿀지 묻지도 않고 기대하지도 않는다.

토착 교회 운동에서는 어떻게 기독교가 권력과 무권력, 예술과 상업, 문화 의례와 상징들에 대한 태도를 달라지게 할 수 있는지에 대한 생각 없이 개인 구원이 제시된다. 콘 교수는 말했다. "기독교 신앙이 사회와 문명 역사의 넓은 흐름이 아닌 마음과 영혼이라는 좁은 영역으로 인도되고 말았다."

되지 않고 보편적인 믿음의 모습이라고 간주했다. 다리를 건너오는 데 필요한 것은 단지 사소한 적응뿐이라고 보았다. 예를 들어 언어적 번역과 현지의 음악과 의복에 맞추는 것 정도이다.

하비 콘은 토착화 모델이 문화에 대한 '기능주의' 관점에 근거한다고 주장한 바 있다. 이것은 문화를 연관성 없는 관습들의 집합으로 보는 것이며, 그 관습들을 통해서 사람들이 환경에 적응하도록 도움을 준다는 것이다. 문화에 대한 이런 관점에서는, 문화에서 한 가지를 빼낸다고 하더라도(예를 들어 힌두교를 기독교로 대체하는 것) 문화의 다른 부분들(음악, 예술, 가족 구조, 계층 간의 관계 등등)이 바뀔 것이라고 기대하지는 않는다.

■ 추천 도서

리처드 린츠가 그의 저서 《신학의 기본 구조》에서 탁월하게 정리한 장을 살펴보라. 상황화에 관하여 여러 가지 관점을 보여 주는 중요한 저서들로는 다음의 책들이 있다.

Bevans, Stephen B. *Models of Contextual Theology*, rev. ed. Maryknoll, N.Y.: Orbis, 1992.

Carson, D. A. *Biblical Interpretation and the Church: The Problem of Contextualization*. Carlisle, UK: Paternoster, 1984.

Conn, Harvie. *Eternal Word and Changing World*. Grand Rapids: Zondervan, 1984.

-------. "Contextualization: Where Do We Begin?" Pages 90-119 in *Evangelicals and Liberation*, ed. Carl Amerding. Phillipsburg, N.J.: Presbyterian & Reformed, 1977.

-------. "The Missionary Task of Theology: A Love/Hate Relationship." *Westminster Theological Journal* 45 (1983): 1-21.

-------. "Normativity, Relevance, and Relativity." Pages 185-210 in *Inerrancy and Hermeneutic*, ed. Harvie Conn. Grand Rapids: Baker, 1988.

Cook, Matthew et al., eds. *Local Theology for the Global Church: Principles for an Evangelical Approach to Contextualization*. Pasadena, Calif.: William Carey Library, 2010.

Cortez, Marc. "Context and Concept: Contextual Theology and the Nature of Theological Discourse." *Westminster Theological Journal* 67 (2005): 85-102.

-------. "Creation and Context: A Theological Framework for Contextual Theology." *Westminster Theological Journal* 67 (2005): 347-62.

Hesselgrave, David J., and Edward Rommen. *Contextualization: Meanings, Methods, and Models*. Pasadena, Calif.: William Carey Library, 1989.

이러한 관점은 현지 국가의 그리스도인들이 그들의 토착 문화를 전체적으로 수용하게끔 인도하며, 문화를 성경의 관점에서 조사하지 않고 무비판적으로 수용하도록 허용한다. 토착 교회 운동은 또한 자신들의 신학과 관습이 문화적으로 적용된 양상들을 서양 선교사들이 인정하도록 요청하지 않음으로써 실패를 경험했다.

하지만 여러 유익들에도 불구하고, 양방향 다리는 상황화를 설명하는 비유로서 그 한계를 가지고 있다. 결국 복음주의자들은 다리의 양쪽이 동등한 권위를 가진다고 믿지 않는다. 최고의 권위는 성경에 있다. 이는 맞는 말이다! 우리가 문화와 상호작용하는 것은 성경에 대한 이해를 더 좋은 쪽으로 적용시키며 변화시키는 데 도움을 주는 것이지만 최종적으로 성경이 문화와 우리의 인식에 대해 궁극적 권위를 가진다.[8]

만약 우리가 성경을 인간 문화의 오류를 지닌 생산물로 본다면, 우리는 끝없는 '해석의 원'에 갇혀 문화와 성경 사이를 계속해서 오고가게 될 것이다. 이런 관점에서는 성경과 문화가 동일한 가치를 지닌, 똑같이 상대적인 것이 될 것이다. 그래서 성경을 사용해서 문화를 수정하기도 하지만, 문화를 사용해서 성경의 어떤 부분은 이제 쓸모없다고 주장하기도 한다. 이런 이유로 미국의 어떤 기성교단에서는 성경을 사용해서 다양한 형태의 경제 불의를 비난하지만 동시에 성경이 섹스와 성에 대해 가르치는 것들은 억압적이며 낡은 것이라고 주장한다. 이런 방식으로 보면 모든 세대와 문화마다 기독교는 근본적으로 다른 모습이 된다. 다른 세대와 다른 나라의 가르침에서도 모순이 생기게 된다. 진리를 붙잡는 것이 점점 더 어렵게 되는 것이다.

그러나 이러한 '해석학적 원' 접근법의 더 깊은 오류는 실제 삶에서는 존재할 수 없다는 것이다. 비록 성경과 문화가 동등한 권위를 갖고 있다고 말할지라도, 사실상 우리는 그렇게 대하지 않는다. 만일 우리가 성경의 이 부분이 말씀하는 것은 진리이지만 성경의 다른 부분이 말하는 것은 낡고 구식이라고 말한다면, 우리는 우리 문화를 절대화한 것이며 성경에 대한 최종 권위를 문화에 부여한 것이다. 성경이 최종 권위를 가진 채 문화 가운데 무엇이 수용할 만한 것인지 아닌지를 결정하든지, 문화가 성경에 대해 최종 권위를 갖고 본문 가운데 무엇이 수용될 만한 것인지 아닌지를 결정하든지인 것이다.

그래서 원의 이미지(또는 양방향의 완전히 대칭적인 그림)는 단점이 있다. 결국 원은 반드시 끊어져야 하는데, 타락한 피조물인 우리는 언제나 우리의 문화적 편견에 특권을 부여함으로써 원을 끊어낸다. 이런 이유로, 복음주의자들은 비록 상황화가 양방향 과정이어야 하지만, 성경의 최종 권위는 유지되어야 한다고 주장해 왔다.[9]

그래서 이제 많은 이들이 상황화를 원이 아니라 '해석학적 나선형'으로 설명한다.[10] 만일 성경과 문화가 동등하게 권위적이라면, 본문과 상황 사이의 오고가는 운동은 끝없는 변화의 원이 되고 만다. 그러나 성경이 지상 권위를 가진다면 문화와의 상호작용은 본문을 더 정확하게 이해하기 위한 작업이 되며(문화에 동화하게 하는 목적이 아니라), 본문-상황의 운동성은 나선형이 되어 우리를 하나님의 말씀에 대한 더 나은 이해로 이끌게 된다. 그리고 말씀이 특정 문화 속에서 어떻게 더 잘 전달되며 소통되어야 하는지에 대한 더 나은 통찰을 우리에게 제공한다.[11]

복음주의자들은 해석학적 나선형을 사용하여, 리처드 린츠가 《신학의 기본 구조》(*The Fabric of Theology*)에서 설명한 스펙트럼에서의 양쪽 극단을 피하는 작업을 해왔다.[12] 한쪽 스펙트럼에는 문화적 근본주의가 있는데, 이는 성경을 문화와 상관없이 본다. 성경을 보편적인 용어로 읽고 신학을 표현할 수 있다고 믿는 견해이다. 다른 한쪽 끝에는 문화적 상대주의가 있는데, 이는 "성경이 현대 상황의 개념들에 의해 설명되지 않는 한 아무런 의미가 없다"라고 주장하는 견해이다.[13]

복음주의자들은 이 스펙트럼의 중간에서 일하려고 애쓴다. 성경의 가르침을 문화의 영향 없이 보편적으로 전달하는 전달법은 존재하지 않는다. 성경은 절대적이며 보편적인 진리를 전달하고 있는 것이다. 나는 이 접근법을 '균형 잡힌 상황화'라고 부르겠다. 왜냐하면 이는 양극단을 피하면서 궁극적으로 견고하게 성경 권위의 지렛대 위에서 작용하기 때문이다.

린츠 교수는 균형 잡힌 상황화의 중간 지대를 찾기 위한 노력에도 불구하고 여전히 많은 특정 사항들에 대한 의견 일치가 부족하다고 말한다. 많은 복음주의자들의 대부분이 스펙트럼의 어느 한쪽에 치우치는 경향이 많다. 어떤 이들은 복음이 어떻게 전달되어야 하는지에 대해 문화에 더 많은 발언권을 주는 쪽으로 움직이고 있다. 이로 인해 다른 사람들은 다른 쪽의 스펙트럼으로 기울어서, 우리의 신학적 사고가 어떻게 문화에 의해서 영향을 받았는지 인정하는 것을 거부한다.

이 책은 실천가들을 위한 책이므로 상황화와 관련된 좀 더 이론적인 이슈들은 상세히 들어가지 않으려 한다. 다만 린츠와 많은 학자들이 말한 균형을 유지하는 것이 얼마나 중요한지를 확인하는 선에서 마치려 한다.

하지만 균형을 유지하는 것뿐 아니라 성경의 양상과 예시에서 보이는 방식들로 하는 것 또한 중요하다. 다음 장에서는 상황화를 위한 세 가지 성경적 기초와 함께 바울의 사역을 통해 실제적인 예와 '방법과 수단들'을 제시하려고 한다.

토론과 성찰을 위한 질문들

1. 복음을 상황화하는 데 있어서 당신은 '도착지가 없는 다리'를 만드는 경향이 있는가, 아니면 '출발지가 없는 다리'를 만드는 경향이 있는가? 어떤 점에서 당신은 그런 실수를 범하는가? 어떤 요인이나 신념으로 그런 경향이 나타난다고 생각되는가?

2. "다른 문화와의 교류를 통해서, 우리는 이전에는 전혀 던지지 않았을 질문을 본문에 던지게 되며, 명료하게 볼 수 없었던 많은 것들을 볼 수 있게 되는 것이다. 결과적으로 우리는 언제나 존재했던 성경의 진리와 깨달음을 가질 수 있게 된다. 우리는 단지 그것을 못보고 있었을 뿐이었다." 다른 문화의 사람들과 교류함으로써 이런 유익을 경험한 적이 있는가? 나누어 보자. 성경과 복음의 이해에 있어 당신에게는 어떤 맹점들이 있었는가?

3. '정경 안의 정경'의 예를 자신에게서 발견할 수 있는가? 당신이 특별히 중시하는 성경의 주제 목록들을 잠시 기록하는 시간을 가져 보자. 당신이 강조하지 않지만 다른 그리스도인들이 강조하는 주제들은 어떤 것들이 있으며 발견할 수 있는 양상은 무엇인가? 이것을 통해서 당신의 영적 또는 문화적 맹점들이 무엇인지 찾아보라.

4. "복음주의자들은 스펙트럼에서의 양쪽 극단을 피하는 작업을 해왔다. 한 쪽 스펙트럼에는 문화적 근본주의가 있는데, 이는 우리가 성경을 문화와 상관없이 보편적인 용어로 읽고 신학을 표현할 수 있다고 믿는 견해이다. 다른 한쪽 끝에는 문화적 상대주의가 있는데, 이는 '성경이 현대 상황의 개념들에 의해 설명되지 않는 한 아무 의미가 없다'라고 주장하는 견해이다." 이 두 극단 중에서 어떤 쪽의 위험성에 더 가까운가? 당신의 경우 어떤 예를 발견할 수 있는가? 어떤 쪽의 오류를 더 자주 범하는 경향이 있는가?

주

1. 존 스토트(John R. W. Stott), 《현대교회와 설교: 성경적 강해설교》, 생명의샘 역간, 2010.

2. 브루스 니콜스(Bruce J. Nicholls)는 다음과 같이 기록한다(Contextualization, 8). "복음주의 설교가들은 종종 소통에 있어서 문화적 요소의 중요성을 저평가한다. 어떤 이들은 하나님, 죄, 성육신, 구원, 천국 등의 용어가 듣는 사람들의 마음에서는 [전혀] 다른 이미지를 가질 수 있다는 것을 전혀 모른다."

3. 암묵적인 지식에 대한 토론은 Natee Tanchanpongs의 "Developing a Palate for Authentic Theology," in Local Theology for the Global Church, ed. Matthew Cook et al. (Pasadena, Calif.: William Carey Library, 116ff)을 보라. 마이클 폴라니(Michael Polanyi)가 암묵적 지식의 본질, 상황화에 대한 암묵적 지식과 믿음 사이의 관계 등에 대해서 쓴 것을 보라.

4. D. A. 카슨(D. A. Carson)은 (Biblical Interpretation and the Church [Carlisle, UK: Paternoster, 1984, 22-23) 이렇게 말한다. "만약에 예를 들어 목사가 사람들이 자신의 권위를 받아들이고 아무 질문도 없이 그의 리더십을 추종하도록 사람들을 고무시킨다고 해보자. 이것은 그가 선동가이기 때문에 그럴 수도 있다. 또는 그의 문화적 환경에서 사람들은 자연스럽게 지도자를 존경하고 우상파괴를 원하지 않기 때문일 수도 있다. 그는 자신이 건강한 영성이라고 생각하는 것을 촉진하려고 할 때 히브리서 13장 17절과 같은 말씀을 인용하려고 할 것이다. 그러나 분명히 베드로전서 5장 11절 전반부나 마태복음 20장 24-28절은 인용하려고 하지 않을 것이다. [그는 아마도] 그의 회중이 잘 가르치는 장로들을 '두 배 존경'하는 가르침을 회중의 책임으로 가르치는 데는 매우 적극적일 것이다. … 반면에 교회 지도자들이 탐욕과 탐심이 없으며 재물을 사랑하지 않아야 한다고 가르치는 본문들은 상당히 조심을 할 것이다."

5. 카슨(D. A. Carson)이 하나님의 사랑에 대한 다양한 본문을 설명하는 부분을 참조하라. The Difficult Doctrine of the Love of God (Downers Grove, Ill.: Inter-Varsity, 2000).

6. Carson, Biblical Interpretation and the Church, 23.

7. www.wtsbooks.com.

8. 물론 성경 저자들이 특정한 문화 속에서 기술했다는 것은 사실이다. 그래서 성경 저자가 의도한 의미를 알기 위해서는, 그리고 특정 성경 본문이 실제로 가르치는 것을 이해하기 위해서는, 저자 및 원 독자가의 역사적, 언어적, 문화적 환경을 이해하는 것이 매우 중요하다. 그러나 이것이 우리가 성경에서 시간 불변의 핵심 진리를 발견하고 문화적인 토양 위에 있는 덜 '핵심적인' 가르침을 버릴 수 있다는 것은 전혀 아니다. 성경에 대한 복음주의적 신학은 이렇다. 성경은 철저히 인간의 책이다. 각각의 저자는 인간 문화 속에서 썼다. 그러나 하나님은 각 저자의 문화와 삶의 환경을 특별히 선택하신 것이다. 그래서 하나님의 모든 것을 통치하시는 주권적 섭리로 말미암아 모든 단어가 지금의 성경에 기록된 것이다. J. I. 패커(J. I. Packer)의 Fundamentalism and the word of God(Leicester, UK: Inter-Varsity, 1958)을 참조하라. 또한 니콜스의 책 《상황화》의 4장 '성경'을 참조하라.

9. See John Stott and R. Coote, eds., Down to Earth: Studies in Christianity and Culture (Grand Rapids: Eerdmans, 1980), esp. the appendix "The Willowbank Report."

10. See Anthony Thiselton, The Two Horizons: New Testament Hermeneutics and Philosophical

Description (Grand Rapids: Eerdmans, 1980), 104, 439; J. I. Packer, "Infallible Scripture and the Role of Hermeneu- tics," in *Scripture and Truth*, ed. D. A. Carson and John D. Woodbridge (Downers Grove, Ill.: Inter-Varsity, 1983), 348-49; Grant R. Osborne, *The Hermeneutical Spiral: A Comprehensive Introduction to Biblical Interpretation* (Downers Grove, Ill.: Inter-Varsity, 1997).

11. 이야기를 명료하게 하기 위해서, 우리는 해석학적 나선(hermeneutical spiral)을 통한 상황화의 복잡한 세부사항을 자세히 다루지 않는다. 실제로, 최소한 두 개의 나선과 세 개의 지평선이 있다. 첫째, 당신은 성경 본문과 당신의 문화 상황 사이를 왔다 갔다 해야 한다. 그래서 본문이 당신의 이해를 교정하게 해야 한다(즉, 당신은 당신 자신의 지평선과 본문 이해의 지평선을 합해야 한다). 이 후에 당신은 반드시 진리에 대한 당신의 이해와 당신이 도달하려고 하는 사람들의 이해 사이에 있는 간격을 연결해야 한다(D. A. 카슨이 《성경 해석과 교회》, [기독교문서선교회, 1991]에 쓴 "A Sketch of the Factors Determining Current Hermeneutical Debate in Cross-Cultural Contexts"를 참조하라).

12. Richard Lints, *The Fabric of Theology: A Prolegomenon to Evangelical Theology* (Grand Rapids: Eerd- mans, 1993), 101-3.

13. 린츠(Lints)는 데이비드 웰스(David Wells)를 인용한다: "상황화에 대한 첫 번째 이해는, 계시적 흐름은 반드시 [한 방향으로] 권위적 [본문]에서 현대적 문화 [맥락]으로 이동한다고 보는 것이다; 두 번째 관점은, 상황화의 방향이 본문에서 맥락으로, 맥락에서 본문으로 오고 간다는 것이다." 첫 번째 관점은 소통하는 사람 자신이 아무런 문화적 관여가 없는 것을 전제로 한다. 그는 단지 본문을 읽고 이해하고 그것을 새로운 문화에 맞추지 않으면서 새로운 문화 속으로 가져간다. 후자의 견해에서는 맥락과 본문이 무한한 원을 그린다. 이는 본문이 '정말로' 무엇을 말하는지 우리가 결코 결론을 내릴 수 없다는 것을 궁극적으로 의미하게 된다.

03
반드시
성경적이어야 한다

성경은 인간 문화에 대해서, 그리고 인간이 문화와 어떤 관계를 형성해야 할지에 대해서 많은 복음적 틀을 제시한다. 성경적인 상황화를 이해하는 데 있어서 가장 도움이 된 세 본문을 살펴보며 이야기를 시작하려고 한다.

먼저 로마서 1장과 2장은 상황화를 위한 기초를 제공한다. 성경은 문화에 대해서 복합적인 관점을 가진다. 문화의 많은 요소들을 긍정하지만, 먼저 복음의 관점에서 조사하지 않은 채 무비판적으로 문화를 수용하는 것은 피해야 한다고 가르친다. 고린도전서 9장은 상황화를 위한 우리의 동기를 이야기한다. 그리스도인이라면 문화에 대해 유연할 필요가 있으며, 복음 메시지를 전달하기 위해서라면 적응할 수 있는 문화의 부분에 대해서 준비되어 있어야 한다고 말한다. 마지막으로 고린도전서 1장은 상황화를 위한 기본적인 공식을 제공한다. 문화를 긍정하는 것과 맞서는 것 사이에서 그리스도인이 어떻게 균형을 찾을 것인지를 알려 준다.

로마서에 나타난 문화의 복합적 성격

각각의 문화는 좋고 나쁜 요소들이 들어 있는 가방과 같다. 우리는 어떤 문화의 모습들이 단지 우리의 것과 다르다는 이유로 배제해서는 안 된다. 이런 생각은 상식선에서도 옳은 것이고, 실제로 성경도 로마서 1장과 2장에서 이러한 생각에 대하여 지지하고 있다.

각각의 문화는 중요한 질문들에 대한 대답들을 가정하고 있다. 왜 우리는 여기 있는가? 무엇이 삶에서 가장 중요한 일들인가? 세상에는 어떤 문제들이 있는가? 무엇이 그것을 바로잡을 수 있는가? 그리고 각각의 사회는 최고의 가치라고 여기는 것들이 있어서 사회 환경이 그 가치를 위해 섬기도록 한다. 어떤 문화도 이런 부분에 있어서 중립적이지 않다. 이런 점에서 모든 문화 작업은 '언약적'이라고 할 수 있다. 우리는 모두 무엇인가에 헌신되어 있기 때문이다. 그러한 전제들과 가정들이 의식적으로 표현되지 않을 때도 그렇다.

로마서 1장과 2장은 모든 사람이 죄를 지었고 하나님의 영광에 이르지 못했다는 것을 우리에게 말함으로써 이것을 가리키고 있다. 유대인과 이방인은 모두 상실된 상태이다. 세속 이방인들은 감각을 우상으로 삼지만, 유대인들은 정신적 의로움을 우상으로 삼는다. 모든 문화에서 사람들은 하나님이 아닌 다른 것에 의지하여 자신들을 정당화하고 구원하려 한다.

그러나 동시에 로마서 1장과 2장을 통해 모든 인간 존재가 하나님에 대한 타고난 지식을 갖고 있음을 보게 된다.

■ 죄의 힘을 제어하는 것

일반 은총의 흥미로운 예시가 이사야 45장 1절에 나온다. 하나님은 이방 왕 고레스를 성령으로 기름 부으셔서 세상의 지도자로 선택하신다. 고레스를 사용하시는 것은 일반 은총이 구원과 상관없는 세상을 유지하는 힘으로 이해되는 하나의 예가 된다. 사람들이 하나님을 믿는 것과 상관없이 어떤 수준 이상의 지혜, 용기, 통찰, 선한 성품을 주심으로써 성령께서는 이 세상 가운데 죄의 힘과 영향력을 제어하여, 도저히 사람들이 살아갈 수 없는 나쁜 세상이 되지 않도록 하신다.

로마서 2장 14-15절에서 바울은 하나님의 법이 모든 인간 존재의 마음에 새겨져 있음을 이야기한다. 모든 사람은 정직과 공평, 사랑, 그리고 황금률 등 무엇이 옳은지에 대한 내적 감각을 갖고 있다.[1] 인간이 하나님의 형상으로 만들어졌기 때문에(창 1:26-28), 모든 사람은 어떤 깊은 수준에서 하나님이 계신다는 것을 알고 있으며, 우리가 그분의 피조물이라는 것과 그분을 섬겨야 한다는 것, 그리고 그분이 우리를 책임지고 있다는 것을 알고 있다.

'일반 계시' 또는 '일반 은총'은 하나님이 당신의 형상을 가진 모든 사람에게 주시는 하나님에 대한 지식과 형상을 말한다. 이는 구원을 얻게 하는 지식은 아니지만, 모든 문화에 어떤 형태로든 존재한다. 예수님에 대해 알려 주거나 우리를 위해 무엇을 하셨는지는 말하지 않는다. 그것은 성경의 '특별 계시'를 통해서만 알 수 있다. 그러나 하나님에 대한 막연한 이해는 존재한다. 하나님이 진리와 지혜를 모든 사람에게 어느 정도는 나타내시기 때문이다.

이런 이유로 이사야 28장 23-29절에서, 농업에 능숙한 사람이나 농업 과학에 진보를 가져오는 사람은 누구든지 "하나님으로 말미암음이라"고 말할 수 있는 것이다. 한 주석가는 "적절한 계절, 파종을 위한 상태, 농장 경영, 작물의 순환 농법 등 발견으로 보이는 것이 사실상 창조주가 창조의 책을 펼쳐서 진리를 보이시는 것이다"[2]라고 기술했다. 농업은 인간 문화의 한 요소일 뿐이다. 새로운 음악의 개발, 비행기 여행, 소통하는 기술의 개발, 지혜로운 정치 지도력 같은 모든 것들은 하나님이 창조의 책을 펼쳐서 우리에게 가르쳐 주신 결과들이다(출 31:2-11; 약 1:17을 참조).

로마서 1장 18-25절은 어떻게 일반 계시(또는 일반 은총)가 실제로 사람들의 삶 가운데 작용하는지를 동적이면서도 균형 잡힌 그림으로 보여 주고 있다. 우리는 진리가 억압되는 것을 본다(18절). 그러나 진리는 계속해서 우리를 누른다. 영어 성경(NIV)에서는 20절을 "창세로부터 그의 보이지 아니하는 것들 곧 그의 영원하신 능력과 신성이 그가 만드신 만물에 분명히 보여 알려졌나니 그들이 핑계하지 못할지니라"고 표현했다.

여기서 동사들인 누우메나(nooumena, 알려졌나니)와 카쏘라타이(kathoratai, 보여서)는 현재 수동 분사 형태이다. 달리 말하면, 하나님의 본성과 그분에 대한 우리의 의무는 지속적으로 제시되고 있는 것이다. 일반 계시는 단지 생득적 관념이거나 고정적인 원리의 집합이 아니다. 그것은 모든 인간 존재의 의식에 계속적으로 작용하는 고집스런 하나님의 진리이다.

모든 인간 문화 안에는 명백한 진리들과 망가진 반쪽짜리 진리, 그리고 진리에 대한 공공연한 거부 등이 복합적으로 섞여 있다. 그리고 모든 문화 안에는 다소 맹신적인 담론들도 있다. 그럼에도 불구하고 하나님의 진리를 보여 주는 증거들도 있을 것이다. 하나님은 지혜와 재능, 아름다움, 기술 등의 좋은 선물을 인간의 공덕과 상관없이 주신다. 하나님은 세상을 풍요롭고 밝게 만들기 위해서, 또한 보존하기 위해서 마치 씨를 뿌리듯이 그것들을 문화 안에 던져 주신다.

문화에 대한 이러한 이해가 없다면 그리스도인들은 세상 사람들의 기여를 축복으로 여기지 않고, 세상과 단절되어 자족할 수 있다고 생각할 것이다. 하나님이 보다 넓은 문화 속에 은혜롭게 나누어 주신 지혜들을 높이 평가하지 않는다면, 그리스도인들은 왜 비그리스도인들이 종종 도덕의 실천이나 지혜, 기술에 있어서 더 뛰어난지 이해하는 데 어려움을 겪을 것이다.

죄의 교리가 의미하는 것은 우리가 추구하는 바른 세계관만큼 우리가 선하지 않다는 것이다. 동시에 하나님의 형상을 따라 창조된 것과 일반 은총에 대한 교리는 우리에게 비신자들이 그들의 잘못된 세계관만큼 완전히 결함 있는 것은 아니라는 것을 상기시켜 준다.

모든 인간 문화에 대한 관점은 비판적 향유와 적절한 경계여야 한다. 우리는 다른 사람들과 문화들의 영감과 창작을 즐겨야 한다. 그리고 각각의 문화 안에 있는 정의와 지혜, 진리, 그리고 아름다움의 표현들을 경축해야 한다. 하지만 우리는 의식을 갖고 이것들을 바라보아야 한다. 특히 죄와 우상숭배로 인해 왜곡된 것을 잘 살펴야 한다.

모든 문화들은 어둠과 빛의 요소들을 가지고 있다. 우리는 단순하게 "전통적이고 보수적인 문화들은 성경적이며, 진보적이고 세속적인 문화들은 부도덕하며 악하다"라고 말할 수 없다. 전통적 문화도 나름의 우상들을 가지고 있는데, 종종 가족이나 국가를 절대적인 가치로 격상시키곤 한다. 이는 인종주의, 부족주의, 가부장주의, 그리고 다른 형태의 도덕주의와 억압으로 발전한다. 반면 진보적 문화들은 개인 및 인간의 자유를 절대적 가치로 격상시킨다. 그래서 가정과 공동체의 붕괴, 비즈니스 및 성적 행동에 있어서 윤리성의 파괴로 나타난다. 가정의 중요성, 그리고 개인의 가치와 자유는 성경적 세계관의 중심에서 발견되어야 한다.

복음에 대한 일관성 있고 성경적인 이해가 필요하다(그리스도인들은 구원받은 죄인들이다). 하나님의 형상에 대해(사람들은 잃어버린 상태지만 하나님의 본성을 반영한다), 일반 은총에 대해(모든 사람들은 하나님에 대한 진리를 은폐하지만, 그럼에도 불구하고 그들은 진리를 '들으며' 그것을 '안다') 바른 이해가 필요하다. 이러한 이해는 문화에 대한 설득력 있는 지식을 제공하여 상황화의 든든한 기초를 이룬다.

고린도전서에 나타난 문화 유연성

고린도전서 9장은 상황화라는 주제와 관련하여, 많은 사람들이 가장 먼저 생각하는 성경 본문일 것이다. 이것은 상황화를 생각할 때 중요한 구절이기도 하다.

내가 모든 사람에게서 자유로우나 스스로 모든 사람에게 종이 된 것은 더 많은 사람을 얻고자 함이라 유대인들에게 내가 유대인과 같이 된 것은 유대인들을 얻고자 함이요 율법 아래에 있는 자들에게는 내가 율법 아래에 있지 아니하나 율법 아래에 있는 자 같이 된 것은 율법 아래에 있는 자들을 얻고자 함이요 율법 없는 자에게는 내가 하나님께는 율법 없는 자가 아니요 도리어 그리스도의 율법 아래에 있는 자이나 율법 없는 자와 같이 된 것은 율법 없는 자들을 얻고자 함이라 약한 자들에게 내가 약한 자와 같이 된 것은 약한 자들을 얻고자 함이요 내가 여러 사람에게 여러 모습이 된 것은 아무쪼록 몇 사람이라도 구원하고자 함이니 내가 복음을 위하여 모든 것을 행함은 복음에 참여하고자 함이라(고전 9:19-23).

이 말씀 바로 앞에서 바울은 스칸달론(skandalon, 걸림돌)에 대해 이야기하며, 고린도교회 안에 있는 갈등에 대한 사례를 제시한다. 유대인 그리스도인들은 종종 우상숭배 행사에 사용된 고기를 구입하곤 했다. 유대인들은 우상이 실체가 없다는 것을 알고 있었고 그래서 고기를 먹는 것에 아무런 문제가 없다는 것을 알았다. 그렇지만 이방인 그리스도인들은 이것을 용납할 수 없었다(이전에 이교도였으므로). 그들은 그 고기를 먹으면 영적으로 더럽혀진다고 생각했다(고전 8:7). 그래서 유대인 형제들의 행동을 보면서 마음에 번민했다. 그들 중의 얼마는 분명한 양심으로는 할 수 없는 일을 하려는 유혹도 받았다.

바울은 신학적으로는 유대인들이 옳다고 반응했다. 사실 고기는 아무런 해가 없으며, '약한' 양심을 가진 이방인 그리스도인들이 그렇게 생각하는 것은 엄격한 문화적 금기의 지배를 받기 때문이라고 보았다(고전 8:4-5). 그럼에도 불구하고 바울은 유대인 그리스도인들에게('강한' 자들이) 그 상황에서는 문화적 자유를 사용하지 말라고 권한다. 그들은 고기 먹는 것을 삼가서, 이방인 형제들과 자매들에게 문화적으로 거치는 것, 곧 걸림돌을 없애야 했다.

여기에서 문화적 적응은 사랑의 한 표현으로 보인다. 바울은 고린도전서를 통해 원칙의 형태를 표현한다.

> 유대인에게나 헬라인에게나 하나님의 교회에나 거치는 자가 되지 말고 나와 같이 모든 일에 모든 사람을 기쁘게 하여 자신의 유익을 구하지 아니하고 많은 사람의 유익을 구하여 그들로 구원을 받게 하라 내가 그리스도를 본받는 자가 된 것 같이 너희는 나를 본받는 자가 되라(고전 10:32-11:1).

성경이 자유를 주는 영역에서 기독교 사역을 시작할 때, 우리는 항상 그 문화에 적응하는 시간을 가져야 한다. 문화적으로 틀에 박힌 개념들을 가진 사람들에게 불필요하게 걸림돌이 되지 않도록 어떤 태도나 행동을 조심하는 것이다. 예를 들어 특정 형태의 음악이나 의복, 음식, 그리고 비본질적 관습들과 개념들을 주의해야 한다. 또한 복음을 분명하게 이해하고 받아들이지 못하도록 산만하게 방해하는 요소들을 삼가야 한다.

이와 비슷하게, 성경이 말씀하시지 않은 영역에서 우리는 상대적인 인간 문화의 규범들을 절대화하지 않도록 해야 한다. 예를 들어 리듬 음악은 멜로디 음악보다 하나님이 기뻐하시지 않기 때문에 사용해서는 안 된다고 말하는 식이다. 이처럼 특정 의복 스타일이나 음악 스타일을 절대시해서는 안 된다.

카슨 교수는 고린도전서의 말씀에 대해 다음과 같은 소견을 말하고 있다.

> 19세기 중국내지선교회(지금의 OMF)의 창시자인 허드슨 테일러는 당시의 중국인들처럼 머리를 길게 길러서 땋았으며, 현지인들이 입는 옷을

입고 그들이 먹는 음식을 먹었다. 그때 많은 동료 선교사들이 그를 조롱했다. 그러나 허드슨 테일러는 복음에 있어서 무엇이 핵심인지(그래서 타협불가한지), 그리고 무엇이 이러나저러나 상관없는 문화적인 형식인지 깊이 생각했다. 문화적인 형식은 때로 효과적인 복음 선포에 불필요한 장벽이 되곤 한다.

모든 문화적 요소들이 도덕적으로 중립이라는 말은 아니다. 전혀 그렇지 않다. 각 문화 안에는 선하고 악한 요소들이 모두 다 포함되어 있다.… 그럼에도 모든 문화 안에서 복음 전도자나 교회 개척자, 그리고 기독교 증언자들이 그들이 할 수 있는 한 최대로 유연해지는 것이 중요하다. 그래서 복음이 단순히 문화적 수준에서 불필요하게 이질적으로 보이지 않도록 해야 한다.[3]

카슨 교수는 "각 문화 안에는 선하고 악한 요소들이 모두 다 포함되어 있다"라고 말한다. 새로운 문화의 어떤 요소들이 복음 자체를 손상시키지 않으면서

■ 문화란 무엇인가?

강은 자연이며, 운하는 문화이다. 석영 원석은 자연이지만, 화살촉은 문화이다. 울음 소리는 자연이지만, 단어는 문화이다.
- 리처드 니버,《그리스도와 문화》

문화는 그것을 통해 자신 및 타인들과 더 큰 세계를 이해하며, 그것을 통해 우리의 경험을 포괄하는 규범적 질서이다. 문화의 심장에는 규범과 가치 체계가 존재한다. 그러나 이러한 규범과 가치들은 우리 의식에 깊이 각인된 지배적 진리로 이해하는 것이 좋다. 그래서 문화를 질문하는 것은 존재 자체에 대한 질문이 된다.
- 제임스 헌터,《총격전을 하기 전에》

문화는 인류의 모든 노력과 노고를 밝히고 이해하며 무엇인가에 사용되도록 하기 위한 어떤 노력들을 말한다.
- 헨리 반 틸,《문화의 개신교적 관점》

사람들에게 더 다가가도록 돕는다면 (배려와 사랑의 마음으로) 그 요소들에 적응하지 않을 이유가 없다. 설령 그것이 자신의 취향이 아니더라도 말이다.

어쩌면 복음은 나 때문에 "불필요하고 이질적으로" 보일 수도 있는 것이다. 복음 자체보다는 우리가 문화에 대하여 적대적이기 때문에 사람들이 복음에 등을 돌리는 일을 피해야 한다. 이렇게 본다면 건전한 상황화는 이기심을 극복하는 표지가 된다. 사랑 가운데 자신의 특혜를 추구하지 않는 것이며, 그리스도인으로서 자신의 완전한 자유를 사용하여 사람들이 그리스도의 부르심을 듣고 따를 수 있게 하는 것이다.

다른 한편으로, 우리의 메시지와 가르침에서 스칸달론(거치는 것), 즉 십자가의 도전적인 요소를 제거해서는 안 된다(고전 1:23). 성경이 선명하고 절대적으로 가르치는 것을 우리가 상대화하거나 버릴 수는 없다. 만일 그렇게 한다면, 문화에 적응하는 것이 아니라 항복하는 것이다. 만일 우리가 상대적으로 부유한 회중들에게 사회 정의를 외치지 않는다면 -이는 복음의 적용점 중에 하나이다(약 1-2장)- 우리는 성경적인 스칸달론을 제거하는 것이다. 적절한 상황화가 의미하는 것은 복음이 모든 죄인들에게 주는 바른 스캔들을 일으키는 것이며, 불필요한 다른 것들은 모두 제거하는 것이다. 이것이 상황화의 동기이다.

고린도전서와 성경적 균형

이처럼 로마서 1-2장과 고린도전서 9장이 상황화의 토대와 동기를 확립해 주긴 하지만, 고린도전서 1장 22-25절만큼 상황화의 주제에 있어 도움이 되는 성경 본문은 없다. 여기에는 상황화를 실시하는 기본적인 공식이 나타나 있다.

유대인은 표적을 구하고 헬라인은 지혜를 찾으나 우리는 십자가에 못

박힌 그리스도를 전하니 유대인에게는 거리끼는 것이요 이방인에게는 미련한 것이로되 오직 부르심을 받은 자들에게는 유대인이나 헬라인이나 그리스도는 하나님의 능력이요 하나님의 지혜니라. 하나님의 어리석음이 사람보다 지혜롭고 하나님의 약하심이 사람보다 강하니라(고전 1:22-25).

바울은 문화의 복합적인 특성에 대해 상정하고 있다. 그는 헬라인에게 말할 때는 그들 문화의 우상인 지혜에 대하여 맞선다. 헬라 문화는 철학이나 지적 성취, 그리고 예술 등에 높은 가치를 부여했다. 헬라인들에게 있어서 가르침이나 깨달음을 통한 구원이 아닌, 십자가에 못 박힌 구세주를 통한 구원은 완전히 어리석은 것이었다.

이와 달리 유대 문화는 전혀 다른 것에 최상의 가치를 부여했다. 바울은 이것을 세 가지 동의어로 표현하고 있다. '표적'과 '능력', 그리고 '강함'이다. 유대 문화는 헬라 문화와는 달리 매우 실제적이며 행동이나 결과를 중시한다. 담론적인 사상보다는, 능력과 기술을 통해서 일을 성취하는 것에 가치를 두었다. 유대인에게 십자가를 통해서 오는 구원이란 약하고 비효과적인 것이었다. 메시아라면 로마제국을 무너뜨리는 것처럼 무엇인가를 눈에 보이는 행동을 해야 했다. 고통 받고 약한 구원자는 유대인들에게 전혀 다가오지 않았다.

하지만 여기서 우리가 발견하는 것은, 복음이 각 문화에 대해 다소 불쾌하게 비치는 면이 있지만, 반면에 사람들로 하여금 그리스도와 그분의 사역을 다른 방식으로 보게 한다는 것이다. 구원받은 헬라인들은 십자가가 궁극적인 지혜임을 알게 되었다. 그것은 하나님께서 그분의 의로움을 지키면서도 동시에 믿는 자를 의롭게 하시는 지혜이다. 그리고 구원받은 유대인들은 십자가가 참된 능력임을 알게 되었다. 우리의 가장 강력한 적들이(죄, 죄책감, 죽음 자체) 패배했기 때문이다.

바울이 복음을 각 사회의 기저에 있는 문화적 내러티브에 적용하는(맞닥뜨려 완성하는) 모습을 보면 놀라울 뿐이다. 그는 이 일을 부정적으로도 긍정적으로 모두 해낸다. 바울은 각각의 문화가 갖고 있는 우상들에 도전하면서, 그들의 열망과 궁극적 가치들을 긍정적으로 부각시킨다. 그리고 십자가를 통해 헬라인의 지성적인 오만함에 맞서며, 행함에 기초한 유대인의 의에 도전을 던진다. 하지만 그는 또한 가장 근본적인 집단적 열망들을 수긍하며, 그리스도만이 헬라인이 추구하던 참된 지혜가 되며, 유대인이 추구하던 참된 의가 된다는 것을 보여 주고 있다.

문화에 대한 바울의 접근법은 완전한 부정도, 완전한 긍정도 아니다. 바울은 단지 헬라인의 지성에 대한 자만과 유대인의 능력에 대한 자만을 강력하게 고발하고 있다. 그리고 그들이 그런 선들을 추구하는 방식들이 어떻게 궁극적으로 헛된지를 보여 준다. 바울은 문화 안에 있는 치명적인 모순들과 내재하는 우상들을 밝히 보이고 난 후, 오직 그리스도 안에서만 가능한 해결책을 제시하는 지점까지 나아간다. 이것이 상황화의 기본적인 공식들이다. 이제는 이러한 공식이 어떻게 바울의 실제 사역 현장에서 이루어지는 지 살펴보도록 하자.

바울의 사도행전 설교들

지금까지 우리는 자문화의 전제들을 인지하면서 상황화에 접근해야 할 필요성에 대해 살펴보았다. 또한 성경에 대해서 다른 문화가 던지는 질문들을 접하지 않으면 성경과 그 메시지에 대한 기존의 전제들도 볼 수 없다는 것도 살펴보았다. 그리고 모든 문화는 선한 요소와 악한 요소가 공존하는 복합성을 가지고 있기에 성경적 토대의 수립이 필수적이라는 것도 살펴보았다. 성경의 메시지를 제대로 전하기 위해서는 특정한 문화의 상황에 맞추어 전할 필요가 있다.

바울은 로마서 1-2장에서 상황화의 토대를, 고린도전서 9장에서 상황화의 동기를, 그리고 고린도전서 1장에서 상황화의 기본 공식을 다룬다. 실제로 우리가 바울이 어떻게 상황화 작업을 했는지 살펴보는 것은 사도행전의 설교들을 통해서 가능하다. 그가 여러 다른 그룹의 사람들에게 어떻게 복음을 전했는지 살펴보도록 하자.

우리는 즉각적으로 바울이 전혀 다른 배경을 가진 다양한 사람들과 소통할 때 어떻게 메시지를 전했는지 볼 수 있다. 사도행전 13장 13-43절을 보면, 바울은 안디옥에서 성경을 믿는 신자들로 이루어진 청중에게 말씀을 전하고 있다. 그들은 유대인과 개종한 이방인, 그리고 "하나님을 경외하는 이들"(이방인으로서 성경을 믿고 회당에서 모이지만, 할례는 받지 않은 사람들)로 구성되어 있다. 그리고 사도행전 14장 6-16절, 루스드라에서는 서민층이자 다신론자였던 무리에게 말씀을 전하고 있다. 이들은 오래된 미신들을 믿고 있었고, 교육 받지 않은 민중이었다.

다음으로는 사도행전 17장 16-34절, 아테네를 방문했을 때다. 바울은 교육 수준이 높은 이방인들에게 복음을 전했다. 이들은 대개 신에 대한 믿음은 버렸지만 다양한 철학적 견해를 지지하는 사람들이었다(스토아학파 및 에피쿠로스학파 등). 사도행전 20장 16-34절을 보면, 밀레도에서 그리스도인 장로들에게 고별설교를 하고 있다.

반면 사도행전 21장 27절부터 22장 22절까지는 예루살렘의 적대적인 유대인 군중 앞에서 연설하고 있다. 마지막으로 사도행전 24-26장은 가이사라에서 벨릭스, 베스도, 헤롯 아그립바에게 연설하는 장면이다(이들은 유대교와 이방인에 대한 복합적인 문화적 배경과 지식을 갖고 있는 지배집단이다).

이러한 설교들을 통해, 그가 듣는 이들의 문화에 따라서 얼마나 다양하게 복음을 제시했는지 알게 되고 그로 인해 놀라게 된다. 우리는 이를 통해 무엇을 배워야 하는가? 매우 세심한 결론이 내려져야 할 것이다. 모든 경우에 우리는 성경에 기록된 이 설교들이 실제로 행해진 설교의 일부분이라는 것을 기억해야 한다. 예를 들어, 사도행전 17장에서는 바울이 메시지를 마치기도 전에 방해를 받게 된다. 그럼에도 불구하고 이런 주의사항을 마음에 두면서, 사도행전에 나타난 바울의 공적 소통의 몇 가지 양상들을 찾아볼 수 있다.[4]

먼저, 설교들 사이에 차이점부터 살펴보자. 바울이 인용하는 권위들은 청중에 따라 달라진다. 성경을 믿는 신자들에게는 성경과 세례 요한을 인용한다. 이방인들에게는 일반계시와 위대한 창조세계로부터 논증을 시작한다. 복음 제시에 있어서 성경의 내용도 청중에 따라서 다양하다.

바울은 다양한 진리들을 소개하는 순서와 신학적 강조점들을 다양하게 적용한다. 유대인들이나 하나님을 경외하는 이들에게는 신론은 짧게 하고 그리스도에 대해 바로 이야기한다. 그러나 이방인들에게는 하나의 개념을 이야기하는 데 많은 시간을 사용한다. 헬라인과 로마인들에게 바울은 십자가보다는 그리스도의 부활에 대해 먼저 이야기한다.

죄에 대해 말할 때는 유대인들에게는 율법이 그들을 의롭게 할 수 없으며, 도덕적 노력이 그들을 구원할 수 없음을 명료하게 이야기한다(행 13:39). 사실상 바울은 성경을 믿는 신자들에게는 "여러분이 선하다고 생각하지만, 그렇게 선한 것은 아닙니다"라고 말하는 것이다. 반면 이방인 회중에게는 우상의 "헛된 일을 버리고", "기쁨"의 참된 원천이신 "살아계신 하나님께" 돌아와 그분을 섬기라고 설교한다(행 14:15-17). 실상은 바울이 "여러분은 자유롭다고 생각하고 있습니다. 그러나 죽은 우상에게 노예가 되어 있습니다"라고 말하는 것이다.

바울은 자신의 감정이나 이성, 어휘, 도입과 결말, 수사법과 예증 등을 다양하게 구사할 뿐 아니라 청중의 걱정이나 소망, 필요 등에 자신을 동일시하고 있다. 모든 경우에 있어서 바울은 자신이 제시하는 복음을 청중들에게 맞추고 있다.[5]

이 모든 중요한 차이점들에도 불구하고, 바울의 설교들은 몇 가지 중요한 공통점을 가지고 있다. 데이비드 피터슨(David Peterson)은 '복음 제시'에서 표준 형태는 없지만, 사도행전 전반에 모든 사람들을 위한 단 하나의 복음이 있다고 주장한다.[6] 이는 "주 예수를 전파함"(11:20), "복음"(the good news)(14:7, 21), "구원의 말씀"(13:26), "은혜의 말씀"(14:3), "복음의 말씀"(15:7), "복음"(the gospel)(16:10), "하나님의 은혜의 복음"(20:24), 그리고 "그 은혜의 말씀"이다(20:32). 이 모든 제시어들이 갖는 공통점은 무엇인가? 바울이 설교에서 나누고자 하는 공통 핵심은 무엇인가?

그의 모든 복음 제시에는 일종의 인식론적 도전이 있다. 그는 모든 사람들에게 그들의 신에 대한 이해와 궁극적 실체에 대한 이해가 틀렸다고 말한다. 유대인들을 향해서는 비록 그들이 성경의 하나님을 이해하고 있다고 생각하지만, 심각하게 성경을 오해했음을 말하고 있다. 또한 이방인들을 향해서는 비록 그들이 세상을 이해한다고 생각하지만 창조세계와 그들의 본성을 심각하게 오해했음을 말하고 있다. 오직 참 되신 한 하나님이 존재하며 그분은 만물을 창조하신 분이다. 양쪽의 회중들은 전능하시며 선하신 하나님에 대해 듣게 된다(행 13:16-22; 14:17).

또한 바울의 복음에는 죄나 청자의 타락한 상황에 관한 개인적인 도전도 있다. 유대인들은 율법을 지키려고 애쓰며(행 13:39), 이방인들은 만족시킬 수 없는 우상과 신들에게 자신을 드린다(14:15). 한쪽의 사람들은 공로의라는 함정에 빠져 있고, 다른 쪽은 보다 전통적인 우상숭배에 빠져 있다. 양쪽 모두 스스로를 구원하려 애쓰고 있지만 양쪽 다 실패했다.

마지막으로 바울의 복음에는 사람들의 죄 문제에 대한 답과 해결책으로써 그리스도의 선포가 있다. 데이비드 피터슨이 말하듯, "예수님의 메시아적 왕권과 그 적용은 이방인 회중에게 선포할 때도 핵심이 된다. 비록 용어와 접근법은 성경에 익숙한 유대인에게 말할 때와 달라지지만 말이다."[7] 바울은 이방인들에게 부활을 강조한다. 이는 예수님이 이 세상에 오신 신적 구세주임을 증명하는 것이다. 그분은 유일한 참 왕이시다. 유대인에게는 고난받는 메시아 안에서 실제적으로 성취된 언약의 약속들을 증명한다 (눅 24:25-26 참조). 그래서 유대인과 이방인 모두 그들의 자기 구원 전략으로부터 돌이킬 것을 설득한다. 하나님이 역사 속으로 들어오셔서 우리의 구원을 실현해 주시기 때문이다.

요약하면 그의 복음 안에는 하나님에 대한 진리("당신은 하나님을 안다고 생각하고 있으나 사실 그렇지 않다"), 우리의 죄와 구원의 필요성에 대한 진리("당신은 스스로를 구원하려고 하나 사실은 불가능하다"), 예수님에 대한 진리("그는 메시아이며 왕이다. 그는 당신을 위해 구원을 이루려고 오신 왕이다")가 있다. 그리고 회개와 믿음으로 이 진리들에 반응하라는 부름이 있다.[8] 바울의 연설들은 우리에게 상황화를 어떻게 하는지에 대한 사려 깊으면서도 강력한 성경적 변증을 주고 있다.

바울의 설교들을 통해서, 우리는 모든 문화의 사람에게 딱 맞는 유일무이하고도 초문화적 형태의 복음 제시 방법은 없다는 것을 상기하게 된다. 성경에 나오는 예들을 보면, 복음의 진리는 다양한 순서들로 제시되기도 하고, 다양한 전제들 위에서 논증되기도 하고, 다양한 방법으로 사람들의 심령에 적용된다. 바울은 분명히 한 자리에서 그의 청중에게 복음의 전체 그림을 다 그려 주려고 하지 않았다. 그는 이교도인 이방인들에게는 매우 점진적인 속도로 나아갔고 곧바로 그리스도의 사역을 다루기보다는 근본적인 원리들을 먼저 다루었다.

그리고 비록 복음의 진리가 모든 사람에게 일률적으로 표현된 적은 없지만, 분명히 그들은 똑같은 내용을 받았다. 하나님의 공의롭고 자비한 성품, 우리의 죄와 타락한 상태, 그리스도께서 이루신 구원과 그 실제성, 은혜를 통해 믿음으로 구원을 받아들여야 할 필요성이 그것이다.

성경의 호소

몇 년 전 예수님과 부자 청년의 만남에 관한 책을 읽은 적이 있다. 그 책의 결론은 우리가 전도할 때에 반드시 "유죄 판결을 받은 자임을 전하는데" 시간을 쓰라는 것이었다. 그 본문에서 예수님이 자기 의와 자만심에 빠진 젊은 남자에게 죄책감과 결핍을 깨닫게 하기 위해 애썼기 때문이라는 것이다. 이 주장이 가진 문제점은 그것이 예수님의 유일한 전도 방법이 아니라는 점이다.

요한복음 4장에서 예수님은 우물가의 여인이 자신의 죄를 깨닫도록 하기 위해 많은 시간을 쓰지 않으셨다. 오히려 상당히 부드럽게 율법의 문제보다는 영혼의 갈증을 채우시는 하나님의 능력에 더 초점을 맞추셨다(요한복음 4장의 예수님의 행동은 3장에서 니고데모와 대립했던 것과 대조가 된다).

이처럼 여러 가지 복음 전도의 형태들 중에서 어느 한 가지를 유일무이한 패러다임으로 삼으려 한다면, 사역에서 열매를 맺기가 어려울 것이다. 우리들 대부분은 자신의 문화와 기질이 어떻게 복음 사역 형태에 영향을 미치는지 인지하지 못하는 경향이 있다. 하지만 성경을 살펴보면 놀랍도록 다양한 형태의 복음 사역이 전개되고 있음을 알 수 있다. 이것을 주의 깊게 살핀다면 우리의 사역도 보다 더 확장될 것이다.

보수적인 기질을 가진 사람들은 성경이 말하는 것보다 더 많이 심판을 강조하고 싶어 한다. 반면 자유로운 기질을 가진 이들은 성경이 말하는 것보다 더 많이 무조건적 사랑을 강조하고 싶어 한다. 이성적 사고가 강한 사람들은 이야기를 중시할 수 있어야 하고, 이야기를 사랑하는 사람들은 바울서신처럼 매우 이성적인 논증들을 중시해야 한다.

D. A. 카슨은 상황화 작업에 있어서 중요한 자료가 되는 글을 쓴 바 있다.[9] 그의 주장은 성경 저자들이 독자들로 하여금 진리를 믿고 순종하도록 하기 위해 여러 가지 동기부여 방법을 사용했다는 것이다. 단 한 가지 방법으로 설득한 것이 아니다. 선교학자들이 짚어내듯, 기질과 문화가 다르면

논리의 모습도 달라진다.

어떤 사람들은 매우 논리적이지만 다른 이들은 직관적이며, 또 다른 이들은 실용적이다. 사람들을 설득하기 위해서는 이러한 차이에 적응해야 한다. 카슨 교수는 비그리스도인들이 복음을 믿도록 호소할 때 사용하는 여덟 가지 동기부여 방법을 제시한다. 나는 그의 범주들을 여섯 개로 정리하고 단순화했다.

1. 가끔은 심판과 죽음에 대한 두려움에서 하나님께 나아오도록 호소한다. 히브리서 2장 14-18절은 그리스도께서 "죽기를 무서워하므로 한평생 매여 종노릇하는 모든 자들을 놓아 주려" 하신다고 말한다. 그리고 히브리서 10장 31절은 "살아 계신 하나님의 손에 빠져 들어가는 것이 무서운 것"이라고 말한다.

2. 가끔은 죄책감과 수치심의 짐에서 해방되려는 열망으로 하나님께 나오도록 호소한다. 갈라디아서 3장 10-12절은 "우리가 율법의 저주 아래 있다"고 말한다. 죄책감은 객관적인 것만이 아니라 우리 양심이 느끼는 주관적인 짐일 수 있다(시 51). 우리가 다른 사람들의 기준, 혹은 자신의 기준을 깨뜨렸다면, 수치심과 함께 낮은 자존감에 시달리게 된다. 성경은 우리에게 이러한 짐으로부터의 해방을 준다.

3. 가끔은 '진리가 지닌 매력'에 감사해서 하나님께 나오도록 호소한다. 카슨은 "진리는 놀라운 모습으로 나타날 수 있다. … 사람들은 진리의 아름다움과 그것이 지닌 강렬함을 보게 된다"고 말했다. 고린도전서 1장 18절에서 바울은 "복음이 멸망하는 자들에게는 미련한 것이지만, 구원받는 사람들에게는 하나님의 능력"이라고 했다. 그리고 바로 뒤이어 "십자가의 지혜만이 완벽한 지혜"라고 주장한다. 이성에 호소하여 논리를 펼치고 있는 것이다. 그는 사람들의 생각 안에 있는 일관성 없는 모순을 보여 주고 있다(예를 들어 "당신들의 정의에 따르면, 당신 문화의 지

혜는 지혜가 아니군요"). 그는 사람들이 아름다움과 가치를 볼 수 있도록 진리를 견고히 붙잡는다. 마치 다이아몬드를 쥐고 있는 사람이 사람들에게 찬탄을 불러일으키는 것처럼 말이다.

4. 가끔은 채워지지 않은 실존적 열망을 채우기 위하여 하나님께 나아오라고 호소한다. 예수님은 우물가의 여인에게 '생수'를 약속하셨다(요 4장). 이것은 명백히 영생, 그 이상의 것이다. 다시 말해 현재 경험할 수 있는 내적인 기쁨이자 만족이라 할 수 있다. 여인은 지금까지 그것을 남자들에게서 찾았다.

5. 가끔은 문제 해결의 도움을 받고자 하나님께 나아오도록 호소한다. 카슨이 '절박한 필요'라고 말한 여러 형태의 문제들이 있다. 그는 혈루증 앓는 여인(마 9:20-21), 두 맹인(마 9:27), 그리고 예수님께 나아와 실제적이고 긴급한 도움을 요청한 사람들을 언급한다. 그들은 마음으로 이렇게 말하고 있다. "나는 곤경에 빠져 있어요. 이 문제를 해결할 방법이 없습니다. 도움이 절실합니다!" 성경은 예수님께서 그러한 도움을 지체 없이 주셨음을 보여 준다. 그분은 사람들이 자신의 죄를 보며 영원한 심판으로부터 구원받아야 할 필요성을 볼 수 있도록 도우셨다(막 2:1-12; 눅 17:11-19를 보라).

6. 마지막으로, 단지 사랑받기 원하는 마음에서 하나님께 나아오라고 호소한다. 복음서에 묘사된 그리스도의 인성은 아주 매력적이다. 겸손과 부드러움, 지혜, 특히 예수님의 사랑과 자비는 자석처럼 사람들을 끌어들인다. 런던의 성 헬렌 비숍스 게이트(St. Helen Bishop's Gate)에서 오랫동안 목회한 딕 루카스(Dick Lucas) 목사는 "성경에서 하나님은 완벽한 논증을 주시기보다는 완벽한 사람을 보내 주셔서, 결국 아무 이론의 여지가 없게 하신다"라고 말했다. 모든 인간은 사랑받기 원하는 본능적 갈망이 있다. 우리는 그리스도의 사랑을 분명하게 묘사함으로써 사람들이 그리스도와의 관계 안으로 들어오도록 이끌 수 있다.

이 여섯 가지 방법들은 성경 저자가 사람들을 설득할 때 사용한 방법들로 다양한 양상을 띠고 있다. 어떤 것들은 '채찍'이라 부를 수 있고, 다른 것들은 '당근'이라 부를 수도 있다. '진리의 매력'은 본질적으로 논리적이며, 생각하는 것을 필요로 한다. '예수님의 매력'이나 '갈망의 충족' 같은 것들은 직관적이며, 설득력 있는 서사와 이야기들에 의존한다. 때로는 '절박한 필요'처럼 단기간에 해결되어야 하는 경우도 있고, 다른 경우처럼 장기적인 관점에서 심판과 지옥을 피해야 하는 경우도 있다.

결론적으로 카슨은 "우리가 한 가지 동기부여만을 선택해서 사용할 권한은 갖고 있지 않다"고 주장한다. 설교자와 전도자로서 우리들에게 있는 큰 위험 중에 하나가 바로 이것이다. 우리들 대부분은 이 몇 가지 동기부여 가운데 한 가지를 통해서 그리스도께 나아왔다. 그리고 어느 한 가지 종류의 동기부여가 더 설득력 있다고 생각하는 사회의 구성원으로 살고 있다. 우리는 다른 사람들을 설득할 때도 이 중에 어떤 것만을 사용하는 경향이 있다. 그리고 특정 본문을 강해할 때도, 성경 본문이 다르게 말하는 경우에도, 성경 저자의 의도와 상관없이 우리에게 '익숙한' 동기부여를 사용하는 경향이 있다. 그러면 설교가 온전히 성경적이 되지 못한다.

카슨은 또한 "다른 한편으로, 다른 동기부여들보다 우리의 것을 강조할 권리도 있다"라고 말한다. 왜 그런가? 듣는 대상이 성경을 아는 유대인과 회심자들인지(행 13장), 아니면 성경을 전혀 모르는 이교도인지에 따라서(행 17장), 바울의 전도 설교의 구조와 강조점이 달라질 수 있는 것과 마찬가지로, 우리도 청중에 대한 이해도에 따라 우리가 의지하는 특정한 동기부여들을 사용할 수 있다.[10] 이것이 성경적 상황화의 강력한 예들이다. 결국 우리는 사람들에게 성경이 말하는 모든 것을 제시해야 한다. 그러나 카슨이 주장하듯, 청중의 마음을 열 수 있는 가장 효과적인 본문들과 접근법을 사용하는 것이 맞다.

복음과 상황화

신뢰할 만한 상황화란 오직 은혜에 의한, 그리고 오직 믿음을 통한 구원의 복음을 직접적으로 적용하는 것이라고 나는 믿는다. 바울은 갈라디아서 2장 14절에서 베드로에게 칭의의 복음을 사용했다. 바울은 베드로가 이방인 신자들을 문화적으로 품지 못하는 잘못을 비판했다. 우리가 보았듯, 복음은 두 가지 방향으로 움직여서 균형 잡히고 성경적인 상황화를 이루게 한다.

만일 우리가 종교("나는 순종한다 -그러므로 나는 인정받는다")의 기준에 따라 살면 교만으로 이어지고, 그 기준에 미흡하면 열등감으로 이어질 것이다. 그러나 복음은("나는 그리스도를 통하여 인정받았다 -그러므로 나는 순종한다") 우리를 겸손하고 담대하게 만든다. 이 두 태도들은 충성되고 건전한 상황화를 하는 데 있어서 매우 중요한 것이다.

만일 우리가 문화의 인정을 너무 많이 받으려고 한다면(복음에 대한 확신이 부족한 것이다), 우리는 호감을 얻기 위해 그것과 타협하게 될 것이다. 또한 만일 우리가 속한 특정 문화를 너무 자랑스럽게 생각한다면(복음적 겸손이 부족한 것이다), 너무 경직되어 다른 것에 적응할 수 없는 사람들이 될 것이다. 오직 복음만이 우리에게 필요한 균형을 가능하게 한다.

상황화에 있어서 우리에게 복음이 필요한 주된 이유는, 우리가 기본적으로 항상 자신을 정당화시키는 존재라는 결함 때문에 중립적인 문화적 특성들을 도덕적 미덕으로 격상시키는 경향이 있기 때문이다.

몇 년 전 한 결혼식을 주례하게 되었는데, 신랑은 영미 문화권이었고, 신부는 중남미 문화권이었다. 결혼식을 시작할 시간이 다 되었는데, 당사자인 신부는 물론이고 신부의 가족이나 친구들도 거의 교회에 도착하지 않았다. 예정된 시간보다 45분이나 늦게 신부와 가족이 교회에 도착했다. 영미 쪽의 손님들은 이것이 얼마나 무례하고, 수준 낮고, 센스 없는 것인지 알기에 분노가 가득했다. 누군가 이렇게 말했다. "그럼 그렇지. 이 사람들은 안 된다니까." 중남미계 사람들이 보기에는 영미 사람들이 늘 그렇듯 엄격하고 깍쟁이 같으며 목표 중심적이고 관계성보다는 일정을 너무 신경 쓴다고 생각했다. 각각 자기 문화의 시간 감각을 도덕화한 것이다.[11]

복음은 위대한 겸손을 일으킨다. 은혜의 복음을 깨달아 마음이 새로워지면 더 이상 다른 사람 위에 군림하여 이용할 필요성을 벗어나게 된다. 리처드 러브레이스는 다음과 같이 기록했다.

> 그리스도 안에서 안전함을 누리지 못하는 사람들은 불안감을 채워 줄 영적 보완물을 찾아 나선다. 그들은 필사적인 탐색 끝에 자신의 능력이나 의의 조각들을 의지하기도 하지만, 대개는 자신의 민족이나 당파, 친숙한 사회적 계층, 교파, 그리고 자신의 문화를 자기 고양의 수단으로 삼는다. 자기 의심 위에 문화가 마치 갑옷처럼 덧입혀지는 것이다. 그러나 이것은 종종 육체의 포승줄이 되어 버리는데, 그리스도의 구원 사역에 대한 포괄적인 믿음이 없이는 결코 제거되지 못한다. 그리스도인들이 믿음을 사용하게 되면, 문화에 함몰되지 않을 수 있다. 자기 문화를 편안한 한 벌 옷을 입듯 하지 않게 된다. 원한다면, 문화적으로 다른 의복을 입을 수 있는 것이다. 이것이 고린도전서 9장 19-23절에서 바울이 제시하는 것이다. 그리스도가 다른 문화에서 색다르게 빛나는 것을 보고 인정하고 존경할 수 있게 된다.[12]

그러나 우리를 상황화로 이끄는 것은 복음의 요청만이 아니다. 성경의 고상한 관점도 우리를 상황화로 이끈다. 왜인가? 우리는 오직 성경을 믿는다. 오직 성경만이 삶에 대해 최종적인 권위를 갖는다. 그리고 성경이 우리의 양심에 자유롭게 맡겨 놓은 영역에서는 문화적으로 유연해야 한다. 성경은 어떻게 옷을 입을지, 어떤 종류의 음악을 들을지에 대해 세부 사항을 지시하지 않았다. 따라서 우리에게는 성경적인 범위 안에서 옷과 음악을 문화에 적합한 모습으로 만들어 갈 자유가 있다.[13] 기독교의 많은 부분에 문화적으로 상대적인 영역들이 있음을 부인하는 것은 문화와 전통을 절대적인 수준으로 격상시키는 것이며, 이는 곧 성경을 낮추는 것이다.

프랜시스 쉐퍼는 종종 성경적으로 처방된 '형태'와 문화적 '자유' 간의 차이점에 대해 이야기했다. "교회의 형태와 관련하여 신약성경이 명하지 않는 것은 어떤 것이든지 성령님의 지도 아래 특정 시간과 장소에서 자유롭게 정할 수 있다."[14]

다음 장에서는 이 자유를 지혜롭게 사용하면서 복음 메시지의 실제적인 상황화를 어떻게 이룰 것인지 구체적인 단계들을 살펴보고자 한다.

토론과 성찰을 위한 질문들

1. 로마서 1장과 2장에 나타난 상황화의 기초는 무엇인가?

2. 다음 문장을 생각해 보라. "그리스도인들은 왜 비그리스도인들이 종종 도덕의 실천이나 지혜, 기술에 있어서 더 뛰어난지 이해하는 데 어려움을 겪을 것이다. 죄의 교리가 의미하는 것은 우리가 추구하는 바른 세계관만큼 우리가 선하지 않다는 것이다. 동시에 우리가 하나님의 형상을 따라 창조된 것과 일반 은총에 대한 교리는 우리에게 비신자들이 그들의 잘못된 세계관만큼 완전히 결함 있는 것은 아니라는 것을 상기시켜 준다."
일반 은총에 대한 이러한 이해를 통해서 본다면 문화에 대한 우리의 태도는 어떠해야 하는가? 이러한 인식을 통해서 우리는 어떻게 문화 참여에 균형적인 자세를 가질 수 있는가? '비판적 향유와 적절한 경계'의 균형을 이루기 위해서 어떤 종류의 관계성, 영적 훈련, 독서, 그리고 실천이 필요한가?

3. 고린도전서 1장에서 드러난 상황화를 위한 공식은 "복음을 각 사회의 기저에 있는 문화적 내러티브에 적용하는"(맞닥뜨려 완성하는) 것이다. 이는 반드시 부정적인 동시에 긍정적으로 이루어져야 한다. 각각의 문화에 있는 우상들과 맞서면서도 또한 문화의 열망들과 궁극적인 가치를 긍정적으로 부각시켜야 한다. 당신의 문화에 있는 우상을 한 가지씩 말해 보라. 바울이라면 사람들이 추구하는 그 우상의 헛됨을 어떻게 드러내겠는가? 또한 하나님이 본래 주신 열망들을 어떤 식으로 긍정하겠는가? 사람들이 깊이 갈망하는 것들에 대한 진정한 답이 오직 예수님 안에서만 발견된다는 점을 어떻게 설득하겠는가?

4. 이 장에서는 사람들이 하나님께 나아가도록 성경적으로 호소하는 여섯 가지 방법을 요약한다.

- 심판과 죽음에 대한 두려움
- 죄책감과 수치심의 짐에서 해방되려는 열망
- '진리가 지닌 매력'에 대한 감사
- 충족되지 않은 실존적 열망
- 문제 해결을 위한 도움
- 단지 사랑받기 원하는 마음

여섯 가지 방식들 중에서 어떤 것이 당신에게 가장 편안하고 자연스러운가? 가장 어려운 것은 무엇인가? 그 이유는 무엇인가? 이 모든 방법들을 능숙하게 사용하도록 도움을 주는 책이나 자료는 어떤 것이 있는가?

주

1. 18세기 도덕 철학가인 프랜시스 허치슨(Francis Hutcheson)은 이것을 증명하기 위해서 유명한 예를 들었다. 뒷마당에 수십억 원 가치의 보물이 매장된 것을 발견한 사람에 대해 들었다고 상상해 보자. 그러나 그가 그것을 모두 가난한 사람들에게 나누어 주었다고 한다. 우리 자신이 결코 그렇게 하지는 않겠지만, 그런 행동은 멍청한 일이라고 공공연하게 떠들어 댄다면 우리는 결국 그것을 존경하고 있는 셈이다. 이것은 행동의 도덕적 미덕에 대한 지울 수 없는 감각인 것이다.

2. J. Alec Motyer, *The Prophecy of Isaiah* (Downers Grove, Ill.: Inter-Varsity, 1993), 235.

3. D. A. Carson, *The Cross and Christian Ministry: Leadership Lessons from 1 Corinthians* (Grand Rapids: Baker, 2004), 122. 성경에서 우리는 무엇이 본질적이고 무엇이 비본질적인 것인지 고를 수 없다. 그러나 문화 안에는 성경에 정면으로 위배되거나 성경에 의해 명백하게 금지되는 것 혹은 지시되는 것을 찾기가 쉽지 않다. 카슨은 사명을 가진 그리스도인이라면 복음을 낯선 무언가로 전락시키지 않기 위해서 그런 문화의 특징을 수용할 필요가 있다고 말한다.

4. See David G. Peterson, *The Acts of the Apostles* (Pillar Commentary on the New Testament; Grand Rapids: Eerdmans, 2009), 40; see also Jay E. Adams, *Audience Adaptations in the Sermons and Speeches of Paul* (Nutley, N.J.: Presbyterian & Reformed, 1976), esp. 61-64.

5. See Adams, *Audience Adaptations*, esp. 61-64.

6. Peterson, *Acts of the Apostles*, 44.

7. 위의 책.

8. 스토트(John Stott)는 베드로의 초기 설교들을 더 자세히 살펴본다. 베드로는 이방인 회중을 대상으로 하지 않았다. 그럼에도 스토트는 우리가 바울에게 발견한 것과 유사한 복음의 아웃라인을 제시한다. "그러므로 여기에 사중 메시지가 있다. 두 개의 사건(그리스도의 죽음과 부활)이 두 개의 증언에 의해 뒷받침된다(성경 및 부활에 대한 역사적 증인들), 그리고 이는 하나님이 하신 두 개의 약속에 근거하며(죄 용서와 성령), 두 개의 조건 위에 이루어진다(회개와 믿음). 우리는 이러한 사도적 복음을 절단할 어떤 재량도 부여받지 않았다."

9. D. A. Carson, "Pastoral Pensees: Motivations to Appeal to in Our Hearers When We Preach for Conversion," *Themelios* 35.2 (July 2010): 258-264, www.thegospelcoalition.org/publications/35-2/ (2012년 1월 19일 접속).

10. 카슨(Carson)의 마지막 논지는 중요하다: "하나님을 추구하며, 그리스도를 추구함에 있어서 성경적으로 허용된 모든 동기부여들은 하나님 자신에 대해서 상보적인 것들을 말한다. 그래서 동기부여들의 범주들을 모두 다루지 않는다면, 이는 하나님을 축소하는 결과에 이른다." 이 장에서 우리가 살펴본 것처럼 상황화는 문화에 맞추어 성경적 진리를 펼쳐내는 것이다. 그리하여 우리가 사람들에게 주는 하나님에 대한 그림이 참되고 완전한 것에서 미흡하지 않도록 말이다.

11. See Sherwood G. Lingenfelter and Marvin K. Mayers, *Ministering Cross-Culturally* (Grand Rapids: Baker, 2003), 37-50.

12. Richard F. Lovelace, *Dynamics of Spiritual Life* (Downers Grove, Ill.: Inter-Varsity, 1979), 198-199.

13. 검소와 겸손에 대한 성경적 원칙은 여기서 적용되어야 한다. 그러나 우리는 '겸손', '존경'과 같은 용어가 다른 문화권에서는 매우 다른 의미로 통용된다는 것을 인식해야 한다.

14. Francis Schaeffer, *The Church at the End of the Twentieth Century*(Downers Grove, Ill.: Inter-Varsity, 1970), 67.

04
도시 속으로
적극적으로 들어가라

효과적인 상황화를 하려면 무엇이 필요한지 구체적으로 알아 보기 위해 '폭파'의 세계에 대해 예를 들어 보자. 만약 당신이 고속도로를 건설하기 위해 거대한 바위 덩어리를 제거해야 한다고 치자. 그렇다면 먼저 바위의 중심부에 작은 구멍을 뚫을 것이다. 그리고 구멍 속으로 폭약을 집어넣어 바위의 중심부에서 폭발시킬 것이다. 만일 구멍만 뚫고 폭발시키지 않으면, 바위 덩어리를 제거하지 못할 것이다. 반대로 구멍을 뚫지 않고 폭약을 바위의 표면에서 폭발시킨다면 그저 표면만 그을릴 뿐 바위는 그대로 남을 것이다. 폭발시키지 않고 구멍만 뚫는다거나, 구멍을 뚫지 않고 폭파만 시킨다면 둘 다 실패에 이르게 된다. 두 가지를 다 할 때만 바위를 제거할 수 있다.

문화 속에서 균형 있게 상황화를 하고 사람들에게 성공적으로 전도하기 위해서는 문화를 존중하고 공감하면서 문화 속으로 들어가야 한다(드릴로 바위를 뚫는 것과 비슷하다). 문화가 성경적 진리와 충돌하는 곳에서 문화에 맞서야 한다(폭약을 터뜨리는 것과 비슷하다). 이 두 가지 모두 필요하다. 우리가 단지 '터뜨리기만'(문화의 악한 요소들을 비난하기만) 한다면 전도하려는 사람들로 귀를 열어 듣게 하지는 못할 것이다. 우리의 메시지는 그들에게서 그 어떤 것도 끌어내지 못한 채 묵살되고 지워질 것이다. 담대하게 말하는 것을 미덕으로 생각할지 모르지만, 사실은 복음을 영화롭게 하는 데 실패하는 것이다. 가장 강력한 형태로 복음을 제시하지 못했기 때문이다.

다른 한편으로 우리가 단지 '뚫기'만(문화를 긍정하고 반영하며 사람들이 받아들일 만한 것만 이야기) 한다면 진정한 회심을 보기 어려울 것이다. 두 경우 모두 '바위를 치우지' 못한다. 감각 있고 열린 마음으로 대화한다는 자부심은 느낄 수 있겠지만, 요점을 가지고 선지자적으로 말함으로써 복음을 영화롭게 하지는 못했다. 복음이 사람들에게 영향을 끼치는 것을 보려면 먼저 구멍을 뚫고, 뒤이어 폭발을 시킬 때만 가능하다. 문화가 믿고 있는 타당한 가치들을 근거로 문화의 오류들에 맞설 때 복음의 영향력이 나타난다.

예를 들어 '만인 제사장'의 성경적 교리를 생각해 보자. 이 교리는 자유와 개인의 권리를 중시하는 서구적 개념과 잘 부합한다. 따라서 서구 교회는 평신도 사역의 중요성을 강조함으로 이러한 문화의 이야기 속으로 쉽게 '구멍을 뚫을 수' 있다. 하지만 서구 개인주의는 교회에 불건강한 영향을 미칠 수도 있다. 개인들이 교회의 권징을 거부하거나 교회 지도자들이 자신들의 삶을 향해 옳은 말을 할 때 거부할 수도 있기 때문이다. 이런 부분은 '폭발시키는' 작업이 반드시 필요한 영역이다. 하나님 말씀의 진리로서 현대 신앙의 개인주의에 맞서야 하는 것이다.

구멍을 내는 것과 폭발시키는 것은 문화에 대한 존중과 이해, 그리고 문화와의 대립이 모두 필요한 일이기에 만만찮은 작업이 된다.[1] 우리는 우리 문화의 포로가 되는 것(새로운 시대와 새로운 문화에 적응하기를 거부하는 것)과 세상 문화와 혼합되는 것(비성경적인 관점과 관습을 기독교 안으로 끌어들이는 것) 모두를 피해야 한다. 전자의 위험성은 문화에 대한 몰이해와 문화와의 무관함으로 가는 것이며, 후자의 위험성은 기독교의 정체성과 고유성을 상실하는 것이다.

그러면 우리는 어떻게 나아갈 것인가? 복음의 상황화에 관한 거의 모든 책과 기사들은 (나에게) 비현실적으로 다가왔으며 절망감을 안겨 주었다. 기독교 지도자들은 (1) 상황화의 개념에 대해서 무지하거나 (2) 순진하게 막연히 거부하거나, 아니면 (3) 찬성하기는 하지만 어떻게 해야 할지 모른다. 그 결과 거의 모든 상황화가 수동적으로 일어난다.

이런 식으로 우리는 무의식적이고 비효과적인 여러 방식으로 복음을 문화에 적응시킨다. 하지만 보다 실제적이고 적극적인 방식이 필요하다. 우리는 모든 단계를 적극적으로 대하며, 상상력을 발휘하여 용기 있게 임해야 한다.

그렇다면 이 단계들은 무엇인가? 적극적인 상황화는 세 부분의 과정을 거친다. 문화 속에 들어가는 것, 문화에 맞서는 것, 청자에게 호소하는 것이다. 이 세 부분은 단계로서 볼 수도 있지만, 서로 중복되기도 한다.[2]

앞으로 이 세 단계를 차례로 다룰 때, 이제까지 상황화에 대해 살펴본 모든 것들이 적용될 것이다. 우리는 3부 1장에서 살펴본 것처럼 우리의 추정과 절차를 계획적으로 생각해야 하며, 3부 2장에서와 같이 균형의 필요성을 주지해야 하며, 3부 3장처럼 상황화의 성경적 양상에 충실해야 한다.

문화 속에 들어가 적응하기

적극적인 상황화에서 첫 번째 단계는 전도하려고 하는 청중을 이해하는 것이다. 우리는 최대한 그들과 폭넓은 공감대를 형성해야 한다. 이 작업의 시작점은 그들의 사회적, 언어적, 문화적 현실에 최대한 정통해지기 위해서 근면하게 노력하는 데 있다. 사람들이 그들의 희망과 두려움, 반대나 신념들을 표현하는 법을 배우고, 그들이 생각하기에 그들보다 더 선명하게 그들의 의견을 이해하는 것이다.

프랜시스 쉐퍼는 1976년에 열린 로잔회의 연설(두 내용, 두 현실)에서 건전한 교리의 중요성을 강조했다. 그러나 그는 곧 이어 이 교리가 "정직한 질문에 대한 정직한 답변"의 형태로 소통되어야 한다고 주장했다. 진리는 진공 속에서 선포될 수 없다. 진리는 특정한 사람들의 질문들에 대한 답변으로써 선포되어야 한다. 이것이 문화를 이해한다는 말이 지닌 의미이다. 그는 다음과 같이 적고 있다.

> 그리스도의 주재권은 모든 영역 위에 있다. 여기에는 영적인 것뿐만 아니라 지성이나 창조성, 그리고 문화적인 것들도 포함된다. 기독교는 우리에게 이 세대의 질문들을 알아볼 만큼 넉넉한 연민을 요구한다. 질문에 답하는 것은 고단한 일이다. … 동정심을 갖고 경청하는 것부터 시작하라.[3]

질문에 귀를 기울이라는 강조점은 상황화에서 매우 중요한 요소이다. 교회가 '신앙고백'을 작성할 때, 그것은 단순히 성경의 가르침을 받아 적는 것이 아니다. 고백문은 그 교회가 묻는 여러 가지 질문들에 대한 성경의 답변들을 모아서 기록하는 것이다. 어떤 질문들은 모든 사람이 성경에 던지는 것들이다. 그러나 요청할 수 있는 모든 질문을 정직하고 유효하게 묻는 개인이나 그룹은 없다. 개별 교회의 질문들은 그들만의 경험이나 사회적 지형, 역사적 배경, 문화적 상황에 따라 달라진다.

선교학 교수인 하비 콘은 종종 미국과 유럽의 선교사들이 한국의 새로운 장로교 신자들에게 웨스트민스터 문답을 신앙고백으로 채택하도록 지도했던 예를 들곤 했다. 웨스트민스터 신앙고백은 17세기 영국에서 작성된 것이기 때문에, 놀라울 것도 없이 조상이나 부모, 조부모를 어떻게 섬길 것인지에 대한 내용은 별로 없다. 그렇지만 한국 문화에서는 가족에 대한 존중과 조상 예배에 대한 내용이 다른 무엇보다 중요한 자리에 있다. 그리스도인으로 살기 원하는 한국인들은 성경이 가족에 대해서 어떻게 가르치는지 알아야 했다. 그러나 웨스트민스터 고백서를 만든 사람들은 이러한 주제에 대해 성경이 뭐라고 말하는지 묻지 않았다. 대부분의 아시아 성도들에게 필요한 구체적인 수준까지 들어가지 못한 것이다.[4]

만일 20세기 한국인들이 자신들의 신앙문답서를 작성한다면, 17세기 영국인들이 묻지 않았던 여러 가지 질문들을 던질 수 있을 것이다. 그럼으로써 영국인들에게는 사실상 보이지 않던 많은 진리들을 성경으로부터 배우게 될 것이다. 그러나 칸 교수의 의견에는, 한국인들이 이러한 상황화 작업을 하지 않았으며, 권위와 가족에 대한 사회 문화적 관점들을 성경의 빛으로 살펴보지 않고, 많은 경우 무비판적으로 수용했다고 말한다.

물론 한국인의 신앙고백이나 남미 사람의 신앙고백이 영국인의 신앙고백 또는 더 오래된 신앙고백들과 모순될 것이라는 이야기는 아니다. 인류가 성경에 던지는 질문들은 공통적인 부분들이 많기 때문에 상당한 공통점이 있을 것이다. 그렇지만 다른 문화와 다른 시대는 다른 종류의 질문들을 요구한다. 모순되지 않으면서 서로 다른 맥락을 가진 신앙고백들이 존재할 수 있다는 것이다. 그것들은 다 성경적으로 탄탄한 것일 수 있다.

문화 속으로 어떻게 들어갈 것인가

그러므로 상황화의 첫 번째 작업은 문화가 던지는 질문들과 희망들, 신념들 속으로 당신이 들어가는 것이다. 그래서 그 질문들에 대한 성경적이고 복음 중심의 대답들을 주는 것이다. 바울이 아테네에서 철학자들에게 설교할 때, 그는 그들이 섬기는 예배의 대상들을 주의 깊게 조사하고 밝히는 것으로 시작했다(행 17:23). 우리도 바울과 똑같이 해야 한다. 특정 문화의 질문들과 신념들에 친숙해지는 몇 가지 방법들이 있다. 그중 하나는 외부 전문가(대부분의 경우 학자들이다)의 도움을 받는 것이다.

내가 북부 출신이었기 때문에, 남부 버지니아의 호프웰에 목사로 부임했을 때 그들의 문화 역사를 읽는 것이 매우 중요했다. 특히 남북전쟁과 인권 운동의 역사가 요긴했다. 뉴욕 시로 와서 사역을 시작할 때는, 1980년대 맨해튼의 당대 정신을 알 수 있는《허영의 모닥불》같은 소설과 더불어 뉴욕의 인구 통계에 관한 연구 자료들을 많이 읽었다.

궁극적으로 학습에 필요한 가장 중요한 자료는 사람들에게 가까이 다가가 그들의 말에 귀를 기울이고 더불어 많은 시간을 보내는 것이다. 뉴욕 시에서 사역을 시작하던 초창기에 나는 매 주일, 아침 예배와 저녁 예배에서 설교를 했다. 뉴요커들은 모이기를 좋아한다. 그들은 각각의 설교가 끝난 다음에 자신이 들은 설교에 대해 솔직한 의견들을 말했다.

나는 그들과 약속을 잡아서 좀 더 길게 토론하는 시간을 가졌다. 매주 열다섯 명 내지 스무 명의 사람들이 설교에 대한 피드백을 나눴다. 믿음을 가진 성도들은 많은 비그리스도인 친구들을 데리고 왔다. 그래서 성숙한 성도든, 의구심을 가진 사람이든 간에 다양한 배경을 가진 사람들이 내 설교에 어떻게 반응했는지를 들을 수 있었다.

그들의 말에 귀 기울이면서, 나는 네 가지 범주의 반응들을 보았다. 어떤 사람들은 내가 말한 것이 그들에게 혼란을 주었다고 했다. 어떤 사람들은 자신의 마음이 감동되었고 도움이 됐다는 말들을 했다. 또 어떤 이들은 자기를 분노하게 한 것들에 대해 말했다. 이 마지막 범주는 둘로 나뉠 수 있다. 한 부류는 명확하고 축소될 수 없고 성경적이며 복음적인 진리 때문이었다. 다른 부류가 화가 난 것은 그들이 갖지 않은 신념을 내가 가정했기 때문이고, 그 논점을 분명히 표현하지 못하거나 근거를 제시하지 못했기 때문이었다. 달리 말해 나는 청중에게 세심하게 말할 만큼 그들의 신념이나 두려움, 편견들을 충분히 알지 못했던 것이다. 불필요하게 그들을 화나게 했던 것이다.

시간이 흐르면서 이 만남들은 나의 설교 준비에 깊은 영향을 끼쳤다. 성경을 연구할 때 새로 알게 된 교우들의 질문들과 반대들이 여전히 귀에서 울리면서, 전에는 보이지 않던 본문의 새로운 의미들과 적용들이 보이기 시작했다. 지난주에 만났던 회의론자가 생각나면서, "이것이 바로 그녀

■ 내부에서 문화를 배우기

대부분의 사람들은 IQ(지능지수)에 대해 잘 알고 있고, EQ(감성지수)에 대해서도 말한다. 그러나 사역 지도자들은 CQ(문화지수)의 사람들이어야 한다. 문화적으로 지혜가 풍부해진다는 것은 쉽사리 되는 일은 아니다.

첫째, 문화 지능은 문화와 문화의 영향력을 깊이 이해하는 것이다. 효과적인 상황화의 가장 큰 장벽은 문화의 전제들을 보지 못하는 것이다. 때로는 이런 맹점 때문에 다른 문화를 무시하는 경향도 생긴다. 완전히 이질적이지는 않지만 좀 새로운 문화를 접할 때 그런 경향이 심해진다.

예를 들어 미국 인디애나의 시골에서 살던 사람이 인도 뭄바이로 간다면 그곳의 문화가 자신의 것과 다를 것을 예상할 것이다. 그러면 다른 점들을 발견할 때 적응하려고 노력한다. 그런데 이 사람이 미국 내 도시인 시카고로 간다면 그는 자신과 다른 문화를 발견하고 아마도 시카고 사람들을 못마땅하게 생각할 것이다. 문화적 차이로 이해하는 것이 아니라, 도시 사람들이 거만하다고 경멸할 수도 있다. 문화의 편견들을 볼 수 없거나 무비판적으로 수용하면, 상황화를 잘하지 못하게 된다.

성경은 우리가 이 세상에서 "외국인과 나그네"라고 말한다(히 11:13). 그러므로 어떤 문화 속에 있든지 완벽하게 편안할 수는 없다. 우리의 본국 문화에서도 마찬가지이다. 복음 그리고 복음의 문화 비판을 통해서 우리는 본국 문화를 한 발짝 떨어져서 볼 수 있다. 다른 사람들은 못 보는 우리 문화의 특성을 더 잘 보게 되는 것이다.

따라서 우리 문화가 지닌 영향력을 제대로 알아야 한다. 여기 우리가 탐구할 몇 가지 질문들이 있다. 어떤 제도, 학교, 신학, 세계관, 지역 문화, 예술 작품, 사역, 교회, 지도자들이 나에게 영향을 끼쳤는가? 어떤 형태의 사역이 나의 성장에 영향을 끼쳤는가? 나는 어떤 것에 적응할 수 있고, 어떤 것을 버려야 하는가? 어느 영역에서 그 영향력들의 유해성을 제거하고 회복하는 것이 필요한가?

둘째, 문화 지능은 복음에 의해 변화된 마음을 필요로 한다. 그것은 우리의 문화를 우상 숭배하는 마음 및 새로운 문화에 인정받고 싶은 마음으로부터 해방된 안정감 있는 마음이다. 우리는 전혀 다른 관점을 주장하는 사람들을 존중하며 그들에게 배우는 겸손을 가져야 한다.

셋째, 문화지수는 우리 자신이 문화 속으로 들어가서 힘닿는 대로 사람들을 사랑하고 이해하는 것이다. 다음의 요점을 마음에 담아 두자.

• 우리가 새로운 문화 속으로 들어갈 때 느끼는 혼돈을 받아들이며 그 불편함을 통해서 열매 맺는 질문을 만들어 내며 문화를 더 잘 이해할 수 있도록 치열하게 추구한다.
• 우리는 동료와 스승들로부터 많은 피드백을 받아들여서 경험을 통해 최대한 유익을 얻도록 해야 한다. 우리 중 대다수는 적극적인 성찰을 하지 않는데, 배운 것들이 존재에 더 깊이 뿌리내리려면 피드백을 받는 것이 필수적이다.
• 우리는 매주 섭취하는 문화적 시간과 내용들을 증가시킬 수 있다. 배우고 경험하는 것들이 사역에 어떤 의미들을 가지는지 평가하는 시간을 가져야 한다.

가 불평하던 것이구나!" 또는 "이것은 그의 질문에 답을 주고 있어!" 하는 순간들이 생겼다.

우리 지역에 있는 사람들의 목회적 필요들을 깊이 알고 전도의 현장에 계속 참여하는 것보다 더 중요한 것은 없다. 우리가 그들의 삶과 질문, 걱정에 깊이 관여하게 되면, 성경을 연구하고 설교를 준비할 때 하나님이 그 질문에 대한 답들을 주시는 것을 발견할 것이다. 우리가 문화 속에서 살아가며 사람들과 벗이 된다면 상황화는 자연스럽고도 유기적으로 일어나게 된다. 우리의 삶과 목회에서 만나는 사람들을 통해서 더욱 풍성하게 일어날 것이다.

문화 속에서 무엇을 보아야 하는가

소통이 상황화된다는 것은 청중의 '개념성'(Conceptuality)에 적응한다는 것이다. 곧 우리가 사용하는 예시는 사람들의 세계에서 나온 것이어야 한다. 감정 표현의 정도는 사람들이 편하게 느끼는 범위 안에서 이뤄져야 한다. 질문과 이슈들은 그들에게 잘 다가오는 것들이어야 한다. 인용되는 사람들은 그들에게 존경받는 사람들이어야 한다.[5] 이처럼 상황화된 복음 소통은 사람들을 설득하고 호소하고 논증하는 방식으로 문화에 적응할 것이다.

선교학자 데이비드 헤셀그레이브(David Hesselgrave)는 세 가지 논증의 방식에 대해 말한다. 그리고 개념적(또는 '서구적'), 구체적/관계적(또는 '중국적'), 그리고 직관적(또는 '인도적')으로 명명한다.[6] 그가 제시한 범주를 나는 다음과 같이 정리했다.

- 개념적 논증: 사람들은 분석과 논리를 통해 의사 결정을 하고 확신에 도달한다. 여기에는 전제를 세운 후 결론을 도출하는 삼단논법이 포함된다.

- 구체적/관계적 논증: 사람들은 관계성과 훈련을 통해 의사 결정을 하며 확신에 도달한다. 이들은 자신이 속한 공동체가 믿는 것을 믿는 경향이 있다. 이들은 또한 실제적인 삶에 관심이 많다. 이들은 어떤 원리가 "어떻게 작동되는지" 봐야만 믿으려 한다.
- 직관적 논증: 사람들은 통찰과 경험을 통해서 의사 결정을 하고 확신에 이른다. 직관적인 사람들은 논증을 통한 증명보다는 이야기와 서사가 더 설득력 있으며 이것이 마음에 변화를 일으킨다.

설득의 어느 한 가지 방법이 다른 방법들보다 내재적으로 더 뛰어난 것은 아니다. 이 모든 방법들은 하나님을 아는 지식에 가까이 가기도 하고 멀어지기도 한다. 개념적인 사람은 우리가 하나님의 존재하심을 증명해야 한다고 주장한다. 직관적인 사람은 느낌이 안 맞을 때는 헌신을 하지 않으려 한다. 실제적인 사람은 진리에 대해서는 그다지 신경 쓰지 않으며 오직 결과에만 초점을 맞춘다. 그렇지만 성경은 이 모든 세 가지 논증을 다 사용한다. 우리가 문화 속으로 이미 들어갔다면, 이 접근법들과 여기서 파생된 다양한 방법들 중에서 어느 것이 우리가 전도하려는 문화의 사람들에게 가장 효과적인지를 분별하기 시작할 것이다.

예를 들자면, 대개 교육을 덜 받은 사람들은 교육을 받은 사람들보다 더 구체적이고 직관적이다. 서구 사람들은 비서구 사람들보다 훨씬 합리적이고 개념적이다. 그러나 문화는 단순히 구분할 수 있는 것보다 훨씬 복잡하다. 넓은 범주 안에서도 세대 간, 지역 간에 차이가 존재한다.

18세기의 목회자 겸 학자였던 조나단 에드워즈는 설교 사역의 대부분을 노스앰튼(Northampton)의 회중 교회에서 했다. 이곳은 매사추세츠 주 서부에서 가장 중요한 지역으로 교회는 늘 많은 유력 인사들로 붐볐다. 하지만 그가 회중에게서 쫓겨나 매사추세츠의 스톡브리지(Stockbridge)로 갔을 때, 그곳은 미국의 변방이라 많은 인디언들이 포함된 회중에게 설교해야 했다.

에드워즈의 설교는 극적으로 달라졌다. 물론 설교의 내용도 아주 단순해졌다. 그는 논점의 수를 줄였고, 기본적인 신학 개념을 정리하는 데 공을 들였다. 이에 더해, 자신의 논증 방법에도 변화를 주었다. 그는 더 많은 이야기들과 예화들, 비유들을 사용했다. 서사와 직관을 더 많이 사용하고 삼단논법의 논증은 덜 사용했다. 그는 바울 서신을 설교하기보다는 예수님의 생애와 관련한 이야기를 더 많이 설교했다.[7]

문화 속으로 들어가기 위한 또 하나의 중요한 작업은 그 문화의 지배적인 세계관, 즉 신념 체계들을 분별하는 것이다. 상황화된 복음 사역을 할 때 그 문화의 신념들 중에서 훌륭한 것들은 긍정해야 하기 때문이다. 문화 속으로 들어갈 때, 우리는 두 종류의 신념을 찾아낼 것이다.

첫 번째를 'A' 신념이라고 하겠다. 이것은 사람들이 이미 붙들고 있는 신념이다. 하나님이 주신 일반 은총 덕분에 성경적 가르침의 일부를 대략적으로 이미 수용하고 있는 부분들이다. 사람들은 'A' 신념이 있기 때문에, 성경적 가르침(A 교리)이 어느 정도 타당하다고 받아들일 준비가 되어 있다. 하지만 우리는 'B' 신념도 찾아내야 한다. 이것은 '반박'(defeater) 신념이라고 불리는 것인데, 기독교 진리가 타당하지 않거나 불쾌하다고 생각하게 만드는 그 사회 문화의 신념들이다. 'B' 신념들은 이른바 'B' 교리가 만나는 곳에서 기독교 진리와 배치된다.

첫 번째 단계에서는 'A' 신념을 정확히 확인하는 것이 중요하다. 이것은 하나님이 일반 은총을 통해 그 문화에 허락하신 지혜와 진리에 대한 증거들이다. 'A' 신념은 문화마다 다르므로 우리는 주의 깊게 경청해야 한다. 확실한 예를 하나 들자면, 맨해튼에서는 한쪽 뺨을 맞았을 때 다른 쪽 뺨을 들이대는 것은 환영을 받는다(A 신념). 그러나 성경이 성에 대해 말하는 바는 거부한다(B 신념). 중동에서는 이와 정확히 반대이다. 다른 뺨을 돌려대는 것은 불의하고 비현실적인 것으로 받아들여진다. 그러나 성에 대한 성경의 금지 사항들은 수긍된다.

복음 소통에 있어서, 우리는 사람들이 쉽게 긍정할 수 있는 교집합의 신념을 피력함으로써 그들의 문화 속으로 들어간다. "여러분의 문화에 이런 것이 있지요? 잘 알려진 신념 가운데 이런 것이 있지요? 성경도 똑같은 것을 이야기합니다. 훨씬 더 강력하게, 훨씬 명확하게 말입니다."

바울이 아테네에서 연설했을 때 그는 이 방법을 사용했다. 이방인 시인의 말을 인용해서 하나님의 창조와 섭리에 대해 말한 것이다(행 17:28). 우리도 이런 식으로 회중의 마음에 성경의 지혜에 대한 존경심을 만들 수 있도록 충분한 시간을 할애해야 한다.

가족 관계나 공동체에 높은 가치를 두는 문화에서는 가족에 대한 강력한 성경적 가르침을 제시해야 한다. 개인적 인권과 정의를 강조하는 문화에서는 인권의 역사적, 논리적 토대로서 하나님의 형상에 대한 성경적 가르침을 제시해야 한다. 이처럼 'A' 신념과 교리를 긍정하기 위해서 많은 주의를 기울여야 하는 이유 가운데 하나는 그것이 우리가 문화와 맞설 수 있는 전제가 되며, 도약 지점이 되기 때문이다.

문화에 들어가 그 문화에 대해 확인하는 것을 멈추지 않도록 명심하라. 이것은 한번 하고 지나가는 '단계'가 아니다. 언제나 존중과 공감을 표현하라. 문화에 맞서거나 비판할 때도 언제나 이렇게 말하라. "여러분들이 이에 대해 불편해 할 것이라는 건 압니다만." 당신이 이해하고 있음을 보여 주어라. 사람들이 비록 당신의 말에 동의하지는 않더라도 어떤 이슈에 대해서건 당신과 이야기하고 싶은 사람이 되도록 하라.

문화에 직면하여 맞서기

앞 장에서 보았듯이, 바울의 전략은 헬라인의 지혜 사랑과 유대인의 능력 사랑을 단순히 비난하는 것이 아니었다. 오히려 그는 그들이 실패할 수

밖에 없는 방식으로 그것들을 추구하고 있음을 보여 주었다. 능력에 가치를 두는 것은 (유대인들이 그렇듯이) 좋은 것이었다. 그러나 그리스도 없이 힘을 추구하는 것은 약함으로 귀결된다.

이는 데이비드 포스터 월리스가 날카롭게 지적한 바 있다. 그러나 그리스도의 약하심은 진정한 힘을 가져온다.[8] 바울은 단순히 문화의 열망들을 무시하지 않았다. 오히려 그는 그것들을 긍정하면서도 사람들 마음속에 있는 내적인 모순들을 드러내는 것으로 이에 맞섰다. 이것이 바로 문화와 맞서기 전에 먼저 문화 속으로 들어가야 하는 이유이다. 문화에 대한 우리의 비판은 사회 문화적 신념들과 가치들 가운데 우리가 긍정할 수 있는 근거 위에서 이루어져야 설득력을 갖춘다. 우리는 사람들이 믿고 있는 바른 것들을 토대로 해서 잘못된 것들에 맞서야 한다.

앞에서 말했듯, 모든 문화마다 그리스도인의 신념과 교차되는 지점들이 어느 정도씩 있다. 이러한 그리스도인의 신념(A 교리)은 문화의 구성원들에게 상당한 공감을 이끌어낸다. 반면 기존 문화와 다른 것들은 꽤나 불편하다(B 교리)[9]. 문화의 'A' 교리와 'B' 교리를 어떻게 구분할지 배우는 것은 아주 중요하다. 이것을 아는 것이 문화에 강력한 도전을 던지는 열쇠가 되기 때문이다. 문화를 변혁시키는 일은 우리가 'A' 교리에 근거해서 곧바로 'B' 교리의 논거를 제시할 때 가능해진다.

이와 관련된 좋은 예가 있다. 우리 모두가 알고 있듯이 통나무는 뜨고 돌은 가라앉는다. 그런데 여러 통나무를 줄로 묶고 그 위에 돌들을 올려놓으면 통나무와 돌을 모두 강 저편으로 이동할 수 있다. 만약 돌들만 묶어서 통나무 위에 올려놓는다면, 돌들은 가라앉고 통나무들은 흩어질 것이다. 우리는 항상 나무 위에 돌을 올려놓아야 한다. 반대로는 안 된다. 이와 마찬가지로 'A' 교리 위에 'B' 교리를 올려놓아야 한다. 각각의 문화들은(우리 문화도 포함된다) 진리의 어떤 부분은 쉽게 이해하지만 진리의 모든 부분에서 그런 것은 아니다. 우리는 성경적 진리가, 그것이 하나님으로부터 왔기에,

그 자체로 일관성 있고 논리적이라는 것을 안다.

우리가 'A'와 'B' 교리라고 부르는 것들은 모두 참이며 상호의존적이며 서로서로 연결되어 있다. 대척이 발생하는 것은 각각의 문화에 심각한 비일관성이 존재하기 때문이다. 이 때문에 어떤 성경 진리에는 쉽게 동의하고 다른 것에는 그렇지 않다. 어떤 문화의 사람들이 'A' 신념들을 갖고 있는데, 'B' 신념들은 반대하는 것은 일관성이 없는 것이다. 왜냐하면 성경은 하나님의 계시한 진리로서 언제나 일관성이 있기 때문이다. 그러한 비일관성은 문화가 어떤 지점에서 취약한지를 잘 보여 준다.

바울은 아레오바고에서 이런 식으로 논증했다(행 17장). 사도행전 17장 28절에서 바울은 이방인의 글들을 인용해서 하나님께서 모든 존재와 생명의 근원이시라는 생각을 가르친다. 29절에서 바울은 이렇게 말한다. "이와 같이 하나님의 소생이 되었은즉 하나님을 금이나 은이나 돌에다 사람의 기술과 고안으로 새긴 것들과 같이 여길 것이 아니니라."

바울이 "주님"이라고 칭하지 않았고, 무에서의 창조를 말하지 않았음을 주목하여 보라. 이런 단어들은 성경과 이방 신념 사이의 차이를 부각시키는 것들이다. 대신에 바울은 논거를 위해서 듣는 이의 신념과 성경 사이의 유사점을 강조한다. 그러나 바울은 그들을 향해서 이와 같은 주장을 한다.

> 만일 우리가 신에 의해 지음을 받았다면, 어떻게 우리 손으로 그분을 만들 수 있겠는가? 그리고 우리가 만든 형상과 성전을 통해 우리 식으로 예배할 수 있겠는가?

바울은 그들의 신념이 그들이 가진 전제에 근거했을 때 잘못된 것임을 보여 준다. 그는 우상숭배가 이방인들이 신에 대해 가진 이해와 불일치한다는 것을 보여 준다. 실제로 그는 "만일 당신이 신에 대해 'A' 신념을 가지고 있다면 -그것은 맞는 신념이다- 그럼 어떻게 'B' 신념을 가질 수 있는가?"라고 묻는다.

데이비드 피터슨은 사도행전 주석에서 이와 같은 결론을 내린다. "바울의 비평은 철학자들이나 시인들과 타협점을 찾기 위해서 너무 많이 나간 것처럼 보이지만, 사실 그의 전제들은 플라톤주의나 스토아학파에서 나온 것이 아니라, 분명히 구약성경에서 도출된 것이다."[10]

이것은 우리가 어떻게 문화에 맞서 그들을 신실하게 설득할지를 보여 준다. 우리의 전제는 모두 성경에서 도출되어야만 한다. 그럼에도 우리는 문화의 신념들 가운데 그나마 참된 것을 찾아서 우리의 비판을 세우는 데 사용해야 한다. 우리는 이런 식으로 말할 수 있을 것이다. "당신도 알다시피 'A' 신념을 가지고 있지요? 성경도 동일한 것을 이야기합니다. 우리도 거기에 동의합니다. 그런데 만일 'A'가 참이라면 왜 'B'를 믿지 않습니까? 성경은 'B'도 가르칩니다. 'A'가 진리라면, 'B'를 부인하는 것은 옳지도, 타당하지도, 일관적이지도 않습니다. 만일 당신이 이것을 믿는다면, 저것도 믿을 수 있을 것입니다."

우리는 현실에 대한 문화적 신념들과 가정들 안에 들어 있는 비일관성을 드러낸다. 그리고 성경의 권위를 가지고 문화의 한 부분이 다른 부분을 비판하도록 해야 한다.[11] 문화 안에서 우리가 긍정할 수 있는 것들에 근거하여 잘못된 것을 비판할 때 사람들을 설득하는 힘이 나오는 것이다.

하나님의 사랑과 심판

나는 몇 년 전 한국에서 윤락녀들을 대상으로 사역했던 한 선교사와 이야기를 나눈 적이 있다. 그는 그 사회 여성들이 하나님이 그들에게 은혜를 베푸신다는 생각 자체를 받아들이지 못하는 것을 발견했다. 그들의 자기 혐오는 매우 심각했다. 선교사가 아무리 많이 예수님의 용서 이야기와 하나님의 사랑과 은혜에 대한 구절들을 가르쳐도 소용이 없었다. 마침내 그 장로교 선교사는 혁신적인 생각을 떠올렸다. 그는 그들 비기독교인 아시

■ 'A' 신념인가, 'B' 신념인가?

일반적으로 서구 사회는 개인의 자유를 우상으로 삼으며 사랑과 용납을 하나님의 특성으로 받아들인다. 은혜와 용서는 매력적으로 들리지만, 죄와 징벌적 심판에 대해서는 받아들이기 어려워한다.

명예를 우상으로 삼는 다른 문화들에서는, 인간의 깊은 죄성에 대한 기독교의 가르침은 자명하게 받아들이지만, 값없는 은혜와 용서의 개념은 약하거나 때로는 불의한 것으로 받아들인다. 징벌은 존엄을 유지하기 위해서 뿐만 아니라 사회 질서를 지키기 위해서 중요한 것으로 본다. 이러한 문화에서 사는 사람들에게 하나님의 주권, 정의, 거룩은 더 자연스럽고 편안하게 받아들여진다.

한국 출신 미국인인 스티븐 엄 목사와의 대화를 통해서 이러한 역동성의 실제 예를 확인할 수 있다. 우리는 사람들을 심판하고 지옥에 보내는 하나님에 대한 생각을 받아들일 수 없다고 주장하는 책에 대해 이야기했다.

스티븐은 그 주장이 문화적으로 협소하다고 대답했다. 그는 자신의 할아버지가 기독교와 씨름한 이야기를 해주었다. 그의 할아버지는 지옥의 개념에 대해서는 아무 이의 제기가 없었다. 그는 인류가 얼마나 악할 수 있는지를 경험적으로 관찰했다. 그래서 그는 사람의 행

아 윤락녀들에게 예정 교리를 가르치기로 결심했다.

누가 믿을지 하나님이 미리 예정하시고 선택한다는 성경 구절을 부인하는 사람은 없다. 다만 이 구절들이 정확히 무슨 의미인지에 대해서는 많은 논쟁이 존재한다. 서구의 평등적이고 민주주의적인 문화에서는 하나님의 주권과 섭리는 분명히 'B' 교리이다. 서구인들은 하나님이 역사를 주관하고 계심을 가르치는 성경의 구절들을 좋아하지 않는다. 하나님이 영생을 주기 위해 선택하신 사람들의 마음을 여신다는 부분도 마찬가지이다(행 13:48; 16:14). 그래서 복음을 나눌 때 우리는 이런 교리를 애써 회피한다. 서구권에서 예정은 'B' 교리 정도가 아니라 'C' 교리이다!

이 선교사는 20세기 중반의 한국에서는 다르다는 것을 알았다. 그래서 윤락녀들에게 왕이신 하나님에 대해 말했다. 그는 왕은 자기 뜻대로 행동할 권리가 있다고 말했다. 왕은 다스리는 분이며 이 위대하고 신성한 왕은 인류 가운데 자기를 섬길 사람들을 선택하기로 결정한다. 이것은 단지 그의 주권적 의지이다. 그러므로 백성은 왕의 뜻 때문

에 구원을 받는 것이지, 삶의 질이나 자신이 성취한 무엇 때문에 구원받는 것이 아니다.

이것이 그녀들에게 통했다. 권위를 가진 인물이 이렇게 행하는 것을 받아들이는 데 아무런 문제가 없는 것이다. 그들에게 이 교리는 아주 자연스럽고 옳아 보였다. 이것이 의미하는 것은, 사람들이 구원을 받을 때 그들의 배경이나 공로, 노력에 의해서가 아니라, 하나님의 뜻에 의해서 된다는 것이다(요 1:13 참조).

그들이 이 신념을 받아들였을 때, 은혜에 의한 구원을 이해하고 믿는 가능성이 열리게 되었다. 그들은 내 친구인 선교사에게 질문했다. 그것은 서구의 비그리스도인이라면 결코 묻지 않는 질문이었다. "내가 선택을 받았는지 어떻게 알 수 있나요?" 그는 대답하기를, 그들이 복음을 들으면서 복음을 받아들여 믿고 싶다면, 그것이 성령님께서 그들의 마음에 일하고 계시며, 하나님께서 그들을 찾고 계신 표지라고 말했다. 그들 중에 몇 명이 받아들였다.

동에 대해서 심판하시는 하나님에 대해서는 문제가 없었다. 그의 진정한 걱정은 값없는 은혜의 개념이었다. 사람들이 과거에 행한 것과 관련 없이 용서가 주어질 수 있다는 것이 문제였다.

그의 문화는 이러한 생각을 높이 평가하지 않았다. 그래서 그에게 'A' 교리(받아들일 수 있는 신념)는 하나님의 사랑이 아니라 하나님의 정의였다. 값없는 은혜는 그에게 반대할 만한 교리였던 것이다.

어떤 문화도 복음을 받아들임에 있어서 충분하고 완전히 준비된 정신 구조를 가지고 있지는 않다.

복음은 우리에게 하나님이 거룩하시며 죄를 심판하셔야 하지만, 그와 동시에 하나님은 사랑이시고 죄로 인해 우리를 벌하기 원하지 않으신다고 가르친다. 그렇기 때문에 그리스도는 우리를 대신하여 죽으셨다. 그러므로 하나님은 의로우신 분이며 자기를 믿는 이들을 의롭다고 하시는 분이다.

이 선교사는 'A' 신념과 'B' 신념을 분별해 내어 전자의 기초 위에 후자를 세운 것이다. "당신이 전능하신 하나님을 믿는다면, 당신이 행한 것에 의해서가 아니라 은혜에 의해 구원받을 수 있다는 것을 왜 못 믿습니까?"

이런 종류의 논증에 관한 전형적인 예는 C. S. 루이스가 영국 독자들을 향해 질투하시는 거룩한 하나님을 받아들일 것을 호소한 데서도 발견된다.

> 하나님이 사랑이시라면, 단순한 친절을 넘어서는 분임이 분명합니다. … 그는 가장 깊고 가장 비극적이며 가장 불가항력적인 의미에서 우리를 사랑하셔서, 황송할 정도로 극진한 대접을 해주셨습니다. … 어떤 여자를 사랑하게 되었을 때, 그녀가 깨끗하든 더럽든 아름답든 추하든 신경 쓰지 않게 됩니까? 오히려 그제야 비로소 그런 점들에 신경을 쓰게 되지 않습니까?
>
> 하나님은 두렵고도 놀라우며 참된 의미에서 우리를 사랑의 대상으로 삼으셨습니다. 여러분은 사랑의 하나님을 만나고 싶어 했습니다. 그 하나님이 여기 계십니다. … 꾸벅꾸벅 졸면서 여러분이 그 나름대로 행복해지기를 바라는 연로한 할아버지의 인자함이나 양심적인 치안판사의 냉담한 박애주의, 손님 대접에 책임감을 느끼는 집주인의 배려로서가 아니라, 소멸하는 불로서, 세상을 창조해 낸 사랑으로서, 작품을 향한 화가의 사랑처럼 집요하고 자식을 향한 아버지의 사랑처럼 신중하고 숭고하며 남녀의 사랑처럼 질투할 뿐 아니라 꺾일 줄 모르는 철두철미한 사랑으로서 여기 계십니다. 어떻게 이런 일이 가능한지 저는 모르겠습니다. 피조물이, 더욱이 우리 같은 피조물이 창조자의 눈에 그토록 엄청난 가치를 지니는 이유를 인간의 이성으로는 설명할 길이 없습니다. 이 부담스러운 영광은 우리가 감히 받을 자격도 없고, 어쩌다 은혜가 임하는 순간이 아니면 감히 바랄 수도 없는 것임이 분명합니다.[12]

루이스가 자신의 문화와 어떻게 대면했는지 주목하라. 그는 서구 사람들이 붙잡고 있는 'A' 교리를 확립한다. 곧 신이 있다면, 그분은 사랑의 신이라고 포석을 깐다. 그의 논증은 하나님이 정말로 우리를 사랑한다면 화도 내실 것이라는 것이다. 그분은 사랑하는 사람들을 해치는 것이라면 무엇이든 대적하셔야 한다. 어떤 사람은 "나는 사랑의 하나님은 믿지만, 죄에 대해 진노하는 하나님은 믿지 않아"라고 말한다. 그러나 루이스는 우리를 진정으로 사랑하시는 하나님을 믿는다면, 죄에 대해 진노하시는 하나님도 믿어야만 한다고 논증한다.

우상숭배로서의 죄

내가 처음 맨해튼에서 사역을 시작했을 때, 그곳에서 기독교의 죄 개념에 대한 문화적 알레르기 반응을 접하게 되었다. 그럼에도 우상숭배에 관한 성경의 광범위한 가르침을 전했을 때 사람들을 가장 많이 이끌어낼 수 있었다. 나는 죄를 "여러분의 삶의 의미를 하나님 아닌 다른 것 위에, 비록 그것이 아주 좋은 것일지라도 세우는 것"이라고 설명했다. 삶을 어디에 건설하든지 그것은 우리의 열정과 선택을 빼앗아갈 것이고 우리는 그것의 노예가 될 것이라고 설교했다. 나는 종종 어거스틴이 그의 고백록에서 죄를 '고장(disorder)난 사랑'이라고 표현한 것을 언급했다. 예를 들어, 우리가 진리보다 자신의 평판을 더 사랑한다면, 거짓말을 할 가능성이 커진다. 또는 우리가 가족보다 돈을 더 사랑한다면 승진 때문에 자녀들을 소홀히 하게 될 것이다. 고장 난 사랑은 언제나 불행과 붕괴로 귀결된다. 우리의 사랑을 '고치는' 유일한 길은 하나님을 지극히 사랑하는 것이다.

이 접근법은 젊고 세속적인 직장인들에게 두 가지 이유에서 아주 효과적이었다. 첫째, (잠깐이라도) 포스트모던한 사람들의 문화적 다양성에 대한 감수성을 중화시켜 주었다. 당신이 그들에게 "죄는 하나님의 법을 어기는 것입니다"라고 말하는 순간, 그들은 이렇게 반박할 것이다. "네, 그렇지만 문화가 다르고 시대가 다르면 도덕 기준도 달라집니다. 모든 사람은 서로 다른 기준을 갖고 있습니다!"

물론 포스트모던한 사람들도 결국에는 진리에 대한 그들의 순진한 관점을 재고해야 한다. 그러나 우상숭배의 개념은 어떤 철학적인 이슈를 논하지 않으면서도 그들이 그리스도를 필요로 한다는 점을 강하게 느끼게 하는 데 큰 도움이 된다.

우상숭배의 개념은 그들로 하여금 자신들이 가진 집착이나 두려움, 중독, 도덕의 결여, 타인에 대한 시기심, 그리고 분노 등을 적절하게 이해하게 한다. 그들이 오직 하나님 안에서 찾을 수 있는 구원을 그들의 직업과 로맨스에서 추구하고 있었음을 말해 주는 것이다. 더욱 중요한 것은, 이 접근법은 받아들일 수 있는 'A' 교리에 기초해서('당신은 자유로운 존재로 창조되었다') 'B' 교리를 ('당신은 하나님 앞에서 죄인이다') 지지하는 시범 케이스가 된다.

서구 사회에서 이전의 세대들은 선한 사람이 되는 것이 가장 중요하다고 믿었다. 오늘날에는 그 가치들이 바뀌어 지금의 문화적 서사는 우리에게 자유로운 사람이 되는 것이 가장 중요하다고 말한다. 우상숭배에 대한 성경의 주제는 바로 이 지점에서 현대인들과 만난다. 역설적으로 그들이 하나님을 섬기지 않으면 그들은 자신들이 원하는 대로 자유로울 수도, 자유롭게 될 수도 없다.

구약의 선지자들로부터 바울에 이르기까지(바울은 사도행전 17-20장에서 이렇게 했다), 그리고 그 이후에도 기독교 신학자들과 주석가들은 종종 우상숭배 범주를 사용해서 문화 비판을 했다. 예를 들어 미국에 관해 쓴 알렉시스 드 토크빌(Alexis de Tocqueville)의 유명한 책에서는 미국인들이 어떻게 풍요로움이 많은 행복을 가져다주리라 믿게 되었는지 주목하고 있다. 그러나 그런 희망은 환영에 불과하다고 토크빌은 주장했다. 왜냐하면 "이 세상의 불완전한 기쁨은 결코 [인간의] 마음을 채우지 못하기" 때문이다.[13] 결과적으로, 그는 "풍요의 한복판에서 민주주의 시민들 사이에 감도는 이상한 우울"에 대해서 말한다.[14] 물론 이 우울함은 필연 실망으로 종결되는 우상숭배의 쓴 열매이다. 거짓 신들은 결코 그들이 약속한 것을 주지 않는다.

우리는 이미 데이비드 포스터 월리스의 강렬한 통찰력을 살펴보았다.

하루하루 이어지는 삶의 참호 속에는 무신론 같은 것은 존재하지 않는다. 예배 없는 삶도 없다. 누구나 예배한다. 유일한 선택이란 무엇을 예배할 것이냐이다.[15]

월리스는 그리스도인이 아니었지만 그의 증언은 그 무엇보다 힘이 있다. 먼저 그는 성경적 가르침(종교적 인간 - 인간은 예배하는 존재이다)이 참이라고 주장한다. 이것은 강력한 폭로이다.

대부분의 사람들은 이렇게 생각한다. "나는 좋은 작가가 되기 위해서 단지 열심히 일하는 것이다. 나는 단지 나를 사랑해 줄 누군가를 찾을 뿐이다. 나는 몸을 잘 관리하기 위해서 열심히 운동할 뿐이다. 나는 정치에서 무엇인가 이루려 할 뿐이다. 경력을 잘 쌓고 싶을 뿐이다. 미래를 위해서 돈을 좀 더 벌려고 할 뿐이다." 그러나 월리스는 봐주지 않는다. 그는 이 모든 활동들을 '예배'라고 부른다. 우리가 인정하지 않을지라도 말이다.

그리고 나서 월리스는 하나님이 아닌 어떤 피조물을 예배하는 것은 영혼의 황무함으로 이어진다는 것을 보여 준다. "어떤 종류의 신이나 영적 대상을 예배하기로 선택할 수밖에 없는 이유는 … 아마도 당신이 무엇을 예배하든 그것에게 산 채로 삼켜질 것이기 때문이다."[16] 우리가 하고 있는 무엇이 예배라는 것을 깨닫기 전에는, 그것에 의해서 산 채로 삼켜질 것이다. 우리는 이유를 모른 채 막연히 자유가 없고 불행하다고 느낄 것이다.

나는 우상숭배라는 용어로 삶을 지배하는 것들을 묘사할 때, 포스트모던한 사람들이 많은 저항을 하지 않는다는 것을 발견했다. 그들은 재빨리 때로는 부끄러워하면서 자신들이 실제로 그러하다는 것을 인정한다. 마음의 우상숭배라는 성경의 메시지가 그들의 문화적 감성에 맞춘 죄의 메시지로 적용된 것이다. 이는 사람들이 듣고 싶어 하는 것을 말해 주는 것과는 전혀 다르다.

이것은 그들이 죄인임을 선고하는 동시에 죄를 더욱 개인적인 것으로 인식하게 한다. 무엇인가를 우상으로 만드는 것이 뜻하는 바가 창조주이며 통치자이신 하나님께 드려야 할 사랑을 그것에게 바친다는 의미이기 때문이다. 죄를 단순히 법을 어긴 것이 아니라, 대상이 잘못된 사랑이라 설명하는 것은 현대 문화의 많은 사람들에게 보다 더 설득력이 있다.

물론, 죄와 은혜에 대한 완전한 성경적 묘사에는 반드시 하나님의 법과 권위에 대한 우리의 반역이 나타나야 한다. 그러나 사람들이 자신들의 죄를 우상숭배와 대상이 잘못된 사랑으로 확신한다면, 죄의 결과 중에 하나가 하나님에 대한 적대감을 부인하면서 살아가는 것임을 좀 더 쉽게 확신시킬 수 있다.

왜 그런가? 어떤 면에서 우상숭배는 상당 부분 중독과 비슷하다(중독이란 말은 현 세대에 아주 친숙하다). 우리는 영적인 우상들이라는 올가미에 걸려드는데 이는 술과 마약에 얽매이는 것과 비슷하다. 일단 이것을 이해하면, 로마서 1장의 메시지를 듣고서 우리가 하나님에 대한 거부 상태에서 살았다는 것을 인정할 수 있게 된다. 다시 말해 우리가 하나님에 대한 반역과 적대감 속에 살면서 진리를 '막는', 즉 '억누르는' 삶을 산 것이다. 우상숭배에 대한 성경의 가르침을 통해서 죄의 개념을 설명하는 것은 포스트모던한 사람들에게 영적인 어두움과 반역이 무엇인지를 가르치는 데 아주 효과적인 방법이다.

죄를 우상숭배로 이해하는 것은 이신칭의에 대한 바울의 복음과 일치하는가? 그렇다. 사실상 이것은 이신칭의로 가는 자연스러운 징검다리를 제공한다. 루터는 그의 대요리문답에서 우상숭배가 (첫 계명을 어기는 것으로서) 우리의 칭의를 위해 예수님 대신 다른 것을 의지하는 것과 아주 동일하다고 설명했다.[17] 다시 말해 우상숭배는 오직 그리스도를 믿음으로써 받는 은혜의 구원을 언제나 받아들이지 못하게 한다. 우상으로부터 회개하고 그리스도를 통하여 자유를 얻으라고 요청하는 설교는 사람들로 하여금 공로칭의에서 이신칭의로 옮겨갈 것을 요구하는 것이다.

다른 중요한 지점들

오늘날의 세속적이고 다원주의적인 문화에 맞서는 다른 방법들은 없을까? 서구 문화에는 도전에 취약한 몇 가지 '급소'들이 존재한다. 서구 문화는 'A' 신념들이라 할 수 있는, 공동체와 정의를 갈망하고 있다. 그러나 서구 문화의 신념은 이 소중한 것들을 파괴하는 결과를 낳는다. 몇 가지 예를 살펴보자.

첫째, 성의 상품화이다. 사상가들은 오랫동안 소비 관계와 언약 관계의 차이점을 밝혀 왔다. 전자는 시장의 특성을 가지고 있고, 후자는 역사적으로 인간관계로 특징 지워진다. 특히 가족 안에서 더욱 그렇다. 소비 관계는 소비자가 적절한 가격에 상품과 서비스를 얻는 한도 내에서 유지된다. 소비자는 이득이 되지 않는 거래 관계를 지속할 의무가 없다.

반면 언약 관계는 유리한 조건에 달려 있지 않고, 다른 사람의 유익 및 관계 자체에 대한 사랑의 헌신으로 맺어진다. 사회역사학자들은 전통적으로 언약 관계로 여겨지던 인간관계의 영역에 시장 가치들이 적용되고 있다고 설명한다. 요즘 사람들은 가족 내에서도 감정적으로 충족이 되지 않으면 관계를 단절하기도 한다.

상품화는 사회적 관계가 경제적 교환으로 축소되는 과정을 의미하는 단어이다. 이것은 성에 관한 주제로 연결된다. 전통적으로 사람들은 배우자가 아닌 이와 성관계를 하지 않았다. 다시 말해서, 누군가와 육체적으로 함께할 때는 삶을 함께하는 것이었다. 개인의 자유를 내려놓고 혼인 언약에 자신을 묶는 것이다. 그런데 현대의 성인들은 성적 자유를 포함해서 자유를 원한다. 그래서 삶을 함께하지 않으면서도 성관계를 하려고 한다. 그 결과로 만성적인 외로움과 이용된다는 느낌이 남게 된다. 사실 이용된 것이다. 우리 문화에서 성은 더 이상 공동체에서 사람들을 묶어 주는 것이 아니며 단지 교환 대상의 재화가 되어 버렸다.

그러나 성경은 성이 하나님에 의해 설계된 것임을 가르친다. 성은 자기

만족의 수단이 아니며, 안정된 인간 공동체를 만들기 위한 자기 기부의 수단이다. 그리스도인의 성 윤리가 공동체의 유익이라는 'A' 신념으로 설명된다면, 이는 매우 설득력이 있을 것이다.[18]

둘째, 인권의 문제이다. 서구 사회는 정의와 인권에 대해 매우 강한 관심이 있다. 동시에 하나님이 없다고 말하는 세속적 가치관도 조장되고 있다. 세속 세계관은 우리가 단지 우연과 진화에 의해서 이곳에 있으며, 초자연적 세계나 내세는 없다고 말한다. 점점 더 많은 수의 사려 깊은 비기독인들은 양립 불가한 두 가지 생각이 충돌하고 있다고 인정한다. 인권에 대한 신념과 신에 대한 불신 사이에는 모순이 존재한다.

철학자 자크 데리다는 "오늘날 국제법의 기초는 신성함에 있다. 인간이 당신의 이웃으로서 신성한 이유는 그가 하나님에 의해서 만들어졌다는 것이다. 그런 면에서 인류에 대한 범죄라는 개념은 기독교의 개념이다. 내 생각에 기독교의 유산이 없다면 오늘날 국제법은 존재하지 않았을 것이다"[19]라고 말한다.

장 폴 사르트르는 똑같은 관점을 부정적 형태로 표현했다. "하나님은 존재하지 않는다. 그리고 … 신이 부재함으로 벌어지는 결과들을 끝까지 그려낼 필요가 있다. 선험적으로 선한 것이란 존재할 수 없다. 왜냐하면 무한하며 완벽한 의식이란 생각할 수 없기 때문이다.… 도스토옙스키가 이런 글을 쓴 적이 있다. '만일 하나님이 없다면, 모든 것이 허용되었을 것이다' … 신이 존재하지 않는다면 정말 모든 것이 허용된다."[20]

보다시피 만약 우리가 단지 약육강식의 원리에 따른 진화의 산물이라면 무엇을 근거로 강대국이 약소국을 압제하는 것에 반대하겠는가? 또는 권력자들이 힘없는 사람들을 억압하는 것을 반대하겠는가? 만일 눈에 보이는 물질 세상이 전부라면 그런 억압들은 아주 자연스러운 일일 것이다. 만일 사람이 하나님의 형상대로 지어진 것이 아니고 단지 맹목적인 어떤 힘들의 우연적인 결과라면 어째서 인간이 돌이나 나무 같은 다른 존재보다 가치 있는 것이겠는가? 이것은 오늘날 아주 의미 있는 급소가 된다. 젊은이들은 특히나 불의에 민감하기 때문에 그들에게 인권과 정의는 무신론적 세계에서보다 하나님이 만드신 세계에서 더 의미 있음을 보여 줄 수 있다.[21]

셋째로, 문화적 희망의 상실이다. 컬럼비아대학교 교수인 앤드류 델반코는 자신의 저서 《진정한 미국의 꿈: 희망에 대한 묵상》에서 '하나님', '나라', '자기 자신'이라는 장을 통해 미국 문화의 희망이 어떻게 변천했는지를 보여 준다. 그가 관찰한 바에 따르면 원래 미국인들은 하나님의 영광을 위해서 살 때 삶의 의미와 국가의 의미가 있다고 믿었다. 그런데 오늘날은 "희망이 자기 하나로만 좁아졌다." 그래서 미국인의 희망의 역사는 '축소' 되었다.[22]

마지막 장에서 델반코는 문화적 위기가 도래했다고 주장한다. 삶의 의미가 단지 자아실현일 뿐인 사회에서는 일관성 있고 건강한 문화를 만들 수 없다. 문화적 서사는 사람들에게 희생(무엇을 위해 살고 무엇을 위해 죽을지)의 이유를 설명해야 한다. 그러나 자아실현은 그 일을 할 수 없다.

델반코는 철학자 테오도르 아도르노를 인용한다. 그는 "현대 문화에서 '개인주의의 명분이 개인의 폐지와 비례하여 증가했다'라고 말했다. 이 말의 의미는 현대인의 자아는 실체적이고 영속적인 것으로부터 더 많이 단절될수록 가식적이며 경쟁적인 자아 과시를 통해 보상 받으려고 한다는 것이다."[23]

델반코는 이어서 다음과 같이 적고 있다.

[알렉시 드] 토크빌이 진단한 '풍요 가운데 감도는 이상한 우울'은 오늘날 특별한 부각을 받는다. 왜냐하면 현대인들은 옛 이야기들(종교, 국가)을 해체하는 데 성공했지만, 새로운 이야기를 하는 데는 막혀 있기 때문이다. 우리는 전례 없는 부의 시대에 살고 있지만, 의미에 대한 가려움증

은 수그러들지 않았다.[24]

간단히 말해서, 우리가 우리 자신을 정의하고 창조할 절대 자유를 부여 받는다면, 우리는 우리보다 크고 영속적인 것의 끈을 잃어버리게 될 것이다. 그리고 그것의 결과는 의미 없음과 근원의 상실, 미래에 대한 절망의 가속화이다. 이것은 현대의 세속적인 사람들에게 설득력 있는 복음 소통을 펼칠 수 있는 어마어마한 기회이기도 하다.

청중을 위로하며 호소하기

고린도전서 1장 18절부터 2장 16절에서 보았듯이, 청중에 접근했던 바울의 방법은 단순히 문화를 책망하는 것이 아니었다. 그는 단순하게 지성에 대한 헬라인의 열정을 비난하지 않았고, 실제적인 능력에 대한 유대인의 갈망을 비난하지도 않았다.

대신 그는 좋은 것들을 추구하는 그들의 방식들이 결국에는 파멸로 이르는 길임을 보여 주었다. 그리고 나서 그들 문화가 열망하는 것들을 결국 예수 그리스도 안에서 채움 받으라고 권면한다. 그는 긍정적인 어조로 마무리한다. 회개하며 믿으라는 요청이 뒤따르지만, 초청과 위로로 마무리하는 것이다.[25]

문화 속으로 들어가서 문화의 우상들에 맞선 다음에는, 사도바울이 했던 것처럼 청중들이 궁극적으로 찾던 것이 그리스도임을 제시해야 한다. 우리가 조심스럽게 문화 속으로 들어간다면, 이렇게 발언할 권한을 얻게 된다. 그렇게 문화의 신념 체계와 맞서게 되면, 청중들은 토대가 흔들리는 느낌을 갖게 된다. 이제 상황화의 마지막 단계인 새로운 평형상태를 맞출 때가 되었다. 기존 신념과 맞섰으므로 이제는 그들이 찾던 것이 오직 그리스도 안에서만 발견된다는 것을 보여 줌으로써 그들을 위로하면 된다. 달리 말해서, 그들의 삶의 이야기가 예수님 안에서만 '해피엔딩'이 될 수 있음을 보이는 것이다. 우리는 문화의 이야기를 예수님 안에서 새로 말해 주어야 한다.

호소와 초청은 앞 단계의 상황화와 단절된 채 별도로 이해해선 안 된다. 복음 소통 전반을 통해서, 우리는 청중들의 깊은 열망과 연결하려고 노력한다. 우리는 블레즈 파스칼이 팡세에서 준 조언에 귀를 기울이려고 한다. "사람들은 종교를 경멸한다. 종교를 미워하고 그것이 사실일까 봐 두려워한다. 이것을 고치기 위해서는 종교가 이성과 반대되는 것이 아님을 보여 주어야 한다. 그것은 덕망 있는 것이며, 존경할 만한 것이다. 우리는 종교를 매력적인 것으로, 좋은 사람들이 그것이 참이기를 바라는 마음을 가질 수 있도록 제시해야 한다. 마지막으로 그것이 참임을 증명해야 한다."[26]

어떻게 하면 그렇게 호소할 수 있을까? 3부 2장에서 보았듯, 성경을 연결하는 성육신의 주제는 풍성하며 다양하다. 성경은 추방과 귀향의 언어를 사용해서 죄와 구원을 말하며, 성전과 임재, 희생제물을 통해 언약과 충성 및 나라와 승리에 대해 말한다. 우리가 복음을 특정 문화와 소통시키려할 때, 어떤 주제들은 다른 주제들보다 더 사람들의 마음에 다가감을 발견한다. 바울은 지혜에 집착하는 문화에 성경의 큰 주제 중 하나를 사용해서 이야기했다. 하나님의 지혜가 예수 그리스도 안에서 최고조로 드러났다는 것이다(고전 1:18-2:16 참조). 성경은 지구상에 존재하는 어떤 문화의 이야기에도 메시지를 연결할 수 있는 충분한 다양성을 가지고 있다.

속죄 문법

성경에는 몇 가지 다른 '속죄 모델'이 있다고 흔히 말한다. 나는 이것을 그리스도께서 십자가에서 이루신 일들이 표현되는 '언어' 또는 '문법'이라고 표현하고 싶다.

- 전쟁터의 언어: 그리스도는 죄와 사망의 권세에 맞서 우리를 위해 싸우셨다. 그분은 우리를 위해 악의 권세를 무찌르셨다.
- 시장의 언어: 그리스도는 속전, 곧 값을 지불하셨다. 우리의 부채를 지불하시고 채무 상태에서 우리를 건지셨다. 그분은 노예였던 우리에게 자유를 주셨다.
- 추방의 언어: 그리스도는 우리를 위해 공동체를 벗어나 이 땅으로 오셨다. 그것은 추방되었던 우리들을 다시 데려가기 위한 것이었다. 그분은 우리를 고향으로 이끄신다.
- 성전의 언어: 그리스도는 우리를 정결하게 하는 희생제물이다. 우리로 거룩한 하나님께 가까이 나아가게끔 이끄신다. 그분은 우리를 깨끗하고 아름답게 하신다.
- 법정의 언어: 그리스도는 우리를 대신해서 재판장 앞에 서시며 우리가 받아야 할 처벌을 받으신다. 그분은 우리의 죄책감을 제거하시며 우리를 의롭게 만드신다.

때때로 어떤 것은 우리가 선호하는 모델이고 다른 것은 무시해도 되는 것처럼 말하지만, 이는 잘못된 것이다. 속죄를 표현하는 각각의 방식은 영감 받은 성경의 일부분들이다. 각각은 우리의 구원에 관해 위대한 것들을 알려주며, 다른 방식들로는 명확하게 제시하지 못하는 것들을 보완적으로 제시한다.

각 언어마다 특별히 잘 공감되는 기질들이나 문화들이 있다. 억압 또는 예속과 싸우며 오랫동안 자유를 갈구하는 사람들은 처음 두 가지 문법들이 도움이 될 것이다(전쟁터와 시장). 죄책감과 수치심으로부터 해방되기 원하는 사람들은 마지막 두 가지에 특히 감동을 받을 것이다(성전과 법정). 단절되고, 뿌리 뽑히고, 거절된 감정과 씨름하는 사람들은 추방의 언어가 보다 강렬하게 다가올 것이다.

그러나 아마도 가장 위로와 공감이 되는 주제는 산학자 로저 니콜(Roger Nicole)이 이 모든 모델들을 관통하는 단 하나의 주제라고 말한 것이다.[27] 그것은 대속이다. 니콜 박사는 어떤 문법이 사용되든지 상관없이, 속죄의 핵심은 언제나 예수님이 우리를 대신하여 행하신다는 것이라고 가르쳤다. 예수님은 우리를 위해, 우리의 자리에 서서, 우리에게 유익을 되도록, 권세들과 싸우고, 값을 치르고, 추방을 건디고, 희생을 드리시고, 처벌을 받으신다. 이 모든 문법에서, 예수님은 우리를 위해 우리 힘으로는 할 수 없는 것을 하신다. 그분은 구원을 성취하신다. 우리는 아무것도 하지 않는다. 그렇기 때문에 예수님의 대속의 희생이 이 모든 것의 중심에 있는 것이다.

다른 사람을 구하기 위해 자신의 생명을 주는 이런 행동은 가장 강력하고 매력적인, 그리고 독자를 전율하게 하는 이야기가 된다. 예를 들어, J. K. 롤링은 《해리 포터》 시리즈를 다른 어떤 방식으로 마무리할 수 없었다. 왜냐하면 이것이 가장 궁극적인 드라마이며, 가장 감동적인 마무리이기 때문이다. 어떤 문화에서나 그리스도의 대속적인 희생이 높임 받을 때 사람들은 그리스도께 마음이 이끌린다. 속죄에 대해서 말하는 다양한 방법들을 통해서 우리는 각각의 문화에 맞게 예수님의 속죄 사역이 엄청난 문제들을 어떻게 해결하며 강렬한 열망들을 충족시키는지를 보여 줄 수 있다.

■ 대속적 구원

아지스 페르난도(Ajith Fernando)는 스리랑카의 전도자인데, 대속적 속죄의 개념을 그의 회중에게 다음의 예로 설명한다.
"혹시 상처가 감염되어 부은 적이 있습니까? 그것을 째면 무엇이 나옵니까? 고름이 나옵니다. 그것은 무엇입니까? 고름은 기본적으로 백혈구 세포가 감염 균과 싸워서 생긴 시체 덩어리입니다. 당신이 살 수 있도록 백혈구가 죽은 것입니다. 맞지요? 대속적 구원은 바로 당신의 피 속에 있습니다."

—

우리는 해피엔딩이 유치한 예술 작품에서나 나오는 것이라고 믿는 최초의 시대에 살고 있다. 현대 비평가들은 삶이 그렇게 녹록하지 않다고 주장한다. 오히려 깨어짐과 모순, 역설, 좌절로 가득 차 있다고 말한다. 스티븐 스필버그는 〈쉰들러 리스트〉를 감독하기 전까지, 해피엔딩으로 끝나는 영화를 만드는 동안에는 오스카상을 받지 못했다. 그럼에도 여전히 사람들은 동화 같은 마무리로 끝나는 영화나 책을 보려고 몰려든다. 현대의 사실주의적 소설들이 결코 채우지 못하는 인간의 깊은 동경이 있기 때문이다. 죽음을 피하고 영원히 사는 것, 요정이나 외계인이나 천사와 같은 다른 인격적 존재와 교류하는 것, 영혼을 온전히 치유하며 결코 이별 없는 사랑을 하는 것 등이다. 우리는 대부분 할 수만 있다면 이 세상에서 악을 영원히 끝장내는 승리에 동참하기를 원한다. 사람들은 동화를 통해 자신들의 열망이 성취되는 것을 보기 때문에 동화에 눈을 돌린다.

복음은 인생에 대해 결코 감상적인 관점을 제시하지 않는다. 사실 성경은 현실에 대해 어떤 세속 비평가가 하는 것보다 더 어두운 시각을 제시한다. 성경은 사탄과 마귀의 무리가 세상에 일하고 있음을 말한다. 그리고 우리에게 깊은 오류와 잔인함이 있어서 하나님의 개입 없이는 스스로를 구원할 수 없다고 말한다.

그럼에도 복음은 사랑과 죽음과 승리에 대한 열망들보다 더 충격적인 메시지를 품고 있다. 첫째, 복음은 이 모든 것을 설명한다. 인간 존재는 하나님의 형상대로 지음을 받았다. 이 모든 것을 이해하고 경험할 수 있도록 원래 지음을 받은 것이다. 우리는 영원히 살도록 창조되었다.

둘째, 복음은 예수 그리스도의 부활이 이 모든 것이 이루어질 것에 대한 강력한 증거라고 말한다. 만일 당신이 예수 그리스도를 믿는다면, 당신은 죽음으로부터의 탈출과 이별 없는 사랑, 악에 대한 승리를 보고 알게 될 것이다. 당신은 천사들과 초자연적 존재들과 대화하게 될 것이다. 그리고 영원히 살 것이다.

그러면 왜 우리는 영원한 생명을 갖게 되는가? 예수 그리스도께서 죽임 당했기 때문이다. 그리고 우리는 영원한 사랑을 갖게 될 것이다. 예수 그리스도께서 버림 당하셨기 때문이다. 또한 우리는 악에 대해 승리할 것이다. 예수 그리스도께서 고문 받으셨고, 살해 당하셨고, 패배하셨기 때문이다. 예수 그리스도의 구원 안에서 우리가 배우게 되는 것은, 우리가 열망하던 해피엔딩이 동화가 아니라는 것이다.

복음은 인간 마음에 줄 수 있는 가장 깊은 위로이다. 일단 당신에게 귀기울이는 사람들 속으로 조심스레 들어가서 그들의 세상에 맞설 용기가 있다면, 이것을 먼저 경험한 사람의 열정을 가지고 반드시 이 위로를 전하길 바란다.

토론과 성찰을 위한 질문들

1. "상황화의 첫 번째 작업은 문화가 던지는 질문들과 희망들, 신념들 속으로 당신이 들어가는 것이다. 그래서 그 질문들에 대한 성경적이고 복음 중심의 대답들을 주는 것이다." 당신 주변의 문화를 읽고 연구할 수 있는 방법들이 있는가? 사회 문화는 어떤 질문들을 던지고 있는가? 당신이 속한 지역의 목회적 필요를 채우는 일들 중에서 어떤 것들이 문화와 사람들을 더 잘 이해하는 데 도움이 되었는가?

2. 이 장은 논증의 세 가지 방식을 부각시키고 있다.

개념적: 분석과 논리를 통해서 결정을 내리고 확신에 이른다.

구체적/관계적: 관계성과 훈련을 통해서 결정을 내리고 확신에 이른다.

직관적: 직관과 경험을 통해서 결정을 내리고 확신에 이른다.

이 세 가지 방식들 중에서 어떤 것이 당신과 가장 가까운가? 당신이 전도하려는 사람들은 어느 쪽에 속하는가? 만일 그들이 당신과 다른 유형이라면, 그 간격을 채우기 위해서 할 수 있는 것은 무엇인가?

3. 상황화의 또 다른 작업은 그 문화의 지배적인 세계관, 곧 신념 체계를 분별하는 것이다. 팀 켈러는 "상황화된 복음 사역을 할 때 그 문화의 신념들 중에서 훌륭한 것들은 긍정해야 한다"고 말한다.

이 장에서 'A' 신념은 성경적 가르침의 일부를 대략적으로 이미 수용하고 있는 부분들이며, 'B' 신념은 반박 당하는 기독교 진리(B 교리)로서, 사람들이 맞지 않거나 불쾌하다고 생각하게 것들이다.

어떤 것들이 'A' 교리에 해당하는지 생각해 보라. 대상 청중에게서 일반적으로 받아들여지고 긍정될 수 있는 성경의 가르침은 무엇인가? 그리고 그것이 문화 가운데 어떻게 'A' 신념으로 표현되고 있는가? 당신의 문화 가운데 'B' 신념의 예는 무엇이며, 어떤 B 교리들이 그것과 직접적으로 충돌하는가?

4. 다음을 생각해 보라. "문화의 'A' 교리들과 'B' 교리들을 어떻게 구분할지 배우는 것은 아주 중요하다. 이것을 아는 것이 문화에 강력한 도전을 던지는 열쇠가 되기 때문이다. 문화를 변혁시키는 일은 우리가 'A' 교리들에 근거해서 곧바로 'B' 교리들의 논거를 제시할 때 가능해진다."

앞에서 생각한 예에 적용해 볼 때, 당신은 어떻게 이 작업을 할 수 있겠는가?

5. 이 장은 여러 가지 문화적 긴장 지점들과 속죄의 문법들을 결론으로 제시한다. 긴장 지점들과 문법들 중에서 당신에게 덜 친숙하거나, 낯설지만 탐구할 가치가 있는 것은 무엇인가? 당신의 목록에 어떤 것을 추가할 때 사역의 효과성이 강화되겠는가?

주

1. See David F. Wells, "An American Evangelical Theology: The Painful Transition from Theoria to Praxis," in *Evangelicalism and Modern America*, ed. George Marsden (Grand Rapids: Eerdmans, 1984), 90, 93. 웰스는 말한다. "참여와 초탈, 수용과 부정, 연속과 불연속, 세상 '안에' 있는 것과 세상에 '속하지' 않는 것 사이의 경계선은 어디인가? 상황화는 우리가 이런 질문들에 대해 답을 찾아가는 과정이다. 하나님의 말씀은 반드시 우리의 상황에 연결되어야 한다. 정체성을 지키는 것은 기독교 신앙을 위해서 필요하고, 동시에 현대적인 연결점은 그리스도인이 믿음을 가질 수 있기 위해서 필요하다."

2. 리처드 커닝햄(Richard Cunningham)은 영국에 있는 대학 그리스도인 연합(University Colleges and Christian Fellowship[UCCF]) 대표이며, 복음 전도의 대화를 위한 실질적인 훈련을 제공한다. 그는 모든 강사들에게 확인하고, 설득하고, 초청할 것을 조언한다(Alex Banfield Hicks and Richard Cunningham, "Identification, Persuasion and Invitation," Christian Persuaders Podcast #1, www.bethinking.org/ what-is-apologetics/introductory/ identification-persuasion-and-invitation.htm 2012년 1월 20일 접속). 이 세 가지 단계는(비록 세 가지가 '단계'와 겹치기는 하지만) 들어가서, 도전하고, 호소하는 우리의 모델과 연결된다.

3. Francis Schaeffer, *2 Contents, 2 Realities* (Downers Grove, Ill.: Inter-Varsity, 1975), 17-18.

4. 물론 웨스트민스터 신앙고백과 요리문답은 "네 부모를 공경하라"는 계명을 다루고 있다. 그러나 성경에서 귀결된 답들은 조상 숭배를 염두에 두고 본문을 살피지는 않았다. 고백록은 권위를 가진 모든 사람들, 특히 공권력에 대해서 존경하라는 것으로 일반화하는 경향이 있다.

5. 사도행전 17장 26-28절에서 바울은 이방인의 시를 인용한다. 당신이 만일 성경 권위에 대해 회의적인 사람들에게 성경 진리를 전하고 있다면 보조 자료나 존경 받는 권위를 빌리는 편

이 좋다. 예를 들어 성경에 어떤 이야기가 담겨 있는지 가르치려면 성경의 진술을 지지하는 경험적, 과학적 연구를 사용하는 것이다. 이는 부정적인 청자가 성경 말씀에 신뢰를 가질 수 있도록 하는 데 도움이 된다. 상황화는 어떤 보조적 권위들이 듣는 사람에게 신뢰를 더 하는가를 포함한다.

6. See David J. Hesselgrave, *Communicating Christ Cross-Culturally* (Grand Rapids: Zondervan, 1978), 198-236.

7. 이 시기의 설교들을 살펴보라. 편집자의 주석이 아주 유용하다. *The Works of Jonathan Edwards: Sermons and Discourses*, 1743-1758, vol. 25, ed. Wilson H. Kimnach (New Haven, Conn.: Yale University Press, 2010).

8. 1장 34쪽을 보라.

9. 나는 이 원리가 베드로전서 2장 12절에서 나온다고 믿는다. 세상은 어떤 면에서 그리스도 인의 신앙과 실천을 찬양하고 존경할 것이지만 다른 한편으로는 미워하고 핍박할 것이다. 미로슬라브 볼프(Miroslav Volf)가 베드로전서에 대해 쓴 글을 보라. "Soft Difference," www. yale.edu/faith/resources/x_volf_difference.html (2012년 1월 20일 접속). 나는 이 절이 원리를 증명한다고 말하는 것은 아니다. 이 원리는 사도행전 17장에 나오는 바울의 실제적 논증 가운데 더 잘 드러난다.

10. David G. Peterson, *The Acts of the Apostles* (Pillar New Testament Commentary; Grand Rapids: Eerdmans, 2009), 496.

11. 이 통찰에 대해 로셸 캐스카트(Rochelle L. Cathcart)에게 감사를 표한다.

12. C. S. Lewis, *The Problem of Pain* (New York: Macmillan, 1973), 29, 34-35.

13. Alexis de Tocqueville, *Democracy in America* (New York: HarperCollins, 1988), 296.

14. 위의 책, 538.

15. Emily Bobrow, "David Foster Wallace, in His Own Words" (taken from his 2005 commencement address at Kenyon College), http://moreintelligentlife.com/story/david-foster-wallace-in-his-own-words (2012년 1월 20일 접속).

16. 월리스(Wallace)는 우리는 "어떤 종류의 신이나 영적인 것을 예배해야 한다"고 말하면서 "예수 그리스도 또는 알라, 야훼 또는 위칸(마법) 여신, 또는 사성제, 또는 어떤 신성불가침의 윤리 원칙"이라고 덧붙인다. 그러므로 그는 종교적 다원주의를 복수심을 가지고 다루고 있는 것이다! 그러나 바울이 사도행전 17장 28절에서 처음 말할 때 신중을 기했듯이 이방 시인과 하나님 사이에 공통점이 있는 것처럼, 월리스가 문제에 대해 묘사하는 것은 건전하게 받아들일 수 있다(즉 우리는 이 세상을 초월하는 무엇인가에 우리의 삶을 건축해야 한다).

17. 마르틴 루터의 대요리문답 제1장의 설명을 참조하라. (Birmingham, Ala.: CreateSpace, 2011), 1-3.

18. For an in-depth treatment of this subject, see chs. 1 and 3 of my book The Meaning of Marriage (New York: Dutton, 2011), esp. 80-82. 이 주제에 대한 깊이 있는 설명은 나의 책 《팀 켈러, 결혼을 말하다》 1장과 3장을 참조하라.

19. Richard Kearny, moderator, "On Forgiveness: A Roundtable Discussion with Jacques Derrida," in *Questioning God*, ed. John Caputo, Mark Dooley, and Michael Scanlon (Bloomington, Ind.: Indiana University Press, 2001), 70.

20. Jean-Paul Sartre, "Existentialism Is a Humanism," in Existentialism from Dostoyevsky to Sartre, ed. Walter Kaufmann (New York: Meridian, 1989), 352-353.

21. 하나님이 안 계신 것보다 하나님이 계신 것이 인권에 대한 신념을 훨씬 지지한다는 것을 주장할 수 있다. 니콜라스 월터스토프(Nicholas Wolterstorff)는 다음에서 이를 옹호한다: "Is a Secular Grounding of Human Rights Possible?" and "A Theistic Grounding of Human Rights," in *Justice: Rights and Wrongs* (Princeton, N.J.: Princeton University Press, 2008), chs. 15-16. 또한 다음을 읽으라, Christian Smith, "Does Naturalism Warrant a Moral Belief in Universal Benevolence and Human Rights?" in The *Believing Primate: Scientific, Philosophical, and Theological Reflections on the Origin of Religion*, ed. Jeffrey Schloss and Michael Murray (New York: Oxford University Press, 2009), 292-317; Timothy Keller, *Generous Justice: How God's Grace Makes Us Just* (New York: Dutton, 2010), ch. 7; Timothy Keller, *The Reason for God: Belief in an Age of Skepticism* (New York: Dutton, 2008), ch. 9.

22. Andrew Delbanco, *The Real American Dream: A Meditation on Hope* (Cambridge, Mass.: Harvard University Press, 1999), 103.

23. 위의 책, 103-104.

24. 위의 책, 106-107.

25. 신학자 댄 스트레인지(Dan Strange)는 비기독교 사고체계는 기독교 진리에 반대하면서도 '기생적'이라고 쓴다. 즉 그들이 하나님의 진리를 거부할 때도, 하나님의 진리의 어떤 측면들은 반드시 긍정해야 하기 때문이다. 스트레인지의 결론은 궁극적으로 복음은 비기독교 체계에

서는 '전복적 성취'(subversive fulfillment)라는 것이다. 즉, 복음은 그들의 열망에 맞서지만 또 다른 의미에서는 충족시킨다(다음을 보라. "Perilous Exchange, Precious Good News: A Reformed 'Subversive Fulfillment' Interpretation of Other Religions," in *Only One Way? Three Christian Responses on the Uniqueness of Christ in a Religiously Plural World*, Gavin D'Costa, Paul Knitter, and Daniel Strange [London: SCM Press, 2011], 93).

26. Blaise Pascal, Pensees (New York: Collier, 1910), 68, #187.

27. Roger Nicole, "Postscript on Penal Substitution," in *The Glory of the Atonement*, ed. Charles E. Hill and Frank A. James III (Downers Grove, Ill.: Inter-Varsity, 2004), 445-452.

복음으로
도시를 품으라

01

도시를
중심 기점으로 하라

오늘날 대다수 그리스도인들은, 특히 미국의 경우, 도시에 대해서 무관심하거나 적대적이다. 어떤 이들은 도시를 생각할 때 부정적 이미지를 떠올리거나 신앙과 도덕을 저해하는 곳으로 여긴다. 또 다른 이들은 도시가 그리스도인의 삶이나 사명과는 아무런 관련이 없는 곳이라고 생각한다. 물론 일부 젊은 그리스도인들은 도시의 낭만에 젖어들기도 한다.[1]

그러나 성경 저자들의 태도는 매우 다르다. 도시에 대한 성경의 관점은 적대적이지도 낭만적이지도 않다.[2] 도시는 인류가 집중적으로 모여 사는 곳이기에, 인간 본성의 최선과 최악이라는 이중적 특성이 드러나는 곳이다.

이런 이유로 성경은 도시를 타락과 폭력의 장소로 묘사하기도 하고, 피난처와 평화의 장소로 보기도 한다. 창세기 4장과 11장에서 도시 건축자들은 첫 번째 살인자인 가인의 계보로부터 등장한다. 창세기는 소돔과 고모라라는 도시의 악을 그리기도 한다. 시편 107편은 이렇게 기록하고 있다.

그들이 광야 사막 길에서 방황하며 거주할 성읍을 찾지 못하고 주리고 목이 말라 그들의 영혼이 그들 안에서 피곤하였도다. 이에 그들이 근심 중에 여호와께 부르짖으매 그들의 고통에서 건지시고 또 바른 길로 인도하사 거주할 성읍에 이르게 하셨도다. 여호와의 인자하심과 인생에게 행하신 기적으로 말미암아 그를 찬송할지로다(시 107:4-8).

시편 기자는 성읍(도시) 없는 삶이 힘들었다고 기록한다. 뒤 이어 성읍(도시)이 인간이 번창할 수 있는 곳, 다시 말해 긍정적인 사회 형태라고 추정하고 있다. 따라서 성경 안에 드러나는 도시에 대한 묘사는 미묘한 뉘앙스를 가지고 있다. 성경은 도시의 긍정적인 역량이 하나님의 영광을 위해서 실현될 수 있음을 강조하며, 동시에 하나님께 대한 인간의 반역을 도모하는 사회적 공간으로 쓰일 수 있음도 보여 준다. 우리는 도시가 구원 역사에서 핵심적인 역할을 한 것도 살펴보게 될 것이다.

이 장에서는 하나님을 높이는 약속과 인간을 높이는 그림자의 긴장이 도시에 있는 것을 살펴보려고 한다. 또한 성경 안에 도시의 두 가지 성격이 어떻게 나타나는지 알아보고, 현대 사회에서는 어떻게 반영되는지도 살펴볼 것이다. 많은 경우 도시들은 과거나 현재나 항상 그대로다.

도시의 정의

우리는 먼저 도시가 무엇인지 알아야 한다. 오늘날 도시는 대개 인구수로 정의된다. 인구가 많이 모이는 곳은 '도시'(city)로, 중간인 곳은 '소도시'나 '읍'(town)으로, 적은 곳은 '마을'(village)이라고 불린다. 하지만 이런 도시에 대한 현대적 이해를 성경 용어에 주입하지 않도록 주의해야 한다. 히브리어에서 도시를 표현하는 말로 가장 많이 사용된 단어는 이르(ir)인데, 요새나 벽으로 둘러싸인 인간 거주지를 말한다.[3] 고대도시들은 대부분 1천 명에서 3천 명 정도의 인구로 구성되었으며, 거주민들은 성벽 안에서 오밀

■ 도시, 교외, 마을의 차이점

도시, 교외, 마을 사이의 차이점들은 일반화된 것이며, 세계의 많은 곳에서 그 차이점들은 희미해지곤 한다.

예를 들어 뉴욕 시 퀸즈 구는 예전에는 독립적이었던 마을과 교외들로 구성되는데, 성장의 결과로 도시화되었다. 그래서 교외의 특성과(예를 들어 낮은 인구밀도, 자동차에 대한 의존, 독립적인 가구 주택) 도시의 특성(다양성, 토지의 혼합적 사용 등)이 공존하고 있다. 뉴욕 시의 플러싱처럼 아시아 사람들이 많은 장소들은 단순한 동네가 아니며 고유한 도시 비전을 필요로 한다는 뜻이다. 오래된 유럽 도시들의 외곽도 이와 비슷하다. 이곳은 독특하게 '도시적 교외'를 형성하는 곳이다.

조밀하게 모여 살았다.[4] 그러므로 성경에서 말하는 도시의 요체는 인구수에 있는 것이 아니라 밀도에 있다. 도시는 사람들이 밀집하여 모여 사는 사회적 형태이다.

시편 122편 3절은 인구 밀도에 대해서 다음과 같이 말한다. "예루살렘아 너는 잘 짜여진 성읍과 같이 건설되었도다."[5] 요새가 있는 도시에서 사람들은 좁은길을 따라 밀집된 작은 집에 모여 살았다. 한마디로 도시 생활은 거리 생활과 같아서 언제 어디서나 사람들이 물리적으로 가까이 있었다. 사실 대부분의 고대도시들은 규모 면에서 5-10에이커 정도로 추산되며, 에이커(약 1천 224평-역주) 당 평균 240명이 살았다.[6] 이해를 돕기 위해 현재와 비교해 본다면 뉴욕 맨해튼에는 에이커 당 105명이 산다. 고층

빌딩 숲인데도 그렇다.

느헤미야가 예루살렘 성벽을 재건한 후에 예루살렘 성 안에는 너무 많은 빈집들이 있었다(느 7:4). 다시 말해 도시로서 역할을 하기에는 인구가 너무 적었다. 그래서 인구의 10분의 1에 해당하는 사람들에게 이주 명령을 내려서 도시를 채우게 했다(느 11:1). 먼저 도시가 세워지면, 사람들은 벽으로 보호되는 공간 안에서 독특한 인간 문화와 고유한 삶의 방식을 창출한다. 여기서 도회적 인간 생활의 표지가 되는 세 가지 특징들이 형성된다.

안전(safety)과 안정(stability)

예전의 도시들은 성벽이 있었기 때문에 더 안전하고 안정감을 느끼게 했다. 도시의 첫 번째 중요성은 적대적 세력에 대한 저항에 있었다. 적대적 군대들, 침입자들, 피의 복수를 하려는 사람들 또는 맹수로부터의 보호였다. 벽으로 둘러싸인 도시에서 사람들은 이전보다 훨씬 안전한 생활을 할 수 있었고, 문명의 발전을 이룰 수 있었다.

'문명화 된다'는 것은 '도시화 되다'라는 것으로도 말할 수 있다. 이스라엘 백성이 가나안을 정복할 때, 그들은 성벽으로 둘러싸인 도시들의 강함에 놀랐다(신 1:28; 9:1; 수 14:12). 이스라엘 또한 정착을 위해 도시를 건설했다(신 32:16-42). 성경에서 도시가 안전에 대한 비유로 쓰인 것은 놀라운 일이 아니다(잠 21:22; 신 28:52). 잠언 25장 28절은 우리에게 "마음을 제어하지 아니하는 자는 성읍이 무너지고 성벽이 없는 것과 같다"고 말한다.

이러한 안정성 때문에 도시 환경에서는 가장 먼저 법과 질서 체계가 자라날 수 있었다. 초기 도시들에는 성문이 있었는데 거기에서 장로들이 앉아서 법의 규칙에 따라 재판을 했다. 성문 바깥에서는 모든 분쟁이 칼로 해결되었으며, 이는 피의 분쟁, 파멸, 그리고 사회의 무질서로 귀결되곤 했다. 폭력 없이 정당하게 일을 처리하는 사법 체계가 만들어지기 위해서는 성벽과 성문이 모두 필요했다. 하나님은 이스라엘 백성에게 '도피성'을 건설하도록 요구하셨는데, 이곳은 우발적으로 사람을 죽인 개인들이 모여 자신의 사건을 호소할 수 있었다(민 35:6).

현대의 독자들에게는 도시가 안전과 안정의 장소라는 말이 즉각적으로 와 닿지는 않는다. 초기 도시들이 안전한 곳이었다는 것은 수긍할 수 있지만, 오늘날의 도시들은 여전히 범죄율이 높은 곳이라고 생각한다. 그러나 이런 생각은 최근 연구들을 돌아볼 때 오류임을 알 수 있다.[7]

그리고 우리는 '안전한 곳으로서의 도시'라는 정의의 개념을 넓힐 필요가 있다. 많은 도시들은 혼란스러운 세상 속에서 '안전한 도시'라는 개념을 붙잡은 끝에 성장과 성공을 기할 수 있었다. 홍콩, 싱가포르, (보츠와나에 있는) 가보로 등은 무질서한 세상 가운데 법 규칙의 교두보로서 제 역할을 했기 때문에 엄청난 투자와 인적 자원이 몰려드는 도시로 번성할 수 있었다.

하지만 대부분의 도시들이 번성할 수 있었던 또 다른 이유는 주변부 그룹들과 사람들이 피난처를 찾아서 들어올 수 있었다는 점이다. 구약시대에는 죄인들이 피의 복수를 피해서 도시로 들어와 피난처를 찾았고 성읍의 장로들에게 도움을 요청할 수 있었다(민 35장; 신 19장; 수 20장).

오늘날에도 경제적으로 궁핍하거나 정치적으로 억압받는 사람들이 자국을 떠나 다른 나라로 옮길 때 새로운 도시에서 보다 나은 삶을 성취할 수 있다. 이민자 그룹들이 자신들의 제도를 유지하며 소도시를 형성할 수 있는 것은 도시의 밀도와 근접성 덕분이다. 이민자들은 그 안에서 새로운 나라의 방식들을 익히고 배운다.

도시가 살아가기에 더 안전한 장소라고 느끼는 것은 이민자들만은 아니다. 모든 인구학적 소수 그룹들은 (예를 들어, 나이든 싱글들과 소수 인종) 도시에서 살아갈 때 타인의 눈에 덜 띄고 덜 이상하게 비쳐진다. 그래서 도시들은 넓은 의미에서 여전히 안전한 곳으로 여겨지며 번성하고 있다.

다양성

두 번째로 도시에 대한 성경적 이해에는 더 큰 다양성(diversity)이 포함된다. 이는 밀도 있고 안전한 도시가 가지고 있는 자연적인 결과물들이다. 안디옥교회에서는 다양한 인종적 그룹이 지도자 그룹을 형성했다(행 13:1). 이는 다양한 민족들이 살아가는 도시에서 복음이 선포될 때 나타나는 자연스러운 일이다. 소수민족들은 안전하게 자신들을 지키기 위해 도시로 이동한다. 때문에 도시는 점점 인종적으로, 문화적으로 다양해진다. 물론 이것이 다양성의 전부는 아니다. 도시는 단지 인구 구성만이 아니라 땅의 사용에 있어서도 다양성이 나타난다.

인간 사회는 몇 가지 요소들을 필요로 한다.

- 경제 질서 - 사람들이 일하고 사업 거래를 하는 곳에서 요구되는 질서
- 문화 질서 - 학문이나 예술, 공연을 추구하는 데서 요구되는 질서
- 정치 및 법 질서 - 소송들이 결정되고 정부 관료들이 만나는 곳에서 요구되는 질서

만약 이것들을 피자의 재료들이라고 생각한다면(토마토소스, 치즈, 페퍼로니, 반죽 등) 도시의 모든 이웃들은 피자의 한 조각과 같다. 주거지와 함께 일터, 쇼핑 센터, 서점, 학교, 전시장, 공연장, 예배 장소, 놀이터 등이 시청, 법원 등의 정부 건물과 함께 모여 있다. 모든 것이 섞여 있고 밀착되어 있으며 걸어갈 만한 곳에 모여 있다. 고대 농경 지역과 마을들은 이 모든 요소들을 제공할 수 없었다. 오직 도시만이 모든 것을 제공할 수 있다. 어떤 사람들은 이런 이유로 도시를 "걸어 다닐 수 있는 복합 용도의 거주지"라고 정의한다.[8]

■ 도시의 생산성

에드워드 글레이저는 《도시의 영광》에서 다음과 같이 기록한다.

기업들이 도시에서 높은 인건비와 부동산 비용을 감수하는 유일한 이유는 도시가 비용 증가를 상쇄하는 생산성 증가를 창출하기 때문이다. 인구 일백만 이상의 대도시에서 생활하는 미국인들은 작은 도시에서 살고 있는 미국인들에 비해 평균적으로 50퍼센트 이상 생산적이다. 이러한 관계는 교육, 경험, 산업 등을 고려하더라도 마찬가지이다. 근로자들의 지능을 고려하고 분석해도 같은 결과가 나온다. 모든 시대의 탈도시주의자들처럼 마하트마 간디도 "진정한 인도는 몇몇 도시에서 발견되는 것이 아니라 70만 개의 마을들 가운데 있다"고 말한 바 있다. 그는 "국가의 성장은 도시가 아니라 마을들에 달려 있다"라고 했다. 하지만 이 말은 틀렸다. 인도의 성장은 거의 전부 도시에 달려 있다. 국가들의 도시화와 융성 사이에는 거의 완벽한 상관관계가 존재한다. 평균적으로 한 국가의 도시 인구가 10퍼센트 증가할 때 도시의 1인당 생산량은 30퍼센트씩 증가한다. 대다수가 도시에 살고 있는 나라들의 1인당 소득은 대다수가 농촌에 사는 국가보다 거의 네 배 정도 많다.[9]

현대의 거주지(교외)는 의도적으로 이런 도시적 패턴을 피하고 있다. 교외는 보통 단독 목적으로 지구 결정이 이루어진다. 주거, 업무, 여가, 학습 등이 서로 떨어져 별도로 이루어지며 차로만 이동할 수 있고, 보행자에게는 위험한 환경이 된다. 교외와 농촌 지역도 피자의 요소들을 지니고 있지만, 피자의 형태는 아니다. 여기에 토마토가 있고, 저기에 반죽이 있으며, 페퍼로니는 다른 곳에 있는 식이다.[10]

생산성과 창조성

세 번째, 성경에서 도시는 엄청난 생산성과 창조성이 있는 곳이다. 앞으로 살펴보겠지만 도시가 건설되면서 인간 문화(기술, 건축, 예술 등)도 더불어 발달했다. 도시에는 거리와 시장이 발달하게 되며, 그 어느 곳보다 사람 간의 상호작용과 교환 행위가 많이 일어난다. 같은 직업을 가진 사람들이 많이 모일수록 서로 자극을 받아 새로운 아이디어들이 늘어나고 더 빨리 확산된다. 재원이 많이 모이면 재원들의 생산성도 더 커지며, 그에 대한 수요도 형성된다. 현대 컨벤션의 목적은 연결에 있다. 컨벤션에서 사람들은 전문가나 동료, 투자자, 그리고 다른 자원들과 연결된다. 이러한 연결들을 촉진하는 최고의 방법은 임시적인 도시를 만드는 것이다! 모든 연결들은 결국 창조적 결과로 이어진다. 새로운 연대, 사상, 예술, 운동이 형성된다.

그래서 유사 이래로 도시들은 의미와 상관없이 문화적으로 집중된 중심부였다. 다시 말하지만 도시화는 인구 규모가 아닌 근접성으로 이루어진다. 에드워드 글레이저(Edward Glaeser)는 도시에 대해 "사람들 사이에 물리적 거리가 사라진 곳"[11]이라고 적고 있다. 이것이 여러 가지 인간의 거주 양식 가운데 도시에만 있는 독특성과 잠재력이다.

구약성경 속 도시의 모습

성경은 도시 안에서 선과 악이 어떻게 작동하는지에 대해 균형 있는 관점을 제시한다. 우리는 이것을 도시에 대한 성경적 관점의 '긴장'이라고 부를 것이다. 이 긴장은 시간이 지남에 따라 구원사의 각 단계에서 도시들이 확실한 역할을 하게 되면서 명확해진다. 구속사가 진전될 때 성경은 도시에 대한 부정적인 관점에서 긍정적인 관점으로 시선을 옮겨 간다. 초기 성경 역사에서 도시가 어떻게 등장하는지부터 살펴보도록 하자.

초기의 도시

도시라는 단어 ir(이르)가 처음 쓰인 곳은 창세기 4장 17절이다. 가인은 형제를 죽이고 하나님의 임재로부터 멀리 떠난다. 그리고 에덴의 동쪽 놋의 땅에 거주하며(창 4:16) 도시를 건설한다.[12] 이 때문에 어떤 사람들은 "창세기에 반도시적인 성향이 있을 것이다"[13]라고 생각한다. 그러나 이러한 연상은 이야기를 자세하게 보지 못한 탓이다.

도시의 건설은 반역자 가인이 안전을 추구한 결과로 생긴 것이며, 하나님은 그의 요청을 받아들이셨다(창 4:14-15). 달리 말해 도시는 그 출발점부터 피난처인 것이다. 가인이 도시를 구축한 이래 예술이 시작되었고(21절), 도구의 제작과 기술의 발전이 나타났다(22절). 농업, 건축, 기술, 예술은 모두 도시의 시작과 함께 출발한다. 도시는 인간의 생산성이 결집된 곳이다.

이러한 문화적 표현들은 이스라엘 주변의 고대 근동 국가들에게는 큰 충격이었을 것이다. 왜냐하면 그들은 과학, 글쓰기, 예술 등의 문화 발전이 신적인 신화의 주인공들에 의해서만 이루어진다고 생각했기 때문이다. 문화의 역사적 기원을 추적해 보면 이는 당시 고대 근동의 지배적인 문화적 관점과 상반되는 것이다.

창세기에서 인간은 하나님의 통치 아래 문화 창조를 통해 하나님의 지속적인 창조 작업에 기여한다. 우리는 도시 생활이 인류가 낙원으로부터 추방된 다음에 생긴 형벌이 아니라는 점을 배우게 된다. 오히려 도시는 안전을 형성하고 문화를 창출하도록 사람들을 모으는 내재적인 잠재력을 갖고 있다.

하지만 가인 이야기에서 보듯 하나님께 대한 죄와 반역의 영향 아래에서는 이러한 잠재력이 커다란 악을 만들어내는 것으로 작용한다. 가인의 후손 라멕의 노래는 가나안의 도시 거주민들이 자신들의 힘을 사용해서 결국 사망의 문화를 만들었음을 보여 준다(창 4:23-24). 여기에 도시의 이중 성격에 대한 분명한 표지가 처음으로 나타난다. 예술, 과학, 기술 등의 문화를 형성할 수 있는 엄청난 능력이 어마어마한 악을 짓는 데 사용될 수 있는 것이다. 앙리 블로쉐(Henri Blocher)는 하나님을 대적하는 문화의 형성과 도시 건축이 함께 나타나는 것이 결코 우연이 아니라고 주장한다. 그는 또한 잘못된 결론에 대해서도 경고한다.

> [창세기 4장에서] 예술과 기술의 발전이 가나안의 '도시들' 안에서 이루어졌다는 것은 분명히 중요한 사실이다. 그러나 이것을 보고 문명이 죄의 결과라는 결론을 내려서는 안 된다. 그런 결론은 마니교 식의 이원론이나 장 자크 루소 식의 자연주의로 빠져들게 된다. 성경은 도시를 정죄하지 않으며(오히려 하나님의 도성이라는 비전으로 끝난다) 예술이나 기술도 정죄하지 않는다.[14]

블로쉐는 아마도 게할더스 보스(Geerhardus Vos)와 같은 저자들에게 반응한 것 같다. 보스는 《성경 신학》에서 '도시의 문제'를 다루면서 "도시는 문화적 에너지를 축적하지만 동시에 죄의 잠재력도 축적한다"라고 주장했다 (암 3:9; 미 1:5).[15]

이런 문화 형성의 자리들은 때때로 하나님의 이름에 영광을 돌리기 위해 세워지며(고전 10:31), 하나님과 이웃을 섬기는 수단이 되기도 한다(예를 들어 브살렐의 경우, 출 31:3-5). 반면 "우리 이름을 내고"(창 11:4)라는 목적으로도 세워지는데, 이는 교만과 자기 구원(self-salvation), 폭력, 억압으로 귀결된다(창 4:17-24).

보스는 인간 도시를 타락하게 만드는 것이 인구 밀집이 아니라(실은 인구 밀집으로 문화적 에너지가 축적된다) "하나님과 맞서 스스로 독립하려는 반역적인 영"[16] 이라고 말했다. 말은 쥐보다 훨씬 가치 있는 동물이지만, 미친 말은 미친 쥐보다 훨씬 큰 피해를 입힌다. 마찬가지로 죄 아래 있는 도시는 더 많은 파괴적인 악을 풀어놓게 된다. 창세기 이야기가 풀어내듯, 도시의 위대한 잠재력에 대해 타락과 우상숭배의 깊은 성향이 갈등하고 있는 것이다.

창세기 나머지 부분에선 도시가 대체로 부정적인 관점으로 비춰진다. 저주받은 함과 관련하여 도시가 언급되고(창 10:12) 그 다음은 창세기 11장 4절, 시날 평지에 모인 사람들이 도시를 건설하려는 이야기가 등장한다. 시날이라는 이름은 바벨과 연결되기 때문에 각별한 의미가 있다(창 10:10; 사 11:11; 단 1:2). 이 도시에서 사람들은 함께 모여서 서로에게 말

■ 역사인가 아니면 신화인가?

유대인 학자 나훔 사르나(Nahum Sarna)는 다음과 같이 기록한다.

창세기 4장 17-22절의 목록은 문화의 발전이 신이나 신적 존재의 산물이라고 보는 고대 세계의 신화적 개념에 대한 조용한 반박이다. 메소포타미아 전통에는 일곱 아프칼루(Apkallu), 즉 신화적 현자에 대한 이야기가 있다. 이들은 바다에서 나와서 인간에게 과학, 사회 질서, 문자, 예술 등을 가르친다. 이집트에서는 토트(Thot)신이 축척과 저울을 발명했다. 오시리스는 인간에게 농경과 기술을 가르쳤다. 프타는 예술, 기능, 문자를 후원했다. 우가리트-페니키아 지역에서는 코샤르 신이 기술과 대장장이를 맡아서 철의 사용과 낚시 도구를 발견했다고 전한다. 그리스 문화에서는 아테네가 쟁기와 갈퀴를 만들었다고 전하며, 유용한 것들과 우아한 예술을 가르쳤다고 한다. 반면 아폴로는 마을을 만들고 플룻과 현악기를 발명했다고 한다.
이러한 현상은 인류의 은인들을 미화하거나 신화화하는 것인데 고대 세계에는 흔한 것이다(창 4:17-22). 이러한 현상은 조용히 거부된다. 인간 문화의 개발은 비 신화화되며 역사화된다. 인간은 창조 세계에서 하나님의 공동 파트너이다. 동시에 기술의 기원과 도시 생활이 가인과

그의 직계 자손들로부터 시작되었다고 하는 것은 인간의 물질적 발전에 대한 저자의 비우호적인 또는 정죄적인 진술이다. 곧 도덕적 발전을 벗어나서 종종 인간의 재능이 악한 목적을 향해 잠재적으로 기운다는 것을 인식하는 것이다.[17]

한다. "자, 벽돌을 만들어 견고히 굽자." 성경은 이렇게 기록한다.

벽돌로 돌을 대신하며 역청으로 진흙을 대신하고[여기에서 도시는 다시 한 번 기술 발전의 장소로 기록되고 있다] 또 말하되 자, 성읍과 탑을 건설하여 그 탑 꼭대기를 하늘에 닿게 하여 우리 이름을 내고 온 지면에 흩어짐을 면하자 하였더니 여호와께서 사람들이 건설하는 그 성읍과 탑을 보려고 내려오셨더라(창 11:3-5).

가인 후손들의 영성은 바벨이라는 도시를 건설하는 노력에서 정점에 도달한다. 도시 거주민들은 하나님을 섬기는 대신 새로운 도시와 건물을 고안함으로써 자기들의 정체성을 얻으려 했다. 여기서 우리는 어떻게 도시들이 자기 영광과 자기 구원을 위해 죄의 동력을 극대화했는지 볼 수 있다. 자기 영광을 위해 힘을 합쳐 일하는 사람들의 열심은 하나님의 관심을 끈다. 하나님은 그들의 언어를 혼잡하게 하시고 그들을 "온 지면에 흩으시는" 것으로 반응하신다. 그리하여 그들의 계획은 실패로 돌아간다. 심판의 결과는 그들이 "도시를 건설하기를 그쳤더라"(8절)로 마무리된다.

족장들과 도시

창세기의 나머지 부분은 도시의 어두운 측면을 부각하고 있다. 매우 악명 높은 소돔과 고모라가 등장한다. 하나님은 다시 한 번 소돔을 심판하러 "내려오셔서"(창 18:21) 바벨에서 하셨던 것처럼 행하신다. 바벨은 나중에 바벨론으로 불리는데 종종 하나님을 대적한 도시 문명의 전형으로 등장한다(사 13:19 참조). 소돔 이야기는 도시 거주민들이 하나님을 대적한 오랜 역사 가운데 있다.

당시 하나님의 백성은 아직 농경 유목민이었다. 하나님은 아브람을 불러서 우르를 떠나게 하셨다. 우르는 당시 가장 위대한 도시 중 하나였다. 아브람은 평생 가축을 치며 살았다. 창세기는 아브람의 조카 롯이 도시 생활을 선택하는 중대한 실수를 저질렀음을 보여 준다. 그는 소돔에서 의로운 사람으로 남아 있기는 했지만 그곳의 죄 된 생활 방식 때문에 심령이 상했다. 그의 아내와 딸들의 행동은 롯이 신앙 공동체를 떠나서 도시에서 살기로 한 결정이 가족에게 영적인 재앙이 되었음을 알려 준다.[18]

그럼에도 불구하고 아브라함은 하나님의 도시를 갈망했다. 그리고 이후에 볼 수 있듯이 당대의 도시에 들어가기를 거부했다. "믿음으로 아브라함은 장막에 거하였으니 하나님이 계획하시고 지으실 터가 있는 성을 바랐음이라"(히 11:8-10).

만일 사회적 형태로서 성(도시) 자체가 본질적으로 인간 존재나 우리 신앙에 악한 것이라면, 아브라함의 소망의 근거로서 이상화될 수는 없을 것이다. 인간의 자기 극대화에 봉사하는 도시는 하나님이 만드신 세상을 파괴하며 주님의 주권에 반항할 것이다. 그러나 도시 형태가 하나님께 봉사하면 실제로 인간의 삶에 대한 하나님의 뜻을 이루게 된다.

이스라엘과 도시

이스라엘이 약속의 땅에 거주하게 되면서, 도시에 대한 성경의 묘사는 보다 긍정적으로 바뀐다. 하나님은 이스라엘이 가나안 땅에 정착할 때, 피난의 성(도피성)을 지으라고 명하셨다. "너희를 위하여 성읍을 도피성으로 정하여 부지 중에 살인한 자가 그리로 피하게 하라. 이는 너희가 복수하는 자에게서 도피하는 성을 삼아 살인자가 회중 앞에 서서 판결을 받기까지 죽지 않게 하기 위함이니라"(민 35:11-12).

하나님은 왜 도시 건축을 명하셨는가? 그것은 많은 인구가 모여 있고 성벽을 갖춘 도시들이 기소되는 사람들을 잘 보호할 수 있고, 시골이나 마을에서는 할 수 없는 재판을 열 수 있기 때문이었다. 도시가 없다면, 범죄나 사고는 끝없는 폭력과 복수로 이어진다. 도시가 지닌 밀도와 안전함은 사법 제도를 법률 제도의 중심으로 형성되게 한다. 거기서 장로들은 소송을 들어 주고 평화롭게 이를 해결할 수 있다(신 19:11-12). 하나님은 이스라엘 가운데 도시 형성을 통해 정의를 세우도록 명하신다.

그러나 구속사에서 도시 역할의 가장 큰 변화는 예루살렘의 발전에 있다. "우리를 위하여 이름을 내자"라던 바벨과는 다르게(창 11:4), 예루살렘은 하나님의 이름이 거하는 장소가 되었다(왕상 14:21). 이는 예루살렘이 다윗에 의해 편입되고(삼하 5장), 하나님의 언약궤가 도시로 들어오고(삼하 6장), 마침내 솔로몬에 의해 성전이 지어지면서 시작되었다. 예루살렘은 열방에 증인이 되며 하나님의 미래 도시를 상징하는 곳이 되었다(삼하 7:8-16). 하나님은 도시의 높은 곳 시온에 성전이 건설되도록 하셨다. 이제 성전은 '마천루'로서 도시 위에 우뚝 솟게 되었다.

하나님의 도시는 바벨과 같은 인간의 도시들과 다르다. 인간 도시에는 건축자들의 번영과 명성을 위해 마천루가 세워진다. 반면 하나님의 도시의 마천루는 "온 세상의 기쁨"이 된다(시 48:2). 도시의 문화적 부요함은 생산자들의 영광을 위해서가 아니라, 온 땅의 기쁨과 하나님의 영광을 위해서 만들어진다. 또한 도시 사회는 하나님의 계획 가운데 이기심이 아니라 봉사에 근거하여 형성된다.

선지서와 도시

다윗 시대 이래로, 선지자들은 하나님의 미래 세계를 도시 사회라고 말한다. 성경학자 알렉 모티어는 "이사야의 문서들은 정확히 '도시의 책'이라고 묘사할 수 있을 것이다"[19]라고 말했다. 그는 이사야서에서 예루살렘, 시온, 산, 도시라는 용어들은 서로 호환 가능한 것이며, 이는 하나님의 생각

과 계획에서 도시의 중요성을 반영하는 것이라고 했다.[20]

이 지점에서 영적 전쟁의 두 계보가 분명히 드러난다. 역사의 커다란 영적 갈등은 도시 거주자와 시골 거주자 사이의 것이 아니었다. 오히려 '두 도시 간의 이야기'였다. 역사는 바벨론과 예루살렘 간의 갈등이었고 이는 인간의 도시와 하나님의 도시 사이의 갈등이다.[21] 세상 도시는 하나님 없이 자기 구원과 자기 성취, 자기 영광을 위해 조직화된 인간의 삶에 대한 비유이다. 그것은 착취와 불의로 이루어진 그림이다. 그러나 하나님의 도시는 하나님의 영광과 이웃에 대한 희생적 봉사에 근거한 사회이다. 그 도시는 평화와 의의 풍경을 보여 준다.

어거스틴이 말했듯, "겸손한 도시는 거룩한 사람들과 선한 천사들의 사회이다. 반면 거만한 도시는 사악한 사람들과 악한 천사들의 사회이다. 한 도시는 하나님의 사랑으로 시작했고, 다른 도시는 자기애로부터 시작되었다."[22]

요한은 그의 묵시록을 맺으면서(계 22:19), 말씀을 멀리하는 사람들이 "이 예언의 책"을 멀리 하는 것에 대해 경고한다. 하나님의 말씀을 멀리하는 사람들은 "생명나무와 거룩한 도시에 참여함"으로부터 제외될 것이다. 요한은 계시록 내내 거대한 도시 바벨론[23]과 하나님의 도시 예루살렘을 비교하고 있다.[24] 전자는 하나님의 종말론적 심판을 받지만, 후자는 종말론적 축복과 구원을 얻는다.[25]

유배지로서의 도시

우리는 요나서에서 도시에 대한 성경 신학이 한 차례 확장되는 것을 발견한다. 이스라엘의 역사에서, 선지자들이 훈련되고 파송되는 것은 하나님의 백성을 대상으로 그들에게 회개와 부흥을 전하는 데 목적이 있었다. 하지만 요나는 독특한 사명을 받는다. 처음으로 이방 도시인 니느웨에 가서 이교도들에게 설교하도록 보냄을 받은 것이다. 요나의 첫 번째 반응은

(욘 1-2장) 도망치는 것이었다. 3장에서 큰 물고기와의 만남 이후, 요나는 니느웨에 가서 복음을 전한다. 그리고 사람들은 회개로 반응한다. 하나님은 전에 경고하셨던 것처럼 그 도시를 파멸시키지 않으셨다. 이 때문에 요나는 몹시 불쾌해졌는데, 하나님은 요나가 니느웨의 잃어버린 백성들에 대한 긍휼이 없음을 꾸짖으신다. 하나님의 말씀은 이렇다.

> 여호와께서 이르시되 네가 수고도 아니하였고 재배도 아니하였고 하룻밤에 났다가 하룻밤에 말라 버린 이 박넝쿨을 아꼈거든 하물며 이 큰 성읍 니느웨에는 좌우를 분변하지 못하는 자가 십이만여 명이요 가축도 많이 있나니 내가 어찌 아끼지 아니하겠느냐 하시니라(욘 4:10-11).

하나님은 이 도시의 중요성을, 거주민의 수를 언급하는 것으로 옹호하신다. 그리고 "어떻게 이렇게 많은 잃어버린 백성들을 보고서도 마음에 긍휼히 없을 수 있느냐?"라고 물으신다. 이는 오늘날 도시가 그렇게 중요해진 결정적인 이유이다. 우리는 이를 도시에 대한 정서적 논증이라고 부를 수 있다. 하나님은 "그 지으신 모든 것에 긍휼을 베푸시는도다"(시 145:9). 그러나 만드신 모든 것들 중에서 가장 중요한 것은 무엇보다 인간이다. 하나님의 형상을 따라 지음 받았기 때문이다(창 9:6; 약 3:9). 도시는 문자적으로 지구에서 단위 면적당 하나님의 형상들이 어느 곳보다 많은 곳이다. 만일 하나님이 관심을 가지시는 것들에 관심을 가진다면 어떻게 이렇게 많은 사람들에게 마음이 안 끌릴 수 있겠는가?

왜 하나님은 이스라엘 선지자를 이교도들의 도시로 보내셨을까? 어떤 이들은 유대인들이 그 다음 역사를 준비하도록 하기 위함이었다고 주장한다. 사실 그들은 문자적으로 바벨론으로 이주하여 살게 될 것이었다. 예루살렘의 중요성은 분명했다. 그것은 "온 세계가 즐거워함이여"(시 48:2) 도시가 되는 것이었다. 하나님의 주권 아래 인간의 삶이 어떨 수 있는지를 세상

에 보여 주는 모델 사회가 되는 것이었
다. 그러나 이스라엘이 악하고, 이교적
이고, 잔인한 도시로 갔을 때 어떤 일이
벌어졌는가?(렘 28-29장) 하나님의 백성은
지상의 큰 도시들과 어떤 관계를 맺어야
할까?

바벨론의 주요 전략은 정복한 백성
들의 영적인 정체성을 뿌리 뽑는 것이
었다. 패배한 나라의 전문직과 지도층
은 대개 바벨론으로 이주해서 살아야 했
다.[26] 유다를 강제 이주시킬 때 그들의
의도는 자녀들과 후손들이 그들의 민족
적 정체성을 잃고 바벨론에 동화되어 사
는 것이었다.

거짓 선지자 하나냐는 이스라엘이
바벨론에서 긴 시간 살게 된다는 것을
상상할 수 없었다. 그는 부정직하게 예
언하여 하나님이 이스라엘을 2년 안에
예루살렘으로 돌아가게 할 것이라고 말
했다(렘 28:3-4). 만일 유배된 백성들이 하
나냐의 조언을 따랐더라면, 그들은 바벨
론에서 고립되어 지냈을 것이다. 하나님
이 곧 구해 주실 것을 막연하게 기다리
면서 말이다.

하지만 하나님은 선지자 예레미야를
통하여, 바벨론의 전략과 거짓 선지자의

■ 도시에 대한 구약성경의 관점

• Boice, James Montgomery. *Two Cities, Two Loves*. Downers Grove, Ill.: InterVarsity, 1996.

• Conn, Harvie, "Christ and the City: Biblical Themes for Building urban Theology Models." Pages 222-86 in *Discipling the City: Theological Reflections on urban Mission*. Roger Greenway, ed. Grand Rapids: Baker, 1979.

• Conn, Harvie M., and Manuel Ortiz. *Urban Ministry: The Kingdom, the City, and the People of God*. Downers Grove, Ill.: InterVarsity, 2001.

• Kline, Meredith G. "Eschatological Sanctions" and "Prophetic Cult in the City of Man." Pages 100-17 and 165-70 in *Kingdom Prologue*. South Hamilton, Mass.: Gordon-Conwell Theological Seminary, 1993.

• Linthicum, Robert. *City of God, City of Satan: A Biblical Theology of the urban Church*. Grand Rapids: Zondervan, 1990.

• Ryken, Leland, James Wilhoit, and Tremper Longman III, eds. "City." Pages 150-54 in

Dictionary of Biblical Imagery. Downers Grove, Ill.: InterVarsity, 1998.

• Timmer, J. "The Bible and the City." Pages 21-25 in *The Reformed Journal* 23 (October 1973).

조언에 모두 모순되는 일을 하셨다. 하나님은 한편으로 백성들에게 "거기서 번성하고 줄어들지 아니하게 하라"(렘 29:6)고 말씀하여 그들이 공동체적으로 고유한 정체성을 지키면서 성장하도록 하셨다. 그리고 그 큰 도시의 생활에 참여하고 정착해서 살라고 하셨다.[27] 그곳에서 집을 짓고, 전원을 가꾸라고 하셨다(5절). 가장 놀라운 것은, 도시를 섬기라고 말씀하신 것이다. "그 성읍의 평안을 구하고 그를 위하여 여호와께 기도하라"(7절). 바벨론에 살면서 그들은 단순히 도시의 게토에서 고립된 채 숫자만 늘리는 것이 아니라, 그들의 자원을 사용해서 공동선의 유익을 끼쳐야 했다.

이것은 상당한 균형점이다. 창세기 11장에서부터 요한계시록에 이르기까지, 바벨론은 이기심과 교만과 폭력 위에 세워진 문명의 전형이며 궁극적으로 인간의 도시이다. 이 도시의 가치들은 하나님 도시의 가치들과 완전히 반대된다. 그러나 여기에서 하나님 도시의 시민들은 인간 도시의 최고의 거주민이 되라는 사명을 받는다. 하나님은 유배자들에게 도시를 공격하지도, 경멸하지도, 도망치지도 말라고 하신다. 오히려 도시의 평화를 구하며 도시를 사랑하며 숫자를 확장하라고 하신다.

하나님의 가장 큰 관심은 여전히 구원 계획에 있다. 하나님은 당신의 백성을 세우셔야 하고, 복음은 반드시 선포되어야 하며, 인간은 하나님과 화해해야 한다. 그럼에도 그의 백성에게 이 이교도 도시를 섬기는 것이 바로 이 계획의 부분임을 확신시키신다. "그 성읍이 편안함으로 너희도 평안할 것임이라"(렘 29:7).

도시를 사랑하고 섬기는 것은 단순히 사랑과 자비를 나타내는 것일 뿐 아니라, 하나님의 사람들의 손을 강하게 하는 것이다. 이들은 세상에 복음의 메시지를 전하는 손들이다. 유배 당했던 유대인들은 이 명령에 순종했기에, 결국 돌아와서 고국 땅을 복구할 수 있는 영향력과 추진력을 축적할 수 있었다. 이처럼 하나님은 당신 백성의 번성과 도시 사역의 효과성을 연결하셨다.

—

안타깝게도, 이 땅의 도시들은 인간의 죄와 타락에 젖지 않았던 때가 없었다. 우디 알렌(Woody Allen)의 유머를 패러디한다면, 어디를 가나 도시들은 똑같다. 단지 정도의 차이가 있을 뿐이다. 도시는 다른 지역에 비해 좋기도 하면서 나쁘기도 하다. 들어가서 살기에 편리하면서도 어렵다. 격려가 넘치면서도 억압도 심하다.

구속의 역사가 펼쳐지면서, 우리는 도시의 긴장이 어떻게 해결되는지를 보기 시작한다. 하나님의 백성과 이교 도시 사이의 관계 변화는 하나님이 세상을 축복하시고 세상을 구원하시는 핵심 양상이 된다. 신약성경에서 우리는 도시들이 초대교회의 급속한 성장과 복음 메시지의 전파에 있어서 중요한 역할을 하고 있음을 보게 된다.

토론과 성찰을 위한 질문들

1. 도시에 대한 당신의 태도는 어떠한가? 무관심, 적대적, 낭만적, 긍정적 등 어떤 점에서 이번 장이 도시에 대한 당신의 태도에 도전을 주는가?

2. 도시들은 안전, 다양성, 그리고 생산성의 장소들이다. 이 세 가지 요소는 어떻게 현대 문화에 고유한 특성을 부여하는가?

3. "도시는 문자적으로 지구에서 단위 면적당 하나님의 형상들이 어느 곳보다 많은 곳이다. 만일 하나님이 관심을 가지시는 것들에 관심을 가진다면 어떻게 이렇게 많은 사람들에게 마음이 안 끌릴 수 있겠는가?" 도시에서 사역하는 것을 사람들이 꺼리는 이유는 무엇인가? 어떤 점에서 도시 사역은 매력적인가?

4. 당신과 당신이 속한 공동체는 어떻게 "도시의 평화와 번영을 추구"하겠는가? 당신의 상황에서 이것은 어떤 형태겠는가?

주

1. "Is London a Luxury Resort?" and "The Consumer City: Vancouver," in Edward Glaeser, *The Triumph of the City: How Our Greatest Invention Makes Us Richer, Smarter, Greener, Healthier, and Happier* (New York: Penguin, 2011).

2. *The Dictionary of Biblical Imagery* (ed. Leland Ryken, James C. Wilhoit, and Tremper Longman III [Downers Grove, Ill.: Inter-Varsity, 1998], 150) speaks of the city as "humanity *en masse*" and therefore "humanity 'writ large.'"

3. *The Dictionary of Biblical Imagery* (p. 150) defines *city* as a "fortified habitation."

4. See Frank Frick, *The City in Ancient Israel* (Missoula, Mont.: Scholars Press, 1977), 79.

5. Translation by Leslie C. Allen, *Psalms 101-150*, rev. ed. (Word Biblical Commentary 21; Nashville: Nelson, 2002), 210.

6. See Frick, *City in Ancient Israel*, 79.

7. See Franklin E. Zimring, *The City That Became Safe: New York's Lessons for Urban Crime and Its Control* (New York: Oxford University Press), 2011. 모든 항목에서 뉴욕 시의 범죄율은 지난 20년 동안 80퍼센트나 감소하였다. 이러한 급감은 교도소의 증설 없이 이루어졌다(이는 정통적이고 보수적인 범죄 대책 때문이다). 또한 빈곤율도 감소했다(전통적이고 진보적인 범죄에 대한 해법은 빈곤율 저하이다). 이러한 감소의 절반 정도는 현명한 법 적용에서 비롯되었다. 짐링(Zimring)의 결론에 의하면 태도와 행동을 바꾼 많은 요인들이 단지 간과되었다고 한다. 이는 사회 이론가들이 - 보수이든 진보이든 - 무엇을 보아야 할지 모르기 때문이다. 그는 이렇게 적고 있다. "뉴욕 시에서 [범죄율을 내리는 데] 작동하는 특별한 메커니즘은 알려져 있지 않다." 그럼에도 불구하고, 그는 지난 20년 동안의 감소가 증명하고 있는 것은 '도시 생활에서 범죄의 비핵심성'에 있다고 말한다. 그래서 지난 세기에 형성된 깊은 두려움을 잠재우게 되었다는 것이다. 책 말미에서 그는 이렇게 말한다. "이제 우리는 삶을 위협하는 범죄가 미국 도시의 불치병이 아니라는 것을 안다." 흥미롭게도 짐링은 그 원인의 하나로 지난 세대 동안 뉴욕 시 인구의 50만 명에서 1백만 명으로 늘어난 복음주의 교회의 성장을 꼽지는 않는다. (다음을 보라. Michael Luo, "In New York, Billy Graham Will Find and Evangelical Force," *New York Times*[2005년 6월 21일 접속], www.nytimes.com/2005/06/21/nyregion/21evangelical.html?ref=billygraham; see also the website www.nycreligion.info/).

8. See, e.g., Philip Bess, "A Realist Philosophical Case for Urbanism and against Sprawl: Part One," www.thepublicdiscourse.com/2011/07/3379 (2012년 1월 23일 접속).

9. Glaeser, *Triumph of the City*, 7-8.

10. 인구 밀도, 토지의 혼합 사용, 그리고 도시 생활을 기록하고 경축한 고전적인 책은 제인 제이콥스이다. Jane Jacobs, *The Death and Life of Great American Cities* (New York: Vintage, 1961), esp. part 1 "The Peculiar Nature of Cities," and part 2, "The Conditions for City Diversity."

11. Glaeser, *Triumph of the City*, 6.

12. 누가 실제로 도시를 건축하는가에 대한 학문적 논쟁이 있음을 주목해야 한다: 가인인가? 아니면 그의 아들 에녹인가? 이 이슈는 도시의 이름과 관련이 있다. 에녹의 아들, 이라드는 에리두와 발음이 비슷하다. 이는 메소포타미아 전통에서 최초로 설립된 도시로 본다.

(see Gordon J. Wenham, *Genesis 1-15* [Word Biblical Commentary 1a; Nashville: Nelson, 1987], 110-12). (see Gordon J. Wenham, *Genesis 1-15* [Word Biblical Commentary 1a; Nashville: Nelson, 1987], 110-112).

13. Robert Alter, *Genesis: Translation and Commentary* (New York: Norton, 1997), 19.

14. Henri Blocher, *In the Beginning: The Opening Chapters of Genesis*, trans. David G. Preston (Downers Grove, Ill.: Inter-Varsity, 1984), 199.

15. Geerhardus Vos, *Biblical Theology: Old and New Testaments* (Grand Rapids: Eerdmans, 1948), 294.

16. 창세기 18장 16-33절; 19장16-36절; 베드로후서 2장 7-8절.

17. Nahum M. Sarna, Genesis Commentary (JPS Torah Commentary; Philadelphia: Jewish Publication Society, 1989), 35-36.

18. 위의 책, 295. 보스(Vos)가 도시의 문화를 창조하고 문화에 영향을 미치는 힘을 인간 역사의 부정적 측면으로 보았다는 점을 주목하라. 메러디스 클라인(Meredith Kline)은 그의 저서인 *Kingdom Prologue*에서 도시를 '신성한 법령'이라고 말하면서 좀 더 균형적인 관점을 견지한다(p.101). 그러나 클라인은 도시를 하나님의 보편적인 은혜의 도구로 본다. 그는 카이퍼(Kuyperian school) 학파와 달리 도시가 좋은 영향을 끼친다 하더라도 인간의 악을 억제하는 '치료적' 효과만 줄 뿐 하나님의 나라를 가져다주는 건 아니라고 말한다. 그리스도와 문화에 대한 더 많은 논의들은 이 책의 5부(문화 참여)를 참고하라.

19. J. Alec Motyer, *The Prophecy of Isaiah: An Introduction and Commentary* (Downers Grove, Ill.: Inter-Varsity, 1993), 16.

20. 위의 책, 17.

21. 두 도시에 대한 이해는 이사야 13-27장에서 펼쳐진다. 신학적으로는 어거스틴의 《하나님의 도성》에서 가장 철저하게 다루어졌다.

22. Augustine, *City of God*, 14:13.

23. 요한계시록 11장 8절, 13절; 16장 19절; 17장 18절; 18장 10절, 16절, 18-19절, 21절; 2장 13절 (Pergamum, "your citywhere Satan lives").

24. 요한계시록 3장 12절; 11장 2절; 20장 9절; 21장 2절, 10절, 14-27절; 22장 2-3절, 14절.

25. 예루살렘은, 역사가 보여 주듯, 그 자체로 하나님의 도시는 아니었다. 선지자들은 지상의 예루살렘이 미래의 예표로서 얼마나 부족한지 보여 주었다(렘 13:9-14; 미 3:11-12). 그것은 단지 인간의 도시와 하나님 도시의 혼합품이었다. 그리고 궁극적인 도시를 가리키는 역할을 하는 것이다(렘 3:16-17을 보라).

26. 열왕기하 24장 14절을 보라. "그가 또 예루살렘의 모든 백성과 모든 지도자와 모든 용사 만명과 모든 장인과 대장장이를 사로잡아 가매 비천한 자 외에는 그 땅에 남은 자가 없었더라." 전문직 계층은 사로잡혀 갔고 빈곤층은 남았다. 다니엘 1장 3-5절은 귀족층과 이스라엘 지도층의 핵심 인력들이 바벨론 방식과 문화를 어떻게 받아들였는지를 보여 준다. 트램퍼 롱맨 III이 NIV 적용 주석에서 쓴 바에 의하면 느부갓네살은 피 정복민들이 바벨론 문화에 편입되어 그들의 문화적 정체성을 잃고 순응하기를 원했다.

27. 예레미야 28장은 유대인들에게 도시 생활에 투자하라고 하는 반면에 다니엘 1장은 그들에게 이방 문화에의 과도한 동화로 더럽혀지지 말라고 경고한다. 두 본문은 모두 유배 공동체의 가이드로 주어진 것이다. 이 통찰에 대해 리처드 코어킨(Richard Coekin)에게 감사드린다.

02

도시는
구속되어야 한다

앞장에서 보았듯이 하나님은 바벨론에서 유배자로 살아가는 이스라엘에게 이방 도시를 섬기라("도시의 번영을 추구하라")는 예상외의 명령을 하신다. 어떤 면에서 하나님의 백성들은, 아직은 아니지만, 고향으로 다시 돌아갈 사람들이었다. 이 장에서 우리는 어떻게 유배 모델이 신약시대와 현 시대에 교회와 도시의 관계를 이해하는 데 도움을 주는지 살펴볼 것이다. 마지막 때에 하나님께서 이를 통해 어떻게 도시의 큰 긴장을 풀어 가시는지 살펴보자.[1]

유배 기간 동안 이스라엘은 정부나 법률을 갖춘 국가 형태로 존속할 수 없었다. 대신 다른 국가 안에 있는 대항 문화적 공동체로 존재했다. 이는 많은 면에서 신약시대 교회의 형태와 닮아 있다. 베드로와 야고보는 신자들을 "흩어져 있는 열두 지파"(약 1:1)과 "흩어진 나그네"(벧전 1:1)라고 불렀다. 베드로는 '유배'에 해당하는 단어 '파레피데모이'(parepidēmoi)를 두 번이나 사용한다. 이 단어는 종종 '이방인 거주자'로도 번역된다.

'파레피데모이'는 한 나라의 시민이면서 다른 나라에서 살아가는 존재를 말한다. 그들의 주된 충성은 다른 나라에 있다. 그러나 해당 나라의 문

■ 거주 외국인과 문화

"작은 차이"라는 제목이 붙은 글에서, 미로슬라브 볼프는 박해와 매력 그리고 전도와 봉사 사이에 있는 긴장이 그리스도와 문화의 관계에 대한 어떤 역사적 모델과도 맞지 않음을 이야기한다.

문화의 변혁을 요구하는 모델이나 기독교 국가처럼 교회와 정부의 연맹을 주장하는 모델들과 다르게, 베드로는 복음이 언제나 비난을 받을 것이고, 결코 완전히 수용되지는 않을 것이며, 세상이 받아들이지 않을 것이라고 말한다.

이것은 기독교 문화를 만들기 원하는 그리스도인들이 받아들여야 할 경고이다. 그리고 단지 전도만을 요구하는 모델이나 문화에 영향을 주는 것에 대해 매우 비관적인 모델과는 다르게, 베드로는 기독교 믿음과 생활의 어떤 요소들이 이방 문화 가운데서 매우 매력적이며 그들에게 영항을 끼쳐서 하나님을 찬양하게 한다.[2]

화는 그들의 신념과 관습에 열려 있다. 그들은 거주 국가에서 온전한 삶을 살아간다. 영구적인 뿌리가 있는 것은 아니지만 스쳐지나가는 여행자와는 많이 다르다.

지금 그리스도인들은 "위에 있는 예루살렘"(갈 4:26; 빌 3:20)의 시민으로 인식된다. 예수님이 자신을 따르던 자들을 향해 "너희는 … 산 위에 있는 동네(도시)"(City on a Hill)라고 명하신 것은 아주 중요한 언급이다(마 5:14). 그리스도를 따르는 자들의 공동체는 지상의 도시 안에 있는 하나님의 '도시'이다. 그들은 하나님의 새로워진 백성이다(사 32:14; 단 9:16). 그들의 궁극적인 충성은 하나님과 그분의 나라에 있다. 그러나 베드로와 야고보가 말한 것처럼, 신자들은 단순히 이 땅의 도시를 "지나가는" 것이 아니다. 이것은 유대인 유배자들이 바벨론을 향해 부름 받았던 것과 동일하게 균형 잡힌 태도를 요구한다. 유대인 유배자들은 이방 도시에 머물 때 떠날 날을 고대하며 그 도시를 미워하지 않았다.

그들은 도시 생활에 완전히 참여하여 일했고 그 도시를 위해 기도해야 했다. 동시에 그들은 도시의 문화를 무조건 수용하거나 하나님의 백성으로서 자신들의 정체성을 상실하지 않아야 했다. 하나님은 유대인 유배자들이 당신의 영광을 위해 도시의 긴장을 받아들이고 포용할 것을 요청하셨다. 이것은 오늘날 우리를 향한 하나님의 부르심이기도 하다.

이방인 거주자들은 언제나 칭찬과 오해를 동시에 받으며 살 것이다. 예수님은 그리스도인들의 "선한 행실"을 이방인들에게 보여야 한다고 가르치셨다(마 5:16). 그러면서 동시에 제자들에게 오해와 박해 받을 것을 예상하라고 경고하셨다(10절). 베드로도 이와 비슷하게 이방 사람들이 그들의 "선한 일을 보고 … 하나님께 영광을 돌리게"(벧전 2:12) 살아가라고 요구한다. 그리고 핍박도 예상하라고 경고한다. 베드로와 예수님 모두 이러한 '선한 일'로 말미암아 어느 정도 이방인들이 하나님께 영광을 돌릴 것이라고 말한다('선한 일'이란 헬라어에서는 단순히 개인적 도덕뿐만 아니라 타인을 향한 봉사도 포함된다).

이러한 유사점에도 불구하고, 그리스도인 교회는 유대인 유배자들과 두 가지 중요한 면에서 다르다. 첫째, 유대인들은 바벨론에서 거의 전적으로 출산과 육아라는 방법을 통해 수적으로 번성해야 했다. "너희가 거기에서 번성하고 줄어들지 아니하게 하라"(렘 29:6). 교회도 이방 도시에서 하나님의 새로운 인류로서 번성해야 하지만 그 방법은 전도와 제자 삼는 사역을 통해서다(행 6:17, 7; 9:31; 12:24).

또한 구약과 신약에는 하나님의 선교적 부르심에 중요한 차이가 있다. 구약에서 선교는 구심적인 것이었다. 중심을 향하여 바깥에서 모여드는 흐름이었다. 이스라엘은 하나님의 말씀을 준행하는 백성으로 부름을 받았으며, 열방이 그것을 보고 하나님께 영광을 드리는 본보기가 되어야 했다(신 4:6-8). 나라들은 이스라엘 공동체를 보고 '들어와' 하나님께 예배드렸다. 그러나 신약의 선교는 원심적인 것이다. 중심에서 바깥을 향해 움직인다. 하나님의 백성은 복음을 선포하기 위해 바깥세상으로 파송된다(마 28:16-20;

행 1-2). 이스라엘의 바벨론 유수와 요나의 사명은 이러한 미래 변화를 예고하는 것이었다.

둘째, 유대인들은 바벨론 사회에 참여하면서도 모세의 법을 지켰다. 의복이나 음식 및 다른 관습들을 계속 지키면서 문화적으로 바벨론 사람들과 구분되었다(단 1:8 참조). 음식 법만 하더라도 이교도들과 많이 구별되었다. 하지만 하나님은 사도행전에서 베드로에게 생생하고 강력한 비전을 보여 주시며 그가 이방인 군인의 초청을 받아들이도록 하신다(행 10:28-29).

그리스도 안에서 구약의 의례적이고 문화적인 규제와 차이점들은 철폐되었다(막 7장; 행 15:1-35). 예수님의 중요한 사역 가운데 하나는 세리와 죄인들 같은 다양한 사람들과 식사하는 것이었다. 이러한 신약의 가르침에 적응한다는 것은 그리스도인들이 바벨론에서 유대인들이 했던 것보다 훨씬 많이 도시 문화에 참여할 자유를 가지게 되었다는 것이다. 하지만 이러한 자유는 동시에 동화와 타협의 위협이 훨씬 극심해졌다는 의미이기도 하다. 천국의 미래 시민으로서, 그리스도인들은 세속 문화의 우상숭배와 불의를 피해야 한다. 비록 일반 은총의 축복 가운데 그런 것들이 이루어진다고 하더라도 그렇다.

그렇다면 왜 우리는 예레미야 29장의 가르침을 오늘날의 교회에 적용해야 하는가? 성경에는 하나님의 사람들이 세 가지 형태의 삶을 영위했음이 나타난다. 아브라함의 때는 확장된 생물학적 가족으로 존재했다. 모세 때부터는 국가 정부로 존재했다. 법률과 왕이 있었고 시민 제재를 통해 법을 집행할 군대가 있었다. 유배 시부터는 여러 다른 국가에 흩어진 회중 모임(회당)으로 존재했다. 하나님의 법은 아직 시민법적 성격을 띠지 않았다. 불순종하는 사람들은 회중으로부터 축출은 되었지만 처형을 당하지는 않았다.

유배 이후에, 유대인들은 다시 국가 정부가 될 수 있었다. 그러나 신약성경은 그리스도인 교회를 이런 식으로 그리지 않는다. 대신 교회가 하늘

아래 모든 나라로부터 헤쳐 모인 모임으로서 존재한다는 것을 보여 준다(행 2장). 이스라엘이 유배 때에 했던 것과 동일하다(약 1:1, 벧전 1:1 참조). 그러므로 교회는 우리 시대의 도시들에 대해, 하나님의 백성들이 아브라함이나 모세나 다윗 때에 했던 모습이 아니라 바벨론 유배 시에 했던 모습으로 관계해야 할 것이다. 그렇게 하는 것이 타당해 보인다.

초대교회의 도시 사역

초대교회에서 하나님의 구원 선교는 더 이상 예루살렘이나 바벨론과 같은 특정 도시를 중심으로 하지 않았다. 세상의 모든 도시들이 선교의 주 대상이 되었다. 《성경 이미지 사전》은 '도시'에 대한 항목에서 다음과 같이 기록한다.

사도행전의 세상은 모든 성경을 통틀어 가장 현대적이다. 도시라는 정체성 때문이다. 대부분의 사역들은 동네 마을이나 시골이 아닌 그리스-로마 시대의 유명 도시에서 벌어진다. 그곳은 대도시들이 주도하는 세상이며, 무엇보다도 국

■ 요나의 사명

요나서는 구심적인(비신자들을 불러들이는) 구약 선교보다는 원심적인(신자들을 내보내는) 신약의 선교를 예고한다. 요나는 이방 도시에 보냄 받아 회개의 메시지를 전한 유일한 구약 선지자이다. 하나님의 마지막 진술은 충격적이다. 주님은 요나에게 이방 도시 니느웨를 사랑하라고 요구하신다. 왜냐하면 그곳에는 영적으로 눈먼 수많은 주민들이 있기 때문이다(욘 4:10-11).[3]

■ 성경에서 도시 사역의 중요성

도시 사역이 초대교회에서 매우 효과적이었던 주된 이유들은 웨인 믹스(Wayne Meeks)의 The First Urban Christians(첫 도시 그리스도인)과 하비 콘의 많은 저서들에 잘 나타나 있다. 그들은 세 가지 중요한 요인들을 추출했다.

• 문화적 중심성: 시골에서도 한두 명의 변호사에게 그리스도를 전할 수 있을 것이다. 그러나 법률 직업군 자체를 그리스도께 인도하기 원한다면 도시로 가야 한다. 거기에는 그 분야에 영향을 미치는 핵심 기관인 로스쿨과 법률 저널 출판사가 있다.
• 국제적 중심성: 시골에서는 거기에 살고 있는 어떤 그룹의 사람

들을 얻을 수 있다. 농어촌 지역은 대개 사회적으로 동질 집단이기 때문이다. 그러나 도시에서 복음을 나눈다면, 수십 개의 다국적, 다문화 집단에게 다가설 수 있다. 실제로 당신은 하나의 언어로 그들을 이끌 수 있다. 그 지역의 공통 언어를 사용하면 된다. 그러면 본국으로 돌아가거나 방문하는 이민자들을 통해서 많은 다른 문화권으로 복음이 침투된다.

• 개인적 중심성: 시골에 거주하는 사람들은 변화를 거부하며, 보다 보수적이고 전통적인 문화 속에 살고 있다. 그러나 도시는 그 다양성과 이동성 때문에 복음과 같은 새로운 생각들에 훨씬 많이 열려 있다! 도시 환경의 빡빡함과 다양성은 복음에 가장 적대적인 사람들일지라도 생각과 생활에 대한 새로운 가능성들을 고려하게 만든다.

제적이고 세계적인 세상이었다. 초대교회사에서 도시는 옹호되고 있는 것처럼 보인다. 도시가 좋아서라거나 복음에 열려 있다거나 하는 의미에서가 아니라, 그곳이 많은 사람들이 살아가는, 영향력 있는 권력 구조들이 존재하는 곳이기 때문이다. … 초대교회의 선교 전략이 도시를 복음화하는 것이었음은 우리가 쉽게 관찰할 수 있는 내용이다. 사도행전에서 교회는 대부분 도시와 연결되어 있었다는 말은 결코 과장이 아니다.[4]

사도행전 17장에서 바울은 아덴으로 여행한다. 아덴은 그리스-로마 세계의 지식 중심지로서 역할을 하던 도시였다. 그리고 사도행전 18장의 고린도는 로마제국의 상업 중심지 가운데 하나였다. 바울이 다음으로 가게 된 사도행전 19장의 에베소는 로마제국의 종교적 중심지였다. 이곳에는 많은 이교 종파들과 더불어 황제 숭배의 중심축이라 할 수 있는 세 개의 황제 신전이 있었다. 사도행전의 마지막 장에서 바울은 로마로 향하는데, 그곳은 황제의 군사적, 정치적 힘을 보여 주는 제국의 수도였다. 존 스토트는 "바울은 하나의 전략적 거점 도시에서 다른 도시로 옮겨가는 의도적 정책을 가졌던 것으로 보인다"[5]라고 요약하고 있다.

바울의 에베소 사역은 도시 사역의 몇 가지 강점들을 잘 보여 주고 있다. 사도행전 19장 1절을 보면 "아볼로가 고린도에 있을 때에 바울이 윗 지방으로 다녀 에베소에 와서"라고 되어 있다. 스토트는 그 지역의 모든 길이

에베소로 통한다고 말한다.[6] 이와 유사하게 모든 주요 도시들은 그 지역과 사회에서 모든 길과 통하는 교차로 역할을 하고 있다.

바울은 에베소에 들어가서 '두란노 서원'(lecture hall)을 임대했다(9절). 스토트의 말에 의하면 그곳은 학교로 사용되던 강의실로 사람들이 점심을 먹고 휴식을 취하는 두세 시간 동안 비어 있던 것 같다.[7] 그곳에서 바울은 복음 강론(dialegomenos)을 펼쳤다. 단순히 설교만 한 것이 아니라 대화를 통해 예수님이 메시아임을 변증하고 설득시켰으며 사람들의 질문과 반론에 대답했다. "두 해 동안 이같이 하니 아시아에 사는 자는 유대인이나 헬라인이나 다 주의 말씀을 듣더라"(10절).

바울의 사역이 지역의 주요 도시에서 이뤄졌기 때문에, 사실상 그 지역의 모든 사람들이 복음을 접할 수 있었다.

스토트는 이렇게 기록한다. "소아시아의 모든 거주민들은 시시때때로 물건을 사고팔기 위해, 친척을 방문하기 위해, 목욕탕에 가기 위해, 경기장에서 관람을 하기 위해, 극장에서 연극을 보기 위해, 또는 [아르테미스] 신전에서 예배하

■ 도시를 따라 문화가 달라진다

사회학자 로드니 스타크(Rodney Stark)는 그의 책《기독교의 발흥》에서 초대 기독교가 도시 거주민을 복음화함으로써 문화 전반에 영향력을 끼친 전략적 중요성을 분석하고 있다.

노숙자와 빈곤층으로 가득 찬 도시에 기독교는 자선과 희망을 제공했다. 이주민과 이방인으로 가득 찬 도시에 기독교는 소속될 수 있는 즉각적인 기회를 제공했다. 고아와 과부들로 가득 찬 도시에 기독교는 새롭고 확장된 의미의 가족 개념을 제공했다. 인종 간 폭력적인 분쟁이 가득 찬 도시에 기독교는 사회적 연대의 새로운 기초를 제공했나.

사람들은 수백 년 동안 기독교 신학이나 사회적 구조의 도움 없이 재난을 버텨왔다. 나는 고대의 재난이 그리스도의 도래를 일으켰다고 주장하는 것이 전혀 아니다. 내가 주장하는 바는 일단 기독교가 나타난 이후에 이러한 만성적인 문제들을 해결하는 탁월한 능력이 명백하게 나타났으며, 이것은 기독교의 궁극적인 승리에 있어서 중요한 역할을 했다는 것이다. 그리스도인들이 들여온 것은 단순한 도시 운동이 아니라, 새로운 문화 그 자체였다.[9]

기 위해 에베소를 방문했다."[8] 바울은 그 도시를 전도함으로써 사회의 모든 부류에게 복음의 말씀을 전할 수 있었다.

이는 골로새교회에 보낸 편지에도 드러난다. 골로새서에서 바울은 그 지역의 도시 안에 거하고 있던 제자들에게 말한다(골 4:13-16). 이들은 바울의 에베소 사역을 통해서 회심한 사람들로 바울이 개인적으로 방문한 적은 없었던 사람들이다. 이처럼 복음이 도시 중심에서 펼쳐지면, 보다 효과적으로 그 지역과 주변 사회를 복음화할 수 있다.

스토트는 J. A. 알렉산더를 인용하며 사도행전이 "제국의 중요 지점들에 점진적으로 영향력의 근원지를 세움으로 열기를 발산하는 중심지"가 되어 복음을 확산시키는 모습을 보여 준다고 말했다.[10] 그리고 다음과 같이 마무리하고 있다.

> 이런 도시화 과정은 교회에 큰 도전이 된다. 이 말은 한편으로는 도시에서 정의와 평화, 자유, 그리고 아름다움을 위해 일해야 하는 그리스도인 기획가, 건축자, 지역의 정치인, 도시 전문가, 개발자, 사회복지 전문가들이 절실히 필요하다는 것이다. 그리고 다른 한편으로는, 그리스도인들이 도시 속으로 들어가서 그곳에서 사는 것의 고통과 압력을 경험할 필요가 있다는 것이다. 그리스도를 위해 그곳의 도시 거주민들을 얻기 위해서이다. 살기 좋은 교외 주택에 살면서, 도시에 있는 교회에 출석하는 그리스도인들은 다른 무엇으로 성육신적 참여를 대신할 수 없다.[11]

시골 농경 지역의 대부분은 이교도의 땅으로 남은 데 비해, 초대교회는 주로 로마제국의 도시 거주민들을 그리스도에게 인도하는 도시 운동이었다. 이처럼 기독교 신앙이 도시들을 사로잡았기 때문에, 그들은 결국 고대 그리스 로마 세계를 잡을 수 있었다. 도시가 이뤄지는 곳이면 문화도 형성된다.[13] 거기에는 물론 도시의 지도층도 있었지만 그리스도인 교회는 그들에게만 초점을 맞추지 않았다. 지금과 마찬가지로 그때도 도시들은 가난한 사람들로 가득 찼고, 도시의 그리스도인들은 빈곤층에게 헌신적이었다. 그것은 도시인들의 눈에 충격적으로 비쳤다. 도시들을 통하여, 그리스도인들은 지도층을 얻을 뿐 아니라 빈곤층과도 깊이 교류하며 역사와 문화를 바꾸었다. 리처드 플레처는 그의 저서 《야만인의 회심》에서 동일한 일이 500년부터 1500년 사이의 유럽 선교 기간에도 발생했음을 보여 준다.[14]

완성: 도시를 경작하다

구약의 선지서로부터 시작해서, 하나님이 구원하시는 미래 세계는 도시로 표현된다. 요한계시록 21-22장에서, 하나님은 창조와 구속의 의도를 완전하게 이루시는데, 그 결과는 사실상 벽들과 문들과 거리들로 가득한 도시이다. 어떤 면에서 이 도시는 현재 우리의 도시들과 다른 '동산-도시'(garden-city)이다. 곧 다양하고 밀집된 사람들을 통해 얻는 도시의 영광스러운 혜택들과 자연의 아름다움과 평화가 완벽한 균형을 이룬 곳이다. 하나님 도성의 오랜 적(敵)이었던 바벨론은 마침내 무너진다. 그리고 하나님의 백성이 평화와 번영 가운데 융성한다(계 18장).

이 거룩한 도시에서 가장 놀라운 것은, 이 도시가 무로부터 만들어지는 것이 아니라는 점이다. 그 중앙에는 수정 같은 강이 흐르고, 강의 주변에는 생명나무가 있어서 그 열매와 잎들이 신성한 언약의 저주로 말미암은 만국의 상처들을 치유한다(계 22:1-3). 이 도시는 사실상, 창세기에서 보았던 동산과 거의 같다. 그곳도 중앙에 강이 있고, 생명나무가 위치한다(창 2:8-10).

그것이 하나님의 동산-도시로 확장되며, 새로 만들어진 것이다. 이것

■ 일반 은총의 도시

성경신학자 메레디스 클라인 (Meredith Kline)은 창세기에서 문화의 발달이 도시의 발달을 통해 이루어졌음을 연구했다.

도시를 … 타락한 인간의 악한 발명품으로 보아선 안 된다. 최초의 인류에게 주어진 궁극적인 목표는 … 인간 문화가 도시 형태를 띠는 것이었다. 역사적으로 인간이 존재하기 위해서는 … 도시적 구조가 있어야만 했다. 창조 시에 주어진 문화 명령은 도시를 건설하라는 명령이었다. 타락 이후에도 도시는 여전히 유익한 장소이다.
도시는 들짐승이 울부짖는 광야에서 인간에게 피난처가 되는 곳이며, 타락하여 낙원에서 쫓겨난 인류에게 주어진 공간이었다. … 일반 은총의 도시는 타락한 세상에서 치유의 유익을 제공한다. 도시는 자원과 힘과 재능을 한데 모아서 피조 세계를 상호보완하기 위해서 사용할 뿐만 아니라, 공격을 방어하기 위해 힘을 모으는 곳이며, 땅의 저주 때문에 궁핍해진 사람들을 구제하기 위한 복지 공동체를 이루는 곳이기도 하다.[12]

은 에덴동산이다. 그러나 충실하게 가꾸어진 것이다. 하나님이 에덴에 가지신 목적이 이루어진 것이다.[15] 사실 창세기 2장에서 쓰인 동산이라는 단어는 거친 자연이 아니라 공원을 의미한다.[16] 도시나 궁궐 근처에서 볼 수 있는 잘 가꾸어진 땅인 것이다.

이것이 중요한 이유는 무엇인가? 하나님이 아담과 하와에게 땅을 "다스리라"고 주신 명령은 종종 '문화 명령'이라고도 불린다. 이것은 그들에게 "세상 속에서 일함으로써 세상을 위해 일하시는 하나님을 닮으라"[17]는 부르심이다. 인류의 원래 소명인 정원 가꾸기는 문화 개발의 패러다임이다. 정원사는 땅을 있는 그대로 내버려 두지도 않으며, 파괴하지도 않는다. 대신에 그는 땅을 재배열하여 인간의 삶에 필요한 음식과 식물을 생산한다. 그는 땅을 경작한다. '문화'(culture)라는 단어와 '경작하다'(cultivate)는 단어는 같은 어원에서 나왔다. 이런 면에서 모든 직업은 처음 에덴동산을 경작한 데서 확장이 된 부르심이다.

예를 들어 예술가는 오감과 경험의 원재료를 가지고 음악이나 시각적 작품,

문학, 회화, 춤, 건축, 연극 등의 작품을 만든다. 이와 비슷하게 과학 기술자와 건축가는 물질세계의 원재료를 가지고 이를 창조적으로 재배열해서 인간의 생산성과 번영을 증가시킨다. 우리가 우리의 문화를 이런 식으로 창조하도록 부르심을 받았다면, 도시들은 위대한 문화 생산의 장소들이다. 이런 이유로 나는 도시 건축이 하나님의 명령을 성취하는 데 있어 아주 중요한 부분이라고 믿는다.

앞에서 이미 이야기했듯 도시와 문화, 인간의 번영 사이를 잇는 중요한 연결점은 창세기 4장에서 발견된다. 가인은 "도시를 건축한다"(17절). 그 도시가 세워진 직후 우리는 가장 먼저 예술과 농경, 과학 기술이 어떻게 형성되는지를 보게 된다. 이것이 바로 하나님이 부르신 대로, 인간의 문화적 창조성이 시작되는 것이다. 도시를 건설하는 가인의 의도가 비록 반역적이었지만, 그 힘은 선했다. 도시의 긴장은 바로 처음부터 있었던 것이다.

문화 명령, 하나님의 설계를 실현하지 못한 우리의 실패, 도시 건축물과의 연결, 인간의 도시와 하나님 도시의 진보적인 중요성, 이 모든 것들이 요한계시록의 마지막에서 해결된다. 첫 번째 아담은 하나님의 부르심에 충실하게 주의를 기울이지 못했지만, 두 번째 아담이신 예수 그리스도는 첫 번째 아담의 명령을 성취할 것이다. 그분은 백성을 구원하고, 땅을 정복하고, 아버지를 영화롭게 하는 문명을(고전 15:22-25) 가능하게 하신다.

성경은 도시가 두 번째 아담이 우리를 위해서 하시는 것들의 최종 결과라고 말한다. 그렇다면 이것이 하나님이 문화 명령을 첫 번째 아담에게 주실 때 의도하신 것이라고 이해할 수 있다. 다시 말해, 하나님이 아담과 하와를 부르셔서 동산의 울타리를 넓히게 하신 것이다. 하나님의 뜻이 이루어지고 예수께서 우리를 위해 문화 명령을 성취할 때 에덴동산은 마침내 동산 도시가 되는 것이다.

많은 그리스도인들은 구원의 최종 목표가 에덴동산의 농경 사회로 되돌아가는 것이라고 가정한다. 이런 가정에 근거하여, 그리스도인들은 전도와 제자훈련 사역에 전적으로 매진한다. 그러나 요한계시록은 사실은 그렇지 않음을 우리에게 알려준다. 인간의 노력에 대한 하나님의 의도는 문명, 곧 도시들을 일으키는 것이다. 하나님을 영화롭게 하는 도시, 하나님이 창조 세계에 두신 끝없는 경이로움과 풍성함을 잘 관리하는 도시가 하나님이 의도하신 바였다. 그래서 하비 콘은 이렇게 썼다. "쉽게 말해 문화 명령은 '도시 명령'이라고 할 수 있다."[18]

—

도시는 다채로운 과거와 아름다운 미래를 가진, 본질적으로 긍정적인 사회 형태이다. 구속사가 발전하면서, 도시는 반역하며(바벨), 하나님의 백성은 도시 바깥에서 방황하는 유목민으로 지내게 된다. 그리고 난 후 하나님은 그들을 불러 도시를 건축하거나 재건축하게 하시며(예루살렘), 도시를 사랑하는 유배인(바벨론)이 되게 하신다. 신약 시대에 와서는 하나님의 백성들이 도시의 선교사들이 된다(사실 신약성경에는 도시를 벗어난 기독교가 거의 등장하지 않는다).

결론적으로 하나님의 미래가 도시 형태로 임할 때, 백성들도 마침내 온전한 고향을 맛보게 된다. 도시의 타락한 성격은 -죄의 권세에 대한 잠재적 순종의 왜곡- 마침내 극복되고 해결된다. 이로써 문화 명령도 완성된다. 도시 생활의 역량은 하나님을 섬기는 목적 안에서 자유롭게 펼쳐진다. 하나님의 모든 백성은 그분의 거룩한 도시에서 그분을 섬긴다.

토론과 성찰을 위한 질문

1. 다음을 생각해 보자. "교회는 우리 시대의 도시들에 대해, 하나님의 백성들이 아브라함이나 모세나 다윗 때에 했던 모습이 아니라 바벨론 유배 시에 했던 모습으로 관계해야 할 것이다. 그렇게 하는 것이 타당해 보인다."
어떤 점에서 기독교 교회들이 바벨론 유수 때와 다른가? 이 점이 오늘날 교회의 선교에 어떤 영향을 미치는가?

2. 사도행전 17장을 보면 바울은 처음부터 끝까지 전략적으로 여행했다. 로마 세계의 지성적 중심지(아덴), 상업 중심지(고린도), 종교 중심지(에베소), 그리고 정치적 중심지(로마)로 갔다.
당신이 속한 지역 상황에서 권력과 영향력의 중심지는 어디인가? 당신의 교회는 문화적 영향력을 가진 다양한 중심지들을 어떤 전략적으로 다가가고 있는가?

3. "지금과 마찬가지로 그때도 도시들은 가난한 사람들로 가득 찼고, 도시의 그리스도인들은 빈곤층에게 헌신적이었다. 그것은 도시인들의 눈에 충격적으로 비쳤다."
이것은 오늘날의 교회에도 적용되는 사실이라고 생각하는가? 만일 그렇다면, 예를 들어보라. 그렇지 않다면, 어떻게 이 전통을 다시 복구할 수 있을까?

4. "인류의 원래 소명인 정원 가꾸기는 문화 개발의 패러다임이다. 정원사는 땅을 있는 그대로 내버려 두지 않으며, 파괴하지도 않는다. 대신에 그는 땅을 재배열하여 인간의 삶에 필요한 음식과 식물을 생산한다. 그는 땅을 경작한다. '문화'(culture)라는 단어와 '경작하다'(cultivate)는 단어는 같은 어원에서 나왔다. 이런 면에서 모든 직업은 처음 에덴동산을 경작한 데서 확장이 된 부르심이다."

어떻게 다른 직업들이 문화명령에 대한 우리의 반응이 될 수 있는지 이야기해 보라. 창조 명령이 우리의 일과 직업에 대한 이해를 변혁시킬 수 있는 방법은 무엇인가?

주

1. 다음을 참조하라. Wayne A. Meeks, *The First Urban Christians: The Social World of the Apostle Paul*, 2nd ed. (New Haven, Conn.: Yale University Press, 2003); see also Todd D. Still and David G. Horrell, eds., *After the First Urban Christians: The Social-Scientific Study of Pauline Chris- tianity Twenty-Five Years Later* (Edinburgh: T&T Clark, 2009).

2. See Miroslav Volf, "Soft Difference," www.yale.edu/faith/resources/x_volf_difference.html (2012년 1월 20일 접속).

3. 선교에 대한 구약성경 말씀들은 다음을 참조하라. Christopher J. H. Wright, *The Mission of God: Unlocking the Bible's Grand Narrative* (Downers Grove, Ill.: Inter-Varsity, 2005); Walter C. Kaiser Jr., Mission in the Old Testament: Israel as a Light to the Nations (Grand Rapids: Baker, 2000).

4. Leland Ryken, James C. Wilhoit, and Tremper Longman III, eds., *Dictionary of Biblical Imagery* (Downers Grove, Ill.: Inter-Varsity, 1998), 153.

5. John R. W. Stott, *The Message of Acts: The Spirit, the Church, and the World* (Bible Speaks Today; Downers Grove, Ill.: Inter-Varsity, 1990), 293.

6. 위의 책, 314.

7. 위의 책, 305.

8. 위의 책, 314.

9. Rodney Stark, *The Rise of Christianity: How the Obscure, Marginal Jesus Movement Became the Dominant Religious Force in the Western World in a Few Centuries* (San Francisco: HarperSanFrancisco, 1997), 161-162.

10. Stott, *Message of the Acts*, 293.

11. 위의 책, 292-293.

12. Meredith G. Kline, *Kingdom Prologue* (South Hamilton, Mass.: Gordon-Conwell Theological Seminary, 1993), 101.

13. 첫 300년 동안 초대교회의 놀라운 성장을 가져온 다른 인간적 요소들이 하나님께 쓰임 받았다는 것을 나는 인정한다. 그리스-로마 세계관으로 인한 문화적 위기가 있었으며 오래된 이교 숭배가 쇠퇴하고 있었다. 그럼에도 불구하고, 역사가들은 기독교가 처음에 도시 지역에 뿌리를 내린 것이 교회의 영향력과 확산에 매우 중요한 역할을 했음을 인정한다.

14. Richard Fletcher, *The Barbarian Conversion: From Paganism to Christianity* (Berkeley: University of California, 1999).

15. See Harvie Conn, "Christ and the City: Biblical Themes for Building Urban Theology Models," in *Discipling the City*, ed. Roger Greenway (Grand Rapids: Baker, 1979), 222-286.

16. Gordon J. Wenham, *Genesis 1-15* (Word Biblical Commentary 1a; Nashville: Word, 1987), 61.

17. Gordon Spykman, *Reformational Theology: A New Paradigm for Doing Dogmatics* (Grand Rapids: Eerdmans, 1992), 256.

18. Harvie Conn and Manuel Ortiz, *Urban Ministry: The Kingdom, the City, and the People of God* (Downers Grove, Ill.: Inter-Varsity, 2001), 87.

03
도시 사역의
도전과 기회를 맛보라

바울과 여러 기독교 선교사들은 복음을 전할 때 큰 도시로 갔다. 기독교가 거기에 심겨지면 지역적으로 확산되고(주로 도시들은 교통망의 중심지였다), 국제적으로도 퍼지기 때문이다(도시는 다민족, 국제적 중심지이다. 회심자들이 고국으로 복음을 가져간다). 그리고 결국에는 문화에도 적극적인 영향을 끼친다(교육, 법률, 정부의 중심지가 도시에 있기 때문이다). 우리가 이번 장에서 살펴보듯 그리스도인의 선교에 있어서 도시의 중요성은 더욱더 커졌다.

오늘날 도시들은 이전보다 훨씬 더 중요하다. 1950년에 뉴욕과 런던은 도심 지역의 인구가 1천만 명이 넘는 유일한 대도시였다. 그런데 오늘날은 그 이상의 인구를 가진 도시들이 스무 개 남짓 되며, 계속해서 늘어나는 추세이다. 그중에 열두 도시는 지난 20년 동안 인구가 급증했으며, 더 많은 대도시들이 생겨나고 있다.[1]

이 새로운 거대도시들은 한때 제3세계라고 불렸던 곳에서 자라고 있다. 왜 그런가? 18세기 경 인구 성장과 기술 발전의 조합으로 말미암아 농경 유럽은 포화 상태에 이르게 되고 잉여 인구가 나타나게 되었다. 토지는 대부분 누군가의 소유가 되어 개발되었으며, 각 가정에는 가족 농장이나 시골 또는 작은 마을을 떠나 다른 곳에 가서 사는 식구들이 생기게 되었다.

그 결과 유럽의 큰 도시들이 수적으로 증가하였다.

　많은 전문가들은 이러한 변화가 이제는 아프리카와 아시아에서 발생하기 시작했다고 믿는다. 남미에도 이런 변화가 나타나고 있다. 도시는 농촌에서 유입된 사람들로 폭발하고 있다. 도시 대 농촌의 인구가 75퍼센트 대 25퍼센트로 안정화되면, 유럽과 북미에서 그랬던 것처럼, 그 다음 단계는 아프리카와 아시아에서만 다음 30년 동안 5억이 넘는 인구가 도시로 이주할 것이다.[2]

　달리 말하면 인구 1천만 명의 새로운 도시가 생겨나는 셈이다. 현재 뉴욕 시와 같은 서구 도시들은 해마다 12만 5천명의 비율로 성장하고 있다. 그러나 다카, 라고스 등의 도시는 매년 50만 명이 넘는 비율로 성장하고 있다. 많은 자료에 의하면, 세계 인구의 50퍼센트 이상이 현재 도시에 살고 있다. 200년 전에는 단지 5퍼센트만이 도시에 살았다.[3]

국제화와 르네상스

　오늘날 도시의 중요성은 그 규모와 더불어 점점 커져 가는 영향력에 있다. 그리고 이 영향력은 국제화의 가속화에서 비롯된다. 기술 혁명의 결과로 인해 현대 사회는 전례 없는 인구와 사상 및 자본의 이동이 일어났다. 인터넷과 통신의 발달로 세계는 그 어느 때보다 잘 연결되어 있으며, 특히 서구 도시의 가치들이 어느 곳으로나 퍼져 가고 있다.

　국제화로 세상이 '고르게' 된 효과는 무엇인가?[4] 첫째, 국제화는 도시들과 세계를 연결한다. 어떤 사람들은 기술 발전으로 집적이 쓸모없어지고 도시들이 약화될 것이라고 예견했다.[5] 소셜 네트워크와 온라인 서비스들로 인해 비싼 값을 치르고 도시에 거주하는 것이 불필요해질 것이라고 주장하기도 했다. 그러나 에드윈 히스코트(Edwin Heathcote)는 이렇게 말한다. "디지털 네트워킹은 도시를 약화시키지 않았으며 앞으로도 마찬가지일 것이다. 오히려 지구의 나머지 지역을 도시화시켰다."[6]

사람들 특히나 젊은이들은 도시에서 살고 싶어 한다. 신기술의 발전과 이동성 증대는 이 욕망을 약화시키지 못했다. 오히려 도시 문화의 영향력과 범위를 증대시켰다. 도시화의 영향력은 도시의 경계선 넘어서까지 뻗어 간다. 가장 외진 나라의 가장 후미진 농촌에도 영향을 끼친다. 멕시코와 루마니아의 아이들은 자국의 어른들보다는 로스앤젤레스와 뉴욕 시의 젊은이들과 점점 더 비슷해지고 있다.

둘째, 국제화는 도시들과 도시들을 연결한다. 국제화의 결과로 세계의 나머지 부분이 도시의 사상 및 문화와 연결될 뿐만 아니라 도시들 간에도 연결되어 힘과 영향력이 커진다.[7] 세계의 도시들은 자국의 지역들 외에도 다른 나라의 도시들과 연결된다. 뉴욕, 런던, 도쿄의 전문인들은 동일한 다국적 회사에서 일할 뿐 아니라, 같은 대학을 졸업하고, 같은 장소에서 휴가를 보내고 집을 구매하며, 공통적인 사회적, 문화적 가치를 공유한다. 그들은 자국의 비도시민들보다 다른 나라의 도시 전문직들과 더 잘 연결된다.

주요 도시들 사이에 강한 연결 관계는 전문직에만 있는 것이 아니다. 국제도시들에 들어와 있는 많은 외국인 이주자들은 도시를 수십 개의 나라들과 연결시킨다. 그들은 종종 고국과 왕래하며 매일 소통을 한다. 가령 뉴욕 시의 수천 명의 이주민들은 뉴저지나 코네티컷의 주민들보다는 아테네, 마닐라, 보고타, 홍콩, 라고스 등의 주민들과 더 긴밀하게 소통한다는 의미이다. 각각의 국제도시들은 다른 도시들과 연결되는 관문이다.

이렇게 연결되어 있는 세계 도시들은 각국의 정부보다 경제적으로나 문화적으로 더 강력한 힘을 갖기도 한다. 정부는 자본 이동과 정보 흐름을 통제하는 힘에 있어서 다국적 기업, 국제 기금, 사회적 연결망, 그리고 기술적 연대들보다 더 약한 주체가 되고 있다. 미국 언론인 닐 페어스에 따르면, "대도시 지역은 일반도시나 지자체, 국가 정부와 달리, 세계의 가장 영향력 있는 행동 주체로 떠오르기 시작"[8]했다.

도시들은 단지 성장하고 성숙할 뿐만 아니라, 다시 태어날 수도 있다. 20세기 후반, 서구 도시들에 대한 회의에도 불구하고, 많은 도시들이 1990년대와 21세기의 첫 10년 동안 재건되기도 했다. 1970년에서 1990년까지 20년 동안 많은 미국 도시들은 급격히 쇠퇴하였다. 남부에서 북부로 흑인들이 이주하였고, 그 결과 백인들은 도시를 떠났고, 빈곤층이 도시 내부 게토에 갇혔다. 1970년대 후반과 80년대 초반에 이어진 불황으로 말미암아 세금이 감소한 몇몇 도시들은 사실상 파산 상태에 이르렀다.

반면 20세기 중반의 도시 계획들은 교외를 윤택하게 했다. 도시의 주거지들에 고속도로가 생겼고, 교외 거주민들은 도심 일터로 출근하기가 더 용이해졌다. 도시 계획자들은 주차장이 큰 상가와 운동장을 선호했고, 빈곤층에게는 대단위 주택 프로젝트를 시행했다. 이 모든 결과로 다운타운은 일몰 후에는 유령 촌처럼 변했다. 중산층은 교외로 빠져나갔는데, 그 결과 많은 직장들이 도심에서 사라졌다. 빈곤층은 더 빈곤해지고, 대부분의 지역에서는 범죄가 들끓었다. 도시들은 '도넛'처럼 중앙이 공동화되었다. 주변 교외에는 부요한 백인이 살고, 도시 중심에는 빈곤층이 살았다.

그런데 1990년부터 미국 도시들은 놀라운 르네상스를 경험하게 된다.[9] 이때 많은 도시들이 인구 역전을 겪기 시작했다. 사람들은 다시 도시로 이사 오기 시작했고, 도심지부터 새롭게 변화되기 시작했다. 무슨 일이 벌어진 것인가?

첫째, 중요한 원인 중 하나는 미국 경기가 지속적으로 성장했다는 것이다. 이로 말미암아 지식 산업에서 많은 부와 일자리가 생겨났다. 둘째, 도시에 범죄가 줄어들었다. 그 이유는 자유주의자들이 말하는 것(직장의 증가)과 보수주의자들이 지적하는 것(강력한 제재) 모두가 해당된다. 셋째, 포스트모던이라고 불리는 새로운 문화적 분위기가 생겨났다. 절충주의, 옛것과 새것의 혼합, 불균형, 복잡성과 관리 불가능성, 문화적 다양성, 그리고 예술적이며 유기적인 문화이다. 이 모든 것들은 외곽 문화가 아닌 도시 생활의 특징이 되었다. 젊은이들은 도시 생활을 선호하여 대거 도시로 이주했다. 넷째, 이민법의 변화로 비유럽 국가에서의 이민 유입 문호가 개방되었다. 1965년에서 1970년 사이에 이민자의 수는 배로 늘었다. 그리고 1970년과 1990년 사이에 다시 배로 늘었다. 이 이민자들은 대부분 미국의 도시로 흘러들어 많은 지역들을 새롭고 다양하게 만들었다. 또한 이들의 고유하고 민족적인 분위기는 오래되고 굳어진, 흑백 이분법이 지배하는 사회를 완전히 바꾸었다. 도시는 훨씬 복잡해졌을 뿐 아니라, 다양한 극이 존재하는, 많은 민족과 국가가 함께하는 곳이 되었다.

그 결과로 미국의 많은 도시들이 급성장했고, 전문직들이 도심 주변으로 몰렸다. 소수민족 공동체들은 미국의 오래된 근로 계층과 가난한 계층 사이에 새롭게 형성되었다. 때때로 주택 개량과정은 사회 구조에 단절을 일으키고 파괴적이다. 그러나 어떤 경우에 있어서는 훨씬 건강한 효과가 있었다.

새로운 급증세 속에서 도시로 다시 돌아오는 주요한 사람들이 있었는데 곧 장년들과 도시에 거주하며 일하려는 젊

■ 미네아폴리스와 밀라노의 재기

에드워드 글레이저는 미국 미네소타 주의 미니애폴리스와 이태리 밀라노를 재기한 도시로 손꼽는다. 1950년대와 1980년대 사이에 미니애폴리스는 인구의 30퍼센트 이상을 잃었다. 그곳의 위치와 기후로는 도시 르네상스의 후보가 되기에는 적합하지 않았다. 강가에 위치하고 있다는 낡은 방식으로는 더 이상 인적 자산을 유인하기에 매력이 없었다.

그런데 1980년대에 미니애폴리스의 인구는 계속 성장해서 미국 중서부 지역에서 가장 높은 1인당 소득을 기록하고 있다. 어떻게 된 일인가?

미니애폴리스는 교육의 중심으로서 재기에 성공했다. 이곳은 미네소타 대학의 소재지로, 도시의 매우 놀라운 경제적 성공은 이 대학과 연관이 있다.[10] 예를 들자면 이곳에는 세계에서 가장 큰 의료 기술 회사인 메드트로닉이 있다.

밀라노는 제조업 대도시였는데, 미국의 북부 산업 도시들이 쇠락한 것과 동일한 이유로 쇠퇴했다. 인구는 1970년에서 2000년까지 30퍼센트가 줄었다. 그런데 밀라노 역시 재기에 성공했다. 오늘날 밀라노 인구의 4분의 3은 금융, 의료, 생명공학, 통신, 그리고 유통과 패션 등 서비스 산업에 종사하고 있다. 인구 또한 지난 10년 동안 지속적으로 성장했다.[11]

은 직장인들이다. 게다가 도심 빈민가와 교외 빈민가에 사는 이민자들도 물결처럼 도시로 밀려들었다. 내적으로는 대학 졸업 후 도시에 머물며 일하려는 졸업생들이 있었다. 이 그룹들은 도시 공동체 안에 머물기 원하는 게이 및 예술가들 무리와 합쳐졌다.[12]

에드워드 글레이저는 지난 세대에 모든 도시들이 성공한 것은 아니라고 지적한다. 그는 미시간의 디트로이트와 독일의 라이프치히를 예로 든다. 그러나 대부분의 도시들은 자체 부흥할 힘을 찾았는데, 그것은 도시를 도시로 만드는 핵심이 사람들로 하여금 혁신을 이루게 하는 힘에 있기 때문이라고 글레이저는 주장한다.

한 가지 면에서, 이것은 가장 훈련되고 재능 있는 사람들인 '엘리트'를 모은다는 의미이기도 하다. 다른 면에서 보면, 가장 에너지가 넘치고, 야망이 있고, 위험을 감수하는 사람들을 세계의 하위 층과 중산층으로부터 모은다. 도시들은 재충전과 재발견의 가마솥이다. 도시들이 늘 새로워진다는 것이 우리에게 놀랍지는 않다.

아마도 현대의 도시 재건설의 가장 흥미로운 예는 '소비 도시'라고 불리는 것이다. 제2차 세계대전 이후에 교외화와 통근 도시가 등장하게 되었다. 사람들은 쾌적함과 편안함을 이유로 교외 도시를 선택했고, 도심에는 오직 업무와 공식적인 일을 보기 위해 통근했다.

그러나 밴쿠버와 로스앤젤레스는 이 흐름을 뒤집은 도시들이다. 이들은 소비자 도시가 되었는데, 통근 역전이라는 새로운 현상이 일어났다. 이 도시들은 주민들에게 수준이 있는 삶을 제공하는데, 그것은 주변 다른 지역에서는 찾을 수 없는 것들이다. 눈부실 정도로 다양한 예술, 교육, 문화, 공연의 이벤트들과 장소들이 있으며 또한 안전한 거리, 좋은 학교, 뛰어난 대중교통 수단이 제공되었다. 요즘에는 많은 사람들이 런던, 뉴욕, 파리로 이주하고 있으며, 이들은 도시 중심에서 살기 위해서 프리미엄을 지불할 의향이 있다. 비록 그들이 업무 때문에 날마다 도심을 벗어나야 한다고 하

더라도 그렇다.[13]

도시의 미래

인구 증가율이나 국제도시가 지닌 중요성이 현저하게 감소할 것이라고 믿는 사람은 거의 없다. 적어도 당분간 내다볼 수 있는 미래에서는 그렇다. 도시의 성장 추세와 문화 변동의 추이는 아주 강한 궤도를 그리고 있다. 그러나 미국과 유럽에 불황과 불경기가 닥치게 되면 시 정부는 고통스럽지만 예산을 삭감해야 하고 민간 부문은 높은 실업률에 부딪히게 될 것이다. 이러한 변화들은 각 도시 간의 사회 복지에도 많은 격차를 유발하여 삶의 질에도 분명 지대한 영향을 끼칠 것이다.[14]

그렇다면 서구 도시들이 1970년대와 1980년대에 겪었던 경제 및 인구 감소를 다시 경험하게 될까? 몇 가지 경향을 살펴보면 서구의 대부분 도시들은 오히려 계속해서 번영할 가능성이 크다. 첫째, 세계는 계속해서 국제화되고 있으며 이는 세계와 연결된 도시들에 아주 우호적인 조건이다. 더 많은 도시들이 서구의 가장 큰 도시들(뉴욕, LA, 런던)을 따라가고 있다. 이 도시들의 국제적 연결성과 영향력은 부동산 가치의 상승과 직장의 지속적 증가에 도움이 된다(이는 자국 경제와 무관할 수도 있다). 결과적으로 대부분의 국제적 도시들은 경제적으로 안정을 유지할 수 있다.

둘째, 현대의 서구 도시 개발은 전형적인 도시 형태로 돌아갔다. 조밀해졌으며 대중교통을 지향하고, 걸어 다닐 수 있고, 여러 용도가 합쳐진 개발을 한다(거주, 업무, 상업, 교육, 문화, 휴식 영역이 공존한다). 개발의 강조점은 지역의 학교들을 발전시키고, 보행자들을 위해 '완성된' 거리를 만들며, 자전거 이용자를 위해 보도를 확보하는 것이다. 오래된 형태의 도시에 대한 새 강조점은 종종 '신 도시화' 또는 '스마트 성장'이라고 불리기도 한다.

여러 요인들이 이러한 트렌드를 이끌고 있는데 그중 하나는 환경에 대한 관심이다. 교외와 농촌 거주자들은 도시 거주자들보다 더 많은 에너지, 곧 전기와 화석연료를 소비한다.[15] 에너지 자원의 지속 가능성에 대한 급증하는 요구들이 사회를 도시화하는 힘으로 작용할 것이다. 따라서 도시들은 교외보다 훨씬 매력적인, 사회적 합의로서의 대안으로 남게 될 것이다.

셋째, 이 글을 쓰고 있는 현재 이민법에 뚜렷한 변화가 없고 미국은 계속해서 이민자들을 세계로부터 받아들일 것이다. 어떤 경우에는 이민자들이 곧바로 교외에 정착하기도 하지만 도시 생활의 구조는 계속해서 새로운 이민자들이 필요한 자원들을 공급할 것이며, 그들은 도시에서 새로운 공동체를 만들게 될 것이다. 오늘날 도시들은 이민자들을 유치하기 위해 경쟁한다. 가장 많은 이민자들을 받아들이는 것이 미래를 위한 최선의 준비이기 때문이다.

넷째, 도시들에 대한 가장 큰 두려움이었던 높은 범죄율이 급속히 줄어들고 있다. 뉴욕 시를 필두로 해서, 지난 20년 동안 북미의 많은 도시들은 놀라울 정도의 범죄율이 하락했다. 이는 도시의 경제 성장과 인구 증가의 중요한 동력으로 작용했다. 범죄율의 하락은 강화된 경찰 운용에 기인하기도 한다. 마이클 블룸버그 뉴욕 시장이 최근에 주장했듯이 말이다.[17] 그러나 범죄학자들은 경찰의 역할은 범죄 하락의 일부분만 설명한다고 본다.

범죄율은 여러 가지 요인들이 합쳐질 때 급격하게 하락한다. 그 요인들을 직접적으로 측정하는 것은 불가능하다.[18] 여기에는 '시민 사회'의 강화라는 요소가 포함될 수 있다. 강력한 부모-교사 연합 모임과 같은 자발적인 단체, 종교 기관의 증가, 다양한 비영리 기구의 증가, 그리고 공공-민간 협력의 증가 등이 해당한다.[19]

다섯째, 내가 알고 있는 한, 포스트모던한 분위기가 많은 젊은이들을 이끌고 있다는 것이다. 이들은 교외 생활보다 도심 생활을 선호한다. 이러한 트렌드는 완전히 설명하거나 계량화하기가 힘들다. 그러나 젊은이들에게 도시 생활의 매력은 매우 강력하게 유지되고 있으며, 이 젊음의 에너지와 창조성이 또한 도시의 성장과 활력에 큰 역할을 하고 있다.

〈월스트리트 저널〉과 〈애틀랜틱 저널〉에 의하면, 미국에서 1978년 이후 태어난 세대의 32퍼센트 정도가 도시에 살고 있다. 또한 88퍼센트 이상이 도시에 살기를 원하고 있다.[20] 문제를 가장 많이 겪고 있는 도시들은 -예를 들면 디트로이트- 전격적인 변화를 필요로 한다. 도심 범위를 축소하고 훨씬 작은 행정 단위로 재편하는 것 등이다. 그러나 이것이 미국의 규범이 될 것 같지는 않다. 국제화와 현재의 문화적 분위기는 도시들이 야심차고 혁신적인 사람들에게 매우 매력적인 장소가 되게 한다. 이는 도시 문화의 성장과 지배력을 계속하게 하는 결정적인 요소가 될 것이다.

이제 도시들은 이전보다 훨씬 많이, 사회와 전반적인 삶이 나아갈 경로를 결정하고 있다. 유럽과 미국처럼 도시가 빠르게 성장하지 않는 곳에서도 그렇다.[21] 21세기의 세계 질서는 국제적, 다

■ 선택의 여지가 없다

남침례교신학교의 알버트 몰러(Albert Mohler) 총장은 파이낸셜타임즈의 2010년 특별보고서를 읽고 다음과 같은 강한 반응을 했다.

이것은 매우 분명하다. 도시들은 사람들이 있는 곳이다. 지난 300년 동안 우리가 사는 세계는 오직 3퍼센트의 사람만이 도시에 살던 데서 80퍼센트의 사람들이 도시 지역에 사는 세상으로 바뀌었다.
만일 기독교 교회들이 도시 사역의 새로운 모드를 배우지 않는다면, 우리는 바깥에 나가서 안을 쳐다보게 될 것이다. 예수 그리스도의 복음은 단연 붐비는 도시들 안에 헌신된 그리스도인들을 파송하는 새로운 세대를 부르고 있다. 이러한 숫자들이 보여 주고 있는 것은 분명 여기에는 선택의 여지가 없다는 것이다.[16]

문화적, 도시적일 것이다.

도시 사역의 도전

우리 시대 도시들의 엄청난 성장과 영향력은 기독교 사역에도 크나큰 도전을 던져 주고 있다. 첫 번째 문제는 엄청난 규모와 경제이다. 사람들이 있는 곳이면 어디든지 그리스도인들과 교회가 있지만 전 세계 사람들이 대도시로 몰려드는 속도는 대부분 교회의 성장보다 훨씬 빠르다. 그리스도인의 소통과 사역은 언제나 새로운 언어와 맥락으로 번역되어야 한다. 그러나 교회들은 도시의 급격한 인구 증가에 대처할 만큼 충분히 빨리 대처하지 못하고 있다.

개발도상국에서는 매월 5백만 명의 새로운 사람들이 도시로 몰리고 있다. 그 인구는 필라델피아나 샌프란시스코 정도의 규모이다. 그 정도 규모의 도시라면 과연 몇 개의 교회가 있어야 할까? 만일 5천 명에 하나 꼴로 교회가 있어야 한다고 하더라도 -이것은 미국 평균의 5분의 1[22] - 매월 1천 개의 도시 교회가 세워져야 한다는 의미이다.

이 도전은 단지 수적인 것만이 아니라 개념적이고 방법론적인 면에서도 이어진다. 우리의 사역 모델들은 계속해서 도시화되어야 한다. 미국의 선교 단체들은 발전하는 도시들에 보다 많은 사역자들을 내보내고 있다.

2년 전 나는 빠르게 발전하는 중국의 대도시에 파송된 미국인 선교사들을 만난 적이 있다. 그들이 속한 선교 단체는 선교사들에게 필요한 훈련이 현지 언어를 익히고 중국 문화를 이해하는 것이라고 생각했다. 그러나 머지않아 그 선교사들은 도시에서 사는 것이 무엇인지 전혀 이해하지 못하고 있다는 것을 깨달았다. 멤버들은 미국 남부와 중서부의 작은 도시들에서 자랐기에 중국 생활 자체보다 도시 생활과 더 많이 씨름해야 했다. 그들이 전도하려는 사람들은 중국의 시골 사람들보다는 로스앤젤레스나 맨해튼에 사는 사람들과 더 비슷했다. 그 팀의 지도자는 내게 말했다. "우리가 받은 훈련 중에서 언어만 도움이 되었어요. 우리는 도시에서 어떻게 살아야 하는지, 도시 사람들과 어떻게 접촉해야 하는지 전혀 훈련이 되어 있지 않았어요. 그 결과 사역들도 전혀 효과를 못 봤고요."

도시화는 서구인들이 해외에서 어떻게 선교해야 할지뿐 아니라, 서구의 사역 현장까지 변화시키고 있다. 남반구와 동양으로부터 북미와 유럽의 도시들로 이민의 물결이 밀려들고 있다. 정통적이며 초자연적인 기독교 신앙이 확산되던 지역에 살던 많은 이민자들이 대도시로 들어오고 있다. 결과적으로 비서구인들에 의해서 수천 개의 새로운 교회들이 런던과 파리, 뉴욕과 같은 세속적인 도시들에 세워지고 있다.[23]

실제로 런던과 파리에서 가장 규모가 큰 교회들 대부분은 아프리카인들이 이끌고 있다. 뉴욕에서는 수백 개의 새로운 교회들이 아시아, 남미, 카리브 해, 아프리카 출신 사람들에 의해 시작되었다. 처음에 이 교회들은 주류 사회로부터 어느 정도 고립된 채로 남아 있었다. 전도나 성장도 민족 안에서만 이뤄졌다. 그러나 이 그리스도인 자녀들이 국립대학에서 교육을 받고 도심으로 이동하게 되면서 금융이나 방송, 문화 영역에서 더 많은 힘과 영향력을 발휘하기 시작했다. 비즈니스 및 정부의 상위 계층에는 백인이 아닌 젊은이들이 대다수 포함되었다. 이들 중 많은 수는 그리스도인이었다.[24]

국제화와 도시화는 국내 및 해외 선교의 경계를 없애고 있다(사실 이것은 낡은 구분법이다)[25]. 뉴욕 퀸즈 자치구에 있는 한 교회를 예로 들어 보자. 이 교회는 세 개의 교회를 분립시켰다. 하나는 뉴욕의 칼리지 포인트 주변에, 다른 하나는 브롱스 인근에, 다른 하나는 필리핀과 인접한 곳에 세웠다. 그 교회는 필리핀에서 퀸즈로 이민 온 사람들에게 복음을 전했고, 전도를 받아 신앙을 가진 필리핀 그리스도인들은 본국에도 친구들과 친척들을 위한 분립 교회를 세우고 싶어 했다. 그래서 교회는 다수의 사람들을 필리핀에 보내어 새로운 교회를 개척하게 된 것이다.

이런 예는 많이 있다. 모든 주요 도시들은 세계 각국에 복음을 전할 수 있는 관문이 되었다. 다시 말해, 세계의 오지를 전도할 수 있는 가장 좋은 방법이 있다면 바로 당신이 살고 있는 도시를 전도하는 것이다!26

이제 다른 예를 살펴보자. 우리는 뉴욕 한복판인 맨해튼에 리디머장로 교회를 개척했다. 몇 년 후에는 웨스트체스터 카운티와 뉴저지에 분립 교회를 개척했다. 이 두 곳은 뉴욕으로 출퇴근하는 사람들이 거주하는 곳이다. 만일 우리가 처음에 다른 외곽에 개척을 했다면 그렇게 빠른 시간 안에 맨해튼이나 다른 도시에 분립 교회를 세우지 못했을 것이다. 도시는 바깥에서 안으로 전도할 수가 없기 때문이다. 하지만 도시 안에서부터 외곽으로는 가능하다.

도시들은 거대한 심장과 같아서 사람들을 안으로 불러들이고 바깥으로 내보낸다. 학생들은 학교에 다니기 위해서 도시로 들어오고, 졸업한 다음에는 바깥으로 나간다. 싱글들은 도시에서 배우자를 만나 결혼하고 아이가 태어나면 교외로 나간다. 이민자들은 도시로 들어와서 그들의 집단 거주지에 살다가 자산을 형성하고 좀 더 안정이 되면 성장하는 가족을 위해 보다 넓은 공간의 외곽으로 이사를 나간다. 각각의 경우에 움직임은 항상 중심에서 주변으로 흘러간다.

결과적으로 도시에서 번성하는 교회는 그 멤버들이 자연스럽게 인근 지역으로 흩어지고 다른 도시들로 옮겨갈 수 있는 공동체가 된다. 달리 말해서, 지역과 나라를 전도하기 위한 가장 좋은 방법이 있다면 곧 당신의 도시를 전도하는 것이다!

도시 사역의 기회
오늘날 도시의 규모와 그 영향력의 증가는 교회에 가장 큰 도전이 되

■ 역사적으로 가장 큰 기회

전도하기 어려운 사람들에게 다가서는 데 있어서 도시는 중요한 역할을 한다. 다음은 선교사이자 신학자인 로저 그린웨이(Roger Greenway)의 믿음이다.

도시에 대해 불편한 생각을 품은 사람들에게 대부분의 인류가 경험하는 현재의 도시적 현실이 하나님의 섭리적 통치 가운데 일어난 것임을 묵상하는 것이 도움이 될 것이다. 사도행전 17장 26-27절에서 사도 바울은 "인류의 모든 족속을 한 혈통으로 만드사 온 땅에 살게 하시고 그들의 연대를 정하시며 거주의 경계를 한정하셨으니 이는 사람으로 하나님을 더듬어 찾아 발견하게 하려 하심이로되 그는 우리 각 사람에게서 멀리 계시지 아니하도다"라고 했다.

대도시에 밀집해 살게 되면서, 인종들, 민족들, 그리고 다양한 그룹의 사람들이 지리적으로 이전보다 훨씬 가까이 있게 되었다. 어떤 경우에는 도시민들이 경험하는 과정들을 통해서 그들이 복음에 훨씬 수용적으로 되었다. 이것이 사실이라면 세계 도시화를 종말론적인 관점 및 선교적 틀에서 보아야만 한다.

하나님은 우리 시대에 다양한 사회적, 정치적, 경제적 요인들 가운데 절정의 역사를 이루셔서 여러 민족들이 훨씬 가까이 살게 하셨고, 더 많은 상호작용과 상호의존을 하도록 하셨다. 그리하여 복음의 가청 영역 안에 들어오게 하셨다. 우리 시대의 표지는 도시이다. 도시로의 이주를 통해 하나님은 세계 선교의 가장 큰 무대를 만드시며 어쩌면 마지막 시간을 준비하시는 것일 수도 있다.[27]

고 있다. 도시 안에서의 효과적인 사역을 배워야 할 필요성이 이렇게 컸던 시대는 없었다. 그러나 전반적으로 미국의 복음주의 교회들은 비도시적이다.

이러한 도전들과 함께 다양하고 독특한 기회들이 생기고 있다. 교회 선교를 성취하기 위해 반드시 전도해야 할 네 개의 중요한 그룹이 있다. 각각의 그룹들은 도시에서 가장 용이하게 접근할 수 있는 사람들이다.

첫째, 젊은 세대들이다. 성공의 기회, 끊임없는 혁신과 변화의 분위기, 다양한 영향력과 인재들과의 만남 - 이 모든 것은 젊은 성인들에게 매력적으로 다가온다. 미국과 유럽에 있는 압도적으로 많은 수의 젊은이들이 도시에서 살고 싶어 한다. 목표가 높을수록 도시에서 살고 싶은 바람도 커진다. 데이비드 브룩스는 〈뉴욕 타임스〉 사설 칼럼 코너에 "덴버를 꿈꾼다"는 글을 썼다. 그는 여기서 젊은 미국인들과 나이 든 미국인들 사이에 도시에 대한 선호에 있어서 선명한 차이점이 있음을 퓨 연구소(Pew Research Center)의 결과를 통해 보여 주고 있다.

> 도시는 젊은이들에게 매력적이다. 18세에서 34세 사이의 미국인들 중 55퍼센트가 뉴욕 시에서 살고 싶어 한다. 그러나 도시는 가족이 있는 사람들과 노인들에게는 가장 덜 선호되는 곳이다. 35세 이상 미국인 가운데 뉴욕에서 살고 싶어 하는 사람은 불과 14퍼센트뿐이다. 또한 65세 이상 인구의 8퍼센트만이 로스앤젤레스에 마음이 끌린다고 했다.[28]

이것이 의미하는 것은 만일 서구 교회가 미국 중부의 교외에 자리를 잡고 큰 도시들을 등한시한다면 한 세대 전체의 미국 사회 지도자들을 상실할 위험이 있다는 것이다.

젊은이들이 대도시에 가득 채워지는 이유 가운데 하나는 그들이 대개 학생들이기 때문이다. 대도시에는 많은 학부생과 대학원생들이 살아간다. 그러나 이들은 도시 인구의 규모와 다양성으로 말미암아 눈에 잘 띄지는 않는다. 그럼에도 학생들은 굉장히 중요한 선교 대상자이며, 도시 학생들은 졸업 후 지역에서 직업을 구할 기회가 한층 더 많아진다. 결과적으로 믿음으로 구원된 도시의 대학생들은 도시 교회의 미래를 이끌 중요한 원천이 된다.

둘째, 문화적인 엘리트들이다. 이 그룹은 매우 큰 영향력을 가지고 있다. 이들은 도심에서 많은 시간을 보내며 사업이나 출판, 미디어, 학문, 예술의 영역에서 힘을 발휘하기 때문에, 사회에서 인간의 삶이 어떻게 이루어져야 하는지에 대해 영향을 끼친다. 도시들은 세계의 문화나 가치에 있어서 이전보다 훨씬 많은 영향을 끼치기 때문에, 그리스도인들이 한 나라의 문화에 영향을 미칠 수 있는 가장 효과적인 방법은 많은 엘리트들이 도시에 살면서 도시를 '교회가 되도록' 하는 것이다.

게다가 이런 이유들 때문에 국제도시에서 효과적이었던 사역들은 다른 곳까지 잘 확산된다. 농촌 지역의 사역은 다른 나라의 농촌 지역으로 쉽게 전파되지 않는다. 그러나 중심 도시에서 효과적이었던 사역들은 다른 중심 도시에서도 많은 관심을 끌게 된다. 특히 젊은 세대들에게 더 그렇다.

어떤 그리스도인들은 "우리는 문화 전쟁에서 지고 있어요"라고 불평한다. 이러한 말은 도시에 사는 적은 규모의 사람들이 도심 외부에 사는 수많은 복음주의자들에게 압도적인 문화 영향력을 끼치기 때문에 나오는 것이다. 나는 맨해튼의 42번가 전철역을 지날 때마다 MTV의 모회사인 비아콤(Viacom)을 마주한다. 모든 연령의 사람들에게 MTV보다 더 큰 문화적 영향력을 끼친 것은 거의 없다.

이전에 루마니아의 공산주의가 헝가리 소수파의 고유한 종족 정체성을 침식할 수 없었다는 글을 본 적이 있다. 그러나 이제는 세계의 청소년 문화가 헝가리 청년들의 문화를 그 뿌리부터 흔들고 있다. 청소년들의 소비문화는 맨해튼과 할리우드로부터 시작하여 전 세계 청소년들이 가진 디지털 기기 속으로 밀려들어가고 있다. 멕시코 농촌의 청소년들은 그들의 부모에 비해서 감각적으로는 훨씬 더 '도시적'이다. 교회들이 MTV와 같은 조직을 만드는 사람들에게 어떤 영향력을 가지려고 한다면, 그들과 동일한 곳에 살면서 사역해야 할 것이다. 바로 도시다.

셋째, 접근 가능한 미전도 종족이다. 많은 사람들이 종교적으로나 문화적으로 접근하기 힘든 사람들에 선교하는 것이 중요하다는 이야기를 한다. 그런데 역사의 물결은 이 지역에 사는 사람들을 도시로 이동시키고 있다. 시골 경제가 전통적 삶의 방식을 지탱하지 못하는 까닭에 전에는 갈 수 없던 지역의 사람들이 도시로 옮겨 오는 것이다.

제임스 보이스는 《두 도시, 두 사랑》에서 느헤미야 11장 1절에 나오는 10퍼센트 비율을 고려한다. 이는 예루살렘의 인구를 늘리기 위함이었다. 그는 농업 국가가 아닌 미국에서는 그 비율이 더 높아야 한다고 주장한다. 그의 요점은 한 국가의 그리스도인들이 의도적으로 더 많이 큰 도시로 이주해서 거기에서 사랑, 진리, 봉사의 삶을 산다면 문화는 근본적으로 변화될 것이라는 점이다.[30]

엄청난 수의 새로운 이주자들이 급성장하는 도시로 이동하면서 이들은 이전 환경에 있을 때보다 훨씬 더 기독교 신앙에 노출되고 있다. 그들은 대부분 가족이나 전통적 환경의 뿌리를 상실하고 있으며, 그들이 전에 의존했던 친족과 부족 네트워크로부터 자유로워지고 있다.

새 이주자들은 도움과 지지가 필요한데 개발도상국에 있는 대부분의 도시들은 이들을 도울 정부 시스템을 거의 갖추지 못했다.[29] 이들은 도시 생활에서 받는 도덕적, 경제적, 정서적, 영적 압력을 극복할 힘이 필요하다. 이것은 교회에 큰 기회가 된다. 이들을 지지하는 공동체와 새로운 영적 가족, 자유롭게 하는 복음 메시지로 섬길 수 있기 때문이다. 도시 지역으로 들어오는 이민자들은 교회에 다닐 수많은 이유를 갖고 있다. 시골에 있을 때는 전혀 없었던 이유들이다. "새로운 도시민들이 가진 이런 육체적, 영적 필요를 채울 수 있는 그룹이라면 누구든지 풍성한 추수를 할 준비가 되었다."[31]

하지만 이전에는 전도하기 어려웠던 사람들에게 다가가는 또 다른 방법들도 있다. 앞서 언급했듯이, 기술이 젊은 세대들을 도시화와 과잉 문화로 연결시킴에 따라 도시 정신도 전 세계로 뻗어나가고 있다. 많은 젊은이들은 비록 외진 곳에 살더라도 세계화되고 있으며 점점 더 서구화되고 있다. 반면 그들의 부모들은 전통 사회의 사고방식에 아직 머물고 있다. 복음 사역이 도시 거주자들과 잘 연결된다면 젊은 비도시 거주자들에게 보다 적절하고 효과적으로 될 것이다.

네 번째 그룹은 빈곤층이다. 이들은 도시에서 전도할 수 있고 전도해야 하는 사람들이다. 한 통계에 따르면, 개발도상국의 급성장 도시에 살고 있는 사람들의 삼분의 일이 판자촌에서 살아간다고 한다. 세계 빈곤층의 대다수는 도시에 있다.

그리고 도시의 엘리트를 전도하는 것과 도시의 빈곤층을 섬기는 것 사이에는 중요한 연결고리가 있다. 첫째, 빈곤층을 섬기는 사역은 교회의 타당성에 대한 중요한 표지가 된다. 이것이 성경이 말하는 이방인들로 하나님께 영광을 돌리게 하는 '선한 일'이다(마 5:16; 벧전 2:12). 마찬가지로 문화 엘리트들이 그리스도께로 돌아와 제자가 되면 그들의 방향이 전환된다. 자신들을 위하는 대신에 빈곤층과 도시의 필요를 위하여 그들의 부와 힘을 사용하는 것이다. 달리 말하자면 도시 교회는 빈곤층에 대한 사역과 엘리트에 대한 사역 사이에서 양자택일을 하는 것이 아니다. 우리는 빈곤층을 돕기 위해서 엘리트들의 경제적, 문화적 자원이 필요하다. 우리가 빈곤층에 헌신하는 것은 우리의 메시지의 타당성을 지지하는 문화 엘리트층에 대한 전도가 된다.

—

확신컨대 세계의 도시들은 그 중요성과 영향력에 있어서 계속 성장할 것이다. 바울과 초대교회 시대에 대부분의 선교가 도시 환경에서 일어났던 것과 마찬가지로 -더 많이는 아닐지라도- 도시들은 전략적으로 중요하다. 나는 오늘날 복음주의 교회가 도시 사역을 강조하고 지원하는 것보다 더 중요한 것이 없다고 주장한다.

필요가 큰만큼 비용도 크다. 도시 중심에서 사역하는 것은 외곽에서 하는 것보다 1인당 비용이 훨씬 많이 든다. 그러나 교회가 오늘날 세계에서 일어나는 돌이킬 수 없는 중대 변화를 더 이상 무시할 수는 없다. 전도하기 원한다면 반드시 도시로 가야 한다. 다음 세대를 전도하려면, 반드시 도시로 가야 한다. 그리스도를 위해서 문화 창조에 어떠한 영향력이라도 가지길 원한다면, 반드시 도시로 가야 한다. 가난한 이들을 섬기려면 우리는 반드시 도시로 가야만 한다.

도시에서 자연스러운 편안함을 느끼지 못하는 많은 사람들은 아브라함의 예를 따라야 할 것이다. 아브라함은 익숙한 문화를 떠나서 하나님의 도시를 찾는 부르심을 따라 여행자가 되었다(창 12:1-4; 히 11:8-10). 그리스도인들이 어려움 자체를 추구해야 하는 것은 아니지만, 성육신하신 그리스도의 본을 따르지 못할 이유가 무엇인가? 그분은 편안한 곳에 계시지 않고 당신을 필요로 하는 곳에 가셨다(마 8:20; 요 4:34; 롬 15:3). 우리도 그분을 위해 어려움을 마주하며(히 11:26 참조), 도시 생활의 어려움과 풍성함을 모두 품을 수 있지 않을까?

토론과 성찰을 위한 질문들

1. 이 장에서 이야기하는 것들 중에 당신이 사는 도시 근처에서 목격한 것들은 어떤 것들이 있는가(지구화, 도시 재개발, 도시 부흥, 도시에서 교외로의 역 통근, 포스트모더니즘 등)? 그것들은 도시 생활에 어떤 영향을 끼치고 있는가? 다른 도시에서는 어떤 양상으로 나타나는가?

2. 우리의 미래가 상당 부분 도시 문화로 변화된다면, 교회는 이에 적응하기 위해서 어떤 준비를 해야 할까?

3. 이 장에서 논의된 중요한 추이는 많은 그리스도인 이민자들이 경제와 사회의 중심부로 들어가고 있다는 것이다. 그들의 공헌이 당신의 사역에 앞으로 어떤 영향을 미칠 것이라고 생각하는가?

4. 도시에서 만나는 여러 그룹들 중에서 어느 쪽에 전도의 열정을 갖고 있는가? 젊은 세대, 문화 엘리트, 미전도 그룹, 빈곤층 등이 당신 주변에 있는가? 도시화가 이들에게 어떤 영향을 미치고 있는가? 당신이 발견한 그룹들에게 의미 있는 사역이 되려면 어떤 모습이어야 할지 생각해 보라.

주

1. 이것은 엄격한 의미에서 '도시 한계선' 기준으로 살피든지(www.worldatlas.com/citypops.htm), 아니면 큰 의미의 '메트로폴리탄 지역'을 조사하든 (www.citypopulation.de/world/Agglomerations.html) 같은 결과이다.

2. Edward Glaeser, *The Triumph of the City: How Our Greatest Invention Makes Us Richer, Smarter, Greener, Healthier,* and *Happier* (New York: Penguin, 2011), 1. 이 문단에 나오는 다른 통계들은(앞 문단에 나오는 것들과 아울러) 〈이코노미스트〉의 "갈색 혁명"에서 가져왔다(2002년 5월 9일자). www.economist.com/node/1120305 (2012년 1월 24일 접속).

3. 도시에 대한 최근의 좋은 정보들은 다음을 참조하라: *Financial Times* in early 2010 titled "The Future of Cities," www.ft.com/cities (2012년 1월 24일 접속).

4. 다음을 참조하라. Thomas L. Friedman, The World Is Flat 3.0: A Brief History of the Twenty-First Century, rev. ed. (New York: Farrar, Straus and Giroux, 2007).

5. 집적화의 효과에 대한 언급은 14장을 보라.

6. Edwin Heathcote, "From Megacity to Metacity," Financial Times(April 6, 2010), www.ft.com/intl/cms/s/0/e388a076-38d6-11df-9998-00144feabdc0.html#axzz1kNrFC7jH (2012년 1월 24일 접속).

7. Foreign Policy의 사진 에세이에서 저명한 도시 사회학자인 Saskia Sassen는 세계에서 가장 강력한 도시 네트워크들을 다음과 같이 꼽고 있다. (1) 뉴욕 - 워싱턴 D.C. - 시카고 (2) 베이징 - 홍콩 (3) 프랑크푸르트 - 베를린 (4) 이스탄불 - 앙카라 (5) 리우데자네이루 - 상파울로. 각각의 네트워크는 금융, 정부, 창조적 예술 등의 장점을 결합한다. 다음을 보라. www.foregnpolicy.com/articles/2011/11/28/16_global_cities_to_watch?(2012년 1월 24일 접속).

8. Neal Peirce, "The 'Citistates' Are on the Rise, and the Competition Is Fierce," Philadelphia Inquirer (July 26, 1993), A11, http://articles.philly.com/1993-07-26/news/25975949_1_citistate-nation-states-world- population (2012년 1월 24일 접속).

9. 여기에서 기술하는 내용은 특히 미국의 도시들에 해당된다. 그렇지만 많은 유럽 도시들도 비슷한 특징을 가졌다.

10. Glaeser, *Triumph of the City,* 236.

11. 위의 책, 237-238.

12. 리디머장로교회가 시작되던 해인 1989년은 도시 르네상스가 막 시작되려던 때였다. 그 당시 중심 도시로 들어와서 교회를 시작하는 것은 바보 같은 헛수고로 생각되었다. 우리가 뉴욕 시로 이사한 해에, 매우 저명한 여론조사가 있었는데 대부분의 뉴욕 시 거주자들은 할 수만 있으면 도시를 떠나고 싶어 했다. 사실 1970-1980년대 부유층, 빈곤층, 백인, 흑인, 그리고 이민자 등 거의 모든 주민들은 도시들을 떠나려고 했다. 이때는 안 좋은 시절이었다! 그러나 교회를 설립하고 몇 년이 안 되어 나는 여러 교회들, 교단들, 지도자들로부터 자신들의 도시에 르네상스가 일어나고 있다는 소식들을 접하기 시작했다. 도시 안에 성장하고 있는 새로운 거주민들을 위해서 교회를 개척해야 할 때라고 그들이 깨달은 것이다.

13. 위의 책, 131-132, 238-241, 259-260.

14. 다음을 참조하라. Ariella Cohen, "Cities in Crisis," *Next American City*(Spring 2009), http://americancity.org/magazine/article/cities-in-crisis/ (2012년 1월 24일 접속).

15. 다음을 참조하라. David Owen, *Green Metropolis: Why Living Smaller, Living Closer, and Driving Less Are the Keys to Sustainability* (New York: Riverhead, 2009). 간단한 조사로는 다음이 있다: "Is There Anything Greener than Blacktop?" in Glaeser, *Triumph of the City*, 199.

16. Albert Mohler, "From Megacity to 'Metacity'-The Shape of the Future," AlbertMohler. com (2010년 4월 22일 접속), www.albertmohler.com/2010/04/22/from-megacity-to-metacity-the-shape-of-the-future/ (2012년 1월 24일 접속)

17. 뉴욕 시 블룸버그 시장은 다음과 같이 말한다. "범죄의 감소 또는 증가 이유가 경제적 또는 환경적 변수와 관련이 있다는 증거는 없다. 범죄율이 성공적으로 감소한 것은 경찰 부서가 우수해졌기 때문이다. 우리는 날씨, 경제, 그 외에 모든 것을 살펴보았다. 그렇지만 상관관계가 없었다."(Tamer El-Ghobashy, "Mayor Touts 'Safest Decade,'" *Wall Street Journal* 2011년 12월 29일자), http://online.wsj.com/article/SB10001424052970204720204577127092122364090.html.

18. 월스트리트 저널에 기고한 기사, "시장은 안전한 10년을 자랑한다"에서 범죄학 교수 제임스 알랜 폭스(James Alan Fox)는 경찰이 급격한 범죄율 하락의 여러 요인들 중에 한 가지일 뿐이라고 주장했다. 폭스는 말하기를 "범죄가 하락한 것은 여러 가지 이유 때문이다. 보다 나은 치안 외에도, 인구 노화, 투옥 증가, 불법 마약 시장의 위축 등이 그 역할을 했다." 그러나 프랭클린 짐링(Franklin Zimring)은 주장하기를 뉴욕 시의 범죄 하락은 인구 연령, 투옥, 불법 마약 사용 등의 변수와 상관관계 없이 일어난 것이라고 한다. 그에 따르면 범죄율 하락의 이유는 아직 확인되지 않고 있으며 규명하기도 어렵다. 그는 대도시가 꼭 높은 범죄율을 의미하는 건 아니라는 것을 지난 20년간 증명하면서 이러한 결론에 도달했다.

19. 다음을 참조하라. Peter Berger and Richard John Neuhaus, *To Empower People: From State to Civil Society* (Washington, D.C.: American Enterprise Institute, 1985).

20. S. Mitra Kalita and Robbie Whelan, "No McMansions for Millennials," *Wall Street Journal* (2011년 1월 13일), http://blogs.wsj.com/developments/2011/01/13/no-mcmansions-for-millennials/; Jordan Weissmann, "Why Don't Young Americans Buy Cars?" The Atlantic (2012년 3월 25일), www.theatlantic.com/business/archive/2012/03/why-dont-young-americans-buy-cars/255001/#.T3H8uIuSBoQ.twitter (2012년 4월 5일 접속).

21. 다음을 참조하라. Harvie Conn, *The American City and the Evangelical Church* (Grand Rapids: Baker, 1994), 181-182.

22. 우리의 추산으로는, 미국 인구 3억 1천 1백 만 가운데 32만 2천 개의 교회가 존재하고 있다. 인구 1천 명당 1개 정도의 교회가 있는 것이다. 이를 위해서는 하트포드 종교 연구소의 웹 사이트를 참조하라 (http://hirr.hartsem.edu/research/fastfacts/fast_facts.html). 미국 교회의 평균 규모는 75명이다. 즉 인구 1천 명 당 교회가 하나씩 존재한다면 인구의 7.5퍼센트가 교회에 다

니고 있다는 의미이다. 다만 이 숫자는 중간값이다. 실제의 숫자는 지역마다 매우 다르다.

23. 다음을 참조하라. Philip Jenkins, *The Next Christendom: The Coming of Global Christianity*, rev. ed. (New York: Oxford University Press, 2007); idem, *The New Faces of Christianity: Believing the Bible in the Global South* (New York: Oxford University Press, 2008); Lamin Sanneh, *Whose Religion Is Christianity? The Gospel beyond the West* (Grand Rapids: Eerdmans, 2003).

24. 이러한 진술들은 내가 지난 20여 년 동안 뉴욕 시에서 직접적으로 목격한 수많은 실례들에 근거한다.

25. 다음을 참조하라. Mark Galli's interview of Bob Roberts, "Glocal Church Ministry," *Christianity Today* 51.7 (July 2007), www.christianitytoday.com/ct/2007/july/30.42.html (2012년 1월 24일 접속).

26. 이것이 세계를 전도하는 유일한 방법이 아니라는 것을 말해야만 하겠다. 여전히 모든 나라에 사람들이 이주해 가서 교회의 국제적 선교를 완수할 필요와 요청이 존재한다. 놀랍게도 최근에 나는 국내 도시 교회 개척이 젊은 복음주의자들 사이에서 거의 낭만처럼 인식되고 있음을 발견했다. 이는 마치 지난 세대가 해외 선교를 낭만으로 생각했던 것과 같다. 우리는 장밋빛으로 채색된 이상화를 피해야 한다. 나의 요점은 도시들이 - 국내와 해외에서 - 교회의 세계 선교를 완수하는 데 있어서 50년 전보다 훨씬 중요해졌다는 것이다.

27. Roger Greenway, "World Urbanization and Missiological Education," in *Missiological Education for the Twenty-First Century: The Book, the Circle, and theSandals*, ed. J. Dudley Woodberry, Charles Van Engen, and Edgar J. Elliston (Maryknoll, N.Y.: Orbis, 1996), 145-146.

28. David Brooks, "I Dream of Denver," *New York Times* (February 16, 2009), www.nytimes.com/2009/02/17/opinion/17brooks.html (2012년 1월 24일 접속).

29. Jenkins, *Next Christendom*, 93.

30. 다음을 참조하라. James Montgomery Boice, *Two Cities, Two Loves: Christian Responsibility in a Crumbling Culture* (Downers Grove, Ill.: Inter-Varsity, 1996), 165-177.

31. 위의 책, 94.

04
도시,
복음으로 옷 입다

나는 지금까지 할 수 있는 한 심혈을 기울여 도시가 21세기 그리스도인의 삶과 사역의 최고 우선순위가 되어야 함을 주장했다. 이제 한걸음 더 나아가길 원한다. 도시 비전에 관한 장들을 읽으며 내가 모든 그리스도인에게 도시로 와서 섬겨야 한다고 주장하는 것처럼 비칠 수도 있다. 분명하게 말하지만 그것은 내가 말하고자 하는 바가 아니다.

나는 사람들이 있는 곳에는 반드시 성도와 교회가 있어야 한다고 믿는다. 어떤 면에서, 작은 장소나 적은 사람들이라는 표현은 의미가 없다.[1] 하나님은 작은 사람들을 사용하기 기뻐하시며(고전 1:26-31) 예상치 못한 곳에서 그분의 일을 이루신다(요 1:46). 예수님은 로마 출신이 아니었으며 심지어 예루살렘 출신도 아니었다. 그분은 베들레헴에서 나시고 나사렛에서 성장하셨다.

세계 인구의 50퍼센트가 도시에 살고 있다고 한다. 이것은 곧 나머지 절반은 도시에 살지 않는다는 뜻이다. 그러므로 우리는 지구의 수십만 개 마을과 시골에서 이루어지는 복음 사역을 제지하거나 평가절하해서는 안 된다. 작은 마을에서의 사역이 한 국가를 바꾸지는 않겠지만, 그 지역에서 만큼은 커다란 영향을 끼칠 수 있다.

그렇지만 여기에서 실험적으로 이런 생각을 해보면 도움이 될 것 같다. 당신이 다른 두 지역에 교회를 세우는 일을 맡고 있다고 해보자. 한 지역에는 백 명의 주민이 살고, 다른 지역에는 1만 명의 주민이 있다. 그리고 당신에게는 네 명의 교회 개척자가 있다. 그들을 어느 곳으로 보내겠는가?

목회철학이 어떠하든 간에, 모든 사역이 동등하게 중요하다고 해서 각각의 지역에 두 명씩 파견하지는 않을 것이다. 백 명의 주민이 있는 지역에 두 명의 목회자를 파송하는 것은 하나님 나라의 인사 관점에서 볼 때 선한 청지기의 모습이 아니다. 오늘날 일반적으로 비도시 지역에 더 많은 교회가 있고, 도시가 인간의 삶에 더 많은 영향력을 발휘하는 점을 생각한다면, 우리의 관심과 강조점을 도시 목회에 두어야 한다는 주장이 오히려 좋은 청지기의 모습일 것이다.

나는 모든 그리스도인들이 도시로 이사해서 도심 지역에서 살며 사역해야 한다고 주장하는 것이 아니다. 내가 말하고 싶은 것은 세계의 도시들이 기독교적으로 심각하게 외면되고 있다는 것이다. 왜냐하면 일반적으로 세계 인구가 교회보다 훨씬 빠른 속도로 도시로 이동하고 있기 때문이다. 나는 할 수 있는 모든 자원을 사용해서 -성경적, 사회학적, 선교학적, 교회적, 수사적 방법들- 교회가 이 결핍을 다루도록 방향 전환하는 것을 돕고 싶다.

그러나 도시로의 부르심은 여기서 끝나지 않는다. 세계 곳곳은 대부분은 이전보다 훨씬 도시화되었다. 당신이 어디에서 살든, 일하든, 섬기든, 도시는 당신에게 다가온다. 어떤 점에서 모든 교회는 특정 도시를 위한 교회가 될 수도 있고, 또 되어야만 한다. 그 도시가 광역 대도시든, 대학 도시이든, 마을이든 말이다. [2]

결과적으로, 도시 생활과 문화의 현실 및 양상에 따라 목회의 형태를 계획적으로 적응시킨다면 교회에도 많은 도움이 될 것이다. 이것을 성취하기 위해서, 우리는 반드시 도시의 역동성이 어떻게 우리의 삶에 영향을 미치는지 살펴보아야 한다. 이번 장에서는 어떻게 교회들이 도시 비전 (City Vision)을 갖고 이러한 역동성에 대응하여 사역할 것인지를 생각하고 자 한다.

도시는 어떻게 우리에게 영향을 미치는가

많은 사람들은 '거리감의 소멸'(death of distance)로 도시가 쇠퇴할 것이라 고 생각했지만 사실은 달랐다. 사람들은 '인터넷으로도 학습이 가능한데 왜 큰 도시에서 높은 주거비를 지불해야 하는가?'라고 생각했다. 그러나 진 정한 학습과 소통, 그리고 공동체는 사람들이 생각하는 것보다 훨씬 복잡 한 것이다. 많은 연구들은 사람의 대면 접촉 학습이 그 어떤 종류로도 대체 될 수 없음을 보여 주었다.

지역적으로 '창의적 활동'의 중심지에 있는 회사들이 훨씬 높은 생산성 을 발휘한다는 연구 결과들은 전혀 놀랍지 않다. 왜인가? 같은 분야에서 일하는 다른 사람들과 가까이 있다는 것은 무한한 상호작용을 가능하게 한다. 이중 상당수는 비공식적인 상호작용이다. 이를 통해 신입은 빨리 전 문가가 될 수 있고, 전문가들은 서로에게 자극을 주면서 새로운 영감을 받 는다.

에드워드 글레이저는 말한다. "밀도 높은 업무 환경의 가치는 주변 사 람들이 하는 일들을 관찰하며, 계획에 없던 만남들을 가질 수 있다는 점에 서 나온다. 비디오 회의를 통해서는 유능한 신참이라도 배울 수 있는 것이 한정적이다. 성공적인 멘토가 일상적 업무를 어떻게 수행하는지 관찰하고 배울 기회가 제한되는 것이다."[3] 다른 연구들을 살펴봐도, 같은 대도시 지 역 안에서 새 특허를 낼 때 기존 특허를 참조하는 비율이 훨씬 높다. "오늘 날과 같은 정보 기술 시대에도 아이디어들은 지리적으로 한정되어 움직인 다."[4]

도시 이론가들은 이것을 '집적화'(agglomeration)라고 부른다. 집적화는 물리적으로 가까이에 있는 경제적, 사회적 이득을 가리킨다.[5] 로스앤젤레스와 토론토에서 애틀랜타에서보다 더 많은 영화가 만들어지는 것은 전혀 이상한 일이 아니다. 그곳에는 영화를 만들어 낼 수 있는 더 큰 규모의 숙련된 기술 인력(작가, 감독, 배우, 전문 인력 등)이 있기 때문이다. 맨해튼에서 새로운 금융 기법이 고안되고, 실리콘 밸리에서 신기술이 나오는 것 또한 전혀 특이한 일이 아니다. 이 모든 일이 가능한 것은 집적화 때문이다. 같은 분야에 있는 수천 명의 사람들이 지리적으로 가까이 모여서 일을 할 때 새로운 생각과 사업이 일어난다.

그러나 집적화의 이익이 같은 분야에서 일하는 가까운 사람에게만 국한되는 것은 아니다. 당신과 다르지만 당신을 도울 수 있는 기술들을 갖고 있는 많은 사람들을 통해 나오는 이익도 있다. 좋은 사례를 예술의 세계에서 찾을 수 있다. "흔히 예술 운동은 매우 지역적이다." 다른 분야보다 더하기도 하다.[6] 도시학자인 엘리자베스 커리드는 뉴욕 시에서 중요한 문화 종사자들을 대상으로 인터뷰를 했다. 문화 제작자들(패션 디자이너, 음악가, 순수예술가)이나 관문지기 역할을 하는 사람들(화랑 주인, 큐레이터, 편집자)과 같은 그룹의 사람들이 자주 드나드는 클럽 및 건물주, 방송계 인사, 학계 인사, 그리고 예술을 후원하는 재단 운영자, 후원자로 나서는 성공적인 사업가들이다.[7]

예술은 예술계 생태 시스템의 다양한 분야에서 일하는 사람들의 복잡한 상호작용 안에서 일어났다. 전형적인 업무 회의를 통해서만이 아니라 사회적 만남들과 비공식적 상황의 즉흥적인 만남들을 통해서 발생했다. 커리드가 발견한 것은 문화의 경제가 "집적된 생산 시스템"의 일부로서 "예술가들과 문화 생산자들이 어떻게 밀도 있게 집적되어 있느냐"[8]에 따라 좌우된다는 것이었다. 이런 다양한 계층의 사람들이 지역적으로 가깝게 살 때, 사업을 일으키고 문화를 만들어내는 수천 개의 면대면(face-to-face) 상호작용이 일어난다.[9] 이런 상호작용은 다른 방식으로는 일어나지 않는다. 라이언 애번트(Ryan Avent)가 말하듯, "도시는 좋은 친구들의 그룹과 매우 비슷하다. 당신이 무엇을 하는지는 당신이 누구와 함께하느냐는 사실만큼 중요하지는 않다."[10]

이런 집적화의 역동성은 일반적인 도시 그리스도인의 실제 삶에 어떤 영향을 미칠까? 첫째, 도시는 당신 및 당신과 비슷한 많은 사람을 독특하게 연결시킨다. 도시의 도전과 기회는 가장 재능 있고, 야심차고, 멈출 줄 모르는 사람들을 끌어당긴다. 그래서 당신이 누구이든 간에, 도시에서는 당신보다 훨씬 재능 있고 앞선 사람들을 만나게 된다. 자신과 비슷하지만 자신을 능가하는 수많은 사람들을 만나기 때문에 잠재력을 실현하라는 강력한 압박을 느끼며 늘 최선을 다할 것이다.

도시는 다른 무엇보다도 인적 자원을 끌어들이고 모이게 하며 문화 형성을 위해 그들의 잠재력을 끌어올린다. 그러나 죄는 도시의 장점을 제거해 버린다. 즉, 문화를 만드는 강력함은 사라지고, 치명적인 교만과 시기, 그리고 탈진으로 얼룩진 장소로 변질된다. 이것이 죄가 하는 일이다. 선이 기생충적으로 변질된 것이다. 이것의 어두운 면을 막기 위해서는 복음이 필요하다.

둘째, 도시는 당신과 다른 많은 사람들을 독특하게 연결시킨다. 도시는 사회의 하위문화와 약자들을 끌어들인다. 이들은 단결해서 상호 지지를 한다. 도시

■ 얼굴 vs 얼굴

미시간 대학의 두 연구자가 여섯 명으로 구성된 그룹들에게 팀 게임의 규칙을 설명했다. 어떤 그룹들은 경기를 하기 전에 얼굴과 얼굴을 맞대고 10분간 작전을 토의하도록 했다. 다른 그룹들은 30분간의 온라인 대화를 나누도록 했다. 경기 전에 온라인으로만 만났던 그룹은 다른 그룹에 비해 훨씬 나쁜 성적을 냈다. 이 연구와 다른 연구들은 우리에게 "얼굴과 얼굴로 만나는 것이 더 깊은 신뢰, 넓은 마음, 그리고 협동을 훨씬 많이 가능하게 한다"라는 것을 알 수 있게 한다.[11] 사실 상식적으로 우리는 주변에 있는 사람들이 일하는 수준만큼만 일한다.

는 힘이 약한 사람들에게 -싱글들, 빈곤층, 이민자, 소수 민족들- 안전한 공간을 만들어 준다는 점에서 자비롭다. 이런 피할 수 없는 다양성 속에 위치할 때, 당신의 관점과 신념은 끊임없이 도전을 받게 된다. 곧 사상과 실천에 있어서 창조적이고 새로운 접근법들을 대하게 된다. 당신은 전통적인 방식과 신념을 버린든지, 아니면 이전보다 더 깊은 이해를 갖고 전통에 헌신하게 된다. 다시금 죄는 도시의 강점인 문화를 형성하는 다양성을 빼앗아서, 우리의 기존 헌신과 세계관을 저해한다. 죄의 어두운 면을 막기 위해서는 복음이 필요하다.

도시가 도전하는 이러한 방식들에 대해 그리스도인들은 어떻게 반응해야 할까? 우리는 반드시 복음으로만 반응해야 한다. 그리고 정확히 두려움이 아니라 기쁨으로 이러한 도전을 마주하도록 도와야 한다. 명백히 우리는 도시로 복음을 가져가야 하고, 도시 안에서 복음을 듣게 해야 한다. 그러나 우리는 도시 자체가 우리에게 복음을 얼마나 많이 제시하는지 알아야 한다. 도시는 새로운 방식으로 우리가 복음의 능력을 발견하도록 도전한다.

우리는 영적으로, 정신적으로 소망이 없어 보이는 사람들을 발견하며 "이런 사람들은 절대 그리스도를 믿지 않을 거야"라고 말한다. 하지만 구원이 정말 은혜로만 가능한 것이라면, 미덕이나 공덕으로가 아니라면, 왜 우리는 어떤 이들은 그리스도인이 되기가 우리보다 어렵다고 생각하는 것일까? 왜 어떤 사람들의 회심은 우리의 회심보다 더 큰 기적이라고 볼까? 도시는 때때로 우리가 순전한 은혜를 실제로는 믿지 않음을 알려 주기도 한다. 하나님은 우리처럼 착한 사람들을 주로 구원하신다고 믿는 것 말이다.

도시에서 우리는 다른 종교를 가지거나 아무 종교가 없지만, 우리보다 더 지혜롭고 친절하고 사려 깊은 사람들을 많이 만나게 된다. 은혜 가운데 많이 성장했음에도 불구하고 많은 그리스도인들은 비신자들보다 더 약하다. 이것이 당신을 놀라게 한다면, 묵상하기를 권한다. 은혜의 복음이 참이라면 왜 우리는 그리스도인들이 비그리스도인들보다 더 나은 종류의 사람들이라고 생각해야 하는가?

일반 은총의 살아 있는 예들을 보면서 우리는 지적으로는 이신칭의의 교리를 이해하고 있지만, 실제적으로는 여전히 구원이 도덕적 선함과 공로에 의해 이루어진다고 생각하고 있음을 발견한다.

초창기 리디머교회는 그리스도인들이 도시를 불쌍하게 내려다보는 잘못된 경향이 있음을 발견했다. 이처럼 우리가 도시의 '구원자'인양 여기는 것은 해로운 생각이다. 우리는 겸손히 도시와 사람들을 존경하며 배워야 한다. 그들과의 관계는 의도적으로 상호적인 것이어야 한다. 우리는 기꺼이 그들의 삶 가운데 있는 하나님의 일반 은총을 보려고 해야 한다. 그들이 우리를 필요로 하는 것과 마찬가지로, 우리가 하나님과 그분의 은혜를 더 충만히 알기 위해서 그들이 우리에게 필요함을 인정해야 한다.

서구의 많은 그리스도인들이 도시를 외면하는 이유는 도시가 '타인'(the other)으로 가득 차 있다고 생각하기 때문인 것 같다. 도시는 우리와 완전히 다른 사람들로 가득하기 때문에, 많은 그리스도인들이 혼란스러워한다. 깊은 곳에서는 이 사람들을 좋아하지 않으며, 그들이 있으면 안전하지 않다고 느낀다.

하지만 보라. 우리가 얼마나 쉽게 복음을 망각하는지를! 결국 복음 안에서 우리는 우리에게 오셨고, 우리 가운데 사셨고, 우리 중 하나와 같이 되셨고, 우리를 죽기까지 사랑하신 하나님에 대해 배우게 된다. 그분께는 우리가 완전한 타인이었는데도 말이다. 도시는 우리가 복음의 이야기와 패턴에 얼마나 영향을 받지 않았는지를 보여 주며 우리를 겸손하게 한다.

복음만이 우리에게 겸손함을 주고("나는 도시로부터 배울 것이 많다"), 자신감을 주고("나는 도시에 줄 수 있는 것이 많다"), 용기를 준다("나는 두려워할 것이 하나도 없다"). 이것들을 통해 하나님을 영화롭게 하고, 타인을 축복하는 효과적인 사역이 가능해진다. 이것을 우리가 이해하게 될 때, 우리의 지속적인 영적 발전과 행복을 위해서, 도시가 우리를 필요로 하는 것보다 더 많이, 우리가 도시를 필요로 함을 알게 될 것이다.

그리스도인들은 도시를 위해 무엇을 할 수 있나?

만일 이것이 도시가 우리를 변화시키는 방법이라면, 우리는 도시에 무엇으로 은혜를 갚아야 할까?

먼저, 그리스도인들은 도시에 대해 감사하는 태도를 길러야 한다.

요나는 하나님께 순종하여 니느웨에 갔지만 그 도시를 사랑하지는 않았다. 마찬가지로 그리스도인들도 하나님에 대한 의무감으로 도시에 오기는 하지만, 도시의 밀도와 다양성을 싫어하는 마음이 가득할 수 있다. 그러나 도시에서의 사역이 효과적이려면 그리스도인들이 도시를 인정하는 것이 필요하다.[12] 도시 생활을 사랑하고 거기에서 에너지를 얻어야 한다. 왜 이것이 그렇게 중요한가?

첫째, 도시에 살며 영향을 끼치는 많은 사람들은 도시에 사는 것을 즐긴다. 그들을 교회로 이끌려고 할 때 그들이 당신의 부정적인 태도를 눈치챘다면 복음을 받아들이는 데 장벽이 될 것이다. 둘째, 도시를 싫어하는 사람들이 교회의 주 구성원이 되면, 그들은 도시에 오래 머물려고 하지 않을 것이다. 그러면 교회는 그들의 높은 이동률 때문에 고심하게 될 것이다. 게다가 이동과 변화는 이미 도시의 문제점으로 여겨지고 있다.

도시에 긍정적인 교회를 만들기 위해서는 설교와 강의를 통해 도시 생활에 대해 흔히 던지는 부정적인 반대 의견들을 계속해서 다루어야 한다. 그중에는 도시 생활은 덜 건강하고, 너무 비싸며 가족이 살기에 좋지 않은 곳이라는 신념이 있다. 그리고 다른 것들도 많이 있다. 내가 자주 들었던 말은 "시골은 건전하고, 도시는 타락했다"는 것이었다.

그리스도인들은 이런 생각 뒤에 나쁜 신학과 나쁜 역사가 있다는 것을 인식할 수 있어야 한다. 19세기와 20세기 초반, 자유주의적 인본주의자들은 인간을 근본적으로 선하고 덕 있는 존재로 보았다. 그들은 인간의 문제가 잘못된 사회화에 있다고 보았다. 다시 말해 사람이 환경 때문에 폭력적이고 반사회적으로 변했다는 주장이다. 그들은 인간 사회가 -특히 도시 사회가 사람을 이기적이며 폭력적으로 만든다고 주장했다.

그렇지만 앞에서 살펴보았듯이, 성경이 가르치는 것은 도시가 단지 인간 심성의 확대경일 뿐이라는 것이다. 도시는 이미 인간 안에 들어 있던 것을 밖으로 끄집어낼 뿐이다. 앞 장에서 우리는 문화를 만들어내는 도시의 강점들을 살펴보았다. 그러나 인간이 도시로 끌어들인 악에 대해서 도시 자체가 책임이 있는 것은 아니라는 점을 기억해야 한다.

또 하나의 흔한 반대 의견이 있다. "시골에서는 신앙이 살아나고, 도시에서는 믿음이 죽는다." 시골에서 신앙이 살아날 수 있기는 하지만, 도시가 신앙을 찾기에 더 좋지 않은 환경이라고 말하는 것은 잘못된 말이다. 앞에서 이야기했듯, 대다수 도시 사람들은 기독교가 문화적으로 억압 받는 지역에서 왔다. 그들은 생각의 자유가 보장된 큰 도시에 와서 처음으로 복음을 들을 기회를 가진다. 수백만 명의 사람들이 복음 전도가 거의 차단된 지역에서 살다가 도시로 이주하면서 복음을 접한다.

또한 이름뿐인 그리스도인으로 자랐던 수많은 사람들이 도시에서 새로운 방식으로 도전을 받아 활력 있고 견고한 신앙인으로 바뀐다. 나는 리디머교회의 사역에서 이러한 일을 수천 번 이상 목격했다. 사실상 도시는 사람들이 신앙을 잃기도 하고 얻기도 하는 영적인 모판과 같다. 이것은 이전의 획일적이고 덜 다원적인 환경에서는 잘 일어나지 않는 일이다. 이는 또한 성경에서 살펴본 도시 긴장의 일부분이기도 하다(4부 1장 참조).

때로 시골과 도시의 대조는 더 선명하게 그려지기도 한다. 웨스트민스터 신학교 동료였던 하비 콘 교수가 전해 준 이야기이다. 어떤 사람이 그에

■ 웬델 베리(Wendell Berry)와 '농경 정신'

많은 사람들은 에세이 작가 웬델 베리(Wendell Berry)를 도시 생활보다 농경 생활을 주창한 현대의 농경인이라 말한다. 베리가 시골과 농장 생활을 찬미하기는 했지만, 그는 본질적으로 '농경 정신'을 지역성을 가치 있게 보는 마음으로 정의한다.

"농경 정신이란 … 지역성이다. 지역의 식물과 동물들과 지역의 토양을 친밀하게 알아야 한다. 지역에서 가능한 것과 불가능한 것, 그리고 기회와 위험을 알아야만 한다. 그것은 지역 특유의 역사와 자서전들을 잘 아는 것에 근거한다."[13]

그는 더 나아가 농경 정신에 대해 다음과 같이 이야기한다.

- 벌 수 있는 돈 때문에 일을 가치 있게 보는 것이 아니라, 인간의 번영을 위해 기여하는 것에 가치를 부여하는 것.
- 구체적이고 지속적이며 유용한 것을 만드는 일을 가치 있게 보는 것.
- 겸손을 소중히 여기며 성장과 부요함에 대해서 목말라하지 않는 것.
- 평생토록 한 지역에 거주하기로 헌신하면서 두텁고, 장기적이고, 지역적인 인간관계들 속에서 일, 여가, 가족생활을 영위하는 것.

베리는 이것을 '산업 정신'과 대조시킨다. 산업 정신의 특성은 교만, 그리고 자연에 대한 감사와 존경의 결핍, 그리고 착취하고 탐욕을 부리는 가운데 나타나는 한계들이다. 나에게 이것이 의미하는 바는, '농경 정신'을 가진 사람은 도시에서의 생활이 원활하다는 것이다. 베리의 작품을 제인 제이콥스의 선구적인 작품과 비교하는 것도 흥미롭다. 제이콥스는 베리와 마찬가지로 이웃의 중요성에 대해 헌신했다. 이웃 사람들끼리 서로 정기적인 거래를 하고, 이웃의 이익과 자신의 이익을 동일시하는 지역 경제의 중요성을 강조했다.

제이콥스는 이것을 '길 위의 눈'이라고 불렀다. 환경에 주인 의식을 가진 사람들은 공통의 복지에 헌신하며 거리를 살펴서 어떤 행동이 필요하면 취했다. 도시와 시골의 이웃은 모두 주거, 상업, 사업, 학교 등이 섞여 있다. 이 모든 것이 걸을 수 있는 거리 안에 있다. 그래서 훨씬 인간다운 규모의 지역 경제를 이룬다.

제이콥스는 그의 저서에서 1960년대에 일어난 도시의 '교외화'에 대해 논박을 펼친다. 그것은 대규모의 동질적인 상업, 사업 사무실, 거주지 등을 만들기 위해 지역적인 이웃을 파괴한 것이었다. 새로운 도시주의는 제이콥스가 묘사한 것 같은, 아주 작은 규모의 걸어 다닐 만한 권역이 혼재된 공동체를 선호한다.

정치학 이론가인 마크 미첼은 다음과 같이 말한다.

"궁극적으로 건강한 지역 사회는 오직 개인들이 특정한 지역과 특정한 이웃에서 장소를 만들고 지역 공동체를 이루는 책임과 즐거움을 인식하고 누리며 장기적으로 헌신할 때만 이루어진다. 이러한 좋은 것들은 농경적 또는 전원적 환경에서만 유래되는 것이 아니다. 이것들은 도시와 큰 마을 환경에서도 성취될 수 있고, 성취되어 온 것들이다."[14]

게 이렇게 말했다고 한다. "하나님은 시골을 만들었고, 인간은 교외를 지었고, 사탄은 도시를 건축했다." 이런 말 뒤에 있는 신학은 좋게 말해도 수상한 것이다. 신학적으로 보더라도 시골이 본질적으로 더 하나님께 기쁨이 된다고 생각하는 것은 맞지 않다. 도시 선교사인 빌 크리스핀(Bill Krispin)은 그 이유를 다음과 같이 설명한다. "시골은 사람보다 식물이 더 많은 곳입니다. 도시는 식물보다 사람이 더 많은 곳이고요. 하나님은 식물보다 사람을 훨씬 더 많이 사랑하십니다. 그러므로 하나님은 시골보다 도시를 더 많이 사랑하십니다."

나는 이것이 탄탄한 신학적 논리라고 생각한다. 결국 창조의 정점은 하나님이 당신의 형상대로 남자와 여자를 만드신 것이다(창 1:26-27). 그러므로 사람들로 가득 찬 도시는, 하나님이 보시기에 심히 아름다운 피조물로 가득 차 있는 곳이기도 하다. 앞에서 살펴보았듯, 도시는 단위 면적당 그 어디보다 많이 '하나님의 형상'을 갖고 있다. 그러므로 우리는 도시보다 시골이 더 영적인 곳이라고 이상화해서는 안 된다. 시골 생활의 미덕을 찬양하는 사람들조차도 (웬델 베리 등) 도시나 작은 마을 모두에서 실현가능한 인간 공동체의 형성에 대해 강조하고 있다.

그렇다면 대도시 근처에 살지 않는 개인이나 교회는 이 가치를 어떻게 실현할 수 있을까? 최선의 전략은 당신의 세계 선교 전략에 도시 사역을 포함시키는 것이다. 이는 도시에서 사역하는 선교사들을 지원하는 것일 수도 있다. 보다 효과적인 전략은 국제도시에서의 교회 개척 사역을 지원하는 것이다.[15] 또 하나의 유망한 경향은 도시 전역에 복음의 총체적 사역을 지지하는 다른 교회들 및 기관들과 더불어, 도시 수준의 동역관계를 구축하는 것이다.

둘째, 그리스도인들은 그들이 사는 곳에서 역동적인 대항문화(counterculture)가 되어야 한다.

그리스도인들이 도시에서 살아가는 것 자체로는 충분하지 않다. 그들은 특정한 종류의 공동체로 살아야 한다. 성경의 두 도시 이야기에서, 인간의 도시는 자기 확대의 원리로 이루어진다(창세기 11:1-4). 그렇지만 "하나님의 도시는 터가 높고 아름다워, 온 세계가 즐거워함이여"(시 48:1-2).

달리 말해서 하나님이 원하시는 도시 사회는 이기심이 아니라 섬김에 기초한다. 그 목적은 문화적인 풍성함을 가지고 온 세상에 기쁨을 전파하는 것이다. 그리스도인들은 모든 세상 도시 안에서 대안 도시가 되도록, 또한 모든 인간 문화 가운데 대안 문화가 되도록 부르심을 받았다.

그리하여 성, 돈, 권력이 어떻게 비파괴적인 방식으로 사용될 수 있는지 보여 주어야 한다. 계급과 인종이 그리스도 안에서 어떻게 어울릴 수 있는지 보여 주어야 한다. 그리고 예술, 교육, 정부, 비즈니스 등을 사용하여 어떻게 문화를 형성할 수 있는지, 사람들에게 절망이나 냉소 대신 어떻게 희망을 전해 줄 수 있는지 보여 주어야 한다.

이렇게 물을 수도 있을 것이다. "그리스도인이 교외에서 대안 도시가 될 수는 없을까요?" 분명히 가능하다! 이것은 그리스도인이 가진 보편적 부르심 가운데 하나이다. 하지만 여전히 이 땅의 도시는 대안 도시와 그 사역의 효과를 극대화시킨다.

인종적으로 동질한 곳에서는 복음이 고유하게 인종 장벽을 낮춘다는 것을 실용적인 방법으로 보여 주기가 어렵다(엡 2:11-22 참조). 예술가들이 거의 살지 않는 곳에서는 복음이 어떻게 고유하게 예술에 영향을 미치는지 실제적으로 보여 주기가 더 어렵다. 경제적으로 동질적인 곳에서는 그리스도인들이 얼마나 많은 돈을 자신에게 쓰고 있는지 깨닫는 것이 어렵다. 교외와 시골 마을에서 가능한 것들은 도시에 와서 더 명확한 초점을 갖게 된다. 도시는 복음의 열매로서 나타나는 고유한 공동체 생활이 무엇인지 생생하게 그려낸다.

셋째, 그리스도인들은 도시의 전체적인 유익을 위해 깊이 헌신된 공동체여야 한다.

그리스도인들이 도시의 가치에 단순히 '대항문화'를 형성하는 것으로는 충분하지 않다. 우리는 믿음과 삶의 모든 자원을 가지고, 도시 전체의 유익을 위해 희생적으로 섬기는 데 헌신해야 한다. 특별히 빈곤층에게 그러해야 한다.

특히 그리스도인들은 도시의 소비 지향적인 태도에 현혹되지 않도록 각별히 주의해야 한다. 도시는 성인들의 놀이터가 아니다. 도시는 젊은이들을 다양한 편의시설과 놀이시설로 유혹한다. 이는 교외나 작은 마을이 제공하지 않는 것이다.

소득이나 교육, 결혼 여부, 연령 등을 고려하더라도, 도시 거주자들은 다른 지역 사람들보다 훨씬 더 많이 콘서트에 가고, 박물관을 방문하고, 극장에 가고, 맥주 집에서 어울린다.[16] 뿐만 아니라 자신들이 훨씬 더 세련되고 유행에 밝다는 뚜렷한 자부심을 가지고 있다.

그리스도인들은 이런 동기를 갖고 도시로 오려는 (또는 도시에 남으려는) 유혹을 피해야만 한다. 이러한 도시 생활의 즐거움으로 인해서 어느 부분 더 풍성해질 수는 있지만, 궁극적으로 그들이 도시에 사는 이유는 섬기기 위해서다.

그리스도인들은 사랑의 언어와 사랑의 행동을 통해 이웃들의 평화와 안전, 정의, 그리고 도시의 번영을 위해서 일해야 한다. 그들이 우리가 믿는 것과 동일한 믿음을 가졌든지 아니든지 상관이 없다. 예레미야 29장 7절에서 하나님은 유대인들에게 도시에 살기만 할 것이 아니라, 도시를 사랑하고 도시의 '샬롬'을 위해서 일하라고 말씀하셨다.

샬롬은 경제적, 사회적, 영적인 융성을 의미한다. 사실 그리스도인들은 하나님의 천국 도시 시민들이다. 천국 시민들이야말로 지상 도시의 최상의 시민이 되어야 한다. 천국 시민은 자신의 생명을 원수들에게 내어 주신 예수 그리스도의 발걸음을 따라 걷는다.

도시 안의 그리스도인들은 주변 도시와 근본적으로 다른, 공공선을 위한 대항문화가 되어야 한다. 그리고 자신들의 고유한 신앙과 정체성의 발로로 도시를 섬겨야 한다. 초대교회가 시민권을 이해한 방식을 조사해 보면 이러한 균형이 있음을 알 수 있다. 바울은 로마 시민권을 폭넓은 선교 목적을 이루기 위한 도구와 방어 수단으로 사용했다(행 16:37-38; 22:25-29; 또한 21:39와 23:27을 참조). 그는 에베소교회에게 다음과 같이 말한다. "그러므로 이제부터 너희는 외인도 아니요 나그네도 아니요 오직 성도들과 동일한 시민이요 하나님의 권속이라 너희는 사도들과 선지자들의 터 위에 세우심을 입은 자라 그리스도 예수께서 친히 모퉁잇돌이 되셨느니라(엡 2:19-20)."

또한 바울은 빌립보교회에 편지하면서 "그러나 우리의 시민권은 하늘에 있는지라 거기로부터 구원하는 자 곧 주 예수 그리스도를 기다리노니 그는 만물을 자기에게 복종하게 하실 수 있는 자의 역사로 우리의 낮은 몸을 자기 영광의 몸의 형체와 같이 변하게 하시리라"(빌 3:20-21)고 기록했다. 비록 로마 시민권이 바울에게 유익한 것이었고 가치 있는 사회적 지위를 그에게 부여했지만, 바울은 그리스도인들이 무엇보다 하늘의 시민이라는 점을 분명히 한다.

구약에서 요셉은 이러한 긴장을 흥미롭게 보여 주는 인물이다. 그가 총리가 되었을 때(창 41:39-40), 그는 이집트의 번영과 유익을 위해 일했다. 이는 그가 전에 감옥과 보디발의 집에 있을 때 했던 것과 비슷하다. 그 도시의 유익을 추구함으로써 하나님의 백성에게 구원이 임한다. 이 이야기가 놀라운 것은 하나님이 요셉을 하나님의 백성뿐만 아니라 도시 전체를 기아로부터 구원하는 지위에 놓으신 점이다.

결국, 그리스도인들은 권력 투쟁과 강압을 통해 단지 우리 종족과 집단의 번영을 위해서가 아니라, 도시 모든 사람의 유익과 그들을 섬기기 위해서 사는 것이다. 세속주의는 사람들을 개인주의적으로 만드는 경향이 있고, 전통적 종교성은 사람들을 타 집단에 대해 배타적으로 만드는 경향이 있다. 반면 복음은 인간 마음의 자연적인 이기심을 깨뜨리며 그리스도인들이 희생적 봉사로 도시를 유익하게 살도록 이끈다. 만일 그들이 사랑을 추구하고 섬기기를 구한다면, 이웃들의 인정과 함께 큰 영향력을 끼치게 될 것이다. 이는 신뢰할 만한 사람들에게 주어지는 선물이다.

그리스도인들은 도시에서 살기를 추구해야 한다. 단지 위대한 교회를 만들기 위해 도시를 사용하는 것이 아니라, 교회의 자원들을 사용해서 위대하고 발전하는 도시를 추구해야 한다. 우리는 엄밀히 말해서 이것을 '교회 성장' 모델이 아니라 '도시 성장' 사역 모델이라고 부른다. 이는 센터처치의 신학적 비전에서 나오는 사역의 자세이다.

도시 사역 교회의 일곱 가지 특징

우리가 도시를 위해 무엇을 할 수 있느냐고 말하는 것은 실제로 '현장'에서 살아내는 것보다 훨씬 쉽다. 사실 세계 도시들에 필요한 사역들을 효과적으로 만들어내고 거기에 참여하는 것은 매우 어려운 일이다. 현재 미국 선교 기관들을 주관하는 복음주의 개신교도들의 대다수는 대개 백인이고 비도시적인 배경을 가지고 있다. 그들은 도시 생활을 이해하지 못하며, 대부분은 좋아하지도 않는다.

앞서 내가 주장한 것처럼, 많은 사역의 방법론들이 도시 바깥에서 만들어진 다음에 도시로 유입된다. 거기에는 도시 거주자들에게 복음에 대한 장벽을 불필요하게 만드는 요소들이 있다. 결과적으로 사역자들이 도시에 들어갈 때 도시 사람들을 전도하고 얻는 것이 매우 힘들다는 것을 발견한다.

물론 회심자들을 제자화하는 것과 그리스도인들을 다원주의적이고, 세속적이고, 문화가 발달한 상황에서 살아가도록 훈련하는 것은 매우 힘든 일이다. 성경이 독자의 일상 언어로 번역되어야 하는 것처럼, 복음도 도시 거주민이 이해할 수 있는 방식으로 체화되고 소통되어야 한다.

도시 규모가 어떻든지 간에, 도시를 이해하고 존중하는 방식으로 사역하는 교회들은 다음의 일곱 가지 특성을 가진다.

1. 도시의 감수성을 존중한다.
2. 문화적 차이들에 대해 각별한 민감성을 가진다.
3. 이웃과 정의에 대해 헌신한다.
4. 신앙과 직업을 통합한다.
5. 전도에 대해 복합적 접근을 한다.
6. 도시 사람들에게 매력적이면서도 도전적인 설교를 한다.
7. 예술과 창조성을 중시한다.

우리는 이 특성들을 아래에서 더 자세히 풀어보려고 한다. 물론 어떤 부분들은 이 책의 다른 장들에서 더 깊이 다루게 될 것이다.

첫째, 도시의 감수성을 존중한다. 문화는 우리의 눈에 잘 보이지 않는다. 그렇기 때문에 자신이 속한 사회를 떠나서 완전히 다른 문화권에 살게 될 때 문화에 대한 많은 깨달음을 얻게 된다. 우리는 이러한 경험을 통해 내 생각과 행동의 대부분이 보편적인 상식에 근거한 것이라기보다는 특정한 문화적 습관이라는 것을 알게 된다.

종종 커다란 문화적 차이가 작은 차이들보다 눈에 잘 띈다. 자국 내에서 도시로 이주하는 그리스도인들은 종종 그들이 만나게 되는 작은 차이들의 중요성을 간과하는 경향이 있다. 그들은 도시적 감수성과는 보조가 맞지 않게 말하고 행동한다. 그것에 대해 지적을 받는다고 하더라도 비판을 무시한다.

미국의 대다수 복음주의 교회들은 공동체적 특성에 있어서 중산층이다. 이것은 그들이 개인의 자유나 안전, 동질성, 감수성, 공간, 질서, 규율

등을 중시한다는 의미이다. 이와 대조적으로 도시는 역설적이고, 까다롭고, 다양성을 사랑하는 사람들이 모여 있으며, 모호성과 무질서에 대해 관용도가 높은 편이다.

전반적으로 그들은 편안함과 규율보다는 강렬함과 연결성을 더 중시한다. 도심의 거주민들은 소통하는 방식과 그 내용에 있어서 세련됨을 추구하며, 번지르르한 것이나 과장, 과도한 꾸밈을 기피한다. 이러한 미묘한 차이점을 파악하는 것은 단순히 외양적인 것이 아니다. 그리스도인 지도자들과 목회자들은 진실 되게 문화에 소속되어야 한다. 그래서 직관적으로 그것을 이해해야 한다.

도심 문화에는 특히 정보력이 있고, 자기감정을 잘 표현하며, 창의적이고, 자기주장이 강한 사람들이 많다. 이들은 설교자의 권위주의적인 선언에는 잘 반응하지 않는다. 그들은 논리적이면서도 소통과 대화에 열려 있는 사려 깊은 의견을 존중한다. 교회의 사역자들이 도시 문화에서 제 기능을 하지 못한다면, 결국 도시 안에 있는 '선교사 거주 지역'을 만들고 말 것이다. 결국 이웃에 사는 도시 사람들에게 다가가거나, 그들을 회심시키거나, 또는 교회로 이끌 수 없을 것이다.

둘째, 문화적 차이들에 대해 각별한 민감성을 가진다. 도시 사역에서 효과적인 지도자들은 그 지역 안에 있는 다른 그룹들에 대해 기민하게 알고 있다. 도시는 밀도가 높고 다양성이 크기 때문에 문화적으로 매우 복합적이다. 서로 다른 인종들과 사회경제적 계층들이 가까이 모여 살 뿐만 아니라, 민족이나 연령, 직업, 종교 등에 있어서 다양한 요인들이 하부 문화의 매트릭스를 구성한다.

예를 들어 뉴욕 시의 경우, 다운타운의 나이든 예술가들은 젊은 예술가들과는 매우 다른 사람들이다. 뉴욕 시의 유대인 공동체는 넓고 다양하다. 흑인들도 백인들과 비교할 때는 정체성이 폭넓게 공유되는 편이긴 하지만, 아프리카 출신 흑인, 아프리카 이주민, 그리고 카리브 제도 출신 등 흑

■ 참된 교회

도시에서 효과적인 교회의 일곱 가지 특성은 성경적으로 말해서, 참된 교회를 구성하는 근본적인 질문들과는 다른 것임을 꼭 이해해야 한다.[17] 참된 교회의 표지들은 말씀이 바르게 믿어지고 선포되며, 성례와 치리가 올바르게 집행되는 것이다.

교회의 목적은 -이러한 사역들을 통해서 이루려고 하는 목표들은 - 하나님을 예배하는 것과 성도들을 온전하게 하는 것과 세상에 증인이 되는 것이다. 모든 참된 교회들은 이러한 특징을 가진다.

그렇지만 한 교회가 이 모든 성경적인 표지와 특징들을 가지고 있으면서도 도시에서 전적으로 무익할 수도 있다. 동일한 이유로, 말씀을 올바르게 믿고 충실하게 강해하는 설교자가 어떤 종류의 청자들에게는 상당히 유용한 설교를 하면서도 다른 종류의 사람들에게는 헷갈리고 도움이 안 되는 설교를 할 수 있는 것이다. 이러한 역동성에 대해서는 서론 및 3부(복음 상황화)를 참조하라.

인 사이에도 차이점들이 확연하다. 어떤 그룹은 특정 그룹과 충돌하기도 한다(예를 들어 미국 흑인과 한국인이 어떤 도시에서 그랬다). 게이 공동체는 주류 문화와 더 통합되기를 원하는 그룹과 그렇지 않은 그룹으로 나뉜다. 아시아인들은 1세, 1.5세, 또는 2세로 자신들을 구분한다.

열매 맺는 도시 사역자들은 이러한 차이를 반드시 인식해야 하며, 그것들이 중요하지 않다는 사고방식을 버려야 한다. 차이가 있는 그룹들을 존중심을 가지고 이해하려고 노력해야 하며, 설교와 사역에 있어서 불필요하게 다른 그룹을 화나게 하지 않으면서 합당하게 행해야 한다.

사실 도시 사역자들은 그들이 다른 문화를 얼마나 잘 이해하고 있는지를 사람들이 계속해서 알도록 해야 한다. 만약 당신이 백인 남자라면 "백인 남자가 이런 것을 알리라고는 생각도 못했어요"와 같은 말을 종종 들을 수 있어야 한다.

문화적으로 동질적인 지역에서 성장한 사람들이 도시로 오면 이전에는 보편적인 상식이라고 여겼던 자신들의 태도와 습관이 인종이나 계급에 얼마나 깊이 연결되어 있는지를 이내 발견하게 된다.

예를 들어, 백인인 미국인은 자신들이 백인의 방식으로 의사를 결정하고, 감정을 표현하고, 갈등을 다루고, 시간 약속을 하고, 의사소통을 한다는 것을 알지 못한다. 그들은 단지 모든 사람들이 그렇게 해야 한다고 생각하며 살고 있다.

도시 환경에서는 사람들이 종종 이런 맹점에 대해서 더 민감해진다. 왜 그럴까? 여러 다양한 배경에서 온 친구들, 이웃들, 동료들과 삶을 함께함으로써 여러 다른 그룹의 열망과 두려움, 열정, 양상들을 알게 되기 때문이다. 다양한 직업을 가진 다른 인종의 사람들을 직접 경험함으로써 그들이 같은 단어나 표현을 다른 의미로 사용한다는 것을 알게 되는 것이다.

어느 교회도 모든 사람에게 모든 것이 될 수는 없다. 사역에 대한 문화 중립적인 방법은 존재하지 않는다. 도시 교회는 어떤 한 문화 그룹의 가치를 반영하는 습관들을 선택해야 한다. 그렇게 되면 다른 문화 그룹들은 다르게 보고, 다르게 듣게 된다. 설교를 할 때 어떤 언어를 사용할지 선택하는 순간, 그리고 어떤 노래를 부를지 선택하는 순간, 어떤 사람들은 참여하기가 더 쉬워지고 다른 사람들은 어려워진다.

그럼에도 여전히 존재하는 도전은 가능한 한 폭넓은 사람들에게 다가갈 수 있고, 할 수 있는 한 타문화들을 포용하는 사역을 하는 것이다. 그렇게 할 수 있는 한 가지 방법은 인종적으로 다양한 지도자들을 앞세우는 것이다. 우리와 비슷한 사람들이 모임에서 발언하거나 사람들을 이끄는 것을 보면 왠지 모르게 환영 받는 느낌을 받는다. 다른 방법은 교회에서 상대적 소수라고 느끼는 사람들에게 더 열심히 오래 귀 기울이는 것이다.

결국 우리는 도시 교회 안에 인종적으로 둔감하다는 불평들이 다시 일어나게 될 것도 받아들여야 한다. 도시 사역자들은 다양한 종류의 사람들을 충분히 다 포용하고 있지 못하는 사실을 언제나 느끼면서 살아야 한다. 하지만 교회에서 인종적, 문화적 다양성을 만드는 도전을 기꺼이 그리고 즐겁게 품어야만 한다. 또한 불가피한 비판들에 대해서는 도시 사역의 필수적인 비용이라고 가볍게 여겨야 한다.

셋째, 이웃과 정의에 대해 헌신한다.

도시의 이웃은 매우 복합적이다. 전문직이 모여 사는 재개발 지역도 사실상 '양극화'의 양상을 띠고 있다. 값비싼 아파트에는 부유한 사람들이 산다. 그들은 사립학교에 다니고 다양한 지역 모임과 사교 모임에 참여한다. 반면 그 옆에는 가난한 '그림자 이웃'이 있어서 임대주택에 살면서 힘겹게 학교를 다니고 있다.

도시 사역자는 지역 사회를 알고 배우려는 집념이 필요하며 이웃을 해석하는 법을 배워서 그들의 사회적 복합성을 이해해야 한다. 도시 인류학과 도시 인구학, 도시 계획 등은 교회의 지도자들과 목회자들에게 큰 도움이 될 수 있다. 하지만 신실한 교회들이 지역을 해석하는 것은 전도 목적만은 아니다. 물론 복음 전도는 중요한 목표 중에 하나지만 신실한 교회들은 지역 사회가 더욱 건강해지기 위한 길을 찾는다. 사람들이 살기에 더 안전하고 더 인간적인 장소가 되도록 하는 것이다. 이것이 예레미야 29장의 정신, 곧 도시의 샬롬을 추구하는 한 방법이다.

도시 교회들은 훈련된 성도들이 단지 소비자가 되는 데 그치는 게 아니라 도시에서 이웃을 이루며 살도록 해야 한다. 앞에서 본 것처럼, 도시들은 수천 가지의 재미와 문화적 선택이 있는 테마 파크와 같아서 많은 젊은 직장인들을 끌어들인다. 그리고 대다수 새 주민들은 도시를 즐기고 경력을 쌓고 친구를 사귀어서 미래에 도움을 얻으려는 경향이 강해서 몇 년간 이렇게 살다가 떠난다. 다시 말해 그들은 도시를 이용하는 것일 뿐 이웃으로서 그 안에 사는 것은 아니다(예수님은 누가복음 10장 25-37절에서 선한 사마리아인의 비유를 통해 이웃에 관해 정의하셨다).

20세기 중반 제인 제이콥스(Jane Jacobs)는 《미국 대도시의 사망과 생명》이라는 탁월한 책을 썼다. 제이콥스의 가장 큰 공헌은 시민 사회에서 거리의 중요성을 증명한 것이었다. 그녀는 경제 활성화, 안전, 건강한 인간관계

그리고 강력한 사회 연대에 있어서 도보 가능한 거리의 삶과 거주지와 상업지가 섞여 있는 것이 얼마나 중요한지를 관찰했다(이는 당시 교외 개발자들과 많은 도시 계획가들이 부정적으로 여겼던 것들이다).

제이콥스는 20세기 중반의 대규모 도시 개발 프로젝트를 반대한 주요 인물이었다. 그 프로젝트들은 지역 이웃을 없애 버리고, 그녀가 촉진했던 거리의 삶을 대부분 사라지게 했다. 제이콥스는 다음과 같이 기록했다.

> 자치 기구로서 도시의 이웃들을 관찰하면서, 나는 오직 세 종류의 이웃만이 유용하다는 것을 발견했다. (1) 전체로서의 도시, (2) 거리에서 만나는 이웃들 (3) 큼지막한 하부도시로서의 단위 지역들(대도시의 경우에는 10만 명 정도로 구성된 구역)이다. 이러한 종류의 지역 이웃은 각각 다른 기능을 한다. 그러나 이 셋은 서로를 복잡한 방식으로 보완한다.[18]

제이콥스는 어떻게 이 세 부류가 실제적인 이웃이 될 수 있는지, 그리고 도시를 건강하게 하려면 어떤 식으로 모든 도시 거주민들이 참여해야 하는지 설명한다. 다시 말하면, 당신은 문자적으로 옆에 사는 이웃들을 알아야 한다(같은 거리에 사는 이웃들). 그리고 거주지 주변과 어느 정도 친숙해져야 한다. 하지만 이것 자체로는 충분하지 않다. '동네 이기주의'는 한 이웃들이 도시의 다른 이웃들에 대해 이익을 다투고 싸우는 것인데, 이는 건전하지도 않고 건강하지도 않다.

그러므로 그리스도인들과 사역자들은 단지 도로에 인접한 이웃만이 아니라 도시 전체와 이웃이 되는 방법을 찾아야 한다. 도시 전체의 유익에 관여하지 않으면 그 결과는 도시의 가장 가난한 주민들에 대한 관심의 부재로 나타나게 된다. 또한 교회가 지역 이웃의 필요는 무시하면서 도시 전체를 위해서만 일하는 것을 경계하는 것도 동등하게 중요하다. 만일 그런 일이 생긴다면, 교회는 인접 지역에 사는 사람들은 어떻게 도울지 모르면서 바깥으로만 통근하는 교회가 되고 만다.

그러므로 도시 교회들은 지역에서 가깝고 먼 모든 종류의 이웃들에게 선을 행하는 사람들의 모임이 되어야 한다. 모든 주민과 기관이 도시에서 삶의 수준을 확보하려면 이런 종류의 총체적 헌신이 필요하다. 이런 식으로 관여하지 않는 교회는 도시 입장에선 (당연히) 이기적으로 보일 것이다.

넷째, 신앙과 직업을 통합한다.

전통적인 복음주의 교회들은 개인의 경건에 대해서는 강조하지만 믿음의 적용과 실천의 부분에선 깊이 있는 이해를 제공하지 못했다. 곧 신자들이 예술, 사업, 학문, 정부 등의 영역에서 자신의 신앙을 붙들고 적용할 수 있도록 돕지 못했다. 많은 교회들은 교인들을 직장에서 빼내어 교회 활동에 과도하게 몰입하게 하는 것 외에는 어떻게 그들을 제자화할지 알지 못하고 있다. 다시 말해, 그리스도인의 제자화가 주로 저녁이나 주말에 이루어지는 활동으로 이해되고 있다.

도시 거주자의 직업들은 - 패션, 방송, 예술, 기술, 사업, 금융, 정치, 공공 정책 등- 대개 많은 시간과 에너지를 요구한다. 주당 40시간 정도 일하는 직업들이 아니라 사람의 삶과 생각을 지배하는 직무들이다. 도시 그리스도인들은 날마다 직장에서 윤리적 및 신학적 이슈들과 대면한다. 그러므로 도시 교회의 설교와 사역은 회중들이 직업 세계 속에서 신자들과 연대를 형성하며, 그들의 일 가운데 마주하는 신학적, 윤리적, 실천적 이슈들을 헤쳐 가도록 돕는 것이어야 한다.

개인적 직무를 어떻게 수행할 것인가 하는 실천적인 이슈와 아울러, 도시 그리스도인들은 어떻게 기독교가 문화에 관여하며 영향을 끼칠 수 있는지에 대해 보다 폭넓은 비전이 필요하다. 앞서 논의했듯이, 도시들은 문화를 형성하는 인큐베이터들이다. 그리고 신자들은 도시에서 어떻게 신앙이 공적인 삶 가운데 표현되어야 하는지 그 지침을 상당히 필요로 한다. 이 부분에 대해서는 5부 문화 참여, 7부 통합적 사역에서 다루려고 한다.

다섯째, 전도에 대해 복합적 접근을 한다.

두 가지 종류의 도시 교회들은 전도 없이도 성장할 수 있다.

1. 소수 민족, 곧 이민자 교회이다. 대다수 소수 민족 교회들이 전도를 하고 있지만, 이민자들이 계속해서 들어오고 도시 안에서 같은 민족들과 연결되기 원하기 때문에 교회는 회심 없이도 성장할 수 있다. 소수 민족 교회는 같은 민족과 하위문화 사람들에게 비공식적인 '지역 센터' 역할을 하고 있다. 그들은 교제에 참여하고 싶은 새로운 이민자들이 모이기만 하면 성장할 수 있다.

2. 서구 도심에 있는 교회들인데 그들은 전도 없이도 특정 '기독교 하위문화'의 필요를 채워 줌으로써 성장할 수 있다. 설교나 음악, 어린이 프로그램 등을 통해 '복음주의 그리스도인'이라는 하위문화를 만드는 것이다. 과거 미국 남부와 중서부 도시들을 제외하고는 '교회 쇼핑'을 하는 사람들을 끌어들일 곳이 없었다. 그런데 지난 15년 이래 도시가 부흥하게 되면서 상황이 바뀌었다. 도시들은 전국의 젊은 세대들에게 매력적인 장소가 되었다. 리디머교회의 경험은 이

■ 장소 임대와 지역 사회

도시 교회 개척의 '직무상 위험' 가운데 하나는 새 교회가 예배 장소를 정해진 시간 동안만 임대해서 예배드리는 동안만 공동체로 존재하는 것이다. 이것이 의미하는 것은 그 공간에 교회가 있다는 것을 이웃이 모른다는 것과 다른 한편으로 교회 구성원들이 '이웃을 사랑하는' 책임을 거의 느끼지 않는다는 것이다.

교회들이 장소를 임대하는 것은 중요하다. 교회 지도자들은 의도적으로 지역 사회 속으로 들어가서 살아야 한다. 그들은 지역 사회 위원회와 지역 모임들에 참여해야 한다. 그리고 지역 정부 관료들 및 대표자들과도 접촉해서 어떻게 지역의 필요를 섬길 수 있을지 발견해야 한다. 이것은 과거에는 리디머교회의 강점이 아니었지만, 이제는 우리가 이것을 바꾸기 위해 일하고 있으며 맨해튼의 북서부 지역에 최초의 건물을 구입하여 입주했다.

현상을 이해하는 데 좋은 예가 된다.

리디머교회는 1980년대 후반 도시 쇠퇴 시기가 막을 내리던 때에 맨해튼에서 시작되었다. 범죄율은 높았고 도시 인구는 줄고 있었으며 다른 지역에서 뉴욕 시로 이사 들어오는 그리스도인들도 거의 없었다. 리디머교회는 처음 몇 년 동안 공격적이지만 매력적인 전도를 통해 성장했다. 전도하려는 의지가 젊은 회중에 번졌으며, 5년 동안 수백 명의 사람들이 불신앙과 무교회의 배경에서 벗어나 신앙으로 돌아왔다.

1990년대 중반에 도시 재개발이 시작되었고, 기독교 배경을 가진 청년들이 도시로 이주해서 들어오기 시작했다. 1990년대 후반에는 교회가 이 사람들이 수용하고 이들이 도시를 섬기면서 신앙인으로 살아가도록 도움으로써 성장했다. 이것은 물론 아주 좋고 중요한 일이지만, 또한 전도의 결여로 이어질 수 있다. 결국 전도 없는 교회 성장으로는 도시에 더 깊이 다가서지는 못한다. 리디머교회는 이러한 위험성을 알고, 전도의 정신을 다시 불붙이는 데 헌신했다.

도시 교회는 전도에 헌신할 뿐만 아니라, 도시 전도의 복잡성에 대해서도 헌신해야 한다. 모든 도시 주민에게 사용될 수 있는 '만능열쇠'(one size fits all) 같은 방법이나 메시지는 존재하지 않는다. 예를 들어, 런던에 있는 그리스도인 사역자가 스코틀랜드 출신 무신론자와 파키스탄 출신 무슬림에게 정확히 똑같은 방식으로 복음을 나누는 것은 불가능하다. 그렇지만 이 둘은 모두 목회자의 문자적인 이웃이 되기도 한다. 도시 전도는 다양한 문화들이 가지는 가장 큰 소망들, 두려움들, 관점들, 그리고 기독교에 대한 반대들을 깊이 알고 있어야 한다. 다양한 방법과 장소를 창조적으로 사용하는 것이 필요하며, 위대한 용기가 필요하다.

여섯째, 도시 사람들에게 매력적이면서도 도전적인 설교를 한다.

도시 환경에 있는 설교자들에게 가장 큰 도전은 아마도 세속적인 사람들과 믿지 않는 사람들이 회중에 섞여 있다는 점일 것이다. 물론 도시 회중도 다른 곳에서처럼 신자들로만 구성될 수 있지만, 도시 생활의 역동성 때문에 안 믿는 사람들이 함께 모여 있기가 더 쉽다.

도심에는 미혼자의 비중이 매우 높다. 싱글인 그리스도인이 믿지 않는 다른 싱글을 교회 모임에 데리고 오는 것이 그리스도인 가정이 믿지 않는 가정 전체를 교회에 오게 하는 것보다 훨씬 더 쉽다. 미혼자들은 다른 사람들과 상의할 필요 없이 독자적인 결정을 내릴 수 있으며, 집 밖에서 많은 시간을 보내며, 새로운 경험에 보다 더 열려 있다. 또한 도시는 '자동차 문화'가 아닌 보행자 문화여서 사람들이 거리를 걷다가, 또는 단지 궁금해서 교회에 들어오는 일이 드물지 않다. 마지막으로, 도시는 사람들이 '성공하러' 오는 곳이기에 엄청난 스트레스 아래 살아가는 사람들이 많다. 대가족으로부터 단절된 경우도 많다. 결과적으로 도시인들은 종종 영적인 탐색 모드이며, 사람들과의 연결이나 소속감에 목이 마르다.

도시 설교자들이 마주하게 되는 도전은 신자들을 교육하면서도 동시에 비신자들을 끌어들이고 전도하는 설교를 어떻게 하느냐이다. 조언만 살펴보자.

1. 예수 그리스도와 그분의 사역에 근거해서 정신적 권면을 담은 설교를 하도록 하라. 우리가 그리스도를 믿고 그분의 구원 사역을 적용할 때만 진정한 삶을 살 수 있다는 것을 보여 주어야 한다. 이런 식으로 비신자들은 매주 복음을 듣게 된다. 그리고 신자들은 그들의 이슈와 문제들이 해결되는 것을 경험한다.

2. 당신의 회중이 가진 전제들을 주의 깊게 살펴보라. 예를 들어 모든 사람들이 성경을 신뢰한다고 간주하지 말라. 성경의 관점으로 이야기할 때는, 다른 신뢰 받는 권위자들이 성경에 동의한다는 것을 보여 주는 것이 필요하다. 그것을 통해 성경에 대한 신뢰도를 높일 수 있을 것이다. "보십시오. 성경은 이미 수세기 전에 지금의 과학이 입증하는 것을 말해 왔습니다."

이것은 청중이 당신의 논점을 받아들이는 데 많은 도움이 된다. 물론 설교 끝에는 오직 하나님의 말씀에만 의존하게 될 것이다. 그러나 설교의 첫 단계에서는 비신자들이 성경에 대해 갖고 있는 의심에 대해 존중을 보여 줌으로써 그들이 따라오도록 해야 한다.

3. 의심하는 사람들을 배려하라. 서너 개의 설교 요점 중에 한 가지는 안 믿는 사람들의 의심이나 관심을 다루는 데 할애하라. 당신의 머릿속에서 사람들이 기독교에 대해 가지는 커다란 10개의 반대 의견들을 다루라. 종종 그것들을 다루는 특정 성경 구절들이 존재한다. 사람들이 신앙에 대해 가지는 전형적인 질문들을 존중심을 갖고 다루라. 유다는 우리에게 이렇게 상기시킨다. "어떤 의심하는 자들을 긍휼히 여기라"(유 1:22). 절대로 "모든 지성적인 사람들은 나처럼 생각해"라는 인상을 주지 말라. "기독교 교리가 터무니없게 들릴 수 있다는 것을 압니다, 그렇지만 이것을 한번 생각해 보겠습니까?"라고 주저 없이 말하라.

4. 다양한 집단들에게 직접적으로 말하라. 그들이 거기에 있다는 것을 당신이 알고 있다는 것을 보여 주라. 마치 그들과 직접 대화하듯 하라. "당신이 그리스도에게 헌신한다면, 당신은 이것을 생각할 것입니다. 그러나 이 본문은 그러한 두려움에 대해서 이렇게 대답합니다." 또는 "당신이 그리스도인이 아니라면, 또는 믿는 내용을 확실히 모른다면, 당신은 분명히 이것이 편협한 것이라고 생각할 것입니다. 그런데 이 본문이 바로 그 주제에 대해 말하고 있습니다."

5. 당신의 태도를 주의하라. 뉴욕 시의 세속적인 젊은이들은 인위적인 것이면 어떤 것이라도 극단적이고 예민하게 반응한다. 너무 번지르르한 것이나, 너무 절제된 것이나, 너무 반듯하게 준비된 것은 마치 세일즈맨처럼 보이게 할 것이다. 만일 설교자가 남성과 여성에 대한 배타적 발언을 하거나, 그들의 종교에 대해 비하적인 발언을 하면 안 된다. 그리고 만약 그들이 강요받는다고 느끼거나, 진정성이 없다고 생각하거나, 또는 교회 특

유의 내부 용어를 듣는다면, 더 이상 교회에 나오지 않을 것이다. 특히 설교자가 소리를 내지른다면, 강압적이라고 느낄 것이다. 미국 중부에서는 열정적으로 들릴 것 같은 설교가 어떤 도시 문화에서는 위압적인 고함 소리로 들릴 수 있다.

6. 청중이 알고 있는 책이나 잡지, 블로그, 영화, 연극 등에 대해서, 그리고 도시의 일상적인 경험에 대해서 깊은 친숙함을 보여 주라. 그것들을 언급하고 성경의 빛으로 해석하라. 그러나 반드시 여러 스펙트럼을 통해서 경험하라. 사람들의 아주 다양한 의견들을 알고 존중하고 소화하는 것만큼 도시적인 것은 없다.

나는 뉴욕에 오고 난 후 처음 몇 년 동안, 정기적으로 〈The New Yorker〉(뉴요커, 세련되고 세속적), 〈The Atlantic〉(애틀랜틱, 절충적), 〈Nation〉(네이션, 역사가 깊음, 세속적인 좌파), 〈The Weekly Standard〉(위클리 스탠다드, 보수적이지만 박학한) 〈The New Republic〉(뉴 리퍼블릭, 절충적이고 해박함), 〈Utne Reader〉(유튼 리더, 뉴에이지 방식), 〈Wired〉(와이어드, 실리콘밸리 자유주의), 〈First Things〉(퍼스트 띵즈, 보수 가톨릭) 등을 꾸준히 읽었다. 잡지들을 읽으면서 저자들과 기독교에 대해 대화하는 모습을 상상한다. 그리고 거의 반드시 설교 아이디어를 스크랩하곤 한다.

일곱째, 예술과 창조성을 중시한다.

미국 인구 조사에 의하면, 1970년과 1990년 사이에 자신을 '예술가'로 기술하는 사람들의 수가 73만 7천 명에서 1백 70만 명으로 두 배 이상 늘었다. 1990년부터 예술가의 숫자는 다시 16퍼센트 증가하여 거의 2백만 명에 이르고 있다. 전문적인 예술가들은 압도적으로 대도시 지역에 거주한다. 또한 예술은 도시에서 인정을 받으며, 비도시 지역에는 예술에 대한 직접적인 관심이 거의 없는 편이다.

도시 교회들은 반드시 이것을 인지하고 예배와 사역의 예술적 표현에 있어서 높은 표준을 가져야 한다. 만일 그런 표준을 가지지 못한다면 교회는 평균적인 도시 거주민들에게 문화적으로 동떨어지게 느껴질 것이다. 도시민들은 심지어 거리에서 접하는 노래와 공연에서도 예술적 탁월성에 익숙해 있다.

또한 도시 교회들은 예술가들을 단지 유용한 기술을 가진 사람들로 대하지 말아야 한다. 오히려 그들을 예배자이며 청취자로서 바라보며 교류해야 한다. 그들의 일에 대해 인정하고 그들의 존재를 공동체가 소중히 여긴다는 것을 표현해야 한다. 이는 다양한 방법으로 이루어질 수 있다. 한 가지는 당신의 지역에서 특정한 예술의 역사를 예민하게 아는 것이다(예를 들어 내슈빌은 음악의 중심지이고. 뉴잉글랜드와 중서부에는 작가들이 많다. 뉴멕시코는 시각 예술의 중심지이다).

시간을 들여서 당신의 교회에 있는 예술가들과 음악가들의 작품을 감상해 보라. 그래서 지역 예술 공동체의 특성과 작품이 어떻게 만들어지는지 그 과정을 이해하라. 좋아하는 콘서트나 공연을 보기 위해 멀리 나가는 대신, 최선을 다해 지역 예술가 및 음악인들과 협력하라. 예술가의 재능을 활용할 때는 단순히 지시를 내리지 말고 음악과 예술이 어떤 식으로 이루어져야 하는지에 대한 그들의 의견을 받아들이라.

—

하나님은 당신의 목적을 위해 우리에게 도시를 주셨다. 비록 죄가 도시를 해쳤지만, 우리는 무너진 도시를 고치기 위해 복음의 자원들을 사용해야 한다. 예수께서도 도시로 가서서 "성문 밖에서"(히 13:12) 십자가에 죽으셨다. '성문 밖'은 성경적으로 버림받음을 의미하는 비유이다. 예수님은 당신의 은혜로 우리가 다가올 도시의 시민이 되게 하시려고 과거의 도시를 포기하셨다(히 11:10; 12:22). 그리고 우리가 현재의 도시 안에서 소금과 빛이 되게 하신다(마 5:13-16).

그래서 우리는 하나님의 모든 백성이 도시의 전략적 강력함을 깨닫고 받아들이기를 촉구한다. 그리고 지구의 모든 위도와 경도에 있는 교회들이, 도시 안에 있으라는 또한 도시를 섬기라는 긴급한 부르심에 반응하기를 바란다. 도시 비전은 하나님이 도시에 대해 갖고 계신 창조의 의도를 이해하는 것이며, 하나님의 백성이 인간의 도시 안에서 하나님의 도시 시민이 되게 하는 것이다.

토론과 성찰을 위한 질문들

1. 만약 당신이 도시에 살고 있지 않다면, 도시 비전이 당신의 현재 사역의 유효성을 제고하는데 어떻게 작용하겠는가?

2. 주변에서 집적화는 어떻게 나타나고 있는가? 당신의 지역에는 어떤 종류의 직업이나 기술, 창조자, 또는 문화 형성자들이 많은가? 이 사람들에게 직접적으로 사역할 기회를 포착했는가? 집적화에 반응하는 교회가 되고 있는가?

3. "우리는 도시 자체가 우리에게 복음을 얼마나 많이 제시하는지 알아야 한다. 도시는 새로운 방식으로 우리가 복음의 능력을 발견하도록 도전한다."
이런 일이 일어나려면 무엇을 해야 한다고 제시하는가? 당신은 이런 일을 경험한 적이 있는가?

4. 도시를 위한 교회의 일곱 가지 특성 중에서 어떤 것이 당신의 현 교회에 나타나고 있는가? 교회 외부의 사람들은 이에 대해 무엇이라고 답할 것 같은가?

주

1. 프랜시스 쉐퍼의 "작은 사람도, 작은 장소도 없다"는 설교가 생각난다. Francis A. Schaeffer, "No Little People, No Little Places," in *No Little People: Sixteen Sermons for the Twentieth Century* (Downers Grove, Ill.: Inter-Varsity, 1974); 다음을 보라. www. sbts. edu/resources/ files/2010/02/sbjt_062_schaeffer. pdf (2012년 1월 24일 접속).

2. 이러한 점을 나에게 설득력 있게 강조해 준 리처드 코어킨(Richard Coekin)에게 감사드린다.

3. 위의 책, 36.

4. 위의 책.

5. 매우 전문적인 설명이기는 하지만 이에 대해서는 다음을 참조하라. Edward L. Glaeser, Cities, Agglomeration, and Spatial Equilibrium (New York: Oxford University Press, 2008).

6. 위의 책, 1.

7. Elizabeth Currid, "How Art and Culture Happen in New York: Implications for Urban Economic Development," Journal of the American Planning Association 73:4 (Autumn 2007): 454-467.

8. 위의 책, 454.

9. 위의 책.

10. Ryan Avent, *The Gated City. How America Made Its Most Productive Places Ever Less Accessible* (Amazon Digital Services. Kindle Single, 2011)

11. Edward Glaeser, *The Triumph of the City: How Our Greatest Invention Makes Us Richer, Smarter, Greener, Healthier*, and Happier (New York: Penguin, 2011), 35.

12. 어떤 사람들은 나에게 이런 지적을 했다. 요나가 '도시를 사랑하지 않아서' 책망 받았을 때 (욘 4:10-11), 그는 도시의 사람들을 사랑하라고 도전을 받은 것이지, '도시 생활'이나 '사회구조로서의 도시'를 사랑하라고 도전받은 것이 아니라는 점이다. 요나 본문에서 이것은 분명한 사실이다. 그럼에도 불구하고 '도시의 긴장' 장에서 우리가 살펴본 것처럼, 성경은 도시를 긍정적인 사회구조로 본다. 많은 성경 신학자들, 예를 들어 앙리 블로셰르(Henri Blocher)나 메레디스 클라인(Meredith Kline)은 심지어 도시를 하나님의 창조라고 주장한다. 실제적으로 이야기해서, 도시에서 열매 맺기 원하는 그리스도인들은 반드시 최소한 도시 생활의 강점과 이점에 대해 긍정적으로 받아들여야 한다.

13. Wendell Berry, *Citizenship Papers* (Berkeley, Calif.: Counterpoint, 2004), 116.

14. Mark T. Mitchell, "Wendell Berry and the New Urbanism: Agrarian Remedies, Urban Prospects," Front Porch Republic (March 20, 2011), www.frontporchrepublic. com/2011/03/ wendell-berrys-new- urbanism-agrarian-remedies-urban-prospects/ (2012년 1월 24일 접속).

15. 솔직히 고백하건대 국제 도시들 안에 교회들을 개척하는 것이 나의 가장 큰 열정이다. 이는 우리와 연관된 국제적 선교 단체인 리디머 시티투시티의 주요 초점이기도 하다 (www. redeemercitytocity.com을 방문해 보라).

16. Glaeser, Triumph of the City, 126, 259. 이 책에서 글레이저는 리처드 플로리다의 관점을 주의 깊게 비판한다. 곧 젊고, 트렌디하고, 예술적이고, 탈 전통적이고, 대안적인 라이프스타일을 가진 사람들이 모일 때 도시가 번영한다. 글레이저는 도시가 '핵심적인 공공 서비스'(안전한 도로, 좋은 학교 등등)에 집중해야 한다고 주장한다.

17. Edmund Clowney, *The Church* (Downers Grove, Ill.: Inter-Varsity, 1995).

18. Jane Jacobs, *The Death and Life of Great American Cities* (New York: Vintage, 1961), 117.

{ Part 5: 문화 참여}

교회,
도시 문화를 이끌라

01
현대 문화에 대응하지 못하는
교회들의 위기

현대 미국 교회는 교단들 간의 논쟁들로 고동치고 있다 오늘날 우리가 교회 안에서 보게 되는 논쟁들은 성경의 권위에 관한 것과 이신칭의 및 가정과 교회에서의 남녀의 역할, 예배 방식, 전도 방법 등 다양하다. 그리고 교회와 사역의 본질에 대한 토론을 비롯하여 하나님 나라의 의미, 하나님의 성품(열린 신론과 사회적 삼위일체 등), 바울에 대한 새로운 관점, 교회의 선교 목적, 진리의 본질과 인식론을 둘러싼 질문 등 보다 학구적인 토론들도 있다.

이것들은 표면적으로는 다양한 교리적 논쟁으로 보인다. 그러나 종종 이러한 이슈들 아래에는 그리스도인들이 어떻게 주변 문화를 대할 것인가에 대한 질문이 잠재해 있다. 어떤 사람들은 교회의 메시지가 외부인들에게 점점 이해하기 힘든 것이 되었기 때문에, 우리가 문화에 더 적응해야 한다고 말한다.

반면 또 다른 사람들은 교회가 문화에 너무 많은 영향을 받았기 때문에 우리가 현대 사회의 조류에 대해 대항적 자세를 취해야 한다고 주장한다. 대부분의 교회 지도자들은 중간 어딘가에 있을 뿐 어디에서 맞서고 어디에서 적응할지 분명한 입장을 취하지 못하고 있다.

결과적으로 교회는 이전의 교단들과 신학적 전통을 넘어 갈라지고 있다. 침례교, 장로교, 성공회, 루터교, 감리교, 그리고 오순절의 각 교단들 안에는 문화에 어떻게 참여해야 하는지에 대한 깊은 이견들이 잠복해 있다. 사실 현대 미국 교회를 분열시키는 이보다 더 큰 이슈는 없다고 볼 수 있다. 이런 갈등을 촉발한 것은 과연 무엇일까?

문화 변동

20세기 초반, 근본주의-현대주의 논쟁의 결과로 미국의 교육 및 문화 기관의 상당수가 자유주의와 세속주의의 세력 아래로 들어가게 되었다. 그러자 미국의 보수적 그리스도인들은 자신들만의 수많은 기관들을 창설함으로써 이에 대응했다. 대학, 잡지, 출판사, 라디오 및 텔레비전 방송국 등이 생겨났다.[1]

미국의 주류 문화 기관들은 전통적인 기독교 교리는 거부하지만, 여전히 전반적인 기독교의 도덕 가치들을 심어 갔다. 그리고 대부분의 사람들은 전반적으로 기독교의 가르침과 일치하는 관점들을 견지했다. 권위에 대한 존경, 성 도덕, 부채와 물질주의에 대한 경계, 검소함에 대한 강조, 개인의 책임, 그리고 가정이 여기에 해당한다. 20세기 중반 이전까지, 서구 사회의 보수적 그리스도인들은 대부분 자신의 이런 문화를 기본적으로 편안하게 받아들였다.

그러다가 20세기 중반에 이르러 서구 문화는 조금 더 급격하게 변하기 시작했다.[2] 영국과 유럽 교회의 출석률은 2차 세계대전 이후 급락했다. 미국의 경우, 교회 출석과 종교 생활은 대전 후에 일시적으로 증가했지만, 1960년대 후반에는 거대한 문화적 변화가 있었다.

로버트 퍼트남과 데이비드 캠벨의 저서 《미국의 은혜》에서 저자들은 이것을 미국 사회와 기독교 및 교회에 일어난 '충격'이라고 불렀다.[3] 오래된 애국주의의 이상, 국가적 자부심뿐 아니라 전통적인 도덕 가치, 특히 성적 관습에서, '근본적인 기조 전환'과 신뢰의 위기가 발생했다. 도덕적 권위 자체가 의심되기 시작한 것이다.

미국에서는 새로운 분위기가 분노로 분출되었으며 1960년대 젊은이들의 문화 속에 폭넓게 확산되었다. 할리우드와 텔레비전 방송사들은 서서히 이 분위기를 받아들이기 시작했다. 1969년에 등장한 두 편의 유명한 서부 영화 〈진정한 용기〉와 〈내일을 향해 쏴라〉는 충돌하는 두 세계관을 잘 반영하고 있었다. 전자는 전통적인 미덕의 관점을, 후자는 선악 및 도덕 권위에 대한 전통적 이해를 갈아엎는 관점을 가졌다.

1952년에 미국인의 75퍼센트는 종교가 그들에게 '개인적으로 매우 중요하다'고 응답했다. 그러나 1970년대 중반에 이르러 동일한 응답을 한 사람의 비율은 절반 아래로 떨어졌다. 교회 출석은 1958년 인구의 50퍼센트에서 1969년에 40퍼센트로 떨어졌다. 역사상 가장 짧은 시간에 가장 급격하게 감소한 것이다. 더 놀라운 것은 20대들의 교회 출석률 감소이다. 1957년에는 20대의 51퍼센트가 교회에 출석했는데, 1971년에 와서 그 숫자가 28퍼센트로 감소했다.[5]

그러나 그리스도인들에게 가장 두드

■ 유럽의 문화 변동

프랜시스 쉐퍼의 자서전을 보면 유럽의 문화 변동이 얼마나 빠른 속도로 진행되는지 잘 살펴볼 수 있다. 그는 1940년대, 3년 동안 유럽에 선교사로 파송되었다. 그곳에서 그는 아주 세속화 된 젊은이들과 대화를 시작했는데, 그런 사람들은 당시 미국에는 존재하지도 않던 때였다. 쉐퍼는 1950년에 미국 교회에서 연설을 했다.

"저는 대륙에서 만난 비그리스도인 학생들을 보고 놀랐습니다. 그들은 아무것도 믿지 않을 뿐 아니라, 믿지 않는 데 필요한 판단을 내릴 수도 없다고 느꼈습니다. 확실성에 대한 신념이 없는 것은 물질주의적 무신론보다 더 심각합니다. 그들에게 세상이란 거대한 분자 덩어리들이 떠돌아다니는 것과 같은데, 그들은 한편으로 도망쳐야 한다고 생각하면서 다른 한편으론 멈추어야 한다고 생각합니다."[4]

러진 변화는 미국의 공공기관들과 제도들이 삶과 도덕에 대한 유대교-기독교 신념을 더 이상 지지하지 않게 된 것이다.[6] 이러한 변화 이전에 미국인들의 사고방식은 대부분 '기독교화' 되어 있었다. 그들은 대개 인격적인 하나님, 천국과 지옥의 존재, 도덕적 권위와 심판의 개념을 믿었다. 그리고 그리스도인의 윤리를 기본적으로 이해하고 있었다. 복음 제시는 이 모든 것들을 전제로 하여 사람들의 죄를 책망하고 그리스도의 구속의 필요성을 받아들이게 하는 것이었다.

그러나 꽤 많은 미국인들에게 그러한 생각들은 아주 약화되거나 없어지게 되었다. 복음을 단순히 거부되는 것에 그치지 않고 이해하기 어렵게 되었다. 심지어 점점 더 반대하게 되었다. 서구 그리스도인들이 전에 알았던 세상은 이제 더 이상 존재하지 않는다. 전통적인 기독교 방향으로 기울어 있던 사회는 이제 존재하지 않는다. 문화는 교회가 더 이상 무시할 수 없는 문제로 대두되었다.

개인적인 사례를 봐도 이런 변화를 살펴볼 수 있다. 나의 부모님은 1920년대에 태어난 복음주의적인 그리스도인이었다. 장인 장모님은 같은 시대, 같은 주(펜실베이니아 주)에서 태어났지만 비그리스도인이었다. 만일 이 네 분에게 부부의 정절에 대해서나, 동성애 또는 낙태에 대한 질문을 던진다면 이분들은 같은 대답을 했을 것이다.

그 외에도 거의 모든 경제와 윤리 이슈에 대해 -예를 들어 부채라든지, 국가적 자부심이라든지, 애국심이라든지- 거의 동일한 대답이 돌아왔을 것이다. 그 시대는 기본적인 도덕 신념에 있어서 문화적 일체성이 있었기 때문이다.

물론 복음주의자들은 대개 흡연이나 음주, 비속한 표현, 영화관에 가는 것 등에 대해 반대했다. 그럼에도 불구하고 사람들이 복음을 이해할 수 있는 기본적인 '정신 구조'가 문화적 제도 가운데 형성되어 있다고 간주해도 괜찮았다.

1940년대에 그리스도인 사역자가 젊은이들을 붙잡고 "똑바로 살아라!"고 말하면 그들은 그 뜻을 이해했었다. 하지만 1970년대에 이르러서는, "똑바로 살아라!"고 말하면 그 대답으로 돌아오는 것은 "똑바로 사는 것의 정의가 무엇입니까?"라는 말이었다. 요즘은 또 바뀌었다. "나는 의견이 다릅니다. 그리고 당신이 뭔데 나에게 당신 생각을 강요합니까?"

이러한 변화가 일어나기 전에는 비신자들이 그리스도인이 되기 위해서 많은 교리들을 배우면서 하나님이 그들의 생각보다 훨씬 더 거룩하다는 것을 알아야 했지만, 하나님이 존재하시는 것과 불순종에 진노하시는 것을 납득해야 할 필요는 없었다. 그들은 자신의 생각보다 훨씬 더 하나님으로부터 단절되어 있다는 것을 알아야 했지만, 죄나 도덕, 초문화적 절대 가치가 있다는 것 등에 대해선 납득시킬 필요성이 없었다.

사람들은 예수님께서 그들을 구하기 위해 무엇을 하셨는지 정확히 볼 필요성은 있었지만, 예수님의 존재와 성경에 기록된 것들을 행하셨다는 것을 먼저 확증할 필요는 적었다. 또한 구원이 공로가 아니라 믿음으로 된다는 것을 배워야 했지만, 사실상 당시 거의 모든 사람들은 어떤 종류의 구원이나 혹은 내세에 대한 믿음을 갖고 있었다. 마지막으로 사람들은 믿음과 공로의 차이점에 대해서 들어야 했고, 어떻게 자신이 공로에 의지하고 있는지를 들어야 했다. 그들은 복음을 제시하는 이들에게 "오, 나는 그것을 몰랐어요. 어떻게 하면 제대로 할 수 있나요?"라는 말을 하곤 했다.[7]

요컨대 복음주의자들은 청중이 기독교 신앙의 메시지를 적어도 이성적으로 이해할 것이라는 기대감을 가질 수 있었다. 기독교 메시지는 상당 부분 신뢰할 만하고 긍정적인 것으로 받아들여졌다. 복음주의자들이 할 일은 사람들로 그리스도를 받아들일 필요성을 확신시키고 하나님께 개인적인 헌신을 하도록 성령님의 능력을 의존하여 촉구하는 것이었다.

복음 제시는 비교적 단순했으며, 회개와 믿음의 필요성을 강조하는 것이었다. 성경의 하나님이 존재하는 것과 그분의 성품이 어떠한 것을 설명하거나 현실에 대한 기독교 인식의 기본 틀을 구축하는 막대한 작업은 하지 않아도 되었다. 게다가 사람들을 교회로 오게 하는 것도 어려운 일이 아니었다. 교회의 일원이 되는 것이 대개 좋은 일로 여겨졌기 때문이다. 사실 지역 사회에서 존경 받기 원하는 사람들은 지역 교회 출석을 필수적인 일이라고 생각했다.[9]

그런데 주류 문화 제도가 기독교를 지지하지 않기 시작한 이래로 많은 그리스도인들이 사회에서 자리를 잃은 것처럼 느끼게 되었다. 특히 젊은 청년들은 전형적인 복음 제시에 대해 혼란스러워하고, 거부하고, 적대적이 되어 갔다.[10]

1990년대 중반에 이르러 미국의 보수적 교회들이 사회 문화로부터 빠르게 단절되고 있었음을 많은 이들이 감지하게 되었다. 이는 1970년대와 1980년대에 '구도자 교회 운동'(Seeker-Church Movement)을 통해 교회를 현대인에게 더 매력적인 장소로 만들려고 애썼음에도 불구하고 벌어진 일이다.

로버트 퍼트남과 데이비드 캠벨의 연구 결과 이 관점의 타당함이 증명되었다. 일찌감치 기성 교단들의 수는 감소하기 시작했고, 보수적 교회들도 서서히

■ 전통 문화로부터의 변동이 생긴 까닭

전통적 도덕 가치로부터 서양 문화가 멀어진 이유를 서양 지성사를 통해 알 수 있다.

예를 들어 계몽철학이 사회에 끼친 영향을 살펴보자. 계몽사상의 기본 원리는 지식에 대한 새로운 접근이었다. 개인은 전통이나 관습이나 도덕을 신뢰해선 안 되었다. 어떤 것도 권위로서 당연히 받아들여선 안 되었다. 모든 것은 자기 스스로의 이성으로 증명되어야 했다.[8]

한편 낭만주의의 발흥도 원인을 제공한다. 과학과 이성에 대한 강조에 반발하여 등장한 낭만주의는 이성보다는 감정과 경험을 강조했다. 그렇지만 아주 개인주의적이며, 물려받은 전통, 도덕 가치, 그리고 종교적 신앙에 대해서 계몽사상의 합리주의만큼이나 적대적이었다.

다른 한편 지적 믿음도 사회적 양상을 형성하며, 뿐만 아니라 새로운 사회 현실도 신앙에 영향을 미쳤다.

예를 들어 자본주의가 전통 가치를 침식한 것도 원인이다. 항공 여행, 텔레비전, 피임, 그리고 인터넷 등의 기술 발전도 도덕적 가치와 전통적 공동체를 해체하고 개인적 자유와 선택을 확대시키는 데 영향을 주었다.

로버트 퍼트남(Robert Putnam)과 데이비드 캠벨(David Campbell)의 보고에 따르면, 1970년에서 1985년 사이에 (18세에서 29세의) 청년들 중에 자신이 복음주의적 신앙인이라고 생각하는 이들이 19퍼센트에서 26퍼센트로 증가했다.

반면, '종교적 선호 없음'이라고 밝힌 청년들은 13퍼센트에서 11퍼센트로 감소했다.

그런데 지난 20년 동안, 이런 추세가 뒤집어졌음을 발견할 수 있다. '종교적 선호 없음'이라고 표시하는 청년들이 거의 30퍼센트까지 올라갔다. 반면 자신을 복음주의자라고 생각하는 청년들의 숫자는 15퍼센트로 떨어졌다. 퍼트남과 캠벨은 이렇게 보고했다. "1980년대 중반에, 복음주의자들은 종교가 없는 이들보다 2배 많았다. 그러나 2008년에는 종교가 없는 사람들이 복음주의자들보다 1.5배 많아졌다."[11]

미국 청년들이 어떻게 기독교 신앙에서 멀어졌는지에 대한 대중적인 연구 보고에 대해서는, 데이비드 키내만과 게이브 라인언스의 *UnChristian*(그리스도인답지 않은)을 참조하라.

감소하기 시작했다. 이 문화 변동의 원인은 아직까지 논란의 대상인데, 한 가지만은 확실하다. 복음주의적 그리스도인들이 더 이상 문화에 무관심해지기 힘들어졌다는 것이다.

경건주의의 태도

20세기 미국 복음주의 교회는 문화에 어떻게 대응했는가? 그들의 기본적인 입장은 문화에 관심을 기울이지 않고, 회심을 강조하며, 개인의 영적 성장에 치중하는 것이었다. 그 중심에 있어서 이것은 그리스도와 문화 사이의 유일한 모델은 아니었다. 어떤 사람들은 이것이 문화적 단절이나 적대 형태라고 말한다. 그러나 나는 이것이 문화에 대한 부정적 관점이라기보다는 무관심이라고 생각한다. 그들에게 문화는 단지 관심사가 아니었다. 문화에 많은 관심을 가지는 것은 바른 신앙에 방해가 되는 것으로 여겨졌다.

젊은 그리스도인들에게 제시된 이상적인 모델은 예술가나 기업 지도자들이 아니라 목회자와 선교사들이었다. 문화에 참여하는 것이 나빠서가 아니라 단지 중요하지 않았던 것이다. 모든 사람들은 전임 사역자가 되어 세계를 복음화하는 일에 동기 부여를 받았다.

물론 어떤 면에서 이것은 문화에 참여하는 모델이었다. 왜냐하면 종종 다음과 같은 말이 포함되곤 했기 때문이다. "그렇다. 이 사회는 온전하지 않지만 세상을 바꾸려면 한 영혼씩 전도하여 그들을 제자로 훈련시켜 변화시키는 것이다. 세상에 진정한 그리스도인이 충분히 많이 있다면 사회는 보다 정의롭고 도덕적으로 변화될 것이다."

나는 이 관점을 '경건주의'라고 부른다. 이 단어는 17세기 중앙 유럽의 독일어권 교회에서 일어난 운동에서 나왔다. 그 운동의 강조점은 교리적 정확성보다는 영적 경험이었으며, 성직자 주도보다 평신도 사역에 주력했다. 그리고 지성과 사회 질서를 변화시키려는 노력보다는 선교와 개인적 제자훈련을 강조했다.[12] 마크 놀(Mark Noll) 교수는 독일 경건주의가 현대 영어권 세계에서 일어난 복음주의의 주요 원천이라고 주장한다.

다른 원천들로는 청교도주의와 웨슬리와 휫필드의 부흥주의가 있다. 이런 여러 흐름이나 뿌리들이 문화에 대한 태도가 동일한 것은 아니다. 독일 경건주의는 국가와 문화에 대해 매우 순응적이었다. 반면 청교도주의는 그렇지 않았다. 미국의 근본주의가 20세기 전반에 경건주의로 빠져 들어갔을 때, 역사적으로 다른 어떤 뿌리들보다 이에 더 의존했다.[13]

그런데 지난 15년 사이에, 미국의 많은 복음주의 그리스도인들은 경건주의의 태도를 버렸다. 서구 사회가 (비교적 갑작스럽게) 탈기독교 사회로 변동하면서 많은 그리스도인들이 무관심을 깨고 나왔다. 주류 문화 기관들이 그들에게 호의적이거나 친절하기를 기대하는 것은 점점 더 어려워졌다. 그들은 문화에 대해 생각해야 할 필요성을 느끼게 되었다. 싸우거나, 재건하거나, 적응하거나, 또는 의도적으로 단절해야만 했다.

우리의 사회적 현실이 변화되지 않았다 하더라도, 경건주의적 무관심에는 중대한 결함들이 있다. 우선, 많은 이들이 그리스도인의 숫자가 증가

하면 사회가 개선되거나 변화할 것이라는 경건주의적 입장을 앞세웠다. 그러나 제임스 헌터가 강력하게 주장하듯, 숫자가 늘 영향력으로 연결되지는 않는다. 한 나라 인구의 80퍼센트가 그리스도인이라고 할지라도, 여전히 문화적 영향력이 거의 없을 수 있다. 그들이 문화의 중심부에 살지 않으며 문화를 형성하는 영역들인 학문, 출판, 미디어, 연예, 그리고 예술 등의 영역에서 일하지 않을 때 그렇다.[14] 더 많은 그리스도인들이 존재한다면 사회가 개선될 것이라는 가정은 더 이상 타당하지 않다. 사회에 진짜 영향력을 끼치기 원한다면 전도만으로는 충분하지 않다.

경건주의적 태도를 받아들인 또 다른 사람들은 문화를 개선시키려는 어떤 노력도 타당한 목표가 아니라고 주장했다. 19세기 전도자인 드와이트 무디는 다음과 같은 유명한 말을 남겼다. "나는 세상을 난파된 배로 봅니다. 하나님은 나에게 구명선을 주시면서 '무디야, 네가 할 수 있는 한 모두 구해라'고 말씀하셨습니다."[15] 이것은 경건주의적 사고의 전형적인 모습이다. 이 주장은 다음과 같다. "사람들이 영적으로 길을 잃고 죽어 가는데 문화에 관여할 필요가 있는가? 중요한 것은 전도와 개인의 제자훈련이어야 한다."

그러나 이 관점은 사람들을 전도에 준비시키도록 하는 문화의 역할에 대해서는 무지하다. 어느 목사가 나에게 자신이 어떻게 이 진리에 대해 깨닫게 되었는지를 설명한 적이 있다. 그는 교회에서 가장 뛰어나고 명석한 사람들이 세속 직업을 갖기보다는 전임 사역자가 되도록 격려했었다.

그런데 몇 십 년이 지나면서 그가 깨닫게 된 것이 있었다. 점점 더 많은 사람들이 그의 복음 메시지에 동의하지 않을 뿐만 아니라, 옳고 그름이나 죄, 은혜의 기본 개념도 이해하지 못하고 있었던 것이다. 그는 고백했다. "만일 그리스도인들이 단지 전도만 할 뿐, 소설을 쓰지 않고, 영화를 만들지 않고, 작품들을 전혀 제작하지 않는다면, 곧 사람들에게 기독교의 기본 개념 자체가 생소해져서 내가 설교하는 것을 이해하지 못하게 될 것입니다." 이런 일이 이미 일어났다고 주장해도 무리가 아니다. 문화에 변동이 생기면서 문화에 대해 무관심한 경건주의적 태도가 가지는 심각한 문제점들이 하나둘씩 드러났다.

경건주의적 입장은 제자훈련 과정에서 문화가 하는 역할에 대해서도 막연하다. 현실은 이렇다. 교회가 문화에 대해서 생각하지 않거나 문화의 어떤 부분이 선하고, 악하고, 또는 중립적인지를 성경적으로 생각하지 않는다면, 교회 구성원들은 문화에 동화되고 말 것이다. 거슬러 올라가려는 반대 방향의 동기에도 불구하고 그렇게 된다.

문화는 복잡하고, 미묘하고, 그리고 피할 수 없는 것이다. 이는 상황화의 작업에서 살펴본 바이기도 하다. 만일 계획적으로 문화에 대해 생각하지 않는다면, 무슨 일이 일어나는지 알지 못한 채 동화되고 말 뿐이다. 흥미로운 예로 전도 중심적, 경건주의적 전통을 가진 교회들이 '구도자 중심적인' 사역 모델을 쉽사리 수용한 것을 들 수 있다. 이는 소비주의와 개인주의의 문화적 가치를 전달하는 그 기술 자체에 대해서는 숙고하지 않은 채 마케팅과 판촉의 현대 기법

■ 상징 자본 (Symbolic Capital)

제임스 헌터는 《기독교는 어떻게 세상을 변화시키는가》에서는 미국 내의 많은 복음주의자들이 삶을 어떻게 살아야 하는지에 대해서 영향력이 너무나 적었다고 주장한다. 도시의 학문적, 문화적 센터에 살며 큰 압력을 행사하는 소수 그룹들보다 적었다는 것이다(예를 들어 유대인과 동성애 그룹은 소수이지만 도시 중심부에 모여 살면서 자신들의 영향력을 많이 행사한다-역주).

헌터가 주장하는 바는, 문화가 '상징 자본'을 따라서 움직인다는 것이다. 만일 당신이 하버드대학에서 사회학을 가르친다면, 네브라스카의 전문대학에서 사회학을 가르치는 것보다 훨씬 '자본'이 많은 것이다. 당신의 주장은 많은 이들에게 더 확실하게 들릴 것이다. 당신이 주장을 피력하거나 관점을 펼칠 문들이 더 많이 열릴 것이다. 당신의 관점이 훨씬 진지하게 받아들여질 것이다.

오늘날 정통 신앙을 가진 그리스도인은 미국 인구의 30퍼센트 정도이지만, 문화 기관과 도시 센터에서 이들의 영향력은 매우 적다. 그래서 인간이 사회에서 어떻게 살아야 하는지에 대해 나머지 70퍼센트에게 거의 또는 전혀 실제적인 영향을 끼치지 못하는 것이다.

만을 도입한 것이다.

여러 모델들의 출현

문화에 대한 경건주의적 모델로부터 벗어나려는 움직임은 그 시작이
미약했다. 1940년대 근본주의 교회 출신의 젊은이들 몇 명이 하버드대학
과 보스턴대학에서 박사과정을 공부했다.[16] 그중 한 명인 칼 헨리(Carl F. H.
Henry)는 문화가 전반적으로 기독교에 기초한 것처럼 보인다고 하더라도,
기독교 교리가 없는 사회에서 장기간 유지되는 것은 불가능하다는 것을
깨닫게 되었다. 그의 혁신적인 책《복음주의자의 불편한 양심》(*The Uneasy
Conscience of Modern Fundamentalism*)에서, 칼 헨리는 성경을 믿는 개신교인들에
게 주류 문화 제도에 다시 들어가도록 요청했다. 그리고 그리스도인으로
서 '기독교의 세계관'을 가지고 학문이나 법률, 예술 등 공공영역에서 문화
에 참여할 것을 요청했다.[17]

그로부터 20년 후, 프랜시스 쉐퍼는 그리스도인들에게 같은 방식으로
문화에 참여하라고 말했다. 그는 복음주의자들 가운데 대중적 관심을 받
게 된 최초의 인물이었다. 그리스도인 대학생들이 디즈니 영화를 관람하
는 것도 허락되지 않던 시절에, 쉐퍼는 실존주의, 펠리니와 버그만의 영화,
레드 제플린의 노래 가사, 그리고 잭슨 폴락의 예술 작품에 대한 그리스도
인의 관점을 제시했다.[18]

경건주의적 관점이 퇴조하면서, 복음주의자들은 그리스도와 문화의
관계에 대한 모델을 탐색했는데[19] 이는 이전까지는 전혀 불필요했던 일이
었다. 대안으로 떠올랐던 최초의 시도들은 '기독교 세계관' 사상에 그 뿌리
를 두었는데, 특히 네덜란드의 아브라함 카이퍼가 주창한 것이 중심이었
다. 초창기 카이퍼의 관점은 '영역 주권'(sphere sovereignty)이라는 말로 표현
되었다. 그것은 1880년 암스테르담의 자유대학에서 행한 강의로 카이퍼

는 대학에서 의학, 법률, 자연과학, 그리고 예술이 기독교 원리의 기초 위에 연구되고 실행되어야 한다고 주장했다.

그는 "모든 연구자들과 함께, 모든 분야와 모든 제자훈련에서" 기독교 원리가 미쳐야 한다고 보았다. 카이퍼는 "우리 정신세계의 어떤 파편도 다른 나머지로부터 해석학적으로 밀봉될 수 있는 것은 없다"라고 주장했다. 그리고 "인류 존재의 전 영역에서 만유의 주재이신 그리스도가 '나의 것'이라고 외치지 않는 것은 단 1평방 인치도 없다!"[20]는 유명한 말을 했다.

인간의 모든 활동과 생산에는 목적이 있고 비전이 있다. 또한 궁극적 실재와 삶의 의미에 대한 특정 이해의 토대 위에서 이루어진다. 그러한 이해가 활동과 생산이 어떻게 수행되어야 하는지를 결정한다. 그러므로 문화적 생산은 그리스도인들이 해야 하는 것이며, 그리스도인들은 하나님의 영광에 부합하는 방식으로 그것을 해야 한다. 달리 말하면 그리스도인들은 문화에 온전히 참여해야 한다.[21]

북미에서 카이퍼 방식의 문화 참여에 대한 관점은 처음에는 개혁주의 신학과 관련 있는 일련의 사상가들과 기관들의 지지를 받았다. '신 칼빈주의'(Neo-Calvinism)이라고[22] 명명되었던 이 운동은 그리스도인들이 구별된 기독교 세계관을 갖고 직업을 수행함으로써 문화에 참여하고 문화를 변혁하도록 요청했다.

20세기 중반에는, 고든 클라크, 칼 헨리, 그리고 특히 프랜시스 쉐퍼와 같은 저자들이 미국의 복음주의자들 가운데 세계관의 사상을 대중화시켰다.[23] 프랜시스 쉐퍼, 제임스 사이어와 여러 대중적인 작가들의 저작을 통해 이 개념은 폭넓게 확산되었다. 이것은 북미 복음주의 교회들에서 주일학교 교육과 청소년 프로그램의 주요 부분이 되었다고 말해도 타당할 것이다. 조엘 카펜터가 하버드대학의 케네디 스쿨에서 발표한 논문에 따르면, 카이퍼 유의 세계관 전통이 북미 복음주의권의 고등교육 제반을 이끌었다.[24]

카이퍼 계통의 세계관 운동 옹호자들은 정치적으로는 자유주의에 가까웠다. 그들은 유럽 스타일의 중앙 경제와 정의 및 소수 인권에 강조점을 둔 정부 확대를 지지했다. 그런데 1970년대와 1980년대에 미국 기독교 세계관 운동의 또 다른 진영인 종교적 우파가 대두하기 시작했다.

제리 팔웰(Jerry Falwell)과 같은 근본주의 그리스도인들은 경건주의적 입장을 노골적으로 지지하면서, 세계관 운동을 저버렸다. 팔웰과 동료들은 미국 문화가 도덕적 가치를 빠르게 버리고 있다고 믿었으며, 보수적 그리스도인들이 공화당 내에서 정치적 힘을 가지도록 이끌었다.[25]

종교적 우파는 세계관 개념을 많이 사용하였으며, '문화 변혁'이라는 개념도 많이 활용했다. 심지어 이런 생각들을 보수 정책을 지지하는 정치적 행동으로 직접적으로 연결시켰다. 세속주의 가치를 추구하는 주(state)들은, 단지 낙태와 동성애를 지지하기 때문만이 아니라, 축소되어야 할 대상으로 보았다.[26] 보수적 정치 철학은 세금을 내려야 한다고 보았으며, 민간 부문과 개인의 자유, 그리고 군대를 강화해야 한다고 생각했다.

종교적 우파들은 성경적 세계관에 근거해서 모든 보수 아젠다(agenda)를 정당화하곤 했다. 이 운동으로 그들은 기독교 세계관으로 정부를 이끌 정치 지도자가 필요하다는 주장을 했다. 여기서 기독교 세계관이란 대개 작은 정부, 낮은 세금, 강한 군대, 낙태 및 동성애에 대한 반대를 의미했다.

문화적 변동에 대한 두 번째 반응은 종교적 우파와 같은 시기에 나타났다. '구도자 교회 운동'이 성장한 것이다. 이 운동은 시카고 교외의 윌로우크릭교회의 지도 아래에서 1970년대 후반에 시작되었으며 1980년대에 명성을 얻게 되었다.[27] 이 운동의 뿌리 중에 한 가지는 선교학자 도날드 맥가브란의 생각에서 영향 받은 교회 성장 운동이다.

맥가브란은 비그리스도인들이 신자가 되기 위해서 주요 문화 장벽을 뛰어넘도록 요구받아서는 안 된다고 가르쳤다. 구도자 교회 운동은 이런 원리를 염두에 두면서 문화 변화를 감지했고, 기독교가 비신자들에게 점점 더 문화적으로 이질화되고 있음을 발견했다.

여기에서 제시된 해결책은 (경건주의적 입장을 고수하는 사람들의 교회와 같은) '예전 같은 교회'도 아니며, 또한 (종교적 우파와 같은) '복수의 정치 세력'도 아니었다. 대신 이 운동은 교회의 부적합성에 대해 빈번히 말했으며, "교회를 재구성"하려고 했다. 주로 사업 분야에서 사용하는 세련된 마케팅과 생산 관리 기법을 차용함으로써 교회를 안 다니는 세속적인 사람들에게 호소하려고 했다.[28]

이러한 두 가지 반응은 문화를 무시하거나 비난하는 경건주의적 입장에서 벗어난 주요 흐름들이었다. '종교적 우파'는 공격적으로 문화를 바꾸려고 한 반면에, '구도자 교회 운동'은 그리스도인들에게 문화에 밀접한 적합성을 가지라고 요청했다. 그런데 오래지 않아 그리스도인들은 문화 변동뿐만 아니라 '이런 반응들'에도 반응하기 시작했다. 1990년대 후반에 젊은 복음주의자들 사이에 새로운 트렌드가 등장했다. 곧 '이머징 교회'(the emerging church)로 알려진 운동이다.[31]

이머징 교회는 계속되는 문화 변동

■ 정치, 신 칼빈주의, 그리고 종교적 우파

신 칼빈주의와 종교적 우파 사이의 정치적 차이점을 이해하는 한 가지 열쇠는 로마서 13장 3-4절이 국가의 역할에 대해서 무엇을 말하는지에 대한 해석과 관련이 있다. 신 칼빈주의자들은 이 본문을 통해 정부가 두 가지 기본 역할을 가지고 있다고 본다. 죄를 지은 사람을 처벌함으로써 정의를 집행하는 것과 사회의 약하고 가난한 사람들의 기본적인 복지를 담당하는 것이다.[29] 종교적 우파는 이에 대해 로마서 13장이 국가의 두 개의 기능 중에 첫 번째만을 가리키고 있다고 가르친다. 곧 정부는 법의 집행자로서만 일하는 것이다. 경찰과 법적 체계, 그리고 군사적 보호를 반드시 지원해야 하며, 그것이 전부라고 보는 관점이다.[30]

■ '두 왕국'과 변혁주의 모델들

개혁주의 진영 안에서 문화 변혁에 대한 카이퍼의 관점을 옹호하는 사람들과 '두 왕국' 관점을 지지하는 사람들 사이의 논쟁에 대해서는 댄 스트레인지가 잘 요약하고 있다.[32] 스트레인지는 두 진영을 '공통 왕국' 모델과 '고백적 왕국' 모델이라고 불렀다(우리는 이들을 각각 '두 왕국' 관점 및 변혁주의 또는 신 칼빈주의 관점으로 부를 것이다).

스트레인지는 두 왕국 모델의 지지자로 메레디스 클라인, 마이클 호튼, 대럴 하트, 스티븐 그래빌, 켄 마이어스, 그리고 데이비드 반드루넨을 꼽는다. 그는 변혁주의 모델의 지지자로 코넬리우스 밴 틸, 번 포이스레스, 피터 레이하르트, 그리고 존 프레임을 꼽는다.

앞으로의 장들에서 우리는 이 모델들이 문화와 어떻게 연관되는지를 풀어낼 것이다. 여기에서는 이 논쟁에 상대적으로 적은 수의 저자와 독자들이 참여하고 있음에도 불구하고 우리의 관심을 기울일 충분한 가치가 있음을 확인한다.

그것은 개혁주의의 복음주의 세계가, 비록 숫자에 있어서는 적지만, 폭넓은 복음주의 공동체 교육기관과 출판을 통해서 압도적인 영향을 끼치고 있기 때문이다. 그리고 이것은 세계의 여러 다양한 전통과 교단들 안에서 보수적인 그리스도인들을 나뉘게 하는 문화의 논쟁들을 이해하는 창문이 된다.

에 대한 또 다른 반응이었다. 당시 '기독교 국가의 종언' 및 '현대성의 종말'을 선언하는 책들이 쏟아져 나왔다. 레슬리 뉴비긴은 서구 교회에 '서구 문화와 선교사적 만남'을 가지라고 요청했다.[33] 그리고 1990년대 후반, 일단의 학자들이 뉴비긴의 기본 통찰에 근거하여 《선교적 교회》(*Missional Church*)라는 제목의 책을 출판했다.[34] 문화와 관련하여 '선교적 교회'와 '이머징 교회'는 새로운 길을 지칭하는 명칭이 되었다.

그렇다면 이 새로운 길이란 도대체 무엇일까? 사실상 이것은 여러 가지 다른 길들이다. 많은 젊은 복음주의 지도자들은 도덕적 다수 운동 및 구도자 교회 운동의 마케팅 방법론이 문화와 적합한 관련성을 이루는 데 실패했다는 것에 동의한다. 그들이 보기에 도덕적 다수 운동은 교회가 진정한 성경적 사고방식과 생활을 따르기보다 미국 국가주의와 자유시장 자본주의에 어리숙한 충성을 바쳐 포로가 된 것이었다. 다른 이들은 신앙을 개인주의와 소비주의에 매절한 것으로 보고 구도자 교회 운동을 거부했다. 많은 그리스도인들은 이 두 그룹이 서구적, 현대적, 계몽적 문화의 포로가 되었던 것으로 본다.

이에 대한 반동으로 선교적 교회와 이머징 교회에 참여한 사람들은 보다 넓은 인간 사회에 정의를 행하고 봉사할 것을 강조했다. 이것은 종교적 우파나 구도자 교회는 물론 더 오래된 경건주의 교회들이 강조하지 않았던 것이다. 이머징 교회 지도자들은 또한 (프랜시스 쉐퍼가 초창기에 그랬듯이) 문화 형성에 참여하는 것과 세속 직업의 선함을 강조했다.

이 운동의 세 번째 강조점은 영성 추구와 관상적 영성에 있다. 이것은 역사적으로 로마 가톨릭 및 동방 정교와 연결되는데 종종 영적 훈련들로 채택되었던 것이다.[35] 이것들은 소비자 지향적 구도자 운동에 대한 대안으로써 제시되었다.[36]

그런데 선교적 교회와 이머징 교회는 정체성을 반쯤만 확인할 수 있는, 다른 수많은 운동들로 금세 분열되었다. 흥미롭게도 그 분열의 상당 부분은 기독교가 문화에 어떻게 연결되어야 하느냐에 대한 것이다. 이머징 교회 옹호자들은 그들이 원하지 않는 것이 무엇인지 안다. 경건주의가 취하는 문화에 대한 무관심, 종교적 우파들의 승리주의, 그리고 많은 구도자 교회가 지닌 성찰 결여가 그것이다.

그러나 그들은 어떻게 문화에 연결되어야 하는지에 대한 이상적 모델에 대해서는 동의하지 않았다. 어떤 교회들은 젊은 세대들의 모순적 감수성에 적응했다. 이머징 경향의 또 다른 교회들은 스탠리 하우어워스와 존 하워드 요더 같은 작가에 크게 영향 받아 '신 재세례파'(New Anabaptist) 관점을 선택했다.

다른 모델들 사이의 논쟁은 교단과 전통들 내부에서 열띤 논쟁으로 이어지고 있다. 한 예는 카이퍼 유의 '문화 변혁' 관점을 수십 년간 견지했던 보수적 개혁교회 공동체 안에서 일어나고 있다. 최근 몇 년 동안 전적으로 다른 관점이 발전해 왔는데, 그것은 '두 왕국 모델'이라고 불리는 것이다. 이 그룹은 카이퍼 식의 관점과는 반대로, '하나님 나라의 일'이 문화를 변혁하고 구속하는 것을 포함하지 않는다고 주장한다. 그들은 다만 교회를 세우는 것이 있을 뿐이라고 말한다.

그리고 두 왕국 관점을 지지하는 사람들은 그리스도인들이 다른 사람들과 동일한 시민으로서 세상에 살아야 한다고 믿는다. 삶은 바름, 옳고 그름, 선한 질서 등에 대해 보편적으로 수용되는 직관을 따라 사는 것이다. 달리 말해서, 그리스도인들은 기독교의 기준이나 신앙을 반영하도록 문화를 변혁하려 해서는 안 된다는 주장이다.

오늘날 우리는 무엇을 보고 있는가? 그리스도와 문화의 관계는 역사적 모델들이 재발견되고, 실험되고, 수정되고, 논쟁하는 것이다. 다음 장에는 이런 모델들 중에서 가장 두드러진 모델에 대하여 자세히 살펴볼 것이다.

개인적으로 다른 사람들의 관점을 비판하는 데 많은 시간을 사용하는 것이 유익하지 않다고 생각한다. 오히려 긍정적인 행동 계획을 세우는 데 많은 시간을 할애하는 것이 낫다. 그러나 이 부분에 대해서는 사려 깊고 명료한 비판을 하는 것이 실제적으로 많은 도움이 될 것이다. 모델들을 나란히 놓고 살펴본다면, 그 모델들의 영향력을 이해하고 그들이 동의하지 않는 모델들의 입장을 '해석하는 것'이 도움이 될 것이다.

마지막으로 모델들을 분석하는 주된 목표는, 문화에 관여하는 최선의 방법을 찾고 여러 극단들 사이에서 균형을 맞추려는 것이다. 우리가 조사할 모델들은 특정 중요 진리들을 확고히 붙잡고 있지만, 다른 중요한 진리들은 무시하는 경향이 있다. 결과적으로 각각의 모델에는 가장 순수한 형태에서의 성경적 균형이 없다. 우리는 미끄러질지도 모르는 가파른 비탈에 서 있다. D. A. 카슨이 말하는 것처럼 "온전한 설명이나 명확한 명령" 같은 것은 없다.[37] 그러므로 보다 균형 잡힌 접근을 위해서, 기독교를 문화에 연결 짓는 몇 가지 모델들의 다양한 지평을 살펴보도록 하자.

토론과 성찰을 위한 질문들

1. "현대 미국 교회는 교단들 간의 논쟁들로 고동치고 있다"는 말을 생각해 보라. 당신의 신학적 공동체나 교단 내부에서 시간을 많이 요하거나 심각한 논쟁을 유발하는 것들이 있는지 목록을 기록해 보라. 그중에 무엇이 문화 변동에 의한 것이며, 어떤 것이 그리스도와 문화에 대한 공동체의 관점과 관련되는가?

2. 전통적 가치로부터의 이탈할(예를 들어 권위의 부정, 과격한 개인주의, 기술 발전 등) 때는 명분들이 있다. 하지만 그 명분에도 불구하고, 복음 메시지는 사람들에게 '점점 더 이해하기 힘든 것'이 되어 버렸다. 당신의 문화 맥락에서 복음을 소통할 때 이런 것을 경험했는가? 복음의 어떤 면이 사람들에게 가장 어렵게 다가오는가?

3. 경건주의를 지지하는 사람은 이렇게 주장한다.
- 세상을 변화시키는 방법은 한 번에 한 영혼씩 전도와 제자훈련을 통해 변화시키는 것이다.
- 그리스도인의 수를 증가시키면 사회가 개선되거나 변화할 것이다.
- 그리스도인들이 문화를 개선하려고 하는 것 자체가 적절한 목표가 아니다.
이 장을 읽고서 당신은 이러한 반대들에 대해 어떤 생각이 드는가? 경건주의적 입장이 지닌 강점과 약점은 무엇인가?

4. 문화 변동에 대한 다양한 종교적 반응들 중에 어떤 것에 참여했었는가? 역사적 개관이 당신의 경험에 부합하는가?

주

1. 이 이야기는 다음에 잘 나와 있다. Joel A. Carpenter, *Revive Us Again: The Reawakening of American Fundamentalism* (New York: Oxford University Press, 1999).

2. 제2차 세계대전 이후 전통 가치들과 기독교에 대한 강한 반발이 생겨났다. 그것은 미국보다 영국과 유럽에서 훨씬 강하게 일어났다. 이것은 미국의 복음주의적 기독교가 대중에 어필했기 때문이다. 다음을 보라: Alister Chapman, "The Educated Evangelicalism of John Stott," http://blogs.westmont.edu/magazine/2009/11/09/the-educated-evangelicalism-of-john-stott/(2012년 1월 30일 접속). 다시 말해서 미국의 대중적 복음주의 기독교는 빈곤층과 노동자 계층 사이에서 호소력 있게 작용하여 미국 사회를 전통적으로 만드는 데 기여했다. 사람들은 이것이 변화를 가져왔다고 믿는다(다음을 참조하라. Robert D. Putnam and David E. Campbell, *American Grace: How Religion Divides and Unites Us* [New York: Simon and Schuster, 2010).

3. 퍼트남과 캠벨은 사회 변화가 실제로 두 단계에 걸쳐 일어났다고 설명한다. 1960년대 기성 교단들에 속한 많은 교회들이 1960대의 반문화적 사상에 동화되었다. 이는 교회들에 대한 반발로 일어난 현상인데, 이로 인해 1970년대 후반부터 1990년대 초반까지 많은 미국인들이 기성 교단을 떠나 보다 복음주의적이고 보수적인 교회로 이동했으며 이 교회들의 힘이 커지게 되었다. 그 결과 1960년대의 관점을 격렬히 비난하는 기독교 우파의 발흥이 가속화되었다. 그런데 퍼트남과 캠벨에 의하면 기성 교단들이 극좌와 일치되었던 것과 마찬가지로 복음주의적 교회들은 1990년대 정치적 극우와 일치하게 되었다. 그래서 비슷한 방식으로 보수적 교회와 가치로부터 35세 이하의 사람들이 대거 떠나는 일이 일어났다. 그 사이에 1960년대의 젊은 과격주의자들은 '주요 문화 기관들을 장악'하는 작업을 완수했으며, 특히 미국의 학계와 연예계, 언론계를 장악하였다. 그 결과로 미국 사회, 특히 동서부 해안가의 대도시들은 유럽과 캐나다와 비슷한 정도로 공공 문화 가운데 기독교 교리와 정신을 경멸하게 되었다. (참고하라. Putnam and Campbell, *American Grace*, 91-133).

4. 다음에서 인용하였다. Barry Hankins, *Francis Schaeffer and the Shaping of Evangelical America* (Grand Rapids: Eerdmans, 2008), 42.

5. 이 수치는 다음 책에서 인용한 것이다: Putnam and Campbell, *American Grace*, 97-99.

6. 예를 들어 1950년대 세실 드밀(Cecil B. DeMille)의 영화 〈십계〉를 만든 영화사는 십계명 기념비를 수백 개의 공공건물(공원, 법정 등)에 보내어 설치하도록 했다. 그것들은 받아들여져 온갖 곳에 설치되었지만 아무도 눈살을 찌푸리지 않았다. 하지만 지난 20년 동안에는 그런 기념물이 당연히 격렬한 소송과 논쟁의 대상이 되었다.

7. 이 문단의 내용은 70년대와 80년대 내가 버지니아의 작은 마을에서 개인 전도를 하면서 경험한 것들에 근거하고 있다. 그곳의 사람들은, 지난 수백 년 동안 서구인이 그랬던 것처럼 문화적으로 '기독교화'되어 있었다. 그렇지만 복음을 이해하는 사람은 거의 없었으며 활발한 개인적 신앙을 가진 사람도 드물었다.

8. 다음을 보라. Peter Gay, *The Enlightenment: The Rise of Modern Paganism*, vol. 1 (New York: Norton, 1995); idem, *The Enlightenment: The Science of Freedom*, vol. 2 (New York: Norton, 1996).

9. 나는 전에 경영학 선구자 피터 드러커의 강의를 들은 적이 있다. 그는 1950년대 뉴욕 대학에

서 가르치기 위해 뉴욕으로 이사 와서 집을 사려고 모기지를 신청하러 갔을 때 놀랐던 이야기를 들려주었다. 그는 은행 직원으로부터 교회나 회당에 다니는지(그는 오스트리아 출신이다) 질문을 받았다고 한다. 왜 그런 질문을 하는지 물었더니 직원이 이렇게 답했다고 한다. "교회나 회당에 다니지 않는 사람을 우리가 어떻게 믿겠습니까?"

10. 다음을 보라. Putnam and Campbell, *American Grace*, 124-125.

11. 위의 책, 125.

12. 다음을 보라. Philip Jacob Spener, Pia Desideria, trans. Theodore G. Tappert (Minneapolis: Fortress, 1964).

13. Mark Noll, *The Rise of Evangelicalism: The Age of Edwards, Whitefield and the Wesleys* (Downers Grove, Ill.: Inter-Varsity, 2003), 60-65.

14. 다음을 보라. James D. Hunter, *To Change the World: The Irony, Tragedy, and Possibility of Christianity in the Late Modern World* (New York: Oxford University Press, 2010), 90.

15. 다음 책에서 인용한 것이다. William McLoughlin, *Modern Revivalism: Charles Grandison Finney to Billy Graham* (Eugene, Ore.: Wipf & Stock, 2005), 257.

16. 이 이야기는 다음에서 나온다. Owen D. Strachan, "Reenchanting the Evangelical Mind: Park Street Church's Harold Ockenga, the Boston Scholars, and the Mid-Century Intellectual Surge" (unpublished PhD diss., Trinity Evangelical Divinity School, 2011).

17. Carl F. H. Henry, *The Uneasy Conscience of Modern Fundamentalism* (Grand Rapids: Eerdmans, 1947).

18. 다음을 보라. Hankins, *Francis Schaeffer*, 63. 핸킨스는 쉐퍼의 업적을 두 가지로 정리한다. 그가 유럽에 있었을 때(1950-1960년대), 쉐퍼는 젊은 복음주의자들에게 세계관을 보급했고, 공공 영역으로 들어가서 사회에 영향을 끼칠 수 있는 그리스도인 특유의 방식들을 가르쳤다. (see Hankins's ch. 5: "Progressive Prophet of Culture"). 그는 그 후에 미국으로 돌아와서(1970-1980년대) 기독교 우파의 기초를 놓았다(see Hankins's ch. 8: "A Manifesto for Christian Right Activism"). 다시 말해서 쉐퍼는 나중에 우리가 '변혁주의자 모델'이라고 부르는 흐름 속에 있었다. 그는 생의 여러 단계에서 신 칼빈주의 사상가이며 기독교 우파 행동가로 살았다.

19. 나는 경건주의적 관점을 그리스도와 문화의 모델에 포함하지 않는다. 이것은 그리스도와 문화 모델의 부재 그 자체이다. 심지어 '안티 모델'이라고 볼 수도 있다. 의도적인 단절을 주장하는 문화 모델은 인간 문화에 대해 특정한 (부정적인) 견해를 성경과 문화로부터 주장한다. 그러나 경건주의 관점은 문화 자체를 무시하며 아무 상관없이 대하는 자세이다.

20. Abraham Kuyper, "Sphere Sovereignty," in *Abraham Kuyper: A Centennial Reader*, ed. James D. Bratt (Grand Rapids: Eerdmans, 1998), 488. The entire address is found on pp. 463-490.

21. 카이퍼는 "과학에서의 일반 은총"이라는 에세이에서 다음과 같이 기록한다. "하나님의 생각이 사물의 본질에 대한 핵심을 형성한다. 하나님의 생각이 물질의 형태와 외양과 삶의 법칙

과 운명을 결정짓는다." 그는 이것을 회중시계에 비유한다. 아이라면 "금색 케이스에, 다이얼 판이 있고, 시침, 분침이 있다"로 생각할 것이다. 그러나 시계 안에 무엇이 있어서 째깍거리는지, 째깍거리는 목적이 무엇인지를 이해하지는 못 한다. 소리를 내는 것이 목적이 아니라 시간을 측정하는 것이 목적이라는 것을 모른다. 시계의 용도가 무엇인지를 이해하기 전까지 이해하지 못하는 것이다. 그것이 좋은 시계인지 나쁜 시계인지 평가할 수도 없다. 카이퍼는 비그리스도인이 세계를 보는 것이 아이가 시계를 보는 것과 비슷하다고 말한다. 오직 하나님의 말씀을 통해서 왜 세상이 존재하며 움직이는지를 이해하는 사람만이 그것을 안다. 그렇다면 기독교 세계관으로 교육과 일이 이루어지는 것은 어떤 것인가? 그것은 "피조 세계 안에 담아두신 하나님의 생각을 펼치도록 인간에게 부여하신 능력"을 사용하는 것이다(Bratt, *Abraham Kuyper: A Centennial Reader*, 444).

22. 신 칼빈주의로 분류되는 철학가들에는 아브라함 카이퍼(Abraham Kuyper), 헤르만 도이에베르트(Herman Dooyeweerd), 헤르만 바빙크(Herman Bavinck), 알버트 월터스(Albert Wolters), 리처드 마우(Richard Mouw), 알빈 플랜틴가(Alvin Plantinga), 니콜라스 월터스토프(Nicholas Wolterstorff), 코넬리우스 플랜틴가(Cornelius Plantinga), 조지 마스덴(George Marsden), 에반 러너(Evan Runner), 칼빈 시어벨트(Calvin Seerveld), 크레이그 바톨로뮤(Craig Bartholomew), 마이클 고힌(Michael Goheen), 그리고 제임스 스킬렌(James Skillen)이 있다. 기관으로는 미시간 그랜드래피즈의 칼빈칼리지, 칼빈신학교, 시유 센터의 도르트칼리지, the CCO(Coalition for Christian Outreach) 및 매해 열리는 Jubilee Conference, 캐나다 온타리오의 리디머대학, 워싱턴 D.C의 the Center for Public Justice in Washington, D.C. 그리고 일리노이 팔로스 하이츠에 있는 트리니티기독교대학 등이 있다. 이 운동에 대한 개괄적 설명에 대해서는 다음을 보라. Derek Melleby, "Neo-Calvinism 101," www.vanguardchurch.com/neo-calvinism_101.htm (2012년 1월 30일 접속).

23. 포괄적이면서도 간단한 조사로는 다음이 있다. David K. Naugle, *Worldview: The History of a Concept* (Grand Rapids: Eerdmans, 2002). 나우글은 개신교 복음주의자의 개념을 선구적으로 발전시킨 사람들을 열거한다. 아브라함 카이퍼(Abraham Kuyper), 고든 클라크(Gordon Clark), 칼 헨리(Carl F. H. Henry), 프랜시스 쉐퍼(Francis Schaeffer). 이 개념에 대한 짧은 도입서로는 다음을 보라. James W. Sire, *Naming the Elephant: Worldview as a Concept* (Downers Grove, Ill.: Inter-Varsity, 2004), 또한 그의 고전이 된 책을 보라 *The Universe Next Door: A Basic Worldview Catalog*, 5th ed. (Downers Grove, Ill.: Inter-Varsity, 2009).

24. 카펜터(Carpenter)는 기독교 고등 교육의 옛 기초로 사용되었던 "초기 하버드대학의 르네상스 기독교 인본주의 또는 프린스턴신학교에서 한 세기 동안 주장되었던 스코틀랜드 계몽주의의 상식철학이 이제는 미국에서 거의 사라졌다"고 지적한다("The Perils of Prosperity: Neo-Calvinism and the Future of Religious Colleges," in *The Future of Religious Colleges*, ed. Paul J. Dovre [Grand Rapids: Eerdmans, 2002], 183).

25. 처음에 프랜시스 쉐퍼(Francis Schaeffer)는 그리스도인들이 예술, 대학, 기업, 미디어 등에 들어가도록 세계관을 통해 영감을 불어넣었다. 그러나 후에 그는 팔웰 및 기독교 우파 운동의 성장에 지지를 보냈다(see Hankin, *Francis Schaeffer*, 200-204). 카이퍼가 현대에 남긴 유산은 정치적으로 상당히 섞여 있다. 한편으로 신 칼빈주의는 카이퍼의 사상에 기초하고 있으며 정치적으로는 중도 또는 중도우파이다. 다른 한편으로 카이퍼는 종교적 우파의 영웅으로 이해

되고 있으며 루사사 러시두니(Rousas Rushdoony)의 추종자들과 기독교 재건주의 또는 신정주의로 불리는 진영에게 또한 영웅시되고 있다.

26. 로닐드 레이건(Ronald Reagan)은 1981년 1월 20에 행한 대통령 취임 연설에서 "정부는 문제의 해결책이 아니라 문제 자체이다"라는 유명한 말을 남겼다.

27. 빌 하이벨스 부부(Lynne and Bill Hybels)는 다음의 제목으로 윌로우크릭 교회의 이야기를 썼다. *Rediscovering Church: The Story and Vision of Willow Creek Community Church* (Grand Rapids: Zondervan, 1997), 《윌로우크릭 커뮤니티교회》, 두란노 역간, 1997).

28. 프릿차드(G. A. Pritchard)는 윌로우크릭 교회에 대한 초기 비판서를 썼다: G. A. Pritchard *Willow Creek Seeer Services: Evaluating a New Way of Doing Church* (Grand Rapids: Baker, 1995]). 구도자 예배에 구도자보다는 신자의 비중이 훨씬 많다는 것을 프릿차드는 발견했다. 카이먼 사전트(Kimon Sargeant)는 구도자 운동에 대한 또 다른 비판을 제기한다. Kimon Sargeant (*Seeker Churches: Promoting TraditionalReligion in a Nontraditional Way* [New Brunswick, N.J.: Rutgers University Press, 2000]). 사전트와 여러 사람들은 세속 경영 기법과 심리 치료계의 기법에 사역을 조정시키는 것은 교회가 그 기법 뒤에 있는 가치들을 의식치 못하고 따라가는 결과를 낳으며 기독교 메시지를 교묘하게 변질시킨다고 보았다.

29. 다음을 보라. H. Henry Meeter, *The Basic Ideas of Calvinism* (Grand Rapids: Baker, 1990), 104-105.

30. 다음을 보라. Gary North, ed., *Theonomy: An Informed Response* (Tyler, Tex.: Institute for Christian Economics, 1991), 96-123, 249-273.

31. 이머징 교회에 대해서는 너무나 많은 책들이 쓰여서 나는 그 목록을 만들 시도 자체를 안하려고 한다.

32. Dan Strange, "Not Ashamed! The Sufficiency of Scripture for Public Theology," *Themelios* 36.2 (2012년 1월 30일 접속).

33. 다음을 보라. Lesslie Newbigin, "Can the West Be Converted?" *Princeton Seminary Bulletin* 6.1 (1985): 25-37, "missional" conversation in greater detail in part 6.

34. Darrell L. Guder, ed., Missional Church: A Vision for the Sending of the Church in North America (Grand Rapids: Eerdmans, 1998).

35. 이 흐름의 선구자로는 리처드 포스터(Richard Foster)가 있다. *A Celebration of Discipline: The Path to Spiritual Growth*, 3rd ed. (New York: HarperCollins, 1988); and Dallas Willard, *The Spirit of the Disciplines: Understanding How God Changes Lives* (New York: HarperCollins, 1988).

36. 다음을 보라. Kent Carlson and Mike Lueken, *Renovation of the Church: What Happens When a Seeker Church Discovers Spiritual Formation* (Downers Grove, Ill.: Inter-Varsity, 2011).

37. D. A. Carson, *Christ and Culture Revisited* (Grand Rapids: Eerdmans, 2008), 224.

02
문화와 싸우는 교회,
문화를 외면하는 교회

미국의 그리스도인들은 수많은 복음주의자들을 경건주의적 입장에서 벗어나도록 뒤흔든 문화적 위기에 대응하여 문화와 어떻게 관계해야 할지 다음의 네 가지 방식으로 반응해 왔다. 이것을 변혁 모델, 적절성 모델, 대안문화 모델, 그리고 두 왕국 모델이라고 부른다.[1]

앞 장에서 우리는 이러한 관점들이 등장하게 된 역사적 배경들과 그 모델들을 촉발시킨 사고들을 살펴보았다. 이제는 각각의 모델에 대해 자세히 다루고자 한다. 문화 참여에 대한 센터처치 비전을 제시하기 전에 먼저 이 네 가지 범주를 확인하는 것이 보다 분명하고 중요한 작업이 될 것이라 믿는다.

모델들의 문제

지난 30년 동안, 경건주의적 입장에 대한 대안으로 떠오른 것들은 리처드 니버(H. Richard Niebuhr)의 저서 《그리스도와 문화》의 내용과 비슷하다.[2] 니버는 그리스도와 문화의 관계를 다섯 가지 기본 방식으로 제시했다.

1. 문화와 대립하는 그리스도(Christ Against Culture): 문화에서 빠져나와 교회 공동체로 들어오는 분리 모델

2. 문화 속의 그리스도(Christ of Culture): 문화 가운데 하나님이 일하심을 인정하고 이것을 확인하려는 순응 모델

3. 문화 위의 그리스도(Christ above Culture): 그리스도와 함께 문화 안에 있는 좋은 것들을 보충하고 사용하는 합성 모델

4. 그리스도와 문화의 역설(Christ and Culture in Paradox): 그리스도인이 성과 속의 두 영역에서 살고 있다고 보는 이원론 모델

5. 문화를 변혁하는 그리스도(Christ Transforming Culture): 그리스도와 함께 문화의 모든 부분을 변혁하려고 하는 회심주의자 모델

니버는 첫 번째 모델이 구속의 능력을 너무 단순하게 생각했다고 여겼다. 원죄의 영향으로부터 우리가 탈출하는 것에 대해서도 무지하다고 본다. 반면 두 번째 모델은 문화적 현 상태와 지속적인 죄의 실재에 대해서 너무 간과했다고 보았다. 세 번째 모델은 문화 그리고 그리스도에 대해서 너무 낙관적이고, 하나님의 심판의 중요성을 망각했다고 보았다. 네 번째 모델은 문화 개선의 가능성에 대해서 너무 비관적이라고 생각했다.

니버는 여러 모델들 중에서 마지막(문화를 변혁하는 그리스도)이 가장 균형을 갖춘 것이라고 보았다. 문화에 대해 분리주의나 이원론처럼 비관적이지 않으면서도 순응주의나 합성 모델처럼 순진하게 낙관적이지도 않다고 보았다.

이처럼 니버가 그리스도와 문화의 관계를 이해하는 방식으로 다섯 가지 분류를 제시했지만, 그는 이렇게 모델을 나누는 것의 인위성도 인정했다. 그는 "우리가 가설적인 분류로부터 개별 사건들의 복잡성으로 돌아와 보면, 어떤 개인이나 집단도 한 가지 분류에 완벽하게 일치하지는 않는다. 이는 분명한 사실이다"[3]라고 말했다. 모델과 범주를 구분하는 것의 위험성

■ 니버의 모델들 사이의 차이점

니버는 그의 두 모델들이 극단적으로 대치된다는 점을 이해했다. '문화와 대립하는 그리스도' 관점은 문화를 인간 타락의 표현으로 보는데 이는 가장 부정적인 관점이다. 반면 '문화 속의 그리스도' 관점은 문화를 하나님의 은혜로운 활동의 표현으로 본다. 다른 세 가지 모델들은(문화 위의 그리스도, 그리스도와 문화의 역설, 문화를 변혁하는 그리스도) 두 극단 사이에 위치하고 있다. '문화 위의 그리스도' 관점은 이 셋 중에서 문화에 대해 가장 긍정적인 관점을 취한다. 니버의 틀 안에서 모델들 사이의 차이점을 구분하는 데 다음의 예시가 도움이 될 것이다.

예를 들어 컴퓨터와 같은 특정한 문화적 산물을 생각해 보라. '문화와 대립하는 그리스도' 관점을 가진 사람은 그것이 인간 공동체를 해치기 때문에 사용을 거절할 수도 있다. '문화 속의 그리스도' 관점을 가진 사람은 그것을 하나님이 주신 것이라고 확신하며 최대한 사용하려고 할 것이다. '문화 위의 그리스도' 관점은 그것을 사용하되, 전도나 신앙적 가르침을 위해서 사용하려고 할 것이다. '그리스도와 문화의 역설' 관점을 가진 사람은 경각심을 가지고 컴퓨터를 사용하며 너무 깊이 빠지지 않도록 주의를 기울일 것이다.

마지막으로 '문화를 변혁하는 그리스도' 관점은 컴퓨터가 인간관계, 공동체, 성품에 미치는 영향을 공부할 것이다. 그리고 성경이 정의하듯, 인간의 번성을 위해 컴퓨터를 사용할 것이다.

이 글은 칼빈칼리지 홈페이지에 학생들을 위해 쓴 글을 고친 것이다. 어떤 독자들은 예시 글 가운데 변혁주의 성향을 읽어낼 수 있을 것이다.[6]

을 인정한 셈이다. 다시 말해 분류에 딱 맞아 떨어지는 사람도 있지만, 그렇지 않은 경우도 있다는 것이다.

그렇다면 왜 모델을 사용하는가? 두 가지 이유가 있다. 첫 번째는 니버 자신이 말한 바와 같다. "분류 체계 방법론에는 이점이 있는데, 그중 하나는 그리스도인들이 오래된 문제들과 긴 씨름을 하면서 그 안에서 발현하고 재현되는 반복적인 양상들의 연속성과 중요성을 주목하게끔 한다. 그래서 우리 시대 그리스도와 문화라는 질문에 답하는 데 방향성을 제시하도록 돕는다."[4]

다시 말해서, 각각의 모델에는 그 안에 흐르는 반복적인 양상들과 그리스도인이 문화를 어떻게 대해야 할지에 대한 성경적 원리가 담겨 있다. 각각의 모델은 그 주제를 강조해 온 사람들과 집단들을 모음으로써 특정 원리의 중요성을 볼 수 있게 한다.

모델을 사용함으로써 도움을 받는 두 번째 길은 그것들의 부적합성을 알게 되는 것이다. 많은 집단 및 사람들은 어떤 한 범주에 딱 들어맞지 않는다. 성경 주제들을 다 포용할 수 있는 모델은 없고, 이는 어찌 보면 당연한 것이다. 각각의 모델들 안에서 어떤 사람들은 다른 모델이 가진 통찰들을 더 적극적으로 수용한다. 반면 한 유형에 배타적 헌신을 하는 사람들도 있다. 각 모델이 종종 제대로 설명하지 못하는 부분이 있다는 것은 그 자체로 시사하는 바가 크다.[5] 교회 지도자들은 각 모델의 한계를 통해 극단과 불균형을 피하고 모든 주제들과 범주들부터 배울 수 있게 된다.

사람들이 다른 이들과 어떻게 관련되는지를 모르고서는, 곧 연속과 대조를 살피지 않고는 그들이 하는 일을 이해할 수 없다. 이것이 모델을 만드는 작업의 특성이다. 그럼에도 우리 중에 어느 누구도 어떤 범주에 한정되기를 원하지 않는다.

나는 특정 모델 안에도 여러 가지 입장들이 있음을 제시할 것이지만, 일부 독자들은 여전히 분류 당한 느낌을 가질 수 있다. 나는 이 입장들의 가장 명확하고 선명한 관점들을 상세히 기술하려고 한다. 내가 깨달은 것은 어떤 운동에 참여하는 모든 사람들이 정확히 그것과 같은 관점을 가진 것은 아니라는 점이다. 따라서 나는 개괄적인 일반화를 시도하려고 한다. 교회의 많은 씨름들 아래에 잠복한 이슈가 교회와 문화의 관계라면, 이 특정한 주제에 대한 지형도를 만들고 연구하는 것은 필수적인 작업이라고 믿는다.

변혁주의 모델

문화 참여의 첫 번째 모델은 '변혁주의 모델'이다. 이 모델은 그리스도

■ 니버와 후속 모델들

니버의 저작은 무수한 비판을 받았다. 자신들을 희화화했다고 생각하는 특정 관점의 지지자들이 특히 많은 비판을 가했다. 또한 니버가 '제국주의적 적응'을 원한다고 보는 사람들도 비판을 가했다. 기독교가 사회의 주류 신앙이 되어야 한다는 관점때문이었다.

이것은 어느 정도 사실이다. 니버는 시민 사회의 다수와 기성 개신교를 동일시했다. 만일 기독교 국가 시대가 끝났다고 생각한다면, 모든 범주를 다시 생각해야 한다는 것이 비판자들의 의견이었다. 우리는 (기독교 신앙을 권장하는 방식으로써 공식적, 국가적 요구를 하거나 비공식적, 사회적 강제력을 부과하는) 기독교 국가가 좋은 것이라고 생각하는 사람들과 더불어 그렇지 않은 사람들과도 모두 함께 해야 한다.[7]

다른 사람들은 또한 주장하기를, 다섯 개의 모델들마다 각각 최소한 두 개의 접근법이 있다고 보았다. -건강한 것과 건강하지 않은 것. 또 다른 사람들은 니버의 일이 너무나 획일적이고, 비 다원주의적 문화를 가정하며 오늘에 적합하지 않다고 주장한다.

D. A. 카슨은 니버에 대해서 쓴 비판적 저작에서, 두 번째 모델(문화 속의 그리스도)은 잘못되었고 비성경적이라고 결론을 내린다. 그리고 다른 모델들은 모두 성경적 근거들을 갖고 있으며, 특정한 시대와 환경에 타당하다고 본다. 그러나 어떤 것도 문화에 대한 성경의 주제와 가르침에 완전히 부합하는 것은 없다.[8]

통렬한 비판을 받았음에도 불구하고, 니버의 범주들은 오늘날 제안되고 권장되는 다른 접근법들과 대부분 상응하고 있다. 내가 제안하는 네 가지 모델들도 니버의 《그리스도와 문화》에 나오는 역사적 모델들과 분명히 관련성이 있다.

이 장에서 제시하는 네 가지 모델들은 동일하지는 않지만 대략적으로 니버와 상응한다. '문화를 변혁시키는 그리스도'(변혁주의자), '문화의 그리스도'와 '그리스도 위의 문화'(적절성), '문화와 대립하는 그리스도'(반문화주의자), 그리고 '그리스도와 문화의 역설'(두 왕국).

제임스 헌터는 니버의 세 가지 모델을 '방어'(변혁주의자), '적절'(적절성), '순수'(반문화)의 범주로 비판하고 있다. 그의 비판은 니버가 처음 제시했던 모델들의 장단점을 잘 이해하는 데 도움이 된다.

인들이 기독교 세계관으로 직업을 추구함으로써 문화에 관여하고, 그를 통해 문화를 바꾸는 것에 초점이 있다. 그리스도의 주재권이 삶의 모든 영역에 적용되어야 한다고 믿기 때문에 -경제, 사업, 정부, 정치, 문학, 예술, 언론, 미디어, 과학, 법률, 교육 등- 그리스도인들은 문화를 변혁하기 위해 힘써야 한다. 즉 (문자적으로) 세상을 바꾸는 것이다. 앞에서 말한 것처럼, 이 모델은 네덜란드 신학자이며 정치가인 아브라함 카이퍼의 사상과 업적에서 많은 영향을 받았다.

카이퍼는 이 토론에 두 가지 근본적인 통찰을 제공했다. 우선, 그리스도인들은 삶의 모든 영역에서 그리스도인으로서 구별되게 생각하고 행동해야 한다. 그것은 모든 문화적 행동들이 (최소한 암묵적으로라도) 신앙적 가치의 집합을 전제로 이루어지기 때문이다. 모든 사람들은 무언인가 궁극적인 관심사에 의해 움직이며, 그것을 예배한다. 그것이 무엇이든지 간에 그것이 우리의 문화적 결과물들을 형성한다.

카이퍼의 두 번째 통찰은 이것이다. "그리스도인들은 인간 문화와 제도를 공유하는 가운데 비그리스도인들과 상호작용하면서 생각과 말과 행동의 방식들을 구체화해야 한다."[9] 다시 말해 만일 그리스도인으로서 내가 기독교 신앙을 의식하고 살아간다면, 이 신앙으로 인해 모든 일들이 영향을 받게 될 것이다. 문화를 만드는 나의 작업이 사회를 어떤 방향으로든 움직이게 하는 것이다. 결과적으로 나는 문화를 바꾸게 될 것이다.

비록 내가 카이퍼의 두 가지 통찰에 근거하여 문화에 관여하는 사람들을 변혁주의 모델이라고 부르기는 하지만 이 모델 안에 있는 여러 그룹들은 적용과 실행에 있어서 상이하다는 것을 기억할 필요가 있다. 앞에서 언급했듯이, 종교적 우파 또는 기독교 우파 그룹은 문화적 변화가 무엇보다도 정치적인 이슈를 다루는 운동을 통해서 이루어진다고 보며, 그리스도의 이름으로 문화를 바꾸려고 한다.

이 운동의 초창기 설계자들은(프랜시스 쉐퍼, 척 콜슨 등) 카이퍼의 관점에 근거해서 실질적인 운동을 했다. 2008년 정치적으로 진보 성향인 칼빈주의자들의 잡지인 〈퍼스펙티브〉의 글에서는, 진보적인 신 칼빈주의자들이 지적인 영웅으로 추대했던 카이퍼의 기본 사상들이 이제는 미국 기독교 우파의 근거가 되었다는 점을 개탄하기도 했다.[10] 물론 기독교 우파는 일관성 있는 성경적 세계관이 보수적 정치 철학으로 귀결된다고 믿고 있다.

많은 사람들은 카이퍼와 기독교 재건주의, 곧 신권 정치라는 소수 운동과의 연결성을 지적하기도 했다.[11] 이 운동은 루자스 러쉬두니(Rousas Rushdoony)의 책들에 기초하고 있는데, 그는 "현대 국가는 성경의 법에 근거해야 한다"라고 주장했으며, 모세 율법 중 '시민법'의 상당 부분이 이에 기초한다고 말했다.[12] 이 견해를 추종하는 사람들은 기독교 국가의 재건을 꿈꾸며 그 국가는 기독교 신앙을 공공연하게 지지하며 다른 신앙을 가진 구성원들에게는 제한적 관용만을 베푼다. 러쉬두니는 종종 '민주주의의 이단성'에 대해 말하기도 했다.[13] 미국 바깥에 있는 다른 사람들도 "신앙고백적인 기독교 국가"라는 논거의 정당함을 입증했다.[14]

북미에서 문화 참여와 카이퍼를 연결시키는 원래 그룹들은 신 칼빈주의자들로 구성되어 있었다. 그런데 이 그룹은 기독교 우파나 재건주의자들과는 여러 면에서 현저히 달랐다. 특히 정치에 있어서 그랬다. 기독교 우파는 정치적으로 보수주의자들이며 낮은 세금과 기업 규제 완화가 개인의 자유 및 사유재산에 대한 성경적 원칙의 적절한 표현이라고 받아들였다. 그런데 신 칼빈주의자들은 정치에 있어서는 중도 좌파의 위치에 있다. 이들은 누진 과세와 강력한 노조를 성경적 정의 원리에 부합하는 정치적 표현으로 생각했다.

그리고 기독교 재건주의자 진영에 있는 사람들이 시민 정부가 명시적으로 성경적 진리와 가치를 따라야 한다고 주장하는 반면, 신 칼빈주의자들은 '원칙적인 다원주의'에 대해 이야기한다. 공직에서 일하는 그리스도인들은 정의의 원리를 추구해야 하며, 이는 비신자들에게서도 자연계시 또는 일반 은총으로 말미암아 이해될 수 있어야 한다는 것이다. 이 원리들은 성경적 원리들과 분명히 일치하는 것들이다.[15]

변혁주의 모델의 여러 그룹들 사이에 존재하는 두 번째 차이점은 '참여'(engagement)의 전반적인 전략에 있다. 기독교 우파 운동은 전형적으로 특정한 정치적 활동을 통해 문화 변화를 꾀한다. 예를 들면 낙태 금지, 동성애 반대, 그리고 가족 및 전통 가치에 대한 옹호 등이다.

반면 신 칼빈주의자들의 전략은 주로 '교육'에 집중되어 있다. 기독교 학교와 대학의 긴밀한 네트워크는 모든 학문 분과에서 '기독교적으로 생각하며' 모든 분야에서 '기독교 세계관'을 가지고 일하는 학생들을 키워내려 노력하고 있다. 이 관점은 많은 복음주의 대학과 출판사들, 대학생 선교 단체에도 영향을 미쳤다(CCO라는 단체인데, 전에는 '기독교 전도 연합'이라고 불렸다).[16]

세 번째 차이는 신학적인 것이다. 신 칼빈주의자들과 종교적 우파 운동의 큰 차이점은 신 칼빈주의자들은 사업, 예술, 직업의 영역에 대한 가이드를 만들 때 성경만 의존하지 않는다는 점이다. 이들은 창조 세계를 살펴봄으로써, '일반 계시'를 통해 우리 삶을 향한 하나님의 뜻을 분별할 수 있다고 가르친다.[18] 다시 말해 우리의 문화적 활동을 수행하는 독특한 그리스도인의 방식이 있다고 믿는 동시에 인간이 문화 속에서 어떻게 살아야 하는지 직관적으로 분별할 수 있다고 믿는다.

이러한 관점은 신 칼빈주의자들이

■ 카이퍼의 '본질적 요점'에 대한 월터 스토프의 반응

개혁주의 철학자 니콜라스 월터 스토프는 다음과 같이 썼다.

나는 성인이 된 이래 언제나 카이퍼주의자였다. 카이퍼가 교육, 정치, 경제, 예술, 또는 무엇에 대해 이야기하든, 그의 관점은 그리스도인들이 인간 활동의 공유 영역 속에서 그리스도인으로서 생각하고, 말하고, 행동하도록 부르심을 받았다는 것이다.
그는 세상 속에서 그리스도인답게 생각하고, 말하고, 행동하는 방식들이 존재한다고 주장했다. 그의 많은 추종자들이 생각하는 것과는 다르게 그는 그리스도인들이 말하고, 생각하고, 행하는 모든 것에서 비그리스도인들과 달라야 한다고 주장한 것은 아니었다. 유사하게 그는 그리스도인들은 생각하고 말하고 행동하는 것을 잘 표현할 수 있어야 한다고 생각했다.
단지 자기 영역 속에서만이 아니라 비그리스인들과 공유하는 인간의 관습과 제도들 속에서, 그들과 상호작용하면서 말이다. 이런 관점이야말로 카이퍼가 사회 속의 그리스도인에 대해서 말한 모든 것 아래 있는 것이다. 이러한 관점들은 매우 탁월한 것이다. 이러한 입장은 내가 계속해서 그리스도인으로서 이 사회에서 살아가는 데 큰 기여를 하고 있다.[17]

비신자들과 공동의 목표를 위해서 일하고 공공영역에서 덜 전투적인 자세를 취하도록 돕는다고 생각된다. 다양한 변혁주의 모델들이 상이한 관점을 취하긴 하지만, 이 모델 내에서 일하는 모든 사람들은 몇 가지 공통분모들을 가진다.

1. 그들은 세속 직업이 교회에서 목회를 하는 것과 마찬가지로, 그리스도와 그의 나라를 섬기는 데 중요한 방법이라고 본다. 그들은 그리스도의 구속 목적이 개인적 구원뿐만 아니라 창조 세계의 구속이라고 이해한다. 따라서 그리스도인들은 단지 말씀과 성례를 통해 교회를 세울 뿐만 아니라, 창조 세계를 회복하고 새롭게 하기 위해 일한다.

신학자 헤르만 바빙크(Herman Bavinck)는 하나님의 구원하시는 은혜는 "자연 바깥이나 위나 옆에 머무는 것이 아니라, 자연 전체를 새롭게 하는 것이다"라고 가르쳤다.[19] 신학자 게할더스 보스(Geerhardus Vos)는 바빙크와 같은 흐름에서, 하나님 나라가 이 세상에서 작동하는 방식을 두 가지로 본다. 하나는 교회 안에서 말씀과 성례를 통해서이며, 또 하나는 사회에서 그리스도인들이 하나님의 영광이 되도록 살아갈 때다.

보스는 이렇게 썼다. "과학의 영역, 예술의 영역, 가족 및 국가의 영역, 상업 및 산업의 영역이 있다. 이러한 영역 중 하나가 하나님의 주권과 영광스런 영향력 아래 들어올 때마다, 그 가운데 하나님의 영광이 나타날 때마다, 우리는 진정으로 하나님의 나라가 나타났다고 말할 수 있다."[20]

2. 변혁주의 모델은 다른 모델들에 비해서 그리스도인들이 일터에서 자신의 일을 뛰어나게 수행하는 것에 높은 가치를 부여하며 그것을 축하한다. 사업, 미디어, 정부, 정치, 학문, 예술의 영역에서 영향을 끼칠 수 있는 영역에 진입하는 것을 높이 평가한다.[21]

내 생각에는 이것이 변혁주의자들이 진심으로 세속 직업을 그리스도의 나라를 전파하는 진지한 방법이라고 생각하기 때문에 가능하다고 생각한다. 부가적으로 이 모델을 받아들이는 사람들은 문화를 형성하는 인간

제도의 중요성을 긍정하며 제도 속에서 살며 일하는 것을 중요하게 생각한다.[22]

3. 이 범주에 드는 모든 사람들은 '벌거벗은 공공 영역'(the naked public square)을 주장하는 세속주의가 사회의 주요 문제라고 믿는다. 관용과 중립성의 명목으로 세속주의자 엘리트들은 사회에 특정한 세계관을 요구해 왔다. 신자들이 신앙과 가치를 문화에 반영하려는 노력을 못하도록 금지시키는 것이다. 그러한 전제 뒤에는 그리스도인들이 수동적이었거나 또는 '이원론'에 빠져 있었다는 주장이 있다. 이는 믿음과 신앙을 완전히 사적인 영역으로 제한하는 것이며, 그들이 공공영역에서 살아가는 방식에 영향을 끼치지 못하도록 하는 것이다. 추후에 살펴보겠지만, 나는 이것이 정확한 평가라고 생각하며, 문화에 대해 성경적으로 신실한 관점을 개발하는 과정에서 정말 중요한 부분이라고 생각한다.[23]

변혁주의 모델의 문제들

우리는 변혁주의 모델에서 몇 가지 중요한 문제들을 확인할 수 있다. 그러나 이 모델 안에서 자기 교정이 활발히 일어나고 있음을 먼저 이야기해야 한다. 특히 이 스펙트럼 중에서도 신 칼빈주의자들이 그렇다. 따라서 나의 비평은 이 운동을 하는 멤버들이 이미 말한 것들과 상응하고 있다.

첫째, 변혁주의 모델에서 사용하는 '세계관'의 개념이 너무 인지적이다. '성경적 전제'라는 생각은 종종 순수하게 믿음과 제안의 문제라고 이해된다. 제임스 K. A. 스미스는 '기독교 세계관'의 이 양상에 대해 비판하는 *Desiring the Kingdom*(나라를 갈망함)[24]이라는 책을 썼다. 칼빈대학 교수인 스미스는 사람들이 궁극적으로 세계관을 가지고 있다는 것을 부정하지는 않는다.

그러나 그는 세계관이 이성과 정보에 의해 완벽하게 형성된 단순한 교리적, 철학적 신념들에 불과한 것은 아니라고 주장한다. 세계관은 소망과 사랑의 집합들로 형성된다. 이는 의식적이고 의도적으로 채택될 뿐 아니라 '암묵적 지식'과 '마음의 태도'로도 결정된다. 이들은 경험, 공동체적 삶, 그리고 의전(날마다의 관습)의 결과이다.

둘째, 변혁주의는 종종 '교회에 대해 저평가'하는 경향이 있다. 변혁주의자들에게 '진정한 행동'은 교회 바깥에서 이뤄지는 것으로 여겨지며, 교회 자체가 아니다.[25] 많은 변혁주의자들을 흥분시키는 것은 교회를 세워가는 것이 아니라 그리스도를 위해 문화적 장벽들을 뚫고 거기에 침투하는 것이다.

여기서 이중적 문제가 발생한다. 먼저 경건주의가 전임 사역을 귀하게 여기고 세속 직업을 폄하한 것과 비슷하게, 변혁주의는 정반대 방향의 극단으로 향할 수 있다. 엄청난 흥분과 창조적 에너지가 우주적 또는 사회적 구속에 사용되지만, 전도와 제자훈련을 통한 개인의 회심을 가져오지는 못한다.

게다가 제임스 K. A. 스미스가 지적하듯이, 세계관 형성은 (신 칼빈주의자들이 주장하듯) 교육과 토론을 통해서만 일어나는 것이 아니며, (기독교 우파가 주장하듯) 정치 과정을 통해서 주로 일어나는 것도 아니다. 그것은 오히려 우리가 포용하는 이야기들을 통해서 도출된다. 특히 우리의 마음과 상상력을 사로잡는 인간 발전의 강력한 그림을 통해서 주로 이루어진다. 이 이야기들은 우리에게 단지 강의실에서만이 아니라 다양한 원천에서 흡수하는 이야기들을 통해 제시된다.[26]

그러므로 스미스는 교회 공동체의 전례와 습관들이 세계관 형성에 있어서 결정적인 역할을 한다고 주장했다. 이것은 매우 중요한 교정이다. 이 관점은 문화 기관들에 들어가야 한다는 카이퍼의 강조점과 견고한 그리스도인 공동체에 참여하는 것을 강조하는 반문화주의자들의 강조점에 균형을 가져온다(우리는 이 점에 대해 보다 상세하게 살펴볼 것이다).

셋째, 변혁주의는 승리주의, 자기의(self-righteous), 그리고 과도한 확신 (사회에 대한 하나님의 뜻을 이해하고 실행하는 능력에 대한)을 가지는 경향이 있다. 변혁주의자들 중 "문제의 뿌리를 이해하는 능력에 대한 오만과 아울러 복음의 통찰로 사회 구조를 개선시키는 지혜에 대한 오만"이 있다고 언급하기도 한다.[27]

이러한 오만은 성경에서 얻는 통찰에 대한 과도한 확신에서 기인하기도 한다. 그 원리들을 쉽사리 경제, 예술, 정부에 적용하는 식이다.[28] 리처드 마우(Richard Mouw)는 신 칼빈주의자들이 "성경 기록에서 상세한 문화적 지침들을 발견하는 특별한 능력을 갖고 있다"라며 농담을 한 적이 있다.[29] 이는 기독교 우파 운동과 신권주의 정치사상을 가진 사람들에게 모두 적용된다. 이 위험성은 성경의 구속사적 이야기 흐름을 분별하지 못하고 완전한 기독교 문화를 상정한다는 점에 있다. 신약성경에는 레위기 같은 책이 없다. 무엇을 먹을지, 무엇을 입을지, 또는 어떻게 문화적 관습들을 규제할지에 대해 명령하는 책이 없는 것이다.

물론 기업이나 공공영역에서 일하는 그리스도인들에게, 인류 복지의 기독교적 비전을 제시하는 중요한 성경적 가치나 지침들이 있기는 하지만, 구체적으로 회사나 정부를 어떻게 운영할지에 대해서는 성경적인 계획도가 없다. 더욱이 변혁주의자들은 문화 변화를 일으키는 자신들의 능력에 대해 과도하게 확신할 수 있다. "문화를 정복하자"는 구호나 "문화를 변혁하자"는 문구 자체가 기독교가 문화를 대대적으로 혁신할 수 있다는 기대로 귀결된다.

그러나 제임스 헌터가 탁월하게 제

■ 메시지가 전달된다

신 칼빈주의자인 알 월터스(Al Wolters)는 이렇게 썼다. "인간의 부패성에도 불구하고, 창조 세계 가운데 나타나는 하나님의 메시지 중에 어떤 것들은 [비그리스도인들에게] 전달된다. … 정의와 충성, 책임과 존경에 대한 창조 규범에 대한 직접적인 강화 없이도 사람들은 행위의 규범적 표준을 직관적으로 알고 있다.[30]

■ 정치와 문화적 변화

보통 정치적 행동주의가 문화 변화로 연결되지는 않는다는 제임스 헌터의 주장은 로버트 퍼트남과 데이비드 캠벨의 흥미로운 책《미국의 은혜》에서 지지되었다. 흥미롭게도 오늘날 젊은이들이 왜 교회를 떠났는지와도 일치한다.

그것은 종교적 우파(religious right)의 '반동성애 운동'이었다. 왜 젊은이들은 동성애에 대해서 훨씬 더 자유주의적일까? 너무나 자유주의적인 나머지 성에 대한 기독교의 전통적인 관점이 유해하다고 여기며 분노하는 것일까? 퍼트남과 캠벨은, "여러 가지 이유들 중에서, TV와 영화가 이 시대에 동성애를 정상으로 만들었다"라고 말한다.[31]

다시 말하면, 어떤 그리스도인들은 입법 활동이 사람들의 태도를 바꿀 것이라고 기대했지만, 실제로 대중의 마음을 장악한 것은 대중 문화, 대학, 예술, 미디어인 것이다. 공공정책은 단지 대중을 따라가는 추세이다.

제임스 헌터는 불균형을 시정하려고 한다. 문화 변화를 위해서 정치와 행동에 과도하게 의존하는 것에 균형을 가지라고 말한다. 이것이 그리스도인이 정치나 정부에 참여해선 안 된다고 읽힐 수도 있지만, 그것은 그의 관점이 아니다.

그리스도인들은 모든 직업 속에서 그리스도를 대표할 숭고한 부르심을 받았다. 이것은 교회뿐만 아니라 공공영역에서도 적용된다.

시했듯이 인간 문화는 매우 복잡하며 어떤 수단으로도 통제되지 않는다. 그리스도인들이 만들 수 있는 모든 변화는 점진적인 것이다.[32]

넷째, 변혁주의는 문화 변화의 방법으로 너무 많은 지분을 정치에 둔다.[33] 헌터는 정부-정치는 문화 매트릭스 중에서 한 종류의 제도에 지나지 않는다고 지적했다. 그리고 그는 종교적 우파가 최소한, 이 제도의 영향력을 과대평가했다고 주장했다. 일반적으로 정치는 문화 변혁의 진정한 원천으로부터 흘러내려오는 것이다. 문화 변혁은 '문화의 중심지'에서 새로운 생각들이 생산되어 비선형적인(nonlinear) 방식으로 흘러간다. 그 중심지는 학계, 예술계, 미디어 회사, 그리고 도시들이다.

학자들은 새로운 이론을 발상하고, 그중에 어떤 것들은 분야를 장악하여 영향력을 떨치기 시작한다. 그 이론에 영향을 받은 사람들이 다른 문화 기구들 속에서 그 이론에 근거하여 활동하기 시작한다. 학교에서 가르치고, 책을 출판하고, 연극과 영화를 만들고, 새 소식을 전하기 위해 이야기를 사용한다. 대중의 의견은 천천히 움직인다. 이러한 대중의 의견에 근거하여 법이 통과되기 시작한다.

예를 들자면 '성적 학대 금지법'이 있다. 1910년대에 미국 어느 주에서 학대 금지법이 통과될 수 있었을지 상상해 보라! 그것은 불가능한 일이었다. 성, 성 역할, 그리고 인권에 대한 우리의 생각에, 여러 문화 기구들을 통해서, 상천해지의 변화가 생긴 다음에야 법이 등장할 수 있었다. 정치는 문화 변화를 항구화하는 데 도움을 준다. 그러나 법이 변화를 주도하지는 못한다.

다섯째, 변혁주의자는 종종 권력의 위험성을 인지하지 못한다.[34] 제임스 헌터가 지적하듯, 사회 속에서 그리스도인들이 권력 사용을 회피하며 사는 것은 불가능하다.[35] 그러나 경건주의적 입장이 인간 제도의 중요성을 간과하는 것처럼, 변혁주의 모델의 행동주의는 그리스도인들이 권력을 추구하고 사용할 때 빠져들 수 있는 위험성을 종종 간과한다. 어떤 변혁주의자들은 그리스도인들이 정치적 단체를 만들어서 정치력을 획득하지 않는 한 어떤 변화도 시작할 수 없다고 생각하는 것 같다.

그러나 기독교와 국가 정부가 너무 긴밀히 연합하여 교회가 활력을 상실하게 된 무수한 예들이 있다.[36] 미로슬라브 볼프(Miroslav Volf)는 "기독교 공동체는 단지 많은 경주자들 중에 하나라는 사실을 편안하게 받아들여야 한다. 그들이 어디에 있든지(주변에 있든, 중심에 있든, 또는 그 사이 어딘가에 있든) 인류 발전을 도모할 수 있고 공동선을 추구할 수 있다"고 본다.[37]

볼프는 종교적 믿음이 문화와의 관계에서 할 수 있는 두 가지 오작동에 대해서 이야기한다. 한 가지는 그가 '게으름'이라고 부르는 것이며, 다른 하나는 '강압'이다. 게으름은 수동적인 것으로 문화적으로 퇴각하는 것이다. 이는 변혁주의자에게 유혹이 될 수 없을 것이다. 그러나 강압은 유혹이 될 수 있다.

볼프는 참된 성경적 조망에서 볼 때, 기독교가 결코 강압적인 종교가 아니라고 설득력 있게 주장한다. 복음, 십자가, 기독교 윤리에 대한 합당한 이해가 있다면 그리스도인이 압제적인 방식으로 힘을 사용하는 것은 불가능하다.[38] 그렇지만 이런 현실을 간과하고 그리스도의 이름으로 권력을 강압적으로 사용하는 일이 발생한다. 아브라함 카이퍼의 남아프리카공화국 지지자들이 그랬다. 기독교 문화를 유지하기 위해서 인종차별의 잔인한 정책을 정당화한 것이다.[39]

만약 우리가 정치적 영향력을 획득하고 유지하는 것에 시선을 집중하면, 하나님이 어떻게 가난한 사람들과 소외 계층 사이에서 일하셨는지에 대한 성경적 주제들을 상실할 수 있다. 참된 그리스도인이라면 '샬롬'(모든 시민을 위한 평화와 정의)을 추구해야 한다는 것을 기억해야 한다. 지금까지 살펴볼 때, 종교적 우파의 더 우려되는 면모는 가난한 사람들에 대한 관심이 전혀 없다는 것이다.

적절성 모델(Relevance Model)

문화 참여에 대한 현대의 두 번째 모델은 적절성 모델이다.[40] 변혁주의 모델과 마찬가지로, 이 안에도 아주 다른 그룹들이 혼재하고 있다. 이 모델의 스펙트럼은 다른 범주들보다 훨씬 더 넓다. 사실 이 그룹의 많은 흐름들은 서로에게 날을 세우고 있다. 그들의 사역을 적절성이라고 이름 붙이는 것에 대해 움츠러들 수도 있지만 이 단어는 많은 운동과 저자들 사이에 있는 공통점을 가장 적절하게 표현한 단어이다.

H. 리처드 니버의 구분에 따르면, 두 번째와 세 번째 모델이 문화에 가장 긍정적이다. 니버는 두 번째 유형을 '문화의 그리스도'(the Christ of Culture)라고 묘사했다. 교회 안과 교회 바깥의 문화에서 그리스도가 '동일하게 주인'인 것이다.[41] 이 모델에서 기독교는 주변 문화와 근본적으로 동

일한 것으로 여겨진다. 이 모델을 받아들이는 사람들은 기독교와는 명시적으로 아무런 관련이 없는 문화 운동에도 하나님이 구원의 일을 하신다고 믿는다.

이 모델은 그리스도가 "세상의 일치와 질서를 지향하는 모든 철학 운동 안에, 자기부인과 공공선을 추구하는 정신 운동들 안에, 그리고 정의를 목적으로 삼는 정치활동 안에" 계신다고 본다.[42] 그런 것들은 그 자체로 좋은 것일 뿐만 아니라 '하나님의 영의 일'이다. 니버는 자유주의 신학을 그 예로 들었다. 자유주의 교회들은 성경의 영감, 역사적 성육신, 십자가의 대속 제사, 또는 문자적 부활을 믿지 않는다. 그들은 기독교 교리와 구원에 있어서 '단번에 이루심'을 거부한다. 그들은 하나님이 새로운 것들을 지속적으로 계시하고 역사와 문화 가운데 새로운 것들을 행하신다고 본다.[43]

이 접근법의 최근 동향으로는 '해방신학'이 있다. 이는 20세기 남미의 로마 가톨릭에서 나온 것이다. 해방신학은 죄와 구원을 상당히 공동체적 범주로 이해한다. 그래서 기독교 구원을 불의한 경제, 정치 및 사회 조건으로부터 해방되는 것과 동일시한다.[44] 해방신학은 '문화의 그리스도' 범주에 잘 부합하는데, 그것은 정치적 억압으로부터의 해방을 세상에서의 하나님 사역으로 보며, 교회가 당연히 참여해야 한다고 보기 때문이다. 그래서 해방신학은 "하나님의 목적과 당면한 역사적 상황을 동일시함으로써 교회와 세상의 구분을 지워 버린다."[45]

니버의 세 번째 모델은 '문화 위에 있는 그리스도'(Christ above Culture)이다. 이는 통합주의 모델이라고도 부르는데, 이 접근법은 '죄의 보편성과 근본성'에 대해 두 번째 모델보다는 강한 관점을 취한다. 그럼에도 불구하고 문화에 대해 매우 긍정적인 관점을 갖고 있다.

통합주의자는 '둘 다'를 취하려고 하며, 문화에 대해 다시 생각하거나 만들려 하지 않고 단지 수용하고, 기독교 신앙을 견지하며 보완하려고 한다. 다시 말해 이 모델은 "문화로부터 건축하여 그리스도에 이르기"를 추구한다.[46] 니버는 주된 예로 토마스 아퀴나스를 거명했다. 그는 "문화의 윤리와 복음의 윤리를 통합하고자" 했으며, 문화의 윤리를 복음으로 변혁하려고 하지 않았다.[47]

이러한 접근법에 생기를 주는 사상들은 하나님의 영이 문화 가운데 일하며 그분의 나라를 확장한다는 것이다.[48] 그러므로 그리스도인들은 문화를 협력자로 보아야 하며 하나님과 함께 선을 행해야 한다는 것이다. 문화에 참여하는 주된 방법으로는 교회가 새로운 현실에 적응하여 하나님이 세상에서 하는 일들에 연결되어야 한다고 본다. 이것을 강조하는 그리스도인들과 교회는 적절성 모델을 취하는 것인데, 여기에는 다음과 같은 몇 가지 공통된 특징을 지닌다.

첫째, 그들은 일반적으로 문화적 조류에 대해 낙관적이며, 문화 흐름을 재고하거나 분별력을 사용하여 반응할 필요성을 그다지 느끼지 않는다. 적절성 모델의 원만한 모델인 구도자 교회 운동에서도 현대 자본주의와 심리학에 대해서 다른 모델들보다 훨씬 긍정적으로 보며, 이 때문에 비즈니스와 심리 치료 분야에서 많은 것을 빌려 왔다. 이는 그 방법들에 깔려 있는 세계관이 어떤 의미를 가지는지, 어떻게 기독교 사역을 세상적인 모습으로 바꿔놓는지를 분별하려는 노력을 기울이지 않은 채 이루어졌다.

둘째, 이 모델 안에서 일하는 사람들은 '공공선'이나 '인류 복지'를 크게 강조한다. 그들은 불평등이나 불의, 고통의 문제를 잘 다루지 못한 현대 교회의 실패들을 언급한다. 그리고 교회가 사회의 정의를 위해 일하도록 요구한다. 교회가 그렇게 할 때 사회 안에서 하나님에 대해 이야기할 신뢰성을 회복할 것이라고 선언한다. 그들은 하나님이 교회 바깥에서 일하고 계시며, 사회가 개인, 인종, 국가 사이에 더 큰 화해의 방향으로 역사를 움직인다고 믿는다. 그리스도인들은 이미 벌어지고 있는 일에 참여해야 하는데, 곧 빈곤과 싸우고, 사회적 여건을 향상시키고, 인권을 위해 투쟁하는 것이다.

셋째, 이 관점을 주장하는 사람들은 기독교 세계관을 말하는 경우가 드물다. '세계관'이라는 관점 자체가 기독교적 진리와 인간 문화 사이에 더 큰 격차나 반명제를 전제한다고 생각하기 때문이다. 아마도 적절성 모델이 세계관에 대해 많이 언급하지 않는 이유는 많은 이들이 종교적 우파에 대해 매우 비판적이기 때문일 것이다. 그들은 의도적으로 '죽어가는' 또는 '쇠퇴하는' 문화라는 부정적인 표현을 쓰지 않는다. 또는 문화를 '잃고 있다', '구원한다' 등의 표현도 피한다.

넷째, 적절성 모델이 문화에 참여하는 것은 교회 사역을 재창조하여 문화 가운데 있는 사람들의 필요와 감수성에 들어맞도록 하기 위해서다. 그리고 전반적인 인간 공동체에 봉사하고 그 유익을 구하는 일에 더 헌신하기 위해서다. 이들은 부도덕이나 상대주의를 용납하지 않는다.

반면 교회가 사회 구성원들의 지성과 마음에 이해되지 않는 것과 사회 문제들에 무관한 것을 주요 문제라고 본다. 이 그룹은 교회가 사람들 및 시대와의 접촉을 상실했다고 판단한다. 다시 말해 문화 변화에 적응하는 데 실패했다는 것이다. 다른 이들은 그리스도인들이 세상에 너무 동화되었다고 보는 반면, 이 그룹은 반대로 그리스도인들이 너무 자기들만의 하위문화 속으로 빠져들었다고 여긴다. 그리고 비신자에 대해 너무 적대적이고 그들을 정죄하며, 그들과 너무 단절되었다고 본다.

다섯째, 이 모델의 추종자들은 그리스도인들이 개인으로서의 어떻게 행동할 것인가와 제도적인 교회가 어떤 역할을 해야 하는지를 거의 구분하지 않는다. 다른 모든 모델들은 이 차이를 강조하며, 다른 '영역' 또는 '왕국'에 대해 이야기한다. 그리스도인들이 아무리 각자 일할지라도, 조직화된 교회가 문화에 참여하기에는 부적절한 길들이 있다는 것이다. 그런데 적절성 모델을 주장하는 사람들은 교회가 사회 정의를 위해 투쟁하고 문화에 더 깊이 참여해야 한다고 주장하며 협박을 가하기도 한다.

미국의 기성(mainline) 교단들은 수년 동안 교단 기구들을 만들어 활동적으로 입법 로비를 하며 직접적인 정치행동에 참여해 왔다. 많은 이머징 교회들 또한 지역에서 정의 이슈에 직접적으로 참여하라는 의무감을 느낀다. 이는 그들이 제도적 기구로서 정치적으로 어떻게 참여해야 하는지에 대한 비판적인 성찰 없이 이뤄진 것이다.

그렇다면 이 범주 안에 드는 사람들은 누구인가?

스펙트럼의 한쪽 끝에는 많은 오래된 복음주의 대형 교회들이 있다. 대형 교회 운동의 선구자인 로버트 슐러 목사는 비즈니스와 심리 치료의 기법들을 교회 사역에 적용하는 것에 대해 매우 적극적이었다. 《당신의 교회는 정말 가능성이 있다》라는 책에서 '성공적인 소매업의 일곱 가지 원칙'을 말하며 어떤 교회든지 성장하기를 원한다면 이것을 교회 사역에 직접적으로 적용하라고 주장했다. 그중에는 '주차장이 가득 찼을 때'도 포함된다.[49]

불행하게도 슐러는 현대 심리학에 따라 교리를 수정하는 일도 주저하지 않았다. 그는 죄를 자존감의 결핍이라고 재정의하자고 했다.[50] 교리적으로는 보다 정통인 릭 워렌이나 빌 하이벨스는 의도적으로 죄와 심판에 대해서 명시적으로 이야기하려고 했다.[51] 그럼에도 불구하고 구도자 교회 운동이라고 부를 수 있는 교회들은 여전히 비즈니스, 마케팅, 테크놀로지, 그리고 제품 개발 테크닉에 많이 의존하고 있다. 또한 자아실현 및 신앙의 유익을 강하게 강조하며, 신학적 내용에 대해서는 약하게 다룬다.[52] 그들은 종종 교회가 세상과 '관계해야' 함을 힘주어 말하면서도 기독교 세계관에 대해서는 거의 말하지 않는다. 어떻게 개인이 신앙과 일과 직업을 통합해야 할지 그다지 생각하지 않는 것이다.

이 스펙트럼의 중앙에는 많은 이머징 교회들이 위치한다. 특히 브라이언 맥클라렌과 토니 존스 등이 주도한 구 이머전트 빌리지(Emergent Village) 단체에 영감 받은 교회들이다.[53] 이머징 교회들은 1980년대 후반에 일어난 대형 교회들이 '시장 중심적'이고, '기성화'되고, '소비 문화적'이라고 하여 강하게 거부했다.

그들은 특히 (1970년대와 80년대의) 개인주의적 성향에 맞춘 사역을 비판했고, 빈곤층에 대한 돌봄 사역이 상대적으로 부족한 것과 사회 정의에 대한 투쟁이 없다는 것을 비판했다. 그러나 그들의 비판은 성경적이거나 신학적 주해에 기초하기보다는 '문화적인 분석'에 근거했다. 곧 이머징 교회의 기본적인 운용 원리는 포스트모던의 변화에 거부하기보다는 적응하는 것이었다.[54]

교회와 선교에 대한 이러한 이해를 구현한 영향력 있는 책으로는 대럴 구더(Darrell Gruder)의 《선교적 교회》가 있다.[55] 이 책은 여러 저자의 글을 묶은 것으로 서로가 모든 점에서 동의하지는 않는다. 저자 중 일부는 '반문화주의자' 노선에 있다. 그렇지만 그들은 몇 가지 기본 요점에 동의하고 있는데, 하나님 나라가 평화와 정의의 새로운 사회 질서라는 것과 이는 하나님이 세상에 주실 때만 가능하다는 것이다. 그리고 교회의 부르심은 그것을 증거하는 것이다. 이 관점에서 교회의 직무는 하나님이 세상의 정의와 평화를 위해 어떠한 일들을 행하시는지 발견하고 그에 참여하는 것이다.[56]

마지막으로 이 스펙트럼의 극단에는 미국 기성 교단의 해방신학 그룹이 있다. 많은 이머징 교회들이 정의 추구와 복음 전도를 섞으려고 하는 데 비해, 또 다른 많은 이들은 정의를 행하는 것 자체가 전도를 하는 것이라고 믿는다. 이 관점에서 보면 복음은 평화와 정의로운 나라를 위한 것이다. 따라서 개인의 회심보다는, 개인들이 정의를 위해 일하는 방편으로 교회에 참여할 것을 요청한다.

20세기 중반, WCC는 '하나님의 선교'를 해석할 때 하나님이 이미 경제 정의와 인권이라는 새로운 사회 질서를 수립함으로써 모든 피조물을 구속하는 일을 하고 계신 것으로 해석했다. 그들은 교회의 사명이나 하나님의 복을 말하기보다 하나님이 이미 세상에서 선교를 하고 계시며, 교회는 그에 참여해야 한다고 주장한다. "세상이 교회를 위한 아젠다를 정한다"라는 것이 그들의 구호다.[57]

적절성 모델의 문제점들

변혁주의자 모델과 마찬가지로 우리는 적절성 모델에서 몇 가지 중대한 문제들을 찾을 수 있다.

첫째, 문화에 너무 많이 동화되고, 그럴 준비가 된 교회들은 문화가 바뀔 때마다 구식으로 보인다. 가장 눈에 띄는 사례는 미국 기성 교단들의 쇠퇴이다. 기성 교단들은 문화에 적응하려는 노력을 통해 적절성을 가지려고 했다. 하지만 그 노력들이 오히려 문화적 적절성을 없애고, 문화와의 단절을 초래하게 되었다. 그들이 초자연적인 요소들을 제거하고 교리적 신앙을 경시했기 때문에, 기성 교회들은 대부분의 사람들에게 사회봉사 기관과 비슷하게 보인다.

교회가 사회봉사, 상담, 지역 봉사만을 제공하는 조직이 될 때 많은 사람들은 다음과 같은 질문을 하게 된다. "교회의 존재 이유는 무엇인가요? 교회가 아마추어적으로 하는 일들을 다른 기관들은 이미 훨씬 더 효과적으로 하고 있는데 말입니다." 많은 교회들은 문화에 적응한다는 명목으로 차별성을 상실해 왔다. 결과적으로 기독교의 문화적 힘도 상실했다.[58]

이 범주에 있으면서 신학적으로 실험적이지 않은 사람들도 -예를 들면 복음주의적 구도자 교회나 많은 '이머징 '교회들은- 새로운 문화적 현실에 방법론을 적응할 것을 강조한다. 이것이 의미하는 것은 그런 사역들은 빠르게 낡은 것이 되어 버린다는 것이다.

이것은 전례나 전통을 강조하는 교회와는 다른 점이다. 로버트 슐러의 교회는 2차 세계대전 전후세대에게 쉽게 적응했는데, 1980년대가 되자 쇠퇴하기 시작했다. 오늘날 많은 구도자 교회들도 이 같은 문제를 겪고 있다.

둘째, 이 접근법에 대한 두 번째 비판은 교리에 대한 것이다. 앞서 상황화에 대해 토론할 때, 참된 상황화는 규범적이고 타협할 수 없는 진리인 성경으로부터 시작함을 강조했다. 그러나 이 모델은 -특히 극단적인 형태들은- 문화를 성경 위의 규범적인 것으로 설명하고 있다. 모든 모델들 중에서 이 모델은 가장 많이 신학적 정밀성과 기독교 전통의 통찰을 무시한다.

이 모델은 다른 어떤 것들보다도 전통적인 교리를 최소화하거나 우리에게 새로운 문화적 현실에 적응하라고 격려한다. 많은 젊은 기독교 지도자들이 이 방향으로 움직이고 있다. 나이 든 자유주의 교회들의 실수를 이해하면서도 그렇다. 심지어 복음주의권에서 자라난 어떤 이들은 스스로를 '포스트 복음주의'라고 부른다.

그들은 오래된 정통 신조를 믿는다고 말하지만, 그 이상을 넘어서는 교리에 대해 토론하기를 원하지 않는다. 예를 들면 그들은 전통적 복음주의에서 말하는 성경무오에 대한 믿음은 '합리주의적'이며, 대속적 속죄와 칭의의 고전 교리는 '개인주의적'이라고 주장한다. 그들은 교리적 울타리에 대해 말하기를 꺼리며, 타협의 대상이 아닌 교리에 대해 말하기를 주저한다.

셋째, 적절성 모델 내 대부분의 그룹들은 정의를 중시하고, 환경을 보호하고, 다양한 형태의 사회봉사를 크게 강조한다. 이런 관심사들이 강조될 때, 전도와 회심은 여전히 인정되고 암묵적으로 긍정되기는 하지만, 때때로 립 서비스에 그치게 된다.

이 모델을 따르는 교회들의 주 에너지는 복음을 가르치고 회심을 촉구하는 것이 아니라, 예술 활동을 하고, 봉사 프로젝트를 하고, 정의를 추구하는 것이 된다. 활발한 전도에 대한 헌신과 기술을 상실하는 교회들은 자신들의 주된 소명을 무시할 뿐만 아니라, 재생산을 못하는 피할 수 없는 결과에 이른다. 교회들이 지역 사회에서 진정으로 봉사하려면 새로운 회심자들과 그들의 변화된 삶이 반드시 동반되어야 한다.

두 번째와 세 번째 비판이 자유주의 선상에 있는 교회들에게 해당된다면, 복음주의 대형 교회들은 종종 세속적인 조직 관리와 심리 치료 방법론에 지나치게 적응하여 교회가 영적인 상품과 서비스를 공급하는 것으로

희석되고 교인들이 소비자로 변모되었다는 비판을 받는다.

전통적인 교회들은 -신학 훈련, 교리 교육, 그리고 전례 및 교회적 실천들에 강조를 두면서- 진정한 인격적, 윤리적 변화를 일으켰다. 그러나 이런 종류의 영적 성장은 전형적인 복음주의 대형 교회에서는 잘 일어나지 않는다.[59]

넷째, 마지막으로 기독교 교회의 고유성이 흐려지기 시작한다. 전통적으로 교회는 말씀과 성례를 시행하는 유일한 기관으로 인식되었다. 또한 무엇이 참되고 성경적인 가르침인지 분별하며, 부름 받고 인정받은 지도자들에 의해 인도되고 통치되는 공동체로 사람들을 묶는 유일한 기관으로 인식되었다.

그런데 적절성 모델에서는 이러한 고유한 사역이 지닌 중요성이 흐려진다. 어떤 이들은 경제 정의와 사회 평등을 향한 하나님의 선교가 역사적 과정을 통해서만 일어난다면, 중요한 것은 교회 안에서 일어나는 것이 아니라, 교회 밖 세상에서 일어나는 것이라고 주장한다. 이는 "하나님이 세상에서 어떻게 일하시는가 하는 방정식에서 교회를 제거하는 것"이다.[60]

반문화주의 모델(The Counterculturalist Model)

네 가지 모델 중에서 세 번째는 우리가 반문화주의 모델이라고 부르는 것이다. 이렇게 이름붙인 이유는 이 모델을 따르는 사람들이 교회를 세상의 대조 사회(contrast society)로서 강조하기 때문이다. 문화 참여에 대한 다른 모델들이 하나님 나라라는 개념의 중요성에 대해 이야기한다면, 이 모델은 하나님의 나라가 이 세상 나라에 대항하여 교회 공동체로 나타난다고 강조한다.

첫째, 이 모델을 따르는 사람들은 하나님이 교회 밖의 문화적 운동을 통해 구속적으로 일하신다고 보지 않는다. 심지어 경건주의자들조차 충분한 전도를 통해서 사회가 궁극적으로 개혁될 것이라는 믿음을 가졌지만 이들은 거기에 동의하지 않는다. 사회는 언제나 그랬듯 제국과 권력의 영역이며, 자본주의 시장과 억압적인 정부, 기타 사회 제도들이 지도자들의 권력을 키우기 위해 사람들을 짓밟고 있다고 본다. 반문화 진영에 있는 사람들은 제국이라는 용어를 의도적으로 사용하는데, 이는 민주주의와 다원주의 세계에서도 억압이 지속되고 있음을 강조하기 위해서이다.

그들은 사회에 지속적인 변화가 일어날 것을 기대해서는 안 된다고 단언한다. 문화가 기독교 정신으로 변화된다는 것에 대해서는 소망을 품지 않는다.[61] 이들은 권력, 인간의 영광에 기반을 둔 체계의 집합인 이 세상 나라와 이와 달리 사랑, 섬김, 힘의 항복에 근거한 그리스도의 나라 간의 차이점을 강조한다. 스탠리 하우어워스와 윌리엄 윌리몬의 말처럼, "이 세상은 아무리 아름답다고 하더라도, 진리에 적대적"이다.[62]

둘째, 이 모델은 문화에 집중하는 것을 피하라고 요구한다. 문화에 맞추려는 태도를 거부하며 문화 속으로 들어가거나 문화를 변혁시키라고 요구하지 않는다. 사실 교회는 세상에 초점을 맞추어서는 안 된다. 만일 오늘날 문화 위기라는 것이 존재한다면, 그것은 문화가 교회 속으로 침투했기 때문이다. 결과적으로 그런 교회는 진정한 교회가 아니라고 말한다.

교회는 반문화적, 대안적 인간 사회여야 하며 세상에 대한 하나님의 표지여야 한다. 교회는 세상을 그리스도의 나라로 뒤바꾸려고 노력해선 안 된다. 오히려 교회가 세상에 할 수 있는 최선의 일은 그리스도의 나라를 세상에 보여 주는 것이다. 이는 주로 공동체의 정의와 평화를 통해서 이루어진다.

셋째, 이 모델은 보수적인 복음주의 교회들에 대해(특히 기독교 우파에 대해), 그리고 자유주의적인 기성 교회들과 신흥 복음주의 대형 교회들을 향해 날카로운 비판을 가한다. 이들의 관점에 의하면 서구의 거의 모든 교회들은 '콘스탄티누스 오류'로 오염되어서 세상을 교회처럼 변화시키려 한다고 본다.

반문화주의자들의 눈에는 그리스도인들이 세상을 교회처럼 바꾸려는 노력이 성공할수록, 교회가 세상처럼 변화되는 것이다. 불가피하게도 문화에 영향을 끼치거나 변혁하려는 노력들은 결국 권력에 의해 부패되고 자본주의와 민주주의의 정치·경제적 힘에 의해 지배된다는 것이다. 이런 일이 생길 때 교회는 세상과 벗하게 되며, 세상과 나눌 어떤 가치 있는 것도 남지 않게 된다고 본다.

반문화주의자 모델을 수용하는 이들은 자유주의적 기성 교단의 개신교가 어떻게 '기도하는 민주당'이 되었는지에 주목한다. 그들은 종교적 우파도 동일한 일을 해서 '기도하는 공화당'이 되었다고 본다. 이들은 정치적 스펙트럼의 양쪽에서 벌어지는 정치화가 일반 대중으로부터 기독교를 격리시키며 교회의 복음 증거를 약화시킨다고 본다.

이 모델을 따르는 사람들은 복음주의 대형 교회들이 세상과 타협하여 필요들을 충족시키려는 시도들에 대해서도 비판한다. 그들이 보기에 이것은 교회를 소비자 집단으로 변모시키는 것이며 이 세상을 지배하는 영을 반영하는 것일 뿐이라는 것이다. 곧 자기 자신에 빠진 시장 자본주의의 영이다. 교회는 단지 사람들이 원하는 것을 제공할 뿐, 현대 자본주의가 지닌 본래적 이기심과 개인주의에 맞서는 데 실패한다.

넷째, 반문화주의자들은 이러한 소비주의 풍조 가운데 문화를 바꾸려고 노력하는 대신 '성문 밖으로' 그리스도를 따라가야 하며, 자신을 가난한 사람 및 이웃들과 동일시해야 한다고 주장한다. 그리스도인들이 새로운 사회를 만들기 위해서는 깊고, 풍성하고, 예전적인 예배가 필요하다고 본다. 교회는 하나님 나라를 확장하거나, 건설하거나, 임하게 하는 것이 아니라, 오히려 이 땅에 올 하나님 나라의 표지여야 한다. 교회는 하나님의 율법과 구원에 근거하여 규정되는 새로운 사회를 추구해야 한다.

반문화주의 사상가들에 의하면 진정한 기독교는 단순한 삶이며 물질적 자기부인을 통해서 자선과 정의, 공동체를 추구하는 삶이다. 그리고 지리적 이동성을 줄이는 동시에(지역 교회와 지역 사회에 헌신하는 것) 사회적 이동성을 줄이는 것을 의미한다(소득의 큰 부분을 어려운 사람에게 주는 것).

그렇다면 누가 반문화주의자들인가? 제임스 헌터의 관찰에 의하면, 기독교와 문화의 관계에서 현대의 모든 모델들 가운데 반문화주의자들이 가장 지적인 화력을 지원받고 있다. 많은 반문화주의자들은 듀크 신학대학에서 가르치거나 혹은 이와 관련이 있는 학자들이거나 작가들이다. 여기에는 스탠리 하우어워스, 윌리암 윌리몬, 그리고 리처드 헤이스 등이 있다. 이들은 기성 교단의 개신교도들이며, '신 재세례파'로 불리기도 한다. 이들은 정통 개혁주의자들(루터와 칼빈)보다는 16세기 유럽의 급진적 개혁주의자들에게서 더 많은 영감을 받고 있다.

급진적 개혁자들은 교회와 국가 간의 확실한 분리를 요구했다. 그들은 군복무를 거부하는 평화주의자였으며, 문자적 또는 실제적 공동체를 의미하는 밀도 높은 공동체를 형성했고 신자들에게 정치 참여를 회피하도록 요구했다.[63] 이에 더해 실제적인 재세례파들이 있는데, 이들은 본래의 재세례파 후손들로, 특히 메노나이트와 현대의 아미쉬, 그리고 후터파 형제들이 있다.

존 하워드 요더(John Howard Yoder)의 책《예수의 정치학》은 이 모델을 따르는 이들에게 중요한 가이드이다.[64] 이 범주에서 또 다른 학문적인 운동은 '과격 정통주의'를 주장하는 사람으로 존 밀뱅크(John Millbank)와 그래함 워드(Graham Ward)가 있다.[65]

이머징 교회의 넓은 범주에 분류되는 많은 교회들 또한 이 범주에 든다. 그중에는 복음주의 사상가인 데이비드 핏치와 '신 수도원 운동'으로 유명한 쉐인 클레어본 등이 있다. 재세례파에 영향을 받은 다른 이들과 마찬가지로 이들은 자본주의와 제국을 강렬하게 비판한다.[66] 이들은 다인종, 다계층으로 구성된 강력한 그리스도인 공동체와 검소한 삶의 방식을 강조한다. 그리고 빈곤 문제에 대한 실제적인 참여와 관상적 영성을 강조한다.

또한 대기업, 군대, 소비자 자본주의에 대해서 선지자적 비판의 입장을 취한다.

신 수도원주의는 문화 변혁의 사상은 버리고 자유주의적 정치 정책은 지지하는 경향이 있다. 이는 종교적 우파 및 경건주의적 입장에 있는 복음주의자들과 대개 대립을 이룬다. 이 점은 빌 하이벨스나 릭 워렌 등의 중도적 또는 비정치적 성향을 가지는 구도자 운동의 지도자들과 다른 점들이다.[67]

우리가 조사한 첫 두 운동(변혁주의 및 적절성)에는 실행과 표현이 매우 폭넓고 다양한 그룹과 사상가들이 있었다. 반면 이 모델에는 그런 모습이 덜 보인다. 물론 아미쉬는 스펙트럼의 한쪽 끝에 위치한다. 그들은 반문화의 정신을 최대한 문자적으로 취하는 그룹이다. 중도에는 신 수도원주의가 있는데, 이들은 아미쉬보다는 주류 문화의 내부에서 살아간다. 그러나 여전히 의도적으로 공동체를 만들며 가난한 이웃들과 함께 살아간다. 스펙트럼의 다른 끝에는 문자적인 공동체는 아니지만 반문화주의 모델의 주제와 동기에 영향을 받은 신학이 있다.

반문화주의 모델의 문제점

변혁주의 및 적절성 모델과 마찬가지로, 우리는 반문화주의에서 여러 가지 중요한 문제점들을 확인할 수 있다.

첫째, 반문화주의 모델을 비판하는 사람들은 그들이 사회 변화의 전망에 대해서 실제보다 훨씬 비관적이라고 말한다. 한 가지 유명한 예로 윌버포스는 참되고 선한 사회 변화를 성취하지 않았던가! 영국에서 그와 동료들은 노예제도를 철폐하기 위해 동역했다.[68] 그것은 정당성이 없는 프로젝트였을까? 반문화주의에서는 그렇게 본다.

보다 미묘하면서도 강력한 예는 유럽의 기독교화이다. 기독교는 명예 중심의 오래된 유럽 문명을 영구적으로 변화시켰다. 오래된 유럽 문명은 겸손보다 자만심이 높임 받고, 섬김보다 군림이, 평화보다 용감함이, 겸비보다 자랑이, 만인에 대한 평등보다 일부에 대한 충성이 높이 평가되었다.

오늘날 서구 문명은 과거의 이교 세계관으로 회귀하려는 움직임이 있기는 하지만, 오늘날 세속적 유럽인들은 여전히 이교 윤리보다는 기독교 윤리에 더 많은 영향을 받고 있다. 그리고 대체적으로 이 때문에 서구 사회는 살아가기에 더 좋은 곳들이다. 달리 말하자면 기독교는 이교 문화를 변화시켰다.

반문화주의자 모델이 승리주의에 대해 경고하는 것은 타당하다. 그러나 우리가 기독교 사회 또는 구원의 문화를 만들려는 이상주의적 꿈을 잊는다는 전제로 보면, 역사는 분명히 사회 구조를 개선하거나 심지어 변혁하는 것이 가능함을 우리에게 가르친다. D. A. 카슨은 다음과 같이 말하고 있다.

> 때때로 질병은 제거될 수 있다. 때때로 성 매매는 상당히 줄어들 수 있다. 때때로 노예제도는 어떤 지역에서 철폐될 수 있다. 때때로 보다 평등한 법이 정의를 촉진하고 부패를 감소시킬 수 있다. … 이런저런 셀 수 없는 방식으로 문화 변화는 가능하다. 더욱 중요한 것은 도시에 선을 행하고 만민에게 선을 행하는 것은(우리가 믿음의 가정에게 특별한 임무를 지녔다고 할지라도), 하나님의 구원받은 백성으로서 우리 임무의 일부라는 것이다.[69]

둘째, 반문화주의자는 현대 비즈니스와 자본 시장과 정부를 악마시하는 경향이 있다. 자본주의에 대해서는 (거의 모든 형태의 자본주의에 대해서) 끊임없는 비판이 이어진다. 현대의 사업가들은 탐욕적이고 물질주의적인 것으로 묘사된다. 반문화주의의 평화주의는 종종 전쟁에서 생명을 죽이는 일에 가담하기를 거부하는 단순함을 넘어서 모든 인간 정부가 태생적으로 폭력적이라고 묘사하기도 한다.

이러한 관점은 그리스도인들이 사업 세계에 참여하는 것을 억제시키며(높은 사회적 인식을 가진 소규모 기업은 예외로 친다), 정치에 참여하는 것을 반대한다(지역의 모습을 변화시키기 위해 지방 자치에 참여하는 수준은 예외로 본다).

제임스 헌터의 주장에 의하면 역설적이게도 반문화주의자들은 많은 면에서 의도하지 않게 최근의 현대 서구 문화에 의해 형성되었다. 그는 특히 이 운동을 '신 니체주의 정치학'이라고 지목한다. 이것은 진리, 설득, 합리적 대화에 호소하기보다는 권력에 대한 분노의 에너지를 더 부채질한다. 헌터는 반문화주의자들이 권력과 정치를 회피한다는 주장에도 불구하고, 모든 모델들 중에서 이것이 가장 정치적인 모델임을 보여준다.

어떤 면에서 신흥 재세례파들은 세상에 대한 참여를 다른 우파나 좌파보다 훨씬 더 정치화한다. 이는 그들이 정부와 세계 경제 및 다른 권력들을 종말론적인 관점에서 반대하기 때문이다. 정부와 시장의 권력들을 문자적으로 악마시한다는 것은 그들이 권

■ **반문화주의자들 사이의 차이점**

반문화주의 모델은 결코 획일적이지 않다. 대중적 수준에서 이 모델에 영감을 받은 젊은 지도자들과 교회들은 문화가 순수한 기독교 문화로 바뀌어야 한다고 주장한다. 이 범주에 속하는 사려 깊은 사상가들은 어느 정도 상황화가 필요하다고 본다.

그러나 스티븐 베반스가 쓴 《상황화 신학의 모델》에서 제시하는 '상황화의 모델들'은 현재의 문화적 현실에 대해서 매우 대립적이거나 최소한의 적응을 고려한다.[70] 베반스는 상황화의 모델을 다섯 가지로 정리한다. 문화에 가장 긍정적인 것부터 가장 부정적인 것까지 순서대로 '인류학적', '실천적', '합성적', '번역적', '반문화적' 모델로 부른다. 마지막 모델은 하우어워스, 요더, 뉴비긴과 관련이 있다. 베반스는 반문화주의 모델이 '문화 공격'에 불과하다는 평판이 있다고 주장한다. 그러나 조지 헌스버거나 레슬리 뉴비긴과 같은 사상가들은, 서양 문화에 대해 매우 비판적이면서도 "우리가 전도하려고 하는 문화에 복음이 의미 있는 상징들로 옷을 입어야" 한다고 여전히 믿는다.[71]

력과의 우주적 투쟁을 통해 지금 여기에서 자신들의 정체성과 목적을 찾는다는 의미이다. 그들은 정부와 다른 권력들이 타락했다는 것에서 자신들의 정체성을 찾는다.[72]

헌터는 찰스 매튜를 인용해서 신흥 재세례파들이 '수동-공격적인 교회론'을 주장한다고 말한다. 즉 정치에 의해 더럽혀지기를 거부하면서, 다른 어떤 모델들보다 정치적인 언어를 사용하는 것이다. 권력을 회피한다고 고백하면서, 그들은 적들을 악마시하기 위해 권력의 언어를 사용한다.

셋째, 반문화주의자 운동은 상황화의 필수성에 충분한 무게를 싣지 못한다. 그리스도인 공동체가 주변 문화와 관계를 맺고 적응해야 할 이유를 충분히 지지하지 못한다. 한 작가의 말처럼 "교회가 세상의 경쟁 가치들과 분리된 채로 기독교적 가치를 반영하는 개별적 문화로서 자존할 수 있다고 생각하는 것 자체가 문제이다."[73]

예를 들어 중국의 그리스도인들은 자신들이 믿는 기독교 신앙에 깊은 영향을 받을 것이다. 반면 중국의 현대 문화는 유교, 정령사상 등의 전통들과 세속적 물질주의 세계관들의 결과물이다. 기독교는 분명히 중국 신자들의 정체성에 영향을 미치지만 중국 그리스도인들은 여전히 중국인이다.

다음으로 핀란드를 생각해 보라. 핀란드 문화는 루터교와 세속주의의 결과물이다. 그곳의 정통 그리스도인들은 핀란드 문화와 상당 부분 다르지만, 여전히 핀란드 사람들이다. 그들은 미국 그리스도인이 아니며 중국 그리스도인도 아니다. 그들이 그리스도인이면서 동시에 핀란드인임은 그리스도인이면서 중국인임과 다른 것이다. 마찬가지로 독일의 도시에 거주하는 범유럽-아프리카계의 다인종 회중들도 다를 것이다.

그리스도인들은 문화에 의해 불가피하게 영향을 받을 뿐 아니라, 불가피하게 문화를 바꾸고 있다. 모든 공동체와 개인들은 살아가는 것만으로도 주변 지역에 어느 정도 문화를 형성하게 된다. 구체적인 예를 들자면,

중산층이면서 수도원적인 한 그룹의 그리스도인들이 가난한 지역으로 옮겨 가서 그들을 섬긴다면, 그들이 그곳에 도착했다는 것만으로도 지역 문화를 일정 부분 바꾸게 된다. 그 지역에 그들이 존재하는 것 자체가 부동산 가치에 영향을 주는 것이다. 또한 다양한 사회적, 재정적, 인적 자원들이 이 지역에 들어오고 나가게 된다.

우리는 문화를 바꾸지 않을 수가 없다. 좀 더 일반적으로 이야기한다면, 그리스도인들이 시간과 돈을 사용하는 방식과 세상에서 일하는 방식 자체가 필연적으로 그들의 신앙과 우선순위에 의해 형성된다. 이것은 심지어 다른 사람들의 삶의 방식에도 영향을 끼치게 된다. 제임스 헌터에 의하면 신흥 재세례파들의 분리주의는 일정 부분 그들이 사회 권력을 전반적으로 악이라고 치부하는 부정적인 관점에서 기인한다고 한다. 그러나 사람은 누구나 사회적 권력을 가지고 있다고 헌터는 주장한다. 따라서 반문화주의자들은 궁극적으로 그들의 주장보다 훨씬 더 많이 문화에 참여하고 있는 것이다.

네 번째 비판은 교리의 초점이 있다. 현대와 과거의 많은 재세례파 전통은 로잔 언약과 같은 복음주의적 선언에 흔쾌히 동의한다. 그런데 재세례파 신학은 그리스도의 사역을 이해함에 있어서, 죄의 수평적 양상을 강조하면서 (자연에 대한 학대, 인간관계의 폭력 등) 수직적 양상에 대해서는 덜 강조하곤 한다(하나님의 거룩함을 침범하는 것과 같은).

재세례파 신학은 칭의나 대속의 교리를 경시하는 경향이 있다. 종종 속죄에 대한 주된 이해는 승리자 그리스도(Christus Victor)의 형태로 표현되는데, 이는 그리스도가 십자가에서 죄의 권세들을 이기셨다는 의미이다. 일부 재세례파 신학자들은 속죄의 개념을 강하게 거부한다. 십자가가 하나님의 저주를 만족시켰다는 교리가 폭력적이라는 이유에서다.

다섯째, 의도하지 않게 반문화주의는 전도에 대한 교회의 강조와 방법을 약화시킨다. 이것은 적절성 모델보다 더 심각하다. 반문화주의자들은 기독교 공동체 자체를 이해하는 것이 필요하다고 변호한다. 공동체의 일치와 사회적 양상에 대한 이해가 복음을 세상에 선포하는 유일한 길이라고 본다. 그들은 "소속이 믿음에 선행한다"(Belonging Precedes Believing)라고 믿는다.

그리고 전도는 사람들로 하여금 세상의 정의를 고취시키고 매력적인 사랑의 공동체에 오게 하는 수단이라고 본다. 실제적으로 이는 종종 교회가 어떻게 복음 메시지를 분명하게 언어적으로 전달하여 개인들을 회심하게 하는지에 대해 거의 또는 전혀 생각하지 않는다는 것을 의미한다.

우리가 앞에서 살펴보았듯이 전도에 대한 동기부여를 축소시키는 요소는 그것이 무엇이 되었든 모델 전체를 약화시킨다. 지속적으로 새로운 회심자가 들어와서 삶이 변화되지 않는다면, 모델의 생명력과 비전은 온전히 실현될 수 없다.

두 왕국 모델

마지막 모델은 문화 참여에 대한 두 왕국 모델이다. 이것은 미국 복음주의자들 사이에는 가장 덜 알려진 것이다. 그렇지만 루터교 전통에서는 오래되고 존경받는 이론으로, 니버의 모델에도 등장한다(그리스도와 문화의 역설 관계). 보다 최근에는 많은 보수적인 개혁주의 저자들이 이 접근법에 대해 신선하고 명료한 책들을 썼다.

이것은 존 칼빈이 그리스도와 문화의 관계에 대해 취했던 관점으로, 개혁주의 신학은 두 왕국 모델에 강한 지지를 보내고 있다. 이는 카이퍼를 따르는 신 칼빈주의자들의 변혁주의 관점과 대조되는 것이다.[74]

'두 왕국'이라는 이름은 하나님이 전 세계를 통치하지만 두 왕국을 별개의 방법으로 통치한다는 핵심 가르침에서 유래한다. 우선 '보편적 왕국'이 있다. 이는 종종 '세속의' 또는 '왼손의' 왕국이라고 불리며 창세기 9장에서 노아와의 언약을 통해서 세워진 것이다.[75] 모든 인류가 이 영역에 속하는

데, 이곳에서는 자연 계시 또는 일반 은총을 통해서 옳고 그름을 구분한다.

로마서 1장 18-32과 2장 14-15절에 의하면, 자연의 빛과 인간의 양심은 모든 인류에게 하나님의 표준에 대한 직관적 지식을 부여한다. 또한 지혜와 통찰로 인해 이 세상의 죄가 억제 된다. 예를 들어 인류가 하나님의 형상으로 창조되었다는 성경적 가르침을 믿지 않는 사람이라 할지라도, 인간 존재의 존엄성과 불가침성은 성경에 대한 믿음과 상관없이 직관적으로 알 수 있다는 것이다.

그리스도인들은 비신자인 이웃들과 함께 하나님의 일반 은총에 따라 삶을 영위하는 공동 시민으로서 일해야 한다. 신자들은 사회에 성경적 표준을 부과하기보다는 모든 사람이 합의하는 진, 선, 미의 기준에 따라 공통적인 이해에 호소해야 한다. 즉 우리는 공동의 나라에서 이웃들을 사랑하고 섬긴다.

다른 하나는 공동의 또는 지상의 왕국 외에, '구속적인 왕국'이 존재한다(때때로 '오른손의 왕국'이라고 불린다). 이는 창세기 12장에서 아브라함과 함께 세워진 나라이다. 오직 그리스도인들만이 이 왕국의 구성원이며, 이들은 일반 은총이나 자연 계시를 통해서가 아니라 하나님 말씀의 특별 계시를 통해서 통치를 받는다. 그리고 교회 안에서 설교와 성례를 통해서 공급을 받는다. 이 관점에서 교회를 세우는 전도나 제자도, 그리스도인 공동체는 유일무이한 참된 구속적 '왕국 사역'이 된다.

하나님의 통치에 대한 이중 접근법은 이 모델에 생기를 준다. 두 왕국 지지자들은 오늘날 벌어지는 문제들이 이 두 왕국의 혼동에서 비롯되었다고 본다. 자유주의 교회가 적절성을 위해 애쓰는 것과 신 보수주의가 문화를 변혁하려고 시도하는 것의 혼동을 문제점이라고 여긴다. 이러한 확신에서 두 왕국 모델의 다음과 같은 특징들이 파생된다.

첫 번째, 두 왕국의 지지자들은, 반문화주의 모델이나 경건주의 입장을 가진 이들과 다르게, 그리스도인들이 직업을 추구하는 것에 높은 가치를 둔다. 우리는 교회 안에서만 하나님을 섬길 수 있다고 생각해서는 안 된다. 모든 직업은 하나님과 이웃을 섬기는 길이 된다.

두 번째, 두 왕국 모델은 그리스도인들이 직장 속에서 어떻게 일해야 하는지에 대한 조언이 변혁주의자 모델과 상당히 다르다. 보편 왕국에서는 그리스도인의 일이 존엄성과 유용성을 갖기는 하지만, 두 왕국 모델은 신자들에게 "일상적 업무를 행하는 독특한 기독교적 방식"을 찾지는 말라고 가르친다.[77]

두 왕국 담론에서 세속 직업에 대해 현저하게 사용하지 않는 말은 세계관이라는 용어이다. 그리스도인들은 보편 왕국의 공동 시민으로서, 비그리스도인들이 직관적으로 알 수 없는 공공선이나 인류 번영의 독특한 사상을 갖지 않는다. 두 왕국 모델에 의하면, 기독교 문명이 개별적으로 존재하는 것이 아니므로 신자들은 구별적인 기독교 문화를 창조하지 않는다.[78] 그들은 기독교 신앙을 반영하는 문화로 바꿔도 안 되며, 세상을 '치유'하려 해서도 안 된다.

보편 왕국에서 하나님의 통치 권력은 오직 악을 제어하는 것이지 인류 사

■ **직업을 하나님의 부르심으로 보는 마르틴 루터**

마르틴 루터는 모든 직업이 하나님으로부터 온 성직이라는 점을 강조했다.

루터는 시편 147편 강해에서 하나님이 우리를 직접 먹이실 수 있지만 다른 사람들의 일을 통해서 하신다고 가르쳤다. 즉 농부, 목장 주인, 채소 상인은 모두 하나님의 일을 하고 있는 것이다.

루터가 시편 147편 13절에 대해 주석하면서("그가 네 문빗장을 견고히 하시고"), 하나님이 우리의 도시를 직접 보호하실 수 있지만, 대신에 좋은 입법가와 법률가를 통해 법을 주셔서 지키시며, 지혜로운 통치자로부터 질서를 주시고, 실력 있는 경찰과 군인들을 통해서 안전을 주신다고 주장했다. 루터는 이렇게 결론을 내린다.

"이들은 하나님의 가면(masks)이다. 하나님은 거기에 자신을 숨기시며 만사를 행하신다."[76]

다시 말해서 모든 일은 그것이 아주 하찮은 일이라 하더라도, 하나님이 세상에서 일을 행하시는 방법이다. 그러므로 모든 일은 하나님이 주신 소명이다.

회에 대한 죄의 효과를 감소시켜서 문화를 개선시키는 것은 아니다. 이 영역에서 일어나는 모든 것은 "일시적이고 임시적이고 잠시 후면 사라지는 것이다. 따라서 궁극적이거나 영적인 중요성을 가지지 않는다."[79]

그리스도인들이 세상에서 그들의 일을 할 때, 그것은 하나님과 이웃을 섬기는 것이지, 피조 세계를 회복하거나 문화를 기독교적 방향으로 움직이는 것은 아니다. 여기에서 두 왕국주의자들은 변혁주의에 대해 반문화주의자들과 같은 비판을 가한다. 이들에 의하면 교회의 직무는 사회를 변화시키는 것이 아니라 단지 진정한 교회가 되는 것이다. 기독교 사회를 추구할 정당한 지시가 없다고 보는 것이다.

세 번째, 두 왕국 모델 지지자들은 인간의 정부 및 일반적 상업 세계에 대해서도 변혁주의자 및 반문화주의자들과 견해를 달리 한다. 변혁주의자들은 정부를 큰 문제로 보고, 반문화주의자들은 정부를 폭력과 권력의 장소로 보는 반면, 두 왕국 모델은 강제적으로 종교적 가치를 부과하는 정부가 아닌 세속적 중립 정부야말로 하나님이 원하시는 것이라고 본다.[80]

두 왕국 모델은 교역과 자본 시장에 대해서도 일반적으로 같은 견해를 가진다. 그것들은 (반문화주의자들이 말하듯) 악마적인 것이 아니며, (변혁주의자들이 말하듯) 구속이 필요한 타락한 것도 아니라고 본다. 그들에게 교역과 자본 시장은 일반 은총의 장소로서 그리스도인들이 재능과 기쁨을 가지고 소명을 추구할 곳이다. 그리스도인들은 사업과 정부에 대한 기독교적 이론이나 관습을 만들기 위해서 '비성경적인 부담'을 가지거나 죄책감을 느낄 필요가 없다.[81]

네 번째, 지금까지 말한 모든 것들의 직접적인 시사점으로서, 두 왕국 이론의 옹호자들은 문화 속에서 그리스도인들이 얼마나 많은 개선을 기대할 수 있는지에 대해서 매우 조심스러운 입장을 가진다. 그들은 승리주의뿐만 아니라 낙관주의를 피하라고 조언한다. 두 왕국 모델은 "제한되고 냉철한 기대를 요청한다. [보편] 왕국은 자연법에 의해 지배되며, 성취할 수 있는 면모에서 상당히 제한된다."[82]

앞서 살펴보았듯이, 하나님의 보편 왕국은 무엇보다도 무질서를 억제하기 위한 힘이지, 새로운 질서를 수립하기 위한 것은 아니다. 반드루넨이 주장하듯, 우리의 영혼과 부활한 몸을 제외하고는 지상의 모든 것이 파괴될 것이다. 우리가 보편 왕국에서 하는 어떤 것도 영원히 중요한 것은 없다. 결과적으로 세상에서 너무 많은 것을 기대해서는 안 된다. 우리는 모든 소망을 그리스도의 최종적 구원과 재림이라는 미래에 온전히 두어야 한다.

이 모델 안에 어떤 스펙트럼이 있는가? 첫째, 전통 루터교의 두 왕국 이해와 최근의 보수적 개혁주의 저자들의 이해 사이에 차이가 있다. 루터는 두 왕국을 세상과 교회의 영역으로 구분해서 생각하지 않았다. 대신 육적 영역과 영적 영역으로 나누었다.

루터에게 가시적이며 제도적인 교회는 실제로 '일시적인' 왕국의 일부였다. 교회 정치 체계가 일종의 법에 의해 명령되는 것이다. 그렇지만 비가시적 교회는 은혜와 자유 아래에서 함께 살아가는 신자들의 신비적 연합으로 보았다.[83] 그러므로 루터와 루터주의는 교회와 정부의 현격한 분리를 믿지 않는다. 현대의 개혁주의적 두 왕국 주창자들은 반드시 분리가 필요하다고 말한다. 루터와 칼빈은 왕들과 귀족들에게 개신교도들이 영지의 법을 개혁하도록 요청했다.

그리고 개혁주의 두 왕국 진영 안에도 스펙트럼이 존재한다. 살펴본 것처럼, 변혁주의자들이 세계관을 통해 신자가 세상에서 하는 일이 비신자의 일과 완전히 달라질 수 있다고 보는데 비해, 두 왕국 모델의 지지자들은 이 견해를 대체적으로 거부한다.

두 왕국 지지자들은 일반 은총의 수단으로써, 성경이 아닌 하나님이 신자와 비신자들로 하여금 그들이 세상에서 직접 수행하기 위해 필요한 것들을 알게 하신다고 믿는다. 이러한 관점은 T. 데이비드 고든이 대표적인

데, 〈현대 종교개혁〉(Modern Reformation)이라는 저널에서 그는 그리스도인들이 세상에 나와서 비그리스도인들이 하는 것과 다르게 일하는 것은 아니라고 강하게 주장했다.[84]

고든은 그리스도인들이 '독자적인 기독교적' 방식으로 노동하는 것이 아니며, 세상이나 사회를 변화시키려는 것도 아니라고 전했다.[85] 데이비드 반드루넨은 여기에 동의한다. "일반적으로, 신자들은 문화 활동을 추구하는 기독교적인 독특하고 객관적인 방식을 추구해선 안 됩니다."[86]

하지만 저명한 두 왕국 신학자이자 〈현대 종교개혁〉의 편집자인 마이클 호튼은 "그리스도인이 그들 특유의 방식으로 직업을 추구해야 한다"고 가르쳤다.[87] 이것은 일반 은총의 힘이나 성경의 목적에 대한 상이한 관점에 기반을 둔 실제적인 차이다.

그렇긴 해도 두 사상가들은 변혁주의자들보다 기독교 세계관에 대해 매우 비슷한 관점을 갖는다.[88] 호튼이 의도적으로 세계관이라는 용어를 피하기는 했지만, 그는 세상에서 그리스도인들의 일 자체가 비그리스도인의 일과 구별된다고 기록했다. 그리고 제도적 교회가 세상을 변화시키려는 목표를 가져서는 안 되지만, 개별적인 신자들은 '세상 속 소금'이 되어야 하고 사회를 변화시키려고 애써야 한다고 주장했다. 그는 다음과 같이 기술했다.

성경적인 드라마, 교리, 찬양은 이 세상에 실제적인 변화를 가져오는 제자도를 만들어낸다. 물론 이 시대의 왕국이 그리스도의 왕국으로 변화되지는 않을 것이다(그래서 우리는 왕의 문자적 재림을 기다린다). 하지만 평범한 사람들의 삶은 매일 매일의 평범한 관계들을 통해 만들어진다. 모든 사람들이 윌리엄 윌버포스는 아니다. 그러나 우리는 그가 영국 국교회의 칼빈주의자 존 뉴턴의 성실한 사역에 의해 훈련되었다는 것을 안다. 그리고 그가 전 생애를 노예무역 철폐에 헌신했음을 알고 기

뻐할 수 있다.[89]

우리가 살펴보았듯, 이것은 내용과 정신에 있어서 두 왕국 지지자들이 쓴 것과 다르다. 호튼은 세계관이라는 용어는 사용하지 않지만 세계관의 개념에 더 많은 무게를 준다. 그는 문화는 타락했고 죄에 의해 왜곡되었다는 견해와 문화적 개혁은 바람직하고 가능하다는 소망을 더 강조한다.

두 왕국 모델의 문제점

두 왕국 모델에 대해 몇 가지 문제점들이 언급되어 왔다.[91]

첫째, 두 왕국 모델은 성경보다 일반 은총의 역할에 더 많은 무게와 신뢰를 둔다. 두 왕국 저자들은 그리스도인들이 성경과 복음에 대한 이해를

■ 그리스도인의 독특성에 있지 않다

데이비드 반드루넨은 그의 저서 《하나님의 두 왕국에서 살기》의 마지막 장에서 "그리스도인의 문화적 활동에는 많은 고유한 일들이 있다"고 기록한다. 그러나 그는 그 일들의 독특성은 주로 주관적이며 주님께 하듯 전심을 다해서 하는 동기에 있다고 설명한다. 그리스도인의 일이 '객관적으로' 독특성을 가질 수 있는지에 대해서, 즉 일의 동기뿐만 아니라 형태나 내용에 있어서 독특성이 있는지에 대한 그의 답변은 부정적이다. 그리고 이 요점을 책 전반에 걸쳐 반복한다. 문화적 활동에 있어서 규범적인 표준은 그리스도인의 독특성에 있지 않다는 것이다. 그것은 모든 사람에게 열려 있는 보편 은총의 규범이다.

이후 교육 토론의 상황에서, 반드루넨은 직설적으로 이야기한다. "교회도 가정도 완전히 포괄적이며 상세한 세계관과 인생관을 전수할 능력이 없다."

만일 "포괄적이며 상세한"이라는 수식어가 충분히 강하다면, 어떤 신 칼빈주의자도 반드루넨에게 이견을 갖지는 못할 것이다. 변혁주의 모델을 지지하는 어느 누구도 레위기의 신약 버전이 있어서 무엇을 입고 먹을지를 명령한다고 믿지 않는다. 그러나 현실 속에서 반드루넨은 학교나 가정이 아이들에게 세계관을 가르치려고 할 때, 그것은 그들이 사역자의 자리를 빼앗는 셈이라고 이야기한다. 사역자는 교회 안에 있는 젊은이들에게 말씀을 가르쳐야 하는 이들이다.[90]

사회 생활에 적용하려 해선 안 된다고 주장한다. 왜냐하면 사회는 하나님이 모든 사람에게 주신 자연계시의 빛을 통하여 건강하게 유지될 수 있기 때문이다.

물론 이런 관점은 일반 은총의 존재에 대한 성경의 가르침을 적절하게 강조하기는 한다. 하지만 사람들이 진리를 가로막고 있으며(롬 1:18-32), 자연계시를 바르게 해석하지 않는다는 성경적 가르침에 대해서는 동등한 무게를 주지 않는다. 존 칼빈은 《기독교 강요》에서 자연계시에 대해 말하면서 완벽한 균형을 이룬다. 그는 다음과 같이 기록한다.

> 세속 작가들 속에서 빛나는 진리의 존경스러운 빛이 우리를 가르쳐 인간의 마음이, 비록 타락하여 온전함과는 거리가 멀지만, 그럼에도 불구하고, 하나님의 탁월한 선물로 옷 입고 수놓아져 있다고 치자.
>
> 만일 우리가 하나님의 성령을 진리의 유일한 샘으로 여긴다면, 우리는 진리 자체를 결코 거부하지도, 진리가 나타날 때 경시하지도 않을 것이다. 우리가 하나님의 성령을 무시하려고 하지 않는다면 말이다. … 성경이(고전 2:14) "자연적 인간"으로 부르는 사람들은 열등한 것들의 탐구에 있어서는 날카로운 통찰을 가지고 있다. 그러므로 우리는 어떻게 주님께서 많은 선물들을, 인간 본성이 참된 선을 상실한 다음에도, 인간 본성에 주셨는지 예를 통해 배우도록 하자.[92]

하지만 바로 이 문단 앞에서, 칼빈은 이렇게 기록한다. "인간의 패역하고 타락한 상태 가운데 약간의 불꽃이 반짝이는 것은 사실이지만… [그 빛은 여전히 깊은 무지로 막혀 있어서 효과적으로 뻗어 나오지 못한다. [인간의] 이성은 그 둔감함 때문에 진리를 추구하고 발견하는 데 있어서 무능함을 나타낼 뿐이다."[93]

두 왕국 주창자들은 자연법과 일반 은총이 인간 존재를 지도함에 있어 충분한 것처럼 말해 왔다. 성경의 조명 없이, 인간 본성과 운명에 부합하며, 평화롭고 번영하는 사회를 만들기에 충분한 것처럼 말이다. 그러나 이는 성경이 가르치는 것 이상으로 지나친 것이다. 성경은 인간 존재가 쉬이 하나님의 자연계시를 왜곡하고, 억누르고, 부인한다고 말하고 있다.

둘째, 두 왕국 사상을 따르는 사람들은 사회적 선함을 자연계시의 결과로 생각하지만, 그것은 실제로 기독교 가르침 - 특별 계시를 받아서 세상 문화에 대입한 결과이다. 예를 들어, 니콜라스 월터스토프는 인권이라는 생각 자체가 하나님의 형상에 대한 기독교적 가르침에서

나왔다고 주장한다. 인간 본성에 대한 다른 견해에서는 인권이라는 개념이 형성될 수가 없다.[94] 지금은 아주 복잡한 이유로 인권이라는 생각이 국제화되었다.

사무엘 모인(Samuel Moyn)은 혁명적 사회주의가 붕괴한 이후 생겨난 엄청난 진공을 인권이 채웠다고 주장한다. 또한 도덕적 가치와 정의에 안착시킬 신뢰성 있는 관점에 대해서도 마찬가지이다.[95]

그러나 우리는 여전히 질문해야 한다. "인권은 처음에 어디로부터 나왔는가?" 수많은 세상 사람들이 지지한다는 것은, 이것이 자연계시의 산물이라는 의미일까? 그렇지 않다. 인권은 다양한 요인으로 만들어졌다. 성경적 가르침이 세상에 비추어졌고, 이 특별계시의 통찰이 보다 보편적이고 비기독교적인 의미를 부여받게 되었다. 그러나 인간에 내재하는 존엄성의

기본적 개념인 복수보다 용서가 중요하는 점, 그리고 박애와 자선의 중요성 등과 같은 것들은 모두 기독교 문명으로부터 성장한 것들이다.[96]

이들은 서구의 이교 문명이나 동양 문명에는 부재했던 것들이다. 이들은 원래 기초가 되었던 기독교 신앙이 상당 부분 문화에 의해 폐기되었음에도 불구하고, 현대 서구 문명의 변하지 않는 구성 요소인 것처럼 보인다.

그렇다면 문화는 철저히 자연계시에 의해서만 형성되어야 하며, 성경은 사회생활에 영향을 끼쳐서는 안 된다고 주장해야 옳은가? 댄 스트레인지(Dan Strange)가 피터 레이트하트(Peter Leithart)를 인용하여 주장했듯이 대부분 서구 사회의 진정한 상황은 '중도의 은혜'이다.[97] 이는 성경에서 소개된 개념들의 복합적인 상호작용을 말한다. 이 개념들은 다양한 이유로 힘을 받았는데, 결국 일반 은총으로 보아야 할 것이다.

유명한 예로는 노예제 폐지 운동이 있다. 이는 복음주의 그리스도인 윌리엄 윌버포스와 그의 동료들이 이끈 운동이다. 그리스도인 지도자들은 성경의 특별 계시에서 배운 인간 본성에 대한 가르침에서 영감을 받았다. 그렇지만 비그리스도인들이 노예제를 폐지하자는 요청을 가슴과 양심에서 -즉 일반 은총의 영역에서- 공감하지 않았더라면 성공하지 못했을 것이다.

이 질문은 과연 비기독교 신앙의 사람들이 노예제 자체가 잘못된 것이라는 생각을 처음부터 할 수 있었을 것이냐는 점이다. 역사적으로 이 개념은 하나님의 형상(imago dei)에 대한 그리스도인들의 묵상으로부터 생겨났다.[98] 다시 말해 노예제는 일반 은총 없이는 폐지될 수 없었을 것이지만, 일반 은총만으로는 결코 폐지되지 못했을 것이다.

셋째, 두 왕국 모델은 인간의 삶이 종교적으로 중립적인 기초에서 영위될 수 있다고 암시하거나 가르친다. 이들은 국가가 세속적이며 동시에 중립적이기를 원한다. 그래서 법률, 정부, 경제 및 예술에 대한 기독교적 관점이 필요하다는 것을 거부한다.

그러나 세속 국가는 바람직하지 못한 목표일 뿐 아니라, 불가능한 것이다. 세속 국가는 실제로 신화이며 계몽주의의 미심쩍은 산물이다.[99] 우리가 앞서 살펴보았듯, 인간의 관습은 옳고 그름, 인간 본성과 운명, 삶의 의미, 인간 사회에 대한 문제 인식, 그리고 어떻게 개선할 것인가 등에 대한 근본적인 신념 체계에 깊이 뿌리 내리고 있다. 이러한 모든 실제적인 가정들은 증명할 수 없는 신념의 가정 위에 근거하고 있는데, 대부분 인간 본성과 영적 실재에 대한 가정들이다.

마이클 샌들은 하버드대학교에서 정의에 대한 유명한 수업을 진행하는데 그는 모든 정의 이론들이 "불가피하게 판단적"이라고 말한다. 그는 긴급 구제 금융, 대리모, 동성 결혼, 인권 보호, 최고 경영자 임금 등의 사안에 대해 "가치 있는 일을 하는 올바른 방식"에 대한 어떤 신념을 가정하지 않고 의견을 주장하는 것은 불가능하다고 갈파했다.

예를 들어, 어떤 사람은 여성이 낙태를 선택할 권리를 가져야 한다고 말하고, 또 다른 사람은 여성이 그런 선택권을 가져서는 안 된다고 말한다. 그들이 다르게 말하는 이유는 각각 다른 가치를 가지고 있기 때문이다. 가치 평가는 과학적 근거가 아닌 언제나 도덕적 근거 위에서 일어난다. 이러한 암묵적인 가정들은 믿음의 행위들이므로, 궁극적으로 중립적이고 세속적인 국가란 없다는 것을 의미한다. 문화와 정부는 행동이 아니라 특정한 믿음의 행동에 의해서 활기를 얻게 된다.[100]

때때로 두 왕국 모델의 지지자들은 변혁주의자들에게 묻는다. "자동차 수리의 기독교적 형태는 무엇입니까? 기독교 세계관의 입장에서 하는 치과 진료는 무엇입니까?" 그리스도인과 비그리스도인 치과의사들이 동일한 방식으로 충치를 치료한다는 것은 우리가 하나님의 형상이라는 공통된 인간성을 가졌고, 더불어 삶에 대한 공통적인 직관을 공유한다는 것을 의미한다.

두 왕국 모델의 지지자들이 성경이 사업 운영이나 배관 용접을 위한 포

■ 대여 자본(Borrowed Capital)

역사 강좌에서 C. 존 소머빌은 학생들이 무신론자이거나 반종교적이라고 하더라도 얼마나 철저하게 기독교화되어 있는지를 보여 주곤 했다. 그는 (그리스도인 선교사들이 도착하기 전에 이방인 북유럽과 같은) 수치-명예 문화의 가치들을 열거했다. 거기에는 자랑, 복수의 엄격한 윤리, 공포심을 조장하는 것, 한 개인의 평판과 이름의 절대적 중요성, 부족에 대한 충성심 등이 있다. 그 다음에 이에 상응하는 기독교 가치를 나열하곤 했다. 이것들은 그 당시까지 유럽의 이방인들에게 알려지지 않았던 것들인데, 겸손, 용서, 평화, 봉사, 그리고 하나님의 형상으로 만들어진 모든 인류에 대한 존엄성 등이다.[101] 소머빌 교수의 수많은 반종교적 학생들은 그들이 성경적 사고방식에 얼마나 깊이 영향을 받으며 살아왔는지 알고는 깜짝 놀랐다. 이는 복합적인 사회적 및 문화적 과정들을 통해서 그들에게 전수된 것이었다. 그의 요점은 서양 문명의 선하고 독특한 많은 것이 기독교 신앙으로부터 '대여한 자본'이라는 것이다. 최근 공공 영역에서 신앙의 초자연적 요소들이 무시되고 있다 하더라도 그렇다.

괄적인 매뉴얼이 아니라고 말하는 것은 맞는 말이다. 두 왕국 신학자인 T. 데이비드 고든은 "성경은 언약 체결자로서의 인류를 인도하기에 충분하다"고 했다. 다시 말해 그리스도인은 언약 공동체 안에서 살아간다. 그렇지만 수리공으로서의 인간, 의사로서의 인간, 사업가로서의 인간, 부모로서의 인간 그리고 법률가로서의 인간을 인도하기에는 충분하지 않다고 했다.[102]

마이클 호튼도 이와 유사하게 썼다. "직업에 관해서는 그리스도인과 비그리스도인 사이에 아무런 차이가 없다. 만일 그리스도인과 비그리스도인이 이 세대의 보편적 저주와 보편적 은혜에 참여한다면, 기독교 정치학이나 기독교 예술 또는 기독교 문학이라는 것은 존재하지 않을 것이다. 기독교적 배관 공사는 말할 것도 없다."[103]

이처럼 비평가들은 반응은 성경이 교회 생활이나 기독교적 삶에 대해서 뿐만 아니라 모든 것에 대한 이해할 만한 핸드북을 제공하지 않는다는 것이다. 성경이 이러한 모든 것에 대해서 포괄적인 핸드북을 주는 것은 아니라고 말한 고든의 말은 맞다. 성경이 우리에게 좋은 부모나 배우자가 되기 위해 필요한 모든 것을 주는 것은 아니다.

성경은 세상을 사는 많은 세부 사항(방법)을 우리에게 자율적으로 맡긴다. 그러나 성경이 우리에게 가르치는 것은 심오하고 강력하며, 그리스도인의 결혼이 다른 세계관과 철학에 근거한 결혼과 확연히 다름을 말해 준다. 성경은 매우 넓은 범위의 문화적, 정치적, 경제적, 윤리적 문제들을 다루는데, 삶의 모든 영역들에 현저한 영향력을 끼쳤다.

역사가 존 소머빌(John Sommerville)은 서구 사회 저변에 확산된 사상들은 -예를 들어 용서와 봉사가 체면과 복수보다 영예로운 것이라는 가르침- 성경에 깊은 뿌리를 두고 있으며, 기독교 전래 이전의 서반구에 있었던 수치·명예 문화와는 매우 다른 것이라고 주장한다.

신학자 마이클 알렌(Michael Allen)은 "기독교 신앙은 필연적으로 문화적 적용점이 있다"[104]는 것을 상기시킨다. 많은 이들은 현대 과학의 발흥이 가능했던 것은 유일하고, 전능하시며, 인격적인 하나님이 계시다는 성경적 관점이 사회 가운데 있었기 때문이라고 동의한다.[105] 기독교 신앙이 문화를 깊이 있게 형성할 수 없다는 생각은 순진하고 피상적인 관점임에 틀림없다.

노예제의 문제는 기독교가 문화를 어떻게 바꾸는지에 대한 흥미로운 예이다. 물론 노예제를 철폐하는 데 너무 오랜 시간이 걸렸다는 비판을 받기는 하지만, 미로슬라브 볼프의 지적에 의하면, 신약성경에서 이미 복음은 노예제의 사망 타종을 울렸다. 바울은 노예 소유주였던 그리스도인 빌레몬에게 그의 노예 오네시모를 "주 안에서" 뿐만 아니라 "육신"으로도 "사랑 받는 형제"로 대하라고 말한다(몬 16장).

신약학자 더글라스 무(Douglas Moo)의 설명에 따르면, 바울은 "지상의 이익에 묶여 있는 인생의 모습"을 가리키기 위해 "육신"이라는 표현을 사용했다.[106] 무의 결론은 이렇다. 비록 오네시모가 당분간 빌레몬의 노예로 남아 있기는 하겠지만, 바울은 오네시모에게 사실상 "너와 오네시모의 관계

■ 두 왕국과 루터 신학

루터 신학은 역사적으로 두 왕국 관점을 고수해 왔다. 그들은 어떻게 그리스도와 문화를 연결할지를 생각했다. D. A. 카슨은 루터교 신학자인 로버트 베네 교수를 인용하는데 그의 전통에 대해 비판적인 시각을 취하고 있다. 루터교 신학의 이 버전이 논리적 결론에 달하게 되면, 복음에서 지적인 내용이나 도덕적인 [시민] 법률이 상실되게 된다. 그러면 성경의 내러티브와 신학적 성찰은 세속적 학습에 참여할 존재론적 근거를 얻지 못하게 된다. 그것은 교육의 영역에서 루터교의 정적주의를 옹호하게 될 것이다. 1930년대에 독일 루터교가 두 왕국(법률 아래 있는 정부와 복음 아래 있는 기독교)을 분리하고 나치 운동을 기독교 시각에서 점검하지 않았던 것처럼, 이러한 접근법은 현대의 세속 교육을 기독교 시각에서 도전하지 않고 내버려 두는 것이다.[109]

는 더 이상 너의 법률적 관계(주인-노예)가 아니라 너의 영적 관계(형제들)에 의해 결정되어야 한다"라고 말한 것이다.[107] 이는 권력의 사용을 관계성 안에서 변화시키는 것이다. 볼프는 "노예제의 외적 제도적 껍데기가 아직 억압적 현실로서 남아 있기는 했지만 이미 폐지된 것과 다름없다"[108]라고 주장했다.

이런 예들을 살펴볼 때, 신약성경이 사회를 변혁하라는 요구를 직접적으로 하지는 않지만, 그리스도인들의 복음 신앙은 사회적, 경제적 관계에 분명히 직접적이고 전반적인 영향을 끼친다는 사실을 알 수 있다. 이것은 단지 교회 안에만 제한되지 않고 사실상 삶의 모든 영역에서 두루 영향을 끼친다. 이를 반대하는 것은 성경적 증거와 역사적 주장에 충실하지 못한 것이다.

넷째, 두 왕국 모델은 '사회적 정적주의'(social quietism)를 낳는다. 두 왕국 접근법에 따르면, 그리스도인들은 세상이 좀 더 많이 기독교 가치를 반영할 수 있도록 세상을 바꾸거나 움직일 수 있는 능력을 과신해서는 안 된다.

이 접근법, 기독교 우파 부류의 승리주의를 중화시키기는 하지만, 반대편의 오류로 이어질 가능성이 있다. 케빈 드영(Kevin DeYoung)은 이 모델이 "그리스도인들이 지역 사회에서 긍정적 변화를 위해 일하도록 담대하게 요구하며 변화가 가능하다고 믿는 데 있어 거리끼는 모습을 보여 준다"[110]고 말한다. 마이클 알렌은 19세기 중반 미국 남장로교의 불편한 사례를 지적하며 '교회의 영성' 교리를 이야기한다.

1859년 H. H. 손웰은 "그리스도의 모든 교회에게 드리는 연설"에서 두 왕국 관점을 주장했다. "교회와 국가의 영역은 완전히 구분되어야 하며, 교회는 국가의 사법권을 사용할 아무런 권위가 없다. … 국가는 가시적이며 외적인 영역을 다루고, 교회는 비가시적이고 내적 영역을 다룬다. … 교회의 권력은 전적으로 영적인 것이다."[111]

그는 남부교회가 노예제에 대해 정죄하기를 거부한 결정을 옹호한다. 알렌의 주장은 '교회의 영성' 가르침이 인권 운동 시대까지 남부교회에 계속 영향을 끼쳤다는 것이다. "많은 지도자들과 회중들이 사회적, 정치적 인권 목표에 대한 교단의 지지를 반대했다."[112]

다섯째, 두 왕국 관점은 성직자와 평신도 사이의 계급을 만드는 경향이 있다. 두 왕국 모델의 많은 추종자들은 그리스도인들이 직업을 갖고 현장에서 탁월하게 일하는 것을 격려하며 그것을 하나님을 섬기는 길로 보기는 하지만, 그 자체를 '왕국 사역'으로 이해하지는 않는다.[113]

결과적으로 두 왕국 교회들은 직업을 가지는 것을 변혁주의자들만큼 요구하지 않는다. 뿐만 아니라 교회 안에서, 두 왕국은 말씀과 성례를 집행하는 안수 받은 사역을 강조하며 "평신도와 교회 사역자의 사역 부분을 과장되게 구분한다"(예를 들어 복음 사역은 장로와 목사들의 책임이며, 성도들의 것은 아닌 것으로 본다).[114]

문화에 대한 합의점

2011년 말, 문화에 대한 합의점이라는 글을 블로그에 썼다. 오늘날 교회 안에 있는 그리스도와 문화에 대한 관점의 차이에도 불구하고, 각 진영에 있는 상당한 수의 사람들은 비판에 귀를 기울이고 있으며, 점진적으로 (그리고 비밀리에) 관점을 수정하고 있다. 그리하여 다른 사상과 입장에 대해 조금씩 가까워지고 있었다.

나는 블로그에서 변혁주의자와 두 왕국 관점을 요약하면서 각각의 모델이 약간의 불균형을 안고 있지만, 많은 사람들은 이들을 이해하고 있으며, 다양한 모델로부터 통찰력을 수용하고 있다고 했다.

> 변혁주의는 지나치게 승리주의적이고 강압적이며, 죄에 대해 순진하며, 종종 자기 의를 보이려고 한다. 또한 하나님의 일반 은총이 모든 사람들에게 충분히 주어졌다는 것을 제대로 인식하지 못한다. 그리스도인들이 비신자와 공공선을 위해서 함께 일하도록 그들을 준비시키지 못할 수도 있다. 또는 가장 하찮은 종류의 일을 포함해서 모든 일의 선함을 인정하지 않을 수도 있다. 그들은 철학적인 세계관을 생각해 낼 수 있는 지성에 대해 지나치게 많은 강조를 한다는 비판을 받는다. 그리고 마음의 경건 및 우선순위를 재점검하는 데 충분한 관심을 기울이지 못했다는 비판을 받았다. 그리스도인들이 정치권력을 취하는 것에 대해 지나친 낙관 및 강조를 했다는 비판도 받아왔다.
> … 두 왕국 접근법은 사회 변화의 가능성에 대해 너무 비관적으로 본다. 역설적으로 이 관점을 취하는 많은 이들은 일반 은총의 역할에 대해 너무 순진하며 낙관적이다. 이들은 그리스도인들이 자연계시에 의해 모든 사람에게 주어진 일반적인 도덕 기능의 근거 위에서 비신자와 더불어 일할 수 있다고 주장한다. … 두 왕국 접근법은 모든 문화마다 우상들로 가득 차 있으며 죄가 모든 것을 뒤틀어지게 한다는 것을 경시

한다. 궁극적으로 중립성이란 존재하지 않으며, 사람은 세상에서 우리의 일을 지도 받기 위해서, 단지 자연계시 외에, 성경과 복음이 필요하다는 사실을 너무 경시한다.[115]

이 글은 많은 사람들의 저항을 불러왔다. 카이퍼주의 운동으로 저명한 저자인 마이클 고힌(Michael Goheen)과 크레이그 바돌로뮤는 탄탄한 변혁주의자 진영이지만, "뉴비긴의 책들을 수용하고, 보다 선교적인 카이퍼주의를 옹호하겠다"라고 말했다. "사회 관여는 사회를 변화시키기 위한 것이 아니다. 그것은 일어날 수 있지만 그 목적은 그리스도께서 주님 되심을 모든 공공생활의 영역에서 증언하는 것이며 인간을 비인간화하는 우상숭배들과 싸우면서 이웃을 사랑하는 것이다."[116]

반면 마이클 호튼은 나의 글에 반응하여 블로그에 글을 올렸는데, 두 왕국 입장에 대한 묘사를 비슷하게 거부했다. 그는 6년 전, "그리스도인과 비그리스도인은 직업에 있어서 아무 차이가 없다"라고 했고 "또한 기독교 정치학이나 기독교 예술, 기독교 문학이 존재하지 않는 것은 기독교 배관 기술이 없는 것과 마찬가지이다"라고 썼었다.[117]

그러나 이제는 "두 왕국 관점의 어떤 것도 그리스도인이 자신의 직업을 '독자적으로 기독교적인 방식'으로 추구하지 않는다는 것을 의미하지 않는다. 또한 '교회나 신자가 세상이나 사회를 바꾸는 일을 해서는 안 된다'는 것을 수반하지 않는다"라고 썼다. 그리고 그는 그리스도인들이 이끄는 사회 개혁이 선한 일이라고 덧붙였다.[118]

그런데 이 두 저자들은 단순화에 대한 그들의 타당한 우려에도 불구하고, 그리스도인들 사이에 '문화에 대한 합의점'을 가질 수 있다는 증거를 제공한다. 마이클 고힌의 강조점은 카이퍼주의 사상에서 분명히 보이는데 다른 원천들로부터 통찰과 비판을 수용한 것이다. 그리고 두 왕국 접근법의 많은 지지자들이 그리스도인들이 고유한 방식으로 일할 수 있다는 것을 부정하며 사회를 변화시키는 노력에 참여해선 안 된다고 주장한다.

하지만 마이클 호튼의 언급은 다른 관점의 강점과 비판으로부터 배울 줄 아는 놀라운 능력을 보여 준다. 성장 중인 이러한 합류점에 내가 기여할 수 있기를 소망하면서, 나는 앞으로 이 이슈에 대해 균형 잡힌 놀라운 예들을 살펴보려고 한다. 그리고 어떻게 이 네 모델이 서로에게 바른 안목으로 관련될 수 있을지를 분석하려고 한다.

토론과 성찰을 위한 질문들

1. 이 장에서는 문화와의 관계 모델을 네 가지로 정리하였다: (1) 변혁주의 모델 (2) 적절성 모델 (3) 반문화주의 모델 (4) 두 왕국 모델. 네 가지 모델 중에서 어떤 것이 당신의 견해에 가장 가까운가? 가장 생소한 것은 무엇인가? 어떤 비판이 당신에게 가장 다가왔는가? 가장 반대하는 비판은 무엇인가?

2. 저자는 "종종 각 모델이 제대로 설명하지 못하는 경우가 있다는 것은 그 자체로 시사하는 바가 크다"라고 말한다. 모델들은 종종 부적합한데, 특히 우리가 가장 날카롭고 명확하게 어떤 입장을 이해하려 할 때 그러하다.

그러나 이런 부적합성이 우리에게 도움이 될 수 있다. 곧 특정 관점의 한계를 드러내고 극단을 피하도록 돕는 것이다. 이런 것을 염두에 둘 때, 각각의 모델이 지닌 최고 강점을 당신은 어떻게 요약하겠는가? 각각의 모델에서 최대 문제와 약점은 무엇인가?

3. 복음과 문화에 대한 당신의 생각을 형성해 온 신학들이 무엇인지를 점검해 보라. 저자, 멘토, 전통, 논문, 컨퍼런스, 개인 체험, 그리고 편견 등을 확인해 보라.

특정 사상이 교회와 문화에 대한 당신의 생각에 지배적인 영향을 끼쳤는가? 아니면 여러 흐름에 골고루 영향을 받았는가? 현재의 관점을 형성하게 된 데 가장 결정적인 역할을 한 사상가는 누구였는가?

주

1. 나의 독자들 가운데 많은 이들은 미국에서 사역하고 있지 않다. 그런데 미국 교회들의 분투는 전 세계에 영향을 미치고 있다. 다른 나라에서 사역하는 사람들은 미국에서 만들어진 사역들을 무비판적으로 받아들일 수도 있다. 자료가 제공하는 이면의 토론이나 관점을 모르기 때문이다. 그러므로 나는 이러한 묘사가 독자들에게 단지 미국 상황만이 아니라 그들 자신의 상황을 이해하는 데 도움이 되기를 바란다. 예를 들어 영국에는 미국 내 종교적 우파와 꼭 맞아떨어지는 부류가 없다. 그렇지만 다른 형태의 '변혁주의자' 범주가 존재한다. 그러므로 나는 이 장의 대부분이 세계의 도시들에서 사역하는 이들에게 도움이 되기를 기대한다.

2. H. Richard Niebuhr, *Christ and Culture* (New York: Harper, 1956). 이 요약은 조지 헌싱거 (George Hunsinger)의 요약에 근거하며 그 요약은 다음 책에 있다. R. Michael Allen, *Reformed Theology* (Edinburgh: T&T Clark, 2010), 168.

3. Niebuhr, *Christ and Culture*, 44.

4. 위의 책.

5. 사실 나는 (뉴비긴과 같은) 사상가가 어느 모델에 딱 부합하지 않는 모습을 보면서 그것이 그가 지닌 강점이라고 말한다.

6. 다음을 보라. Timothy Keller, "Niebuhr's Christ and Culture," www.calvin.edu/academic/rit/webBook/chapter7/niebuhrTech.htm (2012년 1월 31일 접속).

7. 다음을 보라. Craig A. Carter, *Rethinking Christ and Culture: A Post-Christendom Perspective* (Grand Rapids: Baker, 2007).

8. 다음을 보라. D. A. Carson, *Christ and Culture Revisited* (Grand Rapids: Eerdmans, 2008).

9. Nicholas Wolterstorff, "In Reply," *Perspectives: A Journal of Reformed Thought* (February 2008), www.rca.org/page.aspx?pid=3772 (2012년 1월 31일 접속).

10. Steve Mathonnet-VanderWell, "Reformed Intramurals: What Neo-Calvinists Get Wrong," in *Perspectives* (February 2008), www.rca.org/page.aspx?pid=3771 (2012년 1월 31일 접속). 퍼스펙티브는 이전에는 리폼드 저널이라고 불렸다. 1970년대와 1980년대에 이것은 카이퍼 계열의 신 칼빈주의 저자들의 주된 장이 되었다. 니콜라스 월터스토프(Nicholas Wolterstorff), 알빈 플랜틴가(Alvin Plantinga), 리처드 마우(Richard Mouw), 조지 마스덴(George Marsden) 등이다. 다음을 보라. Barry Hankins, Francis Schaeffer and the Shaping of Evangelical America (Grand Rapids: Eerdmans, 2008). 이 책은 카이커(Kuyper), 쉐퍼(Schaeffer), 콜슨(Colson) 사이의 연결성을 보여 주고 있다 (pp. 121, 139). 그리고 기독교 우파의 형성 초기에 쉐퍼가 어떤 역할을 했는지를 보여 준다(pp. 192-227).

11. 다음을 보라. Jeff Sharlet, *The Family: The Secret Fundamentalism at the Heart of American Power* (New York: HarperCollins, 2008), 342-350, 429; 또한 다음 책을 참고하라. Hankins, Francis Schaeffer, 192-227. 루사스 러쉬두니(Rousas Rushdoony), 존 화이트헤드(John Whitehead), 그리고 프랜시스 쉐퍼(Francis Schaeffer) 사이의 연결성을 잘 다루고 있는데 이것이 기독교 우파의 출발에 영향을 미쳤다.

12. 다음을 보라. Rousas John Rushdoony, *The Institutes of Biblical Law* (Phillipsburg, N.J.: Presbyterian & Reformed, 1990); Gary North and Gary DeMar, *Christian Reconstructionism: What It Is, What It Isn't* (Tyler, Tex.: Institute for Christian Economics, 1991). 재건주의자들은 기독교 소수파가 권력을 잡거나 성경적 도덕법을 다수에게 요구하라고 주장하지 않았다. 대신 이들은 기독교 인구가 미래에 더욱 증가할 것이라고 믿었다. 그리하여 기독교적 공감대가 이루어지고 성경적 법이 집행될 수 있을 것으로 보았다(간음, 우상숭배 및 동성연애에 대한 사형 등).

13. Rushdoony, *Institutes of Biblical Law*, 100, 214, 747.

14. 다음을 보라. David Field, "Samuel Rutherford and the Confessionally Christian State," http://davidpfield.com/other/RutherfordCCS.pdf (2012년 1월 31일 접속).

15. 신 칼빈주의의 '원리적 다원주의'에 대한 보수 변혁주의적 비판은 다음을 보라. Field, "Samuel Rutherford and the Confessionally Christian State," 27-32.

16. 이것은 물론 일반화된 진술이다. 기독교 우파 안에는 교육적 전략을 쓰는 사람들이 있다. 척 콜슨(Chuck Colson)은 매우 교육적인 전략을 사용한다(세계관 교육을 통해서 문화 변혁을 이루려는 것이다). 물론 그의 훈련과 출판물에는 정치적 색채가 종종 새어나온다. 그리고 같은 근거에서 나온, 신 칼빈주의와 연관된 정치적 운동이 캐나다에서 있었다.

17. Wolterstorff, "In Reply."

18. 다음을 보라. Albert M. Wolters, *Creation Regained: Biblical Basics for a Reformational Worldview*, 2nd ed. (Grand Rapids: Eerdmans, 2005), 27-39.

19. Herman Bavinck, "Common Grace," trans. R. C. Van Leeuwen, *Calvin Theological Journal* 24 (1989): 59-60, 61.

20. Geerhardus Vos, *The Teaching of Jesus Concerning the Kingdom of God and the Church* (Eugene, Ore.: Wipf & Stock, 1998), 163. 보스(Vos)가 이것을 말하자마자, 그는 이것이 제도적 교회가 정치권력을 가져야 한다거나 정부를 통해 사회를 통제해야 한다는 뜻은 아니라고 설명한다. 오히려 하나님의 나라는 사회 가운데 교회 바깥에서 거듭난 개인 신자들이 하나님의 영광을 위해 일하며 살아갈 때 나타난다고 설명한다. 여기에서 그는 카이퍼의 '영역 주권' 가르침을 존중한다. 보스는 '나라'를 이렇게 정의한다: "나라는 초자연적 힘이 개입해서 세상을 새롭게 하는 것이다"(p.192). 그는 하나님의 나라가 단지 마음에서 하나님을 주관적으로 경험하는 것만이 아니라 일련의 위대한 '객관적인 사실과 역사하심'을 통해서 하나님의 능력이 세상에 들어오는 것이라고 본다. 하나님 나라의 궁극적인 목적은 세상의 모든 죄, 악, 고통 그리고 죽음을 이기는 것이다.

21. 두 왕국 모델을 지지하는 많은 사람들은 일반적으로 그리스도인들이 자신의 직업에서 탁월해지도록 격려하며, 이것이 하나님을 섬기는 것이라고 본다. 하지만 대부분은 그런 일 자체가 하나님 나라의 일이라거나 그리스도의 구원 목적을 이룬다고 하는 주장에는 강하게 반대한다. 그래서 궁극적으로 '두 왕국'은 실제로 그리스도인들이 세속 직업을 갖는 것에 대해 변혁주의자 모델보다는 덜 환영한다.

22. 제도의 중요성에 대한 훌륭하고 간략한 개관에 대해서는 다음을 보라. Hugh Heclo, *On Thinking Institutionally* (Boulder, Colo.: Paradigm, 2008).

23. 기독교 우파에 대한 자기 분석과 교정을 다룬 책에는 다음이 있다. Michael Gerson and Peter Wehner, *City of Man: Religion and Politics in a New Era* (Chicago: Moody, 2010). 거슨(Michael Gerson)과 웨너(Peter Wehner)는 정치적 보수이지만 종교적 우파에 대해서 비판적이다. 그들은 하나님의 도시를 어떤 정치적 아젠다와 일치시키는 위험성을 경고한다. 이 책은 기독교 독자들이 훨씬 더 신중해지고 각성해야 한다고 주장한다. 그러면서도 온건 보수적 정치참여를 해야 한다고 본다.

24. James K. A. Smith, *Desiring the Kingdom: Worship, Worldview, and Cultural Formation* (Grand Rapids: Baker, 2009). 스미스는 캐나다 철학자인 찰스 테일러(Charles Taylor)를 인용한다. '사회적 상상력'이 '세계관'보다 훨씬 나은 용어라고 제안한다.

25. Mathonnet-Vander Well, "Reformed Intramurals." 이 논문은 신 칼빈주의 진영 안에서 변혁주의에 대한 일련의 비판들을 열거하고 있다.

26. 여기에서 스미스의 중요한 책을 검토할 충분한 자리는 없다. 간단히 보면 나는 그의 주장이 전반적으로 옳다고 믿는다. 특히 어거스틴을 의지하는 부분이 그렇다. 어거스틴은 세계관이 단지 우리의 교리가 아니라 '우리가 사랑하는 것들의 질서'라고 주장했다. 그런데 내가 보기에 이 책은 플라톤보다 아리스토텔레스를 너무 많이 의지한다. 플라톤은 바른 행동은 바른 생각에서 나온다고 가르쳤다: "우리는 생각하는 대로 된다." 반면 아리스토텔레스는 바른 생각이 바른 행동과 행위를 따른다고 가르쳤다: "우리는 행동하는 대로 된다." 나는 그리스도인들이 생각이나 행동을 열쇠로 숭상하는 것을 조심해야 한다고 생각한다. 플라톤적인 견해는 지나치게 강의나 설교가 삶을 바꾸는 주요 통로라고 본다. 이에 비해 아리스토텔레스적인 견해는 예전과 성찬을 주된 방법으로 본다. 그러나 열쇠는 마음에 있다. 마음의 헌신은 회개를 통해서 바뀌게 된다. 회개는 생각과 행동을 모두 포함하는 것이다. 토머스 크랜머는 기도를 가르칠 때 "우리의 마음과 온 몸이 세상적이고 육적인 모든 욕망들에 대해 죽게 하시며, 그리하여 우리로 하여금 모든 일에서 당신의 복된 뜻에 순종하게 하소서"라고 기도하였다. (C. Frederick Barbee and Paul F. M. Zahl, *The Collects of Thomas Cranmer* [Grand Rapids: Eerdmans, 1999], 12).

27. Mathonnet-VanderWell, "Reformed Intramurals."

28. 어떤 안티 변혁주의자가 나에게 이렇게 말한 적이 있다: "콩을 먹는 기독교적 방법은?"

29. 다음에서 인용한 것이다. Mathonnet-VanderWell, "Reformed Intramurals."

30. Wolters, *Creation Regained*, 28-29.

31. Robert D. Putnam and David E. Campbell, *American Grace: How Religion Divides and Unites Us* (New York: Simon and Schuster, 2010), 128.

32. 다음을 보라. James D. Hunter, *To Change the World: The Irony, Tragedy and Possibility of Christianity in the Late Modern World* (New York: Oxford University Press, 2010), 3-98.

33. 위의 책.

34. 우리가 알듯이 많은 반문화주의자들은 사회에서 권력을 사용하는 것을 너무 두려워하고 많은 변혁주의자들은 지나치게 두려워하지는 않는다.

35. Hunter, *To Change the World*, 35.

36. 다음을 보라. D. A. Carson, *Christ and Culture Revisited* (Grand Rapids: Eerdmans, 2008), 145-

204. 기독교 국가를 옹호하는 입장에 대해서는 다음을 보라. Peter Leithart, *Defending Constantine: The Twilight of an Empire and the Dawn of Christendom* (Downers Grove, Ill.: Inter-Varsity, 2010). 기독교 국가에 대한 강한 비판으로는 존 하워드 요더(John Howard Yoder)의 저작들이 있다. 그는 정치권력이 어떻게 교회를 타락시키는지 보여 주고 있다.

37. Miroslav Volf, *A Public Faith: How Followers of Christ Should Serve the Common Good* (Grand Rapids: Baker, 2011), 79.

38. 위의 책, 17-21, 37-54.

39. 다음을 보라. Mathonnet-VanderWell, "Reformed Intramurals."

40. 여기에서 나의 입장은 제임스 헌터가 사용하는 용어에 가깝다. 그는 이런 접근법을 '적절주의자'(Relevant To)라고 명명했다.

41. H. Richard Niebuhr, *Christ and Culture* (New York: Harper, 1956), 80.

42. 위의 책, 106.

43. 다음을 보라. 위의 책, 84, 90.

44. 이 운동을 주창한 책으로는 페루 사제인 구스타보 구티에레즈(Gustavo Gutierrez)가 있다. Gustavo Gutierrez (*A Theology of Liberation: History, Politics and Salvation* [Maryknoll, N.Y.: Orbis, 1971]).

45. Harvie Conn, "The Mission of the Church," in *Evangelicals and Liberation*, ed. Carl Amerding (Phillipsburg, N.J.: Presbyterian & Reformed, 1977), 81. 칸(Conn)은 해방신학이 사실 너무나 '세속적'이라고 탁월하게 지적한다. 역사적/문화적 트렌드를 하나님의 구속 사역으로 '세례를 준다'는 것이다. 그러나 보수적인 복음주의자들은 불의한 사회적 평형 상태를 받아들이고 (그 혜택을 즐기면서) 그것에 대항해서 싸우지는 않는다. 이것은 모순되게도 해방신학자들이 하는 바로 그것을 반대 방향에서 행하는 것이다. 그들은 역사적 문화적 질서를 하나님의 일로 세례 주고 있는 것이다. 칸은 이렇게 썼다(82쪽). "혁명적 관점과 보수적 관점의 가시적인 차이점에도 불구하고, 한 가지 본질적인 일치가 존재한다. 둘 다 하나님의 목적을 현상의 역사적 상황과 일치시키고 있다는 것이다. 한쪽에서는 현상 상태에 대해 동조하고 있고, 다른 한쪽에서는 혁명과 동조하고 있다."

46. 이것은 조지 헌싱거(George Hunsinger)가 모델을 요약한 방식이다. 니버 모델에 대한 헌싱거의 유용한 요약은 다음에 나온다. R. Michael Allen, *Reformed Theology* (Edinburgh: T&T Clark, 2010), 168. 헌싱거는 니버가 '문화 위의 그리스도' 모델이 "문화에 대해선 너무나 순진하고, 그리스도에 대해선, 하나님의 심판에 대한 적절한 감각이 없이, 너무나 절충적이라고 보았다"고 덧붙인다.

47. Niebuhr, *Christ and Culture*, 130. '문화 위의 그리스도' 패턴에 대한 D. A. 카슨의 비판을 보라. D. A. Carson, *Christ and Culture Revisited*, 20-22.

48. 두 왕국 모델은 세상에서 하나님이 역사하시는 것에 대해 긍정적인 관점을 가지고 있지만 하나님이 세상에서 하시는 것과 교회에서 하시는 것 사이를 날카롭게 구분한다. 그들은 결코 이 세상의 하나님 사역이, 교회와 말씀의 설교 없이, 구속적 사역이 될 수 있다고 말하지 않는다. 또한 교회가 적응하거나 참여할 일이라고 하지 않는다.

49. Robert Schuller, *Your Church Has Real Possibilities* (Glendale, Calif.: Regal, 1975).

50. Robert Schuller, *Self-Esteem: The New Reformation* (Waco, Tex.: Word, 1982), 14.

51. 빌 하이벨스(Bill Hybels)와 릭 워렌(Rick Warren)은 내 친구들이다. 이들의 교회에 대한 통렬

한 비판이 여러 관점에서 홍수처럼 제기됨에도 불구하고, 그들은 뒤로 움츠러들거나 거칠게 반응하지 않았다. 그들은 비판에 귀를 기울였고, 가장 거친 비판도 겸손과 사랑으로 받아들였다. 그리고 지속적으로 자신들의 사역을 고쳤다. 예를 들어 빌 하이벨스의 자기비판에 대해서는 다음을 보라. Bill Hybels and Greg Hawkins, *Reveal: Where Are You?* (South Barrington, Ill.: Willow Creek Association, 2007).

52. 개리 프릿차드(Gary Pritchard)의 박사학위 논문은 구도자 운동에 대한 첫 번째 주요 비판을 제공했다. 노스웨스턴대학교에서 쓴 박사학위 논문의 대중적 버전은 이후 다음 책으로 출간되었다. Gary Pritchard, *Willow Creek Seeker Services: Evaluating a New Way of Doing Church* (Grand Rapids: Baker, 1996).

53. 아래에서 보겠지만 많은 이머징 교회들은 이 범주보다는 반문화주의자 모델에 훨씬 더 맞는다.

54. 궁극적으로 이것은 구도자 교회와 자유주의 교회가 가고 있는 동일한 경로이다. 그들은 각각 지배적 문화에 적용하고 있다.

55. Darrell L. Guder, ed., *Missional Church: A Vision for the Sending of the Church in North America* (Grand Rapids: Eerdmans, 1998).

56. 위의 책을 보라.

57. 다음을 보라. J. C. Hoekendijk, *The Church In side Out* (Philadelphia: Westminster, 1967), 19-20. 또한 다음을 보라. *The Church for Others and the Church for the World: A Quest for Structures for Missionary Congregations* (Geneva: World Council of Churches, 1967). 미시오 데이(Missio Dei, 하나님의 선교) 개념의 역사가 어떠한지, 그것이 삼위일체 및 하나님 나라의 신학 이해에서 어떻게 형성되었는지에 대한 최근의 책으로는 다음이 있다. Craig Van Gelder and Dwight J. Zscheile, *The Missional Church in Perspective: Mapping Trends and Shaping the Conversation* (Grand Rapids: Baker, 2011), 17-40. 이 이슈에 대해서는 6부에서 다룬다.

58. 이 효과는 그레샴 메이첸(J. Gresham Machen)이 다음의 책에서 예견한 것이다. J. Gresham Machen in *Christianity and Liberalism* (Grand Rapids: Eerdmans, 1923).

59. 다음을 보라. Kent Carlson and Mike Luekin, *Renovation of the Church: What Happens When a Seeker Church Discovers Spiritual Formation*(Downers Grove, Ill.: Inter-Varsity, 2011).

60. Van Gelder and Zscheile, *Missional Church in Perspective*, 70.

61. 우리가 살펴보겠지만, 두 왕국 모델은 또한 그리스도인들이 문화를 기독교적 방향으로 변혁하려 해서는 안 된다고 가르친다. 그러나 그리스도인들의 세속 부르심에 참여하는 것의 선함에 대해서, 그리고 전반적으로 사회에 대해서 훨씬 긍정적인 관점을 갖고 있다.

62. Stanley Hauerwas and William Willimon, *Resident Aliens: Life in the Christian Colony* (Nashville: Abingdon, 1989), 47.

63. 제임스 헌터(James Hunter)는 이 모델의 추종자들을 '신흥 재세례파'라고 부른다. 통찰력 있는 비판은 다음에서 볼 수 있다. James Hunter, *To Change the World: The Irony, Tragedy, and Possibility of Christianity in the Late Modern World* (New York: Oxford University Press, 2010), 150-166.

64. John Howard Yoder, *The Politics of Jesus* (Grand Rapids: Eerdmans, 1972).

65. 급진적인 정통주의는 일견 재세례파와 아무 상관이 없어 보인다. 그것은 전반적으로 영국 국교회의 현대적 운동이기 때문이다. 그러나 이는 현대의 세속적 사고와 문화에 대해 비슷

한 비판을 가한다. 이는 하우어워스(Hauerwas)가 한 것이기도 하다(see James K. A. Smith, *Radical Orthodoxy: Mapping a Post-Secular Theology* [Grand Rapids: Baker, 2004]).

66. 다음을 보라. Shane Claiborne, *Jesus for President: Politics for Ordinary Radicals* (Grand Rapids: Zondervan, 2008). 클레어본은 '저항의 기도'로도 유명하다. "살인하는 정부에는… 우리가 순응하지 않겠다. 황제의 신학에는 우리가 동조하지 않겠다. 부를 축적하는 것에는… 우리가 따르지 않겠다. 로마의 평화와 같지 않은 평화에는 우리가 연대하겠다." (다음에서 인용, Ron Cole, "The Subversive Alternative Language of the Kingdom"[2007. 10. 11], http://thewearypilgrim.typepad.com/the_weary_pilgrim/2007/10/the-subversive-.html [2012년 2월 1일 접속]).

67. 신 수도원주의에 대해서는 다음을 보라. Jonathan Wilson, *Living Faithfully in a Fragmented World: Lessons for the Church from MacIntyre's* After Virtue (Harrisburg, Pa.: Trinity Press, 1998); Shane Claiborne, *The Irresistible Revolution: Living as an Ordinary Radical* (Grand Rapids: Zondervan, 2006); Jonathan Wilson-Hartgrove, *New Monasticism: What It Has to Say to Today's Church* (Grand Rapids: Brazos, 2008).

68. 윌버포스(Wilberforce)는 '문화를 변혁하는 그리스도' 모델에 해당될 수 있는데, 그는 그럼에도 퀘이커 및 다른 형태의 아나뱁티스트(재세례파) 전통들로부터 문화와의 관계에 대해 엄청나게 도움을 받았다.

69. Carson, *Christ and Culture Revisited*, 218.

70. 다음을 보라. Stephen B. Bevans, *Models of Contextual Theology*, rev. ed. (Maryknoll, N.Y.: Orbis, 2004), 32, 119.

71. 위의 책, 119, 175 n. 8.

72. Hunter, *To Change the World*, 164.

73. Van Gelder and Zscheile, *Missional Church in Perspective*, 142.

74. 데이비드 반드루넨(David VanDrunen)은 개혁주의 언약 신학의 관점에서 두 왕국 모델에 대한 간략한 설명을 제공한다. 보수 개혁주의 (특히 미국) 세계 안에서 양측의 입장과 논쟁에 대한 요약으로는 영국 학자 댄 스트레인지(Dan Strange)의 것을 보라. Dan Strange, "Not Ashamed! The Sufficiency of Scripture for Public Theology," *Themelios* 36.2 (July 2011): 238-260, http://tgc-documents.s3.amazonaws.com/journal-issues/36.2/Themelios_36.2.pdf (2012년 1월 30일 접속).

75. 다음을 보라. VanDrunen, *Living in God's Two Kingdoms*, 75-76.

76. Martin Luther, "Commentary on Psalm 147," in *Luther's Works: Selected Psalms III*, vol. 14, ed. Jaroslav Pelikan (St. Louis, Mo.: Concordia, 1958), 114-115.

77. VanDrunen, *Living in God's Two Kingdoms*, 27.

78. 위의 책, 62.

79. 다음에서 인용. VanDrunen, *Living in God's Two Kingdoms*, 26, and Strange, "Not Ashamed!" 244, respectively.

80. 다음을 보라. Strange, "Not Ashamed!" 245. "[For the Two Kingdoms view] the secular state is one of the triumphs of the West."

81. VanDrunen, *Living in God's Two Kingdoms*, 27.

82. David VanDrunen, A Biblical Case for Natural Law (Grand Rapids: Acton Institute, 2006), 40.

83. 다음을 보라. William Wright, *Martin Luther's Understanding of God's Two Kingdoms* (Grand Rapids: Baker, 2010).

84. T. David Gordon, "The Insufficiency of Scripture," *Modern Reformation* 11 (January-February 2002): 19. Gordon writes, "The Bible is sufficient to guide the human-as-covenanter, but not sufficient to guide the human-as-mechanic, the human-as-physician, the human-as-businessman, the human-as-parent, the human-as-husband, the human-as-wife, or the human-as-legislator." See also his response brought about by criticism of his original article ("Response from T. David Gordon," Modern Reformation 11[May - June 2002]: 46).

85. 다음을 보라. Gordon, "Insufficiency of Scripture," 11. I am also basing this statement on hundreds of comments and posts on Two Kingdoms websites.

86. VanDrunen, *Living in God's Two Kingdoms*, 168.

87. 다음을 보라. Michael Horton, "Christ and Culture Once More," White Horse Inn Blog(December 17, 2011), www.whitehorseinn.org/blog/2011/12/17/christ-and-culture-once-more/(2012년 2월 2일 접속).

88. 이것은 모델 내지 범주 안에 있는 차이들의 또 다른 예이다. 두 왕국 접근법의 많은 지지자들은 물질 세상이 완전히 불타 없어질 것이라고 가르친다. 그러므로 여기에서 우리가 하는 어떤 것도, 전도나 교회를 세우는 등의 영적인 일을 제외하고는, 새 하늘과 새 땅으로 연결되지 않을 것이라고 주장한다. 그러나 마이클 호튼(Michael Horton)은 헤르만 바빙크(Herman Bavinck)와 다른 이들을 따라서 물질 세상이 완전히 멸절되거나 새것에 의해 대체되지 않을 것이라고 주장한다. 대신 현재의 세상은 '이전되어'(transitioned) 새로워지며 우리 몸도 그럴 것이라고 가르친다. Michael Horton (*The Christian Faith: A Systematic Theology for Pilgrims on the Way* [Grand Rapids: Zondervan, 2011], 348, 989-990). 반드루넨(David Van-Drunen)은 우리의 몸이 부활하며 새로워질 것이라고 본다. 그러나 피조 세계의 어떤 것도 새로워지지는 않을 것이라고 본다. 그것들은 모두 불탈 것이며 대체될 것이라고 본다. David Van- Drunen, *Living in God's Two Kingdoms*, 65-66.

89. Horton, "Christ and Culture Once More," White Horse Inn Blog(December 17, 2011). 호튼의 블로그 글은 내가 그리스도와 문화에 대해 두 왕국 관점을 정리한 글에 대한 응답이었다. 호튼은 (나의 글을 인용하여) 다음과 같이 말한다. "두 왕국 관점의 어떤 부분도 '그리스도인이 그리스도인 특유의 방식으로 직업을 추구해서는 안 된다'고 말하거나 '교회나 그리스도인 개인이 세상과 사회를 바꾸는 사역을 해서는 안 된다'라고 말하지 않는다." 내가 쓴 것처럼, 많은 두 왕국 옹호자들은 - 반드루넨을 포함하여 - 그 반대를 말한다. 호튼은 또한 교회가 제도로서 사회를 개혁하려고 해서는 안 되지만, 그리스도인 개인들은 ('소금'으로서) 노예 제도 철폐와 같은 주요 운동의 일부분이 되어야 한다고 주장한다.

90. VanDrunen, *Living in God's Two Kingdoms*, 167-168, 177-178.

91. 두 왕국에 대한 비판을 살펴보기에 좋은 출발점은 댄 스트레인지(Daniel Strange)의 글이다. Daniel Strange, "Not Ashamed!" 238-260. 스트레인지는 개혁주의 안에서의 최근 대화들에 초점을 맞추고 있지만, 폭넓은 요약과 비판은 모델들 사이의 전반적인 대화에도 유효하다. 두 왕국 모델에 대한, 루터란과 개혁주의의 일반적인 비판은 다음을 보라. Carson, *Christ and Culture Revisited*, 210-218.

92. John Calvin, *Institutes of the Christian Religion*, ed. John T. McNeill (Philadelphia: Westminster, 1960), 1:273-275.

93. 위의 책, 1:270-271.

94. 다음을 보라. Nicholas Wolterstorff, *Justice: Rights and Wrongs* (Princeton, N.J.: Princeton University Press, 2008), 44-64; 또한 다음을 보라. Brian Tierney, *The Idea of Natural Rights: Studies on Natural Rights, Natural Law, and Church Law 1150 to 1625* (Grand Rapids: Eerdmans, 1997). 월터스토프(Nicholas Wolterstorff)는 1장에서 하나님의 형상이라는 기독교적 생각 이전에는 어떤 사회도 한 개인이 존엄성과 가치에 있어서 동등하다는 사상이 없었다고 지적한다. 인간 존재는 여러 가지 '능력'에 의해서 판단되었다. 합리성이나 미덕이 부족한 어느 집단이든지 노예가 될 만하다고 생각했다. 심지어 아리스토텔레스도 어떤 사람들은 노예가 되기 위해 태어난다고 말했다.

95. 다음을 보라. Samuel Moyn, *The Last Utopia: Human Rights in History* (Cambridge, Mass.: Harvard University Press, 2010).

96. 다음을 보라. David Bentley Hart, *Atheist Delusions: The Christian Revolution and Its Fashionable Enemies* (New Haven, Conn.: Yale University Press, 2009). 하트는 성경적 이해에서 비롯된 현대 생활의 여러 가지 '기본적인 것들'에 대해 옹호한다.

97. 다음에서 인용. Strange, "Not Ashamed!" 255-256.

98. 다음을 보라. Rodney Stark, *For the Glory of God: How Monotheism Led to Reformations, Science, Witch-Hunts, and the End of Slavery* (Princeton, N.J.: Princeton University Press, 2004), 291-366.

99. 다음을 보라. Strange, "Not Ashamed!", 248.

100. Michael Sandel, *Justice: What's the Right Thing to Do?* (New York: Farrar, Straus, and Giroux, 2009), 261.

101. 다음을 보라. C. John Sommerville, *The Decline of the Secular University* (New York: Oxford University Press, 2007), 69-70.

102. Gordon, "Insufficiency of Scripture," 19.

103. Michael S. Horton, "How the Kingdom Comes," *Christianity Today* 50.1 (January 2006): 42, www.christianvisionproject.com/2006/01/how_the_kingdom_comes.html (2012년 2월 2일 접속).

104. Allen, *Reformed Theology*, 174. 예를 들어, 이신칭의 하나만 있어도 하나님의 백성들 안에서의 민족 간 화해의 대들보가 된다(갈 2-3장). 이와 유사하게 그리스도의 부활 교리는 소아시아의 우상숭배로 만들어진 다양한 경제적, 정치적 관습들에 위협이 되었다(행 17, 19장).

105. 다음을 보라. Stark, *To the Glory of God Diogenes Allen, Christian Belief in a Postmodern World: The Full Wealth of Conviction* (Philadelphia: Westminster, 1989).

106. Douglas Moo, *The Letters to the Colossians and to Philemon* (Pillar New Testament Commentary; Grand Rapids: Eerdmans, 2008), 422.

107. 위의 책.

108. Volf, *A Public Faith*, 92.

109. 다음에서 인용. Carson, *Christ and Culture Revisited*, 212.

110. Kevin DeYoung, "Two Kingdom Theology and Neo-Kuyperians," http://thegospelcoalition.org/blogs/ kevindeyoung/2009/08/14/two-kingdom-theology-and-neo-

kuyperians/ (2012년 2월 6일 접속).

111. 다음에서 인용 Allen, *Reformed Theology*, 170-171.

112. 위의 책, 172.

113. 다음을 보라. 이것이 사실이 아니라는 게할더스 보스(Geerhardus Vos)의 주장은 원서 229쪽을 보라. 평신도들이 세상 가운데서 그리스도를 높이는 일을 하는 것은 하나님의 구속적 왕국의 표지이다. 데이비드 반드루넨(David VanDrunen)은 이렇게 주석한다. "복음 사역은 많은 직업 중 하나가 아니다. 주 예수와 사도들은 결코 좋은 엔지니어가 부족하다고 탄식하지 않았으며, 전기 기사를 훈련하는 지시 사항을 주지도 않았다. 오히려 그리스도는 '추수할 것은 많되, 일꾼이 부족하다'라고 말씀하셨다." David VanDrunen (*Living in God's Two Kingdoms*, 190). 반드루넨은 예수께서 '일꾼들'을 말씀하셨을 때 안수 받은 사역자들을 가리키신 것이라고 분명히 주장한다.

114. DeYoung, "Two Kingdom Theology and Neo-Kuyperians."

115. Tim Keller, "Coming Together on Culture, Part 1: Theological Issues," http://redeemercitytocity.com/blog/view.jsp?Blog_param=400 (2012년 2월 6일 접속).

116. 위의 책. 다음을 보라. Mike Goheen's comment on the blog.

117. Horton, "How the Kingdom Comes."

118. Horton, "Christ and Culture Once More."

03
문화 참여,
치우치면 문제가 있다

앞서 우리는 사람들을 대략적인 범주나 모델로 구분하는 것에 허점이 있을 수 있음을 인정했다. 어떤 사람들은 한 유형에 매우 잘 부합하지만, 그렇지 않은 경우도 있다. 한 모델 안에서도 딱 들어맞지 않는 영역들을 발견할 수 있다. 사람들은 여러 모양으로 변하기 때문이다. 사려 깊은 사람들은 한 모델을 지지하면서도 다른 전통의 통찰을 받아들여 종종 자신들의 관점을 수정하고, 이로 인해 더 풍부해지기도 한다.

또한 우리는 그리스도와 문화 사이의 다양한 모델들을 인식하고 비판하는 일들이 점점 더 확대되고 있음을 본다.[1] 그래서 보다 정교하고 균형 잡힌 접근법이 요구된다. 나는 그중에 몇 가지를 이미 언급했다(미로슬라브 볼프, D. A. 카슨, 제임스 헌터, 그리고 댄 스트레인지). 우리가 그리스도와 문화에 대한 균형 잡힌 모델에 대해 소망하고 살펴야 할 이유는, 아마도 단일한 모델 안에 자신들의 생각과 실천이 갇히길 거부하는 사람들이 있기 때문이다.

예를 들어 레슬리 뉴비긴은 종종 변혁주의자, 반문화주의자 그리고 적절성주의자라고 불린다. 비록 그의 교리적 관점을 전부 다 공유하지 않더라도 말이다. 반문화주의자들은 그가 '복음의 해석학'[2]으로서 교회 공동체 자체를 강조하는 것에 반응하지만, 변혁주의자들은 그가 신앙과 직업을 통합해서 그리스도인들이 문화에 영향을 끼치도록 훈련해야 한다고 강조하는 것을 높이 평가할 것이다.[3]

문화에 대해 고민하는 모든 이들은 뉴비긴의 후기 기독교 서구 사회에 대한 분석을 시초로 삼는다. 가장 놀라운 것은 뉴비긴이 기독교 가치에 공공연히 기초한 정부의 가능성을 찬성하는 대목이다. 그는 십자가의 논리가 정부로 하여금 소수에 대해 비 강압적이며, 모두의 공공선에 헌신하도록 이끌며, 다원적 사회가 융성하도록 돕는다고 말한다. 이것은 명백하게 기독교적 정치 비전이지만 기독교 재건주의와는 다르다. 재건주의는 민주주의가 '이단'이라고 주장하기 때문이다. 또한 신 칼빈주의의 원칙적 다원주의와도 분명히 다르다.[4]

정확하게 분류하기 어려운 또 다른 사상가는 《하나님의 정치학》을 쓴 짐 월리스(Jim Wallis)이다.[5] 월리스는 신 수도주의 리더들을 강력하게 지지한다(이는 반문화주의 모델에 속한다). 그는 쉐인 클레어본의 선언문인 "불가항력적인 혁명"의 서문을 썼지만 그리스도인들이 선거 정치에 참여할 것을 독려한다.

이에 대해 제임스 K. A. 스미스는 월리스가 '좌파 왕조주의'[6]를 추구하는 것인지 되물었다. 그는 월리스의 초점이 "믿음의 사람들이 투표소에 나가고 의회에서 로비를 하고 선지자적 정의를 시행하기 위해 정치적 과정에 참여하는 것"에 있다고 보았다. 월리스는 다른 기성 개신 교단들과 더불어 적절성 모델로 분류될 수 있을 것이고, 반문화주의 모델로도 볼 수도 있을 것이다. 그를 정확히 구분 짓는 것은 매우 어려운 일이다.

또 다른 예로 여러 범주에 걸쳐서 통찰력을 일으키는 저명한 신학자인 N. T. 라이트가 있다. 반문화주의자들은 그가 칭의 교리를 재정리한 것에 대해 높이 평가한다. 그들은 구원이 개인적 회심이라기보다 새로운 공동체에 참여하는 것이라는 그의 견해를 인정한다.[7]

그러나 라이트는 반문화주의자는 아니다. 그는 그리스도인들이 직접적으로 문화에 참여할 것을 요구하며, "기도, 설득, 정치 행동의 고된 작업을 통해서 정부가 부단한 폭력 외의 다른 접근법이 있다는 것을 알게 할 수 있다"라고 주장한다.

그는 이것을 '회복적 정의'라고 부르며, 남아프리카의 데스몬드 투투 주교를 예로 든다. 그는 탐욕과 강제력을 통해 빈곤층과 약자를 수탈할 수 있는 사람들을 정부 권위에게 견제해야 한다고 지속적으로 말한다.[8] 이런 면에서 그는 자유주의적 정치 참여자처럼 보인다.

라이트의 이야기는 때로 신 칼빈주의처럼 들리기도 한다. 그는 그리스도인들에게 "예술, 음악, 문학, 무용, 연극, 그리고 다른 많은 인간의 즐거움과 지혜의 경험들을 가지고 세상의 치유를 위해 한 걸음 더 나아가자"라고 요청한다. 또한 예술가들에게 "정의를 위해 일하는 사람들에게 참여"하라고 요구한다.[9] 간단히 말해 그는 이렇게 결론 내린다.

> 우리는 하나님의 새 창조에 참여하도록 부름 받았다. 지금 이곳에서 새 창조의 대리인이 되도록 부름을 받았다. 우리는 이 세상에 새 창조의 모델을 드러내도록 부름을 받았다. 교향곡과 가족생활로, 회복적 정의와 시문학으로, 거룩함과 가난한 사람들에 대한 봉사로, 정치와 그림으로 나타내도록 부름을 받았다.[10]

앞으로 나아갈 길을 찾아서

우리가 다양한 사상과 사상가들을 통해 무엇을 배웠는지 살펴볼 때, 다른 여러 사상을 초월하거나 수용하는 이들을 고찰할 때, 어떻게 이 토론 가운데 우리의 자리를 찾을 것인가? 우리는 어떻게 그리스도인과 문화의 문제에서 적절한 길을 선택할 것인가?

앞에서 살펴본 것처럼, 각각의 네 가지 모델은 성경적 근거들을 가지고 있으며 교회가 문화에 대해 마주하는 핵심 문제들을 효과적으로 대응하고 있다. 예를 들어 활발하고 용기 있고 효과적인 전도가 없다는 것이 교회가 해결해야 하는 주요 문제인가?

어느 부분에 있어서는 그렇다. 그러나 그리스도인들이 세상의 문화 기관들 속에서 신앙의 세계관을 살아내지 못하는 실패에 대해서는 어떤가? 문화 경제학의 많은 분야에서 그리스도인들이 너무 적다는 문제는 또 어떤가? 절대적으로 그렇다. 시각 예술, 문학과 시, 연극과 무용, 학문과 법철학, 지성적 두뇌 집단, 주요 연구 대학, 여론 주도 잡지와 신문, 고급 비평지, 주요 재단, 공중파 텔레비전, 영화, 최상위 광고 회사 등과 같은 곳들에는 기독교적 의견이 거의 또는 전혀 보이지 않는다.

우리는 교회가 충성되게 가난한 사람들을 위해서 정의의 편에 서온 것을 알고 있다. 성경을 믿는 많은 미국 교회들은 한때 노예제를 지지했었다. 그것은 (잘못된) 성경 해석에 의한 것이었다. 문화적 가치에 대한 잘못된 적용은 교회의 신뢰성에 엄청난 손실을 끼쳤다.[11] 게다가 이것은 한 번뿐인 사건이 아니었다. 20세기에 많은 교회들이 다시금 인종 분리를 지지했다.

그렇지만 오늘날 교회가 직면한 최대의 문제는 비신자들이 이해할 수 있는 방식으로 비신자들과 연결되지 못하는 우리의 무능력이라고 보아야 한다. 복음주의 교회가 하위문화의 출구 없는 막다른 길에 서 있고, 대부분의 미국인들이 이해할 수 없는 방식으로 복음을 말하고 있으며, 공공선이 아니라 교회 자신의 힘을 증가시키는 데만 관심이 있다는 평판을 받는 것이 주된 문제가 아니겠는가?

이와 대조적으로, 로마 제국의 초대교회 감독들은 빈자 및 약자의 편에서 그들을 돕는 것으로 유명했다. 그래서 비록 소수 종교에 속했지만, 그들은 지역 사회를 대변할 권리를 부여 받을 수 있었다. 빈자와 약자를 보살피는 것은 역설적으로 결국 교회가 문화적 영향력을 가질 수 있었던 중요한 이유가 되었다. 만일 교회가 주변인들의 편에 서지 않는다면, 교회 자체가 주변으로 밀려나고 말 것이다. 이것은 하나님이 쓰시는 시적인 인과법칙이다.

그러나 문제의 핵심은 아마도 공동체적 '피상성', 즉 그리스도인 공동체가 세상과 전혀 구별되지 못한다는 데 있을 것이다. 오늘날 교회의 진정한 도전은 우리의 관점뿐 아니라 우리의 삶이 고유하게 차별되지 못한 데 있지 않을까? 어떤 복음주의 그리스도인들은 음주는 절제하지만 여전히 다른 사람들과 마찬가지로 개인주의적이고 소비적이며 물질주의적이고 권력에 집착한다. 이것은 매우 심각한 문제이다.

그렇다면 문제는 어쩌면 우리가 반복적으로 정치적 영향력을 사용하려고 시도하며 그리스도인이 지배하는 사회를 강제로 되돌리려는 방식에 있는 것일지도 모른다. 우리가 정치적 수단을 통해 권력과 통제를 확보하려는 일에 타협한 것은 아닐까? 사회학자 로버트 퍼트남(Robert Putnam)과 데이비드 캠벨(David Campbell)을 포함해서 많은 이들은 이러한 초점이 오늘날 교회의 진정한 문제라고 설득력 있게 주장한다.

간단히 말해 이 모든 문제들에 대한 대답은 "YES"이다. 각각의 모델들을 일정 거리에서 살펴보면, 이들은 모든 교회 안에 있는 진정한 문제를 짚어내고 있으며 분명 세상 문화 속에서의 증언을 다루고 있다. 각각의 모델을 지지하는 추종자들이 왜 있는지 이해하는 것은 어렵지 않다. 각각은 무엇인가를 설명하며 복음과 문화의 관계에 대한 본질적 진리를 다룬다. 이는 지극히 중요한 일이다. 그리고 이들 중에 어떤 것도 혼자서는 전체 그림을 제시하지 못한다. 어떤 것도 다른 것들을 제거하지 못한다. 각 모델의 핵심 진단은 정확하고 본질적이지만, 동시에 불완전하다. 결과적으로 핵심 처방들은 훌륭하고 필요한 것이지만 불균형적이다. 그렇다면 우리가 앞으로 나아갈 길은 무엇일까?

문화에 대한 두 가지 질문

이러한 문제들은 두 개의 근본적인 질문으로 요약될 수 있다. 첫 번째 질문은 문화 변화에 대한 태도와 관련된다. 문화적 변화의 가능성에 대해 우리는 비관적이어야 하는가, 아니면 낙관적이어야 하는가? 두 번째 질문은 문화의 본성에 대한 우리의 이해를 드러내는 것으로 구속의 가능성에 대한 것이다. 현재의 문화는 구원될 수 있으며 선한가? 아니면 근본적으로 타락한 것인가? 이 질문들에 대한 답변은 우리가 성경적 강조점들과 일치하고 있는지 그리고 우리의 불균형은 무엇인지 아는 것을 통해 할 수 있다.

문화적 변화: 비관적인가 아니면 낙관적인가?

제임스 헌터는 문화 변화가 위에서 아래로 이루어지며(예외도 있지만), 아래에서 위로 향하지는 않는다고 주장한다.[12] 문화적 변화는 도시 및 학문 중심지에서 외부로 흘러나간다. 그러나 이러한 변화들이 통상적으로 최고의 권위를 가진 최상위층 엘리트 집단에 의해서 시작되는 것은 아니다. 그들은 기득권을 가진 사람들로 현상 유지를 원한다. 또한 문화 권력의 주변부에 있는 민중들에 의해 시작되지도 않는다. 그들은 지속적인 변화를 추진하기에는 힘이 없고 사회생활과 사상을 형성하는 제도와 문화 영역들로부터 전적으로 차단되어 있기 때문이다.

문화적 변화는 주로 외부에 있는 엘리트들을 통해 일어난다. 대개는 젊은이들과 여성들이 해당되는데 최고 권위 중에서도 상대적으로 낮은 층이거나 영향력이 덜하거나 새로운 기구에 있는 이들이다. 이들이 변화를 시작한다.[13]

그 외에도 공통의 대의를 가진 네트워크들이 서로 다른 문화 영역들에서 겹칠 때 문화 변화가 촉진된다. 변화를 시도하는 네트워크들에 사업, 학문, 예술, 교회, 그리고 다양한 기구들에서 온 사람들이 포함되어 함께 일할 때 변화가 순조롭게 일어난다.

물론 변화가 일어나는 것은 단순한 과정이나 공식이 아니다. 왜냐하면 문화는 역사의 산물이며, 사상의 문제가 아니기 때문이다. 문화에는 일종의 불규칙적인 관성이 존재한다. 쉽사리 또는 투쟁 없이 바뀌지는 않는다.[14] 그러나 결국 문화는 바뀔 수 있다.

문화 변화에 대해 복합적이고 풍성한 이해를 하게 되면 각각의 모델에 대해 새로운 조명이 생긴다. 각각의 모델은 문화 변화에 대해 지나치게 낙관적이든지 또는 지나치게 비관적인 경향이 있다. 이것은 주로 가장 적극적인 지지자들을 통해 드러난다.

낙관주의적 성향의 그룹 내에서는 문화가 어떻게 변화될 수 있는지에 대해 매우 제한된 이해를 하는 경향이 있다. 어떤 이들은 진리를 주장하는 것 자체의 중요성을 이야기하고, 어떤 이들은 공동체의 중요성과 역사적 과정의 중요성을 강조한다. 그러나 이것들이 문화 변동에 있어서 결정적인 요인은 아니다. 이 모든 것들이 역할을 하기는 하지만, 현재의 모델들 중에 어떤 것도 모든 것을 다 설명하지 못한다.

문화는 구원 가능한가? 아니면 근본적으로 타락한 것인가?

D. A. 카슨은 우리에게 문화의 성격에 대한 두 번째 질문을 다룰 수 있도록 도움을 준다. 그는 문화 관여에 관한 각각의 모델들이 성경의 이야기 흐름 또는 '거대 담론'(meta-narrative)의 충만함을 제대로 다루지 못한다고 지적한다. 그것은 하나님의 구원 역사에서 나타나는 위대한 전환점과 단계들이다. 곧 (1) 창조 (2) 타락과 죄 (3)이스라엘과 율법을 통한 첫 번째 구속과 그리스도와 새 언약을 통한 구속 (4) 마침내 천국, 지옥, 그리고 만물의 회복이다.[15]

두 왕국 모델은 강조점을 물질적 창조 세계의 선함, 모든 인간 존재 안에 있는 하나님 형상의 힘, 그리고 모든 사람에 대한 하나님의 일반 은총에 둔다. 변혁주의자는 더 큰 강조점을 죄와 타락이 삶에 끼치는 편만한 영향력, 신앙과 불신앙 사이의 변증법, 그리고 문화의 중심에 있는 우상에 둔다. 반문화주의자는 강조점을 구속의 형태에 두는데, 이는 역사를 통해 새 백성과 새 인류를 만드셔서 세상에 그리스도가 통치하는 삶이 어떤 것인지를 보여 주는 것을 의미한다. 마지막으로 적절성 범주의 많은 이들은 강조점을 하나님이 피조 세계를 회복시키는 것과 열방의 치유, 죽음으로부터의 부활에 둔다.

성경의 흐름에 대한 이 모든 요점들은 네 모델의 요약으로 잘 다루어진다. 그리고 각각의 이야기 라인들이 그리스도와 문화의 관계에 대해 의미하는 바는 진지하게 고려되고 적용된다. 하지만 문제는 각각의 모델이 자신들의 무게 중심 외의 다른 이야기 라인의 시사점들을 간과한다는 것이다.

두 왕국 모델의 지지자들은 자신의 일을 세상에서 인도함 받기 위해 단지 일반 계시만이 아니라, 성경과 복음을 정말로 필요로 한다는 점에 대해 너무 순진하다는 비판을 받는다. 변혁주의자 모델은 전투적이고 승리주의적이며 비신자들의 활동과 기여를 인정하지 못한다는 공격을 받는다. 반문화주의자들은 세상과 교회의 구분을 너무나 날카롭게 해놓아서 창조와 타락 모두의 시사점을 놓치는 경우가 있다는 비판을 받는다. 이들은 교회 안에 있는 죄의 수준과 세상에서 작동하는 일반 은총을 간과하는 경향이 있다. 신자 안에 거하는 죄의 실재는 교회가 절대로 그 신앙고백만큼 선하고 탁월하지 않다는 것이다. 비신자들 사이에 있는 일반 은총은 그들의 잘못된 신앙만큼 나쁘지는 않다.

마지막으로 적절성 범주에 있는 이들은 종종 이 세상에 있는 하나님의 나라가 '이미'이면서 동시에 '아직'이라는 것을 간과한다는 비판을 받고 있다. 하나님은 피조 세계를 회복할 것이지만 아직 완성하지는 않으셨다. 인간 문화의 비타협적 태도와 어두움을 간과하는 것은 타락의 교리를 충분히 진지하게 고려하지 못했다는 것이다. 길 잃은 사람들에 대한 전도보다 공공선에 봉사하는 것을 훨씬 강조하는 것은 구속의 '특별성'을 망각하는 것이다.

카슨의 결론은 이러하다. "요컨대 이 모델들의 일부 또는 전부가, 성경적-신학적 발전의 폭넓은 현실을 반영하여 어떻게든지 다듬어져야 한다."[16]

성경적-신학적 자원들

더 깊이 알아보기 위해 우리는 신학적 균형을 추구해야 한다. 이는 자유주의와 정통 신학 사이의 중간점을 의미하는 것이 아니다. 오히려 D. A. 카슨은 성경 신학의 다양한 요점들이 "우리의 생각을 동시적이며 통시적으로 지배하는 것"[17]에 대해 이야기한다.

이를 구체적으로 표현하기 위해서 우리는 그리스도인의 문화 관여에 특별한 관련성이 있는 기본적인 신학적 사상들을 간단히 살펴보려고 한다. 그리고 각각의 영역에서 유지해야 할 구체적인 균형들의 일차적 방향에 대해서도 살펴보려고 한다.[18]

창조

창조의 교리는 우리에게 무엇보다도 물질세계가 중요하다는 것을 가르친다. 고대 창조 설화들과는 다르게, 지구는 신들 간의 권력 투쟁의 결과로 만들어진 것이 아니며, 한 창조자에 의해 사랑과 예술의 작품으로 만들어졌다.

하나님 사역의 주요 부분은 창조 세계를 유지하고 계속 가꾸어 가는 기쁨에 있다(시 65:9-13; 145:21; 147:12-20). 만일 하나님 스스로 이 모든 일들을 하신다면 -그가 물질세계를 가꾸시고 유지하시며 동시에 진리로 영혼들을 구원하신다면- 어떻게 예술가나 금융인이 '세속적' 일에 종사하며 오직 전문적인 사역자들만이 '주님의 일'을 하고 있다고 말할 수 있겠는가?

창세기의 창조이야기에서 아담과 하와는 열매를 맺고 번성하며 다스리라는 부르심을 받았다(창 1:26-28). 마이클 알렌(Michael Allen)은 "이 부르심은 창조물에 대해 좋다는 하나님의 선언 사이에 샌드위치처럼 놓여서, 가족, 사회, 정치, 경제 활동이 하나님이 이 세상을 향하신 선한 뜻의 일부분이라는 것을 알려 준다"[19]라고 말한다.

동산은 사람에게 보살피고 경작하라고 주신 것이다(창 2:15). 동산지기는 땅을 단순히 있는 그대로 내버려 두는 것이 아니라, 원재료를 가공하여 인류 번영에 필요한 것을 생산해야 한다. 그것이 음식이거나 재화를 위한 재료이거나, 또는 단순히 아름다운 낙엽일 수도 있다. 궁극적으로 인간의 모든 노력과 문화적 활동은 이런 종류의 원예 활동인 것이다.

타락

마이클 알렌은 다음과 같이 말한다. "사망과 죄는 문화의 잠재력을 제한한다. 이는 그것들이 문화 대리인의 갈망과 능력을 구부러지게 하기 때문인데, 이제 문화 대리인은 바른 것보다 잘못된 것을 추구한다."[20] 창세기 3장 17-19절은 아담과 하와의 죄에 대한 하나님의 저주를 묘사한다. 본문은 죄가 삶의 모든 부분에 영향을 미치고 전염되었음을 보여 준다. 프랜시스 쉐퍼는 이를 시사적으로 요약했다.

> 우리는 타락의 영향을 받은 모든 영역에서, 그리스도의 사역을 근거로 하여 실질적인 치유를 찾아야 한다.…
> 먼저 인간은 하나님으로부터 분리되었다. 그리고 타락 이후로 자신으로부터 단절되었다. 이것은 심리적인 분리이다.…
> 그 다음 분리는 사람이 다른 사람들과 분리된 것이다. 이것은 사회적인 분리이다. 그리고 사람은 자연으로부터 분리되었다. 그 다음으로 자연

은 자연으로부터 분리되었다. … 어느 날 그리스도가 다시 오실 때, 이 모든 것들의 완벽한 치유가 있을 것이다.[21]

이처럼 죄는 모든 것에 영향을 미친다. 단지 우리 마음뿐 아니라 우리 문화와 삶의 모든 부분에 영향을 미친다. 죄의 교리는 좋은 점도 있고 나쁜 점도 있다. 이 말은 한편으로는 우리가 반문화 속으로 퇴각함으로써 죄와 그 결과로부터 도망칠 수 있다고 생각해서는 안 된다는 말이다. 다른 한편으로는 죄가 모든 일과 문화 형성의 영역에 영향을 미치므로 우상들이 모든 문화의 중심에 있다는 것을 잊어서는 안 된다는 뜻이다.

그러므로 '타락'의 범주 아래 우리는 하나님의 저주와 일반 은총의 상보적인 진리를 이해해야 한다. 이 세상에 존재하는 그 어떤 선한 것도(어떤 지혜나 덕성이든지) 하나님이 주시는 온전한 선물이다(약 1:17). 일반 은총은 특별하거나 구원하는 은혜가 아니다. 그것은 그리스도의 구원을 모르는 사람들을 통해 그들 속에 선한 일들이 일어나도록 제어하는 힘이다.

이 교리에서 특별히 중요한 본문은 창세기 8-9장에 나타난 노아의 축복이다. 이제 하나님은 구속받은 백성들을 통하지 않고 다른 방법을 통해서도 피조 세계에 복 주시며 그것을 유지하기로 약속하신다.[23] 존 머레이는 일반 은총이 "구원에 이르지는 못하지만, 모든 종류, 모든 정도의 온갖 호의로서, 자격 없고 죄의 저주 아래 있는 세상이 하나님의 손에서 누리는 것"[24]이라고 했다.

우리의 타락함에 대한 이러한 성경적 이해는 -저주 아래 있지만 여전히 비구원적 은혜로 보존됨에 대한 이해- 문화에 그리스도를 접목할 때 매우 중요한 것이다. 이 세상은 본질적으로 선하며 일반 은총에 의해 보존되고 있다. 그리스도인들은 죄로부터 구출되었고 구원을 받았다. 그러나 여전히 남아 있는 죄가 있다.

하나님과 우상들 사이의 전쟁터는 세상에만 펼쳐져 있는 것이 아니라,

■ 대립

다니엘 스트레인지는 《부끄러워하지 아니하노니》에서 다음과 같이 기록한다.

'타락' 아래에서 우리는 '대립', 일반 은총, 그리고 하나님 형상의 상보적 진리들을 반드시 인류학적으로 이해해야 한다. '대립'은 하나님의 법적 저주가 창세기 3장 15절에서 주권적으로 인류에게 끼치는 것이다. 그때부터 지금까지 하나님을 따르는 사람들과 사탄을 따르는 이들 사이에 모든 차원에서 적대감이 생겼다. 지적, 정신적, 개인적, 그리고 사회적인 대립은 주로 "신앙과 불신앙 사이의 날카로운 대립이며, 신앙과 어떤 신앙의 타협 사이의 것이다." [이는 존 프레임의 말이다].

성경은 신앙과 불신앙 사이의 차이점을 여러 가지로 날카롭게 제시한다. 빛과 어둠, 생명과 죽음, 언약을 지키는 사람과 언약을 깨는 사람, 아담 안에 있는 이들과 그리스도 안에 이들. 왜냐하면 대립의 진리를 긍정하면서 또한 다른 두 가지 성경적 진리를 인정해야 하기 때문이다.

첫째, 신자로서 우리는 실제로 정반대의 모습이 우리의 마음에 여전히 흐른다는 것을 인정한다. 그리스도 안에 있는 우리의 정체성과 모순되는 내주하는 죄와 날마다 싸운다.

둘째, 비신자 가운데 유사한 비일관성이 존재함을 주목한다.[22]

모든 신자의 마음속에 펼쳐져 있다. 그러므로 그리스도인과 비그리스도인의 문화 생산과 일은 그 안에 우상숭배적 요소와 하나님을 높이는 요소가 모두 들어 있다.

문화적 생산물들은 "만일 그리스도인이 만들었으면 좋고 비그리스도인이 만들었으면 나쁜" 것으로 판단되어선 안 된다. 각각은 그것들이 하나님을 섬기는지 우상을 섬기는지에 대해 각각이 가진 장점으로 평가되어야 한다.

타락의 교리가 지닌 이러한 배경에 대항하여 우리는 예수님이 제자들에게 "세상의 소금"이 되라고 하신 것을 기억해야 한다(마 5:13). 소금은 육류가 상하지 않고 싱싱하도록 하는 역할을 한다. 소금 비유는 그리스도인들에게 세상에 나가서 참여하라는 부르심을 주는 것이다. 소금은 흩어지기 전에는 그 일을 할 수 없다.

그리스도인들은 사회의 모든 영역에 침투해야 한다. 그러나 소금이 된다는 것은 사회가 쇠퇴하고 와해되는 자연적 경향에 대해 억제하는 영향력을 가진다는 의미다. 사회 참여가 필요하고 유효할 수 있지만, 우리는 전반적이고 보편적인 사회 변혁을 기대해서는 안 된다.

창조가 우리에게 소위 세속적 부르심과 직업의 선함을 알려 주고 문화 형성에 대한 시야를 제공한다면, 타락의 교리는 우리에게 이상주의와 승리주의에 대한 경고를 준다.

구속과 회복

그리스도의 오심은 -성육신, 삶, 죽음, 부활, 그리고 승천- 문화 참여에 큰 의미를 부여한다. 그리스도의 구원에 대한 기독교 이해의 가장 중요한 특징 중 하나는 구원이 단계적으로 온다는 것이다.

프랜시스 쉐퍼가 지적하듯이 죄는 삶의 모든 양상을 파괴하고 훼손했다. 그러므로 그리스도의 구원은 반드시 삶의 모든 양상을 새롭게 할 것이다. 궁극적으로 우리를 죄의 저주로부터 완전히 해방시키는 것이다. 아이작 왓츠는 이렇게 말한다. "그가 오신 것은 저주가 있는 곳에 당신의 축복이 흐르게 하기 위해서다."[25]

그러나 종종 '하나님의 나라'라는 제목으로 말해지는 구원과 통치의 권세는 크게 두 단계로 설명된다. 하나님의 나

■ 문화 모델과 종말론

마이클 알렌은 *Reformed Theology*(개혁 신학)에서 종말론(마지막 일에 대한 관점)이 우리가 문화를 이해하는 데 영향을 미친다고 이야기했다. 전 천년주의자들은 문화 변혁에 가장 비관적이다. 후 천년주의자들은 가장 긍정적이다. 무천년주의자들은 다양한 관점을 가지고 있다. 종말론의 한 가지 측면은 이 세상과 앞으로 올 세상에 어떤 연속성이 있느냐 하는 신념과 관련이 있다.

베드로후서 3장 10-12절과 요한계시록 21장 1절은 이 세상의 물리적 요소들이 불에 녹아서 파괴될 것이라고 했다.

그런데 로마서 8장 19-22절은 피조물이 썩어짐의 종노릇한 데서 해방되기를 기다리며 우리의 몸이 "속량" 될(redeemed) 것을 기다린다고 말한다.

두 가지 종류의 본문들을 함께 생각해 볼 때, 현세의 삶과 세상의 어떤 면들은 살아남으며 새로워질 것이다. 그러나 다른 어떤 부분들은 확실히 없어질 것이다.

라는 게할더스 보스가 말했듯 "하나님의 구원하시는 은혜의 영역"이다. 이 곳은 거듭남과 그리스도에 대한 신앙을 통해 들어갈 수 있다(요 3:3, 5; 골 1:13).[26] 이런 의미에서 하나님의 나라는 이미 여기에 있다(마 12:28; 눅 17:21; 21:31). 그러나 또한 그 나라는 보스의 말을 빌린다면 "의로움과 공의와 축복"의 영역이다. 이는 새로운 사회 질서이며(벧전 2:9), 특히 교회 안에서 나타나는 것이다.

시편은 생생하게 하나님의 통치 권세가 인간 사회의 문제를 치유할 뿐만 아니라 현재 썩어짐에 종노릇하는 자연 그 자체를 치유하실 것이라고 말한다(롬 8:20-25). 시편 72, 96, 97편은 참된 왕의 통치 아래에서 곡식이 산꼭대기에서도 자랄 것이며(시 72:16), 들판과 꽃과 바위와 나무는 기뻐 노래할 것이라고 말한다(시 96:11-13).

헤르만 바빙크는 은혜는 자연을 없애거나 대체하는 것이 아니라 회복시키는 것이라고 덧붙인다. 은혜는 생각과 언어, 예술과 과학, 연극과 문학, 사업과 경제를 없애는 것이 아니다. 은혜는 잘못된 것을 새롭게 하고 회복시킨다.[27]

프랜시스 쉐퍼의 용어를 빌리자면, 하나님과 인류 사이의 영적 단절은 믿음을 통해 회복된다. 우리는 의로운 자로 받아들여지고 하나님의 가족으로 입양된다. 그럼에도 불구하고 죄의 심리적, 사회적, 문화적, 육체적 결과는 여전히 우리에게 남아 있다. 우리는 마지막 날에 죄의 결과가 없어지고 온전한 치유가 일어날 것을 믿고 그때를 기다리지만, 어떤 면에서 지금 이 순간에도 어느 정도 치유를 기대할 수 있다. 따라서 하나님의 나라는 진실로 '이미' 이곳에 있지만, '아직' 온전히 여기 있지는 않다(마 5:12, 20; 6:33; 7:21; 18:3; 19:23-24).[28]

쉐퍼는 '상당한' 치유가 피조 세계를 통해 이루어질 것을 기대할 수 있다고 제시한다. 그런데 그것은 어떤 의미인가? 하나님의 나라는 어떻게 '이미'이면서도 '아직'인가? 마이클 알렌은 이에 대해 날카롭게 표현한다. "그러므로 기독교와 문화의 관계에서 진짜 이슈는 … 언제 그리고 어떤 속도로 이러한 일들이 일어날 것인가 하는 것이다."[29]

언제 우리가 이미 시작된 왕국의 열매를 볼 것인가 하는 질문은 교회와 나라의 관계에 대한 질문이다. 때때로 성경은 나라가 교회 영역 안에서만 작동하는 것처럼 말하기도 한다. 또 다른 때는 나라가 전 세계를 포괄하면서, 교회 바깥에서 작동하는 것처럼 말한다.[30]

우리가 타락에 대한 성경적 가르침을 균형 있게 붙잡고 반드시 저주와 일반 은총의 상보적 진리를 이해해야 하듯이 그리스도의 구속에 관한 성경의 가르침도 그러하다. 구원의 권세는 이미 작동하고 있으나 아직 온전히 임하지는 않았다. 또한 이 권세는 사람들이 함께 모인 교회에서 작용하지만, 교회만의 독점적인 것은 아니다.

여기서 우리는 다시금 상이한 모델들이 들어맞는 이유를 보게 된다. 그리고 그 모델들이 얼마나 쉽게 환원되며 불균형적으로 되는지를 알 수 있다. 우리는 삶의 모든 영역에서 치유가 일어날 것을 기대해야 한다. 공적 영역과 사적 영역 모두에서, 교회 안에서와 바깥 문화에서 모두. 우리는 함께 모인 교회를 이 회복의 위대한 도구로 보아야 한다. 세상에 나가 있는 개별적 그리스도인들을 하나님 나라의 대표자들로 보아야 한다.

우리는 영적 생활이나 교회의 삶을 세속 생활이나 문화적 삶으로부터 분리해서는 안 된다. 삶의 모든 영역(직업, 공공, 가족, 여가, 물질, 성, 재정, 정치)은 하나님께 드리는 "살아 있는 예배"로 드려져야 한다(롬 12:1-2).

그리스도인의 문화 참여 지평

이 간략한 전망을 통해 우리는 무엇을 배울 수 있을까? 아마도 균형이라는 단어가 다시금 특별나게 다가올 것이다. 성경은 타협적인 균형이 아닌, 모든 가르침을 통해 '동시적이며 통시적으로 통제되는' 균형을 요구한

■ 복음과 하나님의 나라

문화 참여에 대한 관점들이 나뉘는 주된 이유 중 하나는 하나님 나라에 대한 관점이 다르기 때문이다. 오래된 저술 중에 뛰어난 균형과 성경적 통찰을 제공하는 게할더스 보스의 《하나님 나라와 교회 은혜와 영광》을 추천한다.[31]

보스는 "요약"이라고 이름 붙인 마지막 장에서 자신의 주해와 발견점을 요약하고 있다. 그는 하나님의 나라가 "초자연적 힘을 통하여 세상을 새롭게 하심을 의미한다"라고 썼다. 보스에게 있어 하나님 나라는 단지 마음에 하나님을 주관적으로 체험하는 것뿐 아니라 하나님의 능력이 일련의 '객관적인 사실과 역사하심'을 통하여 궁극적으로 모든 죄와 악과 고통과 죽음을 이기시고 세상에 개입하시는 것을 의미한다.

보스는 우리가 생각해야 할 하나님 나라의 세 가지 특성을 성경에서 제시한다.

첫째, 하나님의 구원하시는 은혜의 영역이다. 구원이 공로가 아닌 은혜에 의해서 이루어진다는 것은 하나님이 우리의 왕이며 주권자라는 것이다.

둘째, 의와 정의의 영역이다. 나라는 언제나 왕의 규범에 따라 움직인다. 그러므로 하나님의 나라는 새로운 삶의 방식이며 새로운 종류의 관계와 사회적 제도이다.

셋째, 축복과 기쁨의 영역이다. 하나님의 미래 권능은 만물을 새롭게 하실 것이며 현재 우리의 삶에 현존하고 있다.

보스는 하나님 나라가 주로 교회를 통해서 움직이지만 신앙과 직업을 통합하는 그리스도인들을 통해서도 움직인다고 가르친다.

하나님의 왕 되심은, 그분의 주권이 인정되고 적용될 때, 의심할 여지없이, 인간 삶의 모든 영역에서 스며들고 높아져야 한다. 누룩의 비유(마 13:33) 가르치는 것이 바로 이것이다. 다양한 형태의 삶은 각각 일하고 구현하는 각자의 영역들이 존재한다. 과학의 영역, 예술의 영역, 가족의 영역, 국가의 영역, 그리고 상업과 산업의 영역이 다르다. 이러한 영역들이 하나씩 하나님의 주권과 영광의 원리와 영향력의 통치 아래 들어올 때, 하나님의 나라가 외적으로 드러난다. 그러면 우리는 진정으로 하나님의 나라가 나타났다고 말할 수 있다.[32]

보스는 제도적 교회가 국가를 통해서 정치적 권력을 가지거나 사회를 장악해서는 안 된다고 분명히 즉각적으로 이야기한다.

요컨대 보스가 말하는 것은 (1) 하나님 나라의 능력이 나타나는 것을 보는 주된 방법은 제도적 교회 안에 있으며, 교회의 주된 직무는 말씀과 성례를 집행하는 것에 있고, 그 결과로 사람들이 그리스도께 돌아오고 그리스도의 제자가 된다는 점이다. (2) 그리스도인들이 사회 속에서 하나님의 영광을 따라서 살아갈 때, 이것은 또한 하나님 나라가 나타나는 모습이 된다는 점이다.

이러한 놀라운 균형이 없이는, 하나님의 나라를 단지 교회 안에서만 작동하는 영적인 부분으로 보거나 또는 주로 사회에서만 작동하여 세상에서 해방 운동을 일으키는 것으로 볼 수 있다. 보스의 성경적 균형은 우리로 하여금 문화 참여와 선교적 교회 논쟁 속에서 치우침을 피하게 해 준다. 보스의 책을 주의 깊게 읽기를 추천한다.

다. 그리스도와 문화에 대한 다양한 모델의 연구는 우리에게 D. A. 카슨이 제시한 것을 가리킨다. 곧 모든 성경의 가르침을 아우르는 통시적이고 동시적인 지배 모델은 없다는 것이다.

두 왕국 모델 내의 그룹들이 문화 명령, 우상의 편만한 특성, 자연 계시의 불충분성, 그리고 교회 밖에 있는 하나님 나라의 실제를 제대로 다루고 있는가? 변혁주의 모델이 왕국의 '아직 이루어지지 않은' 특성을 온전히 다루고 있는가? 그리고 그리스도인들이 일반 은총과 저주 속에 살아가는 모든 인류에게 얼마나 참여해야 할지, 그리고 신약성경에 "문화를 다스리라"는 분명한 요구가 없다는 점을 제대로 해결하고 있는가?

적절성 모델 안에 있는 사람들이 모든 인간 마음과 문화적 산물 안에 만연해 있는 우상숭배의 깊이나 복음의 특이성과 공격성, 그리고 왕국의 '아직 이루어지지 않은' 특성을 제대로 다루고 있는가? 반문화주의자들은 하나님 나라가 지닌 '이미'의 성격이나 일반 은총과 저주 속에서 세상의 남은 부분에 참여하는 것에 제대로 반응하고 있는가? 이 모든 질문들에 대한 대답은 "제대로 하고 있지는 않다"이다.

나는 지금까지 각각의 모델이 성경적으로 불균형적이라는 것을 제시하였다. 각각에는 중추적인 진리가 분명 있지만 충분하지는 않다는 것이다. 우리가 성경에 나와 있는 다른 주제를 언급하지 않고 문화 참여에 대한 어떤 주제를 환원주의적으로 적용할수록, 신학적 비전은 더 많이 불균형에 빠지고, 사역의 열매도 줄어들게 된다.

이것을 시각적으로 표현하기 위해서, 두 축을 가진 네 모델이 어떻게 대립하고 있는지 그려 보았다. 수직 축은 우리 문화 세계의 특성을 나타낸다(현대 문화가 구원 가능한지, 그리고 선한지 아니면 근본적으로 타락했는지).

위쪽은 이 세상이 일반 은총으로 가득하고, 비신자들이 자연계시를 이해할 수 있으며, 하나님은 여러 가지 방법을 통해 이 세상에서 일하신다는 신념이다. 스펙트럼의 아래에는 이 세상이 어둡고 악한 곳이며, 하나님의

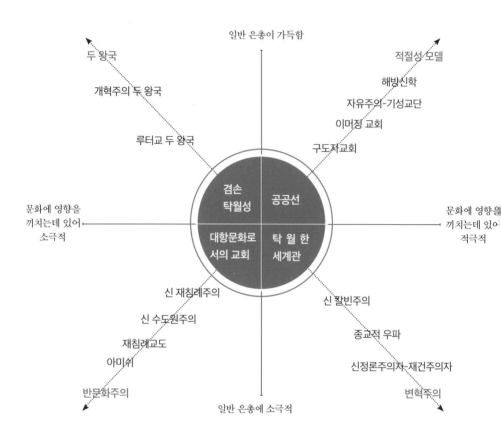

일반 은총이 가득함

두 왕국

적절성 모델

개혁주의 두 왕국

해방신학

자유주의-기성교단

루터교 두 왕국

이머징 교회

구도자교회

겸손 탁월성	공공선
대항문화로 서의 교회	탁 월 한 세계관

문화에 영향을
끼치는데 있어
소극적

문화에 영향을
끼치는데 있어
적극적

신 재침례주의

신 칼빈주의

신 수도원주의

종교적 우파

재침례교도

신정론주의자-재건주의자

아미쉬

반문화주의

변혁주의

일반 은총에 소극적

일반 계시는 파악하기 어렵고, 하나님의 일하심은 오직 교회 안에서 교회
를 통해서만 이루어진다는 신념이다.

수평 축은 문화 변화에 대한 관점과 태도를 나타낸다. 축의 왼쪽 끝은
우리가 적극적으로 문화를 변화시키려고 해서는 안 된다는 신념이다. 오

른쪽은 우리가 문화에 적극적으로 참여해야 하며, 우리의 노력으로 문화를 바꿀 수 있다는 낙관적 신념이다.

변혁주의 및 반문화주의 모델들은 다이어그램의 하반부에 위치한다. 이들은 일반 은총에 대해 그다지 믿지 않으며, 세상과 하나님 나라의 가치 간에 근본적인 차이가 있다고 확신한다. 결과적으로 이들은 문화의 우상들에 대한 강하고, 예언자적인 비판의 필요성을 강조한다. 두 왕국 모델과 적절성 모델은 상반부에 위치하는데 이들은 문화 속에서 비신자들과의 공통지대를 찾으려는 데 훨씬 적극적이다.

두 왕국과 반문화주의 모델들은 왼쪽 편에 위치하는데, 그것은 두 모델이 그리스도인들이 문화에 '참여'하고 '변혁'하려고 하는 강한 시도들이 혼합주의와 타협으로 연결된다고 생각하기 때문이다. 두 모델은 모두 그리스도인들에게 문화를 변화시키라고 하지 않고 단순히 "교회가 되라"고 요구한다.

반면 적절성과 변혁주의자들은 오른쪽에 있는데, 그것은 그들이 문화를 재고하는 데 많은 시간을 보내며, 그리스도인들이 문화에 참여하여 그리스도를 위해 영향력을 끼치고 긍정적인 역할을 할 수 있다고 믿기 때문이다. 오른쪽에 있는 각각의 모델들은 왼쪽에 있는 두 모델에 대해 이원론과 도피라고 생각한다.

만일 이 토론을 여기서 끝낸다면, 우리는 단순히 모델들의 좋은 점을 결합하고 극단적인 예는 피하며, 완벽하게 균형 잡힌 '특별한 모델'을 찾아서 우리 모두가 따르자는 이야기가 되고 만다. 이렇게 결론을 내리면 그것은 너무 단순하고 맞지 않는 것이다. 나는 이 주제에 대해 마지막 장에서, 그리스도와 문화의 관계를 형성하는 데 있어 충실하고, 균형 잡히고 기술적인 지도 원리를 제시할 것이다. 어떤 모델이 우리의 관습을 가장 많이 형성하는지에 상관없이 말이다.

토론과 성찰을 위한 질문들

1. "어떤 사람들은 한 유형에 매우 잘 부합하지만, 그렇지 않은 경우도 있다. 한 모델 안에서도 딱 들어맞지 않는 영역들을 발견할 수 있다. … 사려 깊은 사람들은 한 모델을 지지하면서도 다른 전통의 통찰을 받아들여 종종 자신들의 관점을 수정하고, 이로 인해 더 풍부해지기도 한다."
이 장에서 어떤 것들이 당신에게 가장 큰 도전과 자극이 되었는가? 어떤 것이 가장 도움이 되었는가? 동의하지 않는 것은 무엇인가?

2. 이 장은 문화에 대한 두 가지 근본적인 질문들을 던진다. 우리는 문화의 변화 가능성에 대해 비관적이어야 하는가, 아니면 낙관적이어야 하는가?
현대의 문화는 구원 가능하며 선한가? 아니면 근본적으로 타락한 것인가? 이 두 가지 질문에 대해 당신은 어떻게 답하겠는가? 0-10의 척도로(0=전혀 아니다, 10=매우 그렇다) 볼 때, 당신은 문화를 변화시킬 수 있는 신자의 능력에 대해 낙관적인가? 동일한 척도로, 당신은 문화가 얼마나 구원 가능하다고 보는가? 당신은 각각의 질문에서 어느 한 쪽으로 기울고 있는가? 그 이유는 무엇인가?

3. D. A. 카슨은 성경 신학의 다양한 관점들이 "우리의 생각을 동시적이고 통시적으로 좌우하는" 것임을 이야기한다. 성경 흐름의 요소들이 문화 참여에 대한 당신의 이해와 관습에 어떤 식으로 영향을 끼치고 있는가?(창조, 타락, 구속과 회복)

4. 문화 참여에 대한 센터처치 모델을 나타내는 도표를 살펴보라. 도표에서 당신은 어디에 위치하는가? 같이 사역하는 동료들과 지도자들은 어디에 위치하는가? 당신이 속한 팀의 상이한 강조점들이 신실한 문화 참여 모델을 창조하는 데 있어서 어떤 식으로 도움을 주고 균형을 잡아야 할 것 같은가?

주

1. 특히 다음을 보라. Daniel Strange, "Evangelical Public Theology? What on Earth? Why on Earth? How on Earth?" in *A Higher Throne: Evangelicals and Public Theology*, ed. Chris Green (Nottingham, UK: Inter-Varsity, 2008).

2. Lesslie Newbigin, *The Gospel in a Pluralist Society* (Grand Rapids: Eerdmans, 1989), 222-233.

3. Lesslie Newbigin, *Foolishness to the Greeks* (Grand Rapids: Eerdmans, 1986), 143-144. 여기에서 뉴비긴은 헤르만 도이에베르트를 인용하며 신 칼빈주의의 주제에 더 정통하고 지지하는 모습을 보여준다.

4. 다음을 보라. Lesslie Newbigin, Lamin Sanneh, Jenny Taylor, *Faith and Power: Christianity and Islam in "Secular" Britain* (London: SPCK, 1998), 20-24, 144-161. The father of Christian Reconstructionism, Rousas Rushdoony, calls democracy a "heresy" (*The Institutes of Biblical Law*[Phillipsburg, N.J.: Presbyterian & Reformed, 1980]), 100, 214, 747.

5. Jim Wallis, *God's Politics: Why the Right Gets It Wrong and the Left Doesn't Get It* (SanFrancisco: HarperSanFrancisco, 2005).

6. 다음을 보라. James K. A. Smith, "Constantinianism of the Left?" http://forsclavigera. blogspot.com/2005/05/constantinianism-of-left.html (2012년 2월 6일 접속).

7. N. T. Wright, *What Saint Paul Really Said* (Grand Rapids: Eerdmans, 1997). 라이트는 (119쪽에서) 칭의가 "구원론에 대한 것이라기보다는 교회론에 대한 것이다. … 구원에 대한 것이 아니라 교회에 대한 것이다"라고 주장한다. 그는 이렇게 주장한다. "복음은 단지 수많은 그리스도인 개인들을 만드는 것이 아니라 공동체를 만든다. 전통적인 의미에서 칭의를 신학의 중심에 두는 옛 길을 따른다면, 그것은 언제나 개인주의의 위험성에 언제나 빠질 것이다"(157-158쪽). 6부(선교적 공동체)에서 나는 이러한 종류의 정통 복음에 대한 재해석이 문제적인지를 설명한다.

8. N. T. Wright, *Simply Christian: Why Christianity Makes Sense* (San Francisco: HarperSanFrancisco, 2006), 226.

9. 위의 책, 235-236.

10. 위의 책, 라이트가 전통적인 신 칼빈주의적 범주의 창조-타락-구속-회복의 범주를 사용하여 '기독교 세계관'을 설명하는 것을 살펴보라. N. T. Wright, *The New Testament and the People of God* [Minneapolis: Fortress, 1992], 132.

11. 다음을 보라. Mark Noll, *The Civil War as a Theological Crisis* (Chapel Hill: University of North Carolina Press, 2006).

12. James D. Hunter, *To Change the World: The Irony, Tragedy, and Possibility of Christianity in the Late Modern World* (New York: Oxford University Press, 2010), 41-42.

13. 위의 책, 42-43.

14. 위의 책, 37-38, 43-44.

15. 다음을 보라. D. A. Carson, *Christ and Culture Revisited*, (Grand Rapids: Eerdmans, 2008), 44-58.

16. 위의 책, 60.

17. 위의 책, 59, 강조는 그의 것이다.

18. 이러한 성경신학적 관점들에 대한 짧은 개관으로는 다음을 보라. R. Michael Allen, *Reformed Theology* (Edinburgh: T&T Clark, 2010), 157-169.

19. 위의 책, 159.

20. 위의 책, 160.

21. Francis A. Schaeffer, *Pollution and the Death of Man: The Christian View of Ecology* (Wheaton, Ill.: Tyndale House, 1970), 65-66. 쉐퍼는 죄의 결과에 대한 실질적인 치유의 사상을 다음에서 상세하게 이야기한다. *True Spirituality* (Wheaton, Ill.: Tyndale House, 1971).

22. Daniel Strange, "Not Ashamed!" Themelios 36.2 (July 2011): 65, http://tgc-documents.s3.amazonaws.com/journal-issues/36.2/Themelios_36.2.pdf (2012년 1월 30일 접속).

23. 일반 은총의 성경적 예에 대한 짧지만 포괄적인 목록으로는 다음을 보라. Allen, *Reformed Theology*, 162.

24. John Murray, *Collected Writings of John Murray* (Edinburgh: Banner of Truth, 1977), 2:96.

25. Charles Wesley, "Joy to the World," emphasis mine.

26. 보스(Vos)의 관점에 대해서는 '복음과 하나님 나라'에 대한 박스 글을 참조하라.

27. 다음을 보라. 예를 들어, Herman Bavinck, *Reformed Dogmatics, Volume 2: God and Creation*, ed. J. Bolt (Grand Rapids: Baker, 2004). 편집자는 "바빙크의 신학에서 핵심 요소의 하나가 '은혜가 자연을 회복시킨다'는 것이라고 보인다"고 썼다(p.19).

28. '현재적이면서 동시에 다가오는 왕국' 사상에 대한 좋은 요약은 다음의 책에 나온다. Bavinck, *Reformed Dogmatics, Volume 3: Sin and Salvation in Christ*, ed. J. Bolt (Grand Rapids: Baker, 2006).

29. Allen, *Reformed Theology*, 164; see Douglas Moo, "Nature in the New Creation: New Testament Eschatology and the Environment," *Journal of the Evangelical Theological Society* 49 (2006): 449-488.

30. 다음을 보라. D. A. Carson, *The God Who Is There: Finding Your Place in God's Story* (Grand Rapids: Baker, 2010), 82. 어떤 사람들은 마태복음 13장의 가라지 비유가 교회 안에 있는 참된 신자와 거짓 신자에 대한 것이라고 읽는다. 그러나 하나님 나라의 비유에서 밭은, 예수님의 설명에 의하면, "밭은 세상이다"(38절), 교회가 아닌 것이다. 루이 벌코프(Louis Berkhof)는 이렇게 쓴다. "가시적인 교회는 분명히 나라에 속해 있다. 나라의 일부이다. 나라의 세력의 가장 가시적인 지체이다. … [그러나] 나라는 교회보다는 더 넓은 개념이다. 왜냐하면 삶의 모든 양상들에 대한 완벽한 통치이기 때문이다. 하나님의 나라는 인간의 노력이 일어나는 모든 영역 속에 하나님의 통치를 의미하는 것이다." Louis Berkhof (*Systematic Theology* [Grand Rapids: Eerdmans, 1996], 570). 벌코프는 아브라함 카이퍼(Abraham Kuyper), 헤르만 바빙크(Herman Bavinck), 그리고 게할더스(Geerhardus Vos)의 의견을 대표하기도 한다.

31. Geerhardus Vos, *The Teaching of Jesus Concerning the Kingdom of God and the Church* (Eugene, Ore.: Wipf & Stock, 1998), (《하나님 나라와 교회 은혜와 영광》, 크리스천 다이제스트 역간, 2001).

32. 위의 책, 162-163.

04

문화 참여를
두려워 말라

앞에서 살펴 본 것처럼 서구의 문화적 상황은 모든 사역자가 그리스도와 문화의 관계에 대한 하나의 모델을 채택해야 했다. 내 생각엔 많은 사역자들이 자기 모델의 전제와 역사적 뿌리, 약점 또는 다른 모델의 성경적인 장점을 거의 의식하지 못하고 있는 것 같다.

그러나 만약 당신이 여기까지 왔다면 이것이 더 이상 자신의 이야기가 아니길 바란다. 그럼에도 불구하고 당신은 여전히 자신이 지지하는 모델 안에서 움직이고 있다. 이 때문에 당신을 이루고 있는 개인의 역사나 기질, 교회 전통, 사역 환경 등은 문화와 관련하여 무언가를 더 강조하도록 작용한다. 이번 장에서는 당신이 가진 모델 안에서 어떻게 신실하고 공교하게 움직일 수 있을지에 대해 실제적인 이야기를 나누려고 한다.

중심을 추구하라

첫 번째 원리는 이것이다. 각 모델의 지지자들은 다른 모델의 통찰들을 분별하고 흡수하는 데 최선을 다해야 한다. 앞에서 제시한 도표에서 살펴보듯이 우리는 각각의 '중심을 추구해야' 한다. 다시 말해 도표의 중심을 바라보고 거기에 가까이 가는 것을 추구해야 한다. 그렇게 하려면 각 모델의 핵심적 통찰을 인정해야 한다.

적절성 모델을 가진 사람들은 특히 앞으로 이루어질 만물의 회복과 평화에서 영감을 받는다. 그들은 다른 이들을 위해서 존재하는 교회의 중요성에 대해 강조한다. 공공선을 위해 희생적으로 봉사하는 것이다. 만일 그리스도인의 믿음이 문화에 어떤 영향을 끼치기 위해서는, 세속주의는 사람들을 이기적으로 만들고, 일반 종교와 전통 도덕은 사람들의 팔을 안으로 굽게 한다. 하지만 그리스도인의 복음은 예수께서 원수들에게 자신을 주신 것처럼, 사람들을 이기심과 자기 의로부터 벗어나게 한다. 이러한 기독교적 논리가 널리 알려지는 때가 반드시 와야 한다.

이스라엘이 이교도들의 큰 도시인 바벨론의 "평화와 번영을 구하도록" 말씀을 들은 것처럼(렘 29:7), 그리스도인들은 사람들이 기독교를 받아들이든 아니든, 세상 사람들을 섬기는 이들이라고 알려질 필요가 있다.[1]

변혁주의자들은 타락이 인간 문화에 끼친 영향에 대해 예리한 감각을 가지고 있다. 그들의 주된 초점은 삶의 모든 영역에서 그리스도인다운 방식으로 생각하며 살아가는 것이다. 제자훈련의 대부분은 일반 성도들을 세상에서 빼어 와서 교회 생활 속으로 들어가게 하는 것이기 때문에 그다지 도움이 되지 않는다.

D. 마이클 린드세이는 문화 중심부와 제도에 깊이 참여하고 있는 그리스도인들이 대부분 교회로부터 인정받지 못한 채 소외되어 있다는 것을 제시한다.[2] 신자들이 사적인 삶과 공적인 삶 모두에서 그리스도를 따르도록 적극적으로 지지하는 교회가 드문데 변혁주의자들이 이 간극을 채우고 있다.

반문화주의자들은 하나님이 구별된 자기 백성을 불러내시는 구원의 전략에 포인트를 둔다. 그들을 이끄는 주제는 교회가 미래 왕국의 표지로서 대조 공동체가 되는 것이다. 그리스도인이 세상에 바른 증거가 되려면 그래야 한다는 것이다. 이 모델을 지지하는 사람들이 주장하는 것은 세상의 기관 속에 흩어진 개인들은 공동체가 할 수 있는 것만큼 인류 번영의 기독교적 비전을 제시할 수 없다는 것이다. 교회는 세상에서 일에 대한 기독교적 세계관을 형성하기에 가장 좋은 환경을 제공한다.[3]

두 왕국 모델을 주장하는 사람들은 피조 세계의 선함을 즐거워하는 입장이다. 그들의 기본적인 생각은 직업이 숭고하다는 것과 그것을 탁월한 방식으로 수행하는 것이 중요하다는 것이다.[4] 일이 탁월하게 수행되지 않으면 전도 사업은 직접적이든 간접적이든 그다지 영향력을 미칠 수 없게 된다.

마르틴 루터는 "어떻게 하면 그리스도인 구두 직공이 될 수 있나요?"라는 질문을 받고 이렇게 대답했다고 한다. "탁월한 가격에 탁월한 구두를 만드세요." 달리 말해 할 수 있는 한 최고의 구두 직공이 되라는 것이다. 기독교 세계관을 분별하기 어려울 때, 정직한 직무 수행은 가장 단순한 형태라도 그 자체로 경의로운 것이다. 그러므로 농업, 경찰 직무, 그리고 우리가 공공선으로 섬기는 다른 직업들은, 직무가 최상의 기술과 정직성으로 잘 이루어지는 정도만큼 하나님의 사랑과 보살핌을 전하는 통로가 된다.

이런 것들이 모델들의 주요 주제이다. 각각은 도표의 중심부에서 뻗어나오는 선으로 표현될 수 있다. 중심에서 멀어질수록 특정 모델의 주제를 더 많이 환원주의적으로 붙잡고 있는 것이다. 그렇게 되면 다른 모델의 통찰을 덜 존중하고, 창조와 타락, 구속과 회복 등 성경의 모든 주제들을 드높이지 못하는 큰 위험에 처하게 된다.

다이어그램의 중심부 곧 수평과 수직 축이 만나는 곳은 성경의 모든 주제들이 결집하는 곳이다. 그곳에는 창조와 타락, 자연계시와 특별 계시, 저주와 일반 은총, '이미'와 '아직', 연속성과 불연속성, 죄와 은혜의 현실들을 모두 균형 있게 연결하려는 노력들이 있다. 도표의 중심부에 가까울수록 당신의 주제와 다른 주제들이 더 균형을 갖게 될 것이다.

이것이 문화 참여에 대한 센터처치 모델이다. 우리는 기존 모델들 가운데 있는 승리주의 또는 패배주의의 불균형을 피할 뿐 아니라 문화적 타협이나 문화적 단절에 빠지는 것을 동등하게 싫어한다. 센터처치 접근법은 모든 모델들의 문화적, 성경적 통찰을 우리의 실제적인 관행과 사역에 섞기를 추구한다.[5]

예를 들어, 두 왕국 모델이 모든 사람에 의해 이루어지는 모든 일의 존엄성과 숭고성을 높이 평가하는 것은 타당한 것이다. 그 누가 되었든지, 자신의 기술을 가지고 탁월하게 다른 사람들을 섬기고 공공선에 기여하는 것은 그리스도인들에 의해 인정되어야 하고 축하 받아야 한다.

반면 변혁주의자 모델은 우리 삶 가운데 활동하고 있는 우상숭배들을 집어낸다. 여기에는 우리의 일도 포함된다. 그렇기 때문에 인류 번영이라는 기독교적 관점에서 이루어지는 일들을 높이 평가한다. 이러한 두 가지 관점을 결합하면 그리스도인들이 비신자인 동료들을 인정하는 겸손함을 가지면서 동시에 현장의 지배적인 기준과 철학들을 따라 일하는 것에 만족할 수 없게 된다.

미로슬라브 볼프는《공공 신앙》이라는 저서에서 한 장을 "두 개의 아니오와 하나의 예"라고 이름 붙였다. 이것이 의미하는 것은 첫째, '전적인 변혁'이라고 불리는 것에 대한 아니오이다. 이는 우리가 사는 모든 문화를 변혁시키려는 목적에 대한 언급이다. 그리스도인들이 문화적으로 만들어내는 것은 무로부터 만들어내는 현대 도시와 같지 않다. 오히려 사람들이 살고 있는 기존 도시를 재활시키는 것과 비슷하다.[6]

둘째, '적응'에 대한 아니오이다. 마지막으로 '참여'에 대해 예하는 것이다. 볼프는 참여란 "문화를 버리는 것과 지배하는 것 사이의 중간을 의미하는 것이며 그 안에 머물면서 자신의 독특성을 표출하는 것이며 헤어지지 않으면서 떠나는 것"이라고 표현한다.[7]

볼프는 문화의 특정 요소에 대해 그리스도인들이 취할 수 있는 세 가지 자세를 말한다. (1) 받아들일 수 있는 것은 채택하고, (2) 요소를 받아들이되 안으로부터 변혁시키고, (3) 모든 사람의 유익을 위해 사회에서 철폐해야 하는 것들은 거부하고 그것의 변화를 위해 일하는 것이다.[8]

인간 본성과 인류 번영에 대한 고유한 성경적 이해를 고찰하면서, 볼프는 변혁주의자 모델과 적절성 모델의 간격에 다리를 놓는다. 그는 샬롬을 우리의 문화 형성의 결정적인 목표로 제시하면서, 공공선에 성경적 정의와 내용이 채워져야 한다고 주장한다.[9]

나는 각각의 모델이 그 핵심에 있어서 어떤 그리스도인이라도 인정해야 하는 성경의 근본적인 진리와 세상에 대한 독특한 통찰을 갖고 있다고 믿는다. 그러므로 각각의 모델 안에 있는 사람들은 겸손하게 다른 모델들의 탁월함과 지혜로움을 발견해서 하나님의 말씀과 그분의 뜻을 더 높이도록 해야 한다.

계절을 알라

우리가 다른 모든 모델들로부터 배워야 한다면, 이상적인 입장이라는 것은 어떤 모델들과도 맞지 않는다는 말인가? 완벽하게 모든 모델들에 걸쳐 있고 완벽한 균형으로 모든 모델들의 통찰과 강조점을 받아들이라는 것인가? 나는 그렇지는 않다고 생각한다. 두 가지 이유가 있다.

첫째, H. 리처드 니버가 믿었듯이 기독교와 문화의 관계는 순환을 거친다.[10] 그는 세 단계의 역사적 순환을 지적했다.[11]

1단계는 니버가 '회심한 교회'라고 일컫는 상태로 교회와 문화가 날카롭게 불일치하며 서로 깊이 맞지 않는다. 교회는 세상에게 낯선 존재이다. 이런 상황에서 교회는 세상과의 차이점을 강조하고 세례를 위한 높은 수준을 요구하며 공동체 안에서 그리스도인의 삶에 대한 상호책임을 강조한다. 교회는 또한 공격적으로 전도하는 일에 참여한다.

2단계는 '동맹' 단계라 할 수 있는데, 교회가 회심한 황제들과 통치자들, 철학자들과 예술가들, 상인들과 사업가들과 피할 수 없는 동맹 관계에 들어가서, 이들(영향력 있는 문화 생산자들)이 신앙의 자극 아래에서 생산하는 문화 속에서 조화를 이루며 살기 시작한다.

이 단계에서 교회는 회개와 믿음을 분별하는 표지에 대해 덜 까다롭다. 많은 사람들이 단지 문화적 압력으로 교회 안으로 들어온다. 교회와 세상의 차이는 제로에 가깝게 줄어든다. 어떤 점에서는 문화 자체가 기독교적 뿌리에서 표류하기 시작한다. 이는 교회가 더 이상 영적으로 역동적인 힘이 없기 때문이라 할 수 있다. 교회가 문화를 형성하는 대신, 문화가 교회를 형성하는 것이다.

그 다음 3단계에서 일어나는 일은 무엇일까? 부흥의 단계이다. "[전도의] 새로운 확장에 의한 [대조적 공동체로서 교회로의] 새로운 몰입에 의해서만 교회는 건져질 수 있고, 세상에 맛을 내는 소금으로 회복될 수 있다."

니버는 이 순환이 세 번 일어났다고 1935년에 썼다. 그가 이러한 단계를 정리할 때 생각한 것은 서구 문명이었다.[12] 물론 세 단계로 이야기하는 것이 복잡한 현실을 모두 설명할 수는 없다. 예를 들어 기독교가 부패하고, 쇠퇴하고, 그리고 회복된다고 본 것은 맞다. 그러나 과거에 종교개혁자들이 현대 서구가 접하는 적대적인 세속주의를 마주했던가? 그렇지는 않은 것 같다. 전기 기독교(Pre-Christian) 사회를 복음화했던 것은 분명 후기 기독교(Post-Christian) 사회를 복음화했던 것과 전혀 다른 것이었다.

예를 들어보자. 1세기와 2세기의 이방인들은 그리스도인들이 병자들과 빈자들을 돌보는 동정심에 충격을 받았다. 데이비드 하트의 설명에 의하면, 고아원과 병원을 창안한 이들은 본질적으로 그리스도인들이었다. 그전까지는 아무도 그런 생각을 하지 않았다. 월터스토프는 인권 사상이 하나님의 형상(imago Dei)에 대한 그리스도인의 묵상에서부터 나왔다고 증명한다.[13] 따라서 그리스도인의 동정심은 독특하고, 매력적이고, 비그리스도인인 이방인들에게 설득력이 있었다.

후기 기독교 사회에서는, 인권과 동정심에 대한 이런 접근법이 많이 보존되고 있어서 그리스도인의 동정심과 인권에 대한 지지가 오늘날 비신자들에게는 극적인 효과가 덜했다. 사실상 기독교화된 유럽계 미국인들이 미 원주민들에 대한 인종 살인을 했고, 아프리카 노예 무역을 허용하고 지지했기 때문에, 기독교 신앙이 서구 문명에서 행했던 크나큰 선에 대해서 거의 인정을 받지 못하고 있다. 후기 기독교 이방인들을 다루는 것은 전기 기독교 이방인들을 다루는 것과는 전혀 다르다.

나는 니버의 제안을 수정해서 교회와 문화의 관계가 네 계절을 지난다는 것을 제안하고 싶다.

1. 겨울: 교회가 전기 기독교(Pre-Christian) 사회와 적대적 관계에 있을 뿐만 아니라 매력이나 차별성이 거의 없고, 활동적인 그리스도인의 삶과 공동체도 거의 없으며, 전도의 열매 역시 거의 없는 때이다. 오늘날 많은 문화권에서 교회는 궁지에 몰려 있고, 영적으로 약하다.

2. 봄: 교회가 궁지에 몰려 있고, 심지어 기독교 전기 문화에서 핍박을 당하지만, 성장하고 있는 때이다(예를 들어 중국).

3. 여름: 니버가 '동맹 단계의 교회'로 묘사한 것이다. 교회가 공공에 의해서 높이 인정되며 많은 그리스도인들이 문화 생산의 중심부에 있어서 그리스도인들이 문화 속에서 편안한 마음을 갖는다.

4. 가을: 오늘날 서구에서 발견할 수 있듯이, 후기 기독교 문화에서 교회는 점점 주변부적 존재가 되며, 신앙의 독특성을 강화하고 매력적으로 전도할 새로운 방법들을 찾고 있다.

언뜻 보면, 겨울에는 (참된 기독교를 발견하고 양육해야 할 필요성이 있기 때문에)

반문화주의자들이 가장 적합해 보인다. 그리고 봄에는 (문화 기관들이 점점 더 그리스도인들로 채워져서 문화를 만들기 위한 제자훈련이 필요하기 때문에) 변혁주의자들이 가장 적합해 보인다. 또한 여름에는 (인류 번영이 어떤 것인지에 대한 폭넓은 문화적 공감대가 형성되기 때문에) 두 왕국 모델이 타당해 보인다. 마지막으로 가을에는 (많은 사람들이 복음에 대해 열려 있지만, 또한 신앙이 삶에 가지는 적절성을 질문하기 시작하므로) 적절성 모델이 적합해 보인다.

이러한 도식은 너무 단순한 것이다. 예를 들어, 미국 남부와 스웨덴은 모두 후기 기독교 서구 문화에 속하지만 둘 사이에는 엄청난 차이점이 존재한다. 미국 남부의 대부분 분야에서 교회는 여전히 커다란 공공 영향력을 행사하고 있으며 긍정적으로 인식된다. 거기에는 여전히 여름인 것이다. 그리고 그곳의 모델들은 매우 불균형적인 형태여서 어떤 시기나 장소에서도 완전히 열매 맺지는 않았다.

예를 들면 많은 사람들은 후기 기독교 문화에 대한 적합한 반응으로서 반문화주의를 옹호한다. 그들의 강조점은 원래 수도원 운동이 기독교 문명을 살렸고 이방인이었던 유럽을 복음화했다는 것이다. 그러나 과연 신 수도원 운동이 원래의 수도원 운동처럼 개인 전도에 있어서 효과적이고 공격적인가?

반문화주의 모델에 있는 많은 사람들은 구도자 교회와 교회 성장 운동의 개인주의에 대해서 목소리를 높여 공격하며 그들 안에 "당신은 거듭나야 합니다"라는 메시지가 상실되었다고 말한다.[14] 대신 그들의 주장은, 교회가 다만 정의를 행하고 평화를 추구하는 사랑의 공동체가 되어야 한다는 것이다. 종종 두 왕국 모델의 마음가짐은 전도와 제자도에 대한 강조이다. 이는 교회가 문화 안에서 주변부로 밀려나는 계절에는 매우 적절한 것이다.[15]

이와 같이 "지금은 어떤 계절인가?"에 대한 단순한 대답은 없다. 하지만 이것은 우리가 반드시 물어야 할 중요한 질문이다. 그렇다면 모든 모델들이 균형 잡힌 배합 속에서 성경적 지지를 얻는다면, 우리의 위치는 어디에 있어야 하는 것일까?

그 답은 단순히 네 가지 모든 계절 사이의 완벽한 균형점을 찾으려는 시도에 있지 않다. 우리가 살펴보았듯, 각각의 모델은 성경적 주제와 접근법에 대한 '도구 상자'와 같다. 현재 우리의 문화 계절을 이해하는 것은 우리가 어떤 도구를 꺼내어 사용할지에 대한 더 나은 이해를 가능하게 한다.[16]

확신을 따라가라

우리가 단순히 모든 모델들의 완벽한 결합을 요구할 수 없는 두 번째 이유는 각각의 모델은 사람들의 상이한 은사와 부르심에 근거해서 추종자들을 형성한다는 점이다. 사도 바울이 한 유명한 말처럼, 모든 그리스도인들은 성령의 모든 "열매"(곧 '성품'의 미덕)를 가져야 하지만, 성령의 은사를 모두 갖춘 그리스도인은 아무도 없다.

바울은 고린도전서 12-14장, 에베소서 4장, 로마서 12장에서 하나님이 각각의 그리스도인들에게 하나의(또는 그 이상의) 영적 은사를 주서서 그로 하여금 그리스도의 이름으로 다른 이들을 섬기게 하신다고 이야기한다. 따라서 우리가 포용하는 모델은 우리가 소유하는 기질과 영적 은사들에 의해 영향을 받게 된다. 그러면 우리는 어떻게 영적인 은사를 분별하는가?

사람들이 이 질문에 답할 수 있도록 오랫동안 도와 온 목회자로서 나는 사람들의 은사가 서로 다른 인간적 필요에 의해서 드러난다는 것을 발견하게 되었다. 전도는 가난한 사람을 돕는 것과 마찬가지로 그리스도인의 의무이다. 그러나 이 사역들은 또한 성도들의 은사이기도 하다. 어떤 사람들은 전도에 있어서 탁월한 재능이 있고, 또 다른 사람들은 가난한 사람을 돕는 긍휼 사역에 은사가 있다.[17]

나는 종종 우리 교회가 어떤 사역에 있어서 실패한 것 같다면서 나를 특정한 방향으로 몰고 가는 사람들을 만난다. 어떤 이들은 전도에 대단한 열정이 있고, 다른 이들은 발 벗고 나서서 끈기 있게 가난한 사람들을 도와준다. 또 다른 이들은 전도나 구제에 있어서 우리가 얼마나 비조직적인지를 탄식한다!

내가 깨닫게 된 것은 사람들이 전도의 은사, 구제의 은사, 행정의 은사를 각각 다르게 갖고 있다는 것이었다. 그들은 자신의 은사로 말미암아 특정 종류의 문제에 대해서 더 예민하게 반응했다. 나는 목사로서 그들이 자신들의 은사로 인해 터널 시야를 가지는 경향이 있음을 경고해야 했다. 그러나 내가 주로 했던 일은 성령께서 그들의 은사를 통해 부르신 사역의 영역으로 그들을 훈련하여 맡기는 것이었다.

내가 믿기로 그리스도와 문화 모델과 관련해서도 이와 비슷한 일이 일어난다는 것이다. 이 문제에 대해 고민한 사람들의 책을 읽었을 때, 그 누구도 중립적일 수 없고, 선호하는 바가 없을 수 없었다. 또한 모두가 어떤 모델에 헌신되어 있었다. 나는 다니엘 스트레인지, 미로슬라브 볼프, 제임스 헌터 등의 저작을 인용했다. 그러나 이들이 아무리 균형과 섬세함을 갖고 있다 하더라도, 특정 모델에 대해서 가장 편안하고 가장 많이 알고 있다는 것은 모두가 주지하는 사실이다. 마이클 고힌은 데이비드 보쉬, 레슬리 뉴비긴 등의 '선교적'(missional) 책들을 수년간 심도 깊이 읽어 왔고 반문화주의 사고의 많은 부분을 받아들였지만, 그럼에도 그 자신은 카이퍼주의자이다.[18] 케빈 드영(Kevin DeYoung)은 변혁주의자 및 두 왕국 모델 모두를 비판하는 글을 블로그에 쓰기도 했다. 그의 결론은 이러하다.

아마도 내가 이런 말을 한다는 것이 믿기지 않지만, 중간 지대가 있을 것이다. 복음의 심장을 잃지 않으면서 자기희생을 통한 거룩한 자기만족이 있다. 그리스도인들에게 타인을 위해서 죽는 종류의 사랑을 나타내도록 도전한다면 이에 대해 변명하지 말자. 지옥의 교리와 회개와 중생의 필요성에 대해 당황스러워 하지 말자. 모든 사람에게 선을 행하되 특별히 믿음의 가정들에게 하기를 어려워하지 말자. 오늘날의 불의와 고통에 맞서 싸우는 일을 하자. 그리고 예수께서 늘 우리 중에 있으리라고 말한 가난한 사람들에 대해 현실적이 되자. 결론적으로 하나님이 우리를 부르시고 은사를 주신 곳에서 변화를 위해서 일하자. 그러나 지상명령은 세상 속으로 들어가서 제자를 만드는 것이지, 세상 속으로 들어가서 왕국을 세우는 것이 아님을 잊지 말도록 하자.[19]

그럼에도 불구하고, 드영은 자신이 '주의 깊은 두 왕국 신학자'로 불리기를 원한다.[20]

왜 우리 각 사람은 한 가지 모델에 가장 편안함을 느끼는 것일까? 내 관점은 이것이 주로 우리의 은사나 부르심과 관련이 있다는 것이다. 의심할 여지없이 빈민들을 섬기는 은사와 개인적 소명을 가진 사람들은 적절성 또는 반문화주의 모델들에 더 끌리는 경향이 있다. 전도에 커다란 열정이 있는 사람들은 두 왕국 모델 또는 아마도 변혁주의자 모델을 높이 평가한다. 많은 사람들은 변혁주의자 모델이 오직 대학을 졸업했거나 지적이거나 학문적인 사람들만이 좋아하는 (심지어 이해할 수 있는) 모델이라고 비판한다. 이 모든 말들은 어느 정도 일리가 있다.

그렇다면 이것은 어떤 의미인가? 나는 이것이 우리가 자기 확신에 맞는 모델을 가지고 살면서 자신의 은사에 가장 잘 맞는 '도구 상자'를 사용해야 한다는 의미라고 생각한다. 일단 우리의 모델을 알면 우리는 문화적 계절과 맥락에 따라서 다른 상자의 도구들도 함께 사용할 수 있다.

이 점에서 앤디 크라우치의 자세와 몸짓의 구분은 이러한 유연성을 가장 잘 말해 주는 생생하고 우아한 표현이다. 크라우치는 문화에 대한 기본 모델 또는 입장을 '자세', 곧 우리의 '무의식적인 기본 위치'라고 부른다. 그

■ 사례 연구: 윌리암 스턴츠

하버드대학의 형법학 교수였던 윌리암 스턴 츠(William Stuntz)의 이야기는 그리스도인의 문화 참여와 영향력에 대한 좋은 사례 연구를 제공한다. 그는 복음주의 그리스도인이었고 보수적 공화당 지지자였고 자신의 신앙과 정치관에 대해 공개적이었다. 그가 52세에 암으로 사망했을 때, 뉴욕 타임즈의 기자 링컨 캐플란은 그에 대한 전면 기사를 헌정한 바 있다.[21]

기사는 그가 형법학 분야에서 '심원한' 영향을 끼쳤으며, 그의 학문적 기여가 너무나 강력해서 어느 누구도 그를 논박할 수 없었다고 기록했다. 기자는 그의 업적 중에 하나는 법 지배를 약화시키지 않으면서도 주변인에 대한 자비를 법에 포함시킨 것이라고 썼다. 그리고 스턴츠의 논리들은 잘 기술되었을 뿐만 아니라 기독교 신앙에 깊이 뿌리내린 것이라고 인정했다. 캐플란은 "그가 그 분야를 개척했을 뿐 아니라 믿음대로 살았다"고 기록했다. 기사는 또한 그가 용기 있게 암에 대처했으며 임박한 죽음을 품위 있게 대하였음도 말하고 있다.

그는 분명히 문화에 참여하고 영향을 끼쳤으며 그의 신앙과 세계관을 법률 분야에 적용하였고, 부인할 수 없는 탁월성으로 일했고, 자신의 정의 이론 안에서 가난한 이들에 대한 긍휼을 나타냈다. 그가 종사한 분야가 비록 기독교 신앙을 가진 사람들이 대개 경멸하는 분야이기는 했지만, 그는 신앙적 헌신을 공동선에 연결하고, 신앙을 학문과 통합하고, 그리고 부인할 수 없는 기술과 탁월성을 결합해서 진정한 차이를 만들어 냈다.

윌리엄 스턴츠의 사례에서 또 하나의 중요한 사실은 그가 버지니아 대학과 하버드대학이라는 '상징적' 또는 문화적 자산을 가진 기관에서 일했다는 사실이다('상징 자본'에 대한 박스 글 참조). 많은 그리스도인들은 보통의 미국인들처럼 제도를 불신한다. 그래서 제도가 문화를 형성하는 힘을 간과하는 경향이 있다.

휴 헤클로는 작은 책 《제도적으로 생각하기》에서 이런 실수를 바로잡으려고 한다.[22] 반문화주의자 관점은 여기에서 크게 도움이 안 된다. 왜냐하면 모든 세상의 기구들은 '제국'의 일부로서 그리스도인들이 섬길 곳이 못 된다고 보는 까닭이다.

그러나 윌리엄 스턴츠의 사례에서 보면, 그가 공적인 문화적 제도 속에서 일했기 때문에 그리스도인의 탁월성이 모든 사람에게 드러날 수 있었다. 교만, 부에 대한 사랑, 권력에 대한 욕망 등에 대한 모든 성경적 경고는 반드시 마음에 새겨야 하며, 모든 문화적 변화가 자연적으로 최상위에 있는 엘리트층으로부터 나오는 것은 아니다.[23]

그러나 그리스도인들은 여전히 세상의 문화적 제도나 기구 속에서 신앙적으로 충실하게 살기를 힘써야 한다.[24]

리고 '몸짓'은 다른 모델에서부터 나오는 즉흥적인 움직임이라고 본다. 문화에 대해 일반적으로 매우 적대적인 자세를 가진 사람이 특정한 문화적 유행을 수용하는 몸짓을 취할 수 있으며, 문화에 대해서 매우 우호적인 자세를 가진 사람이 특정한 문화 요소에 대해서 매우 비판적인 몸짓을 가질 수 있는 것이다.[25]

조직된 것과 유기적인 것의 차이를 기억하라

여러 모델들 사이에 가장 큰 긴장의 요소는 교회의 선교를 어떻게 이해하느냐에 달려 있다(이에 대하여 다음 부에서 다룰 것이다). 지상명령에 대한 전통적 이해는 교회가 세상 속으로 들어가서 복음을 전파하고 모든 나라의 남녀를 그리스도의 제자로 만드는 명령을 받았다는 것이다.[26]

그런데 네 가지 모델 중에서 세 모델은 이 명령에 분명 다른 것을 추가한다. 많은 사람들은 긍휼과 정의를 강조하거나, 정치적 또는 문화적 참여를 강조하는 것이 교회가 전도와 제자도를 담당할 여력을 제거하거나 또는 심각하게 저해할까 두려워한다.

이러한 강조에 대한 반응으로써 많은 이들은 두 왕국 모델을 채택하는데, 이들은 교회의 유일한 사명이 오직 말씀을 전하고 전도하고 제자를 양성하는 것에 국한된다고 주장한다. '사회 복음'에 대한 경고들이 타당하기는 하지만, 우리는 여전히 성경이 기독교 공동체를 향해 정의를 행하고 자비를 행할 것을 요구한다고 믿는다. 그렇지만 어떻게 해야 할까?

여기에서 '제도적 교회'와 '유기적 교회'를 구분하는 것이 매우 중요하다는 것을 기억할 필요가 있다. 아브라함 카이퍼는 제도적 교회는 회집한 교회로서 제직과 사역자들 아래 잘 조직된 곳이라고 말했다. 교회의 사명은 '말씀과 성례'를 행하고, 복음을 전하고, 세례를 베풀고, 제자를 삼는 것이다. 이것은 유기적 교회와 구분되는데, 유기적 교회는 제자가 되고 훈련을 받아서 삶의 모든 영역에서 복음을 살아내는 세상의 모든 그리스도인들을 의미한다.

우리는 세상에 있는 그리스도인들이 단지 구분되고 분리된 개인들이라고 생각하지 않아야 한다. 그들은 그리스도의 몸이며 교회이다. 그들은 세상에 있는 그리스도인들로서 여전히 함께 생각하고 함께 일하며, 창조적 형태로 모인다. 그리고 제도적 교회가 그들을 제자로 만들 수 있도록 유기적 교회로서 기능한다. 신학자 존 볼트는 다음과 같이 기록한다.

> 카이퍼의 관점에서, 다양한 직업을 가지고 바깥에 나가는 그리스도인들은 제도적 교회의 직접적 파견인도 아니며 단지 개인 신자만도 아니다. … 그리스도인의 사회적, 문화적, 정치적 행동은 교회의 구조와 권위로부터 직접 흘러나오지 않는다. 그것은 오히려 신자들이 삶의 다양한 영역에서 그들의 믿음과 영성을 드러내는 과정에서 유기적으로 표현되어 나온다. 그 믿음과 영성이 교회의 예배와 훈련 가운데 형성되고 양육된다.[27]

마이클 알렌은 H. 리처드 니버 자신이 그리스도인과 교회의 권리와 의무를 구분하지 못했으며, 그 간과가 미국 기성 교단에게 치명적으로 작용했다고 지적한다. 알렌은 '교회의 영성'이라는 교리적 실수가 미국 남부 교회의 노예제 지지로 연결되었고, 이와 대조적으로 그 반대의 실수가 기성 개신 교단이 정치에 깊이 그리고 제도적으로 연루된 원인이 되었다고 말한다. "한쪽은 어떠한 사회악도 다루지 않으려는, 심지어 노예 소유제라는 악도 건드리지 않으려는 교회의 모습을 보여 주고, 다른 쪽은 아주 세세한 정치적 사안에까지 위압적으로 입김을 불어넣으며, 심지어 입법 활동까지 하려는 교회의 모습을 보여 준다."[28]

카이퍼의 구분은 이 딜레마를 잘 해결해 준다. 사람들이 공공영역에

■ 사명을 분명하게 하기

마이클 알렌은 카이퍼가 말한 '영역 주권'이라고 부른 것이 웨스트민스터 신앙고백에 나타난다고 지적한다. "대회들과 협의회들은 교회적 문제 외에는 아무것도 다루거나 결정해서는 안 되며 비상시에는 청원의 방식으로, 혹은 정부 관리들로부터 요구된 경우에 양심의 만족을 위해 충고의 방식으로 해야 하며, 나머지 국가와 관계된 세속적 사건들에는 간섭하지 말아야 한다." 알렌은 실제적인 균형을 언급한다. 제도로서 교회는 직접적인 정치 참여를 하지 않아야 한다. 물론 '특별한' 시민적 이슈가 존재할 가능성이 있다. 성경이 직접적으로 금하는 중대한 불의나 잘못이 행해지는 경우이다. 그러나 이런 비상한 경우에도 정치 참여는 여전히 '간섭'이 된다. 알렌은 "목회자들과 지역 교회 지도자들은 사회적 및 정치적 이슈들에 대해서 신중함과 세심함을 가지고 발언해야 한다"라고 주장한다.[30]

서 정의를 행할 수 있도록 교육하며 훈련하는 교회는 사회적 이슈와 악에 대해서 민감성을 가져야 한다. 그러나 교회가 주된 사명을 망각하거나 정치적 압력 집단이 되려는 치명적 실수는 하지 않을 것이다.[29]

이 구별은 그리스도와 문화의 모델들 사이에 있는 간극들을 채우는 데 도움이 된다. 간극들이 잘 채워진다면, 정의와 문화 참여에 열망하는 사람들은 오래된 기성 교단들이 전도와 제자도의 비전을 상실하는 오류에 빠지는 것을 피할 수 있을 것이다. 다른 한편으로 모든 제자들이 전도하는 교회의 사명을 지키는 데 관심이 있는 충실한 교회들은 또한 성도들이 문화에 참여하고 정의를 행하도록 할 것이다.

대응하지 말고 행동하라

확신하건대 우리가 그리스도와 문화 모델에서 균형을 잘 잡지 못하고 '중심에 가까운' 문화 참여를 못하는 이유는 많은 사람들이 올바른 방법으로 선택하지 않기 때문이다. 대부분의 사람들은 성경과 문화, 그리고 우리의 은사와 부르심을 살피지 못하고 다른 그리스도인들의 행동에 대한 감정적 반응으로 자신의 견해를 형성한다.

달리 말해, 우리가 여기 있고 저기 있지 않은 것은 그들이 저기 있고 여기 있지 않기 때문이다. 물론 모든 모델들이 수세기 동안 교회에 존재했던 과거의 선행 모델들과 패턴들에 의거해서 발달해 온 것은 사실이지만, 분명 현대적 버전들은 다른 모델들에 대한 반응과 적대감 속에서 정의되어 온 면이 있다.

다양한 그룹들은 마치 거대한 지질구조 판처럼 서로 부딪히며 크고 작은 지진들과 분출들을 일으켜왔다. 각각의 진영은 교회가 각기 다른 일을 해야 한다고 주장한다. 그들은 정기적으로 서로를 공격하며 자신들이 강조하는 차이점을 부각시킨다. 사실 그들은 자신들을 다른 그룹들보다 더 충실한 해결책이라고 주장함으로써 쉽게 후원자들을 모을 수 있다.

이와 같이 독자적인 행동을 하기보다는 서로에게 대응하는 경향이 항상 환원주의적 충동들 뒤에 놓여 있다. 각각의 모델들이 가진 이런 극단적인 형태들과 자충수들이 결국은 성경적 전도에 전혀 도움이 되지 않는 불균형과 불충성함을 낳게 된다. 그러면 우리는 이 문제를 어떻게 해야 하는가? 나는 몇 가지 실제적인 권고로서 마무리하려고 한다.

첫째, 오만을 피하라.

자신에게 가장 도움이 많이 된 문화 모델이 누구에게나 최고의 모델이라고 생각하기 쉽다. 당신이 선호하는 모델의 장점과 다른 모델들의 약점을 비교하면 우월감을 느끼게 될 것이다. 그렇게 하지 말라. 당신의 특정한 전통이 '하나님이 행하시는 새로운 일'이며 다른 모든 것들은 쇠퇴하는 것이라고 생각하지 말라. 균형 잡힌 평가는 이 특정한 전통들 중에 어떤 것도 죽지 않았음을 보여 준다. 각각은 심각한 약점과 더불어 위대한 강점들을 가지고 있다.

둘째, 비난하지 말라.

당신이 다른 문화 모델을 받아들임으로써 성장해 왔다면, 당신은 이전 모델에 대해서 분노하거나 배신감을 느낄지도 모른다. 당신에게 과도하게 영향을 끼친 문화 엘리트들에 대해 좋거나 나쁜 개인적 경험도 가지고 있을 수 있다. 특정 모델을 맹종하는 지지자들이 당신이 전에 속했던 교회에 상처를 입혔기 때문에 특정 모델이 교회의 문젯거리라고 비난할지도 모른다. 용서하라. 그리고 당신이 회개할 수 있는 지점들을 찾아보라. 문화에 대해 생각할 때 개인사를 지우도록 노력하라. 성경, 문화적 시기, 그리고 당신의 은사를 살펴보라.

셋째, 좌절하지 말라.

당신이 최선이라고 생각하는 문화 모델을 공유하지 않는 교회나 교단에 소속해 있다면 자칫 과격해질 수도 있다. 자신과 다른 반대 의견을 접하면 자기 입장의 극단적인 자리까지 가게 될 수도 있다. 갈등 때문에 자기 입장의 완고한 지지자가 되지는 말라.

넷째, 순진하게 생각하지 말라.

어떤 사람들은 "집안 전체에 든 병"이라고 말하면서 교회가 모든 모델을 초월해야 한다거나 모든 모델을 수용해야 한다고 주장한다. 모든 교회와 그리스도인은 역사, 기질, 그리고 신학적으로 다양한 입장을 가지고 있기 때문에 그들만의 전통과 모델에 위치하고 있다. 복음은 우리에게 다른 모델의 가치를 인정하면서도 우리가 가진 모델들을 주장할 수 있는 겸손을 가능하게 한다. 그러므로 우리가 가진 관점의 강점을 누리고, 약점을 인정하며, 다른 모델들의 강점을 힘써 배워야 한다.

토론과 성찰을 위한 질문들

1. 다음을 어떻게 생각하는가? "만약 모든 모델들이 균형 잡힌 배합 속에서 성경적 지지를 얻는다면, 우리의 위치는 어디에 있어야 하는 것일까? 그 답은 단순히 네 가지 모든 계절 사이의 완벽한 균형점을 찾으려는 시도에 있지 않다." 우리는 교회와 문화의 관계 사이클 가운데 지금이 어떤 '계절'인지 분별해야 한다.

- 겨울: 문화와 대립하는 교회로서 열매가 거의 없으며, 곤경에 처해 있고 영적으로 약하다.
- 봄: 곤경에 처해 있고, 문화로부터 핍박을 받기도 한다. 그러나 성장이 나타난다.
- 여름: 문화와 '동맹한' 교회로 높은 인정을 받으며, 문화 생산의 중심부에 그리스도인들이 일한다.
- 가을: 후기 기독교 문화에서 점차로 주변화되는 교회이며, 매력적으로 전도하는 새로운 방법들을 모색한다.

이 네 가지 계절들 중에서 당신과 사역 동료들은 어떤 계절을 접하고 있는가? 어떤 표지나 요인이 계절의 증거가 되겠는가? 당신이 전국 또는 지역 단위로 상황을 고려할 때 그 변화가 일어나고 있는가? 현 세대의 문화 참여는 앞 세대와 어떻게 달라야 하는가?

2. 앤디 크라우치의 자세와 몸짓의 구별은 "유연성을 나타내는 생생하고 우아한 표현"으로 균형 잡힌 문화 참여를 위해 필요하다. 크라우치는 문화에 대한 기본 모델 또는 입장을 '자세', 곧 우리의 "무의식적인 기본 위치"라고 부른다. 그리고 '몸짓'은 다른 모델에서부터 나오는 즉흥적인 움직임이라고 본다. 당신의 자세에 부합하지 않는 어떤 몸짓을 취한 예가 있는가? 그렇게 한 이유는 무엇이었는가?

3. 조직화된 제도로서의 교회의 역할과 개별 신자들의 유기적 몸으로서의 교회의 구분에 대해서 어떻게 생각하는가? 이 구분이 어떻게 문화 참여와 교회의 사명에 대해 도움이 되겠는가? 당신은 이것이 성경적인 구분이라고 생각하는가?

4. 다음에 대해서 어떻게 생각하는가? "그리스도와 문화 모델에서 우리들 중 상당수가 올바른 방법으로 선택하지 않는다. 대부분의 사람들은 성경과 문화, 그리고 우리의 은사와 부르심을 살피지 못하고 다른 그리스도인들의 행동에 대한 감정적 반응으로 자신의 견해를 형성한다." 이 장은 실제적 제안으로 마무리를 한다.

- 오만을 피하라.
- 비난하지 말라.
- 좌절하지 말라.
- 순진하게 생각하지 말라.

다른 모델들의 극단에 대응하는 것을 어떻게 피할 수 있겠는가? 위의 네 가지 사항 중에서 어떤 것이 당신에게 가장 필요한 부분인가?

주

1. 이 주제에 대해서 더 상세한 것은 다음을 보라. Tim Keller, *Generous Justice: How God's Grace Makes Us Just* (New York: Dutton, 2010).

2. D. Michael Lindsay, *Faith in the Halls of Power: How Evangelicals Joined the American Elite*(New York: Oxford University Press, 2007).

3. 다음을 보라. James K. A. Smith, Desiring the Kingdom: Worship, Worldview, and Cultural Formation (Grand Rapids: Baker, 2009). 스미스는 예전, 공 예배 그리고 공동체적 습관들이 세계관 강의보다 훨씬 강력하게 기독교 세계관을 형성한다고 믿는다. 공동체적 습관들에는 손님 접대, 용서와 화해, 공동생활에서의 소유 문제 등이 포함된다. 그리스도인들이 강하고 '두터운' 그리스도인 공동체에 깊이 소속될 때만 기독교 세계관을 실현하고 신앙과 믿음을 통합하며 살 수 있다.

4. Michael Horton("How the Kingdom Comes," *Christianity Today* 50.1 [January 2006]: 42, www. christianvisionproject.com/2006/01/how_the_kingdom_comes.html). 마이클 호튼은 이렇게 기록한다: "신약성경에는 사적인 게토로 숨으라는 부르심도 없고 문화적, 정치적 활동 영역을 '되찾으라'는 부르심도 없다. 오히려 우리는 바울의 권면에서처럼 탁월하게 이웃을 사랑하고 섬기는, 어렵지만 중요한 직무에 대한 요청을 받는다."

5. 나는 센터처치의 '통찰의 통합' 모델이 제임스 헌터(James Hunter)의 '충성된 현존' 접근법과 동일한 것이라고 생각한다. 그것은 다음에 묘사되어 있다. James Hunter, *To Change the World* (New York: Oxford University Press, 2010).

6. Miroslav Volf, *A Public Faith: How Followers of Christ ShouldServe the Common Good*(Grand Rapids: Baker, 2011), 93-94.

7. 위의 책, 90-91.

8. 위의 책, 91-92. 볼프(Volf)는 그의 접근법이 제임스 헌터(James Hunter)의 접근법과 유사성이 있다고 본다(p.158n.1).

9. 다음을 보라. 위의 책, ch. 4, "Human Flourishing," 55-74.

10. 니버(Niebuhr)의 이 글을 소개해 준 마이클 위트머(Michael Wittmer) 박사에게 감사한다. 또 그는 우리 문화의 영적 건강이 그리스도와 문화에 대해 우리가 선택하는 모델에 영향을 끼칠 것이라는 점을 제안하였다.

11. H. Richard Niebuhr, "Toward the Independence of the Church," in *The Church Against the World*, ed. H. Richard Niebuhr, Wilhelm Pauck, and Francis P. Miller (Chicago: Willett, 1935), www.religion-online.org/showchapter.asp?title=412&C=194 (2012년 2월 7일 접속).

12. 니버는 분명 콘스탄티누스 하에서 실질적인 국가 종교가 되기 전까지 초대교회가 성장했을 때 첫 번째 사이클이 일어났다고 생각하는 것 같다. 두 번째 사이클은 수도원 운동이 이교도 유럽을 복음화했을 때 일어나는데, 이는 중세 교회의 타락으로 이어졌고, 교회는 결국 개신교 종교개혁에 의해서 갱신되었다. 세 번째 사이클은 유럽과 미국에서의 개신교와 가톨릭 국가의 성장이며 이후에 현재의 세속주의 성장 아래서의 쇠퇴가 이어지고 있다. 어떤 '갱

신' 모델이 맞는지에 대해서는 여전히 논쟁이 진행 중이다.

13. David Bentley Hart, *Atheist Delusions: The Christian Revolution and Its Fashionable Enemies* (New Haven, Conn.: Yale University Press, 2009); Nicholas Wolterstorff, *Justice: Rights and Wrongs* (Princeton, N.J.: Princeton University Press, 2007).

14. 본서의 6부 선교적 공동체를 보라.

15. 다음을 보라. 예를 들어 Kevin DeYoung and Greg Gilbert, *What Is the Mission of the Church? Making Senseof Social Justice, Shalom, and the Great Commission* (Wheaton, Ill.: Crossway, 2011). 드영 및 길버트는 두 왕국 접근법으로 보이는 관점을 취한다. 변혁주의, 관련 성 모델의 자유주의적 극단, 그리고 신 재세례파 모델 등이 교회론적 전도에 대한 강한 강 조점을 저해하고 있다고 말하는 이들의 경고는 타당하다.

16. 각각의 모델에 대한 이해에 대해 마이클 위트머(Michael Wittmer)에게 감사드린다.

17. 에베소서 4장 11절은 하나님이 '전도자'의 은사와 부르심을 어떤 이들에게 주셨음을 이야기 한다. 로마서 12장 7-8절은 섬김과 (디아코니아) 긍휼을 베푸는 은사들에 대해 말한다. 베드로 전서 4장 11절은 '말하는' 은사들과 '봉사하는' 은사들에 대해 말한다. 많은 주석가들은 이것 이 은사들의 범주를 설명한다고 믿는다. 설교 및 가르침과 관련된 은사들이 있고 행동, 행 정, 봉사와 관련된 은사들이 있다.

18. 다음을 보라. Michael Goheen, *As the Father Sent Me, I Am Sending You: Lesslie Newbigin's Missionary Ecclesiology* (Zoetermeer, Netherlands: Boekencentrum, 2000). 뉴비긴의 선교적 교회론 은 카이퍼주의적 이해와 양립불가하지 않다는 주장을 한다. 또한 승리주의의 빛이 없이 대조 공동체로서의 교회의 중요성을 높이는 변혁주의 접근법에 대한 탁월한 제시에 대해 서는 다음을 보라. Michael Goheen and Craig Bartholomew, *Living at the Crossroads: An Introduction to Christian Worldview* (Grand Rapids: Baker, 2008).

19. Kevin DeYoung, "Two Kingdom Theology and Neo-Kuyperians," http://thegospelcoalition.org/blogs/ kevindeyoung/2009/08/14/two-kingdom-theology-and-neokuyperians/(2012년 2월 8일 접속).

20. Kevin DeYoung, "You Can Get There from Here," http://thegospelcoalition.org/blogs/kevindeyoung/2011/12/22/you-can-get-there-from-here/

21. Lincoln Caplan, "William Stuntz," *New York Times* (March 23, 2011), www.nytimes.com/2011/03/24/ opinion/24thu4.html (2012년 2월 8일 접속).

22. Hugh Heclo, *On Thinking Institutionally* (Boulder, Colo.: Paradigm, 2008).

23. 제임스 헌터(James Hunter)의 주장을 보라. 그는 최첨단의 문화적 변화가 종종 문화 권력의 최상부나 최하부에서 나오는 것이 아니라 '외부 엘리트'들에게 나온다는 점을 보여 준다. 이 들은 문화적 영향력을 가지고 있는 제도나 기관들의 내부에 존재하지만 아주 중심에 있지 는 않은 남녀들이다(꼭 그런 것은 아니지만 이들은 대개 젊은이들이다).

24. 앞 장에서 내가 주장했듯이 그리스도인들이 문화적 영향력의 중심부에 가까이 갈 수 있는

한 가지 주된 방법은 세계의 위대한 도시들 한가운데서 살아가며 경력을 추구하는 것이다.

25. 다음을 보라. Andy Crouch, *Culture Making: Recovering Our Creative Calling* (Downers Grove, Ill.: Inter-Varsity, 2008), 90-96. 앤디의 책에 나오는 이 장을 기억하게 해 준 마이클 위트머(Michael Wittmer)에게 감사드린다.

26. 지상명령에 대한 훌륭한 전통적 설명은 다음을 참조하라. DeYoung and Gilbert, *What Is the Mis- sion of the Church?*, 15-66.

27. John Bolt, *A Free Church, A Holy Nation: Abraham Kuyper's American Public Theology* (Grand Rapids: Eerdmans, 2000), 428-429.

28. R. Michael Allen, *Reformed Theology* (Edinburgh: T&T Clark, 2010), 174.

29. 다음을 보라. 위의 책, 175.

30. 위의 책.

센터처치는
도시 균형을 잡는다

과소 적응
도전 위주

과도 적응
수용 위주

센터처치 사역은 도시와 문화에 과소 맥락화나 과도 맥락화가 아니다. 도시는 인류 번영과 인간 우상의 잠재력을 모두 갖고 있기에, 우리는 복음을 갖고 성경적 진리에 따라 문화를 인정하고 도전하면서 균형 잡힌 사역을 한다.

- 언제나 성경의 모든 부분에 의해서 형성된다. 단지 우리의 개인적, 문화적 기호에 매력적인 부분뿐만 아니라 개인적, 문화적 감수성에 거슬리는 부분도 포함한다.
- 어떤 진리도 문화를 초월하는 방식으로 표현될 수는 없지만, 진리는 문화를 초월한다는 것을 명심하라.
- 보다 아우르는 성경적 기독교에 이르기 위해서는 다른 전통들과 상호작용할 의지를 가지라
- 도시-문화에 대한 이해에 있어서 비판적 향유와 적절한 신중함을 포함하라. 왜냐하면 도시는 일반 은총과 죄 모두가 결합해 있기 때문이다.
- 존재론적 도전, 개인적 도전, 그리고 그리스도에 대한 선포를 갖고 회중을 도전하라.
- 복음 제시에 있어서 한 가지 종류 이상의 소구를 하라 - 논리적이면

서도 실존적이고, 단기적이면서도 장기적이어야 한다.

- 담대함과 확신 그리고 겸손과 역설을 갖고 사역하라. 복음은 당신 안에서 동시에 모두를 만들어 낸다.
- 참된 하나의 복음을 고수하라. 그러나 문화적으로 구체적인 방식으로 창조적으로 적용하기를 배우라.
- 도시/문화에 적극적으로 참여하되 어떤 형태든 문화의 포로가 되지 않도록 하라(문화적 근본주의, 문화적 상대주의, 혼합주의).
- 당신의 설교와 강의에서 문화를 인정하고 깊이 파고 들어가서 문화를 대면하고 폭발시키라.
- "A" 신념과 교리를 "B" 신념과 교리와 함께 모두 다루라.
- 모든 대속 문법을 균형 있게 다루라(전쟁, 시장, 해방, 성전, 법정, 대속).
- 도시를 대할 때에 하나님께서 주신 목적 및 자기중심적 반역이 모두 잠재적으로 가능한 사회적 형태로 이해하라.
- 이 세상에서 거주민이면서 동시에 외국인으로 살도록 하라.
- 세속 직업의 선함과 교회를 세우는 것의 중요성을 강조하라.
- 성경 전체의 이야기 구조에 의해서 문화참여에 대한 비공식적인 접근 취하라. 문화 변화에 대해 너무 비관적이지도 너무 낙관적이지도 않은 태도여야 하고, 모든 문화 안에서 일반 은총 및 죄의 만연성을 모두 확인해야 한다.
- 각각의 그리스도와 문화 모델에서 성경적 통찰의 핵심들을 수용해서 "중심을 추구"해야 한다. 그럼으로써 성경적 주제들의 전체를 사용할 수 있다 - 창조와 타락, 자연 계시와 특별 계시, 죄와 일반 은총, "이미 그러나 아직", 연속성과 불연속성, 죄와 은혜.
- 교회와 문화에 대해 당신이 선호하는 모델이 외부적 힘과 (신학적 헌신) 내부적 힘 (기질과 영적 은사)에 의해 형성되었음을 확인하라.
- 교회의 사명을 제도적이며 동시에 유기적인 것으로 이해하라.

역동적 사역이 있는 교회

구조화된 조직

전통과 권위

Movement

유동적 유기체

협력과 일치

{
센터처치는 유기체이면서 조직체이다.
교회는 전통들을 물려받은 안정적인 제도이면서
동시에 성령님의 역동적인 운동체이다.
우리의 교회적 전통에 뿌리 내리면서 동시에 그리스도
의 몸과 협력적으로 일하면서 복음으로 도시를
품기 위해 균형 있게 사역한다.
}

{ Part 6: 선교적 공동체}

교회는
선교적 공동체다

운동

교회의 목표는 성령님의 인도하심을 받은 복음 운동을 통해 도시나 지역의 평화와 번영의 추구이다.

이런 운동은 당신의 고유한 교리와 관습에 동의하는 사람들과만 협력하는 '유계 집합'(有界集合) 즉 단일원 접근법이 아니다. 동일한 중심을 향해 얼굴을 마주하는 이들과 긴밀하게 일하는 동심원 접근법 형태이다. 그 중심에 위치하는 것은 예수 그리스도의 복음에 대한 고전적, 정통적 이해와 도시를 품고 섬기려는 공통적 사명, 그리고 당신과 동의하지 않는 사람들을 향한 예수 중심적이며 관대한 헌신이다. 이것이 사명적, 통합적, 역동적인 운동이다.

오늘날 교회 선교에 대한 이해와 세상에서 개별적 그리스도인들의 직업과의 관계에 대한 지속적인 토론이 있다. 6부 선교적 공동체에서 이 토론의 역사를 살펴보고, 선교적 교회는 오늘날 어떤 모습이어야 할지를 개관하며, 선교적 대화에 주의사항을 살피고, 교회가 실제적으로 사람들이 선교적 삶을 살 수 있도록 어떻게 도울지를 다룬다.

7부에서는 균형 있는 사역이 어떤 의미인지를 조사한다. 이를 위해서 센터처치 신학적 비전을 네 가지 사역 접점에 적용하는 것이 필요하다. 먼저, 교회는 전도와 예배를 통해 사람들을 하나님께 연결하도록 도와야 한다.

통합적인 교회들은 공동체와 제자도를 통해 사람들을 서로에 연결하도록 한다. 교회는 또한 긍휼과 정의 사역을 통해 사람들을 도시의 필요에 연결하는 법을 배워야 한다. 마지막으로, 교회는 신앙과 직업의 통합을 통해 사람들이 문화에 연결되도록 도와야 한다.

8부에서는 당신의 교회와 지역 도시 안에서 운동 역학을 개발하는 것이 어떤 의미인지를 토론하며 결론을 맺는다. 복음을 충성되게 문화에 연결하기 위해서는 하나님의 진리를 충성되게 선포하고, 지역 공동체를 섬기는 새로운 교회를 개척하는 의도적 운동을 개발할 필요가 있다.

01
선교적 교회 운동의
흐름

'선교적'(Missional)이라는 단어는 1998년 《선교적 교회》(*Missional Church*)라는 책이 나온 후에 폭넓게 수용되고 확산되면서 급속하게 유명해졌다.[1] 많은 사람들이 다음과 같이 묻는다. "어떻게 하면 정말로 선교적일 수 있는가?"

30여 년 간 근래 젊은 복음주의 지도자들은 마치 성배를 찾듯이, 참된 선교적 교회를 찾으면서 성장했다. 선교적이라는 단어를 제목에 넣은 책들이 해마다 수십 권씩 출간됐다. 그러나 책들을 살펴보면 이 단어는 조금 다른 의미들을 갖고 있으며, 다른 저자와 조직과 교회들에 의해서 각각의 방식으로 사용되고 있다. 그리하여 '선교적'이라는 단어가 무엇을 정확하게 의미하는지 많은 혼동이 생겨났다.

선교적(missional)이라는 단어는 기독교계에서 폭발하기 전까지 주로 기성 개신교와 에큐메니컬 진영에서 사용하던 단어로서 라틴어 표현인 "미시오 데이"(Missio Dei, 하나님의 선교)와 깊은 연관이 있다. 이 표현은 이 세상에서 하나님의 행하심에 대한 칼 바르트의 가르침을 전하기 위해 처음 만들어진 것이다.

레슬리 뉴비긴에 의하면, 미시오 데이라는 용어는 1952년 독일 빌링겐에서 열린 세계선교대회 이후 유명해졌다. 이것이 담고 있는 사상은 하나님이 이 세상의 모든 피조물을 구속하기 위해서 일하시며 그 사명에 참여하는 것이 교회의 미션이라는 것이다.[2]

1991년에 데이비드 J. 보쉬는 그의 저술인 《변화하고 있는 선교》(Transforming Mission)에서 미시오 데이라는 용어를 삼위일체 신학에 바탕을 두고 설명했다. 그에 따르면 과거의 선교는 (영혼들을 구원하기 위한) 구원론의 범주에서 이해되었다.[3]

그에 반해 미시오 데이 관점에서는 선교가 하나님의 본질 자체에서 도출되며 교회론이나 구원론이 아니라 삼위일체 교리의 맥락에서 파악된다.[3] 본질적으로 삼위일체는 '보내는' 것이다. 아버지는 아들을 세상 속으로 보내어 세상을 구원하시며, 아버지와 아들은 자신을 대신해 성령을 세상 속으로 보내신다. 그리고 이제는 성령이 교회를 세상으로 보내신다.

즉 하나님은 단지 교회에게 선교를 명하신 것만이 아니라 그분 자신이 이미 선교를 수행하고 계시며 교회는 그분의 일하심에 참여한다. 이것은 교회가 단순히 선교 부서를 운영하는 데 머물지 않고 선교 그 자체가 되어야 함을 의미한다.

처음에 이런 주장은 강하고 건전한 선교학으로 보인다. 그러나 시간이 지나면서 교회는 선교와 점점 덜 연관 있는 것처럼 보이게 되었으며 레슬리 뉴비긴은 1970년대에 다음과 같은 말을 기록했다.

> 만일 하나님이 진정한 선교사라면 우리의 직무는 교회의 선교를 촉진하는 것이 아니라 세상으로 나가 '세상에서 하나님이 하시는 일'을 찾아 나서는 것이다.
>
> 여기서 "하나님이 하시는 일"은 일반적으로 종교적 영역보다 세속적 영역에서 이루어지는 것으로 생각되어 왔다. 따라서 하나님이 세상에서

행하시는 바를 찾아나선다는 것은 권력이나 권세로 보이는 힘을 추구하고 일련의 정치 문화적 발전을 일궈내는 데 책임을 느끼는 그리스도인의 정체성을 가지는 것과 동일시되었다.[4]

하버드대학교의 신학자인 하비 콕스는 "세상에서 하나님이 하는 일은 정치이다. 그러므로 오늘날의 신학은 반드시 하나님이 하시는 일을 찾아내서 실천하고 그분과 동역하는 것이다"라고 말했다.[5]

많은 기성 교단과 에큐메니컬 진영에서 선교는 세속적인 인권 단체 또는 신흥 좌파 정치조직의 활동과 비슷한 것을 의미했다. 뉴비긴은 이러한 흐름에 대해서 다음과 같이 기록한다. "그 결과는 때때로 정말 이상했다. 심지어 모택동의 '모주석 어록'이 새로운 성경처럼 여겨졌다."[6]

세계교회협의회의 창설에 참여한 핵심 인물 중 한 명이었던 뉴비긴은 미시오 데이 개념이 교회의 필요성을 점점 약화할 수 있다는 우려를 하게 되었다. 교회는 사회봉사 기관처럼 인간적 필요를 채우지 못하며 정당이나 정치기구처럼 사회적 변화를 이루지 못한다. 이러한 관점에서 교회는 중요하지 않게 된다.

뉴비긴은 《오픈 시크릿》에서 선교의 '세속화'라고 부르는 것을 비판했다. 그는 회심, 교회 성장, 기독교 공동체의 성숙이 매우 중요하며 선교에 중심 역할을 한다고 주장했다. 그리고 선교의 목적은 "교회의 양적, 질적 성장"이라고 가르친 선교학자 도널드 맥가브란의 입장에 우호적이었다.[7]

그럼에도 뉴비긴은 미시오 데이 용어와 하나님의 선교의 본질적인 신학적 개념을 지지했다. 그의 주장에 따르면 교회는 전도를 통해서 성장해야 하지만, 이 세상에서 봉사 및 정의를 위한 투쟁에도 참여해야 한다. 뉴비긴은 미시오 데이의 기본 개념을 붙드는 동시에 에큐메니칼 운동의 지나친 적용과 왜곡으로부터 이 개념을 구출하려고 노력했다.

뉴비긴-보쉬 구출

레슬리 뉴비긴은 인도에서 수십 년 동안 사역한 영국 선교사였다. 1970년대 중반 영국에 돌아왔을 때 그는 기독교의 영향력이 그의 부재 동안 크게 쇠퇴했음을 발견했다. 그가 선교사로 나갈 무렵만 해도 서구 사회의 주된 문화 제도들은 기독교에 바탕을 두고 있었고 교회들은 문턱을 넘어 들어오는 사람들을 쉽게 모을 수 있었다. 서양의 교회들은 언제나 (인도와 같은) 비기독교 문화권의 해외 선교를 지원했다. 선교지에서 교회는 유럽과 북미에서 했던 것과는 다른 방식의 역할을 했다. 인도에 있는 교회들은 단지 선교를 지원하거나 선교 사역을 하는 것이 아니라 그들의 존재 자체가 모든 면에서 선교적이었다.

인도의 교회들은 서구에서처럼 이미 기독교화된 사람들을 모을 수 없었다. 오히려, 교회 생활의 모든 면, 즉 예배, 설교, 공동체 생활, 제자도 등에서 선교적이어야 했다. 예를 들어 선교지에서는 예배에 오는 방문자들이 기독교에 익숙하리라고 기대할 수가 없다. 그러므로 예배와 설교는 그들에게 이해가 가능하면서 동시에 도전이 되는 것이라야 했다.

선교지에서 신자들은 교회의 가르침과는 근본적으로 다른 가치들을 가진 사회 속에서 살아간다. 이로 말미암아 선교지의 그리스도인들에게는 "세상에서의 삶"이 매우 복잡한 일이 된다. 그들에게 제자도와 훈련이란 이웃에게 받는 숱한 공격적인 질문들에 대답할 준비를 갖추는 것을 의미한다.

또한 선교지에서 교회들은 삶의 양상이 세상 사람들과 개인적으로나 교회적으로 어떻게 달라야 하는지를 교인들에게 가르침으로써 하나님의 나라가 어떤 것인지를 성도들이 사회 속에서 보일 수 있도록 인도할 필요가 있었다. 선교지의 교회들은 선교 부서를 운영하는 것이 아니라 이미 모든 면에서 "선교 사명 수행 중"인 것이다.

뉴비긴이 영국으로 돌아왔을 때는 이전과 사회의 토대가 달라졌다. 사많은 복음주의자들이 뉴비긴의 사상을 도용했음에도 불구하고, 그는 자신을 복음주의자라고 말한 적이 없었다. 뉴비긴은 성경에 대한 복음주의적 교리를 부정했으며, 하나님의 주권적 선택은 구원에 대한 것이 아니라 직무에 대한 것이라는 칼 바르트의 사상을 고수했다. 뉴비긴의 저작 곳곳을 살펴보면 보편 구원론과 밀접한 관련이 보인다.

그럼에도 불구하고 그는 시간이 지나면서 WCC의 자유주의 신학에 대해 훨씬 더 비판적이 되었다. 본래 WCC는 '그리스도 중심의 보편주의'에 헌신되어 있었다. WCC에 참여하는 교단들은 그리스도에 대한 핵심적인 헌신 외에 다른 교리적 차이들을 생각하지 않았다. 이는 세계 선교의 한 부분으로써 교회의 일치를 가시적으로 강조하기 위함이었다. 1992년에 콘라드 레이저가 WCC 의장으로 선출된 다음, 선교의 연대를 위한 유일한 기초는 정의와 평화를 위한 사회 변혁에 대한 혁신으로 바뀠다.

레이저는 자신의 접근법을 《전환 중인 교회 일치 운동: 에큐메니칼 운동의 패러다임 변동》이라는 책에서 변호했다.

레이저의 접근법은 본질적으로 삼위일체에서 그리스도를 제거한 것이다. 그의 주장은 성부의 뜻은 정의와 평화와 피조 세계의 회복이며 성령을 세상에 보내어서 모든 종류의 방법으로 그 뜻을 이룬다는 것이다. 그 방법들의 대부분 또는 많은 것이 기독교나 교회와는 아무 상관이 없다.

이것은 뉴비긴이 《오픈 시크릿》에서 비판한 것이다. 뉴비긴은 레이저에 대해 통렬하게 비판했다. 그는 그리스도와 그의 속죄적 죽음이 기독교 선교에서 핵심이라고 말했다.

"나는 복음주의라는 이름으로 행해지는 모든 교회와 운동들의 처사들을 다 인정하고 싶지는 않지만 이러한 지체들이야말로 온갖 종류의 현대의 인류 문제에 대한 접근에 있어서 성장하고 있고 폭을 더하고 있다는 것은 중요한 사실이다. 다만 교리적 입장을 지키고 있는 지체들은 전체적으로 감소 추세에 있다."[8]

회의 문화 제도들은 기독교 신앙에 무관심하거나 적대적이었다. 교회를 다니는 사람들의 수가 급락했다. 서양 문화가 급속히 비기독교적 사회로 바뀌어 '선교지'의 모습이 되어 가고 있는데 교회들은 적응을 거의 못하고 있었다. 많은 기독교 지도자들이 문화 변화를 개탄했다. 서양 교회들은 이전처럼 계속 사역을 하고 있었으나 오직 전통적이고 보수적인 사람들만이 편안함을 느끼는 환경을 만들고 있었다.

그들은 계속해서 신자들의 개인적 삶을 위한 내적 활동들(성경공부와 기도)에 초점을 맞추면서 사람들을 훈련하고 있었다.

정치, 예술, 사업 등 공공 영역의 세속 사회에서 그리스도인으로서 정체성을 갖고 살아가도록 훈련하지 못했다. 모든 설교와 모임은 그들이 여전히 기독교화된 서양에 살고 있다는 것을 전제하고 있었다. 그러나 기독교화된 서양은 점차 사라지고 있었다.

이러한 안주는 재난을 초래했다. 뉴비긴의 주장에 의하면, 서양 교회들은 인도, 중국, 제3세계 문화권에서 그랬듯 비기독교적 문화를 가진 이들을 품는 것에 동일한 노력을 해야 했다.

그는 생애 마지막 24년 동안 교회가 더 이상 "기독교 세계"가 아니라는 사실을 인식해야 한다고 지치지 않고 열정적으로 주장했다. 뉴비긴은 서양이 단지 하나님 없는 세속 사회로 바뀌고 있다는 일반적 인식에 머물지 않았다. 그는 서양 사회를 우상들과 거짓 신들이 가득한 이교적 사회로 보았다.[9]

그는 특히 유럽의 계몽사상과 인간의 이성이 가치중립적이고 객관적인 지식에 자율적으로 도달할 수 있다고 주장하는 계몽사상의 맹목적인 믿음을 비판했다. 이성에 맹종의 결과, 서구 문화 지도자들은 질서 있고 정의롭고 도덕적인 사회를 이루어 가는 데 있어 하나님이나 어떤 특정한 신앙이 불필요하다고 믿게 되었다.

뉴비긴은 서양 교회들이 해야 할 선교적 사명은 "계몽주의적 시도"의 허망함을 보여주는 것이라고 말했다. 여기서 계몽주의적 시도란 도덕, 옳고 그름, 정의, 인간 번영에 대한 일치를 세속적 이성의 토대에서 찾는 것을 말한다.

뉴비긴은 그의 책, 《오픈 시크릿》, 《헬라인에게는 미련한 것이요》, 《다원주의 사회에서의 복음》에서 서구 사회에 대한 선교가 어떤 모습이어야 할지를 구체적으로 설명한다.[10] 여기에는 인간 이성의 자율성을 공격하는

■ 선교적 만남을 위한 요소들

뉴비긴은 '서구 문화와의 선교적 만남'을 위해 필요한 구성 요소들을 열거한다. 여기에는 다음의 목록들이 포함된다.[11]

- 새로운 변증(세속 이성의 중립성이라는 것을 정면으로 다루는 것)
- 하나님의 나라에 대한 가르침 (하나님은 영혼을 구원하실 뿐 아니라 모든 피조물을 구원하기 원한다는 것)
- 희생적인 섬김을 통해서 사람들에게 말할 권리를 획득하는 것
- 평신도들이 신앙을 공적인 삶으로 가져가서 문화를 변화시키도록 구비시키는 것
- 반문화적인 교회 공동체
- 교단의 분열을 극복하고 연합하는 교회의 모습을 세상에 제시하는 것
- 오래된 서양 교회들이 비 서양 교회들에게 귀 기울이는 국제적 교회
- 용기

이 목록을 데이비드 보쉬의 짧은 목록과 비교해 보라. 《미래에 대한 믿음》에 나온 목록은 이 책에 요약되어 있다.

공적인 변증이 포함된다.

물론 그의 변증은 알라스데어 매킨타이어와 마이클 폴라니를 너무 많이 의지한 면이 있지만 아브라함 카이퍼와 헤르만 바빙크의 접근법을 사용했다. 그는 신자들이 신앙과 직업을 통합하고 세상 속으로 들어가서 사회를 바꿀 수 있도록 교회가 그들을 훈련해야 하며 그들에게 복음을 해석해 주는 걸 교회의 중요한 역할로 삼아야 한다고 강조한다.

기독교를 세상과 구별되게 하는 사랑, 정의, 평화 등의 가치야말로 다원주의적 사회에서 하나님을 증거할 수 있는 주된 수단이라고 뉴비긴은 보았다. 뉴비긴은 우리가 앞에서 살펴보았던 문화적 접근법의 몇 가지를 결합해서는 사회 갱신 및 대조적 공동체로서의 교회를 강조했다.

더욱 중요한 것은 뉴비긴이 미시오데이와 관련하여 중도의 길을 제시했다는 점이다. 물론 그는 이 용어 자체를 직접적으로 사용하지는 않았다. 세계교회협의회의 접근법을 옹호한 콘라드 레이저를 비판하는 책에서 뉴비긴은 이렇게 썼다.

교회야말로 선교의 사명을 발견하고 실행하며 선교의 궁극적인 목표가
된다는, 선교에 대한 교회 중심적 이해를 레이저가 피력하는 것은 아주
옳다. 그러나 이 모든 시각은 1960대의 이데올로기, 즉 세속적, 인간적
힘이 문제들을 해결하리라는 믿음에 의해 너무 많이 형성되어 있다. 그
주장은 모든 상황을 억압자와 피억압자의 관계 안에서 해석하며 피억
압자의 분투를 구속의 도구로 이해하는 모델의 영향을 너무 많이 받았
다. 이 모델은 상당 부분 마르크스주의(Marxism)의 영향을 받은 것이다.
WCC는 마르크스주의가 이제는 세상에서 영향력을 발휘하지 못하는
몰락해 버린 사상이라는 점을 염두에 두어야 한다.[12]

뉴비긴은 하나님의 구속을 사회, 경제적 여건을 개선하려는 어떤 운동
과도 직접적으로 동일시하기를 거부했다. 선교를 가리켜 "하나님이 역사
를 재편해 가시는 과정"이라고 정의하는 것은 역사의 의미를 다루는 데 있
어서 마르크스주의의 계급투쟁 사상에 지나치게 뿌리를 둔 것이라고 한
그의 비판은 옳다. 그러나 뉴비긴은 다음과 같이 균형을 추구한다.

> 그야말로 중요한 문제는 예수와 그의 십자가 대속 사역을 중심에 놓는
> 것이다(예수는 십자가 대속 사역을 통해 교회와 세상에 대한 주재권을 얻으셨다). 구
> 속의 교리를 회복하는 것은 긴급한 과업 중 하나이다. 구속의 교리에
> 따르면 십자가는 억압받는 자를 억압자로부터 구하는 깃발일 뿐만 아
> 니라 모든 이에게 하나님의 심판과 구속을 가져오는 하나님의 행동이
> 다. 이 십자가는 죄악 된 인간들이 세상 가운데서 정의를 실현하기 위
> 해 동원하는 적절한 조취와 투쟁을 전복하지는 않는다.[13]

여기서 그는 세상에서 정의를 위해 벌이는 투쟁을 구속의 의미로부터
찾아낸다. 구속은 무엇보다도 그리스도 안에서 하나님이 행하시는 행동이

며 이 행동은 결단을 요구한다. 하나님의 행동은 반드시 성취되게 마련이지만 그럼에도 불구하고 이 세상에서 인간이 "정의의 조치"를 위해 투쟁해야 하는 여지가 여전히 존재한다.[14]

데이비드 보쉬는 그의 책《변화하고 있는 선교》에서 뉴비긴의 미시오데이 개념을 더 발전시킨다. 보쉬는 누가의 선교 신학을 조사하면서, 그리스도를 선포하라는 명령과 회심하라는 요구와 아울러 가난한 자의 정의를 실현하는 문제에 대한 하나님의 관심을 발견한다.

보쉬는 그의 책 *Believing in the Future*(미래를 믿는다)에서 후기 서구 기독교에서 선교에 대한 비전을 더욱 구체화한다. 그는 미시오 데이 개념을 재작성하며 미시오 데이는 피조 세계를 회복하는 것이며, 교회는 이 사명에 참여하도록 부름을 받았다고 진술한다.

선교가 단지 "기독교라는 종교 브랜드를 전파해 등록 인원을 늘리는 것이 아니라 하나님의 우주적인 통치로 사람들을 깨우는 것이다"[15]라고 말한다. 그는 이것이 어떻게 가능할 것인지를 고민한다. 그는 우리가 두 가지 상반되는 오류를 피해야 한다고 말한다. (1) 기독교 사회를 재창조하려고 노력하는 것(중세 기독교 국가의 실수) (2) 사회에서 물러나 "영적 영역"에 머무는 것(근대성의 실수).[16]

또 우리는 공적 영역에서 선지자적 목소리를 가지고 자율적 이성과 그 결과의 우상들에 도전하는 법을 배워야만 한다.[17]

그리고 우리는 인종, 돈, 성, 권력, 개인의 자율성이라는 우상으로부터 자유로운 인간 사회가 어떤 모습일지 보여주기 위해 교회가 문화를 거슬러가도록 만드는 데 힘을 써야 한다.[18] 그래서 우리는 혼합주의를 피하면서도 동시에 단절을 피하는 방식으로 우리의 메시지를 상황화해야 한다.

우리는 신자들이 공공의 부르심을 수행하도록 훈련해야 한다. 신자들은 사명을 이루는 뜨거운 심장이다. 신자들이 생명력 있고 삶이 변화되는 예배를 드리게 해야 한다. 이러한 단계들은 사회의 반문화적 모델을 보여 주며, 신자들이 세상에서 사는 법이 달라지도록 훈련한다.[19] 마지막으로 우리는 교회들 사이의 일치를 세상에 최대한 많이 나타내야 한다.

이 모든 일을 고취시키는 통찰은 서구 교회가 문화에 포로되었다는 개념이다. 보쉬는 뉴비긴과 마찬가지로 계몽사상의 합리주의와 그 여파들인 물질주의, 소비주의, 개인주의, 그리고 공동체의 와해에 대하여 매우 비판적이었다. 그는 교회 또한 이 시대의 영에 의해 너무나 영향을 받았으며 이는 보수주의와 자유주의 모두 마찬가지라고 주장했다.

자유주의 진영은 만물을 세속적으로 보는 견해에 취한 나머지 성령 사역을 세속적인 해방 운동으로 주로 보았다. 그리하여 자유주의적 기성 교회들은 사회봉사 단체들과 다를 바 없게 되고 세속적 인권운동가들의 언어에 지배되었다.

보수주의 진영은 종교를 소비자의 개인적 필요를 채우는 수단으로 보는 사상에 젖어서, 보수 교회를 신자들의 욕구와 결핍을 채우는 쇼핑상가로 탈바꿈시켰다. 거기에서는 현대 심리치료와 마케팅 언어가 난무한다. 보수주의에 선 사람들은 그리스도를 자아실현과 번영을 위한 방편으로 생각할 뿐 타인에 대한 급진적 섬김의 모델로 생각하지 않는다.

두 진영의 기독교 교회는 서양 문화의 지배적 우상들에 포로가 되어 있다.[20] 설교와 삶으로 우상들을 도전하는 것에 실패한 것이다. 뉴비긴과 보쉬의 영향력 있는 글들로 말미암아 미시오 데이에 대한 현실적이며 발전된 새로운 이해가 1990년대 중반에 등장하게 되었다. 이 견해는 자유주의 교회에서 발견되던 선교의 세속화를 피하려고 하였다.

하나님이 피조물을 새롭게 하기 위한 사역을 수행하신다는 견해는 동일하지만 새로운 점은 그리스도를 주님이요, 세상의 소망으로 선포해야 함을 강조했다는 것이다. 그 결과 회심과 교회 성장을 필수 요소로 인정했다.

미시오 데이를 수정한 이 새로운 개념은 자유주의적 기성 교단 외부에 있는 많은 그리스도인들의 관심을 끌기 시작했다. 그들 역시 후기 기독교 사회에서 어떻게 살아내야 할지 몹시 고민하고 있었던 것이다.

오늘날의 선교적 교회 운동

1998년에 미시오 데이(Missio Dei)에 대한 새로운 이해에 입각한 *Missional Church*(Darrell Guder 편집, 선교적 교회)가 출간되었다. 레슬리 뉴비

■ 왜 우리는 기독교 국가를 상실했는가?

기독교는 무엇 때문에 서양에서, 특히 제2차 세계대전 후에, 영향력을 잃었을까? 이에 대하여 레슬리 뉴비긴은 사상과 지성의 흐름이 사회 제도를 통해서 변화하는 역사적 패턴이 있다고 이해한다.

그는 18세기 계몽주의 사상에서 그 원인을 찾는다. 계몽주의는 개별적인 인간 이성의 충분성을 강조하고 하나님에 대한 신앙의 필요성은 무시했다. 그로 인해 많은 변화가 일어났다.

로스 다우댓의 저서 《나쁜 종교》는 제2차 세계대전 이후 미국의 기독교 국가의 상실에 대한 조금은 다르고 통찰력 있는 해석을 내놓는다. 그는 그 변화가 다섯 가지 사회 인자에 의해 촉발되었다고 본다.[21]

1. 좌파와 우파 사이의 정치적 양극화. 여기에 많은 교회가 편승했다(기성 개신교들은 좌파로, 복음주의 교회들은 우파로). 그 결과 신뢰도를 잃었다.

2. 피임약의 개발과 그로 인해 가속화된 성의 혁명.

3. 국제화의 도래와 기독교가 곧 서양 제국주의라는 인상.

4. 물질적 번영의 막대한 성장(이는 언제나 신앙에는 방해가 된다).

5. 엘리트 그룹과 학문적 문화적 제도 기구들의 상실(2장 '메뚜기의 해' 참조).

나는 뉴비긴의 사상사적 접근법과 다우댓의 지식 사회학적 접근이 옳지 않은 이유를 찾지 못했다.

세 번째 종류의 분석은 교회 자체에 있는 문제에서 찾을 수 있다. H. 리처드 니버가 《교회의 독립성을 위하여》에서 쓴 것처럼, "교회는 문화 가운데서 성공적이 될수록 본질적 힘이 약해지고 심지어 타락한다."[22]

예를 들어, 왜 기성 교단들과 복음주의 교회는 미국 정당들에 점유되어 신뢰성을 상실했는가? 건강하고 활력 있는 정통 교회들이 없어서 그랬는가? 상세한 것은 5부 니버에 대한 부분을 참조하라.

만일 이 모든 접근법들이 사실 상호보완적이며 각각의 결론이 일리 있는 것이라면, 서양의 기독교는 유행, 요인, 힘들에 의해 '최악의 상황'의 희생자가 된 것이다.

긴과 데이비드 보쉬에 의해 이전에 개발된 개념을 사용했다. 이 책 역시 동일한 딜레마를 펼쳐놓았다: 문화는 더 이상 기독교적이지 않으며, 교회는 "현대 세계로 가는 선교지 위에 있다."

그러나 교회는 현대 문화의 포로가 되어 있어서 다른 대안을 제시할 수 없었다. 교회는 반드시 자신을 바꾸어야 했고 문화에 참여할 수 있는 새로운 길을 찾아야만 했다. 그러나 어떻게 이것이 가능할 수 있는가?

뉴비긴과 보쉬가 내놓은 동일한 주제들에서 답을 찾을 수 있다. 대조적 공동체로서의 교회, 메시지의 맥락화, 그리고 교회 성장만이 아니라 정의에 대한 관심을 통해서 가능하다.

이 책은 신학적으로는 선교의 개념을 피조 세계를 구속하려는 삼위 하나님의 목적에 참여하는 것으로 본다.[23]

이러한 생각들이 무르익어 "선교적 교회"라는 용어가 복음주의권에서 무르익게 되었다. 복음주의권 교회들은 전반적으로 문화 변동이 일어나고 있다는 것을 알았고 전통적인 사역 접근법들이 비효과적이 되고 있다는 것을 인지했다. 기성 교단의 어떤 이들은 에큐메니칼 신학의 공허함에 점점 환멸을 느끼고 있었다.

그러나 그들은 복음주의 운동에 참여할 수가 없거나 그럴 관심이 없다시피 했다. 이들 교회의 많은 지도자들이 구더의 책에 나오는 서양 문화의 선교적 교회에 대한 기본 관점을 받아들였다.

그러나 많은 사람들이 또 다른 신학과 문화적 내용을 덧붙여 어지러울 정도의 다양하고 때로는 모순적인 정의를 선교적이라는 용어에 담았다.

크레이그 밴 겔더는 이 사상을 둘러싼 상이한 접근법들과 정의들을 분류하는 한 권의 책을 썼다. 그와 동료 드와이트 췌일리는 선교적 이슈에 관한 대화에서 네 개의 포괄적이고 공통된 흐름이 있다고 말한다.

첫째, 선교적인 것은 전도적인(evangelistic) 것이다.

이 관점을 견지하는 교회들(그리고 저자들)은 선교 사명을 전도와 해외 선교에 대한 높은 헌신의 동의어로 받아들인다. 선교적임을 의미하는 다른 모든 표현들과 마찬가지로 이들은 어떻게 우리 문화가 변하는가, 전도하는 데 있어서 이전보다 얼마나 더한 진정성과 노력이 필요한가, 그리고 "모든 그리스도인은 선교사이다"라는 선언에서 이야기를 시작한다.

이 범주에 드는 이들은 흔히 전도에 대한 통합적인 접근법을 포용하며, 다양한 종류의 지역 봉사를 권장한다. 그러나 그들이 추구하는 본질적인 신학은 매우 전통적이다. 그들에게 선교란 교회를 통하여 사람들로 하여금 개인적 구원을 경험하게 하는 것이다. 미시오 데이의 독특한 사상 즉, 서구 교회가 서구 문화의 포로가 되었으며 하나님의 성령 사역이 피조세계를 회복해 간다는 인식이 빠져 있는 것이다.[24]

둘째, 선교적인 것은 다시 말해 성육신적인(incarnational) 것이다. 일각에서는 이 모델을 유입적(attractional)이라고 비판한다. 유입적 모델은 비그리스도인들이 교회의 프로그램이나 사역에 찾아오거나 초대받아 오는 것을 기초로 한다. 그들은 설교를 듣고 프로그램에 참여해서 자신들의 필요를 채우거나 침례, 결혼, 장례 등의 행사에 참여하기 위해 교회에 온다. 지금 보면 이것은 낡은 모델이다(그럼에도 전통을 중시하거나 '기독교화 된' 비그리스도인들이 있는 곳에서는 이 모델이 여전히 많다).

유입적 모델이 많은 지역에서는 성육신적 모델, 즉 그리스도인들이 지리적으로 서로 가까이 모여 살면서 두텁고 깊은 관계의 공동체를 형성하고 지역 사회나 도시의 민간 활동과 공동생활에 깊이 참여할 것을 권장한다.

이 관점에서 보면 교회 개척을 위해 전임 사역자, 핵심 그룹, 예배가 필요 없다. 대신 몇몇 기독교인 가정이 그 지역으로 이사해 삶에 완전히 참여하면서 시민들의 필요를 발견하고 그리스도의 이름으로 그 필요들을 채우면 된다.

그리스도인의 공동체는 유기적으로, 점진적으로 지역에서 평화와 정의를 위해 애쓰는 많은 비신자들을 포함하기 시작한다. 일반적으로 이 관점을 채택하게 되면 '하우스 처치'(House Church)가 확산된다.[25]

셋째, 선교적인 것은 상황화 될 수 있다. 어떤 사상가들은 강조점을 최근에 일어난 탈현대적 문화 변동과 교회의 문화 포로 현상에 둔다. 그리하여 교회 사역의 모든 부분을 후기 기독교의 실재에 맞도록 상황화할 필요성을 강조한다.

이 접근법은 창조적인 전도 방법과 성육신적인 행위를 강조한다는 점에서 처음 두 관점의 요소를 포함하면서 사실 이보다 더 나아간다. 그리스도인의 공동체를 깊게 하고 지역 봉사에 참여하면서도 여전히 후기 서구 기독교 사회에 진정으로 참여하지 않는 하위문화로서 교회가 존재할 수 있다고 보는 것이다.

진정한 선교적 교회가 되려면 문화에 대한 깊은 성찰과 아울러 문화에 적응하면서 동시에 도전하는 창조적 소통 방법과 교회 사역의 발견이 필요하다. 이 범주에 드는 사람들은 성육신적인 '하우스 처치'(House Church) 모델을 인정하면서도 이를 수많은 방법들 중 괜찮은 한 가지 방법 정도로 본다.

밴 겔더와 췌일레는 이 관점을 앞장서서 추구하는 저자의 목록을 열거하였는데 이들은 대개 마지막 범주에 속한 이들보다 좀 더 전통적인 복음주의 신학을 가진 사람들이다. 이들은 여전히 뉴비긴에 의해서 제안된 기본 조치, 즉 "서구 문화가 선교적 만남을 갖기 위해서는 새로운 변증, 대조 공동체로서의 교회, 통전적인 전도, 직업을 통한 문화 참여가 필요하다"는 입장을 모두 수용한다. 동시에 이들은 뉴비긴이 제안한 조치들이 어떤 모습을 띠어야 할지도 추구한다.

넷째, 선교적인 것은 상호적(reciprocal)이며 공동체적(communal)인 것이다. 이 그룹의 사상가들은 다른 세 그룹의 강조점들을 환호한다.[26]

이들은 모든 그리스도인이 선교지에 있다는 것을 기쁘게 확인한다. 또

■ 자아와 자아 실현

알렌 록스버그와 스콧 보렌은 개인주의의 영향에 대해서 자세하게 다룬다.

사람들이 복음에 대해 이야기하는 방식에 귀 기울여 보면, 얼마나 많은 초점이 개인적 필요를 충족시키는지 금세 발견하게 된다. 단기선교 여행에 대한 간증 시간에, 사람들은 얼마나 그들이 변화되었는지 또는 얼마나 잊지 못할 경험을 했는지를 이야기한다. 현대에서 삶의 목적은 개인의 운명, 목표, 또는 필요를 충족시키는 것이다. 현대인들에게 있어, 성경의 이야기를 자아와 필요 충족이라는 현대적 범주에 동화시키지 않고 읽기란 거의 불가능하다.

성경은 근본적으로 다른 비전을 사람들에게 제시한다. 성경은 우리를 놀라운 기억 속으로 초청한다. 이는 우리를 위한 것이 아니라 세상을 위한 것이다. 이 이야기가 이상한 것은 비논리적이며 억압할 수 없는 의미에 있다. 삶을 찾으려면 잃어야 한다. 안전지대를 떠날 때 하나님의 목적을 발견한다. 성경에서 하나님은 세상을 위해서 자신을 나타내신다.[27]

한 교회가 훨씬 더 지역 사회에 성육신적으로 참여해야 하며 그러한 상황화와 문화 참여가 매우 중요하다는 주장을 굳게 지지한다.

이들은 미시오 데이가 우리의 신학과 사역을 주의 깊게 재작업하도록 요구한다고 믿으며, 안타깝게도 다른 사람들이 미시오 데이의 이러한 시사점을 충분히 취하지 않았다고 생각한다.

이 접근법을 채택한 사람들은 두 가지 결론에 이른다. 첫째, 만일 하나님이 선교를 하신다면 교회는 사람들이 예배에 오도록 준비하는 방식으로 선교를 해서는 안 된다. 선교는 하나님이 세상에서 이미 하시고 있는 일들에 반응하는 것이라야 한다.

알렌 록스버그는 선교적 교회에 관해 기고한 초창기 사람들 중 한 명으로, 선교적 교회가 반복적으로 해야 하는 질문, 즉 "이 지역에서 하나님은 무엇을 하고 계신가"에 대하여 쓴 바 있다.

선교적 교회는 지역 사회의 사람들에게 귀를 기울이고 "하나님의 목적에 의해 행해지는 일들로 놀랄 준비를 하게 된다."[28] 교회는 세상을 향해 기독교에 대하여 알아야 한다고 선언하기보다 하나님이 지역 사회를 위해 하시고 있는 일들에 귀를 기울이고 배워 참여해야 한다.

둘째, 계몽주의 개인주의를 극복하기 위해서 교회는 반드시 죄, 선교, 구원을 집단적, 공동체적 용어로 재정의해야 한다. 가령 죄를 거룩한 하나님에 대한 반역으로 이해하기보다는 수평적 관점에서 이기심, 폭력, 불의, 교만 등으로 하나님의 평화를 깨뜨리는 것으로 보는 것이다.[29] 십자가에 대해서는 예수께서 죄에 대한 하나님의 진노를 해결하신 사건으로 보기보다 이 세상 권력이 예수님 앞에서 무너진 사건으로 본다.[30]

선교는 궁극적으로 개인과 하나님의 바른 관계를 목적으로 하지 않고 그들로 하여금 하나님과 동역을 이루는 새 공동체를 이루어 사회 구조를 구원하고 세상을 치유하도록 하는 것이다.[31]

접근법들 사이의 공통점

많은 보수적 복음주의자들은 '선교적'이라는 개념을 거부한다. 그것은 이 개념이 브라이언 맥클라렌과 같은 이머징 교회 사상가들 그리고 에큐메니컬 운동 및 칼 바르트 신학과 연관되어 있기 때문이다. 한편으로는 정의하기가 너무도 어려운 단어이기 때문이다.[32]

필자는 이에 공감한다. 그러나 오늘날 수많은 기독교 신자들이 '선교적'이라는 단어를 사용하건 안 하건 선교적 교회를 진지하게 찾고 있다는 사실만큼은 간과할 수 없다.

보수적 기독교 교리를 붙드는 사람들은 대개 다음과 같은 첫 번째 범주에 머문다. "선교적인 것은 곧 전도적인 것이다." 그리고 현재는 두 번째와 세 번째 범주, 즉 "선교적인 것은 성육신적인 것이다", "선교적인 것은 맥락적인 것이다"를 형성하는 사람들이 생겨나기 시작했다. 자유주의와 주류 교단에 속한 이들이 이 두 번째와 세 번째 범주에서 발견되며 이들 중 어떤 사람들은 네 번째 범주에도 끌린다. "선교적인 것은 상호적이며 공동체적인 것이다."[33]

선교에 대한 이 네 가지 흐름에는 매우 실제적이고 중요한 차이점이 있음에도 불구하고 동시에 중요한 공통점이 있다. 다음은 선교에 대한 논의에서 제시된 강조점과 합의 사항을 요약한 것이다.

후기 기독교 시대

첫째, 우리는 후기 기독교 시대 또는 후기 기독교 왕국 시대에 진입했다. 지난 수 세기 동안 서구 사회에서 교회는 특별한 자리를 차지했으나 이제는 더 이상 그렇지 않다. 기독교는 이제 문화의 중심부가 아니라 주변부로 이동했다.

예전에는 교회가 사회 문화 제도의 변화에 많은 영향을 주었고 사람들은 대부분 기독교적 사고방식을 가지고 있었다. 여기서 기독교적 사고방식이란 성경에 대한 존중, 십계명에 대한 충성, 복음서의 윤리적 가르침에 대한 헌신, 인격적인 하나님과 내세, 심판의 날, 도덕적 절대성에 대한 믿음 등을 말한다. 그러나 이제 우리는 이러한 기독교적 신념을 가진 사람들이 사회적 압력과 관행을 뚫고 교회로 발걸음을 향할 것이라 기대할 수가 없다. 이미 시대가 달라진 것이다.

문화의 포로된 교회

선교에 대한 두 번째, 세 번째 범주("선교적인 것은 성육신적인 것이다", "선교적인 것은 맥락적인 것이다")에 있는 사람들은 교회가 문화의 포로로 전락했음을 인정하며 동시에 다원주의 사회의 사람들에게 복음의 메시지를 이해시킬 수 있고 그러기 위해서는 복음을 맥락화할 필요가 있다고 주장한다.

이들은 세속의 사람들은 물론 복음주의 교회의 일부를 물들인 계몽주의적 개인주의에 도전함으로써 문화의 포로로 전락한 기독교를 구출할 수 있다고 말한다. 알렌 록스버그와 스콧 보렌은 다음과 같이 말했다. "근대성으로 말미암아 선교는 자기 표현적이고 자율적인 개인의 자아실현으로 대체되었다."[34]

이 개인주의는 반드시 대면되고 도전받아야 한다. 뉴비긴은 교회가 반드시 인간 이성의 자율성이라는 가면을 벗겨야 한다고 주장한 바 있다. 한편 우리는 문화의 기본적인 이야기 구조가 어떻게 해결될 수 있는지를 '오로지 그리스도 안에서' 보여 주는 것이 상황화라는 점을 기억해야 한다. 우리는 자기 몰입적인 이 문화를 향해 다음과 같이 말해야 한다. "먼저 당신을 잃어야 합니다. 그리스도를 섬기고 남을 섬길 때 당신은 진정으로 당신 자신을 찾게 될 것입니다." 또한 합리주의적인 문화를 향해 이렇게 말해야 한다. "당신은 당신이 원하는 것, 즉 의미, 존엄, 소망, 고유한 성격, 공동 가치, 공동체 등을 가질 수 없습니다. 믿음 없이는 말입니다."

세상의 복으로 파송하다

선교적 교회를 추구하는 모든 사람들은 기독교인의 선교가 단순히 선교 부서의 담당 사역 혹은 훈련된 전문가의 일이 아님을 믿는다. 성경의 하나님은 본질상 보내시는 하나님, 즉 선교하시는 하나님이기 때문이다.[35]

성부는 성자를 보내신다. 성자는 성령을 보내시고 또한 제자들을 세상에 보내신다. 그러므로 모든 교회는 선교 사역 가운데 있으며 모든 그리스도인은 선교 가운데 있다. 하나님이 당신을 불러 복을 주시는 것은 당신을 세상에 보내어 복이 되게 하시기 위함이다(창 12:1-3; 벧전 2:9 참조).

그러므로 그리스도인은 단순히 영적 소비자가 아니다. 자신의 감정적 필요를 채우기 위해서 교회에 오가는 소비자가 아니다. 선교적 교회는 사람들로 하여금 개인적으로 혹은 공동체로서 선교 현장 가운데 있도록 훈련하고 격려해야 한다. 선교적 교회를 논하는 사람들은 하나 같이 교회가 단지 유입하는 곳이어서는 안 된다고 말한다. 또한 교회는 성도들을 훈련

■ 사명적 소그룹이란 무엇인가?

사명적 마음가짐은 교회의 모든 영역에 스며들어야 한다. 예를 들어 사명적 소그룹이 어떤 것인지를 살펴보자. 이것은 어떤 전도 프로그램에 참여한 그룹 이상의 것이다(물론 그것은 좋은 일이다).

오히려 그룹 멤버들은 도시를 사랑하고 긍정적으로 이야기한다. 그들은 종교적 부족 언어나 전문용어로 표현하지 않으며, 경멸적이거나 투쟁적인 언어를 사용하지 않는다. 성경을 공부할 때, 그들은 그들의 문화 속에 살고 있는 사람들의 핵심적인 관심사와 이야기에 복음을 적용한다.

이 그룹은 분명히 주변 문화의 문학, 예술, 사상에 관심을 기울이며 참여한다. 그들은 문화를 이해하면서도 비판적으로 토론할 수 있다. 가난한 사람들에 대한 깊은 관심을 갖고 돈에 대해 인색하지 않으며, 성에 대해 깨끗하고 존경받는 삶을 산다. 타민족과 타문화에 대해 겸손하며 타 교회와 교인들에게도 겸손하다.

하여 세상 속으로 내보내는 사역을 해야 한다고 말한다.

이 관점이 견지하는 한 가지 시사점은, 선교적 교회는 반드시 성도들을 전도적 증거와 공공 생활 및 직업을 위하여 훈련해야 한다는 것이다. 이전 기독교는 성도들에게 단지 기도, 성경 공부, 전도 등 사적인 삶을 위한 기술들을 훈련해도 충분했다. 왜냐하면 성도들이 공적 영역에서 비그리스도인의 가치를 접하는 일이 좀처럼 없었기 때문이다. 그러나 이제 선교적 교회는 모든 성도들이 그리스도인이라는 고유한 정체성을 가지고 행동할 수 있도록 신학적으로 사고하는 법을 가르쳐야 한다. 성도들은 어떤 사회 문화 관습들이 일반 은총을 반영하기에 포용될 수 있는지 또는 복음과 상반되므로 거부되거나 수정되어야 하는지를 배울 필요가 있다.[36]

대조적 공동체

마지막으로 대부분의 선교적 교회 사상가들은 이제 서구 교회가 일반 문화에 대조적인 반문화적 공동체가 되어야 한다는 점에 동의한다. 그리고 그 공동체적 삶의 질과 차별성, 아름다움을 드러내는 것이 선교의 주요 부분이라고 말한다.

예수님께서는 그리스도인들이 서로 사랑하고 그것을 보여주는 것이야말로 하나님께서 그리스도를 보내셨음을 나타내는 것이라고 말씀하셨다 (요 17:20-21). 다시 말해서 선교란, 사람들을 불러 회심시킬 뿐 아니라 그들로 하여금 지역 사회를 섬기고 정의를 행하도록 독려하는 것을 말한다.[37]

이것이 뉴비긴이 말한 균형이다. 자유주의 진영에 있는 교회들은 전도를 가리켜 좀 더 정의로운 사회를 실현해 가는 것으로 재정의하고, 보수주의 진영의 교회들은 전도와 회심에 좀 더 비중을 두어야 한다고 생각하지만, 선교적 교회 사상가들은 그리스도인의 증거가 언어와 실천 모두에서 이루어져야 한다고 본다.

여기에는 도시, 즉 도시의 문화와 사람들을 사랑하는 것도 포함된다. 어떤 교회를 보면 도시를 싫어하거나 도시에 오래 살지 않을 사람들을 모으는 경우가 종종 있다. 이러한 경향은 세속적이고 부도덕한 주변 사회를 경멸하는 보수적 교회들 혹은 이민자들이 모인 교회들에서 나타나곤 하는데, 대개 이런 교회들은 자신이 속한 지역 사회에 무관심하거나 심지어 적대적이기도 하다. 그 결과 지역 사회의 장기 거주민들은 이런 교회에서 환영받지 못한다고 느낀다. 선교적 교회는 도시를 즐거워하고, 보살피고, 도시의 발전과 주민들을 위해 기도해야 한다.

우리가 살펴봐야 할 선교적 교회 공동체의 또 다른 측면은 교회 공동체와 교단을 넘어선 '일치'이다. 기독교 왕국에서는 "모든 사람이 그리스도인"이므로 자신을 뚜렷하게 정의하려면 다른 교회와 비교하며 차별점을 말하는 게 유용한 방법일 수 있다. 그러나 오늘날 교회는 세속 문화의 가치에 연관하여 자신을 정의하는 것이 훨씬 분명한 도움이 된다. 오히려 자기와 다른 종류의 교회를 깎아내리거나 비난하는 데 시간을 쓴다면 우리는 사회로부터 '모든 그리스도인은 관용이 없다'는 비판에 맞닥뜨리게 된다.

교단들 간 협력과 일치를 추구하는 것이 물론 옳지만 지역 사회에서 우리는 다른 회중이나 사역과 서로 협력하고 지원할 수 있어야 한다. 이렇게 하기에는 까다로운 이슈들이 여전히 존재하지만 그럼에도 우리는 협력의 방향으로 가야 한다.

선교적 교회에 관한 논의에서 이러한 지점들은 매우 견고하며 일반적으로 센터처치의 신학적 비전과도 일치한다고 믿는다. 나는 '선교적 교회'의 이러한 핵심 정의가 제대로 이해되는 한 이 용어를 좀 더 폭넓고 자유롭게 사용할 것이다.

그동안 선교적 교회에 대한 추구에 상당한 열매가 있기는 했지만 이런 추구가 언제나 교회에 우호적이거나 효용적이었던 것은 아니다. 여전히 중요하고 다양한 입장들이 선교적 교회에 대한 논의 가운데 존재한다. 다음 장에서는 어떤 사상가들과 실천가들에 의해 생겨난 위험성과 불균형을 다루면서 몇 가지 제안을 하려고 한다.

토론과 성찰을 위한 질문들

1. 이 장의 "'선교적'이라는 단어는 분명히 다양한 의미를 가지고 있으며 여러 저자와 집단과 교회들에 의해서 다른 방식으로 사용되고 있다. 그리하여 선교적이라는 단어가 무엇을 정확하게 의미하는지 많은 혼동이 생겨났다"라는 것에 대해 어떻게 생각하는가? 당신은 선교적이라는 용어를 어떻게 사용했으며 무엇이라고 정의를 내렸는가? 이 장은 '선교적'이라는 개념에 대한 당신의 이해를 어떻게 바꾸었는가?

2. 미시오 데이의 개념은 "하나님은 단지 교회를 선교에 보내시는 것만이 아니라 하나님 자신이 이미 선교를 수행 중이며 교회는 반드시 이에 동참해야 한다"이다. 당신은 무엇이 '하나님의 선교'라고 생각하는가? 또한 그 선교에서 교회가 어떤 역할을 해야 한다고 믿는가? 당신은 하나님의 선교와 교회의 선교를 어떻게 구분하겠는가?

3. "선교적"에 대한 네 가지 개념 중 어떤 것이 당신의 이해와 가까운가? 나머지 세 개의 개념에서는 어떤 점을 동의하기 힘든가?

4. 선교 사명의 개념을 포용하는 사람들은 다음 네 가지를 공통으로 강조한다. 첫째, 서구 사회가 후기 기독교 사회에 진입했음을 인정한다. 둘째, 교회가 문화의 포로가 되었음을 인정한다. 셋째, 다원주의 사회에서 복음이 상황화될 필요가 있음을 공감한다. 넷째, 선교가 모든 그리스도인의 직무임을 긍정한다. 즉 교회는 대조적 공동체가 되도록 부름 받았음을 믿는다.

각각의 고유한 강조점 중에서 이 장에서 설명된 것은 어떤 것들인가? 이들 중 당신은 어떤 강조점에 가장 공감하게 되는가? 당신이 속한 공동체 사람들에게 가장 설득하기 어려운 것은 무엇인가?

주

. Darrell L. Guder, ed., *Missional Church: A Vision for the Sending of the Church in North America* (Grand Rapids: Eerdmans, 1998).

2. Lesslie Newbigin, *The Open Secret: An Introduction to the Theology of Mission*, rev. ed. (Grand Rapids: Eerdmans, 1995), 18.

3. David Bosch, *Transforming Mission: Paradigm Shifts in Theology of Mission* (Maryknoll, N.Y.: Orbis, 1991), 389-390 (the quotes in this paragraph are from these pages).

4. Lesslie Newbigin, *The Open Secret: An Introduction to the Theology of Mission*, rev. ed. (Grand Rapids: Eerdmans, 1995), 18.

5. Harvey Cox, *The Secular City* (New York: Macmillan, 1965), 255.

6. Newbigin, *Open Secret*, 18.

7. 위의 책, 121-123.

8. Lesslie Newbigin, "Ecumenical Amnesia," in *International Bulletin of Missionary Research* 18.1 (January 1994): 2-5, www.newbigin.net/assets/pdf/93reit.pdf (2012년 2월 15일 접속).

9. 《오픈 시크릿》에서 뉴비긴은 "오래된 기독교 국가의 중심에서 위세를 떨치고 있는 이교"에 대해 쓰고 있다(p.8).

10. *The Open Secret* (Grand Rapids: Eerdmans, 1978); *Foolishness to the Greeks* (Grand Rapids: Eerdmans, 1986); *The Gospel in a Pluralist Society* (Grand Rapids: Eerdmans, 1991).

11. Lesslie Newbigin, "Can the West Be Converted?" *International Bulletin of Missionary Research* 11.1 (January 1987): 2-7.

12. Newbigin, "Ecumenical Amnesia," 4-5, www.newbigin.net/assets/pdf/93reit.pdf (2012년 2월 15일 접속).

13. 위의 책.

14. 뉴비긴의 '받아들이는 모든 사람에게 심판과 구속'이라는 표현은 받아들이는 모든 사람이 죄의 확신(심판)과 은혜의 수용을 모두 받아들인다는 의미로 해석될 수도 있다.

15. David Bosch, *Believing in the Future: Toward a Missiology of WesternCulture* (Valley Forge, Pa.: Trinity Press International, 1995), 33.

16. 위의 책, 33-35.

17. 위의 책, 47-53.

18. 위의 책, 56-57.

19. 위의 책, 55-62. 보쉬는 책의 말미에 이러한 많은 요소들을 간략히 열거한다. 그는 생태적 이슈들을 다루는 것과 제3세계 교회의 신학적 통찰과 개인적 체험들을 존경하는 마음으로 주의 깊게 귀 기울이는 것을 포함하고 있다.

20. 데이비드 보쉬(David Bosch)는 자유주의적인 교회와 보수주의적인 교회 모두의 관습뿐만 아니라 교리들, 특히 성경관을 비판한다. 현대성에 의해서 영향을 받았다는 것이다. 예를 들

어 "주체-객체의 (계몽주의적) 이원론'은 분명히 반대 방식으로 성경과 기독교 신앙을 객관화한다. 자유주의자들은 성경 본문보다 자기의 주권을 더 높이 놓고 윤리 규칙들을 추출했다. 반면 근본주의자들은 성경을 숭배 대상으로 만드는 경향이 있어서 본문을 기계적으로 모든 맥락에 적용한다. 특히 '지상명령'에 대한 것이 그렇다"(Transforming Vision, 342).

21. Ross Douthat, *Bad Religion: How We Became a Nation of Heretics*(New York: Free Press, 2012).

22. 이 책은 여러 저자들의 에세이를 모은 수록집이다. 그러므로 동일한 목소리를 언제나 내는 것은 아니다. 뉴비긴 자신은 변혁주의적 수단과 반문화주의적 수단을 결합하여 그의 문화 참여 어젠다를 만들 수 있었지만 《선교적 교회》(Missional Church)의 다른 많은 저자들은 한쪽 또는 다른 쪽 진영에 서 있었다. 이 책의 메시지 및 저자들 간 차이점에 대한 좋은 토론을 위해서는 다음을 참조하라. Craig Van Gelder and Dwight J. Zscheile, *The Missional Church in Perspective: Mapping Trends and Shaping the Conversation* (Grand Rapids: Baker, 2011).

23. 밴 겔더(Van Gelder)와 샤일리(Zscheile)는 이 그룹을 "'발견적 선교적"이라고 불렀다. '선교적'이라는 언어를 사용하여 보다 전통적인 선교 이해를 촉진하려는 이들이었다(71쪽). 즉 이들은 '선교'를 '피조세계를 새롭게 하시는 하나님의 일에 동참하는 것'으로 보기보다 주로 '교회 영토를 확장하는 것'으로 보았다. 이 명칭은 약간 내려다보는 면이 있다. 저자들은 자신들이 그 개념을 여전히 발견하는 중이며 진정으로 이해하는 단계에는 있지 않다고 생각한다. 그들은 프랭크 페이지(Frank Page)를 인용한다. *The Nehemiah Factor* (Birmingham, Ala.: New Hope, 2008). 릭 루소(Rick Rusaw)와 에렉 스완슨(Eric Swanson)이 이 그룹의 예이다(Rick Rusaw and Eric Swanson, *The Externally Focused Church* (Loveland, Colo.: Group, 2004).

24. 이 접근법의 초창기 저작은 마이클 프로스트(Michael Frost)와 알랜 허쉬(Alan Hirsch)가 있다. Michael Frost and Alan Hirsch, *The Shaping of Things to Come: Innovation and Mission for the 21st-Century Church* (Grand Rapids: Baker, 2004). 또한 다음의 데이비드 핏치 (David Fitch)의 Reclaiming the Mission (www.reclaimingthemission.com) 웹사이트를 참조하라. 나는 또한 팀 체스터(Tim Chester)와 스티브 티미스(Steve Timmis)의 책들을 추천한다. Tim Chester and Steve Timmis, *Everyday Church: Mission by Being Good Neighbours* (Nottingham, UK: Inter-Varsity, 2011).

25. H. Richard Niebuhr, "Toward the Independence of the Church," in *The Church Against the World*, ed. H. Richard Niebuhr, Wilhelm Pauck, and Francis P. Miller (Chicago: Willett, 1935), www.religion-online.org/showchapter.asp?title=412&C=194 (2012년 2월 7일 접속).

26. 밴 겔더(Van Gelder)와 샤일리(Zscheile)는 《깊은 교회》의 짐 벨처(Jim Belcher), 댄 캠볼(Dan Kimball) 그리고 나를 여러 사람의 목록에 넣는다. 나는 에드 스테처(Ed Stetzer)를 포함시킨다.

27. 위의 책, 59-60.

28. Alan J. Roxburgh and M. Scott Boren, *Introducing the Missional Church: What It Is, Why It Matters, and How to Become One* (Grand Rapids: Baker, 2009), 93. 밴 겔더와 샤일리는 선교적 신학은 교회를 '호혜성, 상호성, 그리고 개방성'으로 부른다고 말한다 (133쪽). 삼위일체는 비위계적, 상호적 공동체로 볼 수 있으므로, 선교적 교회도 반드시 상호적, 개방적, 그리고 세상과의 역동적인 관계성을 가져야 한다(110쪽).

29. 죄와 구속에 대한 수평적인 재작업을 펼치는 많은 책들 중 하나는 N. T. 라이트(Wright)이다. N. T. Wright, *Evil and the Justice of God* (Downers Grove, Ill.: Inter-Varsity, 2006). 라이트는 말하기를, "악은 반창조적, 반생명적 힘이며 하나님이 선하게 지으신 공간, 시간, 물질, 그리고 무엇보다도 하나님의 형상을 가진 인류를 훼손하고 파괴하려고 하며 반역한다. [그러나]

복음 기록자들이 말하고 있듯 악은 궁극적으로 가장 형편없는 일을 당했다. 바로 예수님이 십자가에서 모든 악을 처리하신 것이다. 예수님은 악의 모든 힘을 짊어지고 그 힘을 소진시키셨다"(89쪽).

30. 다음을 보라. Wright, *Evil and the Justice of God*. "신약 저자들은 악이 최악을 행하고 소진되는 현저한 표지를 기록했다. 예수님은 고초 당하실 때 누구도 저주하지 않으셨다. 그분은 욕설을 받으실 때 누구도 욕하지 않으셨다"(88-89쪽). "예수님의 죽음은 악이 패하고 그 권력이 소멸되게 하는 수단으로 보인다"(136쪽).

31. 밴 겔더(Van Gelder)는 자신을 이 범주에 포함하면서 '사회적 삼위일체'라고 그가 부르는 미시오 데이의 함의를 받아들이지 않는 사상가들을 비판한다. 그는 주장하기를, 하나님이 만물을 구원하시는 상호적 사랑의 공동체라는 사실을 강조하는 것은 '우리가 개별적 그리스도인들을 하나님의 구속 사역의 초점으로 보는 것'을 방지해 주며 '교회의 공동체적 성격과 제자도의 단체적 성격'을 강화해 준다(84쪽).

32. 브라이언 매클라렌(Brian McLaren)과 이머전트(Emergent) 네트워크의 다른 이들이 이 용어를 수용했음에도 불구하고, 알렌 록스버그(Alan Roxburgh)와 스콧 보렌(Scott Boren)은 이머징 교회와 선교적(missional) 교회가 똑같은 것이 아님을 보여 준다(Alan Roxburgh and Scott Boren, *Introducing the Missional Church*, 47-62). 사실 내가 주장하듯이 선교적이라는 용어를 기성 교단/에큐메니칼 사상가들의 미시오 데이 정의에 의존하지 않으면서도 사용할 수 있다. 기성 교단에 치우친 선교적 사상가들의 상당수 저작들에는 (그들은 '상호적 및 공동체적' 그룹이다) 칼 바르트(Karl Barth)의 그림자가 넓게 드리워 있다. 바르트는 선택의 이론을 재작업해서 (그의 관점에서는), 심지어 믿지 않는 사람을 포함해서, 모든 사람이 그리스도 안에서 선택을 받는다. 그리하여 모든 인류가 본질적으로 의인인 동시에 죄인이다. 그러나 바르트의 관점이 어떻게 실제로 목회 현장에서 작동하는지에 대한 많은 논쟁이 있다. 그 관점을 받아들인 많은 사람들은 비그리스도인들을 하나님의 진노 아래 있으며 개인적 화해가 필요한 존재라고 보는 것을 부적절하다고 생각한다. 어떻게 교회 사역의 초점을 개인 회심에 대한 초청에서 공동체 형성과 사회 치유로 변화시킬 수 있는지 살펴보는 것은 어려운 일이 아니다.

33. 특히 보수적인 복음주의자들은 레슬리 뉴비긴(Lesslie Newbigin)과 데이비드 보쉬(David Bosch)의 신학이, 비록 복음주의적이진 않지만, 세계교회협의회를 구성한 많은 교회들의 철저히 세속적인 철학에 대한 반작용과 비판이라고 인정할 필요가 있다는 점을 기억해야 한다.

34. Roxburgh, *Introducing the Missional Church*, 59.

35. 다음을 보라. John R. W. Stott, "The Living God Is a Missionary God," in *You Can Tell the World*, ed. James E. Berney (Downers Grove, Ill.: Inter-Varsity, 1979), 3-9, www.963missions.com/Stott_TheLivingGod.pdf (first presented at the 1976 Urbana Student Missions Convention).

36. 5부(문화 참여)와 7부(통합적 사역)에서 이 주제를 더 다루었다. 또한 6부 3장(선교적 삶을 위해 성도들을 구비하기)에서 제시하는 부분을 참조하라.

37. 보수 신학으로 기우는 사람은 아마 (나처럼) (제도적) 교회의 선교는 전도하고 제자를 삼는 것이지만, 개인적인 그리스도인들은 가난한 사람들 및 공공선에 대한 헌신적인 봉사에 힘써야 한다고 생각할 것이다.

02

선교 중심 교회로
발돋움하라

선교적 교회(Missional Church)의 공통 근거들을 확인하는 것은 분명 유익하고 가치 있는 작업이지만 다양한 정의와 관점들 간 간극이 굉장히 크다는 점을 기억해야 한다. 그리고 '선교적 삶'이 어떤 것이냐에 대해서도 다양한 의견들이 있다.

선교적 교회에 대한 대화에 참여한 모든 사람들은 다른 사람들이 중대한 실수를 하고 있다고 결론을 짓는다. 나 역시도 같은 의견이다.

선교적 교회에 대한 논의들을 관찰하고 이를 실천하며 검증해 가면서 내가 가지는 주된 관심은 6부 1장 말미에 정리한 핵심 통찰들에 선교적 교회 담론들이 접근하는 방식에 대한 것이다. 센터처치의 방향성을 가지고 사역을 개발하려면 우리는 그런 문제들을 분별하며 피하는 법을 반드시 배워야 한다.

문제 #1: 충분히 포괄적이지 않다

첫째, 선교적 교회를 단지 전도하는 교회라고 보는 대화 흐름에 대하여 조사한다. 이 흐름에 있는 교회들은 '선교적'이라는 용어를 사용하는 데 있어서 상당히 철저하고 빈번하고 강도 높은 전도의 성격을 의미한다. 또한 반드시 개인의 회심을 강조한다.

그런데 복음주의적 제시는 너무 얄팍하다. 흔히 우리가 하나님께 죄를 지었다는 것과 그 죄를 위해 구세주가 돌아가셨고 그 구세주를 믿어야 한다는 점을 이야기한다. 이 단순한 소통법은 듣는 이들이 하나님과 죄에 대해서 전달자와 동일한 본질적 이해를 가지고 있음을 가정한다.

그러나 점점 더 많은 비그리스도인들이 인생에 대한 전혀 다른 관점을 갖고 살아서 방금 말한 것의 상당 부분을 이해하지 못하며 심지어는 그런 이야기에 분노하게 된다면 어떻게 할 것인가?

만일 사람들이 하나님, 진리, 옳고 그름, 자유, 덕, 죄에 대해 전혀 다른 이해를 갖고 있다면 어떻게 할 것인가? 만일 그들이 실재, 인간 본성, 운명, 공동체에 대해서 그리스도인과 전적으로 다른 관점을 가진다면 어떻게 하겠는가?

이는 수십 년 동안 세상의 많은 지역에서 교회들이 마주해 온 현실이었다. 인도, 이란, 일본과 같은 곳에서 말이다. 이러한 환경에서 전도는 긴 과정을 수반하는데, 비그리스도인이 교회 공동체에 초대되어야만 한다.

이때 교회는 기독교의 진리와 주변 문화 사이의 간격에 다리 역할을 한다. 교회는 교회를 둘러싼 문화권으로부터 비그리스도인들이 올 것을 반드시 염두에 두고 예배, 공동체 생활, 공적 대화, 설교, 교육 등을 행해야 한다.

예배의 미학은 문화의 감수성을 반영해야 하며 그리스도인의 신앙이 어떻게 삶을 바꾸는지가 예배를 통해 표현되어야 한다. 설교와 가르침은 이 문화 사람들의 열망이 어떻게 오로지 그리스도 안에서 이루어질 수 있는지 보여주어야 한다.

대부분 그런 교회의 신자들은 주변 지역 사회의 인구적 구성을 반영해야 한다. 그래서 주변 비그리스도인들에게 매력적이고도 도전적인 그리스도인의 일면을 보일 수 있어야 한다.

미국의 많은 복음주의 교회들이 유럽이나 캐나다의 개신 교회들과 달리 급격한 쇠퇴를 경험하지 않은 이유는 여전히 상당수의 기독교 왕국 유민이 남아 있기 때문이다.

미국에는 (비록 공식적이지는 않지만) 비기독교적인 신념과 행동에 낙인을 찍는 공공 문화가 여전히 존재한다.

언론인 마이클 월프에 의하면, "미국에는 문화, 정치, 경제에 걸쳐 근본적인 분열이 존재한다. 즉 급속한 성장, 경제의 활성화, 도덕적 상대주의, 도시 지향성, 모험적인 문화, 성과 윤리의 다양성 추구 등으로 특징 지워지는 미국이 있고, 한편으로는 작은 도시, 핵가족, 종교 지향성, 백인 중심, 문화와 경제적 약화 등으로 특징 지워지는 미국이 있다."[1]

서구에서 점점 확장되고 있는 후기 기독교 왕국을 품으려면 교회는 통상적으로 '전도적'이라 불리는 것 이상의 무언가가 필요하다. 즉 선교적 교회가 되어야 하는 것이다. 선교적 교회란 그 지역에 사는 비신자들이 와도 이해할 수 있는 예배를 드릴 수 있을 때 선교적이라 할 수 있다. 이는 교회가 복음으로 그리스도인들을 도전하고 변화시키면서 이루어야 한다.[2]

교회는 교인들이 그들의 초점을 외부로 향하고 지역 사회의 필요에 의해 접근할 때 선교적이 된다. 선교적 교회의 신자들은 복음을 어떻게 맥락화해야 할지 알아야 하며, 주변 사회 문화의 이야기들을 주의 깊게 듣고 새로움에 도전하면서 그들의 마음을 움직일 수 있어야 한다.[3]

마지막으로 선교적 교회에는 성품과 매력적인 삶으로 교회 공동체로 끌어들여 그 안에서 기독교 신앙을 배양하고 탐사하도록 하는 교인들이 항상 있어야 한다.

"선교적 교회는 전도적인 것이다"라는 생각은 너무 협소한 것이다. 선교적 교회는 전도적인 성격을 넘어서는, 훨씬 그 이상의 교회이다.

문제 #2: 특정 형태에 너무 매여 있다

두 번째 주요 문제는 너무나도 많은 강조점이 특정한 교회 형태에 주어지는 것이다. 선교적 교회에 대한 토론에 참여하는 많은 이들은 교회가 유입적이지(attractional) 않고, 성육신적이어야(incarnational) 한다고 고집한다.[4]

폭넓은 원리로 보자면 맞는 말이다. 즉 유입적이라는 말이 '지역사회에 관심이 없고 그저 사람들을 끌어 모아 교회 내부 프로그램에 집중하게 만들고 그들의 필요를 채우는 일에만 힘을 쏟는 것 또는 교인들에게 교회 밖으로 나가 섬기라고 독려하지 않는 것'을 의미한다면 선교적 교회는 유입적이어서는 안 된다.[5]

만일 성육신적이라는 말이 '지역 사회의 필요에 귀를 기울이고 지역 주민들을 존중하는 마음으로 그들과 상호작용하며, 교인들을 세상 사람들에게 보내 그들을 사랑하고 섬기도록 훈련하는 것'을 의미한다면 모든 선교적 교회는 성육신적이어야 한다.

그런데 많은 이들은 어떤 교회든지 사람들을 주일 예배에 많이 참여하도록 집중하는 교회라면 선교적일 수 없다고 주장한다. '포도나무 가지의 삶'이라는 선교적 공동체의 목사인 데이비드 핏치는 대형 교회에 대해서 다음과 같이 쓰고 있다.

> 대형 교회는 익명의 손님들이 이해할 수 있다고 간주하는 메시지를 박스에 담아 예배한다. 그러나 선교적은 그 반대이다. 즉 "예수는 주"라는 메시지를 이해할 수 있는 언어나 역사를 가지고 있지 않은 사람들을 대상으로 하는 것이다. 그러므로 우리는 이러한 사람들에게 복음을 이해시키기 위해 성육신적이 되어야 하고 복음의 메시지를 구체화해야 한다. 기성화된 대중 설교자와 프로그램으로는 후기 기독교 왕국에서 복음을 소통하는 직무를 담당할 수 없다.[6]

핏치는 후기 기독교 사회의 비그리스도인들이 복음을 전혀 이해하지 못하기 때문에 어떤 언어적 표현으로도 그들을 설득하거나 이해시키기는 어렵다고 주장한다. 또한 주말 예배에만 초점을 맞추는 교회가 선교적이 되기 위해서는 너무 많은 시간과 비용이 필연적으로 든다고 말한다.

핏치에게 '선교적'이라 함은 '시간과 사역의 대부분을 교회 건물 바깥에서 보내는 것이요, 이웃들 가운데 거주하면서 그들이 누구이며 무엇을 하며 그들의 영적 필요가 무엇인지 파악하는 것이다. 이러한 리듬은 유입적 교회의 리듬과 모순된다."[7]

많은 사람들이 핏치처럼 선교적 교회는 대형 교회의 형태가 될 수 없다거나, 심지어 매주 예배와 설교에 중심을 둔 전통적인 작은 교회도 될 수 없다고 주장한다. 이러한 관점을 고수하는 사람들은 이중직을 가진 목사나 지도자들이 있는 작은 가정 교회(10-50명)를 조직하거나 중간 규모의 가정교회들 연합체를 이루어서 보다 큰 '유입적' 모임을 만들곤 한다.

마이클 프로스트와 알랜 허쉬는 이러한 모델에 대해 다음과 같이 말한다.

> 우리가 발견할 수 있었던 대부분의 이머징 교회들은 제법 의도적으로 작은 공동체를 만들려고 한다. 이것은 또한 신약의 교회 모습과 선교 관습에 더 근접한다. 가정 교회 단위는 신약성경에서 가장 주된 선교적 공동체 단위였다.
>
> 오늘날 현대적 가정 교회 운동처럼 모임의 장소는 상관이 없다. 중요한 것은 그들이 보다 작고, 보다 다양하고, 덜 조직적이고, 생활 중심적이고, 선교적이고, 관계적인 믿음의 공동체이며 그들의 특화된 교회 건물을 필요로 하지 않는다는 것이다.[9]

나는 이들의 관점이 선교적 교회에 대해 너무도 융통성 없는 견해라고 생각한다. 나는 과거에 10년 동안 소규모 노동자 계층 마을에서 작은 교회를 목회했다. 나의 교회는 가정 교회들이 의도적으로 만들려고 하는 그런 종류의 특성을 가진 교회였다.

선교적 공동체들은 자녀들, 손주들, 친척들, 사업 동료들, 그리고 이웃이 있는 확대 대가족을 의미하는 오이코스를 재창조하려고 한다. 이는 신약시대 대부분 교회들의 모습이었다. 그리고 사역은 비공식적, 관계적, 유기적이어야 한다고 주장한다.[10]

그러나 선교적 공동체로 모여든 중간 규모의 그룹들이 진정으로 오이코스는 아니다. 그들은 작은 마을 사람들처럼 혈연으로 연결되어 있거나 같은 직장 혹은 공장에서 일하는 것도 아니고 같은 학교 출신, 같은 모임이나 조직 소속인 것도 아니다.

당시 내가 목회했던 교회의 교인들은 지리적 이웃을 알기 위해 딱히 어

■ 선교적 공동체(Missional Communities)

선교적 교회를 만들기 위한 실제적인 자원들은 마이크 브린의 《선교적 공동체로 출범하기: 필드 가이드》[8]에 잘 나와 있다. 선교적 공동체의 핵심 특성으로는 다음이 포함된다.

- 규모: 선교적 공동체는 일반적인 소그룹 규모인 6-12명보다 크다. 소그룹은 내부에 초점이 맞춰져 있는 경향이 있고 대개는 장기간 지속되지 않는다. 오히려 20-50명으로 구성된 확대 대가족의 모습을 닮았다. 이런 규모의 모임은 "도전할 수 있을 정도로 충분히 크고, 돌볼 수 있을 정도로 충분히 작다."
- 초점: 이런 공동체는 보통 교제와 상호 부조를 위해서 모이며 또한 특정 이웃이나 사람들을 섬기고 돕기 위해서 모인다. 《사명적 공동체로 출범하기》에 나오는 예들로는, 슬로바키아 집시 민족을 섬기는 것, 소말리아 난민을 돕는 것, 가난한 이웃, 젊은 부모, 이란 사람들(무슬림을 포함함), 그리고 십대 부모들을 돕는 것이 포함된다.
- 무게 중심: 교회 형태에서 무게 중심은 중규모 선교적 공동체이며 대규모의 주말 예배 모임이 아니다. 소그룹은 선택이다. 대규모 예배 모임은 가끔이거나 전혀 없기도 하다. 브린은 선교적 공동체들이 설교와 경축을 위해서 일요일 대규모 예배 모임으로 한 달에 한 번 내지 세 번 정도 함께 모이는 것을 추천한다.

떤 방법을 강구할 필요가 없었다. 이미 서로 깊이 연결되어 있었기 때문이다. 모든 교인들이 근접한 거리 안에서 살았으며 먼 지역으로 이사 나가는 일은 드물었다. 우리는 함께 먹고, 서로의 집에서 많은 시간을 보내는 등 주일 예배 외에도 서로의 삶에 깊이 참여하고 있었다.

이런 지속적이고 다원적인 관계성 때문에 전도와 목회적 돌봄, 교제, 공동체 봉사가 유기적인 관계성을 통해서 일어났다. 요컨대 작은 마을에 있는 작은 교회들은 일반적으로 교회들끼리 그리고 주변 공동체들과 이런 종류의 관계성, 즉 선교적 교회가 구축하고자 노력하는 그런 관계성을 갖고 있다.

이후 나는 지난 20년 동안 맨해튼에서 대형 교회를 담당했다. 매우 큰 이동성과 순환률 속에서 교인들의 세상을 배우고, 사역하고, 주로 대규모 프로그램을 통해서 사람들을 보살폈다. 내가 내린 결론은 무엇인가?

두 교회가 모두 선교적 결실을 맺었다는 것이다. 대개 전통적인 회집형 교회들은 담 안으로 사람들을 끌어 담는 경향이 있고, 교인들로 하여금 그들의 관계망 속으로 들어가서 사역하도록 한다.

경험상, 특히 두 번째 교회에서의 초반 10년을 되돌아보면 도시의 대형 교회가 지방의 작은 교회보다 훨씬 효과적으로 전도할 수 있었던 것 같다.

그러나 최종적 분석을 한다면 교회의 형태나 규모가 본질적으로 성령의 열매를 맺고, 불신자를 전도하고, 사람들을 보살피고, 그리스도를 본받은 삶을 살도록 독려하는 등의 사역 성과를 결정해 준다고 믿지 않는다.

여기서 최종 분석이라고 말한 것은 교회에 대한 각각의 접근법들이 - 소규모이고, 유기적이고, 단순히 성육신적인 교회든지, 대규모이고 조직적이고 복합적인 유입적 교회든지 간에 - 크게 다른 강점과 약점, 한계와 가능성을 가지기 때문이다.

알렌 록스버그는 컨설턴트로 직무를 수행하면서 사람들이 첫 번째로 묻는 질문이 다음과 같다고 말한다. "무엇이 선교적 교회의 모델인지 보여 줄 수 있습니까?"[11]

그들은 교회를 부흥시키는 특정한 방식을 원한다. 구체적인 패턴이 있어서 모방할 수 있기를 원한다. 그러나 알렌 록스버그는 이런 질문에 답하기를 거부한다. 우리도 그래야 한다. 앞에서 살펴본, 효과적인 선교적 교회의 특성들의 개요를 다시 한 번 살펴보라.

이 특징들은 교회들에 있기도 하고 없기도 한 것들이다. 어떤 종류의 교회든지 다양한 방법으로 이런 특징들을 수용하거나 거부할 수 있다. 모든 종류가 번영하며 동시에 모든 종류가 실패한다. 그러므로 "선교적 교회는 작은 가정교회다"라는 생각은 매우 단순한 견해이다.

문제 #3: 복음에 대한 분명한 이해의 결여

세 번째는 선교적 교회를 설명하는 모든 책이 복음에 대하여 끊임없이 말하지만, '복음'이라는 단어를 같은 의미로 사용하지 않는다는 것이다.

이것은 매우 심각하고 중요한 문제이다. 이것은 선교적인 것을 주로 공동체적-상호적 용어로 이해하는 이들에게 더욱 그러하다(물론 다른 범주에서도 또한 발생하지만 말이다). 그리스도 안에서 하나님이 구속하시는 사역의 최종 결과는 완전히 새로워진 우주일 것이다. 아마 새 하늘과 새 땅이다.

그러므로 우리가 말할 수 있는 것은 하나님이 오셔서 하시는 것은 단지 영혼을 용서하고 구원하시는 것뿐만 아니라 죄로 인해 망가진 피조 세계를 회복하시는 것이다. 그런데 어떤 이들은 하나님의 구원의 측면을 강조한 나머지 개인 회심에 대한 모든 관심을 사실상 제외해버렸다. 그들의 관점에서, 죄는 주로 공동체와 하나님의 피조 세계를 파괴하는 이기심, 교만, 탐욕, 그리고 폭력을 의미한다.

따라서 그리스도의 구속은 이 세상에서 해를 일으키는 죄악의 힘을 패퇴시키는 것이 된다. 그리고 성령께서 구속을 적용하시는 범주는 주로 관계의 벽을 무너뜨리고 인간 사회를 공유, 평등, 상호성을 가지고 움직이는 것이다. 마지막으로, 그리스도인이 된다는 것은 회개와 믿음을 통해서 하나님과 화목하는 것에 관한 것이 아니라, 세상에 평화와 정의를 가져오기 위해 일하는 공동체에 참여하는 것이다.

죄에 대한 고전적 교리들은 하나님의 의로운 진노를 일으키는 바 하나님의 거룩에 대한 침범이라든지, 그리스도께서 하나님의 진노를 대속하기 위해 우리의 형벌을 대속적으로 받으신 것이라든지, 우리의 죄가 예수님의 십자가 위에 놓이고 그분의 의로우심으로 주어지는 "위대한 교환"이라든지 하는 것이 지나치게 개인주의적이라면서 거부당한다. 이러한 것들이 교회가 선교적이 되지 못한 중요한 이유로 치부된다.

물론 이 책에서 여러 번 살펴보았듯, 죄는 우리의 공동체적 삶에 대단히 파괴적인 영향을 미쳤고, 그리스도의 구속은 궁극적으로 피조 세계를

■ 구원의 개념에 대한 재작업

우리가 구원 개념을 공동체적 용어로 재작업하는 것에 대한 모든 신학적 전제들을 풀어헤칠 수는 없지만, 한 가지 전제는 하나님 나라에 대한 일차원적 관점이다. 게할더스 보스에 의하면, 하나님의 나라는 '하나님의 구원 은혜의 영역'이다. 이는 개인이 거듭남을 통해 들어갈 수 있는 것이다.

예수님의 완성된 사역 (우리의 사역이 아닌) 안에서 믿음으로 의롭게 된다는 교리는 왕국이라는 주제로 이어질 수 있다. 예수님은 '구원의 왕'이시다. 그분은 구원을 완전하게 성취하셨고 거기에 우리는 아무것도 기여하지 않는다. 그리고 보스는 하나님 나라는 의와 정의, 축복의 영역이라고 설명한다. 이는 사회의 미래적 차원이다.

오늘날 많은 사람들은 나라의 사회적 측면에 모든 강조점을 둔다. 이는 구원의 개념과 그리스도의 전가된 의를 대립시키는 시도이다. 또 다른 전제는 사회적 삼위일체에 대한 강조이다. 이는 하나님의 일체성보다 삼위성을 훨씬 강조하면서 그의 거룩함보다는 비위계적이고 사랑하는 공동체성을 강조한다.[12]

마지막으로 구원의 개념을 재정의하는 사람들은 종종 바르트의 인간 이해, 곧 모든 인간은 그리스도 안에서 선택 되었으므로 하나님의 법적 진노 아래 있지 않다는 하부 신념을 받아들인다.

회복할 것이다. 그러나 죄와 속죄에 관한 전통적 교리가 폐기될 때, 그 공동체적 차원은 사실상 개인의 회개와 믿음과 회심에 대한 명령을 제거하게 된다.

물론, 이 범주의 저자들은 지속적으로 개인과 공동체의 구속에 대해서 이야기하는 것을 인정해야 한다. 그들은 "개인" 구원 뿐만 아니라 "개인 구원 이상으로" 등의 표현을 사용해서 그들이 전통적인 전도를 부인하거나 바꾸려는 것이 아님을 표현한다.

그러나 뒤돌아볼 때 구원, 사명, 그리스도인의 삶의 개인적 국면과 공동체적 국면이 대립적으로 진술되면서, 개인적 측면은 거의 제거되었음을 발견할 수 있다. 이러한 교리적 전환은 지역 교회의 사명에 대해서 매우 다른 관점으로 귀결된다.

2부 2장에서 언급했듯, 영역 주권의 개념을 사용한다면, 조직 교회의 주된 역할은 사람들을 전도하고 훈련하여 제자가 되게 하고, 그들을 "유기적 교회"로서 파송하여 -세상에서 직업 가운데 일하는 그리스도인들로- 문화에 참여하고, 정의를 시행하고, 하나님의 평화를 회복하게 하는 것이다. 선교적 교회의 많은 주장들에서, 이러한 구분은 사실상 사라졌다.[13]

가장 중요한 것은, 죄와 구원에 관한 공동체적인 이 정의는 결과적으로 매우 다른 전도 방식에 도달한다는 점이다.

예를 들어보자. 죄와 구속을 이렇게 (개인적이고 수직적이기보다는 공동체적이고 수평적으로) 재구성하는 것은 이머징 교회의 선구자인 디이터 잰더의 대중적인 표현에 의해 만들어졌다.

그는 "이상한 복음에 납치되다"는 글에서 그가 어릴 때 어떻게 이모와 복음에 대하여 나누었는지를 이야기한다.

그녀는 이렇게 말했다. "네가 거짓말한다면 너는 죄를 짓고 있는 것이야. 네가 만일 오늘 죄 용서를 받지 못하고 죽는다면 너는 지옥에 갈 거야."

그날 밤 잰더는 예수님께 모든 죄를 용서해 주시고 삶에 들어오시도록 요청했다. 그리고는 영생을 확신하면서 잠자리에 들었다.

어른이 되어 샌프란시스코로 이주한 후, 잰더는 기독교에 대해 이웃의 유대인과 이야기하려고 했다. 그가 나눈 것은 본질상 어릴 때부터 복음에 대해 알았던 것이었다. "하나님은 인간을 사랑하세요. 그러나 인간은 모두 죄를 지었어요. 하나님은 예수님을 보내셔서 죄를 대신 갚게 하셨어요. 만일 우리가 예수님의 지불을 신뢰한다면, 하나님은 우리의 죄를 용서하시고 영생을 주실 겁니다."

그러나 그는 말하면서, 그 복음 제시가 효과가 없음을 발견했을 뿐만 아니라, 자신에 대해 생각하게 되었다, "내가 전한 복음은 전혀 좋은 뉴스처럼 들리지 않아."

그는 성경으로 돌아가서 예수님의 복음 핵심은 "하나님의 나라"임을 알게 되었다. 이것의 의미는 무엇인가? "다른 종류의 삶이 도착했는데, 이는 현존하고 전능하신 하나님의 통치 아래에(누가복음 4장에 나오는 또 다른 버전의 복음에 따르면) 의도적으로 만물을 회복하고, 치유하고, 구속하고, 화해시키는 것이다."

이제 잰더는 미시오 데이(Missio Dei)의 기본 윤곽을 따르고 있다. 하나님의 나라를 "다른 종류의 삶"이며 만물의 회복이라고 보는 새로운 이해와 함께, 잰더는 복음 제시를 재고했고 유대인 친구를 다시 만났다.

나는 더 이상 그리스도인이 되는 것이 죄 용서를 받는 문제만은 아니라고 믿게 되었다. 예수님께서 선언한 좋은 소식은 우리가 하나님과 함께 우리의 삶을 살 수 있다는 것이다. 이것은 인간적으로 가능한 최고의 삶이다. 이제 더 이상 우리는 인생을 혼자 살 필요가 없다. 자기 자신을 돌보면서, 필요한 것을 가지지 못할까봐 두려워하면서, 바꿀 수 없는 삶의 모습들 때문에 겁먹거나 흔들리면서, 전부를 이해할 수 있는 누군가 또는 무엇이 혹시 있을까 궁금해 하면서 혼자 살 필요가 없는 것이다.

예수님의 메시지는 단순히 "돌아서서 하나님과 함께 하는 삶 속으로 들어오라. 내가 살았던 삶이며 너희가 나와 함께 살기를 원하는 삶으로 들어오라"는 것이다.

우리가 예수님의 초청을 받아들일 때, 그분이 말하는 것이 진리임을 믿을 때, 삶을 다해서 따를 때, 우리는 과거의 죄와 미래의 두려움으로부터 자유를 경험하며, 현재 삶의 만족과 기쁨, 사랑과 능력을 경험한다.[14]

잰더는 그의 유대인 이웃이 이번에는 더 긍정적으로 반응했다고 보고한다. 그는 글의 결론을 맺으면서 우리는 반드시 "예수님께서 우리에게 주신 메시지를 갖고 사람들에게 가야 한다. "하나님과 함께 사는 삶을 제공하고 이 세상에서 그분이 하시는 일에 동역자가 되도록 초청하는 것이다"라고 말한다.

이 글은 미시오 데이 개념이 복음을 나눌 때 구체적으로 어떻게 영향을 미칠 수 있는지를 생생하게 보여 준다. 잰더가 어린 시절에 들은 복음은 이상한 복음(alien gospel)이라고 했으므로 AG라고 부르자.

첫째, AG는 죄의 개념이 극도로 얇다. 죄는 단순히 규칙을 어기는 것으로 여겨지고 있으며, 여기에 대해 죄 용서가 필요하다고 한다. 죄가 자기 구원 및 우상숭배를 향하여 마음 깊이 들어있는 것이라는 어떤 암시도 없다. 죄에 대한 AG의 설명은 너무나 얇막한 나머지 죄가 하나님께 심각하게 부당하고, 잘못이고, 모욕적인 것이라는 것을 듣는 이에게 가르치지 않는다.

또한 그들의 삶에 심각하게 파괴적이라는 것도 전달하지 못한다. 대신에, "규칙을 어기는 죄의 관점"은 듣는 이로 하여금 그들의 유일한 문제가 죄에 대한 법적 결과를 신적 법률 집행자 앞에서 마주해야 하는 것이라고 생각하게 한다. 이 복음 제시에서 어떤 것도 죄가 내재적으로 잘못되었으며, 혐오스러우며, 파괴적이며, 그 자체로 부끄러운 것이라는 것을 보여 주지 못한다.

죄에 대해 이렇게 얄팍한 견해의 결과, AG는 은혜와 공로 사이의 고전적인 복음의 차이점을 제대로 설명하지 못한다. 그리스도의 구원의 공로에 대한 믿음과 우리 스스로의 구원의 공로 사이를 명확하게 보이지 못한다.

AG를 듣는 일반적인 청자는 그들이 구원되었다고 볼 것이다. 그것은 예수님께서 십자가에서 죽으셨기 때문이 아니라, 그들이 진심으로 하나님께 순복하고 자비를 간청하고 더 나은 삶을 살기로 결심하기 때문이다.

본질적으로, 그들은 자신들의 (세속적이거나 신앙적인) 정신적 노력에 대한 믿음으로부터 그리스도의 구원하시는 공로에 대한 믿음과 안식으로 옮겨 가지 않는 것이다.

오히려, 그들은 나쁜 삶을 사는 것에서 나은 삶을 사는 것으로 옮겨올 뿐이다. 그들의 죄는 용서되었고, 하나님은 그들을 용납하시는데 그것은 그들이 이제 예수님을 위해서 살기 때문이라는 것이다. 예수님이 그들을 위해 사셨기 때문이 아니라.

우리가 잰더의 복음 재고찰을 살펴볼 때 -이제 우리는 이것을 KG(kingdom gospel, 하나님 나라 복음)이라고 부르자- 이 패턴이 결코 바뀌지 않았음을 발견하게 된다.

첫째, 십자가에 대한 언급이 없다. 왜 예수님께서 죽으셔야 했는가에 대한 이유가 없다. 사실상 예수님의 구원 사역에 대한 언급 자체가 없다. 대속자로서의 예수님에 강조점이 있는 것이 아니라, 용기와 사랑의 특별한 삶을 산 모델로서의 예수님에 있다.

둘째, 죄 용서와 능력을 받기 위해서 우리는 그가 말하는 것이 진리임을 믿으며 온 삶을 다해서 그를 따라야만 한다. 그리스도의 구원 사역을 믿고 그 안에서 살도록 초청받는 것이 아니라, 한 방향의 삶을 멈추고 다른 방향의 삶을 살도록 초청을 하는 것이다.

젠더의 복음 제시를 듣는 청자들은 그들이 AG를 들었을 때 동일한 결론을 쉽사리 내릴 수 있었다. "만일 내가 바르게 산다면, 나는 용서와 용납을 받을 것이다."

결국 AG와 KG는 많이 다르지 않다. 둘 다 예수님이 당신의 죄를 위해 죽었다고 말하지 않는다. 당신이 용서를 받아야 한다고 말하지 않는다. 지금까지는 그래도 괜찮다. 그러나 두 메시지는 죄의 모욕성, 깊이, 파괴성을 제시하지 못한다. 그러므로 복음의 검의 '날카로움'을 놓친다. 은혜와 공로 사이의 차이점 즉, 당신의 구주이신 예수님을 가슴에 안는 것과 단지 당신의 구주가 되도록 그분을 이용하는 것 사이의 차이점을 놓친다.

책의 앞부분에서 상세히 살펴본 바와 같이, 삶을 변화시키는 능력을 창조하는 것은 이 차이점을 이해하고 적용하는 데 있다. 하나님에 의해 용납되었다는 것을 믿는 사람들은 그 이유가 전통적인 도덕적이고 정숙하고 착한 삶을 살기 때문이라고 믿거나 세상의 필요를 섬기기 위한 희생적인 삶을 살기 때문이라고 믿든지 상관없이, 동일하게 불안정하고, 비판을 받아들일 수 없다. 또한 '제대로 살지 않는' 사람들을 경멸하고, 하나님의 사랑을 확신하지 못하고, 그리스도 안에 있는 그들의 신분을 확신하지 못한다.

양자 모두 본질적으로 공로 의에 노예로 예속되어 있다. 전통적, 보수적, 도덕적 형태이거나 문화적으로 진보적, 정의 지향적, 왕국 회복적이든지 상관 없이 나타난다.

디이터 젠더가 말한 것처럼 복음을 묘사하는 복음주의자들은 대부분 질문을 받을 경우, 전통적 의미의 이신칭의에 대한 신앙을 고백한다. 그러나 다른 많은 사람들은 -복음주의 전통 바깥에 있는 선교적 교회의 지지자들- 전통적인 관점의 칭의와 대속적 속죄 관점을 거부했다.

많은 이들은 말하기를, 하나님의 진노와 칭의의 필요성에 대해 말하는 것은 오늘날 통하지 않는다고 주장한다. 탈현대주의 사람들은 은혜로 의롭게 되는 교리를 설득력 있게 받아들이지 않기 때문이라는 것이다.

왜냐하면 사람들의 생각에 하나님은 어떤 속죄나 급진적 은혜 없이도 있는 모습 그대로 자신을 받아들이는 분이라고 생각한다는 것이다. KG제시에서, 사람들은 하나님과 화목하도록 요구를 받는 것이 아니라, 두려움의 삶과 자기 함몰의 삶에서 벗어나서 하나님을 의존하며 타인을 섬기는 삶을 살도록 요구받는다.

하나님은 당신과 아무런 문제를 발견하지 못하는 것 같은 인상을 받게 된다. 단지 하나님의 운동에 참여하지 못함으로써 자신을 부당하게 대우했을 뿐이라는 것이다. 당신과 하나님 사이에 허물어야 할 진정한 담은 없다. 그분의 사역에 동참하기를 꺼리는 것이 문제일 뿐이다.

이 접근법이 AG와 본질적으로 어떤 점에서 다른지를 살펴려고 애를 썼다. 후자는 구원을 전형적인 "공로에 의한 구원"으로 이해한다. 이것은 다른 종류의 공로에 의한 구원이다. 구원에 대한 전적으로 다른 정의를 부여한 것인데, 그것은 은혜에 의해서가 아니라 '공로'에 의한 것으로 이루어진다.

죄에 대한 이러한 이해는 자연적으로 다른 종류의 회심으로 귀결된다. 전통적인 개신교는 회심을 단순히 새로운 집합의 가치관을 받아들이는 것 이상으로 보았다. 그것은 내적 정체성에 있어서 급진적인 변화이다. 당신의 삶을 움직이는 동기가 감사한 경이에 뿌리 박혀서 나를 사랑하신 그분을 사랑하는 것이다. 두려움과 자만의 오래된 동기부여는 하나님의 급진적인 은혜에 의해서 휩쓸려간다.

그러나 이 모든 것은 왕국 제시에서 들리지 않는다. 사람이 KG 복음을 들을 때, 예수님께 순복하며 하나님 나라에 참여하도록 부름을 받을 때, 어떻게 그가 찰스 웨슬리의 감격스러운 찬송가 "놀라워라 주 사랑이"의 후렴구를 부를 수 있겠는가?

내 사슬은 끊어졌고, 내 마음은 자유하다.

나는 일어나 앞으로 나아가며 주님을 따른다.

사슬은 무엇인가? 구체적으로 무엇으로부터 자유로워졌는가? 성경적인 복음은 사람들에게 하나님의 거룩하심에 비추어 자신의 위험을 보게한다. 또한 동시에 예수님의 희생이 얼마나 값비싸고 놀라운 것인지를 깨닫게 한다.

예수님께서 우리가 받아야 하는 죄의 형벌을 친히 받으셨다. 만일 복음제시에서 이 십자가의 메시지를 약화시킨다면 우리를 구원하러 오신 예수님의 놀라운 사랑 앞에 경탄할 감각을 약화시키는 것이다.

D. A. 카슨은 레슬리 뉴비긴, 데이비드 보쉬, 그리고 대럴 구더의 관점들과 많은 유사점을 공유하는 저자들에 대한 상세한 글에서 다음과 같이 쓰고 있다.

> 우리는 어떻게 하나님께서 하나님 나라를 발전시키시는지 "이야기"가 인류를 구원하시고 피조 세계를 완성하시는 용어로, 또는 어둠의 권세를 패배시키시는 용어로 반복적으로 제시됨을 보았다. 한 순간이라도 이 주제들을 축소하거나 최소화하고 싶지 않다. 그러나 무엇으로부터 인류는 구원을 받는 것인가? 그들의 죄가 맞다. 어둠의 권세도 맞다. 그러나 가장 놀라운 것은 하나님의 진노에 대한 언급 자체가 전적으로 부재한 것이다. 이것은 사소하게 생략할 수 없다.

성경의 이야기마다 하나님의 형상을 가진 이들이 하나님의 의로운 진노를 끌어들이는 장면이 나온다. 모든 피조 세계가 인류의 죄 때문에 하나님의 저주 아래 있다. 죄는 무엇보다도 수평적이나 사회적인 것이 아니라 (물론 그런 것들로 가득하지만), 죄는 수직적이며, 전능하신 하나님을 무시하는 것이다. 사람들의 머리나 온 국가에 하나님의 진노를 일으키는 죄로 끊임없이 이야기되는 것은 우상숭배이다. 하나님을 하나님으로 인정하지 않는 것이다.

예수님의 십자가와 부활이 성취한 것이 바로 이 근본적인 죄를 극복한 것이다. 가장 인간에게 긴급히 필요한 것은 하나님과 화목하는 삶이다. 그 화목은 다른 사람들과의 화목하며, 타락한 이 세상에서 변화된 삶을 살아가는 것을 부정하는 것은 아니다. 만물이 완성될 때에 최종적인 변화를 기다린다. 그러나, 하나님 나라의 전진을 복음서가 끊임없이 이야기하듯 예수님의 수난 이야기를 연결하지 않는 것은 심각한 환원주의이다.[15]

카슨의 요점은 기독교의 필수적인 것이다. 죄와 구속에는 아주 분명히 공동체적 요소와 수평적 측면들이 다 있다. 성경적 개념들은 깊고, 포괄적이며, 원대하다. 그러나 만일 우리가 분명하게 수평적 측면들을 부각시키는 노력 속에서 은혜의 고전적 교리들을 부인한다면, 그 결과는 파괴적이며 균형을 상실할 수 있다. 복음에 대한 개신교의 고전적인 이해에는 하나님이 거룩하시며 우리는 그분의 진노와 저주 아래 있음을 표현한다.

예수님께서는 우리 대신에 진노와 저주와 심판을 받으셨다. 우리가 회개하고 그리스도를 믿을 때, 용서와 의를 모두 받을 수 있다. 하나님의 은혜로 전율하는 경험은 그리스도인이 정의를 시행하는데 있어 열정을 불어 넣는다. 이는 복음의 수평적인 요소를 추구하는 결과이다. 그리스도인의 정의에 대한 열정은 복음의 이해에서 비롯되는 변화된 정체성에서 나온다. 복음은 구원이 오직 은혜로 되며, 공로로 되지 않다는 것을 기억하게 한다.

선교적 교회의 표지들

그렇다면 우리는 지금 어디에 도달했는가? 나는 한 교회가 고전적인 복음 교리를 강력하게 가르치고 설교하면서 여전히 선교적일 수 있다고 주장한다. 즉, 여전히 서구 문화와 선교사적 만남을 가지면서 동시에 교회에 다니지 않던 비전통적인 비그리스도인들을 전도하고 제자로 삼을 수 있다는 것이다. 이것은 어떻게 가능한가?

첫째, 선교적 교회가 서구 문화와 선교적 만남을 가지려면, 반드시 사회의 우상들과 맞서야 한다. 특히 어떻게 현대성이 개인의 행복과 자아실현을 절대화시켰는지를 배워야 한다. 이 우상이 나타나는 현상 중에 하나가 물질주의인데, 이는 소비주의와 탐욕으로서 불의의 원인이 된다. 앞서 살펴보았듯이, 많은 사람들은 복음을 재구성해야 우리가 이에 맞설 수 있다고 믿는다.

그러나 내가 다른 장에서 상세히 설명한 것처럼, 대속적 속죄와 법정적 칭의의 고전적 메시지는 이 세상에서 보다 검소하게 살며 정의를 행하는 강력한 신학적 토대와 내적 동기부여의 원천이 된다.[16] 이러한 교리를 거부하는 것은 서구 문화와의 만남에 도움이 되지 않는다. 사실상, 우리 모든 사람은 하나님의 심판 아래 죄인이며 회개와 순복이 필요하다는 단순하고 오래된 복음 메시지만큼 현대의 "자기중심적이고, 자율적인 개인"이라는 우상을 도전하고 맞서는데 도움이 되는 것은 없다.

둘째, 선교적 교회가 후기 기독교 문화의 사람들을 품으려면, 가장 최근에 유명하게 이루어진 복음 제시들이 사실상 사람들의 귀에 들어가지 않았다는 것을 인정해야 한다.

사람들이 하나님, 죄, 구속의 기본 개념을 이해하지 못하거나 그것에 대해 감정적으로 불쾌하게 느끼기 때문이다. 그러나 이 사실은 기독교 고전 교리에 수정을 가해야 한다는 것을 의미하지 않는다. 오히려 고전 교리를 공교하게 맥락화함으로써 아직 온전히 동의하지 않은 사람들에게도 복음 제시가 설득력이 있어야 한다는 것을 의미한다.

기독교 왕국 내에서는, 기독교화 된 사람들에게 그들이 해야 할 것에 레슬리 뉴비긴은 서구와의 '선교적 만남'을 이야기하며 변증 곧 변호의 개념을 포함시켰다. 현대의 사명적 논의에 참여하는 거의 모든 사람들은 뉴비긴이 교회가 '대조 공동체'가 되도록 요구한 것을 인용한다. 그러나 그가 사람들을 지적으로 상대해야 한다고 말한 것은 대개 무시한다. 많은 사명적 사상가들은 오늘날 논증과 이성을 사용하는 것은 포스트모던 시대에 불필요하다고 주장한다.

대신에 사람들은 우리 공동체의 수준과 우리의 이야기에서 감동을 받을 것이라고 생각한다. 그러나 모든 사람들은 피할 수 없이 감정적인 존재이면서 동시에 이성적인 존재이다.

기독교의 가장 강력한 적들인 '신 무신론자들'은 이성을 사용하여 믿음을 파괴하려고 한다. 그들의 논증은 어느 정도 효과가 있다.

뉴비긴은 그리스도인들이 현대 세계의 신화를 폭로할 필요가 있다고 믿었다. 그 신화란 사람이 하나님에 대한 신앙을 버리고 오직 과학과 자연주의만 신봉하면 의미 있는 삶을 살고 인간 존엄성과 도덕적 일치와 미래에 대한 소망과 견고한 인격과 공통 가치와 강력한 공동체를 가질 수 있다는 것이다. 서양의 문화적 변증이 의미하는 것은 하나님에 대한 믿음이 없는 이런 것들이 불가능하다는 것을 세상에 보여 주는 것이다.[17]

대해 권면하는 것이 가능했다. 3부에서 상세히 설명한 바와 같이, 그리스도인 소통전문가들은 이제 반드시 문화의 이야기 속으로 들어가서, 도전하고, 다시 이야기해주어야 한다. 거기에서 주장한 것처럼, 오직 은혜에 의한 구원이라는 전통적인 복음이 우리에게 내부적인 확신과 맥락화를 할 수 있는 겸손을 가능하게 한다.

셋째, 선교적 교회는 그리스도인이 삶의 영역에서 선교 가운데 있다는 것을 인정해야 한다. 우리는 기독교 왕국 시대의 성직주의 및 평신도 수동성을 극복해야 하며 종교개혁의 "모든 신자의 제사장" 교리를 반드시 회복해야 한다. 다시금 우리는 구원의 고전적 교리는 이 중요한 사상을 흐리지 않음을 알 수 있다. 이 사상에 대한 지지자는 바로 마르틴 루터였으며, 그는 "사역 평등주의"를 대가 없는 칭의 교리와 연결하였다.

공로나 공적에 연결시킨다면 사역은 오직 세상과 단절한 거룩한 사람들을 위한 것으로 위계적 관점에 이르게 된다.[18] 오늘날 선교적이기 위해서 필요한 것은 평신도들이 교회에 의해서 다음의 세 가지를 할 수 있도록 구비하는 것이다. (1) 사람들의 관계망 속에서 복음을 이야기하는 증인이 되는 것 (2) 사람들의 이웃과 도시에서 이웃을 사랑하고 정의를 이루는 것 (3) 사람들의 믿음과 신앙을 통합하여 직업을 통해 문화에 참여하는 것이다.

선교적 교회는 자비의 실천과 사회정의의 추구에 있어서 전통적인 근본주의 교회들보다 훨씬 더 깊고 실제적으로 헌신한다. 그리고 전통적인 자유주의 교회들보다 훨씬 깊고 실제적으로 전도와 회심에 헌신할 것이다.

이런 종류의 교회는 미국인들의 직관에는 상반된 것이며, 더 이상 자유주의 또는 보수주의로 범주화하거나 무시하기가 어렵다. 이런 류의 교회만이 비기독교 서양에서 기회를 발견할 수 있다. 신자들을 이렇게 구비하는 교회는 제자도와 훈련에서 평신도에게 신학교와 같은 역할을 하게 된다. 또한 교회의 "담 바깥에" 있는 사람들에게 사역할 수 있도록 사람들을 강력하게 지지하는 방법들을 발견할 수 있을 것이다.[19] 선교적 사역의 이 양상은 매우 중요하므로, 다음 장 전체를 할애하여 다룰 것이다.

넷째, 선교적 교회는 섬기는 공동체로 반드시 자신을 제대로 이해해야 한다. 이는 공익을 추구하는 반문화(counterculture)이다. 서구에서 수백 년 동안 교회는 종교적 관심사에만 자신을 제한했으며 광범위하게 절반 정도만 기독교적인 큰 문화권 안에서 느슨한 모임의 역할을 했다.

그런데 이제 그리스도인이 되는 것은 비기독교적인 주변 문화와의 급진적인 단절을 의미하게 되었다. 교회는 더 이상 조합이나 동호회와 같은 것이 될 수 없고, "두터운" 대안적 인간 사회로서 관계들이 강하고 깊다. 그 안에서 성, 가족, 정체성, 권력, 등이 경건하고 구별되는 방식으로 사용되고 실천되는 곳이다.

■ 일상 언어로 소통하기

기독교 국가에서는 교회 내부와 외부의 언어 사이에 차이가 거의 없다. 예를 들어 초기 미국 의회의 문서들은 성경의 인용과 암시로 가득 차 있어서 당시 비교인들도 신학적 용어를 이해했다.

그렇지만 선교적 교회에서는 용어들이 반드시 설명되어야 한다. 우리는 언제나 비신자들이 자리에 함께하고 있다는 것을 가정해야 한다. 우리의 모든 이웃들이(그리스도인들만이 아니라) 참여하고 있는 듯이 말한다면, 결국 더 많은 이웃들이 교회 안으로 들어오거나 초대를 받아들일 것이다.

그러므로 선교적 교회는 교회만의 언어나 기도와 예배를 위한 특수하고 고어체의 언어를 의도적으로 피해야 한다. '우리-그들'을 구분하는 언어나 자신과 정치적, 종교적 신념이 다른 사람들에 대한 조롱이나 농담도 피해야 한다. 우리와 다른 사람들을 무시하거나 하대하는 말도 삼가해야 한다.

일상 언어로 소통하려고 노력하는 교회는 너무 익숙하거나 혹은 과장적인 언어를 피해야 한다. 대신 리더나 교회의 약함과 실수에 대한 겸손한 유머와 정직한 실제성이 있어야 한다. 동시에 기쁨과 소망의 기조가 배어 있어야 한다. 모든 대화가 진정한 겸손 및 복음으로 변화된 마음에서 나오지 않는다면, 그것은 단지 마케팅과 조작으로만 보일 것이다.

그리스도인 교회가 구별되어야 하는 것은 분명하지만, 교회는 또한 주변에 속해야 하며 주변과 분리되어서는 안 된다. 이웃들에게 교회가 섬기는 공동체임을 보여주어야만 하며, 희생적으로 시간과 재물을 도시의 공익을 위하여 사용하는 모습을 보아야 한다.

여기서 다시 나는 깊고 반문화적 공동체에 대한 강조점이 고전적인 칭의와 개혁주의 교리에 의해 저해되지 않으며 향상됨을 강조했다. 이에 대해 디트리히 본회퍼가 저서 《성도의 공동생활》에서 주장한 것보다 더 강력하게 주장한 사람은 없었다.[20]

본회퍼가 제시하는 복음은 중심에서 바깥으로 자아를 움직이게 하며, 그리스도인들 사이에서 더 깊고, 더 투명한 관계성의 길을 닦을 뿐만 아니라 (그래서 교회가 대조 공동체가 되게 하고), 믿음을 공유하지 않는 사람들과도 겸손과 섬김의 관계를 가능하게 한다.

선교적 교회의 희생적인 봉사는 세상에게 세속주의가 교배시키는 개인주의적 자기몰입과 종교가 교배시키는 자기중심적 의 사이에서 "제3의 길"을 보여 줄 수 있다.

다섯째, 선교적 교회는 반드시 어떤 면에서 "투과성"이 있어야 한다. 즉, 교회 생활과 사역의 대부분의 국면들에 반드시 비신자들, 질문자들, 그리고 구도자들이 존재할 것을 기대해야 한다. 예배, 소그룹, 강의, 지역 사회 봉사 등의 모든 것에 적용된다. 선교적 교회는 기독교에 대하여 의심자들을 환영할 줄 알며 그들을 공동체 가운데 어떻게 상냥하게 받아들여야 할지 안다.

그리하여 복음이 삶 가운데 어떻게 체화되는지를 그들로 하여금 볼 수 있게 해야 한다. 다양한 사람들과의 상호작용을 통해서 복음 메시지를 소화할 수 있게 해야 한다.[22] 이것은 오직 모든 재료들이 제자리에 있고 교회의 신자들이 "상황화"될 때만 일어난다. 즉, 문화 안에 있는 주변 사람들과 문화적으로는 비슷하지만 영적으로는 다를 때 가능하다.[23]

그러므로 선교적 교회는 전도 프로

■ 정의 추구에 있어서 교회의 역할

《팀 켈러의 정의란 무엇인가》에서 나는 "회중으로 모인(제도적) 교회의 사명은 개인 구원의 복음을 선포하는 것이며, 사람들을 그리스도께 이끌고 제자화하는 것"이라고 말했다.

그렇지만 교회를 향한 하나님의 뜻은 흩어지는 것이다. 그리스도인들이 세상 속으로 들어가 사는 것이다. 말씀과 행동으로 섬기며, 전도를 하며, 정의를 시행하는 것이다. 흩어진 교회가 말씀과 행동으로 살지 않는다면, 아무도 설교를 듣기 위해 제도적 교회에 오지 않을 것이다.

결국 선교적 교회는 사람들을 정의의 집행자로서 세상에 파송하는 것이다. 여기에서 우리는 사회 개혁을 교회의 직무로 이해하는 사람들보다 훨씬 주의할 필요가 있다. 그런 관점은 교회를 정치화하며, 특정 정당 및 신조와 동일시하는 것으로 이해될 수 있다. 로스 다우댓은 이런 실수가 정통 기독교의 쇠퇴에 기여했다고 주장했다.[21]

그램이나 선교 부서에 의존하지 않는다. 교회생활의 거의 모든 영역에서 믿음이 없는 사람들의 존재를 늘 인식하고 대응할 준비가 되어있어야만 한다.

여섯 번째, 선교적 교회는 지역 수준에서 할 수 있는 최대한 그리스도 인의 일을 실천해야 한다. 기독교 왕국의 전성기에는, 교회들이 다른 교단 이나 전통들을 비판하고 자신을 대조함으로써 자신의 정체성을 정의했다. 오늘날 우리는 세상과 주변 문화와 우리를 대조시킴으로써 우리의 정체성 을 정의해야 한다. 세상은 반드시 교회들이 불필요한 분열을 피하는 모습 을 보아야만 한다.[24]

선교적 교회의 여섯 가지 표지

1. 교회는 반드시 사회의 우상과 맞서야 한다.
2. 교회는 반드시 실력 있게 맥락화하고 일상 언어로 소통해야 한다.
3. 교회는 반드시 사람들이 삶의 모든 영역 가운데서 선교를 수행하도 록 구비시켜야 한다.
4. 교회는 반드시 공익을 추구하는 반문화여야 한다.
5. 교회는 반드시 맥락화되어야 하며, 비신자들, 질문자들, 그리고 구도 자들이 교회 생활과 사역 전반에 참여할 것을 기대해야 한다.
6. 교회는 반드시 일치를 실천해야 한다.

선교적 교회의 여섯 가지 표지는 다양한 형태를 가진 큰 교회와 작은 교회 모두에서 존재할 수 있다. 이 표지들은 종교개혁가들에 의해 재확인 된 복음 이해가 분명해질 때 약화되는 것이 아니라 더욱 강조된다.

이 표지들의 대부분은 이 책의 다른 부분에서 다루겠다. 교회가 선교적 마음가짐을 가질 수 있는 가장 실제적인 한 가지 방법은 교인들이 사역 하도록 훈련하고 구비시키는 것이다.

토론과 성찰을 위한 질문들

1. 다음에 동의하는가? "어떤 단일 교회 형태가 본질적으로 성령의 열매를 맺고, 비신자를 전도하고, 사람들을 보살피고, 그리스도를 본받은 삶을 살게 함에 있어서 더 뛰어나다고 믿지 않는다." 당신이 가진 경향에 대해서 솔직해지라. 당신의 상황에서는 어떤 형태가 가장 인기 있으며 왜 그런가? 그 형태는 어떻게 선교적으로 고쳐질 수 있겠는가?

2. "이상한 복음"과 "왕국 복음"을 비교하는 디이터 잰더의 이야기를 생각해 보라. 이 두 개의 복음은 어떻게 서로 비슷한가? 어떻게 성경적 복음은 이 두 가지와 다른가?

3. 다음을 어떻게 생각하는가? "복음에 대한 개신교의 고전적인 이해에는 하나님이 거룩하시며 우리는 그의 진노와 저주 아래 있음을 표현한다. 예수님께서는 우리 대신에 진노와 저주와 심판을 받으셨다. 우리가 회개하고 그분을 믿을 때, 우리는 용서와 그리스도의 의를 모두 받은 것이다. 하나님의 은혜가 전율하게 하는 경험은 그리스도인이 정의를 시행하는데 있어 열정적이 되게 한다. 복음의 수평적인 요소를 추구하는 결과이다."
당신의 설교와 교육에서 수평적인 것과 수직적인 것 중에서 어떤 것을 더 강조하는 경향이 있는가? 이러한 두 가지 복음 요소는 어떻게 연결되는가?

4. 선교적 교회의 여섯 가지 표지가 제시되어 있다. 선교적 교회는 -사회의 우상에 맞서며, 어떻게 근대사회가 개인의 욕구들을 절대적인 우상으로 만들었지를 이해한다 능숙하게 맥락화하며 일상 언어로 말한다. 많은 사람들은 하나님, 죄, 구속의 기본개념들을 그저 이해하지 못한다는 것을 인정한다. 모든 그리스도인은 삶의 모든 영역에서 선교를 수행하는 사람들임을 인정한다. 교회 자체를 섬김의 공동체로 이해한다. 공익을 추구하는 반문화 단체이다. 맥락 속으로 들어가며, 비신자들, 질문자들, 구도자들이 교회 생활과 사역 전반에 참여할 것을 기대한다.- 지역 수준에서 할 수 있는 최대한 그리스도인의 일치를 실천한다.이 표지들 각각에 대해서, 어떤 것들이 복음을 소통함에 있어서 당신에게 도전과 기회를 제공하는가? 당신의 교회에서는 지금 당장 어떤 것에 초점을 맞추는 것이 필요한가?

주

1. Michael Wolff, "The Party Line," *New York* (February 26, 2001), http://nymag.com/nymetro/news/media/columns/medialife/4407/index1.html (2012년 2월 17일 접속).

2. '전도적 예배'의 확대된 토론을 위해서는 23장을 보라.

3. 3부(복음 맥락화)를 보라. 맥락화된 복음 설교가 어떤 것인지를 살피라.

4. 사역을 묘사할 때 '성육신적'이라는 단어를 사용하는 것에 대한 신학적, 실제적인 반대들이 많이 있을 수 있다. 그런데 여기에서 우리는 우리의 목적을 위해서 이 관행과 그 주된 정의를 받아들인다. 이 용어는 선교적 교회 토론에서 폭넓게 받아들여지고 있기 때문이다.

5. 알렌 록스버그(Alan Roxburgh)와 스콧 보렌(Scott Boren)은 '유입적'(attractional) 교회 모델을 이렇게 정의한다: "복음의 기본 이야기가 타협되는 한 가지 방식은 그것이 우리 모두에 대한 이야기가 되는 것이며 어떻게 하나님이 우리의 필요를 채우실 것인지에 대한 이야기가 되는 것인데, 우리는 어떻게 하나님이 그것을 하는지 보여주기 위한 유입적 교회를 만들어냈다." (Alan Roxburgh and Scott Boren, *Introducing the Missional Church: What It Is, Why It Matters, and How to Become One* [Grand Rapids: Baker, 2009], 69).

6. David Fitch, "What Is Missional? Can a Mega-Church Be Missional?" www.reclaimingthemission.com/what-is-missional-can-a-mega-church-be-missional/ (2012년 2월 17일 접속)

7. 위의 책.

8. Mike Breen and Alex Absalom, *Launching Missional Communities: A Field Guide* (Pawleys Island, S.C.: 3DM, 2010).

9. Michael Frost and Alan Hirsch, *The Shaping of Things to Come: Innovation and Mission for the 21st Century Church* (Grand Rapids: Baker, 2004), 211.

10. 다음을 보라. Frost and Hirsch, *The Shaping of Things to Come*, 210-224.

11. Roxburgh and Boren, *Introducing the Missional Church*, 21.

12. 다음을 보라. Leanne Van Dyk, "The Church's Proclamation as a Participation in God's Mission," in *Trinitarian Theology for the Church: Scripture, Community, Worship*, ed. Daniel J. Treier and David Lauber (Downers Grove, Ill.: Inter-Varsity, 2009), 225-236; 또한 다음을 보라. Mark Husbands, "The Trinity Is Not Our Social Program," in the same volume (pp. 120-141), 여기서 그는 사회적 삼위일체에 대한 공조를 비판한다.

13. 예를 들어 대럴 구더(Darrell Guder)는 만일 선교에 대한 하나님의 목적이 "피조 세계를 회복하고 치료하는 것"이라면(p.4) 구원의 개념은 하나님의 통치를 공동체와 조직체에 미치게 하는 것이라고 추론한다. 그는 이렇게 쓴다. "은행에게는, 전에는 빈곤층이었던 이웃들에게 대출을 허용하는 것을 의미할 것이다. 공립학교에게는, 학생들 사이에 또래 중재 훈련을 시키는 것을 의미할 수 있다"(p.136).

14. Dieter Zander, "Abducted by an Alien Gospel," www.baskettcase.com/blog/2006/11/01/abducted-by-an-alien-gospel/ (2012년 2월 17일 접속).

15. D. A. Carson, "Three Books on the Bible: A Critical Review," www.reformation21.org/shelf-life/three-books-on-the-bible-a-critical-review.php (2012년 2월 17일 접속).

16. Timothy Keller, *Generous Justice: How God's Grace Makes Us Just* (New York: Dutton, 2010), 특히 92-108쪽 (《팀 켈러의 정의란 무엇인가》, 두란노 역간, 2012).

17. 다음을 보라. Lesslie Newbigin, *The Gospel in a Pluralist Society* (Grand Rapids: Eerdmans, 1989), 1-65.

18. 루터가 이 개념을 많은 곳에서 상술하지만, 두 개의 초창기 작품들은 "To the Christian Nobility of the German Nation"(독일 국가의 그리스도인 귀족들에게) 및 "The Babylonian Captivity of the Church"(교회의 바벨론 포로)이다. 이 둘은 "그리스도인의 자유"에 같이 실려 있다. Martin Luther, *Three Treatises* (Minneapolis: Fortress, 1970). 평신도 사역의 중요성을 재발견하려는 보다 초기 현대의 복음주의적 노력으로는 다음을 보라. John R. W. Stott, One People (Downers Grove, Ill.: Inter-Varsity, 1968).

19. 모든 평신도가 말씀을 섬겨야 한다는 것, 즉 성경으로 전도하고 제자를 삼아야 한다는 주장에 대해서는 다음을 보라. Colin Marshall and Tony Payne, *The Trellis and the Vine: The Ministry Mind-Shift That Changes Everything* (Kingsford, Australia: Matthias Media, 2009), 41-60. 어떻게 평신도를 풀어내고 이웃 사이의 관계성을 깊게 하며 봉사와 전도의 직무를 하게 할 것인가에 대한 자료로는 다음을 보라. Breen and Absalom, *Launching Missional Communities*, and Tim Chester and Steve Timmis, *Everyday Church: Mission by Being Good Neighbours* (Nottingham, UK: Inter-Varsity, 2011). 어떻게 사람들이 신앙과 믿음을 통합하도록 도울지에 대한 개요로는 본서 7부(통합적 사역)를 살펴보라. 또한 다음을 보라. Timothy Keller, Every Good Endeavor (New York: Dutton, 2012), (《일과 영성》, 두란노 역간, 2013).

20. 본회퍼(Dietrich Bonhoeffer)는 이렇게 썼다. "그러므로 우리가 말할 수 있는 전부는, 그리스도인 공동체는 오직 사람은 단지 은혜를 통하여 의롭게 된다는 성경적이고 종교개혁적인 메시지로부터 형성된다는 것이다. 이것만이 그리스도인들이 서로를 그리워할 수 있는 기초가 된다. Dietrich Bonhoeffer, *Life Together* ([New York: Harper & Row, 1954], 23) (《신도의 공동생활》, 대한기독교서회 역간, 2010).

21. Ross Douthat, *Bad Religion: How We Became a Nation of Heretics* (New York: Free Press, 2012), 63ff.

22. '미니 결정들을 통한 선교적 전도' 부분을 보라.

23. '관계적 진실성을 가진 신자들' 부분을 보라.

24. 8부 '운동 역동성'을 참조하라

03

모든 사람을
선교사로 세우라

지금까지 우리는 선교적 대화를 이해하기 위해 많은 시간을 할애했다. 공통점과 강점 그리고 오류들과 위험성에 대하여 짚어 보았다. 평신도들을 사역 가운데 참여하도록 구비시키는 일은 반복적으로 중요한 주제이다.

기독교 국가에서는 사람들이 전문 성직자의 돌봄을 받기 위해서 교회로 온다. 지금은 사람들이 교회로·올 것이라는 것을 가정할 수 없다. 안수받은 목회자가 필요 없다는 것을 의미하지 않는다. 결코 그렇지는 않다!

안수 받은 지도자의 책임은 말씀과 성례를 통하여 교회와 그 구성원을 세우는 것이다. 그런데 이 사역의 매우 중요한 초점이 평신도들을 세상에서 사역할 수 있는 제자로 세우는 것이다. 이것은 교회가 선교적 담화의 통찰을 활용할 수 있는 가장 실제적인 방법이다. 이를 통해 중심 있고, 균형 잡힌 사역을 향하여 움직일 수 있을 것이다.

우리는 이것의 예를 풀러신학교의 에디 깁스(Eddie Gibbs)와 라이언 볼저(Ryan Bolger)의 인터뷰에서 찾을 수 있다.

"무엇이 선교적으로 사는 교회들(사람들)의 표지인가요?"라고 물었을 때, 볼저는 구체적이고 실제적인 답을 내놓았다. "교회 예배를 더 이상 공동체 바깥의 사람들과 연결되는 주 통로로 보지 않습니다. 바깥에 있는 사람들과 연결되는 것은 문화 안에서 가능합니다. 삶으로 복음을 표현하는 문화 참여자들에 의해서 이루어집니다."[1]

이 장의 나머지는 평신도들이 "문화 안에서" 사역에 참여하도록 구비하고 격려하는 여러 가지 방법들과 수단들을 제시할 것이다. 나는 평신도의 말씀 사역에 특별한 강조점을 둔다. 설교와 강의를 통해 신자를 세우고 비신자를 전도하는 것이다.

물론 7부에서 그리스도인들이 세상에서 사역할 수 있는 다른 방법들도 -정의의 실천, 그리고 믿음과 직업의 통합- 다룰 것이다.

비공식적 선교사들

존 스토트가 말했듯이, 그리스도인들이 "폐쇄적, 복음주의적, 수도원적 공동체 속으로 숨으려 하는"[2] 강한 성향이 늘 존재해 왔다. 이것은 물론 초대교회의 모습과는 다르다. 헬라어 단어 유앙겔리조(euangelizo)는 "복음화한다"(gospelize)라는 의미이다.

예수님이 우리를 위해 무엇을 하셨는지 좋은 소식을 사람들에게 말하는 것이다. 사도행전을 보면 모든 사람이 초대교회에서 그렇게 행동했음을 알 수 있다. 이는 사도들뿐만 아니라(5:42) 모든 그리스도인들이(8:4) 복음 전도를 했다. 그들은 끊임없이 그렇게 했다.

로마서 15장 14절, 골로새서 3장 16절, 데살로니가전서 1장 6-10절, 히브리서 3장 13절, 그리고 요한일서 2장 20, 27절 등의 구절들은 모든 그리스도인들에게 기대되는 것이 복음 전도를 하며 후속 만남과 양육하며, 사람들에게 말씀을 가르치는 것이었음을 보여 준다. 이것은 관계적으로 이루어졌다. 한 사람이 관계의 맥락 안에서 또 다른 사람에게 복음을 가져

■ 오리겐과 그레고리

《초대교회의 전도》에서 마이클 그린은 어떻게 성 그레고리가 오리겐에 의해 믿음으로 돌아왔는지를 이야기한다.

그레고리가 18살이 되었을 때, 그는 동생과 함께 베이루트로 가서 법률을 공부하려 했다. 거기에는 당시 세계에서 가장 유명한 학교가 있었다. 여행 중에 그들은 팔레스타인의 가이사랴에 도착해서 유명한 학자 오리겐을 만났다. 오리겐은 형제들을 설득해 한동안 그곳에 머물게 했으며, 철학의 역사를 강의하게 했다. 그들이 머무르는 동안 오리겐은 놀랍게도 교사와 학생의 전통적인 거리를 지키지 않았고, 마치 친구에게 하듯이 삶을 공유했다. 그레고리는 오리겐 아래에서 7년간을 지내며 공부했고, 그 과정에서 기독교로 회심했다.[5]

가는 것이다.

마이클 그린(Michael Green)은 《초대교회의 전도》에서 역사가들의 결론을 요약한다. 그것은 초대교회의 폭발적인 성장은 "사실상 비공식적인 선교사들에 의해 성취되었다"[3]는 것이다.

즉, 그리스도인 일반 신자들이 - 훈련된 설교자와 전도자들이 아니라 - 교회의 선교사명을 수행했으며, 이는 공식적인 설교보다 비공식적인 대화를 통해서 이루어졌다는 것이다. "가정에서, 와인 가게에서, 거리에서, 시장 좌판에서 그들은 자연스럽게, 열정적으로 복음을 이야기했다."[4]

그린은 셀수스(Celsus)와 같은 이방인 저자들이 빈정대며 불평했음을 인용한다. "우리는 개인 가정에서, 가장 무식한 시골뜨기들이, 자기들의 장로들과 가장 학식 있는 주인들 앞에서는 아무 말도 못하는 사람들을 본다.

그러나 그들은 자기들처럼 무식한 자들을 붙잡고는 이야기한다. "우리는 사람이 어떻게 살아야 하는지 알고 있습니다. 만일 당신의 자녀들이 우리의 말대로 행한다면, 당신은 행복해질 것이고, 당신의 가정 역시 행복해질 겁니다."

사도 직후 시대에 가장 평범한 그리스도인들이 가졌던 열정과 헌신에 대한 최고의 칭찬이다. 보화를 발견했기에, 그들은 다른 사람들과 나누려고 했으며, 자신의 능력의 한계를 넘어섰다."[6]

초대교회의 모든 전도가 비공식적인 것은 아니었다고 그린은 조심스럽게 지적한다. 그는 "전도적 방법"이라는 제목이 붙은 장에서 많은 형태의 전도 방법을 이야기한다. 그것들은 대단한 훈련과 전문성이 필요한 것으로서 회당 설교 및 야외 설교, 그리고 대중 강의 및 대화식(dialogical) 전도들이다. 초대 기독교 교사들은 아카데미를 세웠을 뿐만 아니라 신앙을 가르치는 학교에서 과학, 수학, 철학 그리고 인문학을 기독교적 관점에서 가르쳤다.

알렉산드리아의 위대한 교리문답 학교(Catechetical School)가 좋은 예이다. 우리는 순교자 저스틴(Justin Martyr)이 로마에 이와 같은 학교를 세웠다는 것을 알고 있다. 그린은 많은 비그리스도인들이 와서 학습에 참여하고, 강의를 듣고, 교사들과 대화했음을 알려 준다. 이러한 형태의 최초의 전도 예는 사도 바울이 에베소에서 두란노 홀에서 강의했던 것이라고 보여진다.

여기에서 바울은 2년 동안 날마다 기독교 신앙에 대해서 모든 방문자들과 하는 쌍방향적 대화(문답)를 했다(행 19:9-10). 그린은 "바울의 연설들의 지적인 내용은 분명히 매우 고무적이었을 것이다. 여기에서 우리는 공공 토론의 과정에서 자신의 주장을 입증하면서 회심자들을 만들 수 있는 사람을 본다"[7]라고 말했다.

그러나 그린은 기독교가 전파된 가장 중요한 방법은 많은 그리스도인들에 의해 비공식적으로 행해진 "확장된 가정"(오이코스) 전도를 통해서 였다고 밝힌다. 사람의 가장 깊은 인간관계는 가정 안에 있다. 그러므로 한 사람이 그리스도인이 될 때, 가정 안에서 그리스도에 대하여 진지하게 듣는 사람들이 생긴다.

만일에 가정의 가장이 신자가 된다면, 가족 구성원이 사역의 중심이 되는 것이며 친척들과 이웃에게 복음이 전해지게 된다.[8] 우리는 이러한 예를 사도행전 16장 15절, 32-34절 (빌립보에서 루디아와 간수의 집), 사도행전 17장 5절(데살로니가에서 야손의 집), 사도행전 18장 7절(고린도에서 디도 유스도의 집), 사도행전 21장 8절(가이사랴에서 빌립의 집), 고린도전서 1장 16절; 16장 15절(고린도에서 스데바나의 집)에서 볼 수 있다.

집은 체계적인 가르침과 교육의 장소로(행 5:42), 친구들과 이웃들을 모아서 복음을 제시하는 곳으로(행 10:22), 기도 모임 장소로(행 12:12), 즉흥적인 전도적 모임으로(행 16:32), 질문자들과의 후속 모임으로(행 18:26), 배움과 기도의 밤을 위해서(행 20:7), 그리고 교제 모임을 위해서(행 21:7) 사용되었다.

만일 가정의 또 다른 구성원이 그리스도인이 되면 -아내, 자녀들, 또는 종이나 일꾼들- 그러면 복음은 더욱 간접적으로 전파된다. "전도적 방법"이라는 장에서 그린은 복음이 가정을 통해 확산되는 여러 가지 방법들을 설명한다. 가족 구성원 중 누가 처음 신앙을 갖느냐에 따라 달라지는 여러 양상들이 있다.

우리는 또한 성경과 초대교회 기록으로부터 복음의 또 다른 중요한 전달자들을 알고 있다. 요한복음 1장에서 빌립은 예수님에 대한 지식을 그의 친구 나다나엘에게 전달한다.

그린은 판타에누스가 알렉산드리아의 클레멘트를, 저스틴이 타티안을, 그리고 옥타비아누스가 미누시우스 펠릭스를 그리스도께 어떻게 인도했는지를 이야기한다. 이 모든 것은 "친구 관계 전도"였으며, 고대인에 의해 매우 진지하게 이루어졌다.[9]

평신도 사역의 역동성(The Lay Ministry Dynamic)

"전교인 복음 사역"(every-member gospel ministry)은 오늘날 세계에서 어떤 모습일까? 몇 가지 예를 살펴 볼 수 있다.

- 제리는 직장 동료인 빌에게 주말이 어떠했는지 인사를 받는다. 제리는 그가 남자들 수양회에 갔던 이야기를 한다. 오랫동안 나를 어렵게 해온 사람들을 용서할 수 있는 영적 자원을 공급받은 것을 말한다. 빌이 눈썹을 올리면서 말한다. "흥미로운 얘기네요." 제리는 좀 더 들어가서 그에게 가장 도움이 되었던 것은, 그가 하나님을 제대로 섬기지는 못했지만, 하나님은 그 자신을 예수님을 통해 용서하셨다는 이야기라고 말한다.

- 댄과 질 부부는 다섯 살과 일곱 살인 두 아들이 성경을 암송하도록 돕고, 기본적인 요리문답을 그들에게 가르치고 있다. 그들은 자녀들의 질문에 해결해 주고 아이들이 공부하는 본문의 의미를 이해하도록 돕고 있다.

- 샐리는 교회에서 젊은 여성인 클라라를 알게 되었다. 남편과의 결혼 생활에 문제가 있으며, 상담을 받으려고 한다고 말한다. 샐리와 그의 남편 제프는 클라라와 그녀의 남편 샘을 식사에 초청한다. 샘은 제프와 이야기가 통하기 시작한다. 이후에, 클라라는 샘이 제프와 샐리를 만나서 그들의 결혼 생활에 대해 이야기하도록 설득한다. 그들은 한 달에 한 번씩 넉 달간 만나면서 에베소서 5장과 결혼에 관한 다른 성경구절들을 공부한다.

- 존은 부인과 함께 교회에 나오지만, 무엇을 믿는지, 자신의 믿음이 어떤지 확신 없어 한다. 목사님은 그를 톰이라는 장로에게 소개하고, 톰은 그와 모임을 시작한다. 함께 만나서 기본적 진리에 대한 책을 읽고 토론한다. 두 번의 만남 이후에 존은 톰과 함께 2-3주 마다 한

번씩 마가복음을 공부하기로 한다.

- 제니는 교회의 소그룹에 참석하기 시작한다. 그녀는 교회에서 자랐지만 의심이 많고 질문이 많았다. 그녀의 그룹 리더인 베쓰는 일대일로 그녀와 만나기 시작한다. 그들은 성경 본문을 공부하고 그녀의 질문을 다루는 책들을 읽기 시작한다.

- 테드는 젊은 미혼인 변호사이다. 그는 교회에 함께 다니는 다른 회사의 변호사들을 안다. 어느 날 그는 비그리스도인 친구 몇몇과 함께 풋볼경기를 관람하기로 한다. 그는 교회에 다니는 그리스도인 변호사도 초청하고 다른 그리스도인도 초대한다. 직장생활을 하는 남녀들은 교회 다니는 변호사들을 만나서 이야기가 잘 맞기 시작한다. 3개월 이후에 그들 중에 한 명이 테드의 친구와 함께 교회에 나타난다.

- 제시카는 새 신자 테레사를 교회에서 만났다. 그녀는 새 신자를 위한 여섯번의 성경공부 시리즈를 함께 공부하자고 제안한다. 기도, 성경 읽기, 교회의 역할, 복음에 대한 이해 등이 포함된 교재를 다룬다.

- 프레드는 몇 달간 소그룹에 참여하고 있다. 어느 시점에서 그는 자신이 소그룹에 와서 무엇을 얻는지 그룹의 가치를 평가하고 있었음을 발견한다. 그래서 그는 잘 준비하고(본문을 공부하고) 그룹을 위해서 기도하기로 결심한다. 그는 성경공부 리더를 도울 수 있는 모든 것을 다한다. 대화에 잘 참여하고, 사랑 가운데 진리를 말하되 다른 사람들이 격려를 받고 성장하도록 돕는다.

- 캐더린은 친구 메간을 위해서 몇 달째 기도한다. 캐더린이 메간에게 책을 두 권 주었는데, 그 작은 책들에 메간은 반응한다. 캐더린은 메간을 초대하여 전도적 모임에 같이 간다. 거기에서는 기독교의 진리가 제시된다. 집으로 오는 길에 그녀는 메간이 참석 후 갖는 질문에 성심껏 답한다.

- 조이는 음악가 피트와 대학생 때부터 오랜 친구이다. 조이는 어떤 때는 공감적으로 경청했다. 그러나 마지막으로 피트에게 단도직입적으로 기독교 신앙과 어떤 관계가 있는지 묻는다. "내 생각에 이것은 내가 너의 문제를 해결하도록 도와야 할 유일한 것이라고 생각해." 조이의 말에 피트는 깜짝 놀라지만, 얼마 후에 관심을 표현한다. 냉담한 그에게 조이가 조언한다. "만일 기독교가 무슨 도움이라도 되려면, 단지 도움이 될 뿐만 아니라 진리이기도 한 신앙을 받아들여야 해." 피트는 기독교인들 모임에 가기 싫어한다. 그래서 그들은 성경을 같이 공부하고 설교와 강의를 깊이 듣고, 함께 토론한다.

- 케리와 다른 두 명의 그리스도인 친구들은 어린 자녀가 있는 엄마들이다. 그들은 낮 시간에 엄마 그룹 모임을 하기로 결정하고 비그리스도인 친구들을 초청한다. 1년 동안 이 그룹은 비슷한 숫자의 그리스도인과 비신자 멤버들로 성장한다. 대화는 일반적이며 유동적이다. 신앙, 사회, 결혼, 자녀 양육, 개인적 주제들을 망라한다. 시간이 가면서, 비신자들 중에 몇 명이 신자들과 함께 교회에 오기 시작하며 믿음을 갖기 시작한다. 3년 후, 이 모임은 그리스도인 성경 공부이지만, 정기적으로 참여하는 비신자들에게 열려있고 포용적이 된다.

- 짐과 신시아는 둘다 예술가로서 기독교인 예술가들의 교제 모임에 참여하고 있다. 모임에는 대개 기독교 신앙을 전제로 신앙과 예술의 관계에 대한 토론이 포함된다. 또한 예술가들은 1년에 4차례 이상 전시회나 북토크(book talk)를 연다. 여기서는 신뢰할 만한 현역 예술가들이 자기의 신앙이 어떻게 예술에 연결되는지 일반 대중에게 말한다. 짐과 신시아는 비그리스도인 예술가 또는 예술 평론가들을 이 모임에 데려오려고 부지런히 노력한다.

- 그렉은 교회에서 소개한 회의자와 구도자 모임을 통해서 그리스도 신앙으로 오게 되었다. 그의 세례 날짜가 정해졌고 많은 비그리스도

인 친구들을 예배에 초청한다. 그리고 그들에게 식사를 대접 하면서 그리스도인이 된 전체 과정에 대해 이야기한다. 참석했던 한 친구는 그의 경험에 깊이 감명을 받는다. 그렉은 그가 다시 교회에 오도록 초청한다. 결국 친구는 그의 소그룹에 함께 참여하기 시작한다.[10]

우리는 이러한 예들에 대해서 몇 가지 관찰 사항을 확인해 볼 수 있다. 첫째, 단순히 전통적인 의미에서 전도를 말하는 것만은 아님을 분명히 기억해야 한다. 이 예들 중에 어떤 것들은 새 신자를 격려하며 세우는 모습을 보여 준다.

또한 어떤 것들은 그리스도인들이 그리스도 안에서 크게 성장하도록 자극하는데 주안점이 있다.

또 다른 이들은 신자들이 삶의 특정한 문제를 해결하도록 돕는 상황을 염두에 둔다. 그렇지만, 모든 신자의 복음 사역의 기본 형태에는 다음과 같은 공통점들이 있다.

- 유기적 복음사역: 교회의 조직화된 프로그램 바깥에서 자연 발생으로 형성된다 (종종 교회의 프로그램에 도움을 받기도 하지만).
- 관계적 복음사역: 비공식적인 개인 관계의 맥락 속에서 이루어진다.
- 성경 중심적 복음사역: 기도 가운데 성경과 복음을 사람들과의 삶에 연결시킨다.
- 적극적 복음사역: 각 사람은 사역의 소비자가 아니라 생산자로서 개인적 책임을 담당한다. 예를 들어, 프레드는 늘 소그룹에 오기는 했지만, 그의 마음가짐이 달라졌다.

전통적인 전도는 전교인 복음 사역의 한 부분일 뿐이다. 그리고 가장 중요한 부분도 아니다. 여전히 평신도의 사역은 회중 가운데 증가한다. 또한 그들이 하는 전도의 양도 증가한다.

둘째, 우리는 평신도의 사역(ministry)에 대해서 이야기하고 있음을 주지하라. 꼭 평신도의 리더십만 다루는 것은 아니다. 종종 사역자들은 일반인 사역자들(ministers)과 지도자들(leaders)이 동일한 것처럼 이야기한다. 그러나 이것은 유입적 교회 모델의 경우에 해당하는 것이다.

평신도 지도자들은 교회 프로그램을 지도하며 운영할 수 있는 자원봉사자들을 의미한다. 평신도 지도자가 된다는 것은 시간 소모적이며 어떤 때에는 사역을 더 어렵게 한다.

평신도 지도자가 되려면 대개 어떤 수준 이상의 지도력과 조직운영 능력이 필요하다. 그러나 평신도 사역자는 그렇지 않다. 평신도 지도자들이 평신도 사역에 매우 중요하다. 과로하는 평신도 지도자들은 평신도 사역을 교회 안에서 약화시킬 수 있다.

그러나 평신도 지도자와 그 사역이 동일한 것만은 아니다. 평신도 사역자들은 그리스도인으로서 믿음과 삶의 예를 그들의 이웃, 친구, 동료, 사회에 적극적으로 보여 주는 사람들이다.

경험적으로 교인 중에 최소 20-25퍼센트가 이러한 종류의 유기적, 관계적인 복음 사역에 참여할 때, 강력한 역동성이 생겨서 온 교회를 가득 채우며, 삶을 세우고 전도하는 교회의 능력을 크게 신장시킨다. 평신도 사역자들은 상담하고, 격려하고, 지도하고, 제자화하고, 증언하면서 그리스도인과 비그리스도인 모두를 섬긴다.

이들 자신이 다른 사람들의 삶에 참여함으로써 사람들이 믿음에 이르게 되며 은혜 안에서 성장한다. 그러므로 이러한 평신도 사역자들에 의해 섬김을 받는 일정 비율 이상의 사람들이 또한 평신도 사역 공동체에 들어와 참여하게 된다. 그리하여 교회는 질적으로, 양적으로 성장한다.

이들이 교회 지도자들에 의해 구비되고 지지받기 때문에, 평신도 사역에 참여하는 사람들은 교회에 대한 건강한 참여 정신을 갖게 된다. 그들은 교회를 "우리 교회"로 생각하며, "그들의 교회"로 생각하지 않는다(여기서 그들이란 목회자들을 의미한다). 사람들은 교회에 아낌없이 관대하게 자신들의 시간, 재능, 재물을 드린다.

이것은 모든 사역을 최고치로 끌어올린다. 기독교적 교육과 상담이 없다면, 공식적 및 비공식적 봉사 사역이 없다면, 말씀의 설교와 성례의 집행이 없다면, 가족 사역에 대한 지지가 없다면, 재정 관리와 청지기 정신이 없다면, 교회 구조와 치리가 없다면, 평신도들은 일반 사역자들로 건축되지 못할 것이다.

그러나 만일 평신도 사역이 교회 안팎에서 전반적으로 일어나고 있다면, 교회는 이러한 다른 여러 기능들을 강화하면서 성장할 수 있다.

어디에서부터 교회의 모든 사역들을 하도록 인적 자원과 재정적 공급이 흘러나오는가? 그것들은 전교인 복음 사역에서부터 나온다.

작은 결심들을 통한 선교적 전도

위에서 다룬 평신도 사역의 예들에는 또 다른 가정이 하나 있다. 많은 사람들은 "작은 결정들"(mini-decisions)을 통해서 불신앙에서 신앙으로 나아온다는 점이다.

우리는 복음의 본성에 대한 고전적인 가르침을 고수한다. 그리스도인이 되기 위해서는 믿음으로 그리스도와 연합해야 하며, 그리스도 구원의 공로가 우리의 것이 되며, 성령이 우리 안에 들어오셔서 그리스도를 닮은 모습으로 우리가 변화하는 일을 시작하신다.

당신은 그리스도인이든지, 아니든지 둘 중에 하나이다. 왜냐하면 그리스도인이 되는 것은, 하나님과 앞에서의 "위치"(standing) 문제이기 때문이다. 무엇보다도, 그리스도께 믿음으로 연합되는 지점까지 가는 것이 단지 한 번의 사건이 아니라 일련의 과정으로 일어남을 인정한다.

그 변화는 작은 결정들이나 생각들을 통해서 이루어진다. 이를 통해서 사람은 구원 얻는 믿음의 지점까지 가까이 나아간다. 후기 기독교 상황에서, 이것은 사실이다. 사람들은 복음을 듣고 이해하기에 필요한 배경 지식이 없으며, 하나님이 누구이신지, 죄가 무엇인지, 예수님이 누구이신지, 회개와 믿음이 무엇인지 즉각적으로 이해하지 못한다.

그래서 깨달음 있는 헌신을 하는데 있어 장애물이 된다. 그들은 종종 복음이 마음에 다가오기까지 많은 걸림돌 및 충돌하는 신념들과 싸워야 한다.

그러므로 서구의 많은 사람들은 복음의 다양한 표현을 접할 수 있도록 공동체 안에서 충분한 시간을 가지고 수용되어야 한다. 교인들과 목회자들로부터 비공식적 및 공식적인 방법으로 자주 복음을 들어야 한다.

이런 과정이 공동체 안에서 일어나면, 비신자들은 하나님, 죄, 은혜의 특성들을 이해하게 된다. 그들의 많은 반대질문들은 이 과정을 통해서 해결된다. 그들이 "내부에 있고" 그리스도인들과 지속적인 만남을 가지면서, 그들은 그리스도인이 된다는 것이 어떤 것인지를 생각해 보며, 믿음이 실제 삶으로 어떻게 구체화되는지를 볼 수 있다. 이 과정은 종종 다음과 같은 모습이다.

1. 인식(Awareness): "구분이 됩니다"

사람들이 고정관념의 돌들을 제거하기 시작하며 율법주의와 자유주의로부터 복음을 구별하기 시작한다. 사람들은 다음과 같은 작은 결정들을 내린다.

"그녀는 신앙인이지만 놀랍게도 열린 마음을 갖고 있군요."

"그리스도인이면서도 이성적일 수가 있군요!"

"결국 성경은 그렇게 이해하기 어렵지 않군요."

"성경의 많은 것들이 저에게 이해가 잘 됩니다."

"기독교와 단순한 도덕 종교 사이의 차이점이 이제 보입니다."

2. 관련성(Relevance): "도움이 됩니다."

사람들은 종교와 비종교 양자의 노예가 무엇인지 이해하기 시작하며, 어떻게 복음이 일하는지 그 변화시키는 능력을 보게 된다. 작은 결정들의 예는 다음과 같다

"그리스도인이 되는 것에는 유익한 점들이 있음에 틀림없습니다."

"정말 많은 정상적인 사람들이 이 교회를 좋아하는군요."

"내가 그녀처럼 믿을 수 있다면 정말 도움이 될 것 같습니다."

"예수님이 핵심인 것 같아요. 그분이 누구인지 궁금합니다."

3. 신뢰성(Credibility): "진리이기 때문에 신뢰가 갑니다."

이것은 "나에게 필요한 것이 진리이다"라는 현대적 관점을 뒤집은 것이다. 사람들이 복음의 합리성을 보지 못한다면, 그들은 믿음이 도전을 받을 때 견인할 수 있는 의지력이 결여되게 된다. 작은 결정들의 예에는 다음의 것들이 있다:

"성경은 역사적으로 신뢰할만 합니다."

"초자연적인 것을 부정하기 위해서 과학을 사용할 수는 없는 일입니다."

"부활에 대한 증인들이 정말로 있었습니다."

"예수님은 정말로 하나님입니다."

"예수님이 왜 죽으셔야만 했는지 알겠습니다. 그 길밖에는 없었습니다."

4. 시도(Trial): "어떤지 궁금합니다."

이들은 어떤 형태의 그룹 생활에 참여하고, 어떤 봉사 사역에 참여하

고, 그리스도인의 삶을 살고, 그리스도인처럼 말하고, 때로는 신앙을 변호하기도 한다.

5. 헌신(Commitment): "받아들입니다."

진정한 회심의 순간이 될 것이다. 또는 회심이 이미 일어났다는 것을 깨닫는 시점이다. 그 때 바로 알아차리지 못했을 뿐이다. 작은 결정의 예로는 다음의 것들이 포함된다.

"나는 죄인입니다."

"나는 구주가 필요합니다."

"비록 많은 비용이 들더라도, 나는 예수님이 말씀하신 대로 살아야 합니다."

"나는 예수님을 믿으며 그를 위해 살겠습니다."

6. 강화(Reinforcement): "이제 이해됩니다."

전형적으로, 마침내 깨닫는 때이며, 복음이 더욱 선명해지고 더욱 구체적이 되는 때이다.

평신도 사역 역동성을 만들기

영적 역동성은 사람이 만들거나 조종할 수 있는 것이 아니다. 그러나 우리가 불을 지피려면 공기와 열과 연료가 필요하듯이, 어떤 환경적 요인들이 준비 되어야만 평신도 사역의 역동성이 일어난다.

최소한 세 가지 요인이 제 자리에 있어야 한다. (1) 관계적 진실성이 있는 신자들, (2) 목양적 지원, (3) 안전한 공간.

관계적 진실성이 있는 신자들

메시지가 맥락화되는 것은 (1) 그것이 새로운 언어나 문화 속으로 변환되어서 이해 가능하면서도 (2) 이전의 언어와 문화에서 가지는 원래 의미와 특성을 유지할 때에만 가능하다.

여기에서 나는 그리스도인들 자체가 "복음의 편지"로서(고후 3:1-13을 보라) 맥락화되어야만 함을 제시한다. 달리 말해서, 우리가 주변 사람들과 같은 동시에 심오하게 다른 점이 있고 그들과 같지 않을 수 있다면 우리는 복음을 위해 영향력을 가질 수 있다. 우리가 줄곧 사람들 속에 있고 참여하고 있다면 말이다.

그러므로 첫째, 그리스도인들은 이웃 사람들이 먹는 것과 같은 음식을 먹고 그들이 입는 것과 같은 옷을 입고 그들의 언어와 휴식과 문화 생활과 공공 활동에 있어서 이웃과 같아야 한다. 이웃과 더불어 사는 삶에 참여해야 한다. 그리스도인들은 탁월성에 있어서도 이웃과 같아야 한다.

즉, 그리스도인들은 사람들이 뛰어나기를 바라는 영역에서 뛰어나야 한다. 그리스도인들은 기술 있고, 부지런하고, 지혜 있고, 훈련이 되어 있어야 한다.

요컨대, 특정 지역 공동체에서, 그리스도인은 지역에 있는 다른 사람들과 모든 면에서 비슷한 수준을 가져야 한다. 이것이 있으면 비신자들이 신앙의 주제에도 마음을 열고 대화를 할 수 있게 된다.

그들이 생각할 때 그리스도인들이 자기의 세상 속에 함께 살고 있고 이해하고 있다고 받아들이게 되기 때문이다. 이는 궁극적으로는 그들이 만일 그리스도인이 된다면 어떤 모습이 될지를 그려볼 수 있게 도움이 된다.

예를 들어 월가에서 일하는 비신자 청년이 금융가에서 일하는 그리스도인을 만나는 것은 좋은 일이다. 나이와 사회적 지위는 상관이 없다. 연로한 여성 예술가가 다른 여성 예술가 그리스도인을 만나는 것도 좋은 일이다. 세대는 중요하지 않다.

둘째, 그리스도인들은 반드시 이웃들과 달라야 한다. 핵심적으로, 초대 교회 그리스도인들은 놀라울 정도로 이웃과 달랐다.

오늘날 우리도 마찬가지여야 한다. 그리스도인들은 진실성(integrity)의 표지가 있어야 한다. 그리스도인들은 반드시 정직하고 양심적이며, 투명하며, 공정한 것으로 알려져야 한다.

그리스도를 따르는 사람들은 반드시 관대함의 표지가 있어야 한다. 만일 고용주라면, 개인적 이득을 덜 취하고 고객과 종업원들에게 더 이익이 돌아가도록 힘써야 한다. 시민으로서, 그들은 궁핍한 사람들에게 기부하는 재정이 있어야 하며 시간에 있어서도 관대하게 사용해야 한다.

그들은 자신이 누릴 수 있는 생활 수준보다 낮게 살아가는 법도 고려해야 한다. 그리스도인은 또한 낯선 이에 대한 친절로 유명해야 한다. 다른 사람들을 집에 초청하며, 특히 가난한 이웃과 사람들에게 베푸는 것을 즐거워해야 한다.

그들은 동정심의 표지가 있어야 하며 자기 이익을 챙기거나 개인관계 및 사업에서 무자비한 것을 피해야 한다.

그들은 또한 용서하고 화해를 추구하는 비상한 의욕의 표지가 있어야 한다. 복수심이나 앙심을 품지 않는다.

이러한 성품의 특성들 외에도, 그리스도인들은 명확한 반문화적 가치와 실천을 갖고 있어야 한다. 신자들은 정결한 삶을 살고, 성경적 성 윤리에 비추어 일관성이 있어야 한다. 교회 외부의 사람들은 이 윤리를 알고 있다 - 혼외정사 금지 - 그러므로 이 영역에서 어떤 비일관성이 있으면 그리스도인으로서의 신뢰성을 깨뜨린다.

오늘날, 강력한 기독교적 확신을 가진 사람들 외에는 이렇게 사는 사람이 거의 없다. 지역 사회의 외부인들과 비그리스도인들은 또한 당신이 역경에 어떻게 대응하는지를 감지한다.

실패와 실망 중에도 침착할 수 있는 것은 당신의 복음전도에 결정적인 역할을 한다. 마지막으로, 그들은 당신이 공익을 추구하는지 알아볼 것이다. 만일 당신이 공동체의 공익을 추구하는지 말이다. 프랜시스 쉐퍼는 이러한 반문화적 가치들이 어떤 것인지 예를 든다.

> 성경은 재산권에 대해 분명하게 가르치지 않는다. 그러나 구약성경과 신약성경 모두 측은지심을 갖고 재산권을 사용할 것을 매우 강조한다. 만일 고용주가 성경을 믿는 그리스도인인 곳마다 고용주가 이익을 덜 취하면서 종업원들이 "평균 임금"보다 눈에 띄게 더 많이 받는다는 것을 세상이 볼 수 있다면, 이익은 세상의 기준과 똑같되 대신 많은 금액을 기독교 학교, 선교, 복지에 기부하는 경우보다 복음이 훨씬 더 잘 전파될 수 있었을 것이다.
>
> 이것은 온 세상에 복음을 증거하는 일의 중요성을 축소하거나 선교를 최소한도로 하자는 의도가 아니다. 이것은 재산권의 사용도 복음을 선포할 때 함께 따라간다는 것이다.[11]
>
> 다른 사람들과 같으면서도, 같지 않은 것 외에도, 그리스도인들은 또한 사람들의 삶에 참여해야 한다.[12] 상황화된 신자에게는 매일의 삶이 선교다. 이웃, 동료, 주민들과 피상적이지 않은 관계를 형성하는 것에 대한 문제다. 실제적이며, 단순한 방법들을 몇 가지 다음에서 다룬다.

이웃에 참여하기

- 당신의 주변 지역을 정기적으로 걸어라. 거리에 나와 있는 사람들을 만나라. 정기적인 일정을 정해서 같은 시간 같은 장소의 슈퍼마켓, 미용실, 커피숍, 상점에 들르라. 이것이 지리적으로 가까이 사는 사람들을 알 수 있는 주된 방법이다.

- 당신의 건물과 주변에 사는 다른 사람들을 알 수 있는 방법을 찾으라. 공용시설, 주민 모임, 그밖에 여러 다른 방법을 찾으라.

- 지역에서 다른 사람들과 함께 할 수 있는 여가활동이나 취미를 찾으라. 기독교인 등산 모임 같은 것을 새로 만들지 말라. 이미 있는 모임에 참여하라.

- 지역의 스포츠 동호회에 참여하라.

- 이웃 주민들과 함께 비영리조직이나 프로그램에 참여해 자원봉사를 하라.

- 자녀가 있다면 학교 행사에 참여하며 다른 부모들을 알고 지내라.

- 지역 행사에 참여하라. 기금 모집, 축제, 청소, 여름 공연, 콘서트 등.

- 지역 봉사에 참여하라. 주민 모임에 참여하라. 정기적으로 쓰레기 청소를 하라. 지역 협회에 들어가라. 이웃들 중에서 특히 노인들을 찾아서 도울 방법이 있는지 찾아보라.

- 이웃들을 초대하라. 때와 장소가 적절하면 그들을 초청해서 식사나 영화를 대접하라.

동료, 협력자, 친구들에 참여하기

- 그들과 여가활동을 같이 하라. 스포츠를 관람하라(경기장, 아니면 집에서 TV로 보라). 극장 공연, 박물관 전시회, 미술관 관람 등을 하라.

- 그들을 초청해서 스포츠 경기를 같이 하라.

- 체육관에서 함께 운동을 하라.

- 같이 영화를 관람하러 가라.

- 할 수 있는 대로 자주 식사를 같이 하라. 당신의 집에서 초대하거나 새로운 식당을 탐험하라.

- 소풍이나 나들이를 계획하라.

- 그 사람이 어떤 기술이나 관심사가 많다면, 가르쳐 달라고 부탁하라(진지하게)!

- 토론 그룹을 조직하라. 정치나 책 같은 것에 대해 이야기할 수 있다. 주로 비그리스도인을 초청할 수 있다.

참여한다는 것은 그리스도인으로서 자신을 나타내려는 의향을 의미한다. 그렇게 하지 않고 관계적으로 가까워지는 것은 "조화 접근법"이라고 부를 수 있다.

많은 그리스도은 비그리스도인들로 구성된 세상에서 살면서 그들의 영적인 궁핍에 대해서는 생각지 않는다. 사람들에게 그리스도인이라고 자신을 밝히지도 않는다. 그들의 원초적 갈망은 용납되는 것이며, 다르게 인식되는 것을 피하는 것이다. 그러나 이 접근법은 세상에서 신앙과 관계를 통합하지 못한다.

그 반대의 모습이 실정이다. 만약 교회 바깥에서 사람들과 관계적으로 참여하지 않으면서 자신을 그리스도인라고 밝히는 것도 가능하다. 이들은 사람들이 상실된 상태에 있음을 알고 믿음에 관한 대화에도 참여하지만, 비그리스도인들과의 관계는 대개 피상적이다. 우리는 이를 "기독교 거품 접근법"라고 부를 수 있다.

이런 경우, 그들은 직장 외의 모든 중요한 관계들을 그리스도인들과 함께 하며, 자기 시간을 기독교적 활동들로 채운다. 또한 비신자들로부터 배울 기회를 추구하지 않았다. 그들을 인정하거나, 긍정하거나, 섬기려고 하지 않았다. 그래서 그들의 믿음에도 불구하고, 교회 바깥의 사람들은 그들의 생각을 알지 못한다.

40년 전에, 대부분의 우리는 게이인 사람들을 알았다. 그러나 모든 사람이 이것에 대해 조심스러워하며 침묵했기에 우리가 아는 사람들 중에 게이가 있다는 것을 알지 못했다.

결과적으로, 그들에 대한 고정관념을 믿는 것이 가능했다. 오늘날 대부분의 젊은 사람들은 게이인 사람을 알고 있다. 그리고 그들에 관한 고정관

넘이나 일반화를 믿기가 더 어려워졌다.

오늘날 대부분의 도시지역 회의자들은 그리스도인 친구들이 있다. 그러나 그들은 그 사실을 모른다. 왜냐하면 공개적으로 그리스도인이라고 알려지는 것을 무서워하기 때문이다. 오늘날 그리스도인들은 40년 전의 게이들과 같다.

그러므로 사람들이 그리스도인들에 대한 왜곡된 이해와 고정관념을 갖게 되기가 쉽다. 그들이 실제로 자신을 밝히지 않기 때문이다.

회의자들이 믿기 위해서는 단순히 논쟁을 이기는 것 이상이 필요하다. 그들은 지성적이고 존경할 만한 사람들을 관찰해야 하며, 그들을 훌륭하게 만드는 상당히 큰 이유는 그들의 믿음이라는 것을 보아야 한다. 당신이 존경해마지 않는 친구가 있다는 것은 믿음을 더욱 신뢰성 있게 한다.

이러한 세 가지 요소들이 -같음, 다름, 참여함- 그리스도인의 관계적 진실성에 기초를 이룬다. 그리스도인들이 도시의 인간관계에 통합되어 있고 그들의 믿음이 생활의 모든 영역과 통합되어 있을 때 관계적 진실성을 갖게 된다. 왜 그리스도인의 관계적 진실성이 전도와 선교 사명에 중요한가?

많은 교회들은 전도를 정보 전달의 차원에서만 생각한다. 그러나 이는 실수다. 크리스천 스미스가 미국 젊은이들의 신앙에 대한 책을 썼는데, 이십 대에 신앙심이 깊어지는 중요한 소수를 다루고 있다. 의미 있는 개인적 관계가 그들의 중요한 회심에 이유를 제공했다.[13]

알랜 크레이더(Alan Kreider)는 초대 기독교가 폭발적으로 성장했다고 보고한다. 10년마다 40퍼센트의 속도로 근 삼백 년 동안 성장했다. 매우 적대적인 환경에서 이루어진 것이다.

초대교회 그리스도인들은 공적 설교에 참여하지 않았다. 그것은 너무 위험한 일이었다. 현실적으로 우리가 이름을 아는 전도자나 선교사가 있지 않다.

초대 그리스도인들은 선교위원회가 없었다. 그들은 전도에 대한 책을 쓰지도 않았다.

1세기 중반 네로 황제의 핍박 이후에, 로마 제국 안에 있는 교회들은 방문자들에게 예배를 폐쇄하였다. 집사들이 교회 문에 서서 경비 역할을 했다. 세례 받지 않은 사람이 들어오는지 검사했다. "거짓말하는 밀고자"는 들어올 수 없었다.

그렇지만 교회는 성장하고 있었다. 공적으로 기독교는 미신으로 분류되었다. 유명 인사들은 교회를 경멸했다. 이웃들은 그리스도인들을 다양하고도 미묘한 방식으로 차별했다. 정기적으로 교인들은 집단학살을 당했다. 그리스도인이 되는 것은 매우 어려운 일이었다.

그렇지만 교회는 계속 성장했다. 왜 그럴 수 있었을까?[14]

초대교회의 사회적 상황을 펼쳐놓아 보면 불가능해 보인다. 그럼에도 불구하고 교회가 성장한 것은 교회가 매력적이었기 때문이었음을 알 수 있다. 크레이더는 "사람들은 교회에 매력을 느꼈다. 자석처럼 끌렸다"라고 기록한다. 그리스도인들의 삶에 대한 사실적인 목격을 통해 -약자와 빈자에 대한 관심, 핍박 앞에서 지킨 진실성, 경제적인 나눔, 원수까지도 희생적으로 사랑하는 것, 그리고 높은 수준의 공동체적 생활- 비신자들은 복음으로 이끌렸다.

일단 그리스도인의 삶을 보고 비신자들이 공동체에 이끌리면, 신자들은 복음 진리에 대해 이야기하기 시작하며, 이런 종류의 삶을 가능하게 하는 원천이 곧 복음임을 설명한다.

오늘날 도시에 사는 사람들은 그리스로마 제국에서 사람들이 겪었던 것과 같은 종류의 위험을 -전염병, 사회적 혼돈, 그리고 폭력- 당하지 않는다. 그리스로마 시대에 사랑하는 공동체 안에 있다는 것은 문자적으로 삶과 죽음의 경계를 의미했다. 그러나 오늘날 도시 거주자들은 여전히 많은 문제들을 접하고 있으며, 이는 기독교가 다룰 수 있는 부분이다. 도시인들은 미래의 성장과 번영에 대한 희망이 없다.

성장과 번영에 대한 고민은 지난 몇 세대 동안 세속적 사람들이 가졌던 것들이지만 이제 더 이상은 아니다. 사람들은 앞 세대들이 겪었던 것보다 더 외롭고 더 경쟁적인 환경을 심각하게 겪는다. 삶의 질은 희망, 사랑, 안정, 진실성 등의 표지로 나타나는데, 언제나 전도를 위해 꼭 필요한 전제조건이었다. 그러나 오늘날처럼 필요한 적은 없었다.[15]

신자들 사이에 왜 관계적 진실성이 그렇게도 적은가? 그 답은 주로 - 전부는 아니지만 - 동기에 있다. 조화 모드에 있는 사람들은 종종 용기가 부족하다. 그들은 영향력을 잃는 것, 무대 뒤에서 고초를 겪거나, 또는 직업적으로 손해를 보는 것을 걱정한다.

이러한 걱정이 맞는 걱정이기는 하다. 다른 한편으로는, 거품 모드에 있는 사람들은 주변의 사람들에게 감정적, 사회적, 재정적, 신체적 헌신을 하지 않으려고 한다.

놀랍게도, 인터넷이 여기에 크게 일조했다. 기술발전으로 말미암아 사람들은 도시로 이사 가서 여전히 다른 지역에 있는 그리스도인 친구들과 가족과 연결되어 살 수 있다. 그런데 우리 주변에 물리적으로 살고 있는 사람들은 무의식적으로 간과하기가 쉬워진다. 이것은 사람들에게 마음을 투자하는 것을 꺼리게 하는 요인이 된다.

그러나 동기 결핍이 평신도가 전도를 안하는 유일한 이유는 아니다. 많은 사람들은 의욕이 넘치지만 여전히 전도의 기술과 방법을 잘 모른다고 생각하며 발이 묶여 있다. 비그리스도인 친구들이 신앙에 던지는 질문들에 마음이 넘어지거나 그들의 믿음 자체가 흔들린다.

그들은 어떤 매력을 갖고 기독교 신앙에 대해서 이야기할 수 없다고 느낀다. 이러한 지식과 능력의 결핍이 그들의 용기를 앗아간다. 그리고 다른 사람들을 향한 자비심에도 영향을 끼친다(그들은 자신이 사람들에게 도움이 안될 것이라고 느낀다). 이로 말미암아, 우리는 효과적인 평신도 사역에 두 번째 필요조건을 고려하게 된다.

목양적 지원

전교인 복음 사역을 죽이는 목양방법이 있는 것처럼 그것을 촉진하는 목양방법도 있다. 그들이 무엇을 하든, 목회자와 교회 지도자들은 평신도 사역의 중요성을 인식해야 하며 의도적으로 사람들을 준비시켜야 한다.

목회자들은 평신도 사역자들의 삶에 개인적으로 동참해야 한다. 관계적 진실성이 부족한 많은 그리스도인들이 평신도 사역자들과의 강한 목회적 관계를 통해 해결을 받는다. 동기의 부족이든, 동정심의 부족이든, 능력이나 지식의 부족이든지 모두 그렇다.

이러한 연결성이 내용 중심의 공식적 훈련과정을 통해서 생기는 것은 아니다. "믿음을 어떻게 나눌까?" 등의 훈련강의는 필수적이고 매우 유용하다. 리디머교회에서는 도시환경에 적합한 교재를 만들어 사용하고 있다. 그렇지만, 연결성은 목회자들과 평신도 지도자들로부터 비공식적인 교육과 지원과 지속적인 자문을 받을 때 만들어진다. 목회자들은 평신도들이 자신들의 인간관계를 말씀의 사역을 위해서 사용하도록 격려하고 독려해야한다는 것을 늘 잊지 않아야 한다.[16]

목회자가 어떻게 사람들에게 믿음의 이슈들에 대해서 이야기하고 어떻게 사람들을 위해서 기도하는지 모범이 되는 것이 중요하다. 리디머교회에서 사역 초기에 두 가지 방식으로 했다.

하나는 내가 전한 설교 그리고 아침예배 직후 가진 질의응답 시간들이다. 정기적인 기도모임을 지도자들과 함께 가졌는데 그 시간에 우리는 믿지 않는 친구들을 위해 기도하였다. 사람들을 위해서 어떻게 기도하는지에 대한 모델이 됨으로써 성도들이 친구들을 향해 손을 뻗어나가는 용기, 동정심, 책임, 그리고 동기부여가 생겨났다.

목사와 그의 팀은 반드시 나머지 모든 회중들에게 그리스도인의 관계적 진실성이 어떤 것인지에 대한 모범이 되어야 한다.

데이비드 스트라우드(David Straud)는 런던의 교회 개척자인데, 어떻게 그의 아내 필립파가 지역의 공립학교에 깊이 참여하게 되었는지 이야기를 들려 준다.

그는 당시에 지역 순찰 프로그램을 시작했었다. 이들의 노력을 통해서 지역 사회의 생활에 깊이 참여하게 되었고, 이웃과 관계 형성을 많이 할 수 있게 되었다.[17]

모범이 되는 것 외에도, 목회자들이 실제적이 명료한 관점을 갖고 복음의 관계적 사역에 참여하는 것이 중요하다. 복음을 가지고 친구들과 동료들에 다가가 손을 잡아주는 과정에서 꼭 한 번에 완벽한 복음 제시를 해야 하는 것은 아니다.

한 세대 전에는 여러 복음 전도 프로그램의 목적이 완벽한 복음 제시를 하게 하는 것이었지만, 실제로 이것을 잘 할 수 있는 평신도들이 단지 소수에 불과했다(성직자들도 마찬가지였다!). 친구에게 다가가는 것은 훨씬 자연스럽다. 유기적인 전도 방법은 사람들에게 언제나 높은 가치를 인정받아야한다.

이것을 할 수 있는 몇 가지 방법을 그 강도에 따라 아래에 제시한다. 목회자들은 교인들이 이 모든 것을 할 수 있도록 구비시켜야 한다. 그 대부분은 솔직함과 용기만 있으면 할 수 있는 것들이다.

1. 일대일 - 비공식적
- 사람들에게 당신이 기독교 신앙을 가졌음을 알게 하라. 교회에 다님을 말하거나 일상적 대화 가운데 신앙을 표현하라.
- 다른 사람들의 신앙에 대해서 물으라. 그들의 교회에 대한 경험을 물으라. 그리고 이해하는 마음과 공감하는 마음으로 단순히 경청하라.
- 다른 이의 도전에 대해서 공감적으로 듣고, 그 사람을 위해서 정기적으로 기도하겠다고 말하라.
- 어려운 개인적 이슈를 나눌 때는 믿음을 통해서 힘을 얻고 해결을 할

수 있었다는 것 등을 꼭 이야기하라.

- 당신의 영적인 스토리를 이야기하라. 그리스도인으로서의 경험을 짧게 고하라.

2. 일대일 - 준비된- 의도적

- 책이나 오디오 설교를 주고 함께 이야기할 수 있는 자리로 초대하라.

- 기독교에 대한 가장 큰 반대질문이나 문제사항에 대해서 토론을 시작하라. 존중심을 갖고 들으면서 읽고 생각할 것을 주어라.

- 성경을 정기적으로 함께 만나서 같이 읽으라. 복음서를 읽으면서 예수님의 성품에 대해서 토론하라.

3. 그리스도인 공동체의 경험을 제공하라

- 직접적인 기독교적 행사나 집회는 아니지만 그리스도인들이 모이는 행사나 자리에 지인들을 초청하라.

- 복음이 소통되며 토론되는 것을 들을 수 있는 단회성 모임 장소에 지인들을 초청하라. 예를 들면 공개 포럼, 소그룹 모임, 공예배, 질문자들을 위한 그룹 모임, 독서 클럽, 구도자 그룹 등.

4. 믿음을 나누라

- 지인들에게 그리스도인 신앙의 기본을 나누라. 어떻게 그리스도인이 되는지를 알려주라. 결단을 할 수 있도록 초대하라.

교인들이 지인들과의 대화 가운데서 부딪히는 이슈들에 대한 질문을 목회자들과 장로들이 잘 해결할 준비가 되어있는 것이 중요하다. 비그리스도인들이 "왜 하나님은 악과 고통을 허락하시나요?" 같은 질문들을 물을 때, 당신의 사람들은 어떻게 대응할지에 대한 즉각적인 도움을 필요로 한다. 목회자들은 그리스도인들이 지인들과 믿음을 어떻게 나눌지에 대한 자료를 무료로 또는 저가로 제공할 수 있다.

예를 들어, 만일 그리스도인이 어떻게 신앙이 자신에게 도움이 됐는지를 나누려고 할 때, 그들은 지인에게 책이나 오디오나 비디오를 주어서 진리를 발견하도록 도울 수 있다. 모든 신자들은 다양한 주제들에 대해 대여섯 가지 확실한 자료들을 알고 있어서, 어떤 주제에 대해 이야기한 후에 그 자료들을 전해줄 수 있어야 한다. 여기에는 물론 성경을 함께 읽고 공부하자고 제안하는 것도 포함된다.

그와 더불어 목회자는 평신도 지도자들과 정기적으로 만나서 그들의 관계들 가운데 어떤 일이 일어나는지를 이야기해야 한다. 여기에는 두 가지 목적이 있다. 한편으로는, 서로를 격려하고 고양하는 시간이다. 다른 한편으론, 마음을 열고 손을 뻗어서 사람들에게 다가가는 마음가짐을 가진 사람들을 서로 책임지며 붙들어주는 시간이다.[18]

아마도 가장 중요한 것은, 목회자가 다양한 방법으로 신학적 동기부여의 기초를 반드시 놓아서 평신도들의 전도가 복음 자체의 기초 위에서 일어나도록 하는 것이다. 이것은 다양한 방식으로 이루어질 수 있다 - 강의, 설교, 개인적인 목양 지원.

복음에 기초를 두는 것은 어떤 모습일까? 그것은 사람들에게 복음은 우리를 겸손하게 한다는 것을 가르치는 것이다. 사람들이 급진적인 복음을 이해하게 될 때 - "선한" 사람이나 "악한" 사람이나 모두 동일하게 잃어버린 사람들이며, 오직 은혜로만 구원될 수 있다는 것을 이해하게 되면, 교만함과 다른 사람들을 내려다보는 것은 복음 자체를 부인하지 않고는 불가능하다.

도덕주의적 그리스도인들은 전도를 이런 태도를 갖고 한다. "나는 괜찮아. 저들은 문제 있어 - 이것을 사람들에게 알려주는 것은 뿌듯한 일이야." 이런 자세보다 추한 것도 없고, 복음의 정신을 망각한 것도 없다.

반대로 복음은, 우리로 하여금 비그리스도인들을 보게 해주고, 그리고 그들이 우리보다 더 나은 사람일 수도 있다는 것을 알게 해준다.

나는 힌두교 이웃을 보면서 그가 나보다 더 좋은 아버지가 될 수도 있다는 것을 느낀다. 복음은 우리에게 다른 사람들을 겸손히 인정할 수 있는 기초를 준다. 그리고 이 위에서 매력적인 관계성이 만들어진다.

목회자는 또한 사람들에게 어떻게 복음이 비그리스도인들에게 소망을 줄 수 있는지 보여줄 수 있다. 어떤 사람들을 보면서 "그들은 결코 그리스도인이 되지 않을거야"라고 말하는 것은 쉽다.

그러나 우리가 복음을 붙잡을 때, 우리는 이례적인 그리스도인이란 존재하지 않음을 알게 된다. 다른 사람보다 그리스도인이 되기에 더 좋은 재목은 아무도 없다. 구원은 자격 없는 이에게 주시는 선물이다. 그러므로 누구든지 소망이 있다. 그들이 아무리 하나님으로부터 멀어 보이든지 상관없다. 대신에 당신의 마음에 있는 태도는 이래야 한다. "내가 그리스도인이라고? 나 같은 사람이 그리스도인이 되고 하나님의 자녀가 되리라고 누가 과연 생각이나 했겠는가? 그러나 이것이 나의 모습이다! 이것은 놀라운 기적이다." 이런 태도가 우리로 하여금 다른 사람을 생각할 때 소망을 가질 수 있게 한다.

마지막으로, 우리는 복음이 어떻게 전도를 위한 용기를 주는지 설명해야 한다. 예수님과 복음에 대해서 이야기하지 않고 피하는 이유 중에 하나는 두려움 때문이다. 다른 사람들이 어떻게 우리를 생각하는지에 근거해서 우리의 정체성을 찾는 것이다.

우리는 멋있거나 세련되거나 진보적으로 보이길 원한다. 또는 존경스러워 보이길 원한다. 우리 자신이 어떻게 사람들에게 보이는지를 신경 쓰고 있는 것이다. 우리가 이런 식으로 생각하는 것은, 슬프게도, 하나님께서 우리를 어떻게 보시는지를 충분히 중요하게 여기지 않는 것이다. 복음은 우리로 하여금 평판에 묶이지 않게 한다.

구원이 오직 은혜로 된 것임을 알 때, 오직 하나님께서 그들의 마음을 열 때 그들이 믿음으로 오는 것을 안다. 아무리 머리가 좋거나 논리가 뛰어나다고 해서 사람들을 믿음으로 인도하는 것은 아니다. 그러므로, 우리는 지식의 부족에 대해서 염려할 필요가 없다. 마음을 여는 것은 하나님의 은혜이다. 우리의 달변이 아니다.

만인 당신의 평신도 사역자들이 어떤 종류의 사람들에게 거절을 당하거나 예수님에 대해 말할 용기나 소망이 없어서 전도에 열매를 맺지 못하고 있다면, 그들에게 필요한 것은 전도에 대한 새로운 책이나 훈련이 필요한 것이 아니다. 그들이 원천인 복음으로 다시 돌아가도록 도와야 할 것이다.

그리고 죄인들을 사랑하시는 하나님의 은혜롭고, 조건 없이 주시고, 자비로우신 하나님 사랑의 메시지가 그들의 마음을 새롭게 기경하도록 해야 할 것이다. 목회자들과 교회 지도자들이 수동적인 평신도들을 용감하고 은혜로운 평신도 사역자로 바꿀 수 있는 가장 중요한 한 가지 방법은 그들의 삶의 명백한 거룩함을 통해서이다.

목회자는 겸손, 사랑, 기쁨, 그리고 지혜의 표지가 반드시 있어야 한다. 이런 것들이 가시적일 때 사람들은 그들을 신뢰하고 배우려고 이끌린다. 목회자로서, 당신은 최고의 설교자는 아닐 수도 있지만, 당신이 하나님의 사랑, 기쁨, 그리고 지혜로 가득할 때, 당신의 메시지는 지루하지 않게 된다!

당신은 가장 조직력이 있거나 카리스마적 리더는 아닐 수도 있지만, 당신의 거룩함이 분명할 때, 사람들은 당신을 따를 것이다. 이것이 최소한 의미하는 것은, 역동적이고, 훈련되고, 깊이 있는 기도 생활은 추상적이고 개인적인 의미에서도 중요할 뿐만 아니라, 당신의 사역을 위해서 당신이 할 수 있는 가장 실용적인 것이기도 하다는 것이다.

안전한 공간

복음 전도의 역동성이 평신도들의 관계적, 비공식적 활동에만 근거해서 이루어질 수도 있다. 그렇지만, 평신도들은 교회가 지원하는 다양한 종류의 행사, 모임, 활동들 가운데서 비신자들이 훨씬 직접적으로 기독교와 복음에 노출이 될 때에 흔히 격려와 방향제시를 받을 수 있게 된다.

그러한 모임들은 두 가지 흔한 위험들을 피해야만 한다. (신학적, 교회적 특정 배경을 가정해서) 새로 온 사람을 혼란스럽게 하거나 또는 (불필요한 장애물을 놓아서) 새로운 사람을 불쾌하게 하는 것을 피해야 한다.

감히 말하건대, 오랫동안 내가 목격한 대부분의 좋은 의도로 모인 "전도" 이벤트들은 이 두 가지 또는 둘 중에 하나의 오류를 범하고 있었다. 창의성을 발휘해서 믿음이 없는 사람들이 모여서, 매력적인 접근법으로, 기독교 복음의 주장을 생각할 수 있는 다양한 종류의 모임과 장소를 생각해보라. 여기에 몇 가지 예가 있다.[19]

- 단회성 이벤트. 예를 들면 오픈 포럼. 리디머교회에서는 예술 포럼이 대표적인 형식이었다. 예를 들어, 거쉬윈의 오페라 "포기와 베스" 발췌곡, "재즈 아티스트 콜트레인의 밤", 또는 바흐의 결혼 칸타타. 연주 이후에는 예술에 관한 기독교적 관점을 제시하는 강의가 이어졌다. 그리고 질의응답시간으로 마무리 된다.
- 소규모의 대중장소에서 여는 간단한 강의와 질의응답 시간. 주로 한 주제를 다루며 사람들이 기독교 신앙에 대해 제기하는 문제점들을 해결하는 시간. 리디머교회에서는 "포장을 뜯은 기독교"라는 모임들을 가진다.
- 이제 막 형성되기 시작하는 소그룹. 소그룹들이 비교적 새롭고, 역동성이 아직 "마르지 않은 시멘트"와 같을 때, 구성원들은 기독교를 탐색하는 사람들을 더 포용하고 끌어들일 수 있다.

- 비신자들에게 이해 가능한 예배. 설교, 음악, 예전을 통해서.

- 4주간 모이는 그리스도인 그룹. 매주 각 멤버들은 한 명의 비신자들에게 그들의 신앙에 대해서 질문을 한다. 이는 토론이 목적이 아니라 다른 신앙을 가진 사람들이 기독교에 대해 가지는 반대의견들을 배우려는 목적으로 이루어진다.

- 정기적으로 모이는 비그리스도인 그룹. 덜 집중적인 것으로는, 소설을 주로 읽는 북 클럽이 있다. C. S. 루이스, 플래너리 오코너, J. R. R. 톨키엔, G. K. 체스터튼, 도스토예프스키 등을 읽고 신앙적 주제를 파악한다. 또는 비그리스도인들이 쓴 책을 읽고 그들의 세계관과 기독교의 세계관을 이야기한다. 보다 집중적인 것으로는, 책 한 권을 8주간에 걸쳐 읽는 "구도자 모임"이 있다. 어떤 사람들은 기독교에 대한 일반적인 "반대 질문"에 대한 솔직한 토론에 잘 반응한다.[20] 그렇지만 어떤 사람들은 복음서 중에 한 권을 정독하거나《왕의 십자가》와 같은 책을 사용해서 예수님의 삶을 탐구하기를 더 선호한다.[21]

- 단회성 "살롱"으로서, 그리스도인들이 비그리스도인 친구들을 데려와서 특정 주제에 대한 그리스도인 연사의 비공식적인 강연을 듣고 토론 시간을 가진다.

- "모임 후" 예배. 예로는 교회 예배가 끝난 후에 그날의 설교자와 함께 가지는 질의응답 시간을 들 수 있다. 주로 설교와 관련된 질문이 다뤄지지만, 어떤 질문이든지 허용된다. 변증 클래스에서 (5주에서 7주) 기독교의 진리성을 다룰 수 있다. 기독교 기본진리와 생활을 다루는 7주간의 강좌를 열어서 새 신자들에게 방향 제시를 하고 구도자들도 참석할 수 있게 한다.

- 동질성에 근거한 전도프로그램. 대학 사역, (직업에 따라 구분되는) 직종별 사역, 남성 또는 여성 모임들은 평소에 전도적, 변증적 특성을 가질 수 있다. 그리고, 종종 중립적 장소에서 위에서 묘사한 것과 비슷

한 전도적 이벤트를 가질 수 있다.

전도는 자연스러워야 하며, 우리가 대화에 들어가서 다루려는 어떤 일
련의 목록이나 안건으로 지시될 수 없는 것이다. 친구들은 서로에게 마음
을 나누며 서로에게 최선의 것을 한다. 전도는 우리가 교만, 두려움, 그리
고 비관 등이 우리의 믿음과 마음을 감추게 하지 못할 때 우정 가운데 유기
적으로 흘러나오는 것이다.

교인들이 현실을 어떻게 바라보는지 자연스럽게 친구들에게 이야기할
수 있도록 도와야 한다. 교인들의 삶 가운데 이러한 복음의 역동성이 더 많
이 있을수록 그들은 더 많은 새로운 사람들을 자석처럼(행 2:47) 이끌 수 있
게 된다. 그리고 사람들이 믿음을 가지도록 가장 신뢰성 있고 자연스럽고
열매 맺는 방식으로 도울 수 있게 된다.

일반적으로 단순히 비신자들을 아무 때든 그리스도인 공동체로 데려
오는 것이 안전하려면 다음의 것들이 있어야 한다. 공동체 전반이 매우 따
뜻하고 믿음 없는 사람들을 받아들인다면, 만일 공동체가 문화적으로 단
절적이지 않다면, 만일 공동체가 평신도 사역을 우선순위로 삼는 목회자
에 의해 지도된다면, 만일 교회가 균형있고 통합적인 사역을 한다면 말이
다. 이 마지막 주제에 대해서는 7부에서 다룬다.

토론과 성찰을 위한 질문들

1. 전교인 복음 사역의 다양한 예들을 잘 살펴보라. 이 중에 어떤 것들이 당신이 직접 행한 것들과 유사한가? 이 중에 어떤 것이 믿음을 나누는 창조적 생각에 아이디어를 제공하는가?

또한 사람들을 지도하는데 어떤 것이 생각을 번뜩이게 하는가? 당신의 팀이 이런 종류의 복음 사역에 있어서 더 주도면밀해질 수 있겠는가? 당신의 공동체에서 이 목록 외에 어떤 것을 추가할 수 있겠는가?

2. 다음을 어떻게 생각하는가? 믿음이 생기기 전에 "사람들은 복음의 다양한 표현을 들을 수 있도록 공동체 안에서 충분히 오랫동안 수용되어야 한다. 교인들과 목회자들로부터 비공식적, 공식적인 방법으로 복음을 들어야 한다."

혹시 어떤 것이 비신자가 당신의 공동체에 참여하는 것을 막고 있지는 않은가? 비신자들을 당신의 믿음 공동체에서 환영하기 위해 당신은 무엇을 하고 있는가?

3. 이 장은 그리스도인들이 "관계적 진실성"을 가져야 한다는 것을 제시한다. 이 말이 의미하는 것은 그들이 주변 사람들과 같으면서도 주변 사람들과 깊은 차원에서 같지 않고, 하지만 그들의 삶이 지역공동체에서 관찰되고 참여할 때, 그리스도인들이 주변 사람들에게 영향력을 갖게 된다는 것이다.

당신의 지역에서 같으면서도, 같지 않고, 참여하는 것은 어떤 것을 의미한다고 생각하는가? 당신의 팀 멤버들은 각각의 이 영역들에서 어떻게 하고 있는가? 당신의 교회를 관계적 진실성의 영역에서 어떻게 평가하겠는가?

4. 안전한 공간을 제공하는 부분에서 당신의 사역은 현재 어떤 것들을 하고 있는가? 비신자가 당신이 제공하는 공간들에 온다면 얼마나 "안전"하다고 생각하겠는가? 당신의 교회에서 안전한 공간의 원형으로 세우고 싶은 것은 무엇인가?

주

1. Ryan Bolger, "Marks of a Missional Church," http://thebolgblog.typepad.com/thebolgblog/2006/01/marks_of_a_miss.html (2012년 2월 17일 접속).

2. John Stott, *Motives and Methods in Evangelism* (Leicester, UK: Inter-Varsity, 1962), 14.

3. Michael Green, *Evangelism in the Early Church*, rev. ed. (Grand Rapids: Eerdmans, 2003), 243, 아돌프 하르낙(Adolph Harnack)을 인용한다.

4. 위의 책.

5. 위의 책, 342-346.

6. 위의 책, 244.

7. 위의 책, 315.

8. 위의 책, 318-338.

9. 위의 책, 339.

10. 이 예들의 많은 것은 다음에서 가져와 개작하였다. Colin Marshall and Tony Payne, *The Trellis and the Vine* (Kingsford, Australia: Matthias Media, 2009), 54-56. 나는 몇 가지 새 예들과 맥락화된 것들을 이 책에 추가하였다.

11. Francis Schaeffer, *2 Contents, 2 Realities* (Downers Grove, Ill.: Inter-Varsity, 1975), 31-32.

12. 참여에 대한 몇 가지 좋은 생각들은 다음을 보라. Tim Chester and Steve Timmis, *Everyday Church: Mission by Being Good Neighbours* (Nottingham, UK: Inter-Varsity, 2011), ch. 4 ("Everyday Mission").

13. 다음을 보라. Christian Smith, *Souls in Transition: The Religious and Spiritual Lives of Emerging Adults* (New York: Oxford University Press, 2009), 209.

14. Alan Kreider, " 'They Alone Know the Right Way to Live': The Early Church and Evangelism," in *Ancient Faith for the Church's Future*, ed. Mark Husbands and Jeffrey P. Greenman (Downers Grove, Ill.: Inter-Varsity, 2008), 169-170.

15. 초대교회의 평신도들 전도에 대한 다른 두 개의 필독서로는 다음을 보라. Green, *Evangelism in the Early Church*, and Rodney Stark, *The Rise of Christianity* (New York: HarperCollins, 1990).

16. 비정형적 목양과 전도에 대해 평신도들에게 줄 수 있는 쉽고 기억하기 좋은 개요를 위해서는 다음을 보라. Chester and Timmis, *Everyday Church*, ch. 3 ("Everyday Pastoral Care") and ch. 5 ("Everyday Evangelism").

17. 다음을 보라. David Stroud, *Planting Churches, Changing Communities* (Milton Keynes, UK: Authentic Media,

18. 어떻게 이것을 할지에 대한 실제적인 제안으로는 다음을 보라. Marshall and Payne, *The Trellis and the Vine*, ch. 9

19. 전도 장소에 대한 포괄적인 사용 및 목록은 다음을 보라. Michael Green, *Evangelism*

through the Local Church (Nashville: Nelson, 1992). 오래 되긴 했지만 이 주제에 대한 가장 완벽한 가이드이다.

20. 다음을 보라. Timothy Keller, *The Reason for God Study Guide and DVD: Conversations on Faith and Life* (Grand Rapids: Zondervan, 2010).

21. 다음을 보라. Timothy Keller, *King's Cross* (New York: Dutton, 2011). 《왕의 십자가》, 두란노 역간, 2013).

모든 사역을
통합하라

01

어느 하나의 사역에
치우치지 말라

센터처치 신학적 비전에 의해 지도되는 교회는 통합적이고 균형 잡힌 사역을 추구한다. 복음은 단지 그리스도인들을 회심시킬 뿐만 아니라 그리스도인들을 능력있게 한다. 교회가 제자도 대신 전도만을 선택해야 하는 것은 아니다. 복음은 말씀을 통해서만 세상에 선포되는 것이 아니라 실천과 공동체를 통해서도 선포된다. 가르침의 사역과 결핍을 해결하는 실용적 사역 사이에서 양자 택일을 해야 하는 것은 아니다.

복음은 개인을 새롭게 할 뿐만 아니라 공동체와 문화도 새롭게 하기 때문에, 사람들의 개인적 회심을 위해 제자훈련이 필요하며, 그리스도인 공동체, 사회 정의, 도시에서의 문화 갱신을 위해서는 제자훈련을 해야만 한다. 이러한 사역 영역들은 독립적이거나 선택 사항이 아니라 상호의존적이며 성경적이 된다.

그러나 현실에서 이러한 모든 "사역 접점들"을 균형 있는 자원 사용과 관심을 갖고 제공하는 교회는 거의 없다. 많은 교회들은 전도, 교회 성장, 그리고 교회 개척에 열심을 낸다. 일부 교회들은 모든 강조점을 교제와 공동체에 둔다. 다른 교회들은 빈곤층과 사회 정의 이슈에 과격하게 헌신한다.

또한 문화와 예술의 중요성을 매우 강조하는 교회도 있다. 사실, 다양한 사역들의 지도자들이 다른 사역들의 강조점을 거부하거나 부정적으로 여기는 것은 흔한 일이다.

빈곤층과 함께 일하는 사람들을 "직업과 신앙을 통합하는" 것이 엘리트주의라고 생각한다. 공동체, 제자훈련, 그리고 경건을 강조하는 사람들은 교회 성장을 강조하는 것이 영적 천박함으로 이어진다고도 생각한다.

그러나 복음의 본질상 이 모든 접점에 참여하는 것이 요구된다. 은혜의 체험은 전도를 독려할 뿐 아니라 우리를 구원하신 하나님께 대한 친밀하고 영광스러운 예배에 대한 영감을 불어넣는다. 은혜의 체험은 새로운 투명함과 솔직함을 가능하게 하며 이로 인해 깊은 교제가 가능해진다.

복음의 은혜 중심성은 우리를 겸손하게 하며 정의를 향한 새로운 열정을 갖게 한다. 복음의 본질은 우리로 하여금 우리 사회와 문화 속에 있는 우상숭배를 감지하게 하며 그것들이 어떻게 우리의 삶과 일터를 뒤틀리게 하는지 분별할 수 있게 도움을 준다.

더욱이 이 모든 접점에 참여하는 것은 문화의 특성과도 잘 부합한다. 그리스도인들이 도시의 공익을 위해서 희생적으로 일하는 것은 성경적일 뿐만 아니라 예수님을 믿도록 사람들을 부르는 설득력 있는 전도를 위해서도 필수적인 바탕이 된다. 우리가 단지 수와 힘을 키우는데만 관심이 있다고 지역 사람들이 인식한다면, 그들은 우리에게 귀를 기울이지 않을 것이다.

또한, 문화적 참여를 생각해 보라. 앞 장에서 문화는 단순히 사람들이 믿음과 직업을 통합하려고만 하거나 또는 수많은 개인적 회심의 결과로 바뀌는 것이 아님을 살펴보았다. 반드시 두 가지 모두 있어야 한다.

깊이 있는 기독교 공동체를 경험하면서 복음에 의해 변화되는 그리스도인의 수 뿐만 아니라 가난한 사람들을 돌보는 것으로 알려지는 그리스

■ 진보-보수 패러다임 깨기

많은 사람들은 모든 교회를 진보(좌파)와 보수(우파) 사이의 이념적 스펙트럼 어딘가에 규정하려는 경향이 있다. 그러나 복음이 있는 교회를 이런 식으로 범주화될 수는 없다. 왜냐하면 복음은 '죄'로부터의 회심을 가능하게 하며, 깊고 강력한 사회 변화도 일으키기 때문이다. 우리 마음에 있는 가치들(이기심과 우상숭배)에 도전하며, 세상의 가치들(권력, 지위, 명예, 부)에도 도전한다. 복음의 양상은 약함을 통해서 영광에 이르며, 가난을 통해서 부요함에 이르며, 섬김을 통하여 힘에 이르는 것이다. 이것을 이해할 때 가난한 사람들과 우리의 지위, 부, 직업에 대한 태도가 달라진다. (보수적인 교회가 그러듯) 단지 전도만을 강조하거나 (자유주의적인 교회가 그러듯) 단지 사회 정의만을 강조하는 것이 아니라, 의도적으로 양자를 모두 강조한다. 교회의 사람들을 복음 선포 및 자비와 정의의 사역을 통해서 도시에 연결시키는 통합적인 사역을 하는 것이다. 복음 중심적인 교회는 반드시 일반적인 교회에서는 보이지 않는 두 가지를 결합하는 '열정'이 있어야 한다.

도인의 수가 모두 증가해야 한다.

이는 오직 우리가 모든 사역들을 동시에 하면서 그중에 어떤 것이든지 효과적일 때 가능하다. 어떤 접점에서의 성공이든지 사역의 다른 접점에서의 성공에 의존한다.

만일 우리가 이 모든 것을 함께 행하려는 강한 노력을 기울이지 않는다면 실제로 어떤 것도 제대로 행하지 못하게 된다. 다시 말해서, 센터처치 사역은 통합적이어야 한다.

우리가 다음과 같은 수천 개의 새로운 교회 공동체를 만들 수 있다면 정기적으로 세상 사람들을 그리스도께 인도하고, 도시 전체의 공익을 추구할 수 있다. 특히 가난한 사람을 돕고, 많은 그리스도인들이 연극을 하고, 과학을 발전시키고, 창조적 언론을 만들고, 효과적이며 생산적으로 새로운 사업을 일으킬 수 있다.

또한 타인을 위하여 재정을 사용하고, 최첨단의 논문과 문학작품을 산출한다면, 성경이 그리스도인들에게 해야 한다고 말하는 모든 것을 실제로 행하는 것이 된다.

이것은 우리의 도시들이 그리스도를

위하여 어떻게 영향을 받을지에 대한 모습들이다.

교회에 대한 성경의 비유들에 균형을 잡는 것

에드먼드 클라우니는 논문에서 성경이 교회를 묘사하는 데 문자적으로 수십 개의 비유를 쓴다고 제시했다.[1] 교회는 "택한 백성 거룩한 나라"(벧전 2:9)로 불린다.

문자적으로, 그리스도를 만남으로 인해 변화된 독특한 민족이다. 교회는 또한 가족으로서 다른 그리스도인들이 형제, 자매, 어머니, 아버지가 된다(마 12:49-20; 딤전 5:1-2; 요일 3:14-18). 또한 교회는 "그리스도의 몸"으로 불린다(고전 12:12-27). 우리는 인간 신체의 일부분처럼, 각기 다르고 대체불가능하며 상호주관적인 역할을 한다. 이러한 비유는 그리스도 안에서 서로서로에게 새로운 연결점을 제시한다.

어떤 비유들은 하나님의 사랑과 임재 앞에 나아가는 유일한 길을 강조한다. 교회는 그리스도의 신부로 묘사되며(고후 11:2; 엡 5:32), 이는 가장 깊은 인간관계를 넘어서는 친밀감을 가리킨다. 교회는 또한 "왕 같은 제사장"(벧전 2:9)이며 하나님의 영의 "거룩한 전"이며, "영적인 집"이다(엡 2:20-22; 벧전 2:4-8).

또 다른 비유들은 질과 양에서 성장을 이야기한다. 교회는 곡식이 자라는 "하나님의 밭"(고전 3:9)이며, 그의 "들판"(요 4:35)이며, "감람나무"(롬 11:24)이고, "포도나무 가지"(요 15:5)다.

우리가 나눔과 선을 행하는 것으로(히 13:16) 희생을 드리는 제사장의 역할과 하나님의 찬송을 선포하는 우리의 부르심(벧전 2:9 후반절)의 이미지들은 우리가 어떻게 세상과 연결되어 있으면서 하나님을 섬겨야할 지를 이야기한다.

이것은 성경에서 교회를 묘사하기 위해 사용된 80여 개의 이미지 중에서 몇 가지를 예로 들은 것이다. 클라우니는 이들 중에 몇 가지에만 집중하는 성향을 향해 경고한다. 이 모든 것들은 교회 생활의 실천에 영향을 주어야 하는 위대한 도전이다.

우리가 교회를 이해하고 교회의 정체성을 이해할 때, 특정한 메타포에 우선순위를 높게 매기고 나머지는 방관하는 것이 일반적이다. 애버리 덜레스 경은 교회의 모델이라는 책에서 교회사의 다양한 장소에서 그리고 특히 문화권을 뛰어넘은 곳에서 이것은 사실이었음을 밝혔다. 교회에 관한 다양한 성경적 비유법이 그리스도인들의 사고를 지배하게 되며, 다른 비유들은 밀어내버린다. 모든 모델들 중에서 한 가지를 강조하는 경향이 있는 다섯 가지 모델을 살펴본다.[2]

> 1. 제도로서의 교회 모델은 교리, 신학, 안수 받은 사역을 강조한다.
> 2. 신비적 공동체로서의 교회는 유기적 공동체와 모임으로서의 교회를 가리킨다.
> 3. 성례로서의 교회는 공동체적 예배를 강조한다.
> 4. 전달자로서의 교회는 전도와 설교를 주로 행한다.
> 5. 종으로서의 교회는 사회정의에 헌신한 급진적 공동체이다.

어떤 의미에서 교회 모델들은 불가피한 것이다. 회중 지도자들의 영적인 은사와 부르심, 그리고 그들의 사회적 맥락은 모든 교회들이 어떤 비유를 더 잘 수행하고 어떤 종류의 사역을 더 잘 이행할 수 있는지에 필연적으로 영향을 끼친다. 어떤 교회들은 전도를 더 잘하고, 다른 교회들은 교육과 훈련을 더 잘한다.

또 다른 교회들은 회중 예배와 설교에, 다른 교회들은 빈곤층 섬김에 강하다. 한 사람의 그리스도인이 모든 은사를 갖고 모든 사역을 동일하게 잘 할 수는 없다. 이것은 고린도전서 12장의 분명한 요점이다. 어떤 교회도 모든 영적 은사를 (충분히) 갖고 모든 사역을 동일하게 잘 할 수는 없다. 지역 교회들은, 개인 신자들과 마찬가지로, 겸손하게 자신들의 한계를 인정해야 하며 도시, 지역, 국가에서 그리스도의 몸의 한 부분이라는 것을 인정해야 한다.

네 개의 사역 접점

교회를 묘사하기 위해 사용된 어떤 비유들도 무시되어서는 안 된다. 모든 비유들은 성경적이다. 각각의 교회는 반드시 성경의 풍성한 이미지의 모든 것에 최선을 추구해야 한다.

그렇지만 어떤 교회도 은사와 강점의 완벽한 균형을 갖고 있지는 않으며, 충분한 리더십과 재정적 능력을 다 갖춘 교회도 없다! 한계를 인정하면서도 성경적 비유들에 충실한 교회란 실제적으로 어떤 것인가?

교회는 모든 형태의 사역을 통합적인 방법으로 가능한 한 탁월하게 수행하려고 함으로써 강한 사역들을 보완하려고 노력해야 한다. 강점을 인정하고 활용하되 단점을 강화하기를 멈추지 않아야 한다.

성경이 말하는 교회의 의미와 목적, 사역을 존중해야 한다. 이것은 개인적인 성령의 은사와 그리스도인의 의무와의 관계와 다르지 않다.

예를 들어, 성경은 모든 그리스도인에게 전도하며 가난한 이웃을 사랑하라고 말한다. 그렇지만 어떤 사람들은 전도의 은사를 갖고 있고(엡 4:11) 또 다른 사람들은 긍휼과 섬김의 은사가 있다(롬 12:7-8).

그러므로 그리스도인으로서 개인이 가진 은사를 사용할 다양한 기회를 찾아야 하지만, 성경이 의무로서 이야기하는 것을 실행하려고 노력해야 한다. 은사와 상관없는 사람들도 마찬가지이다.

우리는 이 과업의 어려움을 인정한다. 이는 교회 지도자들이 이루어야 할 가장 어려운 균형이다. 모든 것을 균일하게 다 잘 할 수 있는 교회는 없지만, 어떤 역할이라도 성경이 요구하는 전체 그림에서 지워선 안 된다. 특히 도시 교회들은, 대도시의 복잡성 때문에, 사역의 각각의 영역들을 넉넉한 헌신과 강조점을 갖고 주의 깊게 다루어야 한다.

교회의 비유와 모델에 대해서 이야기하는 대신, 고유한 "사역 접점"(Ministry Fronts)이라고 부르기를 선호한다. 이는 다양한 모델과 비유들은 특정 유형의 사역을 강조하고 다른 것들에 비해서 더 선호하기 때문이다. 그래서 네 개의 사역 접점들을 제안하려고 한다.

1. 사람들을 하나님께 연결하는 것 (전도와 예배를 통해서)
2. 사람들을 서로에게 연결하는 것 (공동체와 제자도를 통해서)
3. 사람들을 도시에 연결하는 것 (자비와 정의를 통해서)
4. 사람들을 문화에 연결하는 것 (신앙과 직업의 통합을 통해서)

물론, 실제로 소수의 교회들만이 네 가지 접점에 대하여 균형 잡힌 초점과 주의를 갖고 참여한다. 일반적으로는 많은 경우 교회 안과 밖에서 서로 경쟁하는 분위기로 인해 자원과 주의를 얻기 위해 사역들이 다툼을 벌인다. 그러나 이들 네 가지 접점에 참여하는 것만이 교회에 대한 성경의 비유들을 전체적으로 높이는 것이다. 이것이 곧 통합적 사역(Integrative Ministry)이라고 부르는 것이다.

나는 에드먼드 클라우니보다 교회의 통합적 성격을 더 잘 가르친 사람을 발견하지 못했다. 클라우니는, 교회에 대한 성경신학적인 관점을 다룬 책에서, "성경적인 사역의 목표들"을 세 가지로 말한다.

첫째, 우리는 예배를 통하여 하나님을 예배하고 섬기도록 부름을 받았다(롬 15:8-16; 벧전 2:9).

둘째, 우리는 기독교적 양육을 통하여 서로에게 동역하며 섬겨야 한다(엡 4:12-26).

셋째, 우리는 증거를 통하여 세상에 사역하고 섬겨야 한다(마 28:18-20; 눅 24:28; 행 5:32).

사역의 이 세 가지 목표들은 교회가 부르심을 받은 범위를 보여 준다. 우리는 이 영역들 중 하나에 전문화하도록 부름을 받지 않았다. 사람들을 하나님께, 이웃을 서로에게, 이 세상에 연결할 뿐이다. 우리는 이 모든 것을 해야만 한다. 클라우니는 이 모든 목적들이 사실은 한 가지 목표라고 주장한다. 교회로서 한 가지 근본적인 부르심이며 목적이다.

하나님께서 성도와 교회의 부르심은 한 가지 부르심이다. 바울은 이방에게 그리스도를 증거함으로 그들이 하나님을 찬양하도록 할 수 있게 한다. 또한 양육과 예배 역시 함께 가는 것이다.

우리는 시편과 찬송과 영적인 노래들로 하나님을 찬양하며, 서로를 가르치고 권면하는 것이다(골 4:16; 엡 5:19).

우리의 마음이 하나님을 향한 찬양으로 채워질 때 우리 예배는 세상에 대한 증거가 된다.[3] 오순절에 제자들은 여러 언어로 하나님을 찬양했고 그들의 찬양은 듣는 이들에게 증거가 되었다.

바로 이것이다. 우리는 한 가지의 부르심을 받았다. 하나님을 찬송하며 부르는 것인데, 우리를 죄의 어둠에서 불러내어 기이한 빛으로 부르신 이의 탁월함을 선포하는 것이다(벧전 2:9).

우리가 세상에 하나님을 선포하며 찬송할 때, 우리는 서로가 강하게 제자가 되는 것이다. 우리가 하나님의 임재 안에서 그분을 나타내며 찬송할 때, 진정한 예배가 시작된다. 우리는 다양한 방법으로 다른 민족들에게 하나님의 영광과 선하심을 선포하며 나타낸다. 이것은 우리가 교회로서 존재하는 이유이다.

교회의 범위와 역할

이 지점에서 앞에서 인용한 것을 기억할 필요가 있다. 아브라함 카이퍼는 제도적 교회와 유기적 교회의 범위에 대하여 나오었다. 제도적 교회는 직분자들 아래 있는 지역 교회이며, 유기적 교회는 공식적, 비공식적 협회와 조직으로 연합되어 있는 그리스도인들을 가르킨다. 또한 세상에서 개인으로서 일하는 그리스도인을 제자훈련한다.

교회는 제도적이든 유기적이든, 네 개의 접점 모두에 직접적으로 혹은 간접적으로 참여해야 한다. 카이퍼의 구분은 두 영역 사이에 역할과 범위의 차이점을 제시하고 있다.

예배-전도와 공동체-제자도의 사역 접점들은 주로 제도적 교회와 사역자들과 장로들의 직무이다. 각각의 그리스도인은 전도하며, 다른 신자들을 강하게 한다. 수많은 선교 단체들은 이 영역에서 매우 탁월했다. 그러나 지역 교회의 역할은 이러한 사역을 하는데 있어 대체불가한 기구이다. 지역 교회는 말씀과 성례의 사역과 사람들을 믿음으로 인도하고 그들을 제자로서 세우는 것이 중심 과업이기 때문이다.

우리가 사람들의 경제적, 물질적 궁핍을 섬길 때 -자비와 정의, 제3사역 접점- 제도적 교회와 유기적 교회가 겹치는 영역이 있다. 교회는 내부 사람들과 인근 지역 사회를 위해 봉사 사역을 한다. 개혁주의 전통에 있는 사람들은 봉사 사역이 이러한 목적을 위해서 교회 안에 특별하게 헌신된 기관이라고 믿는다.

또한 경제 개발과 사회개혁의 일이 있다. 이는 가난과 사회적 궁핍의 문제를 훨씬 체계적으로 해결하려는 것이다. 나는 이런 종류의 일이 개별 그리스도인들이나 개인들이 특정한 목적으로 만드는 조직들에 의해서 최고로 수행될 수 있다고 믿는다.[4]

제도적 교회가 문화 참여에 관심을 기울일 때 -네 번째이자 마지막 사역 접점- 그것은 주로 그리스도인들의 공동체를 제자화함으로써 이루어진다. 신자들은 유기적 교회로서 일한다. 직업, 피조 세계의 선함, 문화의 중요성, 그리고 안식의 실천 등에 대한 기독교적 교리를 가르침으로써 교인들은 영감과 격려를 받으며 다양한 문화의 채널 속으로 들어간다.

예를 들어, 교회는 영화 제작 구성원들을 훈련시켜서 그들의 예술과 작업 가운데 견고한 기독교적 관점을 배양하여 그리스도인으로서 독특성을 가질 수 있게 한다. 그러나 지역 교회가 영화사를 만들어서 영화 제작을 하는 것은 해선 안 된다고 믿는다.

다음 장에서 어떤 사역이 각각의 접점에서 보일지, 특히 어떻게 서로 통합될지 자세하게 제시하려고 한다. 이 중에 어떤 것은 단지 제안적인 것이다. 교회가 모든 사역 영역에서 해야 하는 일을 다 정할 수 없기 때문이다. 사역에 참여하는 방법에 있어서 꼭 필요한 균형과 아울러 교회의 사명에 명확성과 초점이 생기기를 바란다.[5]

토론과 성찰을 위한 질문들

1. 성경에서 주어진 교회의 비유들 가운데 어떤 것에 당신은 가장 많은 우선순위를 두는가? (거룩한 나라, 가족, 그리스도의 몸, 그리스도의 신부, 왕 같은 제사장, 성령의 전, 하나님의 밭, 포도나무의 가지 등) 그러한 우순선위들이 당신의 교회를 어떤 점에서 특별하게 만드는가?

2. 교회의 다섯 가지 모델들 가운데 어떤 것이 당신의 교회와 밀접하게 가까운가?
• 제도로서의 교회 모델은 교리, 신학, 안수 받은 사역을 강조한다.
• 신비적 공동체로서의 교회는 유기적 공동체와 모임으로서의 교회를 가리킨다.
• 성례로서의 교회는 공동체적 예배를 강조한다.
• 전달자로서의 교회는 전도와 설교를 주로 행한다.
• 종으로서의 교회는 사회정의에 헌신한 급진적 공동체이다.
이 중 당신의 교회는 어떤 모습이길 원하는가? 당신은 무엇을 강조하는가?

3. 다음을 어떻게 생각하는가? "제도적 교회가 문화 참여에 관심을 기울일 때 -네 번째이자 마지막 사역 접점- 그것은 주로 신자들의 공동체를 제자화함으로써 이루어진다. 신자들은 유기적 교회로서 일한다. 직업, 피조 세계의 선함, 문화의 중요성, 그리고 안식의 실천 등에 대한 기독교적 교리를 가르침으로써 교인들은 영감과 격려를 받으며 다양한 문화의 채널 속으로 들어간다."
당신은 이 전제에 동의하는가? 제도적 교회가 이런 류의 일에 직접적으로 참여할 때 발생하는 위험은 무엇인가? 당신의 교회가 신자들을 제자화하여 문화에 참여하게 하는 구체적인 방법은 어떤 것이 있는가?

주

1. Edmund P. Clowney, "Interpreting the Biblical Models of the Church," in *Biblical Interpretation and the Church*, ed. D. A. Carson (Nashville: Nelson, 1985), 64-109.

2. Avery Dulles, *Models of the Church* (Garden City, N.Y.: Image, 1978).

3. Edmund P. Clowney, *Living in Christ's Church* (Philadelphia: Great Commission, 1986), 140.

4. 나는 이 구분에 대한 옹호를 다음에서 했다. *Generous Justice: How God's Grace Makes Us Just* (New York: Dutton, 2010, ch. 6).

5. 뒤따라오는 것은 예배, 공동체, 집사 사역, 그리고 공공의 제자도에 대한 완벽한 신학이 아니라는 것을 말하는 것이 중요하다. 또한 이것은 사역 방법들에 대한 균형 잡힌 개요도 아니다. 오히려 이것은 어떻게 사역의 각각 영역이 상호작용하는지에 대한 관찰의 결과물들이다. 물론 이 사역들의 각각 또는 '접점'은 단행본 분량의 책으로 정리해야 한다. 내가 《정의란 무엇인가》라는 책으로 내기도 했고 현재 다른 이들이 집필 중이기도 하다. 앞으로 또한 계속 책으로 나왔으면 하는 바람이다.

02
사역할 때 중요한 것은
하나님과의 관계다

두 세대 전에만 해도 아무도 "우리는 어떻게 예배해야 할까요?"라는 질문을 하지 않았다. 특정한 신학적 전통이나 교단의 방침에 따라 예배 스타일은 정해져 있었고, 예배는 전통에 순응하여 이루어졌다.

그런데 오늘날 혼란스러울 정도로 다양한 예배 접근법과 스타일이 같은 교단 안에 있는 교회들에서도 사용되고 있다. 안타깝게도 새로운 다양성은 많은 갈등과 혼란의 원인이 되었다.

"예배 전쟁"에서 가장 흔한 단층선은 현대적 예배와 전통적 예배 사이의 갈등이다. 예배에 대한 책 *Worship by the Book*에서 이 주제를 다룬 바 있다.[1]

수많은 교회들이 1960년대, 70년대 그리고 80년대에 제2차대전 세대(전통 찬송가, 성가대, 그리고 클래식의 기악편성을 선호)와 베이비부머 세대(현대 팝 음악에 맞춰진 찬양곡을 선호) 사이에 전쟁이 있었다. 1990년대 중반에 이르러, 이 갈등은 베이비부머 세대의 승리로 기우는 듯 했다.

그런데 오늘날의 상황은 훨씬 많이 복잡해졌다. 예배에 대해 두 가지 이상의 접근법이 있을 뿐만 아니라, 이들을 혼합하려는 수많은 헌신된 노

력들이 존재한다.[2]

가장 혁신적인 교회들이라도 그들의 예배를 매주 다르게 만들 수는 없기 때문에, 예배의 전통을 유지하는 것은 불가피한 일이다. 다음의 도표를 보라. 미국 교회에서 오늘날 관찰되는 중요한 전통들에 대하여 기록했다.

일부 독자들은 "어떻게 우리가 예배의 형태를 선택합니까?"라는 질문에 당황할 수도 있다. 그렇지만 소비자가 느끼는 필요를 맞추기 위해서 사역을 선택하거나 디자인하는 것은 미국의 소비 정신이다.

소비주의가 실제로 이런 질문 뒤에 있을 수도 있다. 질문에 대한 저항 뒤에 있는 가정 또한 미심쩍게 볼 필요가 있다. 많은 사람들은 다양한 예배 형태를 고려하는 것을 기피한다. 그들은 성경적으로 예배하는 방법이 오직 한 가지만 있다고 단순하게 생각하기 때문이다.

기독교의 근간이 문화와 사회로부터 영향 받은 것이 아니라 탈역사적인 것이라고 생각하는 것은 잘못된 가정이다. 또는 자신의 취향 때문에 이런 질문을 회피할 수도 있다. 어떤 사람들은 단순히 다른 방식으로는 "예배할 수가 없다"면서 특정한 형태들을 옹호한다.

그러나 3부(복음 상황화)에서 우리는 모든 인간의 표현 형태들이 어느 정도 문화적으로 형성되는 것임을 보았다. 이는 예배에도 마찬가지로 적용된다. 우리가 고백하며 선포하는 진리는 문화를 초월하는 것이지만, 진리를 표현하거나 구현하는 방식들은 문화를 초월할 수 없다.

고린도전서 9장 19-23절에서 살펴보았듯이, 바울은 다양한 문화를 위해서 교정하는 것을 이야기한다. "내가 복음을 위해서 모든 것을 행함은 복음에 참여하고자 함이라"(고전 9:23).

이것은 상대주의적 처방전이 아니다. 오히려 바울은 우리에게 모든 문화에는 성경과 충돌하지는 않으면서 동시에 거부받지도, 명령받지도 않는 것들이 많이 있음을 알려준다.

자비와 겸손으로, 어떤 문화적 특징들은 복음이 불필요하게 낯설어 보

역사적 강조	현대적 강조	융합적 강조
예전적 강조점이 신체와 감각에 있다. 성찬이 중심이다. 고: 영국 성공회 중: 루터교, 미국 성공회 저: 대륙 개혁교회, 감리교	**찬양과 경배** 강조점이 감정에 있다. 찬양 음악이 중심이다. 흑인: AME, 미국 침례교 고전 오순절: 오순절교, 포스퀘어교 등 현대적 찬양과 경배: 갈보리 채플, 비냐드 전통적 찬양 "혼합": 50/50 찬 양음악과 찬송가	**형태와 음악의 융합** 강조점은 신비에 있다. 이야기가 중심이다. 예전적 현대성: 원래 형태는 은사주 의적 가톨릭 및 성공회의 "대 중 미사"이다. 이제는 다양하고 구체적인 예전적 전통을 갖고 있다(성 공회, 개혁주의 등). 또는 위대한 전통의 병합이 있다 - 전통적인 포크, 팝이나 소프 트 록음악, 인디 록, 재즈, 리 듬 앤 블루스와 가스펠, 힙합, 절충, 기타 등등
전통적 강조점은 정신에 있다. 설교 가 중심이다. 자유교회: 청교도와 개혁주 의. 많은 독립 교회들. 공동체 교회: 재침례교회, 퀘 이커교, 작은 교회들, 예수 운동 부흥주의자: 침례교, 감리교	**구도자 중심 예배** 강조점은 실용에 있다. 테마가 중심이다. 구도자 중심적 예배: 윌로우 크릭 구도자에 민감한 예배: 새들 백	

이지 않도록 채택되어야 한다. 이것은 설교를 위해서뿐만 아니라 모든 예배를 위해서도 필요하다.

　각각은 분명한 성경적 근거가 있고 가장 열매 맺을 수 있는 예배 형태들이 있다고 믿는다. 그러나 어떤 형태의 예배든지 성경적 원리뿐만 아니라 문화적, 기질적 요소들을 반영하고 있음을 인정해야 한다.

　여기에서 내 이야기를 하고 싶다. 나는 개혁주의적이고 장로교적인 예배 형태가 하나님의 말씀과 잘 맞으며 나에게 풍성한 만족감을 준다. 그런데, 이 전통은 감정의 공개적 표출이나 즉흥적 감정 표현에 있어서는 아무런 여지를 남겨두지 않는다.

왜 그런가? 장로교인들은 모든 것에 "적절하고 질서 있게 하라"(고전 14:40)는 인용하기를 좋아한다. 그렇지만 이 본문은 아주 비장로교적으로 들리는 예배를 묘사하는 가운데 나온 것이기도 하다.

이러한 예측 가능성과 질서에 대한 우리의 사랑이 하나님의 임재 앞에서 존경과 예의를 합당하게 표현하려는 데서 연유한 것이지만, 우리의 특정한 예배의 표현은 매우 북유럽적이고 중산층적이며 때로는 절제에 대한 감정적 선호(어쩌면 우상숭배)에서 비롯된 것일 수도 있다. 요컨대, 특정 형태의 예배에 대한 우리의 선호는 전형적으로 원리, 기질, 그리고 문화의 혼합물인 것이다.

이 방식에는 유연성이 있어서 예배의 "규정 원리"를 믿는 -그 중에 나도 포함된다- 사람들까지도 포함시킬 수 있다.[3] 역사적 관점의 주장은 성경에 근거가 있지 않다면 모든 공식적인 예배에서 해서는 안 된다는 것이다.

그렇지만 성경적인 예배의 요소들과 (설교, 성경 읽기, 노래, 기도, 세례, 선언 등)과 상황들(이 요소들을 행하는 특정한 방식들)을 구분한다. 성경은 수많은 실제적인 사안들을 지시하거나 다루지 않고 있다.

성경은 예배의 의례적 수준이나 예측 가능성에 대해서 가르치지 않는다. 예배의 시간이나 각각의 구성요소에 사용하는 시간의 양을 제한하지 않는다. 어떤 종류의 화음, 리듬, 악기 편성을 하라고 지시하지 않는다. 감정 표현의 정도, 또는 예배 순서도 규정하지 않는다.

신약성경에는 레위기에 해당하는 것이 없다. 1560년대 (존 녹스에 의해 제정된) 스코틀랜드 신앙고백은 말한다. "사람이 고안한 어떤 종류의 예배 순서에 관한 정책이든지 모든 종류, 모든 시대, 모든 장소에서 쓰일 수 있다는 것이 아니다."[4]

사람들을 하나님께 연결하는 지도 원리

성경은 예배의 실제적인 많은 이슈들에 대해서 상당한 자유를 우리에게 부여한다.

이 자유를 어떻게 지혜롭게 사용할 것인가? 어떤 접근법을 사용할지 어떻게 결정하는가? 사람들을 하나님께로 예배 가운데 연결하면서 우리가 몇 가지를 마음에 새기는 것이 도움이 될 것이다.

규범적 관점: 성경과 역사를 살핌

예배에 대한 우리의 성경 신학이 예배를 결정한다. 이론적으로, 예배 신학은 고정 불변해야 한다. 그러나 실제로, 우리의 죄성 있는 마음과 풍성한 성경이 증거하는 것은 우리의 예배 신학은 항상 변화한다는 점이다.

우리가 예배에 대해 균형 잡힌 올바른 이해를 하고 있다고 실수하기가 쉽다. 그러나 꼭 그렇지만은 않다. 그럼에도 불구하고, 지금 여기가 우리가 예배를 이해하는 시작점이다. 성경이 예배에 대해 말씀하시는 것을 충분히 이해하고 그것을 우리의 매주 예배의 설계와 실제에 사용해야 한다.

예배의 역사적 전통이 예배를 형성한다. 오랫동안 그리스도인들은 많은 예배 전통을 형성해 왔다. 전통은 가치 있다. 과거의 성도들과 교회를 연결해 주며, 지난 세대의 검증된 지혜를 활용할 수 있다.

개신교들이 만든 예배 전통으로는 루터교, 영국국교회, 유럽 대류의 개혁주의, 청교도-자유교회, 재침례교회, 부흥주의, 오순절, 그리고 아프리칸 아메리칸의 흑인 예배가 있다.

얼마 전까지 대부분의 복음주의자들은 비예전적인 전통적 예배를 드렸다. 그 후 1970년대 초반부터 계속해서 비예전적이고 현대적인 예배를 향한 큰 운동이 일어났다. 그러나 1990년대에 와서 많은 이들이 방향을 전환했다. 전통적 복음주의 예배는 인지적 성격이 지나치다고 생각하고 현대적 복음주의 예배는 감정적 성격이 지나치다고 생각한 사람들은, 자기

■ 세계를 구원하는 예배

하나님은 이스라엘에게 열방을 초청하여 영광을 함께 선포하라고 명하셨다. 시온의 비전은 세계를 구원하는 예배의 중심이 되는 것이었다(시 102:18, 21-22; 사 2:2-4; 56:6-8).

시편 105편은 신자들이 전도의 예배에 참여해야 한다는 직접적인 명령이다. 시편 기자는 사람들에게 도전한다. "여호와께 감사하고 그의 이름을 불러 아뢰며 그가 하는 일을 만민 중에 알게 할지어다"(1절).

어떻게 이것을 하는가? "그에게 노래하며 그를 찬양하며 그의 모든 기이한 일들을 말할지어다"(2절). 구약성경 전체를 통해서 신자들은 믿지 않는 열방 앞에서 주를 찬양하고 경배할 것을 명령 받았다(시 47:1; 100:1-5 참조). 하나님의 백성이 그를 찬양할 때, 열방은 찬양에 동참하도록 부르심을 받는 것이다.

신약을 살펴보면 베드로는 이방인 교회에게 "그러나 너희는 택하신 족속이요 왕 같은 제사장들이요 거룩한 나라요 그의 소유가 된 백성이니 이는 너희를 어두운 데서 불러내어 그의 기이한 빛에 들어가게 하신 이의 아름다운 덕을 선포하게 하려 하심이라"고 말한다.

베드로는 하나님 백성에 대한 뜻에 연속성이 있음을 보여 준다. 교회는 전도의 예배를 해야 하는 것이다. 이는 구약의 이스라엘이 받았던 것과 동일한 부르심이다. 그러나 중요한 차이점이 있다. 구약에서는 세계를 구원하는 예배의 중심이 시온산이었다. 그러나 이제는 영과 진리로 예수님을 예배하는 곳이라면 그곳이 어디든지(요 4:24) 하늘의 시온성이 된다(히 12:22-24).

다시 말해서 부활하신 주님은 이제 백성들이 그를 찬양하도록 사명 가운데 파송하셔서 열방이 하늘의 성도들과 천사들의 경배에 참여하게 하는 것이다.

예수님은 구원받은 자들 가운데서 우리가 하나님의 찬송을 노래하도록 이끄신다(히 2:12). 하나님은 구원 받은 백성들 위에서 친히 우리를 위해 기쁨으로 노래를 불러주신다(습 3:17).

들이 전에 버렸던, 설교 중심적인 전통적인 예배보다 더 예전적인 형태로 돌아갔다.[5] 이 흐름에 참여한 많은 사람들은 특정한 예배 전통을 채택하기보다는 다양한 역사적 접근법들을 절충하여 창조하였다.

여기에 주의를 크게 기울이기를 바란다. 앞서 말했듯이, 각각의 예배 전통은 시대, 장소, 문화에 뿌리를 내리고 있으며 그중에 어떤 것도 불변하는 절대적인 것으로 받아들여서는 안 된다.

또한 이제는 역사가 된 많은 전통들도 기존의 오래된 방식에 대한 혁신적인 변화였음이 사실이다. 그렇지만, 각기 다른 예배와 영성의 전통들은 신학적 차이에 뿌리 내리고 있음을 주지해야 한다.

그중에 어떤 것이 오직 하나뿐인 참된 방식이라고 말할 수는 없다. 그들 사이에 실제적 긴장과 모순들이 존재할 뿐이다.

예를 들면, 보다 성례 중심적인 예전적 예배와 말씀이나 성경 중심적인 예배 사이의 차이는 어떻게 하나님이 은혜를 나타내시는지에 대한 서로 다른 이해에 상당 부분 기인한다. 어떻게 영적 성장이 일어나는지, 교리와 체험의 관계가 무엇인지에 대한 관점이 다른 것이다.

그리고 마이클 알렌이 지적하듯, 보다 감정적이고 즉흥적인 은사주의적 예배와 고전적인 말씀과 성례 중심의 예배 사이의 차이는 은혜와 본성의 관계에 대한 관점의 차이에 뿌리가 있다.

전자에서는, 은혜가 즉각적인 경험과 자연법의 침범을 통해서 역사한다고 보며, 후자에서는 "은혜가 자연을 우회하기보다는 완성한다"[6]는 관점을 갖고 있다.

그러므로 성경 말씀을 조사하고, 신학적 결론을 도출하며, 우리가 결론적으로 가장 잘 맞는다고 생각하는 역사적 전통 속에 거하거나 배우는 것이 최선이라고 생각된다. 그러면서 문화적 적응과 다른 전통들로부터 학습하는 것에 열려 있는 것이 좋다.[7]

상황적 관점: 문화적 및 교회적 환경

존 칼빈은 예배가 단지 신학적, 역사적 고려사항에 의해서만 형성되는 것이 아님을 인정했다. 그는 종종 "덕을 세우는 것이" 행해져야 한다고 말했다. "만일 사랑이 우리의 인도자라면, 모든 것은 안전할 것이다."[8]

다시 말해서, 우리의 공동체와 교회 사람들에게 가장 끌리는 것이 무엇인지를 고려하는 것이 중요하다. 다시, 이것을 두 양상으로 나누어 보자.

첫째, 우리의 문화적 맥락이 예배를 형성한다. 이것은 어떤 사람들 사이에는 논쟁의 주요 원천이 되기는 하지만, 피할 수 없는 부분이다. 예배에 대한 접근법과 인구 통계적 요소들, 예를 들어 연령, 사회 경제적 지위, 출신 인종 등 사이에 강한 상관관계가 있다. 뉴욕 시에서 우리가 관찰하는 몇 가지 예들이 여기 있다.

- 일반적으로, 클래식 음악과 예전은 교육 받은 사람들에게 끌린다. 고급 문화 형태들을 누리려면 필수적으로 훈련이 필요한 것이다.
- 일반적으로, 현대적인 찬양의 예배음악은 훨씬 다양한 인종 그룹에게 끌리는 경향이 있다.
- 일반적으로, 젊은 전문직 영미계 백인들은 좀 더 예술적인 성향이 있으며, 예전적이거나 역사적 접근법과 절충적인 음악 형태의 융합에 매우 끌린다.
- 일반적으로, 베이비부머 가족들은 구도자 예배에 끌리며, 역사성 없고 감성적인 현대 노래들에 끌린다.

당신이 예배를 디자인할 때, 순진하게 "단지 성경적"이라고 가정할 수 없다. 많은 것들은 실제로는 문화적으로, 개인적으로 취향인 것이다. 공동체에 있는 사람들을 생각해 보고, 당신의 성경신학과 역사적 전통이 자유를 주는 모든 영역에서 그들이 있는 곳으로 예배를 이끌고 가라.

둘째, 교회의 모델 및 핵심 가치들이 예배를 형성한다는 것을 기억하라. 모든 교회는 예배, 전도, 교육, 공동체 형성, 봉사를 해야 한다. 그러나 모든 모델들은 이런 요소들을 다른 방식으로 연결한다. 예를 들어, 어떤 교회들은 예배 가운데서 전도를 하려고 하지만 모든 교회가 그런 것은 아니다.

예배 전통들은 조금씩 다른 목적들을 갖고 있음을 많은 사람들이 인정한다. 그들은 모두 예배한다. 그들은 모두 하나님을 높이고, 회중을 불러 헌신하게 함으로써 하나님을 영예롭게 하려고 한다.

그렇지만 서로 다른 전통들은 각각 다른 방식으로 이 기본 목적을 추구하였다. 전통적-자유교회의 접근법은 예배자를 교육하는데 더 많은 강조점을 두는 반면, 경배-찬양 접근법은 예배자를 고양시키고 희망을 주는데 강조점을 둔다.

그리고 구도자에게 민감한 교회들은 비그리스도인들을 전도하면서 예배자에게는 희망을 주는 목적을 가진다. 교회의 모델이 우리로 하여금 이런 것 중에 하나를 선택하거나 또는 다른 것들을 결합하도록 영향을 준다.

실존적 관점: 기질과 친화성

마지막으로 개인적 친화성을 생각해야 한다. 목사 또는 예배 인도자로서 자신의 예배 경험 가운데 무엇을 좋아하고 싫어하는지에 대한 점이다. 목표는 개인의 취향을 만족시키려 하지 않되 자신의 강점을 잘 사용하여 회중을 유익하게 하는 것이다.

다른 한편으로, 너무 많은 사역자들이 자신들의 마음에 맞는 예배를 만들어내고 있다. 이는 신학적으로나 문화적으로 덜 훈련된 많은 사람들의 마음에 다가오지 않는다. 그런 목회자들은 그것이 "성경적"이라고 하거나 "풍성한" 예배라고 주장하거나, 세상 사람들이 예배에서 만족을 추구하기 때문에 그에 맞춰야 한다고 주장하거나, 사람들의 수준을 높여야 한다고 주장하거나, 또는 자신들의 수준을 예배자들에게 맞추어 낮추면 안된다고 주장한다.

그러나 자주 일어나는 또 다른 문제는 목회자가 자신과 일부 성도에게만 영감을 주는 예배를 만들어낸 것이다. 사도 바울은 우리에게 자신을 기쁘게 하지 말라고 경고했다(롬 15:1-3). 이는 우리가 예배를 준비할 때 모두가 경험할 수 있는 유혹이다.

신학적 논증을 사용해서 우리의 개인적 선호와 취향을 합리화하는 것은 쉬운 일이다. 예를 들어, "대중문화는 예배를 위해 사용될 수 있는 가치가 없다"는 반대주장이 그렇다. 이러한 반대를 하는 사람들은 오로지 연습과 감상에 노력이 많이 필요한 높은 수준의 클래식 음악만이 예배에 사용될 수 있다고 주장한다.

이런 비판을 하는 사람들이 재즈 음악 예배는 싫어한다. 재즈가 높은 수준의 음악에 해당하며, 록, 가스펠, 또는 팝 음악보다 숙달과 감상에 더 많은 노력이 필요함에도 그렇다. 이런 비판은 비평자들이 단순히 클래식 음악을 좋아하면서, 자신의 취향을 보편화하기 위해 신학적 정당성을 찾고 있는 것이다.

동시에, 우리의 마음이 냉랭하게 느끼는 스타일로 예배를 인도할 수 없다. 일단 우리가 취향이나 선호가 어떠한지를 인정하려고 할 때, 실제로 우리 마음이 움직이지 않는다면 예배를 인도할 수 없다.

음악과 노래는 반드시 마음을 만지고 움직여야 한다. 만일 묵상적인 성향을 강하게 갖고 있고 조용하고 깊은 성찰을 사랑한다면 우리는 매우 은사주의적인 예배에서 하나님께 집중하는데 많은 어려움을 겪을 것이다. 궁극적으로, 우리 마음의 용량과 경험적인 기질이 반드시 예배 스타일을 정하고 디자인하고 실행할 때 고려 사항이 되어야 한다.

이러한 실존적 요소를 세 번째로 고려하는 이유는 사역자들이 자신의 감수성을 먼저 고려하기 전에 성경과 회중을 고찰하는 훈련을 하는 것이 필요하기 때문이다.

구도자 예배 대 전도적 예배

1980년대에 윌로우크릭교회의 접근법은 엄청난 영향력이 있었다. 그 근본적인 전제 중에 하나는 그리스도인과 비그리스도인을 동일한 모임에서 함께 다룰 수가 없다는 가정이었다.

그래서 윌로우크릭은 주말 "구도자 예배"를 고안했다. 이것은 기독교의 예배 모임으로 의도된 것이 아니라 전도 이벤트로 생각한 것이었다. 그리스도인들은 주중 모임에서 예배드리도록 권면했다.

역설적으로, 윌로우크릭 스타일의 예배에 가장 적대적인 사람들은 예배에 대한 동일한 가정을 공유하고 있다. 그들은 이런 식으로 논쟁의 틀을 잡는다. "일요일 예배는 누구를 위한 것인가, 비신자인가 아니면 하나님인가?" 물론 그들의 답은 일요일 예배는 순수하게 하나님을 위한 것이다. 그들은 또한 예배는 매우 전도적일 수 없다는 가정을 한다. 나는 이것이 잘못된 전제임을 주장하고 싶다.

매주 예배는 비그리스도인의 전도와 아울러 그리스도인들의 교육에 있어서 모두 효과적일 수 있다. 만일 예배가 둘 중에 하나를 목표로 하는 것이 아니라 복음 중심적이며 일상 언어로 이루어진다면 가능한 것이다.

물론 교육, 기도, 공동체를 그리스도인들이 강력하게 경험하며 성장하기 위한 모임도 필요하다. 마찬가지로 비신자들의 질문이 답변되고 문제가 잘 해결될 수 있는 직접적인 전도 목적의 모임과 경험도 필요하다.

이러한 추가적인 경험들이 필요하다는 것을 인정하면서, 나는 매주의 예배가 전도와 교육의 핵심을 모두 채울 수 있다고 믿는다.

전도적 예배의 성경적 근거는 중요한 두 본문을 세밀히 조사할 때 확인된다. (고전 14:24-25, 행 2장). 고린도전서에서 바울은 방언의 은사의 오용을 다룬다. 그는 만일 비그리스도인이 예배에 참여해서 사람들이 방언으로 말하는 것을 들으면, 그들이 그리스도인들이 미친 것이라고 생각할 수도 있다고 지적한다(23절). 그는 그리스도인들이 행동을 바꾸어서 예배가 비신자들에게 이해될 수 있게 해야 한다고 주장한다.

만일, 배우지 않은 사람, 즉 "알지 못하는 자들이"(아직 입문하지 않은 관심자) 참석하면, 예배는 교육을 주된 목적으로 삼아야 한다. 그러면 비신자가 "모든 사람에게 책망을 들으며 모든 사람에게 판단을 받는다"라고 말한다.

어떻게 가능한가?

"그 마음의 숨은 일들이 드러나게 되므로"(25절 a) 가능해진다. 이것이 의미하는 것은, 그의 마음이 잘못된 방법으로 비밀스럽게 찾고 있던 것을 그의 주변에 있는 예배자들이 하나님 안에서 발견하고 있다는 것을 그가 깨닫는다는 것이다.

이것은 그의 마음이 실제로 어떻게 작동하고 있었음을 예배를 통해 발견한다는 의미일 수도 있다.

어떤 쪽이든, 결과는 분명하다. "엎드리어 하나님께 경배하며 하나님이 참으로 너희 가운데 계시다 전파하리라"(25절 b). 이것은 매우 놀라운 구절이다.

바울은 이전에 15-17절에서 예배는 교육(덕을 세움)이 되도록 드려져야 한다고 주장한다. 그런데 이제는 전도가 되도록 드려져야 한다고 우리에게 말한다. 우리 중에 많은 이들은 이 사실에서 혼란스러움을 느낀다. 왜냐하면 우리가 이 본문을 방언과 예언이 무엇인지를 파악하기 위해 연구하며 오늘날 그것들이 지속되어야 하는지를 조사하기 때문이다.

이 모든 것이 논쟁적인 부분이기는 하지만, 이 본문에 오해의 여지없이 분명한 시사점이 있다. 사실상 모든 주요 주석은 20-25절에서 바울이 고린도교회 신자들에게 예언을 방언보다 강조하는 것에 두 가지 이유가 있다고 말한다. (1) 예언은 신자들을 교육한다. 그리고 (2) 예언은 비신자를 깨닫게 하고 회심하게 한다.[9] 다르게 표현하면, 바울은 교인들에게 방언보다 예언을 강조하는데 최소한 예언이 사람들을 거듭나게 하기 때문이다.[10] 그렇지 않다면 그가 왜 비그리스도인이 예배에 와서 깨닫게 되는 (책망을 받는) 것을 자세하게 설명했겠는가?

사도행전 2장에서, 우리는 좀 더 강력한 전도적 예배의 예를 찾을 수 있다. 성령님이 다락방에 있는 사람들 위에 임하셨을 때 군중이 모였다. 그들은 "우리의 각 언어로 하나님의 큰 일을 말함을 듣는도다"(11절)라고 말한다.

결과적으로, 그들은 궁금해졌고 관심을 갖게 되었다. "다 놀라며 당황하여 서로 이르되 이 어찌 된 일이냐 하며"(12절).

후에, 그들은 깊이 깨닫게 된다. "그들이 이 말을 듣고 마음에 찔려 이르되 형제들아 우리가 어찌할꼬 하거늘"(37절).

다시 한 번, 교회의 예배가 외부인의 관심을 끌었다는 것을 발견한다. 이 최초의 호기심과 관심이 궁극적으로 깨달음과 회심으로 이어졌다. 다시 말해서, 전도적 예배였던 것이다.

우리는 사도행전 2장과 고린도전서 14장의 상황 사이에 명백한 차이점이 있음을 인정해야 한다. 고린도전서 14장은 회심이 그 자리에서 일어난다. 사도행전 2장에서는 비신자들이 먼저 무관심에서 깨어난 다음에(12절), 베드로가 복음을 설명하고(14-36절) 어떻게 그리스도를 영접하는지를 가르쳐 주었을 때(38-39절) 후속 사건으로 실제적인 회심이 이어진다(37-41절).

두 상황에서 사용된 "방언"이 다른 것을 의미한다고 학자들이 말하기도 한다. 그렇지만, 이 본문들이 방언과 예언에 대해서 어떤 것을 가르치든지 상관없이, 이 본문들이 예배와 전도에 대해 전반적으로 가르치는 것을 놓쳐서는 안 될 것이다. 우리가 살펴본 것으로부터 우리는 적어도 다음의 세 가지를 결론으로 내릴 수 있다.

비신자들이 그리스도인의 예배에 참여할 것이 기대된다. 사도행전 2장에서 이것은 입소문으로 이루어졌다. 고린도전서 14장에서 이것은 그리스도인 친구의 개인적인 초청으로 이루어진 결과일 것이다.

예배에 어떻게 오게 되었든지 간에, 바울은 비신자들 및 구도자들이 (문자적 의미로는, 알지 못하는 이들 또는 이해하지 못하는 사람) 모두 예배에 참석할 것을 분명히 기대한다(고전 14:23).

비신자들에게 그리스도인들의 찬양이 이해 가능해야 한다. 사도행전 2장에서, 이러한 이해는 기적적인, 하나님의 개입으로 이루어졌다. 고린도전서 14장에서 이것은 사람의 의도와 노력으로 이루어진다.

그렇지만 다시금, 어떻게 이런 이해가 일어나든지 상관없이, 우리는 바울이 지역 회중에게 비신자들이 모임에 참석할 것으로 예상했다는 사실을 놓쳐서는 안 된다.

만일 우리가 하나님을 기쁘시게 하기를 추구하든지, 아니면 우리가 비그리스도인들이 어떻게 느끼거나 그들이 예배 가운데 무엇을 생각할지에 관심을 기울이든지 둘 중에서 하나를 선택해야 한다고 주장한다면 그것은 잘못된 이분법이다.

비신자들은 이해 가능한 예배를 통해서 책망을 받거나 회심할 수 있다. 앞에서 살펴보았듯이, 고린도전서 14장에서는 확신과 회심이 예배 중에 일어난다. 그렇지만 사도행전 2장에서는 "모임 후"와 후속 전도 가운데 일어났다.

하나님께서는 세상이 우리가 예배하는 것을 듣기를 원하신다. 하나님께서는 그분의 백성에게 단순히 예배할 뿐만 아니라 "나라들 앞에서" 찬송을 부르라고 하신다.

우리는 단순히 복음을 비신자들을

■ 외부인을 환영하기

고린도전서 14장 24-25절에 대하여 폴 바넷은 이렇게 기록한다. "전도와 선교를 위한 프로그램을 만드는 모든 노력에도 불구하고 모인 회중이야말로, 외부인을 위한 모임에서 가장 중요한 힘(생활과 사역에 있어서)이다. 교회와 사역자들은 반드시 주님의 말씀이 이해될 수 있게 강력하게 선포해야 한다. 그리하여 방문자들이 '하나님이 여러분과 함께 계시네요'라고 진정으로 말할 수 있게 해야 한다."[11]
분명히 바넷은 예언을 일종의 설교로 해석하고 있지만, 이것에 대한 해석이 중심적인 이슈는 아니다. 바넷이 도달하는 결론은 불가피한 것이다. 곧 바울은 고린도 성도들에게 그들이 양육을 받을 뿐 아니라 외부인들도 깨달을 수 있는 방식으로 예배를 드려야 한다고 말했다.

향한 소통 뿐만 아니라, 그들 앞에서 복음을 의도적으로 높여야 한다.

전도적 예배를 위한 세 가지 실제적 과제

만일 전도적 목적을 우리 예배 가운데 가지는 것이 중요하다면, 그 다음 실제적인 질문은 이것이다. 어떻게 그것을 할 것인가? 교회가 전도적 예배를 만들기 위하여 할 수 있는 세 가지 실제적인 방법들을 제시하려고 한다.

둘째, 비신자들을 예배에 포함시키라(여기의 번호는 사실 두 번째부터 먼저 일어나야 하기에 앞서 서술한다-역주).

여기의 번호는 실수가 아니다. 이 직무는 사실 두 번째로 일어난다. 그러나 거의 모든 사람은 이것이 첫 번째라고 생각한다! 우리가 전도적 예배를 시작하기 전에 비신자들을 예배에 오게 하는 것이 먼저라고 믿는 것이 자연스럽다. 그러나 사실은 그 반대 순서가 맞다.

예배가 이미 전도적이지 않다면 비신자들은 예배에 들어오지 않는다. 전형적으로, 비신자들이 예배에 오는 일은 오직 그리스도인들의 개인적 초청에 의해서 일어난다. 우리가 시편에서 읽는 것처럼 예배에 오라는 초청을 "열방들이" 먼저 받아야 하는 것이다. 예배 경험이 이해가능하고 수준이 있어야 초청하려는 열정이 만들어진다.

주의를 기울인다면 거의 모든 그리스도인은 그들이 가는 예배 경험이 비신자 친구들에게 끌리는 예배인지 아닌지를 알 수 있다. 그들은 어떤 예배가 그들에게 놀랍게 도움이 된다고 생각하지만, 그들의 믿지 않는 지인들이 와서 부정적으로 반응할 것이라는 것을 알고 있다. 그래서 그들을 데려올 생각 자체를 하지 않는다.

그들이 와서 감명을 받거나 흥미를 가질 것이라고 기대할 수가 없는 것이다. 그리스도인들이 아무 것도 하지 않은 것은 기대감이 없기 때문이다.

악순환이다.

목회자들은 그리스도인들만 와 있는 것을 본다. 그래서 예배가 외부인들에게 이해 가능하게 하려는 동기부여를 결핍하게 된다. 그러나 목회자들이 필요한 변화를 만들고 맥락화하지 않는다면, 외부 사람들은 결코 오지 않을 것이다.

목회자들은 모여 있는 그리스도인 회중에게만 계속 반응한다. 이 순환이 반복된다. 그러므로 그리스도인들이 비신자들을 예배에 오도록 하는 최선의 방법은 마치 수십 명의 회의적인 관찰자들이 있는 것처럼 예배하는 것이다. 마치 그들이 거기 있는 것처럼 예배한다면, 결국 그들이 거기에 있게 될 것이다.

첫째, 비신자들이 이해할 수 있는 예배를 만들라.

대중적인 신념과는 반대로, 우리의 목적은 비신자들이 "편안하게" 느끼도록 만드는 것이 아니다.

결국, 고린도전서 14장 24-25절과 사도행전 2장 12, 37절에서, 비신자는 "자신이 죄인인 것을 깨달으며", "마음의 비밀이 밝히 드러나며", "놀라고 두려워하고" 그리고 "마음에 찔려서" 반응하였다.

우리의 목적은 그들이 깨달을 수 있도록 하는 것이다. 우리는 반드시 그들의 마음의 비밀들(고전 14:25)을 다루어야 하며, 믿지 않는 것이 어떤 것인지를 기억해야만 한다. 그럼 어떻게 해야 하는가?

1. 일상 언어로 예배하고 설교하려고 노력하라.

우리의 설교가 얼마나 단절되어 있고 교회스러운지는 아무리 강조해도 지나치지 않는다.

우리는 신자들에게 설득력 있고 감동적인 말들을 종종 하지만, 그것들이 세속적인 사람들은 받아들이지 않는 온갖 전제들 위에 기초하고 있다. 설교자들은 그리스도인 외의 바깥에서는 아무 의미도 갖지 않는 참고 문헌, 용어, 구절들을 종종 사용한다.

그래서 우리는 불필요한 신학적 또는 복음주의적 전문용어를 피하려고 의도적으로 노력해야 한다. 죄, 찬양, 감사 등의 개념 뒤에 있는 기본적인 신학 개념을 주의 깊게 설명해야 한다. 당신의 설교에서, 비신자의 마음에서 묻는 질문들을 언제나 기꺼이 다루려고 해야 한다. 기독교에 대해서 힘들게 생각하는 사람들에게 정중함과 공감하는 태도로써 대화해야 한다.

특히 설교를 준비할 때, 회의적인 비그리스도인들이 의자에 앉아 당신에게 귀를 기울인다고 상상을 해보라. 그들에게 이해될 수 있는 방식으로 메시지를 소통하기 위해서, 필요하다면, 곁가지 관심사항, 선행 질문, 그리고 보완 설명을 다루도록 하라.

신앙에 대해 의심과 씨름을 하고 있는 사람들의 귀를 가지라. 그리고 예배에서 들려오는 모든 것들을 주의 깊게 들으라.

2. 예배 흐름에 따라 설명을 제공하라.

여기에는 목회적 목적의 장황함이 따를 위험성도 있다. 진부하지 않은 한두 문장의 표현으로 예배의 각 순서들을 설명하는 방법을 익힐 필요가 있다.

예를 들어, 고백 기도의 시간을 갖기 전에는, 이렇게 말할 수 있다. "우리가 죄를 고백할 때, 우리는 죄책감 가운데서 굽실거리는 것이 아니라, 우리의 죄 자체를 다루는 것입니다. 만일 우리가 죄를 부인하면, 우리는 결코 그것으로부터 자유로워지지 못합니다."

예배를 시작할 때에 (대개 흑인 교회들에서 하는 관습처럼) 일종의 "묵상 나눔"으로 시작하는 것도 도움이 될 수 있다. 예배의 의미를 짧게 설명하는 말을 하는 것이다. 이렇게 함으로써, 우리는 새로운 사람들을 예배 가운데 지속적으로 교육하게 된다.

3. 비신자들을 직접적으로 언급하며 환영하라.

정기적으로 이와 같은 말을 하라 "여러분들 중에 이것을 믿지 않는 분들 또는 무엇을 믿는지 잘 모르겠는 분들에게 말씀드립니다."

반대 질문들을 몇 가지 다루어라. 그들의 언어를 표현하려고 노력하라. 기독교 교리와 삶에 대한 그들의 반대 의견을 할 수 있는 한 정교하게 잘 표현하도록 하라.

그들이 느끼는 어려움을 진지한 공감을 갖고 표현하라. 당신이 그들의 이기심과 불신앙에 대해서 직접적으로 도전할 때도 이와 같이 하라.

(문자적으로 또는 비유적으로) 눈물로 권면하라. 자신들이 이해받고 있다고 비신자들이 느끼는 것이 매우 중요하다. 그들의 반대의견에 타당한 점이 있다면 언제든지 그 부분을 인정하라.

> "저도 전에 해봤어요. 그러나 잘 되지 않았어요."
> "하나님이 사랑하신다는데 내 삶은 왜 이렇게 힘들죠?"
> "신앙은 삶에 자유를 빼앗는 것 같습니다."
> "내가 좋은 대로 사는 것이 왜 잘못된 것인가요?"
> "끝까지 성실하게 믿는 것은 저에게 부담스러워요."
> "나는 너무 모자라고 부족합니다. 나는 정말 안될 것 같아요."
> "단지 믿어지지가 않습니다."

4. 수준 있는 예술을 예배에서 사용하도록 하라.

좋은 예술의 힘은 사람들을 끌어들여 집중하게 한다. 상상력을 통하여 영혼에 들어가며 이성에 호소하기 시작한다.

음악의 수준, 당신의 설교, 그리고 예배의 시각적인 미적 요소들이, 특히 문화 중심지에서는, 전도적 역량에 분명한 영향을 미친다. 많은 교회에서 음악의 수준은 별볼 일 없거나 서투르다. 그렇지만 그것이 신자들을 방해하지 않는다.

이것의 의미가 무엇인가? 비록 예술적 표현 수준이 떨어지더라도 신자들의 믿음이 찬송 가사나 노래에 의미를 갖게 한다. 더욱이, 일반적으로 교인들은 음악 연주자와 개인적 친분을 갖고 있다. 그러나 진리에 대해 확신이 없고 연주자와 아무 개인적 친분도 없는 외부인이 들어온다면 음악에 대해 불편해지거나 신경이 거스릴 것이다.

달리 말해서, 심미적으로 뛰어난 예술은 외부인을 안으로 끌어들인다. 그렇지만 그저그런 수준 정도의 예술은 외부인을 밖에 나아게 한다. 많은 교회에서 낮은 수준의 예술이 보장하는 것은 오직 내부자들만 들어올 것이라는 점이다. 좋은 예술은 비신자들이 교회 안으로 들어오는데 있어 중요한 역할을 한다.

5. 자비와 정의의 실천을 고취하라.

교회에 대한 대중적 인식이 추락하는 시대에 우리는 살고 있다. 많은 외부인들과 질문자들에게 타당성을 인정받는데 있어서 실천은 언어 이상으로 대단히 중요하다(행 4:32-33). 많은 지역 지도자들은 "말뿐인" 교회들을 자신의 지역 사회에 단지 비용으로 여기며, 다른 조직들에 비해 거의 가치가 없는 것으로 간주한다.

효과적인 교회들은 자비와 정의의 사역에 참여함으로써 외부인들이 이렇게 말하게 된다. "우리는 교회들 없이 이 일을 할 수 없다. 교회가 우리 지역에 많은 자원을 흘려보내고 있다. 만일 교회가 지역을 떠난다면 우리는 세금을 더 거두어야 한다."

전도적 예배는 실천 사역을 위한 헌금을 강조하며, 그 사역들을 보고하고 증언하고 기도해야 한다. 자비 사역을 위한 헌금은 일반 헌금과 별개로 드리는 것이 가장 좋다.

또한 교회 역사의 전통을 따라, 성찬식을 할 때 구제헌금을 같이 하는 것도 좋다. 이렇게 연결하는 것은 비그리스도인들에게 복음이 사람들의 마음에 미치는 영향력을 보여 준다(즉, 복음은 우리를 관대하게 만든다) 그리고 세상을 향해 부어지는 삶의 영향력들을 보여 준다.

6. 복음을 분명하게 볼 수 있도록 성례를 시행하라.

세례 시, 특히 성인 세례식은 전도적 예배에서 아주 중요하게 다루어야 한다. 세례 받는 사람이 개인 간증을 하는 기회를 주도록 하라. 그리고 질문들에 답하도록 하라. 세례 받는 사람과 청중에게 감동적이고, 즐겁고, 충만케 하는 경험이 되게 해서 세례의 의미가 분명해지게 하라.

성찬식은 회심으로 이끄시는 주님의 초청 시간으로 사용될 수 있다. 만일 비신자들이 적절한 설명을 듣는다면 그리스도와 함께 걷는 삶과 자기만을 위해서 사는 삶 사이에 분명하고 구체적인 차이점을 보게 될 것이다. 성찬을 통해서 모든 개인들은 이 질문에 부딪히게 된다. "당신은 오늘 하나님과 바른 관계에 있습니까?"

영적인 자기 성찰을 하도록 사람들을 돕는 데 있어서 이보다 더 좋은 방법은 없을 것이다. 미국 교회의 많은 구도자들은 "성찬에 참석할 수 있는 사람을 초청할 때"(fensing the table), 자신이 정말로 그리스도인이 아니라는 것을 발견하게 될 것이다.[12]

7. 은혜를 설교하라.

신자와 비신자가 모두 들어야 하는 메시지는 구원과 하나님의 자녀됨이 오직 은혜로 된다는 사실이다. 만일 우리가 은혜 지향적인 설교에 대한 강조점에 대해서, "그런 것은 그리스도인들이 지루해 할 겁니다"라는 반응이 증명하듯이 내가 믿기에는, 복음에 대한 오해가 있다는 것이다.

값없고 은혜로운 칭의와 입양의 복음은 단지 우리가 그 나라에 들어가는 길에 그치는 것이 아니다. 복음은 우리가 그리스도를 닮아서 성장하는 길이기도 하다. 성화된 삶으로 신자를 인도하는 것은 "오직 은혜"의 근본적인 구원 메시지라고 사도 바울은 말한다. "모든 사람에게 구원을 주시는 하나님의 은혜가 나타나 우리를 양육하시되 경건하지 않은 것과 이 세상 정욕을 다 버리고 신중함과 의로움과 경건함으로 이 세상에 살고 복스러운 소망과 우리의 크신 하나님 구주 예수 그리스도의 영광이 나타나심을 기다리게 하셨으니"(딛 2:11-13).

많은 그리스도인들은 성장 면에서 정체해있고 실패하고 있다. 왜냐하면 그들이 잘못된 동기로 거룩해지려고 노력하기 때문이다. 유혹 거리를 버리라고 자신에게 다음과 같이 말한다.

"하나님이 심판하실 것이다."
"사람들이 지켜 보고 있다."
"정신 차리면 내가 미워질 것이다."
"나의 자존심에 걸맞지 않다."
"다른 사람들에게 상처가 될 것이다."
"이것은 법을 어기는 일이고 들킬지도 모른다."
"내 신념과 어긋나는 일이다."
"이것은 부끄러운 일이다."

이 말들 전부 또는 일부가 맞을 수 있다. 그러나 디도서의 메시지는 이것들이 부적합하다는 것이다. 오직 복음의 논리를 통해서 표현된 하나님의 은혜만이 효과가 있다.

그러므로 그리스도인과 비신자가 모두 반복적으로 들어야 할 한 가지 기본적인 메시지가 있다. 그것은 은혜의 복음이다. 양쪽 그룹 모두에게 직접적으로 그리고 강력하게 적용될 수 있다.

도덕주의적 설교들은 단지 두 그룹 중에 한 그룹에게만 적용될 뿐이다. 그러나 복음의 그리스도 중심적 설교는 신자를 성장하게 하고 비신자를 돌아오게 한다. 그렇다. 만일 우리의 주일예배와 설교가 단지 전도에만 초점을 맞춘다면, 신자들은 결국 시들시들 해진다. 만일 우리의 설교가 주로 교육에 초점을 맞춘다면, 비신자들이 지루해하고 혼란스러워하게 된다.

그러나 우리의 예배와 설교가 은혜로 우리를 구원하신 하나님을 높이는 것에 목표를 둘 때, 우리는 신자들과 비신자들 모두를 도전하며 교육할 수 있게 된다.

셋째, 사람들을 결신으로 이끌라

예배 가운데 비신자들은 두 가지 방식으로 "그리스도와 함께 마무리를 할 수 있다". 어떤 이들은 예배 시간에 그리스도께 돌아온다(고전 14:24-25). 반면에 다른 사람들은 예배 후에 "후속 모임으로" 도움을 받아야 한다. 사람들을 결신으로 이끄는 두 가지 방법을 자세히 살펴보자.

우리는 예배 시간 도중에 사람들이 그리스도께 결단하도록 이끌 수 있다. 사람들이 그리스도를 받아들이도록 초대하는 한 가지 방법은 성찬이 나누어질 때에 초청의 권면을 하는 것이다.

우리 교회에서는 이렇게 말한다. "당신이 오늘 그리스도를 통하여 하나님께 구원의 관계에 머물고 있지 않다면, 빵과 잔을 받지 말기를 바랍니다. 그러나 빵과 잔이 나눠질 때에 그리스도를 받으십시오. 당신이 음식을 받아들이듯이 그리스도를 마음에 받아들이십시오. 그런 직후에는, 장로나 직분자에게 당신이 그렇게 했다는 것을 이야기하십시오. 그래서 우리가 다음 성찬식 때에는 여러분을 하나님의 자녀로 받아들일 수 있도록 해주십시오."

예배 시간에 사람들을 초대하는 또 다른 방법은 설교 후에 침묵의 시간이나 악기 연주 시간을 가지는 것이다. 이렇게 하면 사람들은 설교를 들은 것에 대해서 생각하고, 소화하고, 기도 가운데 하나님께 자신을 드리는 시간을 가진다.

많은 상황에서, 모임 후에 사람들을 결신으로 초청하는 것이 가장 좋다. 사도행전 2장은 그 예를 보여 준다. 12절과 13절에서 어떤 사람들은 사도들의 찬양과 설교를 들은 후에 조롱했지만 다른 사람들은 마음이 흔들렸고 "이것이 무슨 의미인가?"라며 물었다.

그 후 베드로는 구체적으로 복음을 설명한다. "우리가 어찌할꼬?"(37절)라는 질문에 대한 응답으로서 어떻게 그리스도인이 되는지를 설명했다.

역사적으로, 많은 설교자들은 전도적 예배 이후에 이러한 모임을 비신자들과 찾는 이들에게 즉각적으로 여는 것이 매우 효과적이라는 것을 발견했다.

깨달은 구도자들은 하나님의 임재를 직전에 경험하였기 때문에 배우려는 태도를 갖고 있고 마음이 열려 있다. "소그룹에 들어오라"고 요구하거나 다음 주일에 다시 오라고 하는 것은 너무 많이 요구하는 것이다. 그들을 "놀라고 당황"했다(행 2:12). 변화가 일어나기에 가장 좋은 상태인 것이다.

이것은 하나님께서 사람들을 틀림없이 구원하신다는 것을 의심한다는 이야기가 아니다(행 13:48; 16:14). 하나님의 주권을 아는 것은 우리가 전도를 할 때 마음에 평강을 준다. 회심이 우리의 달변에 달려 있지 않다는 것을 알기 때문이다. 그러나 그렇다고 해서 하나님께서 어떻게 일하시는지에 대한 진리를 간과하거나 축소해서는 안 된다.

예를 들어 웨스트민스터 신앙고백은 하나님께서 일반적인 사회적, 심리적 과정을 통해서 일상적으로 일하신다고 가르친다. 그러므로 예배 후에 사람들을 모임 후 만남으로 즉각적으로 초청하는 것은 말씀의 열매를 보존하는데 있어서 매우 도움이 되는 것이다.

모임 후 만남은 종종 강단 앞에 한 명이나 여러 사람이 기다리는 모습을 띠기도 한다. 그 자리에서 질문을 하기 원하는 구도자들과 대화하고 위해서 기도해 준다. 다른 방식은 예배가 끝난 후 간단한 질의응답 시간을 설교자가 강단이나 근처에서 가지는 것이다.

또는 비신자들이 기독교 신앙의 내용, 적절성, 신뢰성 등에 대해 던지는 구체적인 질문들을 다루는 한두 번의 강의나 소그룹 경험을 제공하는 것이다. 노련한 평신도 전도자들이 그 자리에 있어서 새신자들에게 보조를 맞춰주어야 한다. 영적인 질문들에 답하고 그들이 다음 단계를 취하도록 안내자가 되어주어야 한다.

"더 깊고 단단한 가르침은?"

전도적 예배가 그리스도인을 더 깊고 단단한 가르침을 주지 못하는 것이 아니냐는 우려를 나는 끊임없이 듣고 있다. 이 질문으로 어떤 사람들은 신학적인 차이점을 분명하게 하기를 원한다. 특정한 교리적 논쟁에 대해서 다른 교회나 교단과 어떻게 다른 관점을 가졌는지 알기 원한다는 것이다.

그러나 예배에 참석한 많은 사람들이 성경의 권위나 그리스도의 신성을 믿지 않고 (또는 믿지 않는 것처럼 살고 있는데) 왜 그런 차이점들에 대해 설교하면서 많은 시간을 허비해야 하는가? 설교의 주된 목적은 신자와 비신자 모두에게 복음의 불편함과 위로를 모두 주는 것이 아닌가? 만일 우리가 이것이 일어나게 하려 한다면, 우리의 예배 가운데 다른 교회들이 하는 것과 상당히 다르게 해야할 것이다.

예를 들면, 장로교 목사는 유아세례를 옹호하는 시리즈 설교를 해야 하는가? 나의 침례교 친구들이 그것을 받아들이지 않을 것은 둘째 치고, 이것은 X 및 Y교리에 기초한 Z교리에 해당하는 것이다. X와 Y교리들에는 성경의 권위, 복음의 진리, 제자도의 대가 등이 있다. 우리는 하나님의 모든 말씀을 설교해야 한다. 강해설교를 할 때에 우리는 본문이 가르치는 것을 다루며 가르친다. 그러나 일반적으로, 우리는 예배 가운데 X 및 Y교리를 반드시 강조해야 하며, 지속적으로 이 교리들을 반복하고, 이들에 기초하여 덜 다루어도 되는 다른 진리들을 설명한다.

우리는 자연스럽게 이러한 접근법이 너무 소심하거나 또는 논쟁을 피하려고 하는 것은 아닌가 묻는다. 그러나 우리의 설교에서 종종 강하게 강조해야 하는 다음의 교리들을 생각해 보라.

- 예수님은 하나님께 가는 유일한 길이다 (기독교의 유일성에 대한 변호)
- 성경의 권위와 무오류성

■ 설교인가? 강의인가?

청교도들은 (특히 조나단 에드워즈) 설교와 강의의 차이점을 구분했다. 그들의 설교는 양육에 더 무게를 둔다. 감정에 더 초점을 맞추고 인지적 논증에는 무게를 덜 둔다. 신학교 졸업생들 가운데 주된 문제는 그들이 신학 논문과 설교 사이의 차이를 구분하지 못한다는 것이다. 그러나 회중은 분명히 이를 구별을 한다!

이전에 나는 설교의 형태로 강의를 하곤 했었다. 예를 들면 유아세례를 믿는 모든 이유를 설명하는 식이었다. 그러나 많은 사람들은 따분하고 지루해했다. 그들은 사실상 이렇게 말했다.

"이것은 분명히 내가 공부해야 할 필요가 있는 것입니다. 그러나 오늘 내 영혼에는 음식이 좀 필요합니다."

마음의 길을 이해하지 못하는 많은 목회자들은 설교를 강의로 바꾼다. 역설적으로 그들은 자신의 절실한 필요를 채우면서 다른 사람들의 절실한 필요를 간과하고 있는 것이다. 그들은 영혼을 치유하기보다는 논증을 하는 것이 더 편안하다고 느끼는 것이다.

- 삼위일체
- 속죄와 대속
- 전가
- 오직 믿음으로 의롭게 됨
- 오직 믿음으로 거룩하게 됨
- 최후 심판과 지옥의 실재
- 초월적이고 도덕적인 절대 가치들의 실재
- 전적 타락과 도덕적 절대가치를 이룰 수 없는 무능력
- 마음의 우상숭배 성향
- 모든 혼외 정사의 죄악성
- 문제와 고난을 포함해서 모든 상황에 대한 하나님의 주권

나는 정기적으로 각각의 주제들을 다룬다. 이것들은 신학적으로 중요할 뿐만 아니라, 논쟁적인 이슈들이다. 그러나 우리는 믿음과 복음의 기본 진리들을 변호하고 옹호한다. 경험적으로 알게 된 것은, 사람들이 "단단한" 가르침에 열광할 때 그들이 그리스도인의 확신과 인생에 필요한 교리들의 깊은 내용을 언제나 구하는 것은 아니라는 것이다.

그들은 교회들과 교단들을 서로 분리시키는 주제들에 대해서 더 알고 싶어 한다. (강의가 아니라) 예배의 초점은, 비신

자들을 포함하도록 준비된 여건에서, 이런 종류의 토론들은 도움과는 거리가 형편없이 멀다. 그러므로 이 질문을 하는 사람들에 대한 우리의 조언은, "구체적인 차이점들과 강조점들에 대해서는 강의를 듣고, 소그룹에 참여하고, 목회자 및 다른 그리스도인들과의 개인적인 관계 속에서 배우고 더 깊어지십시오"라고 한다(평신도 사역의 역동성이 여기에 들어온다).

다시금, 이것은 진리의 담대한 선포를 회피하는 것이 아니다. 오히려, 복음으로부터 파생하는 진리가 아닌, 복음 자체의 불편함을 갖고 사람들을 이끄는 것이다. 물론, 우리의 책임은 다른 조건들 속에서 그 이슈들에 대해 가르치는 것이다. 우리가 복음을 뒤로 제쳐놓는 실수를 범하지 않으면서 말이다.

우리가 반드시 인정해야 할 것은 설교에 대한 어떤 접근법도, 그 자체로는, 성숙한 제자도를 위한 모든 훈련을 대체할 수는 없다는 점이다. 그리스도인은 설교의 형식으로 배우기 어려운 성경적이고 신학적인 구체적인 것들을 다른 기회를 통해 - 교실, 강의실, 소그룹, 일대일 관계 - 깊이 들어가서 배워야 한다.

이런 점에서, 교회 안에 "설교"와 "강의"를 구분해서 설교자가 하는 것보다는 더 강의 쪽을 선호하는 교인들을 만나게 된다. 그중에 어떤 이들은 결국 강의에 가까운 설교를 하는 설교자가 있는 교회를 찾아가기도 한다.

이런 교회들의 예배는 강의실에 가깝게 느껴진다. 그들은 매우 지적이고 북유럽 문화 스타일에 맥락화되어 있다. 많은 경우, 교육이 예배를 몰아내는 형국이다.

우리는 어떻게 예배 형태를 결정하는가? 어떻게 사람들을 하나님께 연결시키는가? 사람들이 느끼는 결핍을 채우려는 소비자적인 마음과 우리의 취향이 하나님을 만나는 성경적으로 유일한 방법이라는 자기중심적인 성향 사이에서 우리는 반드시 중심을 잡아야 한다. 대신, 우리는 성경이 예배에 대해 가르치는 것을 겸손하게 배우는 동시에 구체사항들에 대해서는 하나님께서 우리에게 자유를 주셨음을 인정해야 한다.

우리가 예배에 대하여 빈칸을 채워가면서 반드시 고려해야 하는 것들은 성경이 예배에 대해 가르치는 것, 문화적, 교회적 여건, 그리고 자신의 성향과 선호들이다.

덧붙여서 우리는 전도와 교육이 함께 일어나는 예배를 의도적으로 만들어야 한다. 매주의 예배는 비신자들의 전도와 신자들의 양육 모두에 효과적일 수 있다. 만일 우리가 복음 중심적이고, 지역의 일상 언어로 소통한다면 말이다.

다음 장에서 우리는 사람들을 하나님께 연결하는 사역 접점에 이어서, 어떻게 선교적 교회들이 사람들을 서로에게 공동체 가운데 연결할지를 살펴볼 것이다.

토론과 성찰을 위한 질문들

1. 다음의 다섯 가지 예배 전통의 범주 가운데 어떤 것이 가장 당신의 개인적인 스타일과 최근의 경험과 일치하는가?
- 예전적 - 물리적인 것에 대한 강조- 전통적 - 정신적인 것에 대한 강조- 찬양과 경배 - 감정적인 것에 대한 강조- 구도자 중심 - 실용적인 것에 대한 강조- 형태와 음악의 융합 - 신비적인 것에 대한 강조각각의 다른 전통의 예배들을 당신은 경험해 보았는가? 그 경험들로부터 당신은 무엇을 배웠는가?

2. 다음을 생각해 보라. "또한 많은 이제는 역사가 된 전통들도 기존의 오래된 방식에 대한 혁신적인 변화였음도 사실이다." 당신이 속한 전통의 예전의 역사를 연구해보았는가? (혹은 예전의 부재의 역사를?) 당신의 예전 전통은 기존의 어떤 흐름에 대한 반동으로서 형성되었는가? 어떤 신념과 선호들이 그것을 형성하였는가?

3. 예배를 비신자에게 이해될 수 있게 하는 일곱 가지 제안들을 깊이 생각하라. 어떤 것들을 당신이 지금 하고 있는 것들인가? 당신의 예배를 외부인에게 이해될 수 있게 하기 위해서 어떤 것들을 시작할 수 있겠는가?

4. 당신의 교회가 "더 깊고 더 단단한 가르침"을 예배 가운데 주어야 한다는 반대의 견들을 듣는가? 당신은 예배 외에 "구체적인 것과 특별한 것들"을 다루는 시간들을 마련했는가? 사람들이 정말로 그것들에 귀를 기울이고 있는가? 당신의 설교에서 "종종 강하게 강조하는" 본질적이며 논쟁적인 이슈들의 목록을 만들 수 있는가?

주

1. 다음을 보라. "Reformed Worship in the Global City," in *Worship by the Book*, ed. D. A. Carson (Grand Rapids: Zondervan, 2002), 193-239.

2. 오래 전에 나오긴 했지만 이러한 접근을 취하는 좋은 책으로는 폴 바스덴의 저서가 있다. Paul Basden, ed., *Exploring the Worship Spectrum: Six Views* (Grand Rapids: Zondervan, 2004).

3. 예배에 대한 규제적 원리들에 대해서는 다음을 보라. R. Michael Allen, *Reformed Theology* (Edinburgh: T&T Clark, 2010), 116-121.

4. 스코틀랜드 신앙고백서 (Scots Confession, www.creeds.net/Scots/c20.htm 2012년 2월 21일 접속). 신앙고백은 다음과 같이 말한다: "인간이 고안한 의례는 단지 잠정적인 것이다. 그러므로 의례의 변화는 지극히 자연스러운 일이요, 또 그렇게 되어야 한다."

5. 많은 메가처치들이 하는 현대적 기독교 예배에 대한 비평에 대해서는 다음을 보라. D. H. Williams, "Contemporary Music: The Cultural Medium and the Christian Message," *Christianity Today* 55.6 (June 2011): 46, www.christianitytoday.com/ct/2011/june/culturalmedium.html (2012년 2월 21일 접속). 윌리엄스는 다른 많은 사람들과 함께 "현대 예배가 사람들의 지성과 습관을 형성하기보다 직접적으로 감정을 목표로 한다"고 비판하면서 "이것은 소비자 문화에 의해 형성되어 온 것다"라고 말한다. 또한 "눈에 확 띄도록 감각적이며 단순한 메시지로 쇼핑몰 같은 환경을 만드는 소비자 문화"라고 말한다. 윌리엄스의 주장과 겹치지만 조금 다른 비판을 제임스 K. A. 스미스가 한다. James K. A. Smith, *Desiring the Kingdom: Worship, Worldview, and Cultural Formation* (Grand Rapids: Baker, 2009). 스미스는 비예전적, 설교 중심적 예배를 대상으로 하는데, 그는 너무나 이성과 지성에 치우쳐 있으며 예전적인 예배와 같이 '마음의 습관'을 형성하지 않는다는 비판을 가한다.

6. Allen, *Reformed Theology*, 133-134.

7. 예배의 역사적 전통들은 수 세기의 지혜와 경험에 근거하고 있으며 매주 새로 '역사를 새로 쓸' 필요를 제거해 준다.

8. John Calvin, *Institutes of the Christian Religion*, ed. John T. McNeill(Philadelphia: Westminster, 1960),

9. 다음을 보라. Paul Barnett, 1 *Corinthians: Holiness and Hope of a Rescued People* (Fearns, Ross-shire, UK: Christian Focus, 2000); F. F. Bruce, 1 *and 2 Corinthians* (Grand Rapids: Eerdmans, 1971); Gordon D. Fee, *The First Epistle to the Corinthians* (Grand Rapids: Eerdmans, 1987); Leon Morris, 1 *Corinthians* (Downers Grove, Ill.: Inter-Varsity, 2008); Anthony C. Thiselton, *The First Epistle to the Corinthians* (Grand Rapids: Eerdmans, 2000).

10. 그가 주장하는 것은 방언이 단지 비신자들로 하여금 '소외감과 정죄 받는 느낌'을 갖게 한다는 것이다. 그러나 이러한 종류의 정죄가 회심으로 이어지는 것은 아니다.

11. Barnett, 1 *Corinthians*, 262.

12. '성찬대에 울타리를 두르는 것'은 예배에 참여하는 사람들에게 오직 죄를 버리기로 헌신하는 신자만이 성찬식에 참여해야 한다는 것을 교육적으로 시사하는 것이다.

03
사람과 사람의
마음이 통하게 하라

복음은 공동체를 창조한다. 복음은 우리 죄를 위해 대신 죽으신 예수 그리스도를 가리키기 때문에 섬김의 관계성을 창조한다. 복음이 공포와 교만을 모두 제거하기 때문에 교회 밖에서는 결코 어울릴 수 없는 사람들도 교회 안에서는 잘 어울릴 수 있다.

복음이 우리를 거룩으로 초대하기 때문에, 하나님의 사람들은 상호 책임과 훈련 속에서 사랑의 연대 가운데 살아간다. 그러므로 복음은 어떤 사회와도 다른 공동체를 창조한다.

따라서, 사람들을 제자화하는 (또는 영적으로 훈련하는) 주된 방법은 공동체 훈련을 통해서이다. 은혜, 지혜, 그리고 성품에서 성장하는 것은 수업과 강의, 그리고 대형 예배 모임, 또는 고독을 통해서 일어나지 않는다. 성장은 깊은 관계와 공동체에서 일어난다. 복음의 의미가 머리로 깨달아지고 삶으로 실현되면서 가능해진다. 이것은 다른 어떤 환경이나 장소가 제공하지 못하는 것이다.

제자가 되는 요체는 구어적으로 표현하면 가장 많은 시간을 보내는 사람들과 닮아가는 것이다. 우리의 삶에서 가장 중요한 교육적 경험이 핵가족 안에서의 경험인 것처럼, 은혜와 거룩 안에서 성장하는 주된 길은 하나님의 가정에 깊이 참여하는 것이다. 그리스도인 공동체는 단순한 지원 그룹이 아니다. 오히려 대안 사회이다. 대안적인 인간 사회인 교회 공동체를 통해서 하나님께서는 우리를 의도하신 모습으로 만들어 가신다.

공동체의 기능

흔히 "공동체"를 전도나 교회 밖을 품는 것과 별개의 범주로, 또는 훈련이나 제자도, 또는 기도와 예배와 별개의 범주로 생각하곤 한다. 물론 이것들은 별개의 사역 접점이라고 우리가 이야기했다. 그러나 별개로만 생각한다면 오류에 빠지는 것이다. 공동체는 그 자체로 우리가 전도와 제자도, 그리고 하나님과의 경험을 하는 주된 길이다.

공동체와 전도

공동체는 우리의 전도와 선교 참여의 본질을 형성한다. 열매 맺고 효과적인 세계 선교의 진정한 비결은 공동체의 수준에 있다. 개인들의 특별한 성품이 기독교의 실재를 증명하지 못한다. 무신론 또한 다른 많은 종교들과 마찬가지로 정신적으로 특별히 위대한 개인 영웅들을 내어놓을 수 있다.

특별한 개인들이 우리에게 영감을 불어넣기도 하지만, 그 사람들이니까 그런 것이라고 결론을 내리기가 쉽다. 특별한 영웅들은 우리 나머지 사람들이 이를 수 없는 특별한 수준들을 갖고 있다. 무신론자와 다른 종교들이 만들어 낼 수 없는 것이 곧 복음이 만드는 사랑의 공동체이다.

사실 예수님은 우리의 깊은 연합을 통해서 아버지께서 그를 보내신 것과 아버지께서 그를 사랑하듯이 우리를 사랑하신 것을 세상이 알 것이라고 하셨다(요 17:23). 그리스도인들이 하나님의 사랑을 발견한 것을 사람들이 알게 되는 주된 길은 그들이 공동체로 함께 사는 삶의 수준을 보는 것이라고 예수님은 말씀하셨다.

계속 살펴보는 것처럼, 교회가 신실하고 효과적이기 위해서는, 반드시 "교제"의 수준을 뛰어넘어 반문화를 구현해야 한다. 복음이 아니라면 결코 함께 하지 않았을 사람들이 복음으로 말미암아 연합하여 사랑하는 것을 세상이 볼 수 있어야 하며, 자기를 주는 방식으로 성, 돈, 그리고 힘을 사용하는 것을 세상이 보아야 한다.

- 성 - 세속 사회가 성을 우상화하는 것과 전통 사회가 성을 기피하는 것 모두를 회피해야 한다. 성적 생활 패턴이 우리와 다른 사람들을 향한 적대감이나 공포심 대신에 사랑으로 나타내야 한다.
- 돈 - 우리는 관대하게 시간, 돈, 관계, 장소를 사용하도록 헌신해야 한다. 사회 정의와 가난한 자의 결핍과 외국인 노동자, 경제적 신체적 약자를 위해 사용해야 한다. 또한 서로서로 경제적 나눔을 실천해야 한다. 그래서 "우리 중에 결핍한 사람이 없게" 해야 한다.
- 힘 - 그리스도의 몸 바깥에 단절되어 있는 인종과 계급 사이에 힘을 나누며 관계를 형성하는데 헌신해야 한다. 이에 대한 실제적인 증거는 우리가 할 수 있는 한 다양한 출신의 사람들이 함께 하도록 하는 것이다.

서양의 신자들은 보통 개인의 삶을 통해서 그리스도를 닮은 모습을 나타낸다고 생각한다. 그러나 그리스도를 닮은 우리의 모습을 공동체적 삶을 함께 하여 나타내는 것도 매우 중요하다.

공동체와 성품

공동체는 우리의 성품을 만든다. "교실 관계에서는" 학생들과 교사들

■ 데이트와 진로 개발

'성 윤리'에 대해 생각할 때, 우리는 보통 데이트를 개인적 차원에서 생각한다. 미혼 그리스도인으로서 성경의 성적 윤리를 따르는 것은 어떤 의미인가 생각하는 것이다. (1) 결혼할 때까지 성 관계를 갖지 않는다. (2) 그리스도께 비슷한 정도의 헌신을 하지 않은 사람과는 결혼해서는 안 된다. 그러나 이것이 성과 남녀 관계에서 성경적이며 바른 것의 전부인가?

예수님은 언덕 위의 도시(대안 문화)로서 세상 앞에 "너희의 빛을 비추게 하라"고 하셨다(마 5:16). 그렇다면 그리스도인들은 공동체로서 어떻게 그리스도가 만드시는 차이점을 성의 영역에서 드러내야 할까? 우리 문화에서 외모와 돈은 배우자 결정에서 언제나 중요한 기준이 된다. 대부분의 교회는, 보수적인 교회라 할지라도 이 영역에서만큼은 기본적으로 세상에 동조하고 있는 것이 현실이다.

만일 교회 내 독신 남성들이 외모가 좋은 여성과만 데이트를 하는 것이 아니라 여성의 성품에 근거하여 배우자의 잠재적 가치를 생각하는 공동체라면 어떨까? 만일 교회 내 독신 여성이 부유한 남성과만 데이트하려고 하는 것이 아니라 남성의 성품에 주로 근거하여 배우자의 잠재적 가치를 생각하는 공동체라면 어떨까?

이처럼 우리는 개인 윤리에 있어서는 율법을 문자적으로 따르면서도 공동체의 방식과 관행에서는 하나님의 영광을 나타내는 것의 중요성을 기억해야 한다.

자끄 엘룰의 책 《기술 사회》는 기술의 중요성에 대한 기독교적 분석을 제공한다. 현대 사회는 매우 세속적이어서(영적이거나 영원한 가치보다는 '지금'의 구체적이고 즉각적인 것에 기울어 있다), 이성주의적이고(이성에 최고의 가치를 부여한다) 기계적이다(물질적 질서의 예측 가능성에 너무 많은 믿음을 둔다). 엘룰에 의하면, 이러한 현대적 감수성이 우리의 만남을 포함하여 모든 것에 영향을 미친다. 만남은 그 자체가 목적이 아니라 우리의 이익을 증진하기 위한 수단인 것이다. 이러한 환경에서 우리는 기회를 열어 줄 사람들과 함께 시간을 보내려고 한다. 우정과 사회 관계는 경제적이며 사회적인 목표를 이루는 데 도움이 되느냐를 기준으로 삼는다. 다시 말해서 사람이 연결하고 사귀는 주체가 아니라 객체인 것이다. 즉 목적에 대한 수단이 되는 것이다. 그러나 삼위일체의/기독교적 세계관은 우리가 다른 사람들을 이용해서는 안 된다고 가르친다. 그리스도인의 반문화에서는 만남 자체가 목적이다. 우리는 매력적이고 인기가 많고 권력이 있는 사람들에게만 끌려서는 안 된다.

이 서로서로 지적인 차원에서 주로 접촉한다. 교사와 학생들은 함께 살지 않으며, 같이 식사하지 않으며, 서로서로 사회적, 감정적, 영적으로 추가적인 것을 함께 하지 않는다. 예수님과 그의 제자들 사이는 교실 관계가 아닌 것을 우리는 안다.

제자들도 서로를 그렇게 대하지 않았다. 대신, 예수님은 많은 시간을 함께 하면서 진리를 토론하고 대화하고 적용하면서 배우고 실천하는 공동체를 만드셨다.

이 예가 시사하는 것은, 우리가 학문적인 상황에서가 아니라, 소그룹과 우정 관계 속에서 가장 잘 배우고 실천할 수 있다는 점이다.

우리의 성품은 일차 공동체에서 주로 형성된다 - 우리가 함께 먹고 놀고 대화하고 상담하고 공부하는 사람들 속에서. 우리는 성경에 나오는 "서로"에 대한 모든 구절들을 그리스도인 공동체의 측면에 적용할 수 있다. 우리는 서로를 존경하고(롬 12:10), 용납하고 (15:7), 참고(엡 4:2; 골 3:13), 용서하고(엡 4:32; 골 3:13), 서로를 위해 기도하고, 또한 서로에게 죄를 고백해야 한다(약 5:16). 우리는 서로를 격려하고 도전하며(히 3:13), 권면하고 직면하며(롬 15:14; 골 3:16; 갈 6:1-6), 경고하며(살전 5:14), 가르쳐야 한다(골 3:16).

우리는 서로에 대한 수군거림과 비방을 그만두어야 하며(갈 5:15), 진실하지 않은 관계를 멈추어야 한다(롬 12:9). 우리는 서로의 짐을 지며(갈 6:2), 소유물을 공유하며(행 4:32), 서로에게 복종해야 한다(엡 5:21). 요컨대, 교회 생활과 그리스도인 공동체에 깊이 참여하는 것보다 그리스도인의 성품 형성에 있어 더 중요한 제자도의 수단은 없다.

공동체와 행동

공동체는 우리의 윤리를 형성하며, 우리의 행동을 지도하는 명시적이며 암묵적인 규칙들을 형성한다. 성경적 윤리 명령은 개인보다는 공동체에게 훨씬 많이 주어지고 있다. 십계명은 이스라엘 민족을 열방에 빛이 되는 대안 사회로 만들기 위해 시내산에서 주어진 것이다. 로마서 12장 1-2절의 "너희 몸(들)을 거룩한 산 제사(들)로 드리라"는 말씀은 흔히 개인적 헌신의 요청으로 해석된다.

그러나 실제로는 우리가 자신을 공동체적 몸으로서 살며, 더 이상 개별적 삶을 살지 말라는 요구이다. 사실상 로마서 12장 전체는 이 새로운 사회에 대한 설명으로서 읽어야 한다. 동일한 방식으로, 예수님이 제자들에게 "산 위의 도시"가 되라고 하신 것은 (마 5:14) 우리가 산상수훈 전체를 새로운 공동체에 대한 설명으로서 보아야 함을 가르친다.

단순히 개인 신자들에 대한 윤리적 지침서가 아닌 것이다. 성경의 대부분의 윤리적 원리나 규칙들은 단순히 개인들이 따라야할 행위 준칙들이 아니라, 사랑과 거룩의 영적 열매를 맺는 새로운 사회에 대한 설명이다.

그러나 이것이 우리에게 놀라운 것이 되어선 안 된다. 이것은 단지 일반 상식이다. 왜 그런가? 우리 모두는 경험상 개인으로서 경건한 삶을 사는 것은 훨씬 힘든 것이라는 것을 알기 때문이다. 만일 우리가 누군가에게 책임지는 관계에 있지 않다면, 우리는 반복적으로 미끄러지고 쓰러질 것이다.

더욱이, 성경의 많은 윤리적 명령들은 놀라울 정도로 일반적이다. 우리의 특정한 상황에 직접적으로 대입할 만큼 구체적이지 않은 것이다. 그러나 이것은 예수님께서 우리에게 어떻게 그 가르침들을 공동체로서 적용할지를 결정하게 하셨기 때문이다.

예를 들어, 신약성경의 탐욕에 대한 무수한 말씀들을 생각해 보자. 간음은 정의하기가 명확하고 분명하지만, 탐욕은 정의하기가 더 어렵다. 누가 과연 우리가 우리 자신에게 너무 많은 돈을 쓰고 있다고 말하겠는가?

탐욕은 너무나 은밀해서 그리스도인들과 그것에 대해 말하지 않는 한 우리 속에 있는 탐욕을 결코 볼 수가 없다. 이러한 죄의 습관과 우상숭배적인 감정에 대한 전쟁은 공동체 안에서 제일 잘 수행된다.

사람들이 공동체로서 지혜와 경험을 합하여 사업상의 탐심이나 잔인성 등 성경적인 죄들에 대하여 문화적으로 타당한 표지들을 정리할 수 있을 뿐만 아니라, 공동체는 그 자체로 믿음을 따라 일관성 있는 삶을 살아갈 수 있도록 효과적으로 우리를 붙들어줄 수 있다.

공동체와 함께 하나님을 더 잘 알아감

공동체는 참된 영성의 열쇠가 된다. 관계성 안에서 서로서로를 알아가기를 배움으로써 하나님을 알고 성장하는 것이다.

C. S. 루이스는, 유명한 어떤 글에서, 자신과 찰스 윌리엄스와 로날드(J. R. R.) 톨키엔 사이의 친밀한 우정을 묘사한다. 찰스 윌리엄스가 죽은 후에,

---

■ 공동체 형성에 대한 실질적인 조언

도시 중심에서 공동체를 형성하는 것은 네 가지 사역 접점에서 무척 어려운 일이다. 우선 도시 중심 지역은 물가가 높으며 살기 어렵다. 인구의 이동성도 많고, 사람들의 노동 시간 또한 매우 길다. 그리고 대부분은 잠시 그곳에 머문다고 생각한다. 그래서 공동체를 형성하기가 더욱 어렵다.

공동체를 형성하기 위한 가장 실제적인 방법은 도시에 대한 긍정적인 관점의 비전을 제시하는 것이다. 이는 4부 4장(도시를 위한 복음)에서 다루었다.

그리스도인들이 도시에 정착하고 가족을 세우도록 격려할 방법들을 찾으라. 2년만 살려고 하는 사람들에게 4년을 살도록 요청하라. 사람들이 학업을 마칠 때까지만 머무르려고 한다면, 도시에 더 남아서 첫 직장을 가지도록 권하라.

많은 도시들은 4-10명이 모이는 전형적인 소그룹 외에도 중규모의 교구 또는 중규모 그룹이 공동체를 만드는 데 유용하다는 것을 발견한다. 대개 이 그룹들은 가까이 모여 살고, 직업이 비슷하거나, 도시에 대한 비슷한 열정을 가진 20-60명의 사람들로 구성된다. 정기적으로 함께 식사하고 어떻게 주변 지역을 품으며 섬길지를 의논한다. 문화적, 직업적, 지리적 이웃을 품으려고 하는 것이다.

만일 중규모 또는 소그룹에 참여하는 사람들의 수가 주일예배와 훈련에 참여하는 사람들의 절반에 못 미친다면, 당신의 교회는 공동체가 아니라 소비자 문화 센터가 되고 있는 것이다.

루이스는 다음과 같은 발견을 했다.

> 내 친구들 각각 안에 오직 어떤 친구만이 끄집어낼 수 있는 그런 것이
> 있다. 나는 나 혼자서 한 사람의 전체를 끌어낼 수 있을 만큼 충분히 크
> 지 않다. 그의 모든 면이 조명되기 위해서는 나의 빛 말고 다른 빛들이
> 필요하다. 찰스가 죽은 다음에 나는 더 이상 캐롤라인의 농담에 로날드
> 가 하는 반응을 볼 수 없게 되었다. 찰스가 가면서 로날드가 "내게만" 남
> 게 되었는데, 로날드는 더 작게 남았다. 진정한 우정은 사랑을 질투하지
> 않는다.
> 두 친구는 세 번째 친구가 오길 기뻐한다. 셋은 네 번째가 오길 기뻐한
> 다. 우리가 함께 나누는 친구의 수가 늘어날수록 우리는 각각의 친구를
> 덜 갖는 것이 아니라 더 갖게 된다.[1]

여기에서, 우정이란 천국을 닮은 영광스러운 가까움을 보여 준다. 모든
영혼에게, 자기 자신의 방식으로 그분을 보는 것은, 나머지 모든 이들에게
독특한 시야를 나누는 것이다.

옛 작가가 말하기를, 그래서 이사야의 환상에서 스랍들은 "거룩하다,
거룩하다, 거룩하다"고 서로에게 창화했던 것이다(사 6:3). 우리 사이에 천
국의 떡 되신 분을 더 많이 나눌수록, 우리들은 더 많이 서로를 갖게 된다.

루이스의 요점은 하물며 인간일지라도 일대일로서 다 알기에는 너무
나 풍부하고 다양한 면이 있다는 것이다. 당신이 누군가를 안다고 생각
하지만, 그 누구도 혼자 힘으로 그 사람 내면에 있는 모든 것을 꺼낼 수가
없다.

당신은 그 사람이 다른 사람들과 함께 있는 것을 볼 필요가 있다. 인간
존재 서로에게 이것이 진실이라면, 주님과는 얼마나 더 그렇겠는가? 당신
은 혼자서는 예수님을 정말로 알 수가 없다.

공동체적 경건과 교회 부흥주의

그러므로 그리스도인 공동체는 우리가 세상에 증거하는 주된 방법이며 그리스도를 닮은 성품을 기르고 그리스도인의 구별된 삶의 스타일을 연습하고 하나님을 개인적으로 알아가는 주된 길이다.

그러나 우리가 단지 그리스도인들 사이의 비공식적이고 개별적인 관계들만을 이야기하는 것이 아니라 제도적 교회에 참여하는 것과 회원이 되는 것에 대해서도 분명히 이야기해야 한다.[2]

이는 교회가 말씀의 설교 및 세례와 성찬의 성례 집행을 맡은 지도자들 아래 모여서 이루어지는 것이다. 재능이 있고 준비되고 교회에 의해 인가 받은 사람들에 의해 이루어지는 말씀의 설교 및 성찬에 참여하는 것은 -이를 통해 형성되는 모든 자기 조사와 공동체적 책임관계와 함께- 그리스도인 공동체가 전도, 영적 성장, 그리고 하나님과의 관계를 형성하는데 있어서 결정적이며 대체 불가한 역할을 한다.

그리스도인의 생활, 실천, 그리고 영성을 요약하는 옛 용어가 있는데, 그것은 바로 경건(piety)이라고 하는 단어이다. 지난 250년 동안, 공동체적 경건으로부터 개인적, 내면적 경건으로 초점이 꾸준히 멀어져 갔다. 우리는 이러한 변동을 2부(복음 부흥)에서 살펴보았다.

공동체적 경건은 공동체적 과정을 강조한다. 세례, 장로와 목사들의 권위를 따르는 것, 교회의 역사적 고백들에 대한 교리교육, 회원제도에 대한 순종, 공적인 서약과 신앙 고백, 회중 예배, 성경말씀의 설교를 듣는 것, 성찬을 정기적으로 받는 것, 교회의 교단 기구들을 통해 선교에 참여하는 것이다.

그런데 오늘날 대부분의 복음주의적 교회들이 개인주의적 경건을 강조한다. 이는 내적인 경건과 영적인 훈련, 소그룹 교제, 개인전도와 봉사활동, 그리고 범복음주의 계열의 행사들과 집회에 참여하는 것이다.

역사가들은 종종 이러한 변동을 18세기와 그 이후의 부흥과 각성운동

시절로 추적한다. 앞에서 보았듯 부흥주의자들은 세례 받은 교회 회원들이 거듭나지 않을 수 있으며, 구원에 있어 교회 안에서 자기들의 지위를 의존하며 그리스도와 그의 완성된 사역을 의존하지 않을 수 있다는 것을 믿었다.

그래서 그들은 사람들에게 자기 조사와 회개 그리고 회심을 요구했다. 그러나 부흥주의자들이 그런 식으로 말했을 때, 그들은 교회의 필요성을 (마음 속에서) 약화시켰다.

부흥주의자들의 통찰력은 직접적인 경험과 자기 확신에 대한 지나친 강조로 이어졌다. 많은 사람들이 "누가 교회를 필요로 합니까"라고 물었다. "그리스도인인지 아닌지를 결정하는 판정자가 나 자신인데 말입니다." 많은 이들에게 교회는 선택사항과 추가사항이 되었다. 그리스도인의 삶을 어떻게 살아야 하는지에 대한 심장이 아니고 말이다.

일찍 설명한 것처럼, 부흥주의적, 개인주의적 경건이 과도하게 되면 진짜 위험한 것이 생기게 된다. 역사가 존 커페이에 따르면 역사적으로 부흥주의는 건전한 신학적 고백주의를 교리적 축소주의로 바꾸어버렸고, 가슴의 경험을 공식적인 교회회원이 되는 것보다 강조했다.

성례적 절차에 대한 강조를 없애고 위기 앞에서의 신앙결단으로 바꾸었고, 훈련된 사역자의 이상을 대중주의적인 간단한 설교로 수준을 낮추었다. 또한 과거의 지혜에 비추어 주의 깊은 신학적 주해를 하는 것이 아니라 순진한 성경문자주의에 빠졌다. 과거의 부흥에서부터 오늘날의 개인주의적 경건이 나온 것이다.[3]

바르게 하려는 좋은 의도의 노력 가운데 반대편의 극단으로 치우치는 것이 자연스러운 일이기는 하다.

2부에서 말한 것처럼 19세기 프린스턴 개혁주의 신학자들이 -아치볼드 알렉산더와 찰스 핫지 등이- 이 문제에 대해서 균형 잡힌 접근을 했다고 나는 믿는다.

한편으로, 그들은 부흥주의의 위험성을 날카롭게 인식하고 있었고, 공동체적 경건의 중요성을 강조했다. 다른 한편으론 핫지는 또한 존 윌리암슨 네빈(John Williamson Nevin)에게 비판적이었다. 네빈은 성례를 특히 강조하면서, 부흥주의에 예민하게 반응했다.[4]

알렉산더의《종교적 경험에 대한 생각》및 핫지의《생명의 길》에서 볼 수 있는 것처럼, 그들은 부흥주의의 기본적 통찰을 수용했다. 조나단 에드워즈가 참된 종교적 경험을 어떻게 분별할 것인지에 대해 쓴 글들을 따랐다. 그렇지만 그들은 이들은 교회를 그리스도인의 성장 및 생활의 중심에 놓았다.[5]

나는 알렉산더와 핫지가 제안한 균형을 설명하기 위해 "교회 부흥주의"(Ecclesial Revivalism)라는 만들어 사용해왔다. 우리가 오늘날 어떻게 부흥주의의 통찰과 교회사역 안에 있는 교회의 사역을 결합할 수 있을까?

첫째, 회심을 위해 설교하되 기존의 성도들을 존중하라.

프린스턴 신학자들이 균형을 유지했던 방법들 중에 한 가지는 그들이 회심을 위해 설교하면서 동시에 기존의 성도들의 상태를 존중했던 것이다. 프린스턴 사역자들은 사람들이 죄와 은혜의 교리를 머리로는 고백하면서도 마음으로는 신뢰하지 않으며 회심하지 않았을 수 있다고 설교했다. 그들의 관점에서 회심이란 언제나 공로 의(works-righteousness)의 죄에 대한 확신을 수반하며, 제시된 은혜의 복음 -의롭게 하는 믿음- 에 대한 반응으로서 마음의 기쁨을 수반한다.

그들은 만일 그리스도인들이 회심과 구원얻는 믿음의 경험이 없다면 교회에 구성원으로 받아들여지거나 세례 받은 아이들이 성찬에 참여하는 것을 반대했다. 그들은 기존의 성도들에게 스스로를 조사할 것을 요구했다.

그러나 개별 성도들이 이단에 빠지거나 도덕적으로 타락하여 치리를 받지 않는 한 그들이 거듭나지 않았다고 선언하지는 않았다. 만일 교회가 한 사람을 구성원으로 받아들였다면 어떤 교인이든지 반대 선언을 할 수는 없었다.

이것은 중요한 균형이다. 프린스턴 신학자들은 성찬을 받는 등록교인들로 하여금, 복음의 분명한 설교 아래에서, 그들이 그리스도를 구원얻는 믿음으로 신뢰한 것이 아니라, "죽은 공로"로 가득 찼었을 뿐이라는 것을 깨달을 수 있다는 것을 알게 했다. 그런데, 어떤 부흥주의자들과는 달리 그들은 이미 성찬을 받는 교인에게 다시 세례를 받게 하지는 않았다. 그것은 너무나 주관적이고 개인주의적이라고 그들은 생각했던 것이다.

그들은 이렇게 물었을 것이다. "당신은 영적으로 내리막길을 갈 때가 있습니다. 그리고 미래에 더 큰 영적 부흥을 경험할 수도 있습니다. 당신은 그럼 세 번째로 세례를 받겠습니까?" 그들은 신자들이 자신의 확신을 그들의 경험 및 교회 공동체와 성찬에 참여하는 두 가지에 근거하게끔 했다.

그들은 이렇게 말한 것이다. "당신은 세례를 받았습니다. 이제 당신은 회심을 경험하는 것입니다. 당신 안에 성령의 열매가 자라는 표지들이 보인다면, 당신이 주님의 소유임을 당신은 확신할 수 있습니다."

등록교인이 되기 위한 후보들을 조사하라. 우리가 형식주의와 부흥주의 같은 극단들을 피하면서 그리스도인으로서의 경험에 관하여 사람들을 조사할 수 있을까? (1) 모든 사람이 회심한 시기나 순간을 확인할 수 있다고 주장하거나, (2) 모든 사람이 특정한 양상을 따라 회심한다고 주장하거나, 또는 (3) 모든 사람이 동일한 수준의 경험적, 감정적 강도로 회심을 해야한다고 생각하지 말라. 이것은 너무나 열광주의적인 부흥주의자들이 하는 실수이다.

더욱이, 겉으로 표현된 신앙고백만 보아선 안 된다. 대신, "영적인 조명"을 발하는 복음의 고백을 찾아서 이해하고 포착해야 한다. 그들은 단지 행동의 죄를 넘어서 자신들의 죄를 이해하고 있으며, 우상숭배, 자기의, 그리고 마음과 동기의 다른 죄들을 인정하고 있는가?

그들은 구원이 자신의 공로가 아니라 그리스도의 공로에 의해서 되는 것이라는 사실을 더욱 분명하게 마음에 깨닫는 시간을 가졌는가?

그리고 영적인 "삶의 전반의 효과"를 살피라. 단순히 교리적인 추종과 윤리적인 동조를 넘어선 무엇이 있어야만 한다. 마음에 평안과 기쁨의 감각이 있어야만 한다.

그럼에도 우리는 그들이 복음적 신앙을 사려 깊게 표현하고 복음적 삶을 약속하는 사람들을 배제하지 않아야 한다. 설령 그들의 기질이 큰 감정적 변화를 보이지 않더라도 말이다. 우리는 다른 문화의 사람들이 반드시 우리의 양상대로 해야한다고 우기는 것을 경계해야 한다.

이러한 경계는 초기 프린스턴 신학자들에게서 보이는데, 그들이 유아 세례 받은 어린이들을 대할 때에 나타난다. 이 신학자들은 세례 받은 어린이들이 (1) 그들의 부모의 신앙고백을 통해서 교회에 연합되었으며 그러므로 그리스도인으로서 살아갈 책임이 있으며, (2) 성례를 통해서 가족의 삶 가운데 하나님의 은혜를 받는다고 이해했다.

그러나 그들은 어린이들이 그리스도를 믿도록 권면했으며, 회심이 어떤 것인지 가르쳤다. 아치볼드 알렉산더는 교회 안에서 자라는 어린이들이 수년 동안 일종의 "종교적 감화"를 받도록 가르쳤다. 그리고 어떤 것이 영적 준비이며, 어떤 것이 회심이며, 어떤 것이 더 깊은 성장과 헌신인지 구별하기가 어려웠다.

그러나 그들은 아이들에게 성찬에 참여하기 위해서는 죄와 은혜의 확신이 필요하다고 가르쳤다.[6] 그들은 교회 교육을 이수한 아이들을 단순히 다 받아들이기 보다는, 신뢰할만 한 신앙 고백을 찾았다.

셋째, 교리교육을 회복하라. 사도적 전통에서는, 히폴리투스에 의하면, 초대교회에서는 회심을 여러 단계의 여정으로 보았다.

1. 찾는 이들이 교리교육 과정에서 배우는 것이 허용되었다. 그들은

기본적인 기독교 세계관과 윤리를 일주일에 여러 차례씩 교육을 통해 배웠다.

2. 질문자가 신자가 되었을 때, 그들은 세례 후보생이 되며 공개적 세례를 받기 위한 새로운 학습 과정에 들어갔다. 그들은 아직 공동체에 허입되지는 않은 신자로 인식되었다. 세례교육은 정통 신학과 교회와 사역의 이해에 초점이 있었다.

3. 세례 이후에, 새 회원은 세상 속에서 그리스도인으로서 살아가고 일하는 실제적인 이슈들에 대하여 추가적인 교육을 받았다.

이러한 교회적, 공동체적 접근법은 영적 성장을 공적, 공동체적인 이정표로 보았으며 물, 음식, 음료, 음악, 기쁨 등이 수반되었다. 그러한 이정표에는 세례, 성찬, 결혼, 장례식이 있었다. 현대의 개인주의적인 음악 모델은 단기 행사와 집중 강의와 프로그램을 강조하지만, 교리교육은 달랐다.

그것은 훨씬 공동체적, 참여적, 신체적으로 구현된다. 찾는 이들은 서로 정기적으로 만나며, 그리스도인 강사와 함께 만난다. 세례후보생들은 서로서로 만나며 그리스도인 교사와 후원자들과 함께 만난다. 성경 암송이 이 과정을 천천히 수반하며, 교회의 신학과 실천을 "배우게" 한다. 현대의 많은 세미나와 프로그램들이 하는 것보다 훨씬 더 큰 삶의 변화 그리고 더 든든한 교회 참여를 가능하게 했다.

개리 패렛과 J. I. 패커는 《복음에 뿌리를 내려라》라는 저서에서 현대 그리스도인들이 교리교육을 교회생활에서 회복할 것을 촉구한다.[7] 고대의 신앙고백들을 -사도신경(신앙), 십계명(실천), 주기도문(체험)- 사용해서 사람들을 훈련할 것을 주장한다. 그들은 단기간의 압축된 과정보다는 긴 과정을 거쳐야 한다고 주장한다. 단순히 공식적인 강의실 교육뿐 아니라 비공식적이고 무형식의 교육을 옹호한다.

즉, 성숙한 교회 회원들과의 개인적 관계를 형성하는 기회들을 많이 포함해야할 뿐만 아니라 실천적인 경험들을 포함해야 한다는 것이다. 무엇보다 중요한 것은, 교리교육이 공적 예배와 전반적인 교회생활과 아울러 강의와 제자도를 포함한다. 고대에는, 찾는 이들, 교리교육 이수생, 세례준비자, 그리고 새 회원들이 공예배에서 모두 인정되었고 기도를 받았다.

넷째, 찾는 이들은 과정을 필요로 한다는 것을 인정하라. 알파코스 및 기독교 탐구(Christianity Explored) 등 유사한 다른 과정들의 성공은 20세기 중반의 주된 전도방법이 변화되어야 할 필요성을 크게 부각시켰다. CCC 전도법과 다양한 개인전도 방법들(예를 들면, CCC의 4영리를 이용한 라이프 훈련, 전도폭발)은 공동체적이지도 않고, 과정적이지도 않은 접근법들이다.

그들은 그리스도인 신앙에 대한 배경지식을 어느 정도 가정했다. 알파코스는 보다 교리 교육적 접근법인데, 서양사회가 이제 비기독교 사회화됨에 따라 전도가 초대교회의 양상을 따라야 함을 보여주고 있다. 오늘날 찾는 이들은 내용도 알아야 하지만 또한 기독교가 개인과 공동체 안에서 어떻게 구현되는지를 보아야 한다. 그들은 질문하고 또한 (이제는 낯선 것이 되어버린) 기독교의 복음과 세계관을 이해하며 세워가는데 긴 시간이 필요하다.

앞에서 내가 주장하였듯이, 오늘날 대부분의 문화에서 예배 자체가 비신자들이 와서 자신들의 관심과 믿음이 채워지고 성장하는 과정으로 작용할 수 있다.

사실, 부흥주의자와 교회주의자의 관점들을 통합하는 것이 매우 중요하다. 대부분의 교회주의적 교회들은 그들의 공동체적 예배가 전도적이라고 생각하지 않으며, 반면 대부분의 구도자 중심적 교회들은 그들의 구도자 예배들이 신학적으로 풍성하고 영적으로 그리스도인들을 양육할 수 있다고 생각하지 않는다.

우리에게는 교육이 같이 일어나는 전도적 설교, 전도가 같이 일어나는 교육적 설교가 다 필요하다. 전도적 예배를 보완하는 것이 다양한 그룹들, 모임들, 과정들로서 이를 통하여 비그리스도인들이 기독교 신앙으로 들어

오게 된다.

다섯째, 세례 교육과 등록교인 허입은 훨씬 교육적이며 훨씬 중요한 예배의 일부임을 깨달으라. 현대인은 짧고 강렬한 절차를 기대한다. 그것이 급변하는 자신의 스케줄에 부합하기 때문이다. 그렇지만, 성인 세례에 도달하기 전에 상당한 분량의 교육이 꼭 있어야 한다. 모든 세례 후보자에게 사도신경, 주기도문, 그리고 십계명에 대한 교리적 강좌를 수강하도록 요구하는 것을 고려하라.

또한, 세례 후보자들이 공적으로 확인될 수 있는 방법들을 찾으라(초대교회가 그러했던 것처럼). 세례를 위해 교육을 받으며 준비하는 새로운 회심자들에게서 삶이 변화된 고백들을 들을 기회를 가지라. 그들이 아직 세례를 받지 않았을 때에도 가능하다. 그렇게 하는 것은 회중에게 과정의 중요성을 부각시키며 또한 회중 안에 있는 찾는 이들에게 "그리스도와 가까워지도록" 동기부여를 한다.

만일 당신의 교회가 유아세례를 주거나 갓난아이의 헌아식을 한다면, 예식을 받기 전에 가정의 영적 성장과 제자도를 배우는 훨씬 폭넓은 훈련 과정을 만드는 것을 고려하라. 일반적으로, 세례 및 등록교인 허입이 회중의 영적 여정에 어떻게 중요한 이정표가 되는지에 대해서 회중을 훨씬 잘 교육시킬 수 있다.

여섯째, 성찬에 대한 기대를 영적 준비를 위한 도약대로 사용하라. 성찬을 매주 시행하지 않는 교회에서는, 짧고 집중적인 영적 준비를 하는 시기를 성찬을 준비하며 갖도록 회중에게 요청할 수 있다.

나는 버지니아 호프웰의 교회에서 사역할 때 이 방식을 사용했었다. 거기에서는 성찬을 단지 계절에 한 번씩만 시행했었는데, 1-2주 전에 설교 가운데 교회에게 그리스도의 삶의 핵심 영역을 살피도록 했다.

예를 들어, 우리는 관계성에 대해서 생각했으며 -용서와 화해의 필요성에 대해서- 그리고 성찬을 하는 주일까지 이어갔다. 모든 사람들은 어떻게 마태복음 5장 23-24절 또는 마태복음 18장 15-17절의 과정을 따라서 누군가와 화해를 해야 할지를 생각하도록 도전을 받았다. 장로들과 목사들은 종종 성찬 시즌에 맞추어 가정 방문을 하곤 했다.

분명히 가정 심방은 이동이 많은 대도시 교회에서는 늘 현실적이지는 않지만, 대도시 회중에서는 강의를 개설하거나 소그룹이 특정 주제를 다루면서 자기조사를 하게 할 수 있다. 때때로 교회는 성찬을 갖기 전에 언약 갱신의 때를 가질 수도 있다.

다양한 가능성들이 있다. 그러나 결국 중요한 것은, 부흥주의적 설교와 목양을 교회생활의 공동체적 패턴으로 결합하는 교회들은 많지 않다는 것이다. 사실, 대부분의 사람들은 자신이 갖고 있는 강점으로 자기를 정의하면서 다른 그리스도인들과 구별 짓기 때문에, 건강한 방식으로 양자의 통찰을 통합하는 것이 더 어렵다.

복음과 공동체

공동체를 만드는 것은 오늘날 우리가 당면한 문화적 현실에서 더 이상 자연스럽지도 않고 쉽지도 않은 일이다. 우리 선조들이 했던 것보다 훨씬 큰 의도적 노력이 필요하다. 또한 우리 대부분에게 불편한 일이기도 하다. 그러나 우리의 무기는 복음 그 자체이다.

본회퍼는 그의 고전적인 책 《신도의 공동생활》에서 그리스도인의 교제의 근거는 믿음에 의한 칭의의 복음임을 분명히 밝히고 있다.

> 종교개혁가들은 이렇게 표현했다. 우리의 의는 "외부적 의"(alien righteousness)이다. 우리의 바깥에서 오는 의이다.
>
> 하나님께서는 [그리스도인들에게] 함께 만나서 공동체를 이루게 허용하셨다. 그들의 교제는 온전히 예수 그리스도 위에 세워진다. 이것이 "외부

적 의"이다. 우리가 말할 수 있는 전부는, 그러므로 그리스도인의 공동체는 오직 사람이 오직 은혜로 말미암아 의롭게 되는 성경적이고 개혁주의적인 메시지에서 솟아나는 것이다. 이것만이 그리스도인이 서로를 사모하는 근거가 된다.

그리스도가 없이 우리는 우리의 형제를 몰랐을 것이고, 형제와 만날 일도 없었을 것이다. 그 길은 우리의 자아에 의해서 막혀있는 것이다.[8]

어떻게 이 일이 일어나는가? 죄 아래서 우리의 자연적 조건은 "영광을 갈망하는" 것이다. 존귀, 영예, 존중감에 목마른 것이다. 죄는 우리를 우월감과 자신감 과잉에 빠지게 하며 (왜냐하면 우리가 고귀한 존재라는 것을 자신과 타인에게 증명하려고 시도하기 때문이다) 열등감과 자신감 결핍에 빠지게 한다(왜냐하면 깊은 속에서는 우리가 죄책감을 느끼고 불안정하기 때문이다).

어떤 사람들의 영광에 대한 굶주림은 주로 허세와 자랑의 형태로 명백히 드러난다. 또 다른 사람들에게는, 자기 비하와 자기에 대한 혐오의 형태로 나타난다. 우리 대부분은 양쪽의 충격으로 괴로워한다. 어느 쪽이든, 복음이 우리를 변화시키기 전까지, 우리는 인간관계 속에서 사람들을 이용한다. 우리는 일을 위해서 일을 하는 것이 아니며, 사람을 위해서 사람과 교류하는 것이 아니다.

오히려, 우리가 일하고 만나는 이유는 우리의 자기 이미지를 향상시키기 위해서이다. 본질적으로 다른 사람들로부터 자기 이미지를 얻으려고 하는 것이다. 투명하고 사랑하고 서로 봉사하는 길이 "우리 자신의 자아로 말미암아 막혀있음"을 본회퍼는 우리에게 상기시킨다.

그러나 복음이 우리를 변화시킬 때, 우리는 그들을 위하여 만나기 시작할 수 있다. 복음은 누구 앞에서나 우리를 겸손하게 하며, 우리가 오직 은혜로 구원 받은 죄인임을 기억하게 해준다. 그러나 복음은 또한 우리를 누구 앞에서나 당당하게 하며, 우리가 온 우주에서 중요한 유일하신 분의 눈

■ 공동체를 형성하기 위한 자료

공동체가(특히 예배) 영적 성장, 세계관 교육, 제자도에 어떻게 연결되는지 알아보려면 제임스 K. A 스미스의 *Desing the Kingdom*(하나님 나라를 갈망함)을 참조하라.

공동체 안의 삶에 대한 실제적인 통찰에 대해서는 팀 체스터와 스티브 티미스가 쓴 《교회다움》을 참조하라. 그리고 조나단 윌슨하트그로브의 *The New Monasticism*(신 수도원주의)를 참조하라.

공동체를 세우기 위한 아홉 가지 성경적 습관들의 개관으로는 팀 켈러의 *Gospel in Life Study Guide*(복음의 삶 성경공부), 59-72쪽을 참조하라.

1. 서로의 강점, 능력, 은사를 인정한다.
2. 그리스도 안에서 서로 동등한 중요성을 가졌음을 인정한다.
3. 가시적인 감정을 통해서 서로를 인정한다.
4. 서로의 공간, 물품, 시간을 공유한다.
5. 서로의 필요와 문제를 공유한다.
6. 서로의 신앙, 생각, 영성을 공유한다.
7. 상호책임을 지며 서로를 섬긴다.
8. 용서와 화해를 통하여 서로를 섬긴다.
9. 나의 이익보다는 서로의 이익을 위해 섬긴다.

앞에 사랑받으며 존중받는 존재임을 기억하게 한다.

그래서 우리는 사람들을 그들의 모습 그대로 즐겁게 받아들일 수 있는 해방을 누리게 된 것이다. 그들이 우리를 어떻게 느끼게 해주는지가 더 이상 중요하지 않은 것이다. 우리의 자아 이미지는 더 이상 다른 사람들과의 비교에 근거하지 않게 된 것이다(갈 5:26; 6:3-5). 우리의 존재감을 사람들로부터 얻는 가치나 사람들 위에 군림하는 힘을 통해서 획득하지 않는다. 우리는 사람들의 인정을 지나치게 의지하지 않는다.

또 반대로, 우리는 사람들에게 마음을 주거나 연결되는 것도 두려워하지 않는다. 복음은 자신고양도 아니며 자기비하도 아닌, 당당함과 겸손이 함께 커지는 경험을 우리에게 가능하게 한다.

강한 공동체는 강력한 공통 경험을 통해 형성된다. 사람들이 홍수를 함께 이겨낸다든지 전쟁에서 함께 싸운다든지 할 때처럼 말이다. 그들이 다른 쪽으로 함께 건너갔을 때, 그들이 공유한 경험은 깊고 영속적인 연대의 기초가 된다. 이는 피보다 진하다. 그 경험이 더 강렬할수록 그 유대도 더 강렬해진다. 우리가 회개와 믿음을 통해 그리스도의 근원적인 은혜를 경험할 때, 그것은 가장 강렬하고, 근원적인 삶의 경험이 된다.

이제 우리가 동일한 은혜를 경험한 다른 문화, 인종, 사회계급의 사람을 만날 때, 우리는 동일한 생사의 경험을 함께 했음을 보게 된다. 그리스도 안에서, 우리는 영적으로 죽었다가 새 생명으로 일으키심을 받았다(롬 6:4-6; 엡 2:1-6). 구출 받은 공통 경험 때문에, 우리는 가족, 인종, 문화보다 더 우리를 강하게 묶는, 상실될 수 없는 신분증을 공유하게 되는 것이다.

베드로는 교회에게 "사람에게는 버린 바가 되었으나 하나님께는 택하심을 입은 보배로운 산 돌이신 예수께 나아가 너희도 산 돌 같이 신령한 집으로 세워지고"(벧전 2:4-5)라고 편지하였다.

돌이 석공에 의해서 완벽하게 다듬어지듯, 건축자는 각각의 돌을 다른 돌 옆에 위치시키며, 그들을 견고하고 아름다운 성전으로 만든다. 우리가 하나님의 은혜를 아는 다른 사람들에 대해 말할 때, 우리는 그들의 신분이나 집안이나 계층이 아니라 그리스도 안에 더 깊이 뿌리내리고 있다는 것을 알게 된다. 결과적으로, 그리스도께서는 우리의 관계에서 전에는 극복할 수 없었던 장벽들을 뛰어넘는 연결성을 창조하신 것이다.

우리는 종종 공동체를 우리가 해야 할 또 하나의 규범으로 생각한다. "좋다, 성경을 읽어야 하고, 기도하고, 성적으로 순결해야 한다. 그리고 모임에 나가야 한다."

그러나 공동체는 우리가 세상에서 그리스도께서 하라고 하신 모든 것을 이루는 방법으로 이해하는 것이 제일 합당하다. 공동체는 단순히 복음 설교의 결과 이상이다.

오히려 공동체 자체가 복음의 선언이며 표현이다. 공동체는 그리스도 안에 있는 자유의 복음을 선언하는 것인데, 우리의 변화된 삶과 함께 하는 공동체성의 분명한 드러남을 통해 표출된다. 공동체 자체가 복음의 일부이며, 그 복음은 바로 이것이다. 그리스도께서 십자가에서 당신을 위하여 성취하신 것이며 - 하나님의 백성과 함께 사는 새로운 삶이다. 전에는 사람들과 멀리 떨어져 있었으나, 이제는 가까워진 것이다.

토론과 성찰을 위한 질문들

1. 다음을 어떻게 생각하는가? "제자가 되는 요체는, 구어적으로 표현하면, 가장 많이 어울리는 사람들처럼 닮아가는 것이다." 이것은 당신의 경험인가? 당신이 속했던 공동체는 그리스도인으로서 당신의 성장에 어떻게 영향을 끼쳤으며, 어떤 방향으로 지도를 했는가? 당신은 누구와 더 많이 어울려야 하겠는가?

2. 다음을 어떻게 생각하는가? "개인들의 특별한 성품이 기독교의 실재를 증명하지 못한다. 무신론자와 다른 종교들이 만들어 낼 수 없는 것이 곧 복음이 만드는 사랑의 공동체이다." 그리스도인으로서 당신의 증거를 공동체로서 생각해보라. 당신의 교회 공동체가 그리스도인의 구별되는 방식으로서 서로서로를 대하며 관계하며 살아가는 것은 어떤 모습으로 나타나고 있는가? 당신은 주변 문화에 어떤 모습으로 증인이 되고 있는가?

3. 다음을 어떻게 생각하는가? "공동체적 경건은 공동체적 과정을 강조한다 - 세례, 장로와 목사들의 권위를 따르는 것, 교회의 역사적 고백들에 대한 교리교육 …에 참여하는 것이다. 그런데 오늘날 대부분의 복음주의적 교회들이 개인주의적 경건을 강조한다. 이는 내적인 경건과 영적인 훈련, 소그룹 교제 (장로의 지도가 거의 또는 전혀 없음), 개인전도와 봉사활동, 그리고 범복음주의 계열의 행사들과 집회에 참여하는 것이다."

당신의 교회에서 어떤 경건의 버전들이 가장 흔한가? 균형 잡힌 "공동체적 부흥주의"를 위한 어떤 제안이 당신에게 가장 도움이 되는가?- 회심을 위해 설교하되, 성찬을 받는 교인들의 상태를 존중하라.- 등록교인 후보를 조사하기 위한 방법을 개발하라. 1.교리교육을 회복하여 공동체적이고 참여적이고 신체적으로 참여하게끔 하라. 2.찾는 이들에게 전도적인 동시에 신학적으로 교육적인 과정이 필요하다는 것을 깨달으라. 3. 세례 준비과정과 등록교인 교육을 제자도를 세우는 목적으로 사용하라. 4. 성찬을 준비하는 시간을 갖게 하고, 그 시간이 언약 갱신에 초점을 둔 영적 준비의 디딤돌이 되게 하라.

주

1. C. S. Lewis, *The Four Loves* (New York: Harcourt Brace Jovanovich, 1960), 92-93.

2. 성례(ordinances) 대신에 성찬(sacraments)이라는 단어를 사용함으로써 내가 세례와 주의 만찬에 대해 가지고 있는 관점과 동일한 관점을 갖지 않는 독자들이 많다는 것을 잘 알고 있다. 일반적으로 '성례'라고 부르는 이들은 이것들이 구원의 효익을 나타내는 표지와 상징이라고 믿는다. 반면 '성찬'이라고 묘사하는 이들은 어떤 면에서 이것이 은혜를 실제로 가져오는 '인'이라고 믿는다. 이 중요한 주제들에 대한 오래된 이견에도 불구하고, 넓은 스펙트럼의 교회들이 실제로 이 부분에서 교회의 경건의 중요성에 대해 말하는 것에는 동의하리라 믿는다.

3. John Coffey, "Lloyd-Jones and the Protestant Past," in *Engaging with Martyn Lloyd-Jones: The Life andLegacy of "the Doctor,"* ed. Andrew Atherstone and David Ceri Jones (Nottingham, UK: Inter-Varsity, 2011), 318. 커피(Coffey)는, 부흥주의의 부정적 결과에도 불구하고, 그 비판자들이 너무 지나쳤다고 강력하게 주장한다. 부흥주의를 완전히 새로운 현상으로 보기보다 그는 개혁주의와 청교도주의 안에 있는 핵심요소들의 연속성을 지적한다. 그리고 비판자들이 부흥주의가 성취한 위대한 일들을 경시하고 있음도 지적한다(p.319). 부흥주의에 대한 보다 부정적인 평가에 대해서는 다음을 보라. R. Michael Allen, *Reformed Theology* (Edinburgh: T&T Clark, 2010), 88-94.

4. 네비(Nevin)은 소위 '고교회 칼빈주의'(high church Calvinism)의 주창자인데 프린스턴신학교에서 알렉산더(Alexander)와 핫지(Hodge) 아래에서 배웠다. 그는 고백적, 교회적 강조점을 존중했지만 회심과 체험에 동등한 강조를 하는 것이 일관성이 없다고 느꼈다. 그는 교인들과 세례 받은 자녀들에게 그들이 회심했다는 것을 확실히 느껴야 한다고 말하는 것은   를 주관화하는 것이라고 믿었다. 네빈(Nevin)과 매우 유사한 관점에 대해서는 다음을 보라. D. G. Hart, *John Williamson Nevin: High Church Calvinist* (Phillipsburg, N.J.: Presbyterian & Reformed, 2005).

5. 다음을 보라. Archibald Alexander, *Thoughts on Religious Experience* (Edinburgh: Banner of Truth, 1967), esp. 59-78; Charles Hodge, *The Way of Life* (Edinburgh: Banner of Truth, 1959).

6. 다음을 보라. Alexander, *Thoughts on Religious Experience*, 13-35.

7. Gary A. Parrett and J. I. Packer, *Grounded in the Gospel: Building Believers the Old-Fashioned Way.* (Grand Rapids: Baker, 2010); see sidebar on "Catechism in Today's Church" on p.56.

8. Dietrich Bonhoeffer, *Life Together* (New York: Harper & Row, 1954), 22-23.

04
도시 속에서
사역을 발견하라

복음은 사람들을 서로에게 연결할 뿐만 아니라 우리를 도시에 사는 사람들에게 연결한다. 하나님을 아직 알지 못하며 우리가 도울 수 있는 결핍이 있는 사람들을 정의와 자비의 사역을 통해서 만나게 된다.

서구에서 두 종류의 사역적 관심사는 -말씀을 강조하느냐 실천을 강조하느냐, 선포냐 봉사냐- 거의 1세기 동안 정치적 경쟁이나 교단적 분열 관계에서 서로 단절되어 있었다. "보수적" 사역단체는 개인적 도덕성의 중요성을 강조했고 전도와 복음 설교를 통해 사람들을 회심하도록 요청하는 것을 귀중하게 여겼다. "자유주의적" 사역단체들은 사회정의를 강조했고 사람들을 회심시키려는 권면과 요구를 등한했다.

그러나 예수님은 제자들에게 복음의 메시지를 나누며(사람들이 회개하며 복음을 믿도록 설득하는 복음 소통 사역, gospel messaging) 동시에, 복음으로 이웃이 되는 사역을 하도록 부르셨다(신앙 여부를 따지지 않고, 주변 사람들의 필요를 희생적으로 채우는 복음 친화 사역, gospel neighboring). 두 가지 관심사는 항상 같이 가야 한다. 왜 그런지 살펴보자.[1]

첫째, 말씀과 실천은 신학적으로 함께 가는 것이다. 예수님의 부활이 보여 주는 것은 하나님께서 육체와 영혼을 창조하셨을 뿐만 아니라 육체와 영혼을 모두 구속하신다는 점이다. 예수님이 우리에게 궁극적으로 충만하게 주시는 구원은 죄의 모든 영향들로부터 구출하는 것이다(단지 영적인 결과만이 아니라 육체적, 물질적인 결과도 있다).

예수님께서 세상에 오셔서 말씀을 가르치실 뿐만 아니라 치유하고 먹이셨다. 마지막 왕국은 모든 사람을 위한 정의의 나라가 될 것이다. 그리스도인들은 말씀과 자비와 정의의 행동이라는 두 가지를 통해서 복음을 신실하게 선포할 수 있다. 우리는 복음을 전하며 동시에 주위에 있는 사람들의 물질적인 필요를 채울 수 있다.

이러한 관심사들의 신학적인 조화 외에도 말씀과 실천은 실제적으로도 함께 가는 것이다. 어떤 면에서 복음으로 이웃되는 것 자체가 복음을 전하는 것이다. 사람의 배경이나 종교를 따지지 않고 사랑의 봉사를 실천하는 것은 언제나 복음의 진리성과 동기부여 능력에 대한 매력적인 증거가 된다. 빈민에 대한 교회의 사역은 복음 설교에 있어서 중요한 "타당성 구조"로서 그리고 그리스도의 변혁적 사랑을 아는 공동체에 대한 단체적 증거로서 큰 의미가 있다.

자비와 정의 사역들에 대한 성경적 근거

이러한 종류의 사역에 대한 신학적 근거들을 깊이 조사하기 위하여, 세 가지 중요한 성경적 개념을 살펴보자(이웃, 봉사, 정의).

첫째, 그리스도인들은 이웃을 사랑해야 한다. 우리 이웃을 사회적으로 같은 계급과 경제를 가진 사람들로 생각하는 것이 일반적이다(눅 14:12). 그런데 구약성경은 이스라엘에게 외국인 이민자, 한 부모 가정, 그리고 빈민을 이웃으로 생각하라고 요구했다.

비록 그들이 다른 국적이나 인종이라 할지라도 이웃에 해당된다(레 19:34). 누가복음 10장 25-37절에서 예수님은 이것을 더 진전시키셨다. 당신의 이웃은 당신이 만나는 누구든지 간에 자원이 결핍한 사람이다. 심지어 미워하는 민족이나 종교적 신념을 가진 사람이라도 말이다.

이웃들에 대한 우리의 책임에는 사랑과 정의가 포함된다. 성경은 이 두 가지를 긴밀하게 연결한다. 하나님께서 "네 이웃 사랑하기를 네 자신과 같이 사랑하라"(레 19:18)고 말씀하실 때, 여기에는 사기 치지 말며, 정의를 왜곡하지 말며, 가난한 사람을 차별하지 말며, 힘 있는 사람이라고 편애하지 말며, 또는 이웃의 삶을 위험하게 하는 어떤 것도 하지 말라는 말씀들이 포함된다(13-17절). 예수님에 의하면, 하나님은 정의의 하나님이며, 또한 하나님을 안다고 하는 누구든지 하나님처럼 정의에 관심을 갖게 된다(눅 18:1-8).

둘째, 그리스도인들은 봉사하는 부르심을 받았다. 헬라어로 디아코네오(diakoneo)가 의미하는 것은 겸손히 가장 기본적이며 단순한 궁핍을 실천을 통해 채운다는 것이다. 이 단어의 어근적 의미는 "식탁을 섬기며 공급한다"라는 것이다. 누가는 이 예를 마르다가 예수님의 식사를 준비하는 모습을 통해서 보여 준다(눅 10:40).

한 무리의 여성 제자들이 예수님과 사도들을 따르면서 음식과 기타 필요한 물품을 공급했다. 이 사역을 디아코니아라고 부른다(마 27:55; 눅 8:3). 다락방에서 예수님은 질문을 던지셨다. "누가 큰 사람이냐? 테이블에 앉아 있는 사람이냐, 아니면 섬기는 사람(diakonon)이냐?"(눅 22:27).

이 질문은 특별하다. 왜냐하면 당시 문화의 가치체계에서 다른 사람을 섬기는 것은 모멸적인 것으로 여겨졌기 때문이다. 이런 배경에서, 예수님은 그리스도인의 위대함은 세상 가치의 정 반대편에 있다고 놀라운 선언을 하신 것이다. "나는 섬기는 자로 너희 중에 있노라"(눅 22:27).

섬기는 자! 식탁 치우는 일을 하는 사람! 이것이 그리스도인의 위대함의 패턴이며, 그리스도의 사역 패턴을 직접적으로 따르는 것이다. 다른 사람들을 향한 봉사의 행동들은 하나님의 사랑이 우리 삶 가운데 일하고 계시다는 증거가 된다.

"누가 이 세상의 재물을 갖고 형제의 궁핍함을 보고도 도와 줄 마음을 닫으면 하나님의 사랑이 어찌 그 속에 거하겠느냐 자녀들아 우리가 말과 혀로만 사랑하지 말고 행함과 진실함으로 하자"(요일 3:17-18).

셋째, 그리스도인들은 "정의를 행하고" 또는 "바르게 살도록" 명령 받았다. 복음주의자들은 이 구절을(미 6:8) "공의를 행하며"라고 번역하는 경향이 있었다. 이는 그리스도인이 하나님의 말씀에 순종한다는 폭넓은 의미를 띠거나 또는 단지 어떤 지독한 죄들을 피하는 결단을 뜻했다. 이런 이해는 매우 부적합하다. 우리가 구약에서 이 단어의 용법을 연구하면 더욱 분명하다.

그렇다면 정의를 행한다는 것은 성경에서 무엇을 의미하는가? 구약 학자 브루스 월키는 놀라운 방식으로 정의한다. "의인들은 공동체의 이익을 추구하기 위해서 자신이 손해를 감수하려는 사람들이다. 악한 사람들은 자기의 이익을 추구하기 위해서 공동체에 손해를 끼치려는 사람들이다."[2]

대부분의 사람들은 '악함'을 십계명에 불순종하는 것으로 생각한다. 거짓말하거나 간음을 함으로써 율법을 적극적으로 어기는 것이다. 물론, 그런 것들은 악하다!

그러나 거짓말과 간음은 악한 빙산 중에서 보이는 일부분에 불과하다고 이해하는 것이 가장 타당하다. 수면 아래가 잘 보이지 않을 뿐, 현실이 덜 악한 것은 아니다. 수면 아래에는 이런 것들이 있다. 우리가 힘이 있는데도 가난한 사람들을 먹이지 않는 것, 또는 우리가 소유한 사업체에서 너무 많은 임금을 가져가서 종업원들에게 돈을 조금 주는 것, 또는 우리 집 앞 눈을 치우면서 노인들만 사는 집을 위해서 같은 일을 할 생각을 안 하는 것. 이런 모든 것들 속에서 우리는 우리의 이익을 추구함으로써 남들에게 손해를 끼치는 것이다.

이러한 이해를 갖는다면, 정의란 날마다 우리가 하는 행동과 관련된다는 것을 알게 된다. 정의는 사법부나 입법부에서만 추구할 것이 아니다.

바르게 산다는 것은 우리에 대한 공동체의 요구를 항상 인식하면서 산다는 것을 의미한다. 그것은 다른 사람들을 유리하게 하기 위해서 우리 자신을 불리하게 하는 것을 의미한다. 이것은 그 자체로 삶의 모든 영역에서 드러난다. 우리의 가정, 성적 관계, 직업과 직장, 재산과 소유물의 사용, 시민의 권리, 여가의 사용, 어떻게 기업 이익을 추구하고 사용하는가, 어떻게 우정을 이루고 사용하는가.

이것은 법적인 요구 사항 이상을 행하는 것을 의미한다. 욥처럼 "정의가 나의 옷"이라고 기꺼이 말할 수 있는 CEO라면 단지 자신의 주주 이익만을 생각할 수는 없으며, 종업원들과 그 사업체가 위치한 지역 사회의 공공선을 생각해야만 한다.

은행 경영자가 법적으로 하는 많은 일들이 성경에 따르면 불의하다. 구약성경에서 하나님의 정의란, 궁핍한 사람들에게 음식, 공간, 생활의 다른 필수품을 나누는 것을 의미한다(사 58:6-10).

성경에서 인간의 기본적 궁핍을 채우는 행동은 단지 자비의 행동이라고 불리지 않는다(눅 10:37 참조). 자비가 자격이 부족한 사람에 대한 동정심을 의미한다면, 어떤 행동들은 정의의 행동으로 이해된다.

왜 그런가? 우리는 누구나 동일한 특권과 자산을 갖고 시작하지 않는다. 예를 들어, 빈민가 아이들은, 자기 잘못이 아님에도, 학습에 매우 파괴적인 영향을 주는 환경에서 자라기도 있다. 사람들은 이 상황에서 누가 주된 문제인지 논쟁할 수도 있다. 부모, 문화, 정부, 대기업, 인종차별 등등. 그러나 아무도 그 아이의 잘못이라고 말하지 않는다.

아이들과 관련된 한, 그들의 곤경은 이 세상의 깊은 불의 때문이라는 것을 모든 사람이 인정해야 한다. 이는 타락의 결과 중에 하나이다. 우리는 이를 개선시킬 의무를 갖고 있다.

불의의 치유에 기여하기 원하는 것과 그것을 지혜롭게 하는 것은 별개

■ 교회 사명을 위한 제한된 자원

긍휼 사역의 필요성에 대해 확신하지 못하는 교회 지도자들은 종종 제한된 자원의 현실을 이야기한다.

"도시의 끝없는 경제적, 물질적 필요를 채우기에 짐이 너무 큽니다. 뿐만 아니라 수많은 단체들이 이미 그 일을 하고 있습니다. 반면 복음을 전하고 사람들을 회심케 하는 일은 교회만이 할 수 있습니다. 교회는 제한된 재정 자원을 전도와 말씀 사역에 집중적으로 사용해야 합니다."

그럼 어떻게 이것을 대처해야 할까? 균형 있고 통합적인 사역을 추구하는 교회 지도자들조차 이런 의문과 맞닥뜨려야 한다. 우리는 먼저 말씀 사역이 지역 교회의 우선순위라는 것을 분명히 해야 한다. 사람들이 교회에 와서 처음으로 들어야 하는 말은 "예수님을 믿으세요"다. "정의를 행하라"가 아니다.

왜 그런가? 예수님을 믿는 것이 인간의 가장 깊은 필요를 채우기 때문이다. 그리고 예수님을 믿지 않는다면, 세상에서 정의를 행할 동기를 부여받지 못할 것이다. 그러므로 지역 교회의 우선순위는 주택 개량이나 빈민 구제가 아니라, 장로들의 권위 아래 제자들을 훈련하는 것이다.

그런데 교회의 제자훈련은 반드시 멤버들이 지역을 사랑하고 신앙과 직업을 통합하며 더 정의롭고 건강한 사회와 문화를 만들도록 하는 것이어야 한다. 그러므로 우리는 반드시 그리스도인이 공공 영역에서 어떻게 살아야 하는지를 많이 가르치고 설교하고 강조해야 한다. 이웃을 사랑으로 섬기는 방법에 대하여서 말이다. 물론 우리는 구성원의 경제적, 물질적 필요를 채우기 위해 강력한 '집사 사역'을 가져야 한다. 그러므로 우리의 주장은 제도적 교회가 말씀 사역에 우선순위를 두어야 하지만 또한 말씀 사역과 더불어 세상에서의 실천 사역도 해야 한다는 것이다.

자원이 제한되어 있다면 어떻게 해야 할까? 리디머교회는 긍휼 사역에 드리는 대부분의 헌금이 매년 드리는 특별 헌금과 지정 헌금을 통해서 적립된다. 우리는 성탄절에 특별 헌금을 하는데 이는 교회 안의 '집사 사역'을 위해서 사용된다. 부활절에도 특별 헌금을 하는데 이는 리디머교회에서 만든 독립적인 법인인 '뉴욕을 위한 희망'(Hope for New York)에 쓴다. 이 단체는 도시에서 자비와 정의의 사역을 하는 데 헌신되어 있다. 또 다른 재정적 기부는 교인들의 개별적인 헌금을 통해서 충당된다. 이러한 방식은 잘 진행되고 있다. 특별 헌금은 일반 헌금보다 더 많은 새로운 돈이다. 가난한 사람들을 위한 역동적이고 자비로운 사역이 있다는 것은 사람들이 재정을 드릴 수 있도록 자극한다. 만일 우리가 그들의 마음이 움직일 기회를 주지 않는다면 돈도 모이지 않았을 것이다.

사실 교회가 어려운 사람들을 구체적인 방식을 통해 돕는 것을 볼 때, 많은 선한 일들이 일어나게 된다. 그래서 사람들이 더 많이 헌금을 하게 된다. 우리는 말씀 사역과 섬김 사역이 재정 자원에 있어서 제로섬 게임이 아니라 상호 상승하게 되는 것을 보았다.

의 일이다. 이것이 특별히 어려운 주된 이유들 중에 하나는 균형 없는 정치적 이데올로기와 비성경적인 환원주의가 오늘의 문화에 만연하기 때문이다.

많은 보수주의자들은 가난한 사람들을 돕기 원하는데, 단지 자비에만 근거해서 그렇게 하려고 한다. 이는 가난은 거의 전적으로 개인의 무책임의 문제라고 보는 신념에 근거한 것이다.

그러나 이 관점은 종종 "가진 사람들"이 그 자리에 있는 이유가 출생 시 받은 기회와 자원의 불균등한 분포에 매우 기인한다는 점을 간과한다.

그리스도인으로서 우리는 우리가 가지는 모든 물질적 축복이 하나님으로부터 온 선물임을 안다.

만일 우리에게 주어진 물질적 복들을 나누지 않거나 또는 가난한 사람들에 대해서 참을성이 없거나 거칠게 대한다면, 우리는 단지 자비 부족의 죄만이 아니라, 불의의 죄가 있는 것이다.

다른 한편으로, 많은 자유주의자들은 불의에 대한 분노 의식의 발로에서 가난한 사람들을 도우려는 동기를 갖고 있다. 그러나 이 관점도 중요한 진리를 간과한다. 즉, 반복되는 가난으로부터 탈피하도록 돕는 데 있어서 개인의 책임은 많은 관련이 있다는 사실이다.

그러므로 보수주의자들은 "긍휼과 책임에 근거한" 해법을 옹호하는데, 이는 가부장적이며 심지어는 내려다보는 듯한 경향이 있으며, 가난의 문제에 기여하는 사회문화적인 많은 요인들을 무시하는 것이다. 자유주의적 경향은 "체계적 불의"에 대해 반대하는데, 이는 분노, 원한, 분열로 연결될 수 있다. 양자 모두, 역설적이게도, 자기 의에 빠진다. 한 쪽은 모든 것에 대해 가난한 사람들을 비난하고, 다른 쪽은 모든 것에 대해 부자들을 비난한다. 한 쪽은 개인의 책임을 과다하게 부각시키고, 다른 쪽은 과다하게 축소한다.

그리스도인들은 은혜에 대한 반응으로서 올바르게 살아간다. 언뜻 보기에는, 오직 은혜로 이루어지는 그리스도의 구원이 우리로 하여금 정의를 행하게 이끈다는 것이 논리적이지 않아 보인다. 그러나 성경은 반드시 그런 것임을 제시한다.

구약성경에서 하나님은 이스라엘에게 말씀하신다. "너희와 함께 있는 거류민을 너희 중에서 낳은 자 같이 여기며 자기 같이 사랑하라 너희도 애굽 땅에서 거류민이 되었느니라 나는 너희의 하나님 여호와이니라(레 19:34)."

이스라엘 사람들은 애굽에서 외국인이었고 억압받는 노예였다. 그들은 스스로 자유롭게 될 능력이 없었다. 하나님께서 그의 자비와 능력으로 그들을 자유롭게 하셨다. 이제 그들은 힘이 약하고 재산이 적은 모든 사람들을 이웃으로 대해야 한다. 그들에게 사랑과 정의를 나타내야 한다. 그러므로 정의를 행하는 신학적 근거와 동기부여는 바로 은혜에 의한 구원이다!

야고보서 2장 14절은 우리가 공로가 아닌 믿음에 의해 구원 받은 것이지만, 그리스도 안에 있는 진정한 믿음은 우리로 하여금 봉사의 행동을 하게 한다고 기록한다. 야고보는 그러한 행동들의 모습을 묘사한다.

> 만일 형제나 자매가 헐벗고 일용할 양식이 없는데 너희 중에 누구든지 그에게 이르되 평안히 가라, 덥게 하라, 배부르게 하라 하며 그 몸에 쓸 것을 주지 아니하면 무슨 유익이 있으리요 이와 같이 행함이 없는 믿음은 그 자체가 죽은 것이라(약 2:15-17).

야고보서 전체의 맥락에서 읽을 때 이것은 하나님께서 레위기 19장 34절에서 사용하신 것과 동일한 논리임을 알 수 있다. 은혜를 경험한 마음에서 가난한 사람들을 도우려는 동기가 일어나는 것이다. 어떤 특정 계층의 사람들을 향해 가진 우월감을 내려놓은 마음에서 나오는 것이다.

자비 및 정의 사역의 실제적인 방법들

앞에서 왜 교회가 자비와 정의의 사역에 참여해야 하는지에 대한 질문에 답을 살폈다면, 여기서는 그것을 어떻게 할 것인지에 대한 질문을 반드시 다루어야 한다. 폭넓은 이 질문 안에는 수십 개의 현실적인 질문들이 포함되어 있다.

우리가 이것을 토론할 때 가난한 사람들에 대한 다양한 수준의 지원을 고려해야 하며, 교회의 적절한 역할은 무엇이야 할지에 대한 생각이 필요하다.

첫 번째 고려할 수준은 구제(relief)이다. 직접적인 도움을 제공하여 신체적, 물질적, 사회적 필요를 채우는 것이다.

구제를 제공하는 일반적인 방법은 노숙자에게 일시 거처를 제공하거나, 궁핍한 사람들에게 음식과 의복을 제공하는 것, 그리고 의료 봉사 및 위기 상담 등이 포함된다. 어려움에 처한 사람들이 법률 자문을 얻게 하거나, 집을 구하는 것을 돕거나, 또는 다른 종류의 지원을 얻도록 돕는 것도 구제의 모습이다.

그러나 구제 프로그램은, 다른 종류의 지원과 결합되지 않으면 언제나 의존 양상을 만들어낸다.

두 번째 종류의 도움은 개발(development)의 수준이다. 사람이나 공동체가 자족 자급할 수 있도록 이끄는 것이다. 구약성경에서, 노예의 채무가 면제되고 그가 풀려날 때, 하나님께서는 그의 전 주인이 곡식, 도구, 그리고 재물을 그에게 주어서 내보내어 자급할 수 있는 경제생활을 새로 시작할 수 있게 했다(신 15:13-14).

개인을 위한 개발에는 교육, 직장 창출, 훈련 등이 포함된다. 이웃이나 지역에 대한 개발은 사회 재정적 자본을 사회 시스템에 투입하는 것을 의미한다 - 주택 개발, 주택 소유 그리고 여러 자본 투자를 의미한다.

세 번째, 가장 넓은 의미에서의 형태로 개혁(reform)이 있다. 사회적 개혁은 즉각적 필요를 채우는 구제와 의존성 문제를 해결하는 개발의 차원을 넘어 의존성 문제를 만들거나 악화시키는 사회적 조건과 구조를 변화시키려고 시도하는 것이다.

욥은 "불의한 자의 턱뼈를 부수고 노획한 물건을 그 잇새에서 빼내었느니라"(욥 29:17)고 말한다. 모세는 부자와 영향력 있는 사람들에게 특혜를 주는 법률 체계에 대한 하나님의 반대 입장을 말했다(레 19:15; 신 24:17). 또한, 사람들의 근소한 수입을 쥐어짜는 대금업 시스템에 대한 반대를 표명했다(출 22:25-27; 레 19:35-37; 25:37). 선지자들은 불공정한 임금을 책망하고(렘 22:13) 타락한 사업 관행을 심판했다(암 8:2, 6). 다니엘은 빈곤층에 대한 자비 결여를 해결하도록 비기독교 국가에 요구했다(단 4:27).

우리가 성경을 읽을 때, 그리스도인들은 특정 공동체 내에서 더 나은 정치적 보호, 더 공의롭고 공평한 은행 관행, 균형 있는 지역 발전, 그리고 더 나은 법들을 만들어야 함을 알게 된다.

그러나 우리는 이것이 그리스도인들이 추구할 중요한 목표임에 동의하더라도(그들은 진정으로 동의한다!), 여전히 어떻게 제도적 교회가 참여될 것인지에 대해서 말하지 않았다. 신학적 및 실제적 이유로 지역 교회가 첫 번째 수준의 도움(구제)에 집중해야 하며, 두 번째 수준(개발)에 어느 정도 헌신해야 한다고 본다.[3]

두 번째와 세 번째 수준에서, 지역 개발의 영역, 사회 개혁, 그리고 사회구조와 관련된 수준에서 그리스도인들은 지역 교회를 통한 것보다는 협회와 조직을 통해서 일하는 것이 가장 좋다고 보았다.

왜 이런 차이가 있는가? 한 가지 관건은 희소한 재정 자원의 분배에 대한 것이다. 많은 사람은 두 번째 그리고 세 번째 수준들은 비용이 많이 들고 말씀사역에서 재정을 앗아갈 수 있다고 주장한다. 이것이 극복 못할 문제라고 생각하지는 않지만, 개발 및 개혁 노력은 교회 운영을 통해서 공급되는 것 이상의 상당한 재원이 필요한 것이 사실이다.

리더십 역량과 집중력도 또 다른 희소 자원이다. 정의와 자비에 관련된 이슈들은 아주 복합적이어서 그것을 다루기 위한 적절한 기술과 시간을 장로들과 목회자들이 갖지 못한 경우가 많다.

또 다른 이유는 독립성과 관련된다. 많은 사람이 주장하는 것은 (그리고 나도 동의하는 것은) 이러한 노력이 정치 활동과 긴밀히 결부되어 있어서 교회가 특정 정당과 연대되는 결과가 나오기 쉽다. 이는 교회의 전도, 독립성, 그리고 권위를 저하시킬 수 있다.

결국, 가난한 사람들을 돌보는데 깊이 참여한 많은 미국 교회들이 발견한 것은 비영리 조직을 분리하여 지역 개발과 사회 구조 개혁을 하는 것이 가장 지혜롭다는 점이었다. 이 방식이 목사와 장로들의 감독 아래 지역 회중을 통해서 직접 추구하는 것보다 낫다는 것이다.[4]

이러한 지원 수준들을 염두에 두고, 통합적 사역의 양상에 대한 철학에 대해 몇 가지 실제적인 이슈들을 살펴보기로 하자. 동일한 기본 관점을 가진 사람들도 종종 의견이 다르다. 그러므로 일치에 이르기 위해서는 많은 노력이 필요하다.

1. 우선순위의 수준: 얼마나 도와야 하는가?

이런 종류의 사역은 비용이 많이 든다. 다른 사역과 관련하여 얼마나 높은 우선순위를 가져야 하는가? 교회에 사람이 더 많이 모이고 재정적으로 더 안정될 때까지 기다려야 하는가? 필요가 끝이 없는데, 교회의 에너지와 돈에서 몇 퍼센트를 여기에 사용해야 하는가?

여기에 출발점이 있다. 실천 또는 섬기는 사역은, 특히 교회 내부의 사람들에 대해서는, 사도행전 6장 1-7절과 여러 곳에서 처방되어 있다. 그러므로 교회 안에 사람들의 물질적 결핍과 현실적 필요를 채우는 일에 헌신하는 사람들이 세워져야 한다. 사역이 얼마나 포괄적이든지 간에 상관없이 이런 사람들을 세우는 것은 목회자가 헌신해야 하는 부분이다.

2. "가난한 사람"에 대한 정의: 누구를 도와야 하는가?

필요를 어떻게 정의해야 우리가 마땅히 도와야 할 사람들을 돕고 있다는 것을 확신할 수 있을까? 얼마나 필요가 있어야 도울 것인가? 만일 당신 교회의 사람들이 "왜 우리가 그 사람을 돕는거죠? 그는 그렇게 어렵지 않습니다!"라고 말한다면? 여기에서 지침을 생각해 보자.

조나단 에드워즈는 "네 이웃을 네 자신과 같이 사랑하라"는 원리를 이 질문에 적용했다. 당신은 당신의 여건을 변화시키기 위하여, 절대빈곤에 이를 때까지 아무 것도 하지 않고 마냥 기다리지는 않는다. 그렇다면 당신은 주변의 절대빈곤층만 도우려고 해서는 안 된다. "가난한 사람"을 정의할 때 너무 좁게 생각하지 말라.

3. 조건적인가 무조건적인가: 언제, 어떤 조건에서 도와야 하는가?

우리가 돕는 사람들에게 무엇을 요구해야 하는가? 어떤 것을? 사람들이 당신의 교회에 출석하고 사역에 참여할 것을 요구할 것인가? 교인이 아닌 사람보다는 교인을 더 도와야 할 것인가? 여기에 지침이 되는 것은 갈라디아서 6장 10절이다. "그러므로 우리는 기회 있는 대로 모든 이에게 착한 일을 하되 더욱 믿음의 가정들에게 할지니라."

이로 볼 때, 우리의 교회 안에 있는 형제와 자매들에게 우선순위를 주어야 한다는 것이 분명하다. 그러나 이것은 교인이 아닌 사람들을 돕지 않아야 한다는 것이 아니라 교회와 어떤 관련이 있는 사람들을 돕는다는 것이다(직접적인 이웃이든지, 안에 있는 믿는 사람들과 관련성이 있는 사람들이든지).

4. 구제, 개발, 개혁: 어떤 방법으로 도와야 하는가?

정의 사역이 단순한 구제를 통하여 개인들을 돕는 것으로 이루어질 수도 있다. 그러나 불의한 사회 시스템을 다루는 것을 의미할 수도 있다. 교회가 가난한 사람을 먹이는 일을 고수해야 하는가? 아니면 정치에 개입해야 하는가? 구제, 개발, 그리고 개혁에 대해 우리가 한 토론을 염두에 두라.

궁극적으로 말씀과 실천의 사역을 분리하는 것은 불가능하다. 왜냐하면 인간 존재는 영혼과 육체가 모두 통합된 존재이기 때문이다. 자비의 사역이 사람의 결핍을 채우는 가운데 말씀을 섬긴다. 그리고 복음 소통의 사역을 하면서 만나는 사람들의 실질적인 결핍에 대한 동정심을 가지는 것은 필요할 뿐만 아니라 자연스러운 것이다. 통합적 사역이란 말씀의 사역과 행동의 사역을 하나의 실에 최대한 꿰는 것이다.

예수님께서 나인 성 과부의 죽은 아들을 살리셨을 때, 위로의 말씀을 주셨다(눅 7:13). 예수님께서 눈 먼 사람을 고치셨을 때, 복음의 명령도 함께 주셨다(요 9:35-38).

이 두 가지는 손에 손을 잡고 함께 가는 것이다. 사도행전 2장에서, 폭발적인 신자 수의 증가가 가난한 사람들과의 혁명적인 나눔으로 이어졌다 (44-45절). 사도행전 4장에서, 교회 안에서의 경제적 공유가 교회 바깥에서 부활에 대한 강력한 설교로 함께 했다(32-35절).

결핍에 처한 사람들을 위한 그리스도인들의 실제적인 행동들은 복음의 진리와 능력을 증명하는 것이다. 로마 황제 줄리안은 기독교의 대적자였지만, 빈민을 향한 신자들의 관대함은 아주 매력적이라고 인정했다.

> 어찌하여 우리는 낯선 사람들에 대한 그들의 [그리스도인들의] 관대함을 관찰하고 있는가. 그리고 그들의 삶의 고의적인 경건함이 무신론 [기독교]의 증가에 기여하는 것을 보지 않았는가. 아무 유대인도 구걸하지 않으며, 이 불경건한 갈릴리 사람들이 그들의 빈자뿐만 아니라 우리의 사람들까지 돌본다는 것은 수치스러운 일이다. 우리의 사람들이 우리에게 도움을 받지 못한다는 것을 모두가 보고 있다.[5]

토론과 성찰을 위한 질문들

1. 이웃이 된다는 것, 다른 이들을 섬긴다는 것, 그리고 정의를 행한다는 것은 성경적으로 무엇을 의미하는가? 이 용어들에 대한 우리의 정의가 당신이 이해하고 있던 것과 어떻게 비교되는가?

2. 구제, 개발, 그리고 개혁 사이의 차이점에 대해 토론을 해보라. 이것들 중에 어떤 부분에 당신이나 당신의 교회가 참여해왔는가? 당신은 지역 교회가 개발과 개혁의 일에 참여해야 한다고 믿는가? 왜 그래야 한다고 생각하는가 또는 왜 하지 말아야 한다고 생각하는가?

3. 다음을 생각해 보라. "궁극적으로, 말씀의 사역과 행동의 사역을 분리하는 것은 불가능하다. 왜냐하면 인간 존재는 영혼과 육체가 모두 통합된 존재이기 때문이다. 자비의 사역이 인간의 결핍을 채우는 가운데 말씀을 섬기며, 복음 소통의 사역이 또한 만나는 사람들의 실질적인 결핍에 대한 동정심을 가지는 것은 필요할 뿐만아니라 자연스러운 것이다. 통합적 사역이란 말씀의 사역과 행동의 사역을 할 수 있는 대로 한 줄에 함께 꿰는 것이다." 당신과 당신의 교회는 사역의 두 가지 국면을 어떻게 하나로 통합하는 노력을 하고 있는가?

주

1. 나는 이 주제에 대해 두 권의 책을 썼다: 《가서 너도 이와 같이 하라》(기독교연합신문사, 2007), 《팀 켈러의 정의란 무엇인가》(두란노, 2012). 그래서 이 장에서는 단지 몇 가지의 기본적인 개념과 원리만 제시한다.

2. Bruce Waltke, *The Book of Proverbs: Chapters 1-15* (Grand Rapids: Eerdmans, 2004), 97; see idem, "Righteousness in Proverbs," *Westminster Theological Journal* 70 (2008): 207-224.

3. 우리는 여기에서 너무 독단적으로 선을 긋지 않도록 주의해야 한다. 상이한 사회적, 문화적 조건들은 교회가 정의 문제에 어떻게 참여해야 하는지에 직접적인 영향을 미친다. 되돌아보면 우리는 이제 영국국교회가 미국에서의 아프리카 노예제라는 악습을 비판하고 철폐하는 노력을 기울였음에 박수를 보낸다. 또한 아프리칸 아메리칸 교회도, 노예제도 또는 노예제도와 유사한 극심한 조건 하에서 세 가지 수준의 사역을 가난한 사람들 대상으로 지금까지 용기 있게 펼쳐가고 있다.

4. 다음을 보라. Keller, *Generous Justice*, ch. 6.

5. Julian (the Apostate), *The Works of the Emperor Julian* (Loeb Classical Library; New York: G. P. Putnam's Sons, 1923), 69, 71.

05
문화 사역에
새롭게 도전하라

서구 기독교 국가 시대의 교회는 신자의 제자도와 훈련을 기도, 성경공부, 전도에 국한해도 괜찮았다. 왜냐하면 대부분의 그리스도인들은 직장과 이웃과 학교에서 비기독교적 가치들을 대면하지 않았기 때문이다.

예를 들어 그들은 사업, 예술, 정치, 지역의 자원 사용, 인종 관계 등등에 대해서 기독교적 접근법을 깊이 생각할 필요가 없었다(또는 그런 접근법이 필요하다고 생각하지 않았다).

그런데 오늘날 선교적 교회에는 신자들이 현저하게 비기독교적인 문화에 둘러싸여 있다. 그들은 모든 공적 생활과 사생활에 대해 "그리스도인으로서 생각하는" 것에 더 많은 준비와 교육이 필요하다. 그리고 어떻게 그리스도인의 구별성을 갖고 일을 할 것인지에 대해서 그러하다. 그런데 이런 확신조차도 반문화적이다. 서구 문화는 계몽주의의 "사실-가치 구별"을 여전히 소중히 생각한다.

즉, 오직 과학적으로 증명될 수 있는 것만이 사실이며, 그러므로 공적인 일을 위한 유일한 정당한 근거로 작용한다는 것이다. 역으로 종교적이며 초월적이며 또는 주관적인 모든 것은 가치의 영역에 귀속되므로 사적인 영역에 머물러야 한다는 것이다.

믿는 사람들에게 이것이 의미하는 것은 신자들의 종교적 신념은 직장에 들어와서는 안 된다는 것이다. 금융, 연극, 교육, 정책이든 간에 말이다. 점점 더 세속적이고 탈기독교적인 문화 가운데, 신자들에게 자신의 신앙적 신념을 그들이 직업을 수행하는 방식과 단절시키는 것이 일상이 되었다.

이를 거부하는 소수는 그들의 개인적 신앙을 고백하는 것으로써 표현을 다한 것으로 생각한다. 복음이 실제로 그들이 연기하고, 사업하고, 공직에 종사하고, 미디어에서 일하고 또는 학문을 탐구하는 것에 영향을 끼치게 하지는 않는다. 각각의 그리스도인들이 문화에 참여하여 탁월성, 구별성, 그리고 책임성을 갖고 직장에서 일할 때 교회는 지지하고 격려하는 본질적인 역할만 맡는다.

복음은 우리의 직업에 영향을 끼친다

이원론은 영적이며 거룩한 것을 나머지 삶과 분리하는 철학이다. 이것은 원래 헬레니즘 사고에 뿌리가 있다. 물질 세계는 악하고 영적 세계는 선한 것으로 보았다. 계몽주의가 "객관적 사실"의 공공 세계와 "주관적 가치"와 영성의 사적 세계를 날카롭게 분리한 것은 이원론의 후손다운 일이었다(이것은 앞에서 본 것과 같이 "보수주의적"인 말씀사역과 "자유주의적"인 실천사역의 이원론이 근거 없는 것과 마찬가지이다).

이러한 분리는 사람들이 자기들의 신앙을 이해하고 표현하는 방식에 계속 영향을 미쳤다. 그래서 교회와 그 활동은 선하고 순수한 것이며, 세속 세계는 악하고 오염된 것으로 보는 이원론이 만연하였다.

이 관점에서는, 하나님을 진정으로 섬기는 최상의 방법은 설교, 전도, 제자훈련 등 직접적 형태의 사역을 하는 것이다. 기독교가 현실에 대한 포괄적인 관점을 제공하며, 삶의 모든 활동에 영향을 미치는 것으로 이해하는 것이 아니라, 개인적인 평안과 힘을 얻기 위한 수단으로 대할 뿐이다.

지난 몇 세대 동안, 사역과 삶에 대한 이원론적 접근법으로 말미암아 실제로 수많은 그리스도인들이 문화적 봉사와 영향력의 장소들을 떠났다.

센터처치의 신학적 비전은 교회 사역과 문화 참여를 위한 근거로서 복음의 중심성을 높이는 것이다. 앞에서 우리가 제시하려고 노력한 바와 같이, 복음 중심적인 교회들은 자신이 하는 모든 것들을 은혜의 복음의 관점에서 조사한다. 그러나 이것은 율법주의적 기독교가 이원론적 기독교를 직면하는 것 이상이다.

왜 그럴까? 두 가지는 사실상 연결되어 있기 때문이다 율법주의적 기독교는 이원론적 기독교로 귀결된다. 사람들이 은혜의 복음을 깨닫지 못할 때, 그들은 바리새인처럼 전례적 경건이나 정결에 집착하는 경향이 생긴다.

만일 우리가 우리 삶의 정결함이나 의로움에 의해 구원된다고 가정한다면, 우리는 교회 담 안에 머물러야 할 동기부여가 생긴다. 비신자들과 그 생각들을 접하지 않아도 되는 사람들과 분위기 속에 머물고 싶은 자극을 받는다.

더욱이 율법주의의 흑백논리적 사고방식은 깊이와 사려심이 있는 그리스도인의 성찰과 창의성을 저해하며, 직업에 필요한 유연성 및 불확실성에 대한 수용을 방해한다.

예를 들어 성경은 교회가 어떻게 운영되어야 하는지에 대해 많은 것을 말하는 반면, 우리가 사업체를 기독교적 방식으로 어떻게 운영해야 하는지에 대해 구체적인 세부사항을 말하지 않는다. 그것은 사려 깊은 방식으로 세상의 생각들과 연관을 갖는 것이 필요한데 여기에서 이원론으로 빠지기가 쉽다.

이원론의 반대가 곧 기독교 세계관이다. 기독교는 우리가 신봉해서 영혼 구원을 성취할 수 있는 신념의 집합체계 이상이다. 또한 세상의 모든 것을 해석하며 이해하는 독특한 방식이다. 인간 본성, 옳고 그름, 정의, 아름다움, 목적, 과학적 발견, 기술, 그리고 일에 대한 구별된 관점을 제시한다.

인격적이고 삼위일체이고 창조자이신 하나님께서 우주와 나를 창조하고 관여하고 구원하시는 것을 믿는다면 -단지 우주가 우연히 발생했다고 믿는 대신에- 그렇다면 나는 이러한 모든 근본적인 이슈들에 대해 구별되는 관점을 갖게 될 것이다. 이러한 관점들은 내가 일상의 삶을 어떻게 살아가는지를 결정한다.

성경은 우리의 모든 일이 하나님에게 중요하다는 것을 가르친다. 16세기 개신교 개혁주의자들은 "세속" 직업이 그리스도인 사역만큼이나 중요하며 하나님을 영화롭게 하는 것이라고 믿었다. 우리가 은사를 직업 가운데 사용할 때 -옷을 만들거나, 기계나 소프트웨어를 다루거나, 법에 종사하거나, 들판을 경작하거나, 고장 난 신체를 고치거나, 아이들을 양육하거나- 우리는 인간 공동체를 섬기라는 하나님의 명령에 응답하고 있는 것이다. 그러므로 우리의 일은 그것이 무엇이든 하나님께 매우 중요한 것이다.

하나님께서 우리의 모든 일에 중요하다고 말하는 것도 동일하게 사실이다. 즉, 복음이 직업 가운데 우리의 동기, 태도, 그리고 방법에 영향을 준다는 것을 우리는 믿는다. 그러면, 복음의 중심성을 강조하는 교회가 붙드는 직업에 대한 비전은 무엇인가?

우리는 그리스도인들이 그들의 신앙을 일로부터 분리하여 사유화하는 것을 원하지 않는다. 또한 그것을 하위문화의 형태로 표현하기를 원하지도 않는다. 오히려 우리는 그리스도인들이 성숙하고 발전하는 것을 보기 원한다. 직업에서 탁월성 및 그리스도인의 구별성을 갖고 일하며, 신자들이 살아가는 문화에 맛을 더하고 유익하게 하기를 원한다.

교회들은 반드시 그리스도인들이 어떻게 복음이 우리의 삶을 형성하며 지도하는지를 적어도 다음의 네 가지 면에서 알아야 한다.

첫째, 우리의 믿음은 일에 대한 우리의 동기를 변화시킨다. 과로하기 쉽고 긴장하기 쉬운 전문직들과 직장인들에게 있어 복음은 우리의 중요성과 정체성을 돈과 성공에서 찾지 않도록 돕는다. 바울이 말하는 것처럼 "눈가림"(골 3:22)과 단조로움의 노예가 되기 쉬운 근로계층에게 있어 우리의 믿음은 "마음을 다하여 주를 섬기듯이 일할"(골 3:23) 동기부여를 일으킨다.

둘째, 우리의 믿음은 일에 대한 개념을 변화시킨다. 창조에 대한 건강한 신학은 - 그리고 피조 세계에 대한 하나님의 사랑과 돌보심에 대한 신학은 - 우리로 하여금 가장 단순한 작업인 구두를 만든다든지, 치과 보조사로 일한다든지, 또는 웅덩이를 파는 일들도 하나님을 섬기며 인간 공동체를 섬기는 일환임을 알려준다. 우리의 문화적 작업은 하나님을 영화롭게 하고 인간의 번영을 촉진하는 방향으로 물질세계의 재편을 이루게 된다. 일에 대한 좋은 신학은 더 많은 돈과 지위를 얻기 위해서 전문성을 강조하는

■ 일 뒤에 있는 세계관

당신은 사람들이 일 뒤에 있는 세계관에 대해 생각하도록 돕고 있는가? 사람들이 다음과 같은 질문들을 생각하도록 격려하라.

1. 당신의 직업에 어떤 세계관이 지배하고 있는가?

2. 의미, 도덕, 기원, 운명에 대해 사람들이 가진 기저의 전제들은 무엇인가?

3. 무엇이 주된 공포 또는 위협인가? 어떤 그룹이나 생각들이 적으로 여겨지는가?

4. 무엇이 우상들인가? 무엇이 희망인가?

5. 내가 살고 있는 문화의 줄거리는 무엇인가?

6. 그 세계관들이 어떻게 내 일의 형태와 내용에 영향을 미치고 있는가? 어떻게 나는 탁월하게만 아니라 그리스도의 독특성을 가지고 일할 수 있을까?

7. 문화의 지배적 관점-이론들 중에서 어떤 부분들이 복음과 일치하는가? 그리고 내가 동의하고 사용할 수 있는 것들은 무엇인가?

8. 문화의 지배적 관점/이론들 중에서 어떤 부분들이 기본적으로 그리스도 없이 해결될 수 없는 것들인가? 어떻게 그리스도께서 그 줄거리를 완성하시는가? 다시 말해 어디에서 내 문화를 도전해야 하는가?

9. 나의 직업 속에서 사람들을 섬기고 사회 전체를 섬기며 그리스도와 하나님의 나라를 증언할 수 있는 기회들은 무엇인가?

현대세계의 경향을 거부한다.

셋째, 우리의 믿음은 일터의 그리스도인들에게 높은 윤리수준을 제공한다. 많은 것들이 세부사항은 법적으로는 문제가 없지만, 성경적으로 부도덕하며 지혜롭지 못하며 그러므로 신자의 선택 범위 바깥에 있는 것들이다.

그리스도인의 삶에서 윤리적 기준은, 은혜의 복음에 근거하여, 언제나 직장에서 높은 수준의 진실성을 갖고 일할 수 있도록 이끌어야 한다.

넷째, 우리의 믿음은 우리가 하는 일이 이루어지는 방식을 새롭게 만드는 기초를 제공한다. 모든 공동체는 무엇이 가장 중요한지에 대해 집단이 공유하고 있는 정신적 지도 위에서 움직인다.

만일 하나님과 그 은혜가 문화의 중심에 있지 않다면, 다른 것들이 궁극적 가치를 대신 차지한다. 그러므로 모든 직업 영역이 우상숭배로 왜곡된다.

그리스도인 의사라면, 어떤 진료 관행들이 돈을 더 많이 벌어주지만 환자의 생명에 가치를 더하지는 않는다는 것을 알게 된다. 그리스도인 마케팅 전문가들은, 현실을 왜곡하고 감정을 조작하고 또는 인간 마음의 최악의 측면에 소구하는 광고홍보가 허용되는 것을 본다.

그리스도인 사업가들은, 단기적 금융 이익을 추구하면서 회사의 장기적 건강을 희생시키거나 또는 종업원, 소비자, 여러 관계자들의 이익보다 재무적 이익을 우선하는 경향들을 분별할 수 있다. 그리스도인 예술가들은 자아도취적인 자기표현이 궁극적 가치인 문화 속에서 살며 일한다.

대부분의 직업 영역에서, 신자들은 무자비하고 경쟁적인 행동이 규범이 된 일터를 경험한다. 기독교 세계관은 신자들의 분야를 지배하는 철학과 관행들을 해석할 길을 제시하며 그것들을 새롭게 하고 개혁할 수 있게 한다.[1]

교회가 어떻게 도울 수 있을까?

그러므로 우리는 문화에 대해 무관심이나 분리를 충고하는 접근법들을 거부해야 한다. 그런 교회들은 교인들에게 전도하거나 제자를 삼거나, 또는 최소한, 십일조를 많이 냄으로써 헌신된 교인들이 사역을 통해 하나님께 영광을 돌린다고 가르친다. 이런 종류의 교회들에서는 그리스도인들의 "세상" 일에 대한 지지나 인정이 거의 또는 전무하다.

다른 한편으로 회개, 회심, 그리고 거룩에 대한 요구는 제외시키고 사회 정의와 문화 참여만을 강조하는 접근법도 거부해야 한다. 우리는 문화적 적대 또는 동화라는 너무나 단순한 접근법들이 아니라, 문화 갱신의 대리인이 되기를 원한다. 우리는 사람들이 기독교 세계관을 갖고 세상에서 일하는 제자도를 세우기 원한다.

나는 교회가 사람들이 세 가지 구체적인 방식으로 일하도록 도와야 할 필요가 있다고 믿는다. 책임성 있게, 구별성 있게, 그리고 탁월성 있게.

책임감을 갖고 일하기: 직업에 관련된 영적 성장

기본적인 "은혜의 수단들"을 공급할 필요가 있다. 기도, 상호-동료간 사역과 상호책임, 공동체 안에서 배우기, 감독과 돌봄. 이는 특정 직업에 있는 사람들의 삶의 이슈들을 다루는데 유용하며, 일하는 시간 패턴에 부합한다.

두 가지 보편적인 문제를 다루어야 한다. 첫째, 도시 문화의 직장과 경력은 전통적인 "주 42시간제 근무 및 주말 휴무" 패턴과 점점 더 맞지 않는다. 그들은 빈번한 여행, 계절적 변동, 그리고 잦은 이사를 경험한다.

또한 주중에 장시간 일하고 낮밤 없이 일한다. 결과적으로, 경력이 위로 올라갈수록 영적 성장에 필요한 일상적인 시간들을 내기가 어려워진다. 일요일 예배와 주중 저녁에 하는 소그룹에 참여하기가 어려워진다.

그러므로 양육을 제공하는 창조적인 방법들을 고안할 필요가 있다. 이러한 질문들을 고려해야 한다. 어떤 그룹들은 월간으로 직접 모이고 주중에는 온라인으로 모이는 것은 어떤가? 어떤 교회 사역자들은 1대 3 목양과 제자훈련을 더 많이 하도록 시간을 주는 것은 어떤가?

두 번째 역동적인 부분은 이것이다. 각각의 직업은 많은 영적 도덕적 이슈, 윤리적 난제, 유혹, 실망 거리, 그리스도인들이 직업에서 겪는 온갖 어려움들을 포함하고 있다. 그런데, 일반적으로 교회에서 대개의 목양이 아주 일반적이며 보편적인 문제들만을 다루며 내면 세계만을 다루고 있다는 점이다.

우리는 주중 시간의 대부분을 직장에서 보낸다. 우리는 다른 그리스도인들이 일상에서 접하는 똑같은 문제들을 어떻게 다루었는지를 들을 필요가 있다.

어떤 직업들은 너무나 거칠어서 만일 적절한 격려와 지지를 받지 못한다면 그리스도인들이 빠져나오고 말 것이다. 그러므로 같은 직업에 있는 그리스도인들이 서로를 보살피고 지지하는 것이 필요하다.[2]

리디머교회에서는 책임성 있게 일하는 것이 "직업별 교제모임"의 형태로 이루어진다. 이는 같은 직업을 가진 그리스도인들이 함께 모여서 위에 언급한 방식으로 서로에게 사역하는 모임이다. 어떤 직업의 교제 모임은 정기적으로 모여서 연관된 계통에서 사람들을 만나고, 강의를 듣고, 구체적인 주제로 토론을 한다. 또다른 그룹들은 매월 또는 매주 소그룹으로 모인다. 중간 규모 그룹의 경우 지리적 위치보다는 직업적 공통성을 토대로 모이기도 한다.

예를 들어, 월간 또는 격주 간격으로 예술가 그룹이 모일 수 있다. 직업 관련 모임들이 상호책임과 격려를 나누기도 하지만, 또한 흥미로운 전도적 계기가 될 수도 있다.

믿는다고 말하지 않는 사람들 중에서 어떤 사람들은 자기가 존경하는 그리스도인들이 모이는 사려 깊고 격려가 되는 모임에 이끌릴 수 있다.

구별성을 갖고 일하기: 세계관 형성과 훈련

우리들 중에 많은 사람들에게 있어 기독교 메시지를 전하기 위해 은사를 사용할 때 그것이 주님을 위해 일하는 것임은 분명한 일이다.

그러나 기독교의 문화적, 직업적 사역이 아닐 때는 어떻게 주님을 위하여 구별성 있게 일해야 하는지를 늘 알지는 못한다. 그리스도인 가수가 헨델의 메시아를 부를 때 그리스도를 위해 재능을 사용하고 있다고 느끼기는 쉬운 일이다.

그러나 복음이 어떻게 그의 나머지 일들을 구별되게 하는가? 단지 종교가 그리스도인인 가수일 뿐인가? 아니면 그의 예술이 복음에 의해 매주 날마다 형성되는 완전한 그리스도인 가수인가?

그의 예술 작업은 인간 본성, 하나님, 삶의 의미에 대해 전혀 다른 관점을 가진 사람과 어떻게 달라야 하는가? 유일한 차이점이라는 것은 그가 동료 아티스트와 성관계를 갖지 않거나 종교적 음악만 연주하는 것이겠는가?

직업적 성공이 그가 무엇을 하는 궁극적인 동기인가, 아니면 탁월한 예술을 통해 삶의 의미와 피조 세계의 아름다움을 의식적으로 증거하고 있는가? 그의 예술적 기교와 헌신은 - 가장 회의적인 사람에게도 - 이 세상은 우연이 아니며, 일관성 있고 아름다우며, 우리는 목적을 위해 창조 받았음을 항상 증거하고 있는가?

유사하게 경영학 MBA 소지자가 자선 비영리단체의 이사나 교회의 위원회에서 일할 때는 그리스도를 위하여 재능을 사용하고 있다고 느끼기가 쉽다. 그러나 복음이 그녀의 나머지 일들을 어떻게 구별되게 하는가?

그녀는 인간본성, 하나님, 인생의 의미에 대해 다른 신앙을 가진 사람들과 기업의 이익에 대해 같은 관점을 가질 것인가? 그녀는 모든 인간은 하나님의 형상으로 지어졌다는(각각의 사람이 너무나 귀중하기 때문에 하나님께서 그의 아들을 주셨다는) 의식을 갖고 모든 사업 거래를 진행하고 있는가?

교회에 던지는 질문은 이것이다. 만일 우리가 예수님이 삶의 모든 영역에서 주님이시라고 믿는다면, 그럼 어떻게 우리의 사람들이 주님의 주재권을 실행하도록 가르칠 것인가?

일반적으로 이러한 실천은 의도적인 학습 공동체에서 흘러나와야 하는데, 세 가지 상이한 사람들의 그룹들을 한데 연결해야 한다. (1) 나이 있고 성취한 그리스도인들 (2) 젊고 시작하는 그리스도인들 (3) 성경, 신학, 교회사에 정통한 교사들.

이 세 그룹이 함께 일해서 바른 질문들이 다뤄질 뿐만 아니라, 성경적이며 실천적인 답들이 만들어지도록 해야 한다. 어떤 종류의 질문들을 던져야 하는가? 최소한, 이 그룹들은 세 가지 질문을 각각의 직업에 대해 물어야 한다("당신의 직업 뒤에 있는 세계관" 관련 글을 보라).

1. 우리 분야의 어떤 관행들이 일반 은총에 근거한 것이며 수용될 수 있는 것들인가?
2. 어떤 관행들이 복음에 반대되며, 반드시 거부되어야 하는가?
3. 어떤 관행들이 중립적이며 수용되거나 수정될 수 있는가?

리디머교회에서는 구별해서 일하는 것이 직업별 교제모임에서(위에 묘사한 것처럼) 이루어지며, 고담 펠로우 프로그램을 통해서 이루어진다 (역자 주 - 고담(Gotham)은 뉴욕 시의 옛 명칭이다).

이는 대학을 졸업한지 5년 이내이며 첫 직장에서 일하는 젊은이들을 위한 훈련 프로그램이다. 이 프로그램에 참여하는 사람들은 자신의 분야에 종사하는 멘토를 만나며, 신학적 훈련, 세계관 성찰, 공동체적 영성 훈련에 시간을 많이 투자한다.

탁월성 있게 일하기: 멘토링 및 문화 갱신

책임성 있게 일하기와 구별성 있게 일하기에 발 맞추어, 그리스도인들은 자신의 일을 탁월하게, 성실과 혁신을 갖고 하기 위해 서로서로를 지지하며 도와야 한다.

어떤 영역들에서는 이러한 지지가 멘토링 관계를 통해 이루어질 수 있다. 분야에서 더 많은 경험과 성취를 이룬 사람들이 믿음을 새로 시작했거나 경력을 새로 시작한 사람들에게 자신의 시간을 내어주도록 복음에 의한 감동이 있어야 한다.

어떤 직업 영역에서는, 이것이 협력적 사업을 통해서 이루어질 수 있다. 새로운 회사나 비영리 기업을 시작하는 것, 예술 프로젝트를 실행하는 것, 새로운 신문이나 잡지를 시작하는 것, 아트 갤러리를 만드는 것, 또는 자원봉사 프로그램을 주도하는 것 등이 있다.

이런 종류의 제자도는 리디머교회에서 다양한 형태로 나타나고 있다. 한 가지 예를 들자면, 창업가 포럼이 있는데, 이는 교회가 매년 사업계획서 경진대회를 열어서 영리 및 비영리 프로젝트에 기금을 제공하는 것이다. 계획서를 제안하는 사람들은 어떻게 복음이 신앙과 일을 통합하는지를 제시해야 한다.

나는 탁월성 요소를 맨 마지막에 두었는데, 이는 만일 처음 두 가지 요소들이 무시된다면, 그 결과는 형편없어질 것임을 상기시키기 위해서이다.

우리는 종종 '기독교 회사'라고 하면 거듭난 그리스도인들을 고용하거나 또는 회사에서 성경공부를 하는 것을 떠올린다. 회사의 사명, 재무 원칙, 그리고 인사 원칙을 신학적으로 사려 깊게 생각해서 만들어 낸 사업체를 만나기는 드문 일이다.

많은 '기독교 예술'은 사실상 예술가들을 세상에서 끄집어내서 기독교 하위문화로 모아놓은 것이다. 일반적으로 문화 창출에 협력한다는 것은 신자들끼리 모여서 악한 세상을 등지는 것이 아니라, 오히려, 심지어 비신자들과도, 함께 일하여서 세상을 섬기는 것이어야 한다.

이러한 협력은 더 많은 수의 그리스도인들이 덜 이원론적인 신앙이해를 더 붙잡으려고 할 때까지는 이루어지지 않는다.

앞서 살펴보았듯, 그리스도인들은 직업 분야의 우상들을 다룸에 있어서 두 가지 상반되는 실수들을 한다. 한편으로는, 그들은 믿음을 일에서 분리하는 실수를 한다. 다른 모든 사람이 가진 동일한 가치와 관행을 따라서 일하는 것이다.

다른 한편으로는 그들의 기독교 신앙을 동료들에게 시끄럽고 형편없게 선포하는 것이다. 그들이 직업에서 만나는 사람들에게 어떤 종류의 은혜나 지혜도 표현하지 않으면서 말이다.

교회의 통합적 사역의 핵심적인 영역은 신자들이 복음이 예술, 사업, 정부, 미디어, 여가, 그리고 학문에 끼치는 의미를 끝까지 생각하도록 돕는 것이다. 우리는 신자들이 다른 신자들에게 책임성 있게 살아갈 수 있도록, 그들이 고백하는 신앙에 책임성 있게 살아가도록 영적 공급을 하는 창조적인 방법들을 제공해야 한다.

우리는 업무에서의 탁월성이 우리의 신앙에 대한 신뢰성을 획득하는 데 있어서 결정적으로 중요한 요소라는 것을 가르쳐야 한다.

만일 우리의 일이 형편없다면, 말로 하는 전도는 듣는 사람으로 하여금 우리의 신앙을 단지 경멸하게 할 뿐이다.

만일 그리스도인들이 주요 문화중심 지역 속에 살면서 그들의 일을 탁월하게, 그러면서도 구별된 방식으로 한다면, 궁극적으로 우리가 지금 살고 있는 문화와는 다른 문화를 만들어낼 것이다.

"그리스도인들이 문화를 형성하는데 참여해야 합니까?"라는 질문을 종종 받는다. 나의 답은 "우리는 문화를 형성하는데 참여하지 않을 수가 없습니다"이다. 그러나 나는 "문화 형성"이나 "문화 변혁"이라는 말보다 "문화 갱신"이라는 용어를 더 선호한다.

가능한 예로서, 중세의 수도사들을 생각해 보자. 그들은 중세 유럽 내내 아카데미, 대학, 병원을 고안했고 설립했다. 그들은 새로운 기구들을 통해 지역 경제를 변혁시켰고, 약자를 돌보았다.

복음으로 말미암아 어떻게 일하는지가 달라진 것이다. 자기를 위해서 일하지 않고 다른 사람들을 위해 일하는 것을 의미한다. 오늘날 그리스도인들은 이 동일한 종류의 역동성을 살아내는 공동체가 되기를 힘써야 한다. 그러면 동일한 종류의 결과를 얻을 것이다.

토론과 성찰을 위한 질문들

1. 당신의 사역 맥락에서, 이원론의 영향은 어떻게 나타나며, 당신이 경험한 것은 무엇인가? 세속 단체들이 종교 단체들과 분리되는 지점들은 어디인가? 어떻게 이원론은 당신이 공적인 삶 및 다른 사람들과의 관계로부터 분리되도록 이끌었는가? 당신의 교회가 무의식적으로 문화와 단절하고 있는 지점은 어디인가? 사적/공적 이분법의 전제를 받아들이고 있는 영역은 어디인가?

2. 당신이 지금 전임사역을 하고 있다면, 이전에 기독교 사역 이외의 일을 한 적이 있었는가? 만일 그렇다면, 당신이 일했던 경험을 통해서, 당신은 회중이 하나님을 경외하는 직업인으로 준비되도록 하는데 어떤 도움을 주었는가? 다른 일에 종사해 본 적이 없다면, 직장에서의 성경적 윤리와 통합을 강력하게 주장하는데 있어서 부족함을 느껴보았는가?

3. 이 장에서는 복음이 어떻게 일에 대해서 가르치고 영향을 미치는지 교회가 그리스도인들을 도울 수 있는 네 가지 길을 제시한다.
- 우리의 믿음이 일에 대한 동기부여를 바꾼다.
- 우리의 믿음이 일에 대한 개념을 바꾼다.
- 우리의 믿음이 직장에서 그리스도인의 높은 윤리를 가능하게 한다.
- 우리의 믿음이 우리가 일하는 방식들을 새롭게 생각할 수 있는 근거를 제공한다.

이 중에 어떤 것이 지금 당신에게 가장 의미 있는가? 믿음을 일에 연결시키는 네 가지 방법들을 신자들에게 가르치고 제자도를 세우기 위해서 당신은 무엇을 시작할 수 있겠는가?

4. 다음을 어떻게 생각하는가? "각각의 직업은 많은 영적 도덕적 이슈, 윤리적 난제, 유혹, 실망 거리, 그리스도인들이 직업에서 겪는 온갖 어려움들을 포함하고 있다. 그런데, 일반적으로 교회에서 대개의 목양이 아주 일반적이며 보편적인 문제들만을 다루며 내면 세계만을 다루고 있다는 점이다. 우리는 주중 시간의 대부분을 직장에서 보낸다. 우리는 다른 그리스도인들이 일상에서 접하는 똑같은 문제들을 어떻게 다루었는지를 들을 필요가 있다." 당신의 교회와 공동체에 있는 여러 가지 직업들을 생각해 보라. 그들의 직업 가운데 책임성 있게 일하도록 어떻게 신자들을 격려하며 양육할 수 있겠는가?

1. 복음중심적 세계관을 직업에 어떻게 적용하는지에 대한 구체적인 방식들을 전반적으로 다루고 있는 책으로는 다음을 보라. Timothy Keller, *Every Good Endeavor: Connecting Your Work to God's Plan for the World* (New York: Dutton, 2012) (《일과 영성》, 두란노 역간, 2013).

2. 물론 우리는 여기에서 균형을 갖춰야 한다. 어떤 점에서, 그리스도인을 직업으로 구별 짓는 것은 인종차별과 비슷할 수 있다. 특정 직업의 멤버들 안에 의구심이 일어날 수 있지만, 이런 종류의 장벽들을 뛰어넘어 교제를 하는 것이 사람들을 자유롭고 건강하게 하는 것이다. 어떤 사람들은 특유의 직업에 필요한 영적 공급을 원하거나 필요로 하지 않는다. 그렇지만 많은 사람들이 각자의 특유한 직업적 환경 안에서 유혹이나 곤경을 제대로 다룰 수 있도록 돌봄을 받지 않는다면 신앙을 버리거나 직업을 버리는 선택을 하게 될 것이다.

●

더욱 역동적으로
사역하라

01

사역할 때는
조직을 존중하라

19세기 선교 사업은 '효과적인 운동'의 특징들을 살펴보는 데 있어서 중요한 통찰을 제공한다. 초반에 서구 선교사들에 의해 세워진 비서구 세계의 새로운 교회들은 대다수가 지나치게 의존적이며 건강하지 않은 양상을 보였다.

그 교회들과 교단들은 참된 교회의 전통적 표지들을 가지고 있었다. 그들은 하나님의 말씀을 충성스럽게 전했고, 성례도 바르게 행했으며, 치리제도 또한 제대로 지켰다.[1] 또한 건전한 교리를 붙들기 위해 애썼고, 지역민 중에서 목회자와 지도자를 세웠다. 그렇지만 교회들은 자발적으로 전도를 하거나 재정적으로 자립하지는 못했다. 그 결과 서양 선교사들과 그들의 재정에 한없이 의존적인 상태가 되었다.

이후로 선교에 대한 대안적 접근법이 시도되었다. 이는 존 네비우스, 허드슨 테일러, 로랜드 알렌 등이 선구적으로 앞장서서 추진한 것으로 그들은 처음부터 자립하는 교회를 세우려고 했다. 그들의 목표는, 국외로부터 지원되는 인위적인 '생명 유지 장치' 없이 자연적으로 성장하는 회중을 세우는 것이었다. 문화 내에서 회심자를 얻을 뿐만 아니라, 현지 교회가 계속해서 재생산할 수 있는 토박이 지도자들을 성장시키는 것이었다. 요컨대 그들은 교회가 외부의 돈이나 지도자 유입이라는 지원 없이도 내부에서부터 성장할 수 있는 역동성을 갖기를 원했다. 또한 교회가 단순히 건전한 기관이라는 수준을 넘어서 생명력과 역동성을 가진 하나의 운동이 되기 원했다.

로랜드 알렌의 책,《교회의 자연적 성장》이라는 제목 자체가 이러한 의도를 보여 준다.[2] 그는 자연 연소, 곧 외부의 점화 없이도 연소가 되는 이미지를 떠올렸다. 운동 역동성(movement dynamic)이 있는 교회는 그 자체로 회심자, 아이디어, 지도자, 자원을 내부에서 충족한다. 그리하여 도시와 문화를 위한 교회가 되는 비전을 실현할 수 있다.

만일 극단적으로 적대적인 환경(심각한 박해, 전쟁, 경제 몰락 등)이 아니라면, 교회는 수적 부흥과 영적 성숙을 이룰 수 있다. 그런 교회는 선교학적 용어로 '자전(自傳), 자치, 자립'하는 교회이다. 이들은 동일한 이유로 다른 교회들이 재생산하도록 이끈다.

운동 역동성은 더 많은 아이디어들과 지도자들, 자원들이 모이고 사용될수록 더 강해지며 눈덩이처럼 점차 커지게 된다. 재생산하는 교회들이 일관된 비전을 유지하는 한, 운동은 더욱 추진력을 갖게 되고 기하급수적으로 성장하게 된다.

운동 역동성이 없는 교회들은 생명 유지 장치가 없는 사람과 같다. 교회가 운동 역동성 없이 생존하는 세 가지 방식은 다음과 같다.

1. 교회들이 교단 또는 선교회를 통해 재정 보조를 받는다.
2. 교회들이 상당한 재산을 보유하고 있거나, 주민을 위한 지역센터로 사용할 수 있는 건물을 갖고 있다. 이런 상황에서는 외부의 재정적 지원이나 리더십이 단기적으로는 필요하지 않지만 교회가 회심과 신자들의 영적 성장을 통해서 성장할 수 있는 여력이 없고, 추가적인 재정 유입도 없다.

이런 교회는 본질적으로 잘 운영되는 사업체처럼 운영된다. 재정은 기금을 잘 운영해서 충당하거나, 임대료나 수수료, 적은 기부금 등을 통해 충당한다. 많은 교회들이 이런 식으로 자체 유지를 하고 있다.

3. 일부 교회들은 크고 정체된 조직 안에 소수의 과로하는 핵심 인물들을 통해 유지된다. 회중들은 전혀 운동 역동성이 없지만, 내부에서 열심히 섬기는 사람들을 통해 유지된다. 몇 안 되는 소수의 사람들이 상당한 양의 시간과 돈을 희생해서 정체되거나 기울어지는 교회를 유지되게 한다.

이러한 개인들은 영적으로 생명력 있는 그리스도인일 수도 있지만, 그러한 생명력을 교회 전반에 퍼뜨리지는 못한다. 어쩌면 그들은 단지 교회에 깊이 뿌리 내리고 있어서, 또는 희생적인 충성심을 가지고 있어서 열심히 일하는 사람들이다.

그러나 이러한 해결책은 순간 일뿐이다. 어떤 지점에선가, 희생적인 헌

■ 하나님의 주권과 교회 성장

교회 성장의 주제는 논쟁적이다. 서론에서 나는 간단히 교회에 대한 바울의 정원 비유를 다루었다(고전 3:4-9). 교회를 이끄는 것은 정원을 가꾸는 것과 같다. 정원의 성장은 최소한 세 가지 요소에 의해서 결정된다. (1) 원예사의 기술과 근면 (2) 토양의 비옥함 (3) 기후 조건.

만일 실력 있는 사역이 농사와 비슷하다면 토양과 기후 조건은 성령의 주권과 비슷하다. 그러므로 교회 성장의 결핍을 단순히 인간의 실패로만 볼 수는 없다. 그리고 하나님의 뜻이라고 단순하게 변명할 수도 없다. 하나님의 주권에 대해 칼빈이 다룬 고전적인 접근법은 인간 책임의 중요성을 완전히 인정한다.[3]

일반적으로 말하면, 현대의 많은 교회 성장 기술에 대한 저서들은 하나님의 주권에 충분한 무게를 두지 않는다. 그리고 많은 교회 성장 반대 저서들은 교회의 영적 활력 부족에 대해서 변명만 늘어놓는다.

이 장에서 우리의 요점은 교회가 교리적으로 건강한 조직체이면서도 성장하지 않고 영적 역동성이 없는 유기체일 수 있다는 점이다. 성경은 교회가 둘 다여야 한다고 제시한다.

금을 통해 교회를 연명하게 하던 소수의 사람들이 너무나 지쳐서 더 이상 버틸 수 없는 때가 온다. 그때가 오면 교회는 재생산하는 능력이 없기 때문에 결국 쓰러지고 만다.

운동과 제도의 차이점

나는 단순히 '운동은 좋고 제도는 나쁘다'라고 주장하는 것이 아니다. 오히려 조직은 제도적 성격과 운동 역동성을 모두 가지고 있어야 한다고 생각한다. 물론 이 균형에 약간의 긴장과 갈등이 존재한다. 제도는 규칙과 정책을 통해서 안정적인 행동 패턴들을 만들어낸다. 규칙과 정책은 천천히 변화되며, 사람들의 선택과 행동에 제한을 두거나 영향을 끼친다.[4] 하지만 이런 계획적 제한을 통해 건강해 지기도 한다.

식료품점을 예로 들어보자. 소비자들은 일반적으로 어떻게 장을 보아야 할지 알고 있다. 어느 쪽으로 가서 어떤 물건을 고를지, 줄을 서서, 얼마나 기다릴지 이미 알고 있다. 그들은 줄 앞에서 무엇을 해야 하는지도 안다. 만일 당신이 물건을 지불하는 방법이 매주 급격하게 바뀐다면 어떻겠는가? 아마 크나큰 혼란이 생길 것이다.

제도화(institutionalization)는 매일 수백만 명의 사람들이 식료품 가게에서 필요한 물품을 안정적으로 구입하도록 한다. 제도적 관행 중에 어떤 것들은 공식적이다(지불 방식 등). 반면 어떤 것들은 비공식적이다(사람들이 줄을 서서 얼마나 기다릴 것인가 등).

만일 당신이 식료품 가게에서 물건 값을 금괴로 지불하려 한다면, 그것은 불가능할 것이다. 만일 고객들이 한 시간 동안 줄을 서야 한다면, 불평과 불만을 듣게 될 것이다. 왜 그런가? 한 시간을 기다린다는 것은 너무 과하다는 것을 모든 사람이 알기 때문이다. 식료품 가게는 당신이 그렇게 기다리지 않도록 할 (비공식적인) 의무가 있는 것이다. 만일 이런 신뢰가 깨지면, 당신은 아마도 다시는 그곳을 찾지 않을 것이다. 당신의 기대와 행동은 이런 제도에 의해서 제한되고, 유도되고, 형성되어 온 것이다. 만일 제도화가 없다면, 아무도 식료품점에 가서 효과적으로 장을 볼 수 없다.

휴 헤클로(Hugh Heclo)는 제도를 이렇게 정의한다. "제도는 규칙들과 도덕적 의무들을 동반하는, 가치 있게 평가된 목적들의 유산이다."[5] 이 규칙과 의무들은 권위를 가진 이들에 의해서 수호된다. 이것은 추상적이고 학문적인 설명이지만, 우리에게 유용한 방향을 제시한다.

제도는 기존 권위에 대한 순종에 의하여 움직인다. 기성 권위는 과거의 가치와 목적들을 보존한다. 제도는 유용하면서도 필요한 것이며, 요구들이 이루어지도록 안정되고 신뢰 가능한 시스템과 틀을 제공한다.

헤클로는 이렇게 적고 있다. "제도에 등을 돌리는 문화에서 산다는 것은 뼈대 없는 신체 안에서 살려고 하는 것과 같고, 문법 없는 언어를 사용하는 것과 같다."[6] 제도는 인간의 번성과 문명화된 사회에 필요한 많은 조건들을 수립하고 우리 삶에 질서를 부여한다.

한편, 운동이라는 것은 개인의 선호를 주장하고 미래의 실재를 제시하는 것과 더 많은 관련이 있다. 운동의 네 가지 핵심 성격을 정의하자면 비전, 희생, 화합 안에서의 유연성, 그리고 자발성이라 할 수 있다.

첫째, 운동에서 가장 중요한 것은, 강력한 비전이다. 비전은 그 운동의 지도자들이 만들기 원하는 매력적이고, 생생하며, 분명한 미래에 대한 그림으로 구성된다. 운동은 이렇게 말한다. "만일 이곳이 당신이 가려는 곳이라면 우리와 함께 가자."

미래에 대한 그림에는 각 운동이 헌신하는 강력한 가치나 신념의 집합들이 있다. 이 내용은 반드시 표현되어야 하며, 그로 인해 사람들이 손쉽게 비전을 이해할 수 있다. 비전은 결코 난해하거나 어려워서는 안 되며 소수의 사람만이 표현할 수 있는 것이어서도 안 된다.

비전의 내용은 설득력 있게 표현되어 다른 사람들이 자신의 공동체에서 중앙 집중적인 감독이나 지원 없이도 배울 수 있고 실행할 수 있는 것이어야 한다. 예를 들면 알콜중독자협회의 '12단계 그룹'의 변화 콘셉트는 모두가 납득할 수 있게 많은 책으로 표현되고 적용되었다. 이 때문에 이 그룹을 통해 삶을 변화시키고 싶은 비전을 가진 사람은 누구든지 책을 집어 들고 시작할 수 있다. 그들은 누군가의 허락이나 재정적 지원을 필요로 하지 않으며, 여러 가지 방법을 통해 훌륭한 훈련을 받을 수 있다.

또 하나 덜 건강한 예를 든다면 '알카에다'이다. 그 운동이 효과적이었던 한 가지 이유는 그들의 세계관을 넓고 분명하게 배포했다는 점이다. 사람들은 그것을 흡수하고 자습한다. 많은 사람들이 테러리스트 셀 그룹을 만들어서 중앙 지시 또는 소통이 없이도 활동하고 있다. 어떤 경우에는 더 효과적인 테러리스트가 되기 위해 알카에다 훈련 캠프로 간다. 그 후에는 대개 지역 전략을 수행하도록 위임을 받는다.

이 예들의 요점은 알콜중독자협회와 알카에다가 중앙 집중적인 제도라기보다는 활력 있고, 계속 성장하는 운동이라는 점이다. 그들이 효과적일 수 있는 이유가 여기에 있다. 그들은 상대적으로 작은 재원을 가지고 성장할 수 있는 비결을 가지고 있다. 비전이 성공하려면 단순하고 접근성이 좋아야 한다. 이는 종종 비전을 전달하고 적용하는 형태에 달려 있다.

이와 대조적으로, 제도는 거의 언제나 문장으로 기록된 사명문을 갖고 있지만 (학교는 교육하기 위해서, 사업체는 제품을 만들기 위해, 병원은 환자를 고치기 위해), 제도를 한데 묶는 것은 규칙과 규정, 그리고 절차이다. 운동에서는 공유된 비전이 일상적 선택을 이끈다. 그러나 제도에서는 규칙과 수립된 패턴이 삶을 이끈다.

둘째, 운동에서 연합시키는 비전은 아주 강력해서 희생적인 헌신과 내재적인 보상의 문화를 형성하게 된다. 개인들은 자기 자신의 이익과 편안함보다 비전을 앞세운다. 초창기에는 어느 운동이든지 주 행위자들이 보상 없이도 일하며, 끊임없이 파산의 위기 속에서 살아간다. 그들의 주된 보상은 실현된 목표에 대한 만족감이다. 어떤 사람들은 이를 '내재적 보상'이라고 부른다. 자신이 기여했다는 것을 아는 데서 내면적이고 개인적인 성취감이 생기는 것이다.

그런데 제도에서는 모든 직위가 잘 정의된 권리와 권한을 가지며, 분명한 보상과 복리후생도 갖추고 있다. 제도에서 주된 동기부여는 '외적인 보상'을 중심으로 이루어진다. 제도의 구성원은 직무를 수행해야 한다는 것을 분명히 알지만, 직무 결과는 보상에 맞추어 주의 깊게 조절된다.

당신의 교회가 운동 역동성을 가졌는지 아닌지 알 수 있는 가장 효과적인 지표가 있다면 희생하는 문화가 있느냐 하는 것이다. 만일 교회의 상위 지도자들만 희생하고 있다면, 그것은 운동성의 문화가 없는 것이다.

셋째, 운동은 구성원들 바깥에 있는 조직들과 사람들에 대해 너그러운 유연성을 갖추고 있어야 한다. 운동에서 가장 중요시해야 하는 것은 어떻게 일을 하는지, 또는 누가 일하는지 보다 무엇이 성취되어야 하는가이다. 비전은 구성원으로 하여금 희생을 감수하게 하며, 운동의 구성원들은 같은 비전을 가진 사람이라면 누구와도 연대하고 협력해야 한다.

반면 제도화된 조직들은 물려받은 관행이나 바른 절차, 그리고 공인된 인물의 중요성에 더 헌신한다. 그들은 종종 강하게 원하는 결과라 할지라도, 그것을 성취하지 않는 쪽을 선택한다. 규정된 절차에 따라 이루어지지 않거나 적절한 신용장을 가진 당사자가 없다면 그렇다.

우리가 운동에서 발견하는 유연성의 정신은 상당한 수준의 화합을 의미한다. 이것은 운동 내부 및 외부 조직과의 관계에서 발견된다. 제도는 일반적으로 이런 종류의 화합을 내부적으로도 권장하지 않는다. 그들은 자기 자리를 지키려는 폐쇄적 마인드를 가지는 경향이 있다. 전체의 유익보다는 자신만의 복지에 더 큰 관심을 가진다. 종종 제도는 조직간 화합이 결여되며 다른 조직에 대해 서로 적대적이기도 하다.

넷째, 운동은 새로운 아이디어와 지도자를 자발적으로 산출하며 내부로부터 성장한다. 제도는 그 본질상 장기적 내구성과 안정성을 위해 구조화되며 새롭고 위험한 생각을 거부하는 경향이 있다. 그러나 운동은 새로운 위험을 감수하려고 한다. 그 멤버들이 이미 희생하여 일의 일부가 되었기 때문이다.

운동은 또한 결과를 만드는 지도자들을 끌어들이며 보상하는 경향이 있다. 또 다시 그 이유는 비전을 성취하는 것이 너무나 중요하기 때문이다. 반면 제도는 안정성과 전통성을 너무나 중시하기 때문에 재임 기간 및 요구 조건, 자격증의 충족에 따라 지도자에게 보상하는 경향이 있다.

운동과 제도 사이의 중요한 차이점들을 강하게 부각시켜 요약하는 것은 그 차이점을 분명히 이해하는 데 도움이 된다(다음에 나오는 표를 참조).

우리가 이들의 대조적인 성격들을 살펴볼 때, 우리는 왜 운동이 자발적으로 생겨나는지를 더 잘 이해할 수 있다. 운동은 새로운 생각들을 발전시킬 수 있다. 사람들로 하여금 창조적인 집단 사고를 격려하며 실험에 열려 있으며 새로운 의견을 실행하려고 하기 때문이다.

운동은 '더 평평한' 조직체로 일할 수 있다. 그것은 제도보다 덜 위계적이고 덜 폐쇄적이다. 그래서 새로운 생각들이 훨씬 빨리 추진력을 받을 수 있다. 운동은 또한 새로운 지도자를 더 잘 일으킬 수 있다. 가장 포부가 크고 창의적인 사람들을 유입할 수 있기 때문이다. 그들은 좋은 결과를 내려 하기 때문에 떠오르는 지도자를 빠르게 발굴해서 발전시킬 수 있다. 운동이 빠르게 성장하는 것은 새로운 생각을 실험하면서 환경의 변화에 더 잘 적응하기 때문이다.

어떻게 운동과 제도가 합류하는가

젊은 교회 지도자들은 운동에 대해 열광하면서, 제도적 교회의 무지와 무감각에 대해 계속해서 소리를 높여 질타한다. 사실 다음 페이지의 표(원쪽 열)를 훑어보면 너무나 많은 교회들이 지나치게 제도화되었음을 발견하게 된다. 하버드대학 교수인 데이비드 허스트(David Hurst)는 운동이 어떻게 제도가 되는지를 멋지게 요약하고 있다. 비전은 전략이 되고, 역할은 의무가 되며, 팀은 구조가 되고, 네트워크는 조직이 되고, 인정은 보상이 되어 버리는 것이다.[7]

하지만 두 형태 사이에 너무 분명한 선을 긋는 것은 잘못임을 기억해야 한다. 또한 실제 예를 보게 될 때, 둘을 완전히 대립적으로 생각하는 것도 잘못이다. 기독교 운동 저서들에서 제도주의를 매우 비판적으로 보는 것이 타당한 면들도 있지만, 이것은 결국 모든 권위나 중앙 관할, 공식적 절차 등이 사역에 나쁜 것이라는 인상만을 남긴다.

그러나 현실은 훨씬 복잡하다. 새로운 교회와 사역 단체들이 비공식적이고 법제화되지 않은 자치적인 모습으로 남으려 노력하지만, 제도화는 불가피한 것이다. 우리가 무언가(새로운 정책, 행정 구조, 가치와 신념의 수렴 등)를 선택하는 순간, 그리고 그것을 실행에 옮겨서 사람들이 일하는 절차, 기대, 허용되는 선호 가치들이 형성되는 때, 우리는 그 가치 또는 신념을 제도화하기 시작한다.

물론 어떤 제도화는 사실 바람직하다. 앞에서 언급했듯이, 통일된 비전은 -운동의 모든 사람들이 그것에 의해 결집한다- 운동 역동성에 매우 필수적이다. 그러나 이 비전은 날마다 바뀔 수 없고, 심지어 매년 바뀔 수도 없다. 만일 그렇게 된다면 운동에 혼란이 초래될 것이며 성장에도 심각한 저해 요소가 될 것이다.

역설적으로 이것은 비전 자체가 어떤 법제화와 관리가 필요하다는 것을 의미한다. 다시 말해서 운동 역동성의 엔진을 유지하는 것은 -통일된 비전을 갖추는 것- 어떤 면에서 제도의 특성을 수용하는 것을 필요로 한다. 비전은 말하자면, 그 운동이 지키고 전수하는 '전통'이 된다.

더욱이 운동은 구성원들의 희생적인 헌신에 의해 크게 좌우된다. 특히

제도	운동
규칙과 절차에 의해 단결한다	공통 목적과 비전에 의해 단결한다
권리와 할당제의 문화; 책임과 보상의 균형	희생적 헌신의 문화
보수, '외재적 보상'에 대한 강조	인정, '내재적 보상'에 대한 강조
정책 변화는 긴 과정이며, 모든 부서가 관여하고, 많은 저항과 타협이 수반됨	비전은 매력적인 지도자에게서 나오며, 충성심으로 수용됨
의사결정이 절차적으로, 천천히 이루어짐	의사결정이 관계적으로, 빠르게 이루어짐
혁신이 위에서 아래로 지시됨, 실행에는 부서 간 폐쇄성이 작동함	혁신은 모든 구성원으로부터 용솟음침, 전체에 의해 실행됨
자리에 집착하는 작은 대리인 또는 부서들의 짜깁기 같은 느낌이 듦	통일된 전체라는 느낌이 듦
가치: 안전, 예측 가능성	가치: 위험 감수, 뜻밖의 재미
변화에 느리고 안정 추구	변화에 빠르고 역동성 추구
전통, 과거, 관습을 강조. 미래의 변화에 대해 두려워하고 거부함	현재와 미래를 강조. 과거에 대해 덜 강조
직무가 자격 요건 및 연공을 갖춘 사람들에게 주어짐	직무가 최고의 결과를 만드는 사람들에게 주어짐

처음 시작할 때는 더욱 그렇다. 초기 상태에서는, 구성원들이 일을 성취시키기 위해 자신들의 신용카드를 최대치로 쓰기도 하고 저축을 깨뜨리기도 한다. 그러나 이런 식의 삶이 지속 가능하지는 않다. 아무리 설득력 있는 비전이라 하더라도 장기적인 유지를 위한 노력이 필요하다.

예를 들어 설립자들은 신용카드 부채를 해결하고, 자립된 생활을 하고 가족을 부양할 충분한 수입을 보장할 수 있는 노력을 해야 한다. 다시 말해 운동은 결국 안정된 운영 모델로 이어져야 하며, 비용을 충당하기에 충분한 재원을 개발해야 한다. 만일 이 일에 실패한다면 결국 최고의 사람들이 탈진하게 되어 비전을 향해 더 이상 전진할 수 없게 된다.

그러므로 강하고 역동적인 운동은 중심에 이런 어렵고 힘든 지점들이 있다. 곧 자유분방한 유기체와 견실한 조직체 사이의 긴장과 균형을 이루는 지점이다. 조직체적 특성(권위, 전통, 신념의 통일, 품질 관리)을 거부하는 운동은 분열되고 해산될 것이다. 그리고 완전한 제도화를 향한 불가피한 경향성을 거부하지 못하는 운동은 결국 생명력과 효과성을 상실하게 될 것이다. 운동의 이끄는 자들의 직무는 이 두 가지 위험 사이에서 그들이 탄배를 안전하게 운행하는 것이다.

토론과 성찰을 위한 질문들

1. 만일 당신의 단체가 갑자기 건물을 떠나야 하고, 교단의 지원 구조가 끊기고, 재산과 은행 잔고를 빼앗기고, 선임 지도자들을 잃게 되는 경험을 한다면 어떤 일이 발생하겠는가? 회복 탄력성이 있는 제도로 남아서 스스로 정신을 차리고, 하나님의 은혜로 새로 시작하고, 내부로부터 새 지도자들을 일으키겠는가? 만일 아니라면, 세 가지 종류의 정체된 구조 중에 어떤 것이 당신의 회중이나 조직을 가장 잘 묘사하는가?(외부에서 보조를 받거나, 생명 유지 장치에 의해 관리되거나, 또는 소수의 과로하는 핵심 멤버에 의해 지탱되는 것)

2. 이 장은 운동의 네 가지 핵심 특성을 제시한다. 비전, 희생, 화합 안에서의 유연성, 그리고 자발성에 대해 알려 준다. 당신의 사역이나 교회 상황에서 어떤 것을 경험했는가? 각각의 특성들 중에 어떤 것이 운동의 역동성에 기여했는가?

3. 제도와 운동을 대조하는 표를 다시 살펴보라. 당신의 교회를 생각할 때, 운동의 어떤 특성들이 보이는가? 제도의 어떤 특성들이 있는가? 당신의 교회에서 운동 역동성을 추가하기 위해 무엇을 하겠는가?

주

1. 개신교 개혁주의자들이 분변하는 참된 교회의 표지들에 대한 간단한 묘사로는 다음을 참조하라. J. I. Packer, "Word and Sacrament: How a Genuine Church Is Identified," in *Concise Theology* (Wheaton, Ill.: Tyndale House, 2001), 204-206. 개혁주의 교회들은 언제나 이 세 가지 표지를 말해 왔다(말씀, 성례, 권징). 어떤 이들은 교회 권징이 성례의 바른 사용에 포함되어 있는 것이라고 주장했다. 그러니까 참된 교회의 표지로 두 가지로 본 것이다. 우리가 이것을 몇 개(두 개, 세 개, 네 개)로 보든 상관없이 정작 중요한 것은 모든 기능과 목적들이 잘 실현되고 있느냐 하는 것이다. 참된 교회는 교사들이 건전한 성경적 교리를 전하며, 사람들은 세례와 성찬을 통해 가시적인 언약 공동체가 되며, 그 속에서 지도자들이 지혜로운 영적 감독을 하는 것이다.

2. 비서구 교회들의 의존성을 처음으로 발견한 것은 영국 성공회의 헨리 벤(Henry Venn)과 미국 회중교회의 루푸스 앤더슨(Rufus Anderson)이었다. 이들은 모두 '토착화'라고 부르는 모델을 주장했다. 즉 서구 선교사들은 설교를 통해 새로운 교회를 목양하고 결과적으로 해당 국가의 토착 지도자들을 길러야 하며, 교회를 그들에게 전해 주어야 한다는 것이다. 후에 영국 성공회의 로랜드 알렌(Roland Allen)과 미국 장로교의 존 네비우스(John Nevius)는 이러한 과정이 더 일찍 시작되어야 한다고 촉구했으며, 서양 선교사들이 결코 비 서구 교회의 개척자들과 목회자들만큼 효과적이지 못함을 강조했다. 그들은 새로운 회심자들을 훈련해 교회를 도와야 한다고 말했다. 로랜드 알렌의 책들을 참조하라: *Missionary Methods: St Paul's or Ours?* (London: Robert Scott, 1912) 및 The Spontaneous Expansion of the Church, and the *CausesWhich Hinder It* (London: World Dominion Press, 1927). 또한 네비우스의 책을 참조하라: *The Planting and Development of Missionary Churches* (New York: Foreign Mission Library, 1899).

3. John Calvin, *Institutes of the Christian Religion*, ed. John T. McNeill (Philadelphia: Westminster, 1960), 1:197-237.

4. 휴 헬코(Hugh Heclo)의 탁월한 소책자는 제도에 대한 학자들의 다양한 정의를 정리하고 있다. *On Thinking Institutionally* (Boulder, Colo.: Paradigm, 2008).

5. Heclo, *On Thinking Institutionally*, 38.

6. 위의 책.

7. David K. Hurst, *Crisis and Renewal* (Cambridge, Mass.: Harvard Business School Press, 2002).

02
교회는
조직화된 유기체다

우리는 앞에서 제도와 운동 간의 차이점을 알아보았다. 분명 교회는 제도여야 한다.[1] 하지만 교회는 동시에 '운동'이어야만 한다. 지난 세기를 통해 본 것처럼 교회가 교리적, 제도적 표준에 부합하면서도 여전히 사회에 그들의 믿음을 보여 주는 데 효과적이지 않을 수도 있다.

이 지점에서 우리는 자연스럽게 다음과 같은 질문을 던지게 된다. 제도와 운동 사이에 이런 차이와 균형을 눈여겨보아야 할 성경적 근거가 있는가? 나는 있다고 믿는다. 성경은 교회가 유기체(organism)이면서 동시에 조직체(organization)라고 제시한다. 단순하게 말해서, 교회는 조직화된 유기체(organized organism)이다.

사도행전은 교회의 삶을 유기체적 언어로 설명한다. 우리는 종종 교회나 제자들의 수가 늘어나거나, 성장하거나, 퍼졌다는 이야기를 듣는다(4:4; 6:1, 7; 9:31; 16:5). 또한 하나님의 말씀이 전파되었거나, 증가했거나, 성장했다는 이야기도 듣는다(6:7; 12:24; 19:20). 사도행전 9장 20절은 말씀이 흥왕했다고 말한다. 마치 하나님의 말씀, 그리스도의 복음이 생명이 있어서 그 자체의 힘을 가진 것처럼 말이다(롬 1:16-17을 참조하라). 바울은 계속적으로 복음이 "열매를 맺어 자란(성장)다"라고 말한다(골 1:6).

교회가 성장하긴 하지만 다른 인간 조직체(회사, 스포츠 리그, 정부 기구, 온라인 운동)처럼 자라나는 것은 아니다. 교회는 하나님의 말씀이 성령의 능력을 통해 사람들에게 임했을 때 수적으로 성장했다(행 10-11장 참조). 이런 성경적인 언어가 제시하는 것은 교회 안에 유기적, 자생적, 역동적 능력이 일하고 있다는 것이다. 사도행전에서 보면 그 능력이 사실상 스스로 일하고 있다. 제도적 지지나 구현 없이, 전략 계획도 없이, 지도자의 지휘나 관리자의 감독 없이 말이다.

이처럼 자발적으로 역사하는 이 힘은 하나님의 말씀이 새 교회를 만들 때 주로 일어나는 것임을 확인하게 된다. 바울은 여러 도시를 떠나기에 앞서(행 14:23 참조) 언제나 신중하게 장로들(권위가 있는 지도자들)을 세웠다. 그의 모습을 보면서 이런 궁금증이 생긴다.

어떻게 바울은 쉽고 빠르게 능력 있는 리더십을 가진 사람들을 새로운 회심자들 가운데서 찾아낼 수 있었을까? 새 신자들로 구성된 새 몸이, 권한 구조를 가지기 이전에, 몇 년간 자라도록 기다리는 것이 -단지 함께 모여서 배우고 서로 사랑하고 섬기도록 하는 것- 낫지 않았을까?

바울을 통해 이렇게 역동적이고, 자생적으로 성장하는 교회들에서 구성원들이 사도들에게 전수받은 가르침과 목적을 구체화할 수 있도록 확실히 하는 수단으로 권위 구조가 중요함을 알 수 있다.

처음부터 교회는 제도인 동시에 운동이었다. 교회의 이러한 이중 본질은 성령의 사역에 근거하고 있다. 성령님은 교회를 생명력 있는 유기체이면서 동시에 구조화된 조직체로 만드신다.[2] 이 균형을 이해하는 한 가지 유용한 방법은 예수님의 사역이 교회 가운데 일반적 의미에서 모든 신자를 통해 그리고 특별한 역할을 통해서 이루어짐을 살펴보는 것이다. 특별한 역할에는 일반 직분(general office)과 특별 직분(special office)이 있다.

일반 직분과 특별 직분

예수 그리스도는 모든 능력과 사역의 역할을 분명히 알고 계신다. 그분은 진리를 말하며 모든 남녀들이 하나님을 위해 일하도록 선지자적 사역을 수행하신다. 그분은 궁극적인 선지자이며, 하나님의 성품과 구원하시는 목적과 우리 삶을 향한 하나님의 뜻을(말씀과 삶을 통해서) 아주 분명하게 나타내신다.

동시에 그분은 제사장적 사역을 하신다. 선지자 사역이 사람들 앞에서 하나님을 위한 옹호자로 서는 것이라면, 제사장은 자비와 긍휼의 사역을 통해 하나님의 임재 앞에서 백성을 대변하는 것이다. 그리고 예수님은 궁극적인 제사장이셨다. 그분은 우리 대신 서셨고 우리 짐과 죄를 희생적으로 지셨고, 우리를 하나님의 임재 속으로 이끄신다. 마지막으로 예수님은 왕의 사역을 하신다. 궁극적으로 왕이시다. 계시된 그의 말씀을 통해 백성들의 삶에 질서를 주신다.

신자들의 일반 직분

각각의 신자는, 성령님을 통해서, 다음의 세 가지 방식으로 서로에게 사역한다.

첫째, 성경은 모든 신자를 선지자로서 언급한다. 민수기 11장 29절에서 모세는 "그의 모든 백성에게 주사 다 선지지가 되게 하시기를 원하노라"고 말했다. 그리고 요엘 2장 28-29절에서는 이 축복이 메시아 시대를 위해서 예언되고 있다. 사도행전 2장 16-21절에서 베드로는 교회 안에서 이 예언이 성취되었다고 선언한다.

모든 신자는 성령님의 인도하심을 받아 진리를 분별할 수 있다(요일 2:20, 27). 그리고 모든 신자는 그리스도의 말씀으로 서로 권면할 뿐만 아니라(골 3:16), 다른 신자들을 가르치고(롬 15:14) 격려하도록(히 3:13) 인도함을 받는다.

또한 그리스도인들은 그들의 믿지 않는 친구들과 이웃들 앞에서 진리에 대한 증인으로 부름 받았다. 사도행전 8장 4절에서 모든 그리스도인들은 예루살렘 바깥으로 "흩어진 사람들이 두루 다니며 복음의 말씀을 전했다". 데살로니가전서 1장 8절에서 바울은 마게도니아와 아가야의 새 신자들로부터 "주님의 말씀이 … 각처에 퍼졌다"는 소식을 전한다.

그리고 그는 고린도 그리스도인들에게 자신의 모든 삶이 모쪼록 사람들을 구원으로 이끄는 데 도움이 되는 삶이기를 바란다고 말한다(고전 9:19-23; 10:31-11:1). 골로새서 4장 5-6절에서는 모든 그리스도인들에게 각각의 비신자에게 지혜와 은혜로 대답하라고 말한다. 베드로전서 3장 15절에서는 모든 신자들이 비그리스도인들에게 그들의 믿음에 대한 설득력 있는 이유를 설명하라고 명한다.

이 모든 권면들 뒤에는 말씀이 모든 그리스도인들 안에 풍성히 거한다는(골 3:16) 전제가 있다. 곧 모든 신자는 하나님의 말씀을 읽고, 생각하고, 사랑해야 한다. 그리스도인들은 자신들이 가지는 질문과 이웃들의 필요에 따라 성경을 적절하게 해석할 수 있어야 한다.

둘째, 성경은 모든 신자들을 제사장이라고 지칭한다. "너희는 … 왕 같은 제사장들이요"(벧전 2:9). 모든 신자가 선지자의 역할을 하여 하나님의 말씀 곧 예수님께서 오신 것을 이해하는 것처럼, 모든 신자는 제사장의 역할을 하여 대제사장 되신 그리스도의 이름으로 하나님의 임재 가운데 들어갈 수 있다(히 4:14-16).

그러므로 신자들은 날마다 자신을 살아 있는 제물로 드리는(롬 12:1-2) 제사를 수행하는 제사장적 사역을 한다. 그리고 하나님께 자비와 선을 행하고 서로 나누어 주는 실천의 제사 및 찬송의 제사를 드린다(히 13:15-16).

만인제사장이라는 것은 모든 사람이 기쁜 공적 예배에 적극적으로 참여할 수 있다는 것을(고전 14:26) 의미할 뿐 아니라, "선을 행함과 서로 나누어 주기"에 대한 제사장적 부르심을 가졌다는 것을 의미한다(히 13:16).

그리스도인들은 선지자로서 이웃이 회개하도록 하며, 제사장으로서 공감과 사랑의 섬김을 통해 그들의 필요를 채워 준다. 이것이 예수님이 우리에게 착한 행실을 통해 외부인들이 하나님께 영광을 돌리게 하라고 하신 이유이다(마 5:16).[3]

셋째, 성경은 모든 신자를 왕이라고 지칭한다. 모든 신자들은 왕과 제사장으로서(계 1:5-6) 그리스도와 함께 다스리며 통치한다(엡 2:6). 비록 장로들과 지도자들이 교회 관리와 치리에 책임을 지고 있지만, "모든 신자의 왕 됨"이 의미하는 것은 신자들이 서로서로를 치리할 권리와 책임을 가지고 있다는 것이다.

그리스도인들은 그들의 죄를 목회자에게만 아니라 서로에게 고해야 하며 서로를 위해 기도하도록 부름 받았다(약 5:16). 그들은 장로들의 치리에만 의존하는 것이 아니라, 서로를 권면함으로써 죄로 인해 마음이 완고해지지 않도록 해야 한다(히 3:13). 건전한 교리를 분별하는 것은 장로와 사역자뿐만 아니라 모든 신자들이 성령께서 진리를 분별하도록 주시는 기름 부으심에 의존해야 한다(요일 2:20, 27).

왕으로서의 직분은 이성의 직분으로서, 역사적으로 많은 교단들은 지도자와 직분자를 선출하는 권한을 회중에게 부여하여, 기존 지도자들을 인준하게 했다(행 6:1-6). 다시 말해 교회를 통치하는 권한이 사람들에게 있는 것이다. 비록 목사와 교사들이 몸을 영적으로 성숙하게 이끌고 책임지는 부르심을 받았지만(엡

■ 신자의 선지자적 증언

세례 요한은 역사상 가장 위대한 선지자였지만, 예수님은 모든 신자들이 지위와 부르심에 있어서 요한보다 더 큰 존재라는 놀라운 말씀을 하신다(마 11:11). 신자들은 세례 요한보다 더 위대한 선지자들인 것이다. 어떻게 이런 일이 가능한가? 요한은 다른 선지자들보다 더 큰 자였다. 그가 구속 역사의 위치에서 예수 그리스도를 직접적으로 증언했기 때문이다. 마찬가지로 신자의 선지자적 증언은 구약의 선지자들이나 요한보다 더 위대한 것이다. 가장 단순한 신자라도 요한보다 복음에 대해 더 많이 이해하기 때문이다.

4:11-13), 모든 그리스도인은 서로에게 "사랑 가운데 진리를 말함"으로써 몸이 성숙하도록 돕는 부르심을 받은 것이다(엡 4:15). 모든 신자의 왕 됨은 또한 신자들이 세상, 육신, 마귀와 싸우고 이기는 권한을 가졌다는 것을 의미한다(엡 6:11-18; 약 4:7; 요일 2:27; 4:4; 5:4).

이 모든 사역의 양상들은 베드로전서 2장 9절에서 하나로 모인다. 여기에서 우리는 그리스도를 따르는 사람들은 왕과 제사장으로 부름 받았다는 말씀을 듣는다. "왕 같은 제사장." 그래서 "너희를 어두운 데서 불러내어 그의 기이한 빛에 들어가게 하신 이의 아름다운 덕을 선포하게 하려" 하신 것이다. 이것이 선지자의 직분이다.

성령님은 모든 신자가 진리를 나타내는 선지자가 되며, 공감적으로 섬기는 제사장이 되며, 사람들이 책임감 있는 사랑을 하도록 부르는 왕이 되도록 훈련하신다. 이것은 신자들이 직분이나 전임 사역을 위한 특별한 은사가 없더라도 적용된다.

모든 신자가 선지자, 제사장, 왕이 되도록 부르시고 은사를 주시는 성령의 구비 사역은 '일반 직분'이라고 부른다. 이러한 일반 직분에 대한 이해가 있을 때 교회는 상명하복 식의 보수적이고 혁신 거부적인 관료주의가 되지 않을 수 있다.

교회는 열정 넘치는 풀뿌리 운동으로서 지도자들의 위계질서 관리와 계획에 의존하지 않고 사람들의 삶을 바꾸고 세계를 바꾸는 사역이다.

사역의 특별 직분

성령께서는 모든 그리스도인들에게 사역을 위한 성령의 은사들을 주셔서(고전 12-14) 그리스도를 섬기는 일이 교회의 풀뿌리에서 지속적으로 일어나게 하신다. 하지만 또한 성령님은 '특별 직분'이라는 은사도 주셨다. 이것은 대개 권위를 갖고, 교회 안에서 특정 사역을 수행하는 역할을 말한다. 우리에게 자발적이고, 폭발적인 사역과 성장을 일으키시는 바로 그 성령께서 사도나 선지자, 목사와 교사(엡 4:11) 및 다스리는 은사를 수여하시는 것이다.

이러한 은사들이 사용되기 위해서는 회중에 의해 공적으로 인정되어야 하는데, 그러려면 어느 정도의 조직을 필요로 한다. 제도화된 구조(선거, 정관, 서임, 인증 기준 등) 없이는 다스림의 은사(롬 12:8)를 집행할 방법이 없다. 전 교회가 누군가에게 권위를 주고 그 권위를 어떻게 정당하게 사용할지에 대해 어느 정도 동의하지 않는다면 아무도 다스릴 수가 없다. 그러므로 자발적인 사역의 발전과 번성은 어떠한 제도적 요소들이 제자리에 있느냐에 달려 있다.

특별 직분은 예수님께서 성령으로 교회를 지도하고 다스리는 방법을 나타낸다. 예수님께서는 교회 지도자들에게 은사를 나누어 주시는 것을 통해 그 권위를 위임하신다. 그래서 우리가 교회 지도자들을 선택할 때 단순히 그들 안에 있는 주님의 부르심과 은사를 확인하는 것과 같다.

당신의 교회를 위한 분명한 청사진(하나님이 원하시는 사역의 양상)은 다름 아닌 예수님께서 지도자들과 구성원들에게 나누어 주신 은사에 의해 형성된다. 왜 어떤 교회는 다른 사람들보다 특정한 종류의 사람들을 품어 전도하는 데 더 효과적인가? 하나님이 그들에게 특정한 패턴의 은사들을 주셨기 때문에 특정한 패턴의 사역을 하는 것이다.

특별 직분이 의미하는 것은 성령께서 어떤 사람들을 모든 양상의 일반 직분을 위한 지도자와 선두주자로 부르셨다는 것이다. 모든 그리스도인들이 가르치고 전도해야 하지만, 성령께서는 어떤 사람들을 교사와 전도자로 부르신다(엡 4:11). 모든 그리스도인들이 자신의 것을 궁핍한 사람들과 나누어야 하지만, 교회는 어떤 지도자들을 집사로 세우고 그들이 자비의 사역을 이끌도록 한다(행 6:1-6; 딤전 3:8-13).

모든 그리스도인들이 서로 살피며 서로에게 책임을 지는 삶을 살아야 하지만(갈 6:1-2; 히 3:13), 모든 모임에는 더 큰 책임을 가진 장로들이 있다

(행 14:23; 딛 1:5). 그들의 직무는 목자가 양을 돌보듯 사람들을 돌아보는 것이다(행 20:28-31; 벧전 5:1-4). 신자들은 지도자의 권위에 승복해야 한다(살전 5:12; 히 13:7, 17). 지도자들이 그들의 은사를 집행하는 것이 그리스도의 사역을 집행하는 것이다.

역사적 전통에 단단한 뿌리를 둔 교회들은 보통 특별 직분의 중요성에 대해 강한 선호를 지니고 있다. 그들은 반드시 일반 직분의 역동성과 유연성을 높이 평가하는 문화를 만들기 위해 적극적으로 노력해야 한다. 이렇게 하는 한 가지 방법은 안수 받지 않은 일반 성도들을 지도자와 간부로 위임하는 것이다. 그들로 전통적으로 안수 받은 지도자들과 함께 일하도록 하는 것이다. 이렇게 함으로써 교회들은 성령의 역동적인 사역과 조직적인 사역 모두를 수용할 수 있다.

성령께서는 교회를 유기체인 동시에 조직체로 만드신다. 자발적인 영적 생명과 사역이 가득한 가마솥인 동시에 질서와 체계가 있고 규칙과 권위가 있는 공동체가 되는 것이다. 만일 하나님이 모든 신자들에게 은사를 주시기만 할 뿐 그들을 권위가 있는 곳으로 불러 모으지 않는다면, 교회는 단지 유기적이며 자연발생적인 운동으로서 제도적 구조가 사실상 전혀 없을 것이다. 만일 하나님이 '특별 직분자들'(안수 받은 목사들)에게만 은사를 주신다면, 교회는 배타적이고, 상명하복적이고, 명령-관리만 있는 제도가 될 것이다.

그러나 하나님의 영은 일반 직분과 특별 직분 모두를 만드셨다. 그래서 우리는 (운동을 창조하시는) 성령의 열정(ardor) 그리고 (제도를 창조하시는) 성령의 질서(order)에 대해 모두 이야기한다. 성령 사역의 이 역동적인 균형이야말로 교회를 (인간적인 관점에서) 지속 가능하게 만드는 것이다.

베드로전서 2장 4-5절에는 이러한 역동성이 생생하게 어우러져 나타난다. 베드로는 그리스도인들을 새로운 성전의 '산돌'(living stones)이라고 묘사한다. 건물에서 돌은 비유기적 이미지이다. 그러나 베드로는 우리에게

이 성전의 돌들이 살아 있다고 말한다. 사실상 성전은 "성장한다"(엡 2:21 참조). 이것이 의미하는 바는 우리가 교회를 (자연스럽게 성장하는) 유기체이면서 동시에 (구조와 질서가 있는) 조직체로 보아야 한다는 것이다.

교회의 두 가지 특성을 모두 만드신 분이 성령이심을 인정하는 것이 중요하다. 회심자들이 많고 그들의 삶이 급격하게 변화되는 것을 자주 볼 수 있는 사역 단체들이 행정과 지속적인 프로그램이 있는 교회들보다 (교회 통치 구조, 교회 치리, 교회 관리, 운영 규칙, 재정, 청지기 정신, 건물 관리 등) 더 영적으로 보이는 일들이 종종 있다. 이것은 납득이 되는 실수이다.

수백 년 동안의 경험을 통해서 우리는 질서와 열정을 모두 함께 유지하는 것이 참으로 어렵다는 것을 알고 있다.[4] 질서 옹호자들은 안정적인 제도의 장점들만 보고 동시에 자발적 운동의 단점들만 보는 경향이 있다. 그들은 급진적 새 운동 속에 나타나는 교만함과 거만함을 보면서 그들이 불안정하며, 근시안적이며, 자만심이 강하다고 지적한다. 그들은 종종 옳지만 틀리기도 하다.

반면 더 역동적이고 덜 위계적인 운동의 옹호자들은 제도의 단점만을 보는 경향이 있다. 그들은 제도가 자기 이득에만 관심 있고, 경직된 관료주의이며 우상이라고 본다. 따라서 제도는 이미 죽었거나 죽고 있는 것으로 간주한다. 때때로 그들의 말은 옳지만 또한 못지않게 틀리다. 교회는 조직되어 있으면서 유기적일 때 가장 건강하다. 성령은 두 가지 관점 모두의 저자이시기 때문에, 이 두 가지가 피차 조화 가운데 존재할 수 있어야 한다.

지역 교회에서의 운동 역동성

앞 장에서 우리는 운동의 네 가지 특성을 살펴보았다. 비전, 희생, 화합 안에서의 유연성, 그리고 자발성이다. 지역 교회와 개별적인 사역에 이러한 특성들이 존재한다면 어떤 모습이겠는가? 그리고 지역 교회에 제도적 역동성과 성경적 균형을 이루는 운동 역동성을 어떻게 격려할 수 있겠는가?

비전과 신념이 하나 됨을 만든다

운동 역동성이 있는 교회는 어떤 분명한 미래 현실에 대한 비전에 의해 이끌린다. 비전은 미래의 구체적 그림에 생기를 불어넣는 강력한 신념의 집합이다. 한 가지 강력한 비전을 예로 들자면 한 도시 안에서 복음주의적 교회 수를 한 세대 안에 열 배로 늘리는 것이다(이런 숫자는 미국에서는 터무니없어 보일 수 있지만, 서유럽에서는 제법 가능하다).

이런 경우에 구체적인 그림은 열 배의 증가인데, 한 세대 안에 도시 안에 교회가 확장됨으로써 도시가 어떻게 달라질 것인가에 대한 그림인 것

■ 역사 속에서 교회의 직분들

역사적으로 개신교 교회들은 성경적 특별 직분들이 몇 개나 되는지에 대해 의견이 달랐다. 존 칼빈은 네 개(교사, 목사, 장로, 집사")의 성경적 직분이 있다고 믿었다.

바울은 초대교회에 일곱 종류의 지도자들이 있었다고 말한다. 사도, 선지자, 전도자, 목사, 교사(엡 4:11), 장로, 집사(빌 1:1 ; 딤전 3장).

사도와 선지자의 직분은 더 이상 존재하지 않는다고 보는 중단주의 입장을 취한다면(나의 입장이기도 하다. 다만 이 부분은 선명하게 보편적 선을 그을 수 있는 사람이 아무도 없다), 여전히 몇 종류의 지도자들이 교회에 있다.

전도자는 복음의 설교자로 보인다. 목사는 목자들이다. 교사는 특정한 그룹의 지도자들이다. '목사-교사'를 한 그룹으로 묶어서 보려는 시도들이 있지만, 이러한 관점은 성경 해석적으로 지지되기 어렵다.

P. T. 오브라이언은 전도자, 목사, 그리고 교사가 제일 먼저 초대교회에 있었던 직분들이라고 믿는다.[6] 고린도전서 12장 28절은 이것을 확증해 주는 것 같다. 성경은 모든 장로가 아니라 어떤 장로들이 가르친다고 이야기하므로(딤전 5:17; 딛 1:9; 히 13:7), 어떤 교사들은 장로가 아닌 교사들도 있는 것이다(딤후 2:2). 사도 바울은 자신을 그리스도 아래 있는 '장로'라고 부른다(벧전 5:1). 바울, 디모데, 디도와 같은 지도자들이 가지는 목회의 책임은 다른 회중 장로들보다 더 광범위했다(고후 11:28; 딛 1:5). 그들은 감독과 같은 역량을 가지고 일했다.

이다. 이 비전은 강력한 신념과 결합되어 있는데 부흥주의자들과 개혁주의의 전형적인 선교 복음이기도 하다.

상황화는 교회 비전의 소통과 깊은 관계가 있다. 실제로 설득력 있게 표현된 교회 비전은 복음과 교회 사역에 대한 성경적 가르침을 어떻게 상황화하여 표현할 것이냐에 대한 것이다. 예를 들어, 어떤 교회는 "도시의 평화와 번영을 추구하는 것"이 그들의 비전일 수 있고, 그것이 무엇을 의미하는지를 분명하게 제시할 수 있다. 이 비전은 예레미야 29장과 로마서 12장에 나타난 하나님의 백성에 대한 성경적 부르심을 표현한다.

또 다른 교회는 "복음으로 삶을 변화시키자"라고 비전을 표현할 수 있다. 그리고 이 변화된 삶이 어떤 것인지를 명확하고 매력적으로 제시할 수 있다. 이 비전은 말씀과 성령의 능력으로 제자를 삼으라고 교회에 주신 성경적 부르심을 표현하는 것이다.

이러한 각각의 비전 선언문들은, 비록 성경적 부르심의 다양한 국면을 강조하기는 하지만, 그 내용들이 특정 문화의 사람들에게 명확하고 설득력 있는 방식으로 표현된다면 사람들에게 자극을 줄 것이다.

> 개인이나 집단보다 하나님 나라에 대한 헌신이 희생을 가능하게 한다
>
> 운동 역동성을 가진 사람들은 자기의 이익이나 필요보다 비전을 앞세운다. 구성원들이나 스태프들에게 중요한 것은 개인적인 이익이나 권력, 또는 비 금전적 혜택이 아니다. 그들은 자신들을 통해서 비전이 성취되기를 원한다. 그리고 이러한 만족이 그들의 주된 보상이다.
>
> 운동이 되느냐, 제도가 되느냐를 구분하는 실제적인 핵심 지표는 아마도 일하는 사람들과 멤버들 안에 기꺼이 희생하려는 마음들이 있느냐 하는 것이다. 운동 역동성을 가진 교회의 멤버들은 자체적으로 동기부여가 되며 누군가의 감독을 받을 필요가 없다. 그들은 자기 주도적으로 움직인다.

어떻게 이런 일이 일어날까? 사심 없는 헌신은 지도자가 만들 수 있는 것이 아니다. 사실 헌신을 직접적으로 요구하는 것은 위험성을 지닌 '감정적 조종'이 된다. 오직 비전과 헌신을 가진 지도자들만이 다른 사람들 속에 희생적 정신을 불붙일 수 있다.

역동적인 기독교 운동은 사람들 안에 하나님의 구원에 매우 중요하고 실제적인 방식으로 참여하고 있다는 확신을 진실하게 심어 준다. 운동에 참여하는 사람들은 "주님과 사람들에게 이보다 더 유용한 것은 없습니다"라고 말한다. 운동-중심적 교회들의 모임 안에는 "중요한 것을 더 중요하게 다루는" 깊은 영적인 것이 있다. 곧 십자가, 성령, 예수님의 은혜 등이다. 사람들은 예배와 기도에 더 많은 시간을 사용한다.

화합에 대한 강조가 협력을 창조한다

또 다른 중요한 요소는 협력에 대한 개방성이다. 운동의 구성원들은 비전이 성취되는 것을 보기 원하기 때문에 기꺼이 비전에 헌신한 사람들과 함께 일하려고 한다. 선호, 기질, 이차적 신념에 있어서는 다르더라도 일차적 신념을 공유하는 사람 및 타 조직에 속한 사람들과 기꺼이 동역하려고 한다. 제도는 결과나 성과보다는 절차와 규칙에 더 초점을 맞추기 때문에, 구성원들은 똑같은 방식으로 일하지 않는 사람들이나 그룹들을 의심의 눈으로 쳐다보는 경향이 있다. 기독교 세계에서 화합이 의미하는 바는 운동 역동성을 가진 그룹이 공통 목표를 이루기 위해 교단 및 조직적인 경계를 뛰어넘어 협력한다는 것이다.

운동 중심적인 교회들은 도시를 전도하려는 생각을 하는데 비해, 제도화된 교회들은 교회의 특정한 사역 방식이나 교단을 성장시키는 데 강조를 둔다. 일반적으로 운동 역동성이 있는 교회의 지도자들은 모호성과 조직의 어수선함에 대해 높은 수준의 관용을 보인다. 가장 중요한 것은 사람들이 복음을 듣고 회심하여 제자가 되는 것이다. 이런 이유로 자신의 소속을 뛰어넘어 외부에서 온 사람들과 협력하며 그들에게 배운다.

언제나 그런 것 같이 균형이 핵심이다. 분파주의적이며 매우 제도화된 교회나 기관들은 모든 신념을, 2차적, 3차적 신념까지 공유하지 않으면 협력하려고 하지 않을 것이다. 우리는 이런 태도가 운동과는 반대되는 것이기 때문에 비판한다.

그 반대의 태도에 대해서도 마찬가지다. 사역 동반자들이 진리에 대한 확고한 태도를 상실할 때는 교리적으로 깨어 있는 자들이 중요한 신학 진리를 위해서 정중한 태도로 기꺼이 싸우려는 태도가 필요하다. 비겁하게 사랑 가운데 진리 말하기를 거부하는 것은 협력하는 것도 아니고 사랑하는 것도 아니다. 사역 동반자들이 반드시 공통적으로 고백해야 하는 결정적인 진리들은 분명하게 진술되어야 한다.

운동이 진리에서 멀어진다면, 그에 대한 분명한 대화가 있어야 한다. 그러나 연합에 파괴적이지 않은 방식으로 어떻게 교리적 차이에 대해서 이야기해야 할 것인가? 이에 대해서는 '복음 논쟁'에 대한 박스 글을 보라(8부 4장).

상명하복 없는 자발성이 성장을 가능하게 한다

운동 역동성이 있는 교회나 조직은 영적 자발성이 있다. 그 안에는 새로운 아이디어나 지도자들, 일의 발화점들이 끊임없이 만들어진다. 단지 위에서 지시 내리거나 바깥에서 명령하는 것에 의존하지 않는다. 이미 언급했듯이, 자연 연소는 외부가 아닌 내부에서 점화가 일어난다. 그런데 매우 제도화된 교회나 조직은 개인이, 먼저 요청이나 허가를 받지 않는 한, 의견을 내거나 프로젝트를 제안할 수 없는 구조로 되어 있다.

그러나 운동 역동성이 있는 교회는 풀뿌리에서 의견이 나오고, 지도자가 길러지고, 주도적 일들이 생겨난다. 아이디어들은 공식적인 회의에서 나오기보다는 편안한 비공식적인 대화 가운데서 더 많이 생겨난다. 일에 대한 동기 부여가 보상이나 자기 이익이 아니라, 전염성 있는 비전을 향해 기꺼이 함께하는 희생에서 나온다. 이런 교회들은 자연적으로 구성원들과 스태프 사이에 우애가 깊어진다. 이런 우정은 더 공식적이고 조직화된 모임들 및 이벤트들과 더불어, 교회에 추진력을 공급하는 미니엔진들이 된다.

자생적 역동성의 또 다른 측면은 지도자들의 자연적 성장이다. 이것은 교회가 공식적인 훈련 프로그램을 가지지 말아야 한다는 것이 아니다. 오히려 이것이 의미하는 바는 (1) 운동의 비전이 (그 내용이 전파됨에 따라) 리더십 자질을 가진 사람들을 유입하게 한다. (2) 그들이 일을 수행하면서, 실생활 경험을 통해 자연스럽게 차기 리더들이 드러나고 다음 리더십으로 준비된다.

■ 운동 역동성을 만드는 외적 요인들

운동 역동성을 창출하는 요인들을 열거할 때, 어떤 사상가들은 환경적, 문화적 요인들을 언급한다. 앨런 허쉬는 The Forgotten Ways(잊혀진 길들)에서 '사명 DNA'를 이야기한다. 이는 이 장에서 운동 역동성을 설명하는 것과 상당히 유사하다.[7] 그런데 그는 '경계인'의 경험을 한 요인으로 꼽는다. 사회적 배척, 소외, 그리고 핍박이 교회 안에서의 현대와 에너지를 창출한다는 것이다.

그리스도인들은 후기 기독교 사회에서, 직접적인 핍박은 아니지만, 사실상 점점 더 환영 받지 못하는 사람들이 되고 있다. 엘리트 사회 내부에서 -예를 들면 주요 연구 대학들과 국제적인 중심 도시들 가운데서- 그리스도인들은 가장 많이 경멸 받고 배척당하고 있다. 허쉬는 경계인 또는 소외의 경험이야말로 교회가 위험한 사명을 수행하는 데 있어서 중요한 힘이 될 수 있다고 주장한다.[8]

상대적으로 소수인 두 개의 공동체(동성애자와 유대인)가 특별한 창의성과 영향력을 끼치는 것을 관찰해 보라. 두 그룹은 사회의 배척을 통해 강해졌다.

이 장에서 나는 교회 지도자들의 지도 아래 있는 내적인 요인들에 대해 초점을 맞추었다. 그러나 허쉬가 이런 종류의 외적 요인 역시 운동 역동성을 향상시킬 수 있다고 보는 것도 옳다.

한 예로 개혁주의 대학생 선교회(Reformed University Fellowship, RUF)은 PCA(미국장로회) 교단의 대학생 사역 단체이다. RUF는 갓 졸업한 대학생들을 캠퍼스 인턴으로 선발한다. 그들 중에 많은 이들이 전임 캠퍼스 사역자들이 된다.[9] 그들은 캠퍼스에서 일하면서 전도자로 훈련되며, 문화의 새로운 경향들을 다룰 수 있게 되고, 유연하고 틀에 얽매이지 않은 사역을 할 수 있게 된다.

이 모든 것을 통해서 RUF를 떠나는 캠퍼스 사역자들은 기존 교회에서 청빙을 받는 것에 그치는 것이 아니라, 새로운 교회를 수월하게 개척할 수 있는 사람으로 성장한다. 그 결과 RUF를 통해서 역동적이며 열매 맺는 교회 개척자들이 지속적으로 배출되었고, 대학을 졸업한 청년 그리스도인들이 탁월한 핵심 그룹으로서 교회 개척에 참여하게 되었다.

RUF는 역동적 운동의 전형적인 예이다. RUF는 본래 교회 개척자를 키우기 위해 창설된 것이 아니었다. 하지만 탁월한 캠퍼스 사역의 자연적 열매로 인해, 강력한 '교회 개척자 개발'이라는 역동성이 자생적으로 이루어졌다. 물론 대부분의 교단들은 교회 개척자들을 선발하고 훈련하기 위해 제도화된 기관들을 만든다. 그렇지만 대개는 RUF와 같이 유기적인 지도자 개발 파이프라인이 훨씬 효과적이다.

하나님이 주시는 이런 선물을 경험할 때, 교단들은 그들을 인정하고 지지하기 위해 일해야 한다. 목을 죄지 말고 살리는 일을 해야 한다. 많은 교회들은

■ '작은 교회'는 무엇인가?

오늘 많은 사상가들은 위원회, 의회 절차, 그리고 상명하달 식 권위 등의 조직 구조에 대해 반대한다. 그래서 교회와 사역은 아주 작아야 한다고 주장한다. 규모의 성장은 불가피하게 조직의 공식화를 더 많이 초래한다고 본다. 행간을 읽다 보면, 그들은 교회들과 사역 단체들이 가정이나 카페에서 모이기에는 너무 크다고 주장하는 것을 알 수 있다. 이러한 결론은 모순적으로 사역에 대한 사고의 유연성이 결핍되었음을 증명한다. 모든 규모의 교회와 단체는 제도화된 형태를 가지고 있으면서 운동 역동성도 가질 수 있다.

생각이 너무나 제도화되어 있어서 그렇게 하는 것을 매우 어려워한다.[10]

창조적 긴장

성경은 교회들이 운동이나 제도 가운데 하나를 선택할 수 없다고 말한다. 교회는 이 둘 다여야 한다. 그렇지만 우리는 이 책에서 제도적인 것보다는 운동적인 것을 강조하고 있다. 왜냐하면 운동은 시간이 지남에 따라 불가피하게 제도가 되기 때문이다. 그러므로 교회는 의도적으로 건강한 운동을 만드는 역동성을 만들어야 한다.

이 과정은 운동 역동성이 조직의 관성과 충돌하기 때문에 어렵고, 운동 역동성이 서로 긴장 관계에 놓일 수 있기 때문에 또한 어렵다. 우리가 앞에서 본 비전과 자발성이라는 두 가지 운동 역동성을 생각해 보자. 한 편으로 모든 사람이 자기 소견에 옳은 대로 비전을 정의하려고 하면(삿 17:6; 21:25) 운동은 무너진다. 비전과 신념은 반드시 지켜지고 새롭게 정리되어야 하는 접착제이다.

비전은 발전하기도 하고 보다 정교해지기도 하지만, 대개는 최고 지도자들에 의해서 점진적으로 그렇게 된다. 비전은 성문화되고, 외부에 노출되어야 한다. 지도자들은 반드시 어떤 방식으로든 비전에 충성해야 한다. 그러므로 화합에 대한 요구는 항상 운동이 구조를 갖추는 쪽으로 밀어붙인다.

그런데 자발성의 다이내믹은 새로운 주도권과 창조적 사고를 의미한다. 그것은 일치된 비전을 추구하며 모든 곳에서 발생해야 한다. 사람들로 하여금 오랫동안 '본부 명령'을 기다리게 하는 것은 그들의 공로를 억누를 뿐이다. 그러면 많은 운동 에너지가 소실된다. 자발성의 다이내믹은 조직이 점점 공식적이고 성문화되면서 억압되는 경향이 있다.

연합과 자발성의 추구는 운동이 수적으로 성장하면서 변화하게 된다.

■ 기성 교회에서 운동 역동성을 재발견하기

만일 당신이 너무나 제도화된 기성교회의 지도자라면 어떻게 할 것인가? 이것은 조금 다른 질문들이다. 어떻게 다시 운동이 될 수 있을까?

먼저 은혜 부흥의 역동성을 확립하라. 먼저 이 목적을 추구하라. 조직 변화에 대한 책들은 나중이다. 이 주제를 2부 '복음 부흥'에서 다루었다.[11]

둘째, 교회를 개척하라. 자 교회를 개척하라. 만약 당신의 교회가 이것을 할 수 있는 상황이 아니라면, 다른 교회들과 연대해서 함께 할 수도 있다. 멤버들, 돈, 그리고 리더들을 개척교회에 보내라. 교회 개척의 목적은 역동성, 진취성, 창조성, 그리고 비전이라는 새로운 정신을 제도화된 기성 회중에 불어넣는 것이다.

셋째, 교회의 핵심 사명을 만들라. 이것은 7부(선교적 공동체)에서 다루었다. 이 핵심을 수립하기 위해서는 사역자들과 교회 지도자들의 10-20퍼센트 사이에 특별한 종류의 영적, 목양적 하나 됨이 필요하다. 이로 인해 생기는 결과는 평신도 지도자들이 일상적, 비공식적인 말씀 사역을 이웃과 친구들, 형제자매들 가운데 할 수 있게 되는 것이다.

넷째, 비전 갱신의 계절을 만들라. 당신의 교회가 다음의 것들에 헌신하는 계절을 만들라. 1) 도시와 환경을 연구한다. 새로운 사역을 위한 필요와 기회들을 살펴본다. 2) 교회의 비전과 우선순위를 재작성하고 선명하게 하는 절차를 갖는다. 3) 교회의 사역과 구조에 의미 있는 혁신적 변화를 가져올 것을 한두 가지 선택한다. 4) 그 비전을 향한 움직임을 구체화할 수 있는 헌금과 헌신이 필요하다.

만일 교회 안에 네 명의 장로가 있다면 의사결정은 수평적이고 협력적인 모습으로 이루어질 것이다. 장로들은 많은 시간을 들여 안건을 토의하고 합의에 이를 것이다. 그러나 교회가 성장하여 스무 명의 장로들이 있다면 어떻게 할 것인가? 당회는 끝나지 않고, 안건이 합의에 이르려면 몇 달이 걸릴 수도 있다.

이럴 때는 교회가 장로들을 그룹으로 나누어 의사결정을 하도록 하고, 추후에 전체 당회에서 인정하는 절차를 갖는 것이 자연스럽다. 이것은 위원회 구조와 비슷해 보이며, 많은 기독교 운동 문헌에서는 건강하지 않은 형태의 제도화라고 보는 경향이 있다. 그러나 다른 관점에서 보면, 이것은 신뢰의 형태이기도 하다. 모든 것을 중앙에서 관리하려는 욕망을 피하는 것이다. 그러므로 위임은 제도화의 표지라기보다는 운동 역동성의 표지가 될 수 있다.

이런 역동성의 균형을 유지하는 것은 정말 어려운 일이다. 교회들, 일반 신도들, 그리고 사역자들은 균형 없는 교회에서 나쁜 경험을 하고는 또 다른 극단으로 피해간다. 그 결과는 동일하게 균형을 잃은 사역의 모습이다. 일반 성도에 의한 사역이 궤도를 벗어날 때, 그 피해자들은 더 심각한 권위주의, 조이고 관리하는 사역으로 도망가는 경향이 있다. 반면 '상명하복' 교회를 떠나 온 망명자들은 종종 그 반대의 교회로 가기도 한다. 각각의 불균형 모두 교회의 운동성을 질식시킨다.

표면적으로 교회와 교회 사역을 운동으로 묘사하는 것은 교회의 제도적 양상에 집중하는 묘사보다 훨씬 매력적으로 보인다. 운동에서는 구조가 분명하게 목적을 섬기지만, 제도에서는 목적이 구조를 섬긴다. 궁극적으로는 우리는 이 운동이 어떻게 이루어져야 하는가 생각해야 한다.

어떤 교회나 사역의 구조는 직접적으로 성경적이긴 하지만 (그래서 타협불가능이지만), 인간적으로 만들어져 있다(그래서 타협가능하다). 성경은 교회가 장로들을 세울 것을 말했지만, 어떻게 당회가 조직되어야 하는지에 대해서는 사실상 아무것도 말하지 않고 있다. 성경의 창조적 긴장을 잘 운영하는 열쇠는 인간적으로 만들어진 구조가 우상이 되지 않게 하는 것이다. 상대적이고 유한한 것들에 의문을 제기할 수 없는 신성한 권위를 부여하면 안 되는 것이다.

운동이 운동으로 남아 있기 위해서는, '조직화된 유기체'로서의 균형을 만들고 유지시켜야 한다. 아래의 수평선에서, 운동-중심적인 교회의 X좌표는 오른쪽에 위치해야 한다. 교회들은 제도화를 향해 가려는 경향이 있으므로, 종종 운동 역동성을 향해서 제자리를 되찾아야 한다.

제도   운동

├──────────────────────────────✖──────────────────────────────┤

조직화된 유기체를 유지하는 실제적인 열쇠는 교회나 조직에서 부흥의 계절을 직접 경험하는 것이다. 이것은 개인이 영적 부흥을 경험하는 것과 유사하다. 성경이 말하는 '언약 갱신'의 시기들이 반드시 있어야 한다.

이스라엘은 출애굽기 19-20장 시내 산에서 하나님과 원래의 언약 관계 속으로 들어갔다. 그리고 하나님의 백성으로 세워졌고 세상 속에서 특정한 방식으로 살도록 부르심을 받았다. 이스라엘이 그 여정에서 중요한 장을 새롭게 마주할 때마다, 그들은 새로운 계절의 언약 갱신을 해야 했다. 여호수아 24장은 그들이 약속 받은 땅에 들어가기 전이고, 사무엘상 12장은 그들이 왕을 받기 전이며, 느헤미야 8-9장은 그들이 바벨론 유수에서 돌아온 때였다.

이러한 언약 갱신의 때에는 언제나 세 가지 구성 요소가 있었다. (1) 사람들은 하나님이 그들을 부르시고 명하신 것들을 기억하기 위해서 성경 말씀으로 돌아왔다. (2) 그들은 자신들이 마주한 새로운 도전에 대해 다음 단계를 고대했다. (3) 그들은 여정의 다음 단계를 위해 자신들의 삶과 자원을 하나님께 바쳤다.

이러한 부흥은 교회가 조직화된 유기체로서 유지되기 위해서 반드시 자주 일어나야 한다. 이는 또한 교회가 도시에서 활발하고 넉넉한 운동 다양성을 가질 수 있도록 준비시킨다.

토론과 성찰을 위한 질문들

1. 일반 직분과 특별 직분의 차이를 설명하라. 일반 직분 가운데 모든 신자들이 하는 세 가지 양상의 사역들은 무엇인가? 특별 직분에 주어진 역할과 기능들은 무엇인가? 이 두 가지에 대한 구분이 생명력 있는 유기체로서의 교회와 구조화된 조직체로서의 교회를 구분하는 데 어떤 도움을 주는가?

2. 다음을 생각해 보라. "운동이 되느냐, 제도가 되느냐를 구분 짓는 실제적인 핵심 지표는 아마도 일하는 사람들과 멤버들 안에 기꺼이 희생하려는 마음들이 있느냐 하는 것이다."

당신의 자원 봉사 온도계는 몇 도를 가리키는가? 교회 명부를 살펴보면서, 그들이 얼마나 적극적으로 섬기고 있는지 자문해 보라. 그 대답은 운동을 나타내는가? 아니면 제도화되었는가? 그것은 당신 교회의 비전에 어떻게 연결되는가? 또는 비전의 결여와 어떻게 관련되는가?

3. 다음을 생각해 보라. "교회들, 일반 신도들, 그리고 사역자들은 균형 없는 교회에서 나쁜 경험을 하고는 또 다른 극단으로 피해간다."

이 문장에 비추어 볼 때, 당신의 교회에 어떤 갈등이나 역기능을 더 잘 이해하게 되는 일이 있는가?

주

1. 다음을 보라. E. P. Clowney, "Perspectives on the Church," in *Living in Christ's Church*(Philadelphia: Great Com- mission, 1986); idem, "Doctrine of the Church" (unpublished course syllabus); Lon L. Fuller, "Two Principles of Human Association," in *Voluntary Associations*, ed. J. Roland Pennock and John W. Chapman (New York: Atherton, 1969); Lyle Schaller, "Tribes, Movements, and Organizations," in *Getting Things Done* (Nashville: Abingdon, 1986); idem, *Activating the Passive Church* (Nashville: Abingdon, 1981).

2. 다음을 보라. Edmund P. Clowney, *The Church* (Downers Grove, Ill.: Inter-Varsity, 1995), esp. 199-214; see also idem, *Living in Christ's Church*, 111-112.

3. 다음의 중요한 글을 보라. Alan Kreider, "'They Alone Know the Right Way to Live': The Early Church and Evangelism," in *Ancient Faith for the Church's Future*, ed. Mark Husbands and Jeffrey Greenman (Downers Grove, Ill.: Inter-Varsity, 2008), 169-186.

4. 토니 페인(Tony Payne)과 콜린 마샬(Colin Marshall)의 *The Trellis and the Vine* 같은 책들은 제도적 형태와 구조들이 기껏해야 필요악이며 성령의 사역이나 교회의 사역에는 경영하는 은사나 다스리는 은사가 전혀 상관이 없는 것 같다는 강한 인상을 준다. 다른 한편 부흥과 전도 활동에 대해 비판적인 많은 사람들은 안수 받은 사역자들과 제도적 교회의 사역에 훨씬 많은 강조를 두는데, 그 반대편의 실수를 할 수도 있다.

5. John Calvin, *Institutes of the Christian Religion*, ed. John T. McNeill (Philadelphia: Westminster, 1960), 2:1053-1084.

6. 다음을 보라. P. T. O'Brien, *The Letter to the Ephesians* (Pillar New Testament Commentary; Grand Rapids: Eerdmans, 1999), 113.

7. Alan Hirsch, *The Forgotten Ways: Reactivating the Missional Church* (Grand Rapids: Brazos, 2006).

8. 위의 책, 277.

9. RUF는 캠퍼스 아웃리치와 아울러 PCA 교단에 교회 개척자와 선교사들을 배출하였다. 캠퍼스 아웃리치는 교단을 초월한 대학생 사역 단체로서 PCA와 강한 연결고리가 있다.

10. 가장 효과적인 지도자 배출은 제도보다는 운동에서 유기적으로 이루어진다. 일전에 나는 미국 외의 어떤 나라에서 복음주의적 날개가 성장했다가 겪은 교단의 경우를 보았다. 오랫동안 이 단체는 두세 개의 대학 캠퍼스에서 중요하고 활력 있는 대학부 사역을 통해 지도자들을 배출하는 역할을 했다. 많은 수의 대학생들이 이 단체로 모여들었다. 많은 사람들은 그들이 경험한 공동체와 말씀의 사역을 다른 곳에서도 일으키고 싶어 했다. 이 교회 출신의 젊은이 수십 명이 설교 사역을 하게 되었다. 그들이 거기에서 운동 역동성을 경험한 까닭이었다. 그러나 그 교회들이 대학생 사역에 관심이 없고 성공적이지 않은 목회자들을 담임목사로 위임하자 지도자 배출은 멈추었고, 그 나라의 복음주의 운동 전체가 고통 받게 되

었다.

11. 리처드 러브레이스의 책을 깊이 보기를 권한다. Richard F. Lovelace, *Dynamics of Spiritual Life* (Downers Grove, Ill.: Inter-Varsity, 1979); C. John Miller, *Outgrowing the Ingrown Church* (Grand Rapids: Zondervan, 1986, 1999).

03
교회 개척은
역동적 사역의 결과다

교회는 조직화된 유기체로서 내부에서뿐 아니라 외부에서도 운동 역동성이 나타난다. 그리하여 자연스럽게 교회 개척에 참여하게 된다. 교회 개척(church-planting)은 신약성경의 여러 곳에서 언급된다. 예를 들어 바울은 아볼로와 함께 교회를 심고 ('plants'는 개척한다는 의미-역주), 물을 주는 사역을 했다(고전 3:6-7).

성경에서 교회 개척에 대해 배울 수 있는 주된 책은 사도행전이다. 모든 정통적인 그리스도인들은 성경의 지시적인 진술들이 우리에게 규범적인 것임을 인정한다. 그렇지만 구약성경과 신약성경의 서술적 역사들은 좋은 예와 나쁜 예를 모두 가지고 있다. 그렇다면 우리는 항상 옳고 그름을 확신할 수 있는가?

가장 안전한 접근법은 사도행전에 나타난 바울의 교회 개척 사역을 진지하게 살펴보는 것이다. 물론 성경이 교회 개척의 모든 시기, 장소, 맥락에 대해서 고정된 규칙을 제공하는 것은 아니다. 그러므로 구체적인 실행 방법이나 규칙보다는 일반적인 원리들을 살펴보는 것이 제일 좋다.[1]

자연스러운 교회 개척

사도행전에서 교회를 개척하는 것은 상처가 되거나 부자연스러운 사건이 아니다. 교회 개척은 사역의 기본 요소이며, 꾸준히 그리고 정상적으로 일어난다. 바울은 전도하거나 제자를 키울 때 반드시 교회를 세웠다. 수십 년 동안 성경 강해자들은 사역의 기본 요소들을 사도행전에서 찾았다(성경 교육, 전도, 교제, 제자도, 예배 등).

사도행전에는 교회가 하는 다른 모든 사역과 더불어 교회 개척에 대해서도 제대로 나와 있다. 그러나 이 사역이 꾸준히 무시되어 왔다는 점이 내게는 항상 의아했다. 수상하고 암묵적인 사역 중단론이 있는 것 같다. 거의 무의식적으로, 사도행전의 독자들은 말했다. "네, 그때는 그랬습니다. 지금 우리는 그것을 필요로 하지 않습니다."

나는 이런 결론이 건강한 교회의 핵심적인 모습을 놓치는 것이라 생각한다. 곧 교회 개척은 상처가 되거나 일회적인 것이 아니라 자연스럽고, 습관적으로 이루어져야 한다.

바울의 정상적 사역은 사도행전 14장에서 쉽게 살펴보듯이 세 단계를 거친다. 첫 번째는 '전도'이다. 사도행전 14장 21절은 "[바울과 바나바가] 복음을 전했다"라고 기록한다. 그러나 훨씬 일반적인 단어인 "설교하다"를 쓰지 않고, 보다 포괄적인 단어를 썼다. 그들은 복음 전도(euangelizo)를 하거나 도시를 복음화

■ 부자연스러운 교회 개척

신자들이 경험한 최초의 박해를 제외하고(행 8장), 사도행전에는 '부자연스러운 교회 개척'이 없다. 그러나 오늘날은 많이 있다. 두 가지 형태가 많이 나타나는데, 결과는 이상적인 경우와 전혀 거리가 멀다.

■ 저항적인 교회 개척

어떤 사람들은 화가 나서 기존 교회의 사람들을 떼어내어 교회를 개척한다. 이유는 교리, 비전, 목회 철학 등에 대해서 소외감을 느꼈기 때문이다. 이런 종류의 움직임에는 대개 지도자들의 자존심 사이의 충돌이나 문화적인 분리가 반영되어 있다(교회에 1세대 지도자들의 뜻에 충돌해서 2세대 지도자들이 새로운 교회를 세우는 것이다).

했다. 이 헬라어 단어는 단순히 설교를 했다는 것 이상의 의미를 가진다. 사도행전은 바울이 회당 예배에서의 설교와 소그룹 성경공부에서의 나눔, 일터에서의 대화, 임대 강의실에서의 토론, 그리고 사람들과의 단순한 일대일 대화를 통해서 복음을 전했음을 알려 준다.

바울 사역의 두 번째 국면에서, 우리는 공동체가 세워지는 모습을 분명히 보게 된다. 도시를 '복음화'한 다음에 바울은 즉시 회심자들을 찾아가서 믿음을 북돋고 격려했다(행 14:22). 이 두 동사들(episterizo와 parakaleo)은 사도행전 9장 31절과 15장 32절에서 함께 쓰였다. 존 스토트는 이 동사들에 대해서 새 신자 양육을 가리키는 거의 '전문 용어'라고 말했다.[2]

바울은 어떻게 이것을 했는가? 그는 그들에게 "믿음"을 가르쳤다(행 14:22). 이것은 신앙과 신학의 요체를 가르쳤다는 것이다. 그렇지만 그는 또한 그들을 '회중화'(congregated)했다. 새 신자들은 전에 살던 대로 살지 않았고, 정기적으로 모이는 새로운 공동체로 세워져 갔다.

마지막으로 세 번째 국면에서는 지도자 개발(leadership development)이 이루어진다. 바울은 방문하는 곳마다 장로들을 선발했다. 회심자들 가운데서 복수의 장로들을 세워서 사람들을 가르치고 믿음으로 목양하는 직무를 하게 했다. 정기적으로 회심자들을 교회로 세워갔던 것이다. 다시 말하면 바울은 일상적으로 회심자들을 교회로 조직으로

■ 마지못한 교회 개척

환경적인 이유로 인해 교회 지도자들이 자신의 의지와 상관없이 교회를 개척하는 경우이다. 예를 들어 교회 건물에 사람들을 수용할 수 없게 되고, 그들이 옮기기를 원하지 않음에도 불구하고 떠나야 할 때다. 또는 어떤 멤버들이 새로운 지역으로 이사 가서는 '그 지역에' 그들이 떠나 온 교회와 유사한 교회를 세우도록 로비하는 경우이다. 어떤 멤버들은 다른 비전(더 젊은 예배 스타일, 보다 개인적인 제자훈련 등)을 가지고 교회에 새로운 예배나 교회를 세우도록 압력을 가하기도 한다. 지도자들이 어쩔 수 없이 허락을 내리고 심지어 재정이나 적극적인 지원을 함에도 불구하고, 이러한 예들은 '부자연스러운' 교회 개척이며 다시 재현되기 어렵다.

세웠다.

이는 바울의 지도 아래 느슨하게 모이는 교제 모임 이상의 것이었다. 그 교회들은 그들의 지도자와 구조가 있었다. 바울이 그들과 만나기 시작했을 때, 그들은 "제자들"(행 14:22)이라고 불렸다. 그러나 그가 떠났을 때, 그들은 "교회들"이 되어 있었다(행 14:23). 간단히 말해서 사도행전에서 교회의 증식은 개인의 회심만큼이나 자연스러웠던 것이다.

팀 체스터(Tim Chester)가 그의 글 "교회 개척: 신학적 관점"에서 지적하듯이, 사도행전에서 교회를 출범시키는 데 두 가지 기본적인 요소들이 있다.[3] 바울과 그의 동료들의 사역에서 첫 번째 요소를 보게 된다. 곧 선구적 교회 개척이다. 안디옥 교회의 파송을 받은 바울은 교회에 자신의 교리와 행동에 대해서 책임 보고를 해야 했지만(행 13:1-3), 정의상 그의 사역은 모든 도시에서 선구자적 사역이었다. 바울은 방문하는 도시마다, 다른 교회들의 도움 없이, 터를 닦는 전도를 했다.

다른 형태는 교회가 교회를 개척하는 것이다. 신약성경에는 이에 대한 암시적 예시들이 등장한다. 우리는 교회라는 단어가 본문에 나타날 때 시대착오적으로 생각해서 이 방법을 열외로 두는 경향이 있다. 하지만 바울이 심은 교회들은(사실상 초기 거의 이백 년 동안 모든 기독교 교회들은) 가정(household) 교회들이었다.

예를 들어 루디아의 회심은 즉각적으로 가족 회심으로 가는 다리가 되었다. 그녀의 집은 빌립보 최초의 교회가 되었다. 사도행전 16장 40절에서 바울과 실라는 루디아의 집으로 가서 형제들을 만난다. 똑같은 일이 사도행전 18장에서 그리스보의 집에도 일어난다.

이것은 무엇을 의미하는가? 그것은 빌립보, 고린도, 그리고 모든 곳에서 교회는 새로운 회중 즉 가정 교회들을 증식함으로써 자연적으로 성장했다는 것이다. 바울은 고린도에 있는 "교회"에 (단수)편지를 쓰지만, 편지의 끝에서 많은 가정 교회들을 언급하고 있다. 글로에, 스데바나 등. 초대

교회에서 교회 개척 운동의 기본 단위가 가정 교회였기 때문에, 교회 개척은 교회의 본성과도 같은 것이었다. 교회들은 오직 장로들의 지도 아래 모이는 그리스도인들의 새로운 가정 모임을 증식함으로써만 성장할 수 있었다. 마찬가지로 오늘도 이러한 두 개의 기본적 접근법들이 여전히 교회 개척을 위한 기본 접근법이다(표를 참조하라).

선구자에 의한 교회 개척	교회에 의한 교회 개척
목회자 - 지도자들이 보통 스스로 시작한다.	교회 지도자들이 회중에 의해 선택되기도 하나, 교회가 불러서 파송하기도 한다.
핵심 멤버 없이 시작한다. 선구자가 사람들과의 연결 및 전도를 통해 핵심 멤버를 얻는다.	멤버들은 (1) 셀 그룹들을 묶어주는 것과 (2) 멀리 사는 교인들을 파송함으로써 형성된다.
재정은 (1) 선교 기관, (2) 친구들과 교회들을 통한 개인적인 재정 모집, (3) 자비량 - 자영업, 또는 (4) 이들 중에 몇 가지 통로를 통해서 충당한다.	재정은 (1) 핵심 그룹의 헌신, (2) 모교회의 선물 - 보조, (3) 멀리 있는 교회들이나 개인들의 외부 지원, 또는 (4) 이들 중에 몇 가지 통로를 통해서 충당된다.
코치는 멀리 있는 목회자 또는 지도자이며, 가끔씩 본다. 또는 책으로 읽는 코치이다(돌아가신 분 또는 멀리 있는 분).	근처에 있는 코치와 정기적으로 모임을 한다. 종종 동료에 의한 상호 코칭이 가능하다.
모델은 종종 혁신적이다. 새로운 모델을 만들거나 멀리 있는 모델을 모방한다.	모델은 모교회와 비슷하다, 물론 쌍둥이는 아니다.

자연스럽게 교회 개척하기

자연스러운 교회 개척 정신이 의미하는 것은 교회 지도자들이 교회 개척을 교회가 늘 행하는 당연한 일로 인식한다는 것이다. 교회 개척은 건물을 세우는 것처럼 단회적이고 거대한 사건이거나 끝나고 나면 깊은 안도의 한숨을 내쉬는 그런 종류여서는 안 된다. 바울은 지속적으로 전도, 제자도, 그리고 교회 개척에 헌신하였다.

사실 나는 교회 개척이 7부에서 살펴본 통합적 사역의 네 가지 측면과 병행되어야 하는 다섯 번째는 '사역 접점'이라고 믿는다. 앞에서 우리는 모든 교회가 사람들을 하나님께 연결하고(예배와 전도), 서로에게 연결하고(제자도와 공동체), 도시의 결핍에 연결하고(정의와 자비), 그리고 문화에 연결해야(믿음과 직업의 통합) 한다고 말했다. 그러나 다섯 번째 사역 접점은 교회를 증식하여 또 다른 사역 접점을 가진 새로운 교회들을 만드는 것이다. 교회 개척은 예배, 전도, 교제, 교육, 봉사처럼 반드시 지속적이며 자연스러운 사역이어야 한다.

자연적 교회 개척의 정신은 다음의 세 가지 마음가짐의 변화로 설명할 수 있다. 불편한 진실은, 당신과 당신의 팀이 이러한 마음의 변화를 하지 않으면, 자연스럽고 효과적으로 교회들을 세우기는 매우 어렵다는 점이다.

첫째, 당신은 기꺼이 자원을 보내고 돈, 사람, 지도자들에 대한 통제를 내려놓아야 한다. 진부한 표현을 쓰고 싶지는 않지만, 이 경우에는 이것이 사실이다. 바울은 새로운 지도자들에게 '권한을 위임'했다. 그는 그들에게 소유권을 주었고, 그러면서 많은 지배권을 내려놓았다.

많은 교회들은 핵심 지도자들이 떠나거나 재정적으로 기여하는 가정이 나가거나, 또는 친한 사람들이 가는 것을 견디지 못한다. 사역자들은 또한 자신들의 영광을 나누려고 하지 않는다. 만일 당신의 교회에 정착하는 사람들이 늘고, 성경공부와 새로운 사역에 참여하는 사람들이 늘어난다면, 당신은 수적인 증가와 더불어 지배권과 영광을 모두 갖게 된다.

그러나 당신이 새로운 사람들을 새로운 교회로 조직한다면, 돈과 사람들, 교인 수, 지도자, 통제권을 잃게 되는 것이다. 하지만 이것이 바로 바울이 했던 일이다! 부가적으로, 우리가 이 모든 것들을 떠나보낼 때, 직접적인 통제권도 잃어버리지만, 일어나는 문제들에 대한 책임을 회피할 수도 없다. 이것은 마치 성인 자녀의 부모 역할과 조금 비슷하다. 우리는 그들에게 무엇을 하라고 직접 말하기는 어렵지만 문제가 생길 경우 정리하는 것을 도와주어야 한다.

우리 지역의 한 복음주의 교회는 작지만 유서 깊은 건물을 소유하고 있다. 그들은 4년간 백 명 정도의 교인들로 가득 찼지만 교회 개척은 거부했다. 그것이 돈과 사람의 상실로 이어질까 두려워했던 것이다. 마침내 그들은 50명을 다른 지역에 보내어 새로운 교회를 형성하게 했다. 그 후 2년밖에 지나지 않았는데 지금은 350명 가까운 사람들이 개척된 교회에 참석하고 있다. 그 사이 모 교회는 다시 한 번 모든 좌석이 채워졌다. 그것도 단 3주 만에!

그들은 이내 자신들을 질책하게 되었다. 그 시간 동안 세 개의 다른 교회를 개척할 수 있었다는 것을 깨달은 것이다. 만약 그랬다면 교회 가족 안에 천 명이 넘는 사람들이 예배드리며, 선교하며, 청소년 사역을 하며, 다른 많은 것을 시작할 수 있었을 것이다. 그들에게 필요한 것은 자연스러운 교회 성장의 마음가짐을 가지는 것이었다.

둘째, 당신은 사역의 형태에 대해 통제권을 어느 정도 포기해야 한다. 그렇게 하는 것은 특히 성경적 진리의 보존에 깊은 관심을 가진 우리와 같은 사람들에게는 두려운 일이다. 그러나 새로운 교회는 기존 교회와 같은 모양일 수 없다는 것은 아주 명료한 사실이다. 그들은 자기만의 목소리와 강조점을 표현하기 마련이다.

한편 당신은 그 차이점이 너무 크지 않도록 심혈을 기울여야 한다. 그렇지 않다면 교제와 협력이 삐걱거릴 것이다. 사도행전이 '믿음'에 대해 이야기한다는 것을 잊어선 안 된다. 기독교의 심장에는 참된 교리 안에서 한 몸이 존재한다.

다른 한편으로, 만일 당신이 새 교회가 복사판 교회가 되어야 한다고 주장한다면, 당신은 성경적 의미에서 적응하고 성육신하는 상황화의 실제를 받아들이려고 하지 않는 것이다. 다른 세대와 문화는 다른 종류의 교회를 만들기 마련이다. 이것은 모 교회의 건강함을 저해하는 것이 아니라 오히려 증명하는 것이다.

위에서 언급한 것처럼, 바울은 각 교회에 장로들을 임명하되 그들에게 일정한 독립성을 부여했다. 바울이 이렇게 할 수 있었던 것은, 자연스러운 교회 개척 정신은 새로운 지도자들을 믿고 맡기는 문제가 아니라 하나님을 믿고 맡기는 문제이기 때문이다.

바울은 새로운 교회들이 홀로 고군분투하게 내버려두거나 다른 사람에게 권한을 위임한 것이 아니었다. 그는 주께 그들을 위탁했다(행 14:23). 바울의 마음과 성품은 이러했다. 그는 자신이 통제하지 않고 하나님이 교회에서 시작한 일을 지속하실 것을 믿었다. 자연적 교회 개척 정신은 높은 수준의 영적 성숙과 하나님의 섭리에 대한 신뢰를 필요로 한다.

셋째, 당신의 개별적 교회보다 하나님의 나라를 더 위해야 한다. 우리는 이것이 바울이 아볼로에 대해 언급할 때 나타나는 것을 본다. 바울은 자신의 제자가 아니었지만 아볼로를 인정했다(행 18:24-28). 비록 아볼로의 제자들은 스스로를 다른 계파로 생각했지만(고전 1:12; 3:4), 바울은 그를 가장 따뜻한 말로 언급한다(고전 3:6; 4:6; 16:12).

또한 우리는 바울이 자신이 세운 교회들에서 기꺼이 손을 떼는 모습에서도 이를 발견한다(행 16:40을 보라: "가니라"; NIV 성경은 "Then they left"라고 표현한다-역주). 바울은 자신의 권한이나 자기 세력의 권한에 대해 관심이 없었으며(그 당시 다른 사도들은 자신들의 지지자들과 강조점들이 있었다), 전체로서의 하나님 나라에만 관심을 가졌다.

지역에서 새 교회들은 보통 기존 교회들이 하나님 나라에 대해 다시 돌아보도록 이끈다. 새 교회의 새 교인들은 대개 기존에 교회에 다니지 않던 사람들이지만, 기존 교회에서도 어느 정도 이끌려서 온다. 전에는 전혀 교회에 다니지 않던 일백 명의 사람들이 새 교회로 형성될 때 우리 교회에서 두세 가정이 그곳으로 가게 되는 상황이라면 어떤 선택을 해야 할까? 이럴 때는 스스로에게 물어야 한다. "우리는 새 교회를 통해서 하나님 나라에 들어온 새로운 사람들을 기뻐할 것인가? 아니면 우리가 그 교회에 보낸 몇 가정 때문에 슬퍼하고 분개할 것인가?"

새 교회가 형성될 때 보이는 우리의 태도를 통해서 우리가 제도적 이익에 연연하는지, 아니면 도시 가운데 하나님 나라의 전반적인 건강과 융성을 위하는지가 드러난다. 어떤 교회든지 하나님 나라의 전진을 기뻐하는 대신 작은 상실을 슬퍼한다면 자신들의 편협한 마음을 드러내는 것이다. 새로운 교회를 시작하는 것은 오래된 회중에게 큰 영향을 끼칠 수 있다. 물론 그 이익이 처음에는 명백하지 않을 수 있지만 말이다.[4]

우리는 사도행전을 교회 개척의 규정집으로 읽어서는 안 된다는 경고를 다루었다. 그러나 우리의 세속적이고, 도시화되고, 국제화된 현대 세계는 그리스-로마 세계와 어떤 점에서 놀라울 정도로 닮아 있다. 천오백 년 만에 처음으로 모든 사회 가운데 다양하고, 활발한 종교 신앙 공동체들과 대안들이(진정한 의미에서의 이교와 더불어) 공존하고 있다. 전통적이며, 세속적이며, 이교도적인 세계관을 가진 공동체들이 우리와 나란히 살고 있다.

도시들은 다시금 그리스-로마 문명 때에 그랬던 것처럼, 중요한 문화 중심지가 되었다. 로마의 평화 시대에, 도시들은 놀라울 정도로 다민족 사회였으며, 국제적으로 연결되어 있었다. 우리가 다시금 기독교 왕국 시대가 아니라 사도행전 시대와 비슷한 시대에 살고 있기 때문에 교회 개척은 과거와 마찬가지로 필연적으로 세상을 복음화하는 중심 전략이 되어야 한다.

궁극적으로 우리는 교회 개척을 배우기 위해 바울에게 의지하는 것이 아니라, 예수님 자신에게 의지한다. 예수님은 궁극적인 교회 개척자이다. 그분은 당신의 교회를 세우시고(마 16:18), 모든 사역을 매우 효과적으로 이루신다. 그리고 지도자들을 일으키시며, 그들에게 하나님 나라의 열쇠를 주신다(마 16:19). 지옥의 권세가 교회를 이기지 못할 것이다.

예수님은 베드로의 고백 위에 -즉 하나님의 말씀 위에(마 16:18)- 회심자들을 세우신다. 우리가 교회를 세울 때, 우리는 하나님께서 일에 참여하는 것이다. 우리가 어떤 성공이라도 한다면, 그것은 "하나님이 자라게 하시기" 때문이다. "나는 심었고 아볼로는 물을 주었으되 오직 하나님께서 자라나게 하셨나니 그런즉 심는 이나 물 주는 이는 아무것도 아니로되 오직 자라게 하시는 이는 하나님뿐이니라"(고전 3:6-7).

질문들에 대한 답변

우리가 여기에서 제시한 것처럼 사도행전을 읽는 데 대한 일반적인 반대 의견들이 있다. "그것은 그때 일이죠! 이제는 적어도 북미와 유럽에서는, 어디에나 교회가 있습니다. 우리는 새로운 교회를 시작해야 하는 것이 아니라, 기존의 교회들을 부흥시켜야 합니다."

몇 가지 흔한 이런 질문들에 대해서 답변을 해보도록 하겠다.

온전히 전도적인 교회들

도시를 전도하는 방법은 부분적인 프로그램을 통해서가 아니라 온전히 전도적인 교회들을 통해서이다. 전도 프로그램들은 사람들이 그리스도를 따르도록 결정한다는 목표가 있다. 그런데 그 많은 '결정'들이 사라지고, 변화된 삶에 도달하지 못하는 것을 우리는 경험적으로 안다. 왜 그런가?

많은 결정들이 진정한 영적 회심이 아니었던 것이다.

그 결심들은 단지 하나님을 찾는 여정의 시작에 불과하다. 물론 어떤 결단들은 분명히 거듭남의 순간을 가리키기도 한다. 그러나 이것은 사람마다 다르다. 많은 사람들은 자잘한 결정들을 통해 온전한 믿음에 도달하게 된다.

확신컨대, 지속적으로 예배하며 공동체의 목양을 받는 가운데 복음을 듣는 사람만이 생명력 있는 구원의 믿음에 마침내 도달할 수 있다. 질문자들과 의심자들을 품고 지지하지 않는 교회나 단순히 추가된 전도 프로그램들로는 이런 일이 일어나지 않는다. 도시에 필요한 것은 더 많은 전도 프로그램들이 아니라 훨씬 더 전도적인 교회들이다.

도시 안에 교회 수 늘리기

도시의 그리스도인들을 증가시키는 주된 방법은 교회 부흥이 아니라 교회 개척을 통해서다. 정체된 교회들이 부흥의 국면에 들어가서 성장할 때, 대개는 다른 교회들로부터의 수평 이동에 의존한다. 형편없는 설교, 형편없는 제자도, 또는 건강하지 못한 제자도에 시달리던 신자들은 강력한 프로그램에 이끌린다.

역사가 있고 부흥한 교회들이 새로운 교회만큼 비신자들을 품지는 못한다. 미국 교회에 대한 여러 연구 결과에 의하면, 새로 시작한 교회들의 교인은 삼분의 일 내지 이가 전에는 교회에 안 다니던 사람들이다. 이에 비해 10-15년 이상 된 교회들에 등록하는 새 교인들은 80-90퍼센트가 이미 다른 교회에 다니던 사람들이다.[5]

그러므로 평균적인 새 교회들은 같은 규모의 오래된 교회들보다 여섯 내지 여덟 배 높은 비율로 새로운 사람들을 그리스도의 생명으로 이끌고 있는 것이다. 왜 이런 일이 생기는가?

교회의 연차가 올라감에 따라 강력한 내부적, 제도적 구심력이 생겨서 교회의 자원과 에너지의 대부분이 교회 바깥에 있는 사람들을 향해서가 아니라, 교인들과 교회 중심부 사람들의 관심사에 배당되게 된다. 이것은 자연스럽게 일어나는 일이고 어느 정도 바람직한 일이다.

오래된 교회들은 안정성과 꾸준함이 있어서 많은 사람들이 (특히 장기 거주자들이) 그 안에서 잘하고 있고 또 그럴 필요도 있다. 그들은 또한 지역 사회에 대해 신뢰하는 마음이 있다. 오래된 교회들은 필연적으로 지역에 오래 살고 있는 집단에 의해 더 많은 영향을 받는다. 그들은 지역에서 새롭게 부상하는 집단(새로운 계층 그룹, 새로운 세대 등)에 그다지 열려 있지 않으며 지도자의 자리를 내주지도 않는다. 결과적으로 지역 사회에 깊은 뿌리를 내리고 있고 안정과 존경을 내세울 수 있는 교회들만이 많은 사람들을 전도할 수 있게 된다.

이 역동성 원리는 왜 30-40년 이상 된 대부분의 교회들이 수적 감소를 경험하는지를 잘 설명해 주기도 한다. 오래된 교회들은 필연적으로 교회에 다니는 오래된 주민들의 필요와 감수성에 초점을 맞추어야 한다. 이는 교회에 안 다니는 사람들이나 새로운 계층의 사람들에 대한 기회 상실임에도 불구하고 일어난다.

이와 대조적으로 새로운 교회들은, 반드시 존중하거나 고수해야 할 조직적인 전통이 없다. 일반적으로 그들은 새로 시작하는 비교인들이 신앙적으로 발을 내딛게 하는 데 초점을 맞추어야 한다. 오랜 기간 또는 수십 년간 몸담은 교인들이 없기 때문에, 새로운 그리스도인들과 새로운 교인들은 자신들의 의견을 표현할 수 있다. 이것은 오래된 교회에서는 일어나기 어려운 일이다. 이렇기 때문에 새로운 교회들이 전도에 있어서 훨씬 뛰어난 것이다.

그러므로 한 도시에서 그리스도인들의 수를 확실하게 늘리는 유일한 방법은 새로운 교회의 숫자를 확실하게 늘리는 것이다. 예를 들어 A, B, C라는 세 도시가 있는데, 인구가 같고, 각각 일백 개의 교회가 있다고 하자.

A도시에는 모든 교회들이 20년 이상이며, 비록 네다섯 개의 교회들이 물결을 타고 수적으로 증가한다 하더라도, 실제로 교회에 오는 사람들의 전반적인 숫자는 줄어든다. 이에 대한 가장 확실한 이유는 그 교회들이 다른 교회들로부터 그리스도인들을 끌어오기 때문이다. 대부분의 교회들은 감소하며, 부흥한 교회들도 그리스도인들을 유지할 뿐, 비교인들을 전도하지는 못한다. 전반적으로 지역의 그리스도인 숫자는 꾸준히 줄어든다.

B도시에는 백 개의 교회 중에서 열 개가 10년이 안 되었다고 하자. 해마다 대략 한 개의 교회가 세워진다. 단지 1퍼센트의 비율이다. 이 교회들은 비교인들을 교회에 들어오게 하는 데 있어서 3-5배 정도 더 효과적이다. 그리고 갱신된 오래된 교회들도 새로운 사람들을 그리스도에게 이끈다. 그러나 여기에서 경험되는 성장은 대부분 오래된 교회들의 일반적인 쇠퇴를 겨우 보충하는 수준이다. 그래서 B도시에 활동적인 그리스도인 교인들의 숫자는 비슷하게 유지되거나 천천히 감소하게 될 것이다.

마지막으로 C도시에는 일백 개의 교회 중에서 25개가 10년 이내의 교회라고 하자. 다시 말해 새로운 회중들이 해마다 기존 교회 대비 2-3퍼센트의 비율로 세워지는 것이다. 이 도시에서는 활동적인 그리스도인들의 증가 속도가 한 세대 안에 50퍼센트까지 올라간다.

기존 교회의 갱신

도시의 기존 교회들을 갱신하는 방법은 새로운 교회들을 세우는 것이다. 새 교회 개척에 관한 토론이라면 어디서든 다음의 질문이 항상 나온다. "그러면 이 도시의 기존 교회들은 어떻게 됩니까? 그들을 부흥하게 하고 갱신하기 위해 일해야 하지 않습니까?" 답은 많은 새로운 교회를 세우는 것이야말로 기존 교회들을 갱신하는 최고의 방법 중에 하나라는 것이다.

먼저, 새로운 교회들은 몸 전체에 새로운 생각들을 불러일으킨다. 이들은 혁신을 일으킬 자유가 있다. 그래서 도시 안에 있는 전체 교회를 위한 연구 개발(R&D) 센터가 된다. 종종 오래 된 회중들은 특정한 방식을 채택하지 못할 정도로 겁이 많아서, "그것은 여기서는 절대 안 됩니다"라고 확신하는 경우들이 있다. 그러나 새로운 교회가 새로운 접근법으로 성공하면 다른 교회들이 주의해서 새로운 방법을 시도할 용기를 갖게 된다.

둘째, 새로운 교회들은 새롭고 창의적인 기독교 지도자들을 도시에 일으킨다. 오래된 교회들이 끌어들이는 지도자들은 전통을 지지하고, 연차가 오래되고, 기존 방법을 높이 평가하고, 친족 연결망을 가진 이들이다. 새로운 교회는 이와 달리 높은 모험심을 가진 사람들, 곧 창의성, 위험, 혁신을 높이 평가하는 이들을 끌어들인다.

오래된 교회들은 전통적 환경에서 일하는 것이 편안하지 않은 강력한 지도자들을 종종 배제하기도 한다. 새로운 교회들은 도시에서 아직 그들의 재능이 제대로 사용되지 않은 많은 사람들을 끌어들이며 일할 수 있게 한다.

셋째, 새로운 교회들은 다른 교회들에게 스스로를 돌아보도록 도전을 던진다. 때때로 오래된 교회들은 새로운 교회들과의 대조 가운데 자신의 비전, 전문성, 그리고 정체성을 마침내 확인하기도 한다. 종종 새로운 회중 가운데 이루어진 성장은 패배주의적이고 비관적인 태도에 겸손과 회개를 가져온다.

사실 자(아들) 교회가 너무나 잘해서 모(어머니) 교회가 자 교회의 영향력, 자원, 열정, 비전을 통해서 오히려 갱신되기도 한다. 좋은 친구들과 은사를 갖춘 지도자들이 새 교회를 개척하기 위해 떠나는 것은 고통이 수반되는 일이기도 하다. 그렇지만 모 교회는 이를 통해 높은 자부심을 가지게되고 결과적으로 새로운 열정적 지도자들과 구성원들이 유입된다. 새로운 지도자들, 사역들, 추가적인 구성원들, 그리고 재정이 여러 가지 방식으로 모 교회 안에 채워짐으로서 모 교회는 더 강해지고 새로워진다.

■ 1퍼센트 법칙

라일 쉘러는 1퍼센트 법칙에 대해 이야기 한다.

"매년 어느 교회 협회가 1 퍼센트의 비율로 새로운 회중을 개척한다면, 그 협회는 유지되거나 쇠퇴한다. 만일 그 협회가 한 세대 안에 5퍼센트의 성장을 원한다면, 매년 2-3퍼센트의 비율로 개척을 해야 한다."[6]

넷째, 새로운 교회들은 지역 전체에 전도자를 공급하는 근원이 될 수 있다. 새로운 교회들은 종종 많은 회심자들을 얻는데 그들이 여러 가지 이유로 오래된 교회로 옮겨 정착하기도 한다. 때때로 새 교회들은 흥미진진하고 외부지향적이지만, 또한 불안정하거나 지도층이 미성숙한 경우들이 있다. 어떤 회심자들은 새 교회들에서 종종 발생하는 역동적인 변화를 잘 견디지 못해서 기존 교회로 옮겨간다.

그리스도께 인도된 새 회심자가 새로운 교회의 사회경제적 구조에 잘 맞지 않는다는 것을 발견하고 본인의 관습과 문화에 보다 익숙한 교회로 옮겨가기도 한다. 일반적으로 도시의 새 교회들이 새로운 신자를 얻는 것은 자신들뿐만 아니라 오래된 교회들을 위한 일이 된다.

요컨대 활발한 교회 개척은 도시의 기존 교회들을 갱신하는 최고의 방법 가운데 하나이다. 그리고 도시에서 그리스도의 모든 몸을 성장시키는 가장 탁월한 방법이기도 하다.

다양성에 대하여

도시의 다양한 사람들을 전도하는 길은 새로운 교회들을 세우는 것이다.

새 교회들은 (1) 새로운 세대, (2) 새로운 거주민들, 그리고 (3) 새로운 집단의 사람들을 전도하는 가장 좋은 방법이다. 젊은 청년들은 언제나 새로운 교회에 압도적으로 많이 있다. 오래된 기성 교회들은 전통을 발전시킨다(예를 들어 예배 시간, 예배의 길이, 정서적 반응, 설교 주제, 리더십 스타일, 정서적 분위기, 그리고 수십 가지의 작은 관습들과 풍습들이 해당된다). 그 전통은 교회 생활을 통제하는 영향력과 자원을 가진 오래된 지도자들의 감수성을 반영하는 것들이다. 그들의 감수성은 젊은 세대에 다가서지 못하는 경우가 종종 있다.

뿐만 아니라 새로운 거주민들은 일반적으로 새 교회에 접근하기가 더 용이하다. 오래된 교회들에서는 영향력 있는 자리에 오르려면 상당한 시간을 도시에서 살았어야 한다. 그러나 새 교회에서는 새로운 주민이 오래된 거주민들과 동등한 권력을 가질 수 있다.

마지막으로 새로운 사회문화적 그룹들에게도 일반적으로 더 잘 접근한다. 예를 들어 오랫동안 농업 인구가 많았던 지역에 사무직 종사자들이 이사 온다면 새로운 교회는 새 주민들의 다양한 필요에 더 민감하게 대응할 수 있을 것이다. 오래된 교회들은 계속해서 원래의 사회 집단에 초점을 맞출 것이다. 시작부터 의도적으로 다인종을 추구하는 새 교회는 지역의 새 인종 집단을 훨씬 잘 전도할 수 있다.

예를 들어 백인들만 살던 지역에 33퍼센트의 중남미계 사람들이 들어온다면, 의도적으로 이중 인종을 추구하는 교회가 새로운 거주민들에게 '문화적 공간'을 훨씬 잘 만들어 낼 것이다. 새로운 이민자 집단은 보통 그 언어로 목양하는 교회에 접근하기가 더 쉽다.

만일 새 집단이 미국 문화에 충분히 동화되어 교회로 오기를 바란다면, 그들을 전도하지 못한 채 수년을 기다려야 할 것이다. 우리가 기억할 것은 새로운 사람들을 위한 새로운 회중이 기존 교회 안에 세워질 수 있다는 것이다. 새로운 시간대에 주일 예배를 열 수도 있고 기존 회중에 연결된 새로운 가정 교회 형태로 세워질 수도 있다. 엄밀히 따져서 새로운 독립적 회중은 아니지만, 동일한 기능을 수행할 수 있다.

교회 개척은 그리스도인을 만들기 위해서 우리가 돕는 개척 지역이나 이교 사회에서만 필요한 것이 아니다. 교회화된 사회는 단순히 유지를 위해서라도 활발한 규모의 교회 개척을 필요로 한다. 하나의 교회는, 그것이 아무리 크다 할지라도, 다양하고 큰 도시의 필요를 다 채울 능력이 없다. 크고 작은 수백 개의 교회들이 움직일 때 문자적으로 도시의 모든 이웃과 집단들을 뚫고 들어갈 수 있다.

자립하는 사역

도시에서 자립하며 모든 사역 단체들을 위한 기초가 되는 사역을 만드는 방법은 새로운 교회를 세우는 것이다.

도시는 많은 사역들을 필요로 한다. 청소년 사역, 기독교 학교, 새로운 집단들에 대한 전도 등등. 이 모든 것들은 재정 지원을 필요로 하는 사역들이다. 이들은 그리스도인 기부자들의 헌금을 무기한 필요로 한다.

그런데 새 교회는 처음에 개척할 외부 자금만 있으면 된다. 몇 년이 안 되어, 교회는 기부를 필요로 하는 대상이 아니라, 사역 단체들에 기부를 하는 원천으로 성장한다. 새 교회들은 많은 수의 비교인들을 전도하게 되는데, 교회 개척은 도시 안에서 하나님 나라의 일에 헌금을 드리는 사람들을 증가시키는 가장 빠른 방법이다.

새로운 교회 개척은 도시의 다른 모든 다양한 사역 단체들이 번영하고 성장하도록 돕는다. 이 사역 단체들은 끊임없이 새로운 자원봉사자, 근무자, 기부자를 필요로 하는데, 새 교회는 이러한 사람들을 배출하는 수원지가 된다.

도시는 얼마나 많은 교회를 필요로 하는가? 당신이 생각하는 것보다 훨씬 많이!

그럼 당신의 도시는 얼마나 많은 교회를 필요로 하는가? 현실은 교회들이 제도라는 것이다. 그들 중에 얼마는 지속적으로 생명력을 받아서 유지가 된다. 그러나 모든 교회들은 어느 정도 유연성을 상실한다. 많은 교회들은 열정의 시기가 지난 후 오랫동안 정체되며, 일정 비율로 매년 사라진다. 따라서 지속적인 쇠퇴를 막으려면 평범한 수준의 교회 개척이 계속 있어야 한다. 모든 몸이 성장하려면 공격적인 수준의 교회 개척이 필요하다. 즉 백 개의 기존 교회당 일이십 개의 새로운 교회들이 있어야 한다.

그렇지만 이런 식으로 질문에 답하는 것에는 문제가 있다. 특정 지역에서 기독교의 '종교 점유율'을 유지하는 것이 목표가 되어서는 안 된다. 도시 전체를 섬기고, 전도하고, 영향력을 끼치는 것이 목적이라야 한다.

어떻게 이것이 이루어질 수 있을까? 연구와 경험의 결과로 보면 1만 명당 하나의 교회가 있을 때 인구의 약 1퍼센트가 교회에 간다. 반면 1천 명당 하나의 비율로 있으면, 도시 인구의 15-20퍼센트가 교회에 간다. 만일 이 숫자가 5백 명당 하나로 바뀐다면, 40퍼센트 또는 그 이상으로 올라갈 것이다. 교회의 수와 교회에 오는 사람들의 수 사이의 상관관계는 선형적이 아니라 기하급수적이다.[7]

그러므로 우리는 도시나 사회에서 교회의 전통적인 자리를 유지하려는 목표를 가져서는 안 된다. 우리는 기독교가 회심이나 교회, 도시에서 영향력을 가지고 기하급수적으로 성장하기를 원한다. 이러한 결과를 성취하기 위해서는 많은 종류의 사역들이 필요하지만, 과감한 교회 개척은 이 모든 것을 촉발시키는 사역이다.

교회 개척의 단계들

이번 장의 마지막 부분은 교회 개척 여정에 대한 실제적인 조언을 제공하려고 한다. 새 교회 개척을 준비하는 과정에서 어떤 단계를 거치는가? 당신은 배우고, 사랑하고, 연결하고, 그리고 출범시켜야 한다.

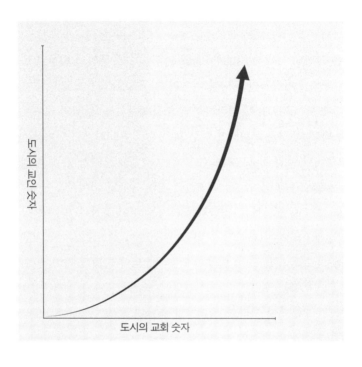

도시의 교회 숫자

배우라

첫째, 가장 필요한 것은 당신이 교회를 개척하려는 지역 사람들에 대해서 할 수 있는 한 많이 배우는 것이다. 당신이 섬길 사람들과 당신이 살고 있는 문화를 복음만큼이나 잘 알 수 있도록 배우기를 힘쓰라.

그들의 내면세계에 대한 프로필을 만들어라. 어떤 것이 그들의 가장 큰 소망이며 강점이고 열망과 즐거움인가? 어떤 것이 그들의 약점과 두려움, 우상, 그리고 편견인가? 사람들과의 개인적 면담으로부터 시작하여 정기 간행물과 사회학적 연구를 사용하라.[8] '삶의 맥락'에 대한 프로필을 만드는 것도 필요하다. 당신 지역에는 어떤 집단의 사람들이 살고 있는가? 어떤 집단이 감소 추세에 있으며, 어떤 집단이 증가하고 있는가? 인구 통계학적 연구를 살펴보면서, 당신의 지역에 살고 있는 경제적 그룹들, 사회 구조의 모습, 사람들 사이에 눈에 띄는 권력 관계, 그리고 교육적, 심리적 특성들

을 파악하라. [9]

  그리고 지역 사람들이 가지고 있는 보편적인 세계관에 대한 개관을 만
드는 것이 좋다. 그들은 진리의 어떤 측면에 대해서(일반 은총을 통해) 어느
정도 이해를 하고 있는가? 그들이 거부하거나 간과하는 측면은 없는가? 어
떤 상징이나 신화가 깊이 작동하고 있는가? 그들의 관점 가운데 모순 또는
갈등은 어디에서 발생하는가? 그 집단의 이야기와 정체성은 무엇인가? 그
들은 자신들을 어떻게 보는가?(어디에서 와서 어디로 가는 존재인지) 사람들이 갖
고 있는 공통적인 세계관을 이해하는 것은 변증을 위한 원자재를 확보하
는 데 도움이 된다.

  당신은 또한 3부(복음의 상황화)에서 제시한 상황화 과정과 관련된 질문

■ 역사적 사례 연구: 미국 교회

1820년에는 미국 시민 875명당 한 개의 기독
교 교회가 있었다. 그런데 1860년에서 1906
년 사이에, 개신 교회는 인구 350명이 증가할
때마다 한 개의 교회를 세웠다. 그래서 1차 세
계대전 직전에는 430명당 하나의 비율이 되
었다.

1906년 미국의 교회들 중 삼분의 일이 25년
이 안 된 교회였다. [10] 결과적으로 미국 인구
중에서 교회 생활에 참여하는 사람들의 비율
은 지속적으로 증가했다. 예를 들어 1776년
에는 미국 인구의 17퍼센트가 종교적 신자였
다. 그러나 1916년에는 그 숫자가 53퍼센트
로 올라갔다. [11]

그러다가 제1차 세계대전 이후부터, 특히 기
성 교단들 사이에, 교회 개척이 급감했다. 오
래된 교회들은 새로운 교회들이 '우리 지역에'
들어오는 것을 강하게 반대했다. 새 교회들은

첫 20년 동안은 새로운 사람들을 전도하는 데
매우 효과적이다. 그러나 대부분의 미국 회
중들은 첫 20-30년 사이에 규모에서 정점에
도달했고 이후 고점을 지나 감소하기 시작했
다. [12] 이 기간에 그들은 새 교회들로부터 오는
경쟁을 예민하게 느끼게 되었다. 기성 교단의
회중들은 지역에 새 교회가 생기는 것을 가장
효과적으로 막았다. 그 결과 기성 교단들은
지난 20-30년 동안 현저하게 교세가 감소하
였다. [13]

미국에서 전반적인 교회 출석은 감소세에 있
다. 이것을 역전하는 유일한 방법은 교회가
처음에 놀랍게 성장했던 그 방법을 재발견하
는 것이다. 그것은 1차 세계대전 이래 교회 개
척이 감소한 것과 반대방향이다. 인구 일천
명당 하나의 비율로 교회가 개척되어야 한다.

들을 묻고 싶을 것이다.

- 무엇이 기독교의 '반박 신념들'(defeater beliefs)인가?
- 무엇이 그들의 반박신념 가운데 있는 모순-갈등인가?(그들이 가진 기준에 못 미치는 영역은 어디인가)
- 무엇이 'A' 교리(그들이 이미 참이라고 받아들이는 것과 유사한 성경적 신념)인가? 무엇이 'B' 교리(그들이 거부하지만 A 교리와 연결되어 있는 성경적 진리)인가?

마지막으로 당신이 전도하려고 하는 지역 사람들과 관련된 다양한 종교 기관들을 대략적으로 정리하는 것도 좋을 것이다. 이 사람들 안에 있는 종교 기관들과 교회들은 어떻게 하고 있는가? 그들은 어떻게 조직되어 있는가? 어떤 사역 모델이 가장 효과적인 것 같은가? 성공적인 교회 개척은 당신이 전도하려는 사람들에 대해 할 수 있는 한 많이 배우는 것에서 시작한다.

사랑하라

교회 개척 과정의 두 번째 단계는 건강한 영성을 유지하는 법을 배움으로써 하나님께 대한 당신의 사랑이 계속해서 성장하도록 하는 것이다. 교회를 개척하려면 건강한 영적 훈련을 적극적으로 실행하는 것이 필수적이다. 당신은 전도와 사명에 대한 전략을 수행하면서 균형을 유지해야 한다. 복음을 자신에게 정기적으로 적용하라. 그리하여 당신의 우상들을 깨뜨림으로써 성장하라.

이웃과 지역 사람들에게 복음을 나누기 시작하라. 그리고 영적으로 그들을 지도하라. 지역 봉사를 통해서, 그리고 당신의 가정생활을 통해서 복음의 모델을 보여 주라. 당신의 요구를 하나님께 가져가서 복음 안에서 기도하라. 그들과 우정을 쌓아 가면서 공동체 가운데 있는 깊은 복음을 경험하라.

연결하라

세 번째 단계는 당신이 사람들에게 다가가기 위한 상황화된 전략에 대한 통찰을 복음의 메시지와 연결하는 것이다. 이 단계의 목적은 사람들의 모순, 두려움, 그리고 희망에 도전을 던지면서(복음 메시지), 동시에 사람들의 특정한 필요를 채우기 위한(복음 구체화) 전략을 수립하는 것이다.

어떻게 하면 사람들 마음에 복음을 효과적으로 연결할 것인지 주의 깊게 생각하라. 어떤 식으로 그리스도의 이야기를 사람들의 이야기 안으로 가져갈 것인가? 그 문화에서 통용되는 소통 방식을 생각해 보라. 그들은 이성적인가, 직관적인가, 또는 구체적-관계적인가? 소통 과정의 각 단계에서 어떻게 요점을 제시할지도 고려하라. 익숙한 것에서 시작해서 문화의 강점을 이야기한 다음, 도전하는 과정을 거쳐, 약점들을 뒤흔든 후 복음으로 위로하라.

복음을 구체화하는 것은 직접적 소통을 넘어서 복음을 지역 사회에 가장 잘 연결하는 방법에 대한 분별을 필요로 한다. 당신은 이웃의 공공선을 위해 어떻게 일할 것인가? 지역 사람들은 당신이 어떻게 할 때 당신의 존재를 기뻐하겠는가?

지역의 개인들과 지도자들을 만나서 지역에 어떤 필요가 있는지 듣기 시작하라. 지역 사람들이 그리스도인이 되면 어떤 모습이 될지 반드시 보여 주도록 하라. 당신의 리더십 구조와 내부적인 공동체 구조, 그리고 음악이 그 문화 안에서 성육신되도록 하라.

출범하라

마침내 당신은 교회를 출범할 준비가 되었다. 진도를 확인할 수 있는 기준점이 될 실행 계획과 목표를 세우는 것으로 시작하라. 당신이 계획할 때, 하나님의 섭리에 항상 민감하도록 하라. 중요한 것은 최종적인 상세 계획 자체가 아니라 계획하는 실제적인 과정이다. 현실적으로 계획은 항상 수정될 것이다.

그러나 계획하는 과정을 통해서 당신의 모델과 비전과 부합하는 방식으로 새로운 현실과 예상치 못한 일들에 대처하게 될 것이다. 구체적인 실행 계획 속에는 다음의 기본 사항들이 포함되어야 한다.

- 재정에 대한 목표들과 그것을 어떻게 이룰 것인지에 대한 계획
- 구체적인 사역-프로그램에 대한 목표들과 그것을 어떻게 이룰 것인지에 대한 계획
- 지도자 개발을 위한 목표들과 그것을 어떻게 이룰 것인지에 대한 계획

마침내 개척 교회를 출범하게 되었을 때, 당신은 일반적으로 두 가지 접근법을 택할 수 있다. 위에서 아래로의 접근법과 아래에서 위로의 접근법이다. 각각은 장점과 단점이 있으며, 이는 개척자의 맥락과 은사에 따라 달라진다. 당신의 상황에서 최선의 접근법이 무엇일지 생각하라. 그리고 당신의 출범 전략에서 두 가지 접근법의 가장 좋은 면을 적용하도록 머리를 맞대라.

위에서 아래로의 접근법은 보통 공식적인 예배(회중 찬양, 설교)로부터 시작한다. 이것은 모 교회로부터 상당히 많은 수의 그룹이 자 교회를 형성할 때 효과적이다. 또한 교회 개척자가 강력한 단상 전달자일 때 잘 작동한다. 만일 균형을 놓칠 경우, 이 접근법은 배우고 연결하는 단계를 생략하고 단순히 모 교회를 재생산하는 데만 초점을 맞추려는 유혹에 빠지기도 한다.

아래에서 위로의 접근법은 교회 개척자가 지역에 살면서 전도 활동을 하는 것으로 시작한다. 그는 회심자들을 얻고 그들을 중간 규모의 목양 그룹(15-16명 정도) 또는 소그룹(4-10명)으로 모이게 한다. 몇 개의 소그룹이나 두세 개의 중간 규모 그룹으로 성장하면서, 교회는 주일 예배를 시작할 수 있다.

이 접근법은 교회 개척자가 대인관계 기술이 좋고, 사람들을 잘 세우고, 전도의 은사를 가질 때 효과적이다. 만일 균형을 놓칠 경우, 이 접근법은 "무언가 변화가 생기는" 것을 보기 원하는 사람들을 모으는 데 실패할 수 있다. 종종 회중이 사역을 지원할 재정을 만들지 못하면 교회 개척자는 상당한 경제적 부담을 느낄 수 있다.

—

새로운 교회 개척은 도시의 신자 수를 증가시키는 가장 좋은 방법이다. 그리고 교회라는 전체 몸을 갱신하는 가장 좋은 방법 가운데 하나이다. 이것에 대한 증거는 강력하다. 성경적으로, 사회적으로, 역사적으로. 어떤 것도 역동적이고 광범위한 교회 개척만큼 꾸준한 효과가 있는 것은 없다.

이것은 우리가 해야 할 다른 모든 일들(교회 갱신, 신학 교육, 정의와 자비, 문화 참여, 그리고 다른 많은 종류의 사역과 사명들)을 격하시키자는 말이 아니다. 이 모든 것들이 어떻게 긴밀하게 연결되어 있는지를 보기 위해서 이제 마지막 장의 이야기를 하려고 한다. 도시 안에 있는 그리스도의 몸의 각 부분들이 어떻게 운동 역동성을 나타낼 수 있는지를 살펴보도록 하자.

토론과 성찰을 위한 질문들

1. 이 장은 건강한 교회 안에서 "교회 개척은 상처가 되거나 일회적인 것이 아니라 자연스럽고, 습관적으로 이루어져야 한다"라고 주장한다. 교회 개척이 훨씬 자연스러운 사역이 되기 위해서, 다음의 세 가지 질문에 솔직하게 답해 보라.

- 자원: 당신은 자원을 나누어 줄 수 있고, 돈이나 교인, 리더들에 대한 통제권을 기꺼이 내려놓을 수 있는가?
- 통제: 당신은 사역의 형태에 대한 통제권을 포기할 준비가 되어 있는가?
- 두려움: 당신은 하나님 나라에 더 관심이 있는가, 아니면 당신 집단의 의견에 관심이 더 많은가?

이 세 가지 영역 가운데 어떤 것이 현재 사역 팀에서 교회 개척의 가장 큰 장애물이 되는가? 당신이 교회를 개척하려고 준비한다면, 어떻게 처음부터 이러한 요소들을 교회 사역에 포함시킬 수 있겠는가?

2. 다음의 반대 질문에 어떻게 답변하겠는가? "우리는 새 교회를 시작할 필요가 없습니다. 오히려 우리는 기존 교회를 강하게 하고 채워야 합니다." 이 장에서 제시하는 답이 당신에게 설득력이 있는가? 왜 그런가, 또는 왜 그렇지 않은가?

3. 다음에 대해 어떻게 생각하는가? "한 도시에서 그리스도인들의 수를 확실하게 늘리는 유일한 방법은 새로운 교회를 확실하게 늘리는 것이다." 이 장에서 A, B, C 도시의 비교 이야기에서 어떤 통찰을 발견하였는가? 하나님 나라의 수학을 생각할 때, 당신은 확신이 드는가? 당신의 도시는 A, B, C 도시 중에서 어디에 더 가까운가?

4. 교회 개척의 '배우라' 단계에 묘사된 목록들을 살펴보라(내적 생활, 삶의 맥락, 반박 신념과 관련된 공통 세계관, A, B 교리들, 지역의 종교 기관들). 이 과정에서 당신은 무엇을 배울 수 있는가? 당신이 현재 교회 개척에 참여하고 있는지 아닌지에 상관없이, 이러한 개관이 당신이 새롭게 무엇을 배우려고 할 때 어떤 도움이 되겠는가?

주

1. 성경의 어떤 관습들이 오늘날에도 적용되어야 할지 분별할 때 필요한 일반 원칙은 "성경에 서 하나님의 뜻을 '묘사'한 부분이 아니라 '교훈'이 되는 부분을 찾으라"는 것이다. (John Stott, *Baptism and Fullness: The Work of the Holy Spirit Today*, 3rd ed. [Downers Grove, Ill.: Inter-Varsity, 2006], 21). 성경 해석의 핵심 원리는 성경 본문의 의미가 저자의 의도에 의해 결정된다는 것이다. 성경 저자가 무엇을 말하려고 의도했느냐 하는 것이다. 하나님의 사람들이 어떻게 살아야 하는 지 직접적으로 다루는 선지서와 사도들의 서신서 같은 교훈적인 책들이 역사서들보다 저자 의 의도를 분별하기가 훨씬 쉬운 이유가 여기에 있다. 역사서에는 많은 이야기들이 단지 발 생했기 때문에 서술된 것이지, 모범적이거나 행동의 모델이 되기 때문에 쓰인 것이 아니다. 수백 년 동안 그리스인들은 사도행전의 '규범성'에 대해서 토론했다. 특히 교회의 정치 구조 와 성령의 사역에 대한 주제가 논쟁의 대상이었다. 그러나 사도행전은 사명, 전도, 교회 개 척에 초점을 맞추고 있다. 사도행전으로부터 우리의 사역을 위한 지침을 많이 배울 수 있음 을 나는 믿는다. 하지만 사도행전은 이야기 형태로 기록되어 있기 때문에 우리가 배우는 것 들을 너무 엄격하게 적용하는 것은 반드시 조심해야 한다. 예를 들어 데이비드 피터슨(David Peterson)은 안수와 방언의 패턴에 대해서 연구한 후 이것들을 모든 그리스도인들의 규범 적 경험으로 보아서는 안 된다고 이야기한다. David Peterson, *The Acts of the Apostles*(Grand Rapids: Eerdmans, 2009), 532.

2. John R. W. Stott, *The Message of Acts* (Bible Speaks Today: Downers Grove, Ill.: Inter-Varsity, 1994), 234.

3. Tim Chester, "Church Planting: A Theological Perspective," in *Multiplying Churches: Reaching Today's Communities through Church Planting*, ed. Stephen Timmis (Fearn, Scotland: Christian Focus, 2000), 23-46.

4. 리디머교회 초기 시절에는 도시의 다른 교단에서 사람들이 왔었다. 그러나 우리가 점점 커 지고 역사가 길어지면서 우리는 종종 우리 교인들이 새로운 개척 교회로 가는 것을 본다. 거기에서 그들의 은사들이 잘 사용될 수 있는 것이다. 그들은 우리의 축복을 받고 간다. 오 래된 교회들은 언제나 교인들이 개척 교회로 가는 것에 화를 내고 싶은 유혹을 받는다. 그 러나 우리가 그리스도를 위해서 도시 전체를 전도하려 한다면 우리가 훈련한 회중 사람들 이 새로운 선교적 기회에 동참할 때 기뻐하는 법을 배워야 한다.

5. 다음을 보라. Donald McGavran and George G. Hunter III, eds., *Church Growth: Strategies That Work* (Nashville: Abingdon, 1980), 100; 또한 다음을 보라. C. Kirk Hadaway, *New Churches and Church Growthin the Southern Baptist Convention* (Nashville: Broadman, 1987); Ed Stetzer, *Planting Missional Churches: Planting a Church That's Biblically Sound and Reaching People in Culture*(Nashville: Broadman and Holman, 2006). 스테처(Stetzer)는 이렇게 기록한다. "3년 이하의 교회들은 평균적으로 교인 1백 명당 10명의 비율로 새 신자를 그리스도께 인도한 다. 15년 이상 된 교회들은 평균적으로 교인 1백 명당 3명의 비율로 인도한다"(p.8).

6. 다음을 보라. Lyle Schaller, *44 Questions for Church Planters* (Nashville: Abingdon, 1991), 12.

7. 이 수치는 '뉴욕 가치 연구소'와 '리디머 시티투시티'가 공동으로 행한 연구, 즉 수십 년 동안 뉴욕 시에서 교회 출석과 교회 성장이 어떤 관계를 가지는지 살펴보는 연구에서 가져온 것

이다. 이 숫자들이 꼭 정확한 것은 아니지만 일반적 양상을 보여 주는 것으로 우리가 중요하게 생각할 필요가 있다. 이 숫자들은 교회 개척과 인구 당 교회 수의 패턴 면에서 뉴욕 시보다 훨씬 종교적이고 전통적인 다른 미국 지역의 것들과 기본적으로 일치한다. 다른 나라에서는 아직 연구되지 않았다.

8. 이 절차에 대한 두 가지 유용한 자료로는 다음을 보라. James P. Spradley, *The Ethnographic Interview* (New York: Harcourt, Brace, Jovanovich, 1979), 그리고, Ed Dayton, *Planning Strategies for Evangelism*(Monrovia, Calif.: MARC, 1974).

9. 다음의 자료가 유용하다. Craig Ellison, "Addressing Felt Needs of Urban Dwellers," in *Planting and Growing Urban Churches*, ed. Harvie Conn (Grand Rapids: Baker, 1997), 94-110

10. 다음을 보라. Schaller, 44 *Questions for Church Planters*, 14-26.

11. 다음을 보라. Roger Finke and Rodney Stark, *The Churching of America 1776–1990* (New Brunswick, N.J.: Rutgers University Press, 1992), 16.

12. Schaller, 44 *Questions for Church Planters*, 23.

13. 쉘러(Schaller)는 교회 개척 부재가 기성 교단들의 주요 쇠퇴 이유라고 주장한다(44 Questions for Church Planters, pp. 24-26). 핑크(Finke)와 스타크(Stark)는 미국 침례교회 등의 독립적인 교회들이 간섭 없이 교회 개척을 할 수 있었기 때문에 교인이 급증했음을 보여 준다. Finke and Stark, *Churching of America*, 248.

04
도시 속에
복음의 생태계를 만들라

어떻게 하면 도시의 교회들이 복음 운동이 될 만큼 충분히 연합할 수 있을까? 나아가 이 운동들이 또 다른 운동이 될 수 있을까? 교회들은 도시 전반의 교회 및 사역 단체들의 운동의 일부가 되어야 한다. 그리고 협력적이고 상호 자극이 되는 관계로 존재해야 한다.

이러한 생각 뒤에 있는 중요한 가정은 한 종류의 교회가 -어떤 교회 모델이나 신학 전통이 되었든- 도시 전체를 전도할 수 없다는 것이다. 도시를 전도하려면 다른 교회들과 기꺼이 협력하는 자세가 요구된다. 비록 다른 신념과 관습을 가진 교회들이라 할지라도 말이다. 이런 관점을 '범 교회성'(catholicity)이라고 부른다.

많은 복음주의자들은 사도신경의 '거룩한 공회'(holy catholic church)라는 표현에 대해 움찔하는 경향이 있었다. 헬라어 *katholikos*는 신약성경에서 교회를 설명하는 데 사용되지 않았다. 그러나 에드먼드 클라우니가 말하듯 이 말은 "전체 교회는 지역 교회보다 큰 것이다"라고 하는 성경적 가르침을 분명히 표현하고 있다.[1]

사도행전에서는 신자들의 다양한 지역 모임들을 항상 '교회'라고 불렀다. "그리하여 온 유대와 갈릴리와 사마리아 교회가 평안하여 든든히 서 가고 주를 경외함과 성령의 위로로 진행하여 수가 더 많아지니라"(행 9:31; 또한 11:22; 15:3을 보라). 사도행전 1장 8절에서는 북 왕국과 남 왕국의 오랜 균열을 치유할 과제가 주어진다(6:7; 12:24; 19:20). 그리고 28장 31절에 주어진 요약은 9장 31절에 설명된 '평안'으로 나타난다.

이 모든 것이 가리키는 것은 1장 6절에서 나타난 회복된 왕국이 로마로 행진하여 들어가는 것이다. 하나님의 백성이 연합하여 복음을 가지고 세상의 끝까지, 로마까지도 가도록 성령께서 사용하시는 것이다(1:8; 사 8:9; 48:20; 44:6; 62:11을 참조). 다시 말해서 연합은 성령의 사역일 뿐만 아니라 성령께서 일하시는 주된 도구인 것이다. 이것이 왜 성령의 하나 되게 하신 것을 힘써 지켜야 하는지에 대한 이유이다(엡 4:3; 빌 2:1-4).

보편성을 부인하는 분파주의는 불필요한 분열을 일으킨다. 두 교회가 세례와 성찬에 대한 신념과 관습에서 다르면, 두 개의 다른 교회로 존재하면 된다. 다르다고 해서 협력할 수 없다는 의미를 뜻하지는 않는다. '틀린' 교단에 소속된 다른 참된 신자들과 사역에서 멀어지는 것은 그리스께서 용납하신 이들을 우리가 받아들이지 않는 우를 범하는 것이다.

운동은 다른 기질과 관점을 가진 사람들을 격려해서 공통의 비전과 목표를 중심으로 나아가게 하는 협력의 역동성을 필요로 한다. 사실상 운동의 역동성이 일어날 때 우리는 머리를 맞대고 '서로 논쟁한' 후에 새롭고 창의적인 안건들을 만들어내는 사람들을 본다. 이는 그들이 교단, 기질, 인성 등에서는 아주 다르지만, 같은 비전을 공유하기 때문이다. 만일 협력을 향한 이러한 편향이 당신의 도시에 없다면, 운동 역동성은 보통 멈추거나 사라진다.

범 교회성을 부인하는 인종주의는 문화적 유연성과 겸손한 복음의 부재를 반영한다. 인종과 문화가 다른 사람들을 끌어안으려면 교회 안에 있는 각각의 문화 그룹들이 타인을 섬기듯 몸을 구부려야 한다. 문화적 차이들은 사소한 것에서(예를 들어 시간을 지키는 것), 큰 것까지(예를 들어 음악 형태, 설교할 때의 표현이나 예시, 적용 등) 다양하다.

범 교회성과 비 분파주의는 또 다른 이유에서도 중요하다. 기독교 시대에는 자신들이 그리스도인 그룹들 중에서 어떤 강점을 가졌는지 부각시키는 것이 중요했지만, 오늘날의 교회들은 비그리스도인 문화와 비교하여 장점을 부각시키는 것이 필요하다.

앞에서 말했듯이, 우리가 다른 종류의 교회들을 깎아내리거나 비판한다면, 모든 그리스도인들은 관용이 없다는 보편적인 비판에 빠지게 된다. 만일 우리가 연합하지 않는다면, 세상은 우리를 실패한 이들로 볼 것이다.

요한복음 17장 23절에 나오는 예수님의 대제사장적 기도에 비추어 볼 때("그들로 온전함을 이루어 하나가 되게 하려 함은 아버지께서 나를 보내신 것과 또 나를 사랑하심 같이 그들도 사랑하신 것을 세상으로 알게 하려 함이로소이다"), 그들이 그러는 것이 타당하기도 하다! 우리는 신학적 특징을 공유하는 교단들과 지속적으로 함께하려고 애써야 하지만, 지역 수준에서 다른 교회들과도 협력하는 방향으로 일해야 한다.

이러한 신념 때문에 리디머교회는 수년 동안 다른 교단이 교회를 개척할 때 그곳에 재정과 자원을 보냈다. 우리는 장로교 교회뿐만 아니라 오순절 교회, 침례교 교회, 성공회 교회가 개척되는 것을 도왔다. 우리의 노력에 대해 사람들은 날카로운 비판과 놀라움에 찬 시선을 보냈다. 이것이 범 교회성을 실현하는 한 가지 분명한 방법이라고 믿는다. 이것은 분열된 그리스도인 교회들과 교단들을 도시 운동으로 바꿀 수 있는 방법이기도 하다.

교회 모델들과 운동들

성경적으로 또는 문화적으로 올바른 교회 모델이 한 가지만 있는 것은 아니다. 성경이 교회로 행하라고 명하는 것은 -전도하고, 가난한 자를 섬기고, 말씀을 전하고, 사람들을 제자로 삼고, 예배하는- 너무나 풍성하고 다양한 측면이 있다.

따라서 그 모든 것을 언제나 동등하게 잘할 수 있는 교회는 없다. 이는 단순히 어떤 교회도 모든 성령의 은사들을 동등한 비율로 가지지 않기 때문이다. 어떤 교회든지 하나님의 모든 부르심을 그만두려고 해서는 안 되지만, 어떤 교회도 그 역할들을 완벽하게 이행할 수도 없다.

그렇기 때문에 도시는 전반적으로 모든 종류의 교회들을 다 필요로 한다. 다양한 교회 모델이 존재한다는 사실을 알 때 우리는 겸손하게 된다. 그리고 우리가 모든 사람에게 모든 것이 될 수 없다는 것을 알게 된다. 또한 다른 교회들과 협력할 수 있도록 격려를 받는다.

제7부 2장에서 균형 잡힌 사역 접점의 필요성에 대해 토론할 때, 우리는 애버리 덜레스가 제안한 다섯 개의 교회 모델들을 살펴보았다. '제도로서의 교회'(교리로 움직이는 교회), '신비적 성찬으로서의 교회'(예배로 움직이는 교회), '성례로서의 교회'(공동체로 움직이는 교회), '전달자로서의 교회'(전도로 움직이는 교회), '종으로서의 교회'(자비와 정의로 움직이는 교회)이다.

덜레스는 책의 개정판에서 '제자 공동체로서의 교회'라고 하는 모델을 추가했다. 여기에서 그는 모든 요소들을 적절한 균형 가운데 결합하는 교회를 그리고 있다.[2] 나는 당연히 모든 좋은 교회들은 이러한 다섯 가지 요소들과 강조점들을 어느 정도씩은 갖고 있다는 데 동의한다.

각 모델의 건강한 예들은 그들만의 중요 요소를 강조하는 동시에 다른 모델의 강조점들을 어느 정도 수긍한다. 반면 각 모델의 건강하지 않은 버전들은 이러한 측면들의 한두 가지만 강조하며 다른 측면들은 사실상 무시한다. 무엇보다도 교회는 그들만의 은사 조합과 상황을 통해 어떤 사역에서 어떤 계절에 무엇을 가장 잘할 수 있는지 결정된다.

도시 운동에서 모든 모델의 필요성을 보는 눈을 확대하는 것도 중요하지만 당신이 현재 섬기고 있는 교회 모델의 특성들을 확인하는 것도 매우 중요하다. 만일 우리가 처한 모델과 전혀 다른 모델을 추구하고 있다면 많범 교회성은 교회가 그리스도의 것이라는 의미이다. 우리는 그리스도가 환영하시는 사람들을 배제할 수 없다. 또한 그가 배제하시는 사람들을 환영할 수 없다. 분파주의는 이것을 부인한다. 다른 지체들을 그리스도의 참된 교회로 인정하기를 거부하는 것은 그리스도가 요구하시는 교제를 거부하는 것이다.
- 에드먼드 클라우니, 《교회》
인종 차별은 범 교회성을 부정하는 것이다. 오래지 않은 과거에, 미국의 백인 교회들은 흑인 예배자들을 막기 위해 '인종 경찰'을 두곤 했었다. 다른 적합한 회중으로 보내는 것이었다.
- 에드먼드 클라우니, 《교회》
교회의 범 교회성은 또한 편견에서가 아니라 교회 성장을 촉진하기 위해서 부인되기도 한다. 한 종류의 사람들에게 호소할 때 수적 성장이 가장 잘 일어난다는 강력한 연구 결과들이 있었다. 하나의 집단이 사회적으로 정의될 때, 그것은 교회가 지구상에 그리스도의 왕국을 나타내는 것이 아니라 단지 특정 사회의 특정 계층 집단이 되는 효과이다.
- 에드먼드 클라우니, 《그리스도의 교회로 살기》

은 문제들이 생기게 된다.

대학과 신학교에 다닐 때 나는 교리 중심적 모델에 매우 가까운, 꽤 건강한 교회들에 참여했다. 그들은 탁월한 가르침과 설교, 그리고 강도 높은 성경공부를 강조했다. 반면 신학교를 졸업한 후에 내가 섬겼던 첫 교회는 남부의 작은 공장 지역에 있었다. 그 당시 교인들 중에 대학을 나온 사람은 아무도 없었고, 오래된 교인들의 대부분은 고등학교도 마치지 않은 사람들이었다. 그곳은 삼십 년 동안 100명에서 150명 정도가 모이는 교회였으며 상대적으로 건강하지 않았다.

목회자로서 건강하지 않고 정체되어 있는 교회와 건강하고 갱신된 교회 사이의 차이에 대해 강한 인식은 있었지만, 다른 교회 모델에 대한 개념도 없었다. 내가 갖고 있었던 건강한 교회의 모델은 교수들과 학생들로 가득 찬 대학가에서 유효했던 특정한 모델이 전부였다. 이 교회의 부흥을 위한 나의 비전은 훌륭한 성경 강해, 세미나, 기독교적 주제에 대한 강의, 그리고 강도 높은 소그룹 성경공부였다.

몇 년 후 나는 이 회중 안에 집사로

서의 은사들이 가득하다는 것을 발견하게 되었다(그것은 제사장적 은사였다. 강의, 지식, 전도의 선지자적 은사가 아니었다). 그것은 근본적으로 공동체에 의해 움직이는 모델이었다. 이것을 깨닫는 것은 느리고 고된 과정이었다.

그때를 돌아보면 나의 강조점들이 그 교회에 어느 정도 도움이 되긴 했다. 그들의 공동체 모델에 더 나은(그러나 결코 뛰어나지는 않은) 강의와 교육, 그리고 전도를 제공하여 균형을 기할 수 있었기 때문이다. 마침내 나는 무언가를 강요하기보다는 그 교회를 있는 모습 그대로 받아들이기 시작했다. 나는 매우 느리고 고집이 셌지만, 마침내 다른 사람들이 나에게 인내심을 잃기 전에 먼저 항복을 했다. 이 과정의 열쇠는 그 교회에서 보낸 9년이라는 시간에 있었다.

내가 그 교회를 떠나고 몇 년이 지난 후, 회중들은 나의 목사 안수 25주년을 기념하여 우리 부부를 위한 연회를 열어 주었다. 축하의 순서 어디쯤에서 몇몇 사람들이 내가 그곳에 있을 때 했던 말 중에 기억나는 것을 한 가지씩을 이야기했다. 나에게 충격이 되었던 것은 단 한 사람도 내가 설교에서 한 말을 인용하지 않았다는 것이다. 모든 사람들은 내가 그들과 일대일로 만났을 때 했던 말을 나누었다.

이 경험은 교회 모델에 있어서 차이점을 선명하게 보여 준다. 뉴욕 시에서는 그들이 나의 설교를 인정하기 때문에 내가 그들을 목양할 수 있다. 버지니아 호프웰에서는, 그들이 나의 목양을 인정하기 때문에 내가 그들에게 설교할 수 있다. 공동체가 이끄는 모델에서는 목양이 설교를 위한 기초가 된다. 목양을 통해서 설교할 수 있는 권한을 얻는 것이다. 뉴욕의 리디머교회처럼 교리가 이끄는 모델에서는 설교가 목양을 위한 기초가 되며, 심지어 지도력의 기초가 된다. 만약 당신이 소통에서 전문성을 보여 준다면 그들도 당신을 자신들의 삶에 들어오게 하며 당신을 따를 것이다.

교회 모델들을 이해하는 것이 도시 교회들이 연합하여 일하는 것을 실현시키는 데 있어 왜 중요한가? 이러한 이해가 없다면 당신의 도시에 그 어떤 범 교회성도 없을 것이기 때문이다. 단 하나의 배타적인 성경적 교회가 존재하지 않는다는 사실을 당신이 받아들이지 않는다면, 다른 교단 및 다른 네트워크를 가진 교회들과 교제하고 연결되어야 할 그 어떤 필요도 느끼지 못할 것이다. 다른 교단과 네트워크들은 대개 다른 강조점과 강점들을 가지고 있으며 당신의 모델이 가진 특성들과도 다르다. 더욱이 당신의 교회 안에 있는 범 교회성, 교단, 또는 운동도 없을 것이다.

다양한 성경적 교회 모델들을 수용하지 않으면, 당신의 운동과 네트워크는 이웃에 복제 교회들을 개척할 수밖에 없을 것이다. 거기에는 이쪽 모델이 부합하지 않거나 리더들의 은사가 맞지 않을 수도 있다. 당신의 운동은 너무 동질적으로 될 위험이 있으며, 오직 한 가지 종류의 이웃 또는 한 종류의 사람들만을 전도할 수 있거나, 당신의 교회에 하나님이 명하신 사람들의 다양성이 나타나지 않을 수도 있다.

우리는 대부분의 사람들이 우리가 특정한 유의 그리스도인이 되길 원할 거라고 믿고 있지만, 사실 그렇지 않다. 서로 다른 많은 교단들이 역동적인 작은 운동들이 되지 않는 이상 그 도시를 얻을 수 없다.

복음 도시 운동들과 복음 생태계

우리는 교회들과 사역자들이 복음 도시 운동(gospel city movement)에 기여하기 위한 전제 조건들을 살펴보았다. 여기에는 다양한 교회 모델들에 대한 이해와 존중이 포함되며, 교리적으로 탄탄하면서도 민감한 사안인 범 교회성이라는 정신이 포함된다. 그렇다면 도대체 도시에서의 복음 운동이란 정확하게 무엇인가?

교회나 교회 네트워크가 도시에서 빠르게 성장할 때, 사역을 하는 사람들은 자연스럽게 하나님이 거기에서 무엇인가를 하고 계신다고 느낀다. 그런데 실제로는 그 일이 '그리스도인들의 재배치'인 경우가 종종 있다. 교회들이 성장할 때, 그들은 보통 활력이 떨어진 교회들로부터 신자들이 이동함으로써 성장한다. 만일 성장하는 교회의 신자들이 보다 나은 제자가되고 그들의 은사들을 더 효과적으로 사용하게 된다면, 그것은 좋은 일일수도 있다.

그러나 만일 역동성의 핵심이 수평이동뿐이라면, 전반적으로 그리스도의 몸은 도시 안에서 전혀 성장하지 못한 채 단순히 재배치되고 있을 뿐인 것이다. 도시 전체가 복음으로 변화되려면, 도시 안에 효과적인 몇몇 교회가 있는 것 이상이 필요하다. 단순히 부흥의 에너지를 터뜨리고 새로운회심자가 생기는 것 이상이 필요하다. 복음으로 도시를 변화시키려면 운동성이 필요하다.

복음 도시 운동이 일어날 때는 그리스도의 몸 자체가 인구 성장보다 빠르게 성장해서 도시의 그리스도인 비율이 상승하게 된다. 우리가 이것을운동이라고 부르는 것은, 이것이 여러 교단들과 네트워크들의 경계를 뛰어넘는 에너지로 이루어지기 때문이다. 운동은 어떤 한 교회에 머물거나특정 집단의 지도자들이나 특정한 지휘 본부에서 멈추지 않는다. 그 추진력은 특정 조직에 의존하지 않는다. 운동은 유기적이며 자발적으로 형성된다. 또한 상호작용하면서 서로를 지지하고, 유지시키며, 자극하는 일련의 힘의 역학이다.

우리는 이것은 복음 생태계(gospel ecosystem)라고 부를 수 있다. 생물학적생태계가 상호의존적인 유기체들과 시스템, 자연의 힘으로 구성되는 것과마찬가지로, 복음 생태계는 상호의존적인 조직들, 개인들, 사상들, 그리고영적 힘과 인간의 힘으로 구성된다. 생태계의 모든 요소들이 제자리에 있고 균형을 이룰 때, 전체 시스템은 전체와 개체로서 모두 건강하게 성장할수 있다.[3]

우리가 복음 도시 운동을 만들 수 있는가? 아니다. 운동은 두 개의 광범위한 요인들이 빚어낸 결과이다. 다시금 원예의 비유를 언급하려고 한다

■ 복음 논쟁

모든 기독교 운동들은 공통적으로 지지되는 진리들을 중심으로 연합하려는 의향과 성경적 복음에 대한 신념을 부정하지 않는 이차적인 문제들에 대해서는 차이를 수용하려는 의향을 가져야만 한다. 건강한 운동을 오랫동안 유지하기 위해서는 반드시 교리적 오류로 인지하는 것들에 대하여 직접적인 토론에 참여하여야 한다. 물론 그때 우리는 반드시 상대방에 대한 존경을 표현해야 하며, 그들을 처벌하는 것이 아니라 설득하려는 목표를 가져야 한다.

어떻게 이것을 할 수 있는가? 나는 '논쟁'(교리에 대한 다툼)에 대한 다음의 원칙들을 제시한다. 이는 목소리와 전략이 복음 자체에 의해서 숙성되는 것과 관련 있다. 수년 동안 존경받는 그리스도인 저서들을 읽으면서, 나는 논쟁을 피하거나 건설적인 방식으로 논쟁을 추구하기 위한 몇 가지 '참여의 규칙들'을 정리했다.

규칙 1. 상대가 주장하지 않았다고 말하는 의견에 대해 비판하지 말라. 19세기 프린스턴 신학자 아치볼드 알렉산더는 그렇게 하는 것이 상대의 의견을 단단하게 한다는 것을 발견했다. "적대자가 인정하지 않는 의견을 그에게 돌리지 말라. 비록 그것이 필연적 결과라고 하더라도."[4]

다시 말해서 상대방 A씨가 가진 X신념으로 말미암아 X신념을 가진 다른 사람들이 Y신념을 갖게 되는 결과가 초래된다고 믿는다 할지라도, 만일 그가 부정한다면, 상대방 A가 Y신념을 가졌다고 비난하지 말라. 당신은 그가 일관성이 없다고 생각할 수 있지만, 이것은 그가 실제로 Y신념을 갖고 있지 않은데 그

것을 갖고 있다고 주장하는 것과는 다른 것이다. 비슷한 양상으로는, A씨가 특정 저자를 어떤 지점에서 우호적으로 인용한다면, A가 그 저자의 모든 관점을 지지하는 것이라고 암시하거나 주장할 때 발생한다. 만일 연좌를 통해서 그가 특정 저자의 다른 신념들도 지지한다고 암시하거나 주장한다면, 우리의 상대를 소외시키거나 불완전하게 표현하는 것이 된다. 이와 비슷하게 자신도 모르게 상대방의 관점을 잘못 표현했다면 그것에 대해서 책임을 받아들여야 한다.

A씨가 X관점을 조장하고 있다고 우리가 비난하는데, A씨가 X를 의미하지 않았고, 다른 곳에서 Y를 말한 것을 다른 사람이 관찰했다면, 종종 우리는 단지 사과를 한다.

A씨가 무엇을 믿으며 주장하는지를 당신이 의견을 발표하기 전에 확실하게 알아야 한다.

규칙 2. 적의 관점을 부분이 아니라 전체로 다루라. 많은 기독교 교리들은 '한편으로/다른 한편으로' 차원들을 갖고 있다. 양측에 대한 강조점들이 없다면 이단에 빠질 수 있다. 만일 A씨가 부적격하고, 균형 없는 발언으로 보이는 주장을 했다면? 만일 그것이 A씨가 그 주제에 대해 말한 전부라면, 그의 입장에 대해 어떤 결론을 내리는 것이 타당할 것이다. 그러나 만일 A씨가 이미 어떤 것들을 믿고 있는 회중에게 말하거나 쓰고 있다면, 그래서 굳이 표현하지 않고도, 다른 균형점을 이루는 요소들을 전제로 하고 있다면? 최소한 우리는 A씨가 어떤 주제에 대해 말할 때마다 그가 믿는 모든 것을 다 말할 수는 없다는 것을 알고 있다. 우리는 A씨가 말한 몇 가지 문장들을 단절시켜서는 안 된다. 다른 곳에서 말했

을 균형적인 진술이나 설명이나 조건사항들을 간과하거나 숨겨서는 안 된다.

규칙 3. 우리는 상대의 입장을 가장 강한 형태로 나타내야 하며, 가장 약한 형태로 표현해서는 안 된다. 이것은 모든 논쟁에서 가장 포괄적인 규칙일 것이다. 왜냐하면 당신이 이것을 지키려고 한다면, 다른 원칙들은 따라올 것이기 때문이다. 상대의 의견을 명료하고 정확하게 표현하기 위해 최선을 다하라. 그래서 당신의 적이 듣고서 "내가 말해도 더 잘 표현할 수는 없다"고 말할 수 있게 하라. 그러면 오직 그럴 때만, 당신의 논쟁이 진실성을 갖게 되며 동시에 실제로 설득적이 될 수 있는 가능성이 생긴다. 이것은 다음 요점으로 이어진다.

규칙 4. 설득하려고 하라. 적대감을 불러일으키려고 하지 말라. 당신의 동기를 살피라! 존 칼빈은 스위스 제네바의 개혁자였다. 이 일을 함께하는 그의 동지로 윌리엄 파렐(William Farel)이 있었다. 그는 거침없이 말하며 다혈질인 사람이었다. 한 시점에, 칼빈은 파렐에게 편지를 써서 '사람들을 품기 위해'(사람들의 마음을 설득하기 위해) 더 노력하라고 주장했다. 그때 칼빈은 매력적이며 설득적이 되기 위한 두 가지 다른 동기들을 구분했다.

"당신이 아시듯이, 두 가지 종류의 인가가 있습니다. 하나는 우리가 야심과 만족을 추구하는 동기에서 호의를 구하는 것입니다. 다른 하나는 공정함과 온건함으로써 그들의 존경을 받아서 그들이 우리에게 배울 수 있도록 하는 것입니다."[5]

세상의 파렐들은 신중하고 분별을 기하려는 모든 노력을 비겁한 훼절이라고 믿는다. 그러나 칼빈은 그의 친구의 지속적인 과도한 비난이 대개 사심 없는 용기에서 나온 것이라기보다는 그 반대(교만)에서 나온 것임을 지혜롭게 알아보았다. 파렐에 대해 언급한 피에르 베레에게 보낸 편지에서 칼빈은 이렇게 말한다. "그는 자기 뜻에 순응하지 않는 사람들에게 인내심을 갖지 못합니다."[6]

하나님 중심성이 아니라 자기중심성의 동기에서 (인기 있으려는 욕망에서) 매력적이고 설득력 있으려고 하는 것도 가능한 일이다. 하나님 중심성이 아니라 자기중심성으로부터 담대하고 아주 논쟁적일 수 있는 것과 마찬가지이다. 그러므로 우리의 동기를 긴밀히 살펴서 우리의 논쟁이 불필요하게 적들을 완고하게 하거나 적대감을 느끼지 않도록 해야 한다. 바울이 베드로에게 한 것처럼, 우리는 그들을 설득하려 하는 것이지 제거하려 하는 것이 아니다.

규칙 5. 복음을 기억하고 신학을 비판하라. 하나님만이 마음을 아시기 때문이다. 오늘날 많은 비판들이, 주의 깊은 주해와 성찰이 아니라, 경멸, 조롱, 그리고 비꼼의 특징을 갖고 있다. 이 점에 대해 존 뉴튼(John Newton)이 그의 유명한 책 《논쟁에 대하여》에서 쓴 것보다 명확하게 쓴 사람은 없다. 그는 당신이 당신의 적에 대해 단어 하나를 쓰기 전에 "그리고 당신이 답변을 작성하는 모든 시간 동안 간절한 기도로, 그 사람을 주의 가르침과 축복에 소개하는 것이다"라고 말한다.[7]

이러한 습관은 그에 대한 사람을 불러일으킨다. 그리고 "그러한 성향은 당신이 쓰는 모든 페이지에 좋은 영향을 미친다." 이 편지의 후반부에서 뉴튼은 이렇게 기록한다.

사람이 만일 자기의 목적을 이루고 대적을 침묵하게 한다고 하더라도, 만일 이와 동시에, 겸손하고 부드러운 마음의 틀을 상실한다면 무슨 유익이 있겠는가? 주님께서는 겸손하고 부드러운 심령을 기뻐하시며, 그의 임재가 있게 하시겠다고 약속하시지 않았는가?

논쟁에 어떤 개인적인 것이라도 개입시키지 않도록 마음을 지키라. 만일 당신이 부당한 처우를 받았다고 생각한다면, 당신이 예수님의 제자라는 것을 나타낼 기회를 얻은 것이다. 그는 "욕을 당하시되 맞대어 욕하지 않으시고 고난을 당하시되 위협하지 아니하셨다."[8]

뉴튼은 또한 우리에게 "당신의 기지를 보이고 당신 편에 환호를 얻으려는" 커다란 위험성에 대해서 상기시킨다. 당신의 적의 관점을 "인간의 영혼에 주어야 할 동정심"으로 대하지 않고 다만 악하며 우스꽝스럽게 보이게 하려는 위험성을 상기시킨다.[9]

(고전 3:6-8). 정원이 무성해지는 것은 원예사의 기술과 근면 그리고 땅의 상태와 기후 때문이다.

첫 번째 요인들(원예)의 집합은 우리가 인간적으로 운동에 기여할 수 있는 것이다. 여기에는 자립하고 자연적으로 성장하는 사역들과 네트워크들이 있는데 아래에서 상세히 살펴볼 것이다.

운동에서 두 번째 요소들(조건들)의 집합은 철저하게 하나님께 속해 있다. 그분은 주권적인 선택 하에서 어떤 규모의 사람들이든지, 개인들의 마음(토양)을 말씀(씨앗)에 열게 하실 수 있다. 그리고 복음에 대한 전반적인 문화(날씨) 또한 좌우하실 수 있다.

하나님은 어떻게 이 일을 하실까? 때로는 지배적 문화 가운데 신앙의 위기들을 일으키신다. 위대한 그리스도인 운동들 중에 두 가지(2-3세기의 초대교회와 20-21세기의 중국 교회)가 사회 안에 만연했던 신념의 위기에 의해서 촉발되었다.

로마 신들에 대한 믿음(중국에서는 정통 마르크스주의에 대한 신념)이 세계관으로서의 타당성을 잃고 무너지기 시작했다. 사회 전반에 내재되었던 오래된 '신앙들'에 대한 광범위한 이반이 일어난 것이다. 이런 문화 위기 그리고 오래된 신념 체계에 대한 대중의 환멸이 합해져서 기독교 운동이 극대화되었다. 그래서 기독교에 대해 무관심한 (아니면 적대적인) 문화에서 일어나는 것보다 훨씬 큰 정도로 기독교 운동에 힘이 실렸다. 또 하나는 그 문화의 사람들이 영적인 원천을 찾게끔 만드는 재앙이 있을 수도 있다. 1905년 이후 일본의 한국 지배는 당시에 많은 사람들이 기독교로 회심하는 배경이 되었다. 요컨대 우리는 성령님의 섭리 없이는 복음 운동을 만들 수 없다. 운동은 하나님의 영에 의해서 힘을 받고 복을 받는 생태계와 같다.[10]

그렇다면 성령께서 사용하셔서 복음 도시 운동을 일으키는 생태계는 어떤 것인가? 나는 이것을 다음과 같은 세 개의 동심원으로 그렸다.

도시를 위한 복음 에코시스템

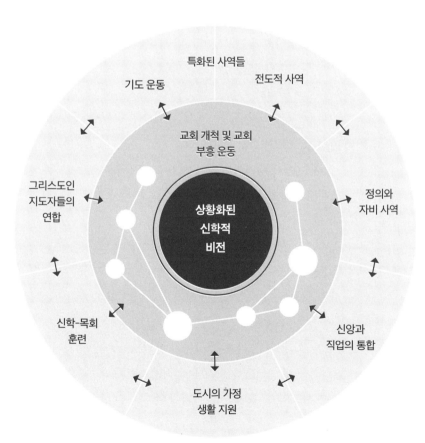

첫 번째 원- 상황화된 신학적 비전

생태계의 가장 안쪽에 있는 것은 복음을 소통하고 구체화하는 방법에 대한 것이다. 도시의 문화에 상황화되며, 도시민들을 회심과 제자도로 이끄는 데 있어 열매를 맺으며, 특정 시대, 특정 공간에서 복음을 소통하는 것에 대한 공통의 헌신이다.

도시에서 복음 운동을 촉진시키는 교회들이 모두 동일한 예배 스타일을 공유하는 것은 아니며, 같은 교단에 소속되거나 동일한 인구 집단을 전도하는 것도 아니다. 그렇지만 이 교회들은 일반적으로 동일한 'DNA'들을 상당 부분 공유한다. 그들은 복음 중심적이며, 문화에 귀를 기울이며, 균형이 있으며, 선교적-전도적이며, 성장하며, 자기 복제를 한다.

요컨대 그들은 센터처치의 신학적 비전에 상대적인 공감대를 가지고 있다. 신학적 비전은 성경에 근거하며 상황에 맞는 전략적 입장과 강조점들로서, 특정 문화적 순간 안에 살아가는 사람들에게 건전한 교리를 적용하는 데 도움을 주는 것이다.

두 번째 원- 교회 개척과 교회 갱신 운동들

두 번째 층은 일단의 성장하는 새 교회들을 만들어 내는 교회 개척 운동들이다. 각각은 그들의 상이한 교단과 전통들 안에서 효과적인 사역 방법들을 사용한다.

많은 이들은 도시를 보면서 거기에 많은 교회들이 있다는 것을 안다. 그들은 대개 건물을 소유하고 있지만, 거의 비어 있다. "우리가 해야 할 첫 번째 일은 기존 교회를 복음으로 갱신시키는 것이다"라고 생각하는 것이 자연스럽다. 사실 2부(복음 부흥)의 전부가 이것이 어떻게 일어날 수 있는지에 할애되어 있다. 그러나 우리가 앞 장에서 살펴보았듯이, 오래된 교회들을 갱신하는 열쇠는 새 교회들을 도시에 세우는 것이다.

새 교회들은 새 생각을 도입하고, 교회에 안 다니던 사람들과 비신자들을 오래된 교회들보다 훨씬 높은 비율로 그리스도께 이끌어온다. 새 교회들은 수십 년 동안 도시를 전도하고 갱신하기 위해 힘겹게 일해 온 그리스도인 공동체와 네트워크에 영적인 산소를 공급한다. 새 교회들은 제자도와 신자의 증가를 위한 주요 공간이 될 뿐 아니라 사역을 시작하는 데 있어 재정적 원천이 되기도 한다.

세 번째 원- 특화된 사역들

교회 안에 근거지를 두었지만 교회를 자극하고 유지하는 기능을 하는 이 세 번째 원은 특화된 사역들, 기관들, 네트워크들, 그리고 관계들의 복합체로 구성된다. 최소한 일곱 가지 요소가 세 번째 원에 존재한다.

1. 도시를 위한 중보에서 서로의 전통을 뛰어넘어 교회들을 하나로 묶어 주는 기도 운동. 2부에서 살펴본 것처럼 부흥의 역사는 중보기도의 결정적 중요성을 보여 준다. 이런 기도는 공동체적이고 광범위하며, 비전을 가졌고, 도시와 그리스도의 몸을 위하는 특성이 있다.

당신의 도시를 위해 기도하는 것은 성경적인 명령이다(렘 29:4-7). 함께 모여 기도하는 것은 다양한 범주의 신자들이 할 수 있는 것이다. 기도하는 데는 많은 협상이나 신학적인 주해가 필요하지 않다. 기도는 사람들을 한데 모은다. 바로 이 활동이 교단과 조직적 경계를 뛰어넘어 친목과 관계 형성을 돕는 결정적 역할을 한다. 자신과 비슷하면서도 차이가 있는 그리스도인들과 협력하는 것은 성장과 혁신을 일으킨다.

2. 특정 그룹들(기업인, 어머니들, 소수 민족 등)을 전도하는 특화된 복음 사역. 이 중에서 특히 중요한 것은 효과적인 캠퍼스 사역과 청소년 사역들이다. 대부분 도시 교회의 미래 회원과 지도자들은 대학과 학교에 가장 많다. 대학 도시에서 대학을 졸업하는 학생들은 직업을 얻기 위해 지역을 떠나지만, 도시에서 대학을 졸업하는 학생들은 그렇지 않다. 그리스도를 만나 도시 비전을 받은 학생들은 대학 시절 다니던 교회에 남아 그리스도의

몸 가운데 지도자로서 점차 세워진다. 도시의 청소년들을 얻는 것은 문화를 잘 이해하는 도시인을 얻는 것이다.

3. 모든 가능한 사회적 문제와 이웃 문제를 다루는 일련의 정의와 자비 사역. 복음주의자들이 1830년대에 지도력을 행사했듯이, 오늘날에도 그리스도인들의 '구제사역 연대'가 필요하다. 다양한 비영리 조직과 자원봉사 조직들은 서로 연합하여 도시의 필요를 다루어야 한다. 도시의 그리스도인들은 반드시 그 이웃에 대한 돌봄으로 세상에 알려져야 한다. 이것이 예수께서 사람들에게 알려진 핵심적인 방법들 중에 하나이기 때문이다.

4. 같은 직종의 그리스도인들이 도시 전역에서 함께 모여 만드는 신앙 교제 및 직업 모임. 사업, 미디어, 예술, 정부, 학계 등에서 일하고 있는 그리스도인들의 네트워크가 형성되어 그들이 책임성과 탁월성, 그리스도인으로서의 구별성을 가지고 일할 수 있도록 서로 도와야 한다.

5. 특히 학교와 상담 서비스에서 도시 내 가족을 지원하는 단체들. 도시에 있는 많은 공동체들(유대인 및 가톨릭 신자들)이 오랫동안 자신들의 학교, 여가 및 문화 센터, 그리고 자녀 양육을 위해 제공되는 서비스의 중요성을 경험해 왔다.

6. 도시 교회 및 사역 단체의 지도자들을 모으고, 개발하고, 훈련하는 시스템. 훈련하는 것에는 보통 좋은 신학 교육이 포함된다. 그러나 역동적인 도시 리더십 시스템은 추가적인 요소들, 예를 들어 잘 개발된 인턴십 프로그램과 대학가 사역과의 연계성 등을 필요로 한다.

7. 그리스도인 도시 지도자들의 색다른 연합. 교회 및 운동 지도자들, 기관 대표들, 사업 리더들, 학자들은 서로에 대해 잘 알아야 하며 도시 전체를 위한 비전과 방향을 제시해야 한다. 그들은 단지 자신의 단체나 왕국을 성장시키는 것이 아니라 도시 전체를 전도하며 그리스도의 전체 몸이 성장하는 데 더욱 관심을 가져야 한다.

이 모든 생태계 요인들이 튼튼하게 제자리를 잡고 있을 때, 그들은 서로서로를 자극하면서 발전하고, 운동 또한 자립하게 된다. 이런 일이 어떻게 일어나는지, 그리고 그 결과는 무엇인지가 우리의 마지막 주제이다.

변화를 이끌어내는 티핑 포인트들

티핑 포인트(tipping point)는 작은 변화들이 일정 기간 동안 축적되어, 이제 작은 변화가 하나만 더 일어나도 갑자기 큰 영향을 초래하는 시점을 말한다. 따로 떨어진 사건들과 개별적인 주체들이 결정체를 이루고 성장하여 티핑 포인트에 이르게 되면 운동은 자립하게 되고 운동이 일으키는 변화는 더 이상 멈출 수 없게 된다. 이처럼 티핑 포인트는 '임계 질량, 문턱, 끓는 점'과 같은 사회학적 용어이다.[11]

예를 들어 지역 사회는 새로운 종류의 거주민들이(더 부유하든지, 더 가난하든지, 또는 문화적으로 나머지와 다르든지) 인구의 5퍼센트를 차지하기 전에는 전반적으로 큰 변화 없이 그대로이다. 하지만 새로운 거주민들의 비율이 5-25퍼센트에 도달하게 되면(문화에 따라 다르다), 전체 지역은 이들로 인해 움직이기 시작하며, 빠르고 의미 있는 변화를 경험하게 된다.

도시 생태계가 티핑 포인트에 도달하게 되는 시점은 생태계 요소들이 제자리를 잡고 있고 많은 교회들이 5-6년 안에 다른 교회들을 개척할 수 있는 활력과 지도자들과 정신을 갖고 있을 때이다. 하나님이 복을 주신다면 이 시점에 운동이 자립하게 된다. 충분한 새 신자들, 지도자들, 회중들, 그리고 사역들이 자연적으로 형성되어 운동이 어느 통제탑 없이도 성장할 수 있게 된다. 도시에서 그리스도의 몸은 주로 재정을 공급하고, 지도자들을 생산하고, 훈련을 담당하게 된다. 이때는 충분한 수의 역동적인 지도자들이 일어나고 그리스도인들과 교회들의 숫자가 7-10년마다 두 배로 늘어난다.

운동이 더욱 진보하게 되는 다음 번 문턱은 도시 전체가 변화가 가능해지는 지점에 이르렀을 때다. 이것은 복음으로 변화된 그리스도인들의 숫자가 도시 가운데 충분히 많아져서 그리스도인의 영향력이 도시의 공공 및 사회생활 가운데(문화 자체에 대해) 눈에 띄게 드러나고 인정할 만한 수준이 되는 때다.

뉴욕 시의 경우 소수 집단들이(민족적이든, 문화적이든, 라이프스타일에서든 간에) 삶의 방식에서 감지할 만한 영향력을 가지는 것은 그들의 숫자가 최소 5-10퍼센트이면서 동시에 구성원들이 공공 생활에 적극적으로 나설 때이다. 내가 들은 바로는 감옥 안에 그리스도를 따르는 수감자들의 수가 10퍼센트에 도달하면, 감옥의 집단생활과 문화 자체가 변화된다고 한다.

도시의 티핑 포인트를 정확하게 알아내는 과학적인 방법이 있는 것은 아니지만 그 지점은 복음이 도시 생활과 문화에 가시적인 영향을 끼치기 시작하는 때이다. 우리는 뉴욕 시에서 도심 인구의 10퍼센트가 복음 중심적인 교회에 참여하는 때가 오기를 위해 기도하며 사역하고 있다. 이 수치는 맨해튼에서 약십만 명에 해당하는 것이다.

오늘날 맨해튼과 같은 곳에서는 상당수의 거주민들이 정통 기독교 신자를 알지 못한다(최소한 자신의 영적 정체성을 알려주는 사람을 모른다). 결과적으로 그들은 신자들에 대해 부정적인 고정관념을 가지기가 아주 쉽다. 도시 거주민에게 있어서 복음주의적인 그리스도인들은 이상하고 좋아하기 힘든 사람들로 비친다. 이는 게이들이 이전에 대부분의 미국인들에게 그랬던 것과 비슷하다. 결과적으로 대부분의 도심 거주민들에게 기독교는 하나의 삶의 방법으로서 가능성 있는 대안에 끼지도 않는다.

그러나 상상해 보라. 만일 맨해튼과 같은 곳에 많은 신자들이 있어서, 대부분의 뉴요커들이 자기가 존경하는 한 명의 그리스도인을 실제로 안다면 어떤 일이 일어나겠는가? 많은 도시 거주민들을 기독교의 메시지로부터 방해하는 강력한 장벽들이 제거되는 것이다. 그렇게 되면 수만 명의 영혼들이 구원받을 수 있게 된다.

어떻게 도시의 복음 운동이 그렇게 강력하게 성장해서 도시 전반의 티핑 포인트에 도달할 수 있을까? 우리는 이것이 하나님의 은혜를 통해 일어날 수 있음을 안다. 역사는 우리에게 많은 예들을 제시한다. 우리는 기독교의 기하급수적 증가가 로마 제국을 처음 3세기 동안 어떻게 바꾸었는지를 알고 있다. 그리고 이교도였던 북유럽이 AD 500-1500년 사이에 어떻게 변화되었는지도 알고 있다. 또한 18세기의 복음주의적 각성운동이 어떻게 19세기 영국 사회를 변화시켰는지도 알고 있다.

하지만 우리는 오늘날 세계 문화를 형성하는 큰 국제도시들 중에서 하나의 도시가 복음을 믿는 10퍼센트 (또는 그 이상)의 그리스도인들을 통해서 어떤 일을 하게 될지는 알지 못한다. 도시의 그리스도인들이 예술, 과학, 학문, 기업 등에서 핵심 역할들을 수행할 때 그리고 동시에 그들이 가진 권력, 재물, 영향력을 사회의 주변부에 있는 사람들의 선을 위해 사용할 때 과연 어떤 일이 벌어지겠는가?

세계의 모든 도시들이 예수 그리스도를 필요로 한다. 그러나 우리의 도시들은 단지 좀 더 많은 교회들과 사역 단체들이 필요한 것이 아니다. 우리의 도시들은 도시 전반의 티핑 포인트로 이어지는 복음 도시 운동을 필요로 한다. 따라서 도시 사역자들은 열정적으로 자신의 삶을 이 목적을 위해 헌신하고 있다. 비록 그들이 자신의 생애 안에 그 완성을 못 본다 하더라도 말이다. 우리가 확실한 기대와 신실한 인내를 갖고 그날을 기다리듯이, 우리는 또한 지금 여기에서 도시들이 그리스도의 영광을 위해 복음화되고 사랑받게 되는 우리의 비전을 계속해서 추구한다.

토론과 성찰을 위한 질문들

1. 다음을 어떻게 생각하는가? "도시를 전도하려면 다른 교회들과 기꺼이 협력하는 자세가 요구된다. 비록 다른 신념과 관습을 가진 교회들이라 할지라도 말이다. 이런 관점을 '범 교회성'이라고 부른다." 당신은 역사적 전통이나 신학적 독특성이 상이한 교회들과 어떻게 협력했는가? 무엇 때문에 그들과 협력하게 되었는가?

2. '복음 논쟁'에 대한 박스 글은 우리와 다른 사람들과 토론할 때 몇 가지 지침을 제공한다. 어떤 가이드라인이 당신에게 가장 도움이 되는가? 당신이 다른 사람들과 토론할 때 가장 씨름하는 것은 무엇인가?

3. 당신 지역의 복음 생태계는 현재 어떤 모습이며, 앞으로 어떤 모습이어야 하는지 잠시 그려보도록 하라. 가장 강한 요소들과 가장 약한 요소들은 어떤 것들인가? 어떻게 하면 과거에 가졌던 사역 연대를 넘어설 수 있겠는가? 어떤 핵심 지도자들, 회중들, 그리고 조직들이 생태계에 들어올 필요가 있는가?

주

1. Edmund Clowney, *The Church* (Downers Grove, Ill.: Inter-Varsity, 1995), 79.

2. 이 장은 1978년 초판에 있지 않았다. 다음을 보라. Avery Dulles, *Models of the Church*, expanded ed. (New York: Image, 2002), 195-218.

3. 복음 도시 운동을 생물학적 생태계로 빗대는 것은 물론 비유이다. 어떤 비유도 개념 전부를 다 조명하지는 않는다. 생물학적 생태계는 어떤 면에서 강한 동물이 약한 것을 잡아먹는 면이 있다. 어떤 사람도 강한 교회가 약한 교회를 잡아먹어야 한다고 생각해선 안 된다! 실제로 다른 교회들로부터 교인들을 흡수해서 성장하는 교회들이 있는 도시는 우리가 추구하는 선교적 복음 도시 운동과 정반대의 것이다. 생태계의 이미지는 어떻게 상이한 유기체들이 상호의존적이며, 어떻게 한 그룹의 융성이 다른 그룹의 융성을 도울 수 있는지 그 개념을 제시하는 것이다.

4. 다음에서 인용. David B. Calhoun, *Princeton Seminary: Faith and Learning, 1812-1868* (Edinburgh: Banner of Truth, 1994), 1:92.

5. Bruce Gordon, *Calvin*(New Haven, Conn.: Yale University Press, 2009), 151.

6. 위의 책, 152.

7. John Newton, "Letter XIX: On Controversy," in *Forty-One Letters on Religious Subjects* (Pittsburgh, Pa.: Loomis, 1931), 107

8. 위의 책, 111.

9. 위의 책.

10. 이 부분에 대해 귀한 통찰을 제공해 준 마크 레이놀즈(Mark Reynolds)박사에게 감사를 표한다.

11. Malcolm Gladwell, The Tipping Point: How Little Things Can MakeA Big Difference (New York: Little, Brown, 2000), 12.

센터처치는
운동 균형을 이룬다

구조화된 조직
전통과 권위 ——————— M ——————— 유동적 유기체
협력과 연합

센터처치는 유기체인 동시에 조직체이다. 교회는 물려받은 전통이 있는 안정적 제도인 동시에 성령님의 역동적인 운동이다. 때문에 균형을 가지고 사역해야 한다. 교회는 전통에 뿌리를 내리지만 동시에 도시를 복음으로 이끌기 위해 그리스도의 몸과 협력하면서 일한다.

- 기독교 사회를 재창조하려고 노력하는 것과 사회로부터 영적 영역으로 도피하려는 쌍둥이 오류를 피하라.
- 죄, 은혜, 복음에 대한 긴급성이라는 전통적인 교리를 저버리지 않은 채 선교적 교회를 활기 띠게 하는 핵심 사상들을 인정하라.
- 죄에 대한 개인적-수직적 및 공동체적-수평적 양상들을 선교를 위한 동기 부여에 적용하라. 전자가 후자를 위한 공간을 만들어냄을 기억하라.
- 교회 생활의 실제에 대해 정보를 주는 성경의 모든 교회 관련 비유들을 적용하라.
- 특정 스타일의 예배를 선호하는 것이 성경적 원리 외에도 문화와 기

질에 기인함을 인정하라. 복음에 중심을 두고 일상 언어로 예배를 인도함으로써 예배가 교육적인 동시에 복음적이 되도록 하라.

- 교회적 부흥 운동을 통해 개인적 경건과 공동체적 경건 사이에 균형을 유지하라.
- 말씀의 사역(복음 메시지)과 행동의 사역(이웃 섬김)을 모두 강조하라. 그리고 이것들을 모두 아우를 수 있는 장들을 만들라.
- 자비와 정의의 행동에 대해 표현할 때, 구조적인 불의와 개인적인 책임의 역할을 모두 인정하라. 그리고 은혜의 복음이 두 가지를 다루는 데 도움이 된다는 것을 보여 주라.
- 세속 직업에 높은 가치를 부여하라. 그리스도인으로서 구별된 세계관을 갖고 일하도록 사람들에게 요청하라.
- 교회가 자유로운 유기체이면서 동시에 훈련된 조직체의 특성들을 갖추도록 균형을 잡을 수 있게 노력하라.
- 사역의 일반 직분과 특수 직분을 인정하고 가치를 부여하라. 성령님이 두 가지 사역 모두에 함께하심을 이해하라.
- 비그리스도인들과 함께 일할 공통 지대를 찾으라. 동시에 문화의 우상들에 대해 선지자적 비판을 제시하라.
- 성령의 질서와 열정을 모두 반영하라. 자발성과 일치성 사이에 균형을 잡으라.
- 성령께서 모든 사람에게 주시는 일반 직분의 은사와 소명을 지지하라. 동시에 몇몇에게 지도력을 발휘하도록 주신 특별한 은사와 소명들을 인정해 주어라.
- 도시를 전도하기 위해서는 모든 종류의 교회 모델들이 필요함을 인정하라. 그리고 각 모델의 건강한 비전을 축하하라.

최근의 현대성과
센터처치

'센터처치'란 무엇인가? 나는 이 책 전반에 걸쳐서 도시의 문화 중심에서 수고하는 교회들과 사역단체들을 특별히 염두에 두었다. 이 환경들은 복음 소통에 특별히 어마어마한 어려움이 있다. 그러나 이 책은 도시에 있는 교회들만을 위한 것이 아니다. 이 책은 지리적 위치에 상관없이 최근의 현대 문화 가운데 사역하며, 세계의 큰 국제도시들로부터 발생하는 이슈들을 접하는 교회들과 사역단체들을 위해서 쓰인 책이기도 하다.

현대 사회의 근본 사상은 자신 이외의 모든 권위를 전복하는 것이었다. 18세기 유럽 계몽주의 사상가들은 현대인이 모든 전통과 계시와 외부 권위를 의심해야 한다고 주장했으며, 이성이나 직관이라는 최고 법정에 그것들을 세워 검증해야 한다고 주장했다.

오랫동안 현대 사회는 과거로부터 상속 받은 상대적으로 안정적인 제도들을 계속해서 누릴 수 있었다. 사람들은 자신들의 정체성을 상당 부분 그들의 가족과 국가에서 찾을 수 있었다. 그러나 오늘날에는 이러한 제도들도 침식되고 있다. 개인의 행복과 자율성이 어떤 것보다 앞서야 한다는 현대적 원리의 '산성'(acid) 때문에 이러한 제도들은 부식되어 닳고 있다.

사람들의 정체성은 삶의 국면을 통과할 때마다 끊임없이 변형된다. 사람들은 언제나 방향을 바꿀 태세가 되어 있으며 가책 없이 헌신과 충성을 저버리고, 개인적인 비용 대비 이익에 근거해서 자기에게 있는 가장 나은 기회를 잡으려고 한다. 이 모든 것들의 기저는 근원적인 권위에 근거한 도덕적 명령을 싫어하는 마음이다.

이것이 바로 세계의 대도시들에서 우리가 마시는 문화적 공기이다. 그러나 도시의 강한 영향력과 침투성 때문에, 도시 아닌 지역에서 사역하는 점점 더 많은 교회들과 사역자들 역시 이것이 그들 가운데도 있다는 것을 발견한다. 이 책은 그들을 위해서도 쓴 것이다.

우리가 이런 환경에서 어떻게 복음 사역을 할 수 있을까? 우리는 그 열쇠가 단지 건전한 교리만이 아님을 살펴보았다. 물론 건전한 교리는 타협 불가한 근본이다. 그러나 열쇠는 '포스트모던 인간들을 전도'하는 마법의 탄환 같은 사역 프로그램을 만드는 것도 아니다. 열쇠는 중간에 있는 그 무엇이다. 교리보다는 더 구체적이고, 특정한 사역 프로그램보다는 덜 구체적인 것이다.

우리가 살펴보았듯이, 그것은 특정한 '신학적 비전'이다. 이를 통해 그리스도인들이 복음을 우리 시대와 장소에 소통할 수 있게 된다. 이러한 센터처치 신학적 비전은 상황화에 대해 이전 세대의 그리스도인들이 했던 것보다 훨씬 크게 이해하는 것을 포함한다. 도시와 도시화의 특성에 대해 깊이 이해하고, 교회 모델들에 대해 넓게 이해하는 것도 포함한다. 또한 기독교를 적대적 문화와 연결하는 여러 방법들을 비롯하여 말씀 사역과 행동 사역을 통합시키는 능력도 포함한다. 신자들이 경건과 교회 생활뿐만 아니라 그들의 공적 생활과 직업을 위해서도 헌신하기 위해 제자화되는 것도 포함한다.

오늘날 수많은 책들은 교회 지도자들이 포스트모던 문화에 살고 있다고 주장한다. 이 용어의 위험성은 우리 시대가 현대성의 반대편에 있는 것이라고 생각하도록 만든다는 점이다. 어떤 영역에서 이는 사실이다(예를 들어 시각예술). 그러나 엄격히 이야기해서 우리는 후기 근대의 풍토 속에 살고 있다고 말하는 것이 훨씬 정확하다.
왜냐하면 근대의 주요 원리는 개인의 자율성과 개인적 자유를 전통, 종교, 가족, 공동체의 요구보다 상위에 두기 때문이다. 이것은 우리가 오늘날 겪고 있는 것이며 오히려 더 강화되고 있다.[1]

이 모든 것을 이해하는 것이 어느 장소, 어느 때와 상관없이 열매 맺는 사역의 열쇠이다. 이는 성경적 복음에 헌신하는 것이며, 생명과 빛과 능력이 교회에 임할 수 있도록 복음을 지성과 마음에 적용하는 능력에 헌신하는 것이다.

또 하나의 균형

당신이 여기까지 왔다면, 당신은 분명히 모순되며 충돌하는 두 가지 감정을 경험하고 있을 것이다. 나는 둘 다 긍정하기를 원한다!

한편으로 당신은 아마도 (내가 바라기는) 영감을 받았을 것이다. 많은 사람들은 기독교에 적대적인 곳에서, 탄탄하고 정통적인 개신교 교리를 수용하면서도 총체적이며 열매 맺는 복음 사역을 할 수 있다는 것에 대해 의심한다. 그리고 대다수의 사람들은 당신이 역사적, 신학적, 교회적인 전통에 굳게 뿌리를 내리면서도 여전히 겸손하게 다른 교회들로부터 배우거나 문화에 상황화할 수 있다는 것에 대해 의심한다.

나는 이 책에서 당신이 진정으로 이 모든 것을 다 할 수 있다고 주장했다. 고

전적인 정통 신학에도 불구하고 할 수 있는 것이 아니라, 바로 그 신학 때문에 할 수 있는 것이다.

다른 한편으로 당신은 아마도 (내가 바라기는) 당신 앞에 있는 과업 앞에서 겸손해지며, 어느 정도 부담을 느낄 것이다. 여기 쓴 것들을 읽을 때, 당신은 "이것은 내 능력 밖의 일이야"라고 생각했을 것이다. 물론 그렇다. 당신이 사역에서 어떤 성공을 하든지 간에, 부족함을 느끼는 것이 성공의 전제 조건이라는 말은 빈 말이 아니다.

앞으로 나아갈 길은 기회에 대한 인식 그리고 부족함에 대한 인식이 창조적 긴장 가운데 공존하도록 하는 것이다. 이것은 복음에 대한 당신의 믿음으로 붙잡을 수 있다. 복음은 당신이 무력한 죄인이며 하나님의 자녀로 입양되어 사랑받는 존재임을 단번에 그리고 동시에 말해 주기 때문이다. 당신은 교만과 실망을 모두 거부해야 한다.

이러한 원리의 생생한 예를 "종려 월요일"이라는 제목의 가상 이야기에서 찾을 수 있다. 이것은 전에 그리스도인 잡지에서 읽은 것인데 요약하면 다음과 같다.

> 작은 당나귀가 얼굴에 웃음을 띤 채 깨어났다. 그는 어제 있었던 일을 떠올리고 있었다. 당나귀는 기지개를 켜면서 행복하게 거리로 걸어 나갔다. 그러나 많은 행인들은 그를 눈여겨보지 않았다. 그는 혼란스러워하며 복잡한 시장 골목으로 갔다. 그리고는 자부심으로 귀를 쫑긋 세우고는 시장 거리 한가운데로 당당하게 걸어갔다. '내가 여기 있어, 사람들아!' 그는 속으로 말했다. 그러나 사람들은 당황한 눈빛으로 당나귀를 보았다. 어떤 사람들은 화가 나서 그를 때리면서 말했다. "이런 복잡한 시장에 들어오다니, 멍청아, 네가 지금 무슨 짓을 하고 있다고 생각하는 거니?"
>
> "겉옷을 던지란 말이야." 그는 말했다. "내가 누구인지 모른단 말이야?"

그들은 놀란 눈으로 그를 쳐다보았다.

당나귀는 상처를 받고 당황하여 집으로 돌아가서 엄마에게 말했다. "이해가 안 돼요. 어제는 사람들이 나에게 종려나무 가지를 흔들면서 소리쳤어요. '호산나' 그리고 '할렐루야'라고요. 오늘은 나를 아무것도 아닌 듯이 보네요."

"바보 같이…." 엄마가 부드럽게 말했다. "그가 없이는 네가 아무것도 할 수 없다는 것을 이제 알겠니?"

하나님의 도움이 있다면 센터처치 사역을 할 수 있다. 당신이 가진 모든 것으로 이 일에 헌신하라. 하나님의 도움이 없다면 이것은 결코 할 수 없다. 그때는 잠잠하라. 예수님은 이 진리들을 요한복음에 기록된 한 구절에 요약하셨다. "나는 포도나무요 너희는 가지라 그가 내 안에, 내가 그 안에 거하면 사람이 열매를 많이 맺나니 [그러나] 나를 떠나서는 너희가 아무것도 할 수 없음이라"(요 15:5).

감사의 글

　언뜻 보기에 이 책은 뉴욕 시에서 내가 사역을 통해서 배운 것이거나 리디머교회 개척 사역을 하면서 배운 것들에 대한 것으로 보인다. 그런데 사실은 이 책의 내용들은 수많은 사람들이 지난 십오 년 동안 세계 곳곳의 주요 국제도시들에서 배우고 성취한 열매들을 기록한 것이다. 이 책은 나의 다른 책들보다 훨씬 많이 공동체 안에서, 공동체와 함께 기록한 것이다. 이 공동체는 세계 대도시들에 있는 사역자들의 네트워크이며 나는 그들에게서 많은 것을 배웠다.

　이 책의 핵심 내용들은 2008년과 2009년 런던에서 열린 국제 집회의 강연들에서 나왔다. 하지만 그 강연들도 다른 사람들에게서 배운 결과물이라 할 수 있다. 그 후로, 이 글들은 세계 여러 진영에 있는 사람들에 의해 엄격한 검증을 받으며 지난 삼 년 동안 여러 번 확장되고 개정되었다.

　나는 리디머 시티투시티의 스태프들과 대화하면서 그들로부터 많은 것을 얻게 되었다. 그들은 도시 안에 복음 운동이 진전되는 데 있어서 많은 비범한 일들을 했다. 그들은 센터처치의 신학적 비전을 강조함으로 그 일들을 이루고 있다. 그것은 단지 미국으로부터, 리디머교회로부터 특정한 프로그램을 수입하는 것이 아니다. 그들은 겸손과 관대함으로, 그리스도를 위해서 세계의 도시들에 지속적인 영향을 미칠 수 있는 일을 해왔다. 나는 특별히 나의 동료인 테리 가이거(Terry Gyger), 알 바르트(Al Barth), 제이 카일(Jay Kyle), 그리고 마크 레이놀즈(Mark Reynolds)와 그들의 리더십에 감사를 전한다.

각각의 장들을 주의 깊게 읽고 풍부한 피드백을 준 사역 동료들 중에는 에녹 왕, 퐁 양 웡, 대린 패트릭, 시브랜드 위어다, 리처드 코어킨, 댄 맥도날드, 앤드루 존스, 그리고 마이크 위트머가 있다. 그들의 유용한 통찰들이 생각하는 것보다 훨씬 많이 이 책을 만드는 데(그리고 늦어지는 데!) 도움이 되었다.

무엇보다도, 나는 리디머 시티투시티의 프로젝트 매니저로 섬기면서 이 책을 존재하게 해 준 스콧 카우프만에게 감사드린다. 그는 볼품없는 원고를 질서정연하고 읽을 수 있는 책으로 만들기 위해 엄청난 양의 편집을 했다. 전체 모습이 좋아진 것은 순전히 그의 덕분이다. 또한 라이언 파즈두, 존 레이몬드, 그리고 존더반 출판사의 팀에게도 감사드린다. 그리고 데이비드 맥코믹과 '맥코믹과 윌리암스' 회사의 팀에게도 감사드린다. 우리는 그들의 헌신되고 숙련된 동역자 정신에 깊은 고마움을 느낀다.

프롤로그에서 보았듯이, 나는 리처드 린츠 교수의 신학적 비전에 대한 선구자적인 사고에서 도움을 받았다(그의 책《신앙의 패브릭》). 마이클 테이트, 데이비드 덴마크, 신디 위드머, 그리고 존 토마스에게도 감사드린다. 이들은 모두 이 책을 풍성하게 해 주었고 출판 과정에 많은 도움을 주었다.

마지막으로, 책을 쓰는 기쁨 가운데 하나는 나의 아내 캐시에게 고마움을 표현할 자리가 늘어난다는 것이다. 그녀는 헤아릴 수 없는 공헌을, 보이게 그리고 보이지 않게 해 왔다. 이 책은 다른 책들과 마찬가지로, 그녀의 아이디어와 격려로 빚어진 것이다.